de Gruyter Studienbuch

Rudolf Meyer

Hebräische Grammatik

Mit einem bibliographischen Nachwort
von Udo Rüterswörden

W
DE
G

1992

Walter de Gruyter · Berlin · New York

Die „Hebräische Grammatik“ ist ein unveränderter photomechanischer Nachdruck folgender Bände der SAMMLUNG GÖSCHEN:

<Sammlung Göschen, 763/a/b>
Bd 1: Einleitung, Schrift und Lautlehre. 3. neubearb. Aufl. 1982

<Sammlung Göschen, 764/a/b>
Bd 2: Formenlehre, Flexionstabellen. 3. neubearb. Aufl. 1969

<Sammlung Göschen, 5765>
Bd 3: Satzlehre. 3. neubearb. Aufl. 1972

<Sammlung Göschen, 4765>
Bd 4: Register. 3. neubearb. Aufl. 1972

∞ Gedruckt auf säurefreiem Papier, das die US-ANSI-Norm über Haltbarkeit erfüllt.

Die Deutsche Bibliothek — CIP-Einheitsaufnahme

Meyer, Rudolf:
Hebräische Grammatik / Rudolf Meyer. Mit einem bibliogr. Nachw. von Udo Rüterswörden. — Unveränd. photomechanischer Nachdr. — Berlin ; New York : de Gruyter, 1992
(de-Gruyter-Studienbuch)
ISBN 3-11-013694-5

Printed in Germany
Druck: Werner Hildebrand, Berlin
Buchbinderische Verarbeitung: Lüderitz & Bauer GmbH, Berlin

INHALTSVERZEICHNIS

Hebräische Grammatik

I
Einleitung
Schrift- und Lautlehre

Inhaltsverzeichnis

Einleitung

Erster Teil: Schriftlehre

Zweiter Teil: Lautlehre

Nachträge und Berichtigungen

S. 17, Anm. 1 füge an: „An Introduction to the Comparative Grammar of the Semitic Languages. By S. Moscati, A. Spitaler, E. Ullendorff, W. v. Soden. Ed. by S. Moscati. Porta Linguarum Orientalium N. S. VI (Wiesbaden 1964)." — Zu **S. 25**, Z. 19 merke an: „Etwas anders S. Segert, Die Sprache der moab. Königsinschrift. Archiv Orientální 29 (1961), 197—297; vgl. ferner W. L. Redd, F. V. Winnet, A Fragment of an Early Moabite Inscription from Kerak. BASOR 172 (1963), 1—9." — Zu **S. 49**, Z. 26—29 merke an: „Vgl. neuerdings die instruktive Alphabettabelle in: Lexikon der Alten Welt (Zürich 1965), 2727., wo außerdem Waw = Ypsilon angeführt ist". — Zu **S. 66**, Z. 21f. („Dageš... stellt einen Punkt im Buchstaben dar") merke an: „Da PsBN bei Śin und Šin den diakritischen Punkt innen links bzw. rechts setzt, erscheint hier Dageš entsprechend als Punkt oben." — Zu **S. 70**, Z. 2—5: Statt „wo Dageš ... andeutet[1]);" lies: „wo Dageš u. a. nicht nur die Kürze eines Vokals in vorhergehender offener Silbe andeutet, sondern auch nach geschlossener Silbe mit kurzem oder gekürztem Selbstlaut steht[1]);".

Abkürzungsverzeichnis

1. Zum Text des Alten Testaments

A = Aleppensis.
AT = Altes Testament.
at.lich = alttestamentlich.
BA = Ben Ašer.
BH^3 = Biblia $Hebraica^3$, ed. R. Kittel (Stuttgart 1937).
BN = Ben Naftali.
C = Cairensis.
G = Septuaginta, ed. A. Rahlfs (Stuttgart 1935).
L = B 19 A; Leningradensis.
MT = Text des Alten Testaments nach BH^3.
Mur. = Texte aus Wadi Murabbaʿāt (s. u. DJD II).
PsBN = Pseudo-Ben Naftali.
Q = Texte aus Qumran (s. u. DJD I, III und 1Q).
R = Reuchlinianus.
Sek. = Psalterii Hexapli Reliquiae, ed. J. Card. Mercati. P. 1: Codex rescriptus Bybliothecae Ambrosianae. (Città del Vaticano 1958).
Tos. = Tosefta.

2. Schriften des Alten Testaments

Gn., Ex., Lv., Nu., Dt., Jos., Jdc., 1 S., 2 S., 1 R., 2 R., Jes., Jer., Ez., Hos., Jo., Am., Ob., Jon., Mi., Na., Hab., Zeph., Hag., Sach., Mal., Ps., Prv., Hi., Cant., Ru., Thr., Qoh., Est., Da., Esr., Neh., 1 Chr., 2 Chr.; Sir., Tob. (aus dem Neuen Testament: Joh., Apc. Joh.).

3. Sprachbezeichnungen

äg. = ägyptisch
akkad. = akkadisch
arab. = arabisch
aram. = aramäisch
aschk. = aschkenasisch
assyr. = assyrisch
äth. = äthiopisch
babyl. = babylonisch
engl. = englisch
franz. = französisch

griech. = griechisch
hebr. = hebräisch
hell. = hellenistisch
indogerm. = indogermanisch
jem. = jemenitisch
jud. = judäisch
jüd. = jüdisch
kan. = kanaanäisch
lat. = lateinisch
mas. = masoretisch
moab. = moabitisch
pal. = palästinisch
phön. = phönikisch
pun. = punisch
röm. = römisch
sam. = samaritanisch
sef. = sefardisch
sem. = semitisch
span. = spanisch
sum. = sumerisch
syr. = syrisch
tib. = tiberisch
ugar. = ugaritisch

4. Grammatische Bezeichnungen

abs. = absolutus
adj. = adjektivisch
Adj. = Adjektivum
adv. = adverbiell
Adv. = Adverbium
Akk. = Akkusativ
Akt. = Aktivum
c. = communis
cons. = consecutivum
cstr. = constructus
cop. = copulativum
dial. = dialektisch
Du. = Dual
Energ. = Energicus
enklit. = enklitisch
F., f. = Femininum, feminin
Fut. = Futurum
gem. = geminata
Gen. = Genetiv
Hi. = Hif'il
Hiṯp. = Hiṯpa'el
Ho. = Hof'al
Imp. = Imperativ
Imperf. = Imperfektum
Ind. = Indikativ
Inf. = Infinitiv
Juss. = Jussiv
juss. = jussivisch
K. = Kontextform
Kons. = Konsekutiv
lar. = laryngalis
med. = media
M., m. = Maskulinum, maskulin
Narr. = Narrativ
Ni. = Nif'al
Nom. = Nominativ
P. = Pausalform
Part. = Partizipium
Pass. = Passivum
Perf. = Perfektum
Pi. = Pi'el
Pl. = Plural
Präs. = Präsens
Prät. = Präteritum
proklit. = proklitisch
Pu. = Pu'al
Refl. = Reflexivum
Sg. = Singular
St. = Status
s. u. = siehe unter (Verweis im gleichen Paragraphen)

Subj.	= Subjunktiv	synt.	= syntaktisch
subj.	= subjunktivisch	Wz.	= Wurzel
subst.	= substantivisch	*	= hypothetisch
Subst.	= Substantivum	>	= entwickelt zu
suff.	= suffigiert	<	= entstanden aus
Suff.	= Suffix	‹	= Druckzeichen

5. Literatur

AfO = Archiv für Orientforschung.

J. Aistleitner, Grammatik = J. Aistleitner, Untersuchungen zur Grammatik des Ugaritischen. BAL, phil.-hist. Klasse, Band 100, H. 6 (Berlin 1954).

J. Aistleitner, Wörterbuch = J. Aistleitner, Wörterbuch der ugaritischen Sprache. BAL, phil.-hist. Klasse, Band 106, H. 3 (Berlin 1963).

K. Albrecht, Neuhebr. Grammatik = K. Albrecht, Neuhebräische Grammatik auf Grund der Mišna. CLS Pars V (München 1913).

Albright-Festschr. = The Bible and the Ancient Near East. Essays in Honor of W. F. Albright. Ed. by G. E. Wright (London 1961).

BAL = Berichte über die Verhandlungen der Sächsischen Akademie der Wissenschaften zu Leipzig.

BASOR = Bulletin of the American Schools of Oriental Research.

G. Bergsträßer, Grammatik = W. Gesenius-G. Bergsträßer, Hebräische Grammatik^{29} I (Leipzig 1918), II 1 (Leipzig 1926), II 2 (Leipzig 1929).

BL = H. Bauer und P. Leander, Historische Grammatik der hebräischen Sprache I (Halle 1922).

BOS = Bonner Orientalistische Studien.

BRL = K. Galling, Biblisches Reallexikon. Handbuch zum Alten Testament I 1 (Tübingen 1937).

E. Brønno, Studien = E. Brønno, Studien über hebräische Morphologie und Vokalismus. Abh. für die Kunde des Morgenlandes 28 (Leipzig 1943).

BWA(N)T = Beiträge zur Wissenschaft vom Alten (und Neuen) Testament.

BZAW = Beihefte zur Zeitschrift für die alttestamentliche Wissenschaft.

CLS = Clavis Linguarum Semiticarum.

Cross-Freedman = F. M. Cross, jr., and D. N. Freedman, Early Hebrew Orthography. A Study of the Epigraphic Evidence. American Oriental Series 36 (New Haven 1952).

DJD I = Discoveries in the Judaean Desert I: Qumran Cave I. Ed. by D. Barthélemy and J. T. Milik (Oxford 1955).

DJD II = Discoveries in the Judaean Desert II: Les Grottes de Murabbaʿât. Ed. by P. Benoit, J. T. Milik and R. de Vaux, O. P. (Oxford 1961).

DJD III = Discoveries in the Judaean Desert of Jordan III: Les „petites grottes" de Qumrân. Exploration de la falaise, les grottes 2Q, 3Q, 5Q, 6Q, 7Q à 10Q, le rouleau de cuivre. Par M. Baillet, J. T. Milik, et R. de Vaux, O. P. (Oxford 1962).

Driver-Festschr. = Hebrew and Semitic Studies Presented to G. R. Driver. Ed. by D. W. Thomas and W. D. McHardy (Oxford 1963).

EA = J. A. Knudtzon, Die El-Amarna-Tafeln I (Leipzig 1915).

E. Edel, Altäg. Grammatik I = E. Edel, Altägyptische Grammatik I. Analecta Orientalia 34 (Roma 1955).

Eißfeldt-Festschr. = Von Ugarit nach Qumran. Festschrift für O. Eißfeldt. Hrsg. v. J. Hempel und L. Rost. BZAW 77 (Berlin 1958).

Fr. = Fragment.

J. Friedrich, Phön.-pun. Grammatik = J. Friedrich, Phönizisch-punische Grammatik. Analecta Orientalia 32 (Roma 1951).

G. Garbini, Il semitico = G. Garbini, Il semitico di nordovest (Napoli 1960).

C. H. Gordon, Manual = C. H. Gordon, Ugaritic Manual. Analecta Orientalia 35 (Roma 1955).

GVG = C. Brockelmann, Grundriß der vergleichenden Grammatik der semitischen Sprachen I (Berlin 1908), II (Berlin 1913).

HO Handbuch der Orientalistik, hrsg. v. B. Spuler. I 1: Ägyptologie (Leiden 1959); I 2: Ägyptologie (Leiden 1952); II 3: Keilschriftforschung und Alte Geschichte Vorderasiens (Leiden 1957); III 1: Semitistik (Leiden 1953); III 2/3: Semitistik (Leiden 1954).

HS = C. Brockelmann, Hebräische Syntax (Neukirchen 1956).

JBL = Journal of Biblical Literature and Exegesis.
P. Joüon, Grammaire = P. Joüon, Grammaire de l'Hébreu biblique (Rom 1923).
JSS = Journal of Semitic Studies.
KAI = H. Donner-W. Röllig, Kanaanäische und aramäische Inschriften. Mit einem Beitrag von O. Rößler. Band I: Texte (Wiesbaden 1962); Band II: Kommentar (Wiesbaden 1964).
E. Kautzsch, Grammatik = W. Gesenius-E. Kautzsch, Hebräische Grammatik^{28} (Leipzig 1910).
KG = P. E. Kahle, Die Kairoer Genisa. Untersuchungen zur Geschichte des hebräischen Bibeltextes und seiner Übersetzungen (Berlin 1962).
Koehler-Baumgartner = L. Koehler-W. Baumgartner, Lexicon in Veteris Testamenti Libros (Leiden 1953; ^{2}1955).
K. G. Kuhn, Konkordanz = K. G. Kuhn, Konkordanz zu den Qumrantexten (Göttingen 1960).
Lit. = Literatur (Hinweis auf ausführlichere bibliographische Angaben).
MB = P. Kahle, Der masoretische Text nach der Überlieferung der babylonischen Juden (Leipzig 1902).
Mikhlol = David Ḳimḥi's Hebrew Grammar. Systematically presented and critically annotated by W. Chomsky (New York 1952—5713).
MO = P. Kahle, Masoreten des Ostens (Leipzig 1913).
MW I = P. Kahle, Masoreten des Westens I. BWAT NF. 8 (Stuttgart 1927).
MW II = P. Kahle, Masoreten des Westens II. BWANT III 17 (Stuttgart 1930).
A. Murtonen, Vocabulary = A. Murtonen, Materials for a non-masoretic Hebrew Grammar II. An Etymological Vocabulary to the Samaritan Pentateuch. Studia Orientalia XXIV (Helsinki 1960).
PRU II = Le Palais Royal d'Ugarit II. Mission de Ras Shamra Tome VII. Hrsg. v. Cl. F.-A. Schaeffer und Ch. Virolleaud (Paris 1957).
1QH = Dankpsalmen aus Höhle I von Qumran: The Dead Sea Scrolls of the Hebrew University. Ed. by E. L. Sukenik [†] (Jerusalem 1955), Taf. 35—58; J. Licht, The Thanksgiving Scroll. A Scroll from the Wilderness of Judaea (Jerusalem 1957).

1QJes.[a] = Erste Jes.-Rolle aus Höhle 1 von Qumran: The Dead Sea Scrolls of St. Mark's Monastery I. Ed. by M. Burrows (New Haven 1950), Taf. I—LIV.
1QM = Kriegsrolle aus Höhle 1 von Qumran: The Dead Sea Scrolls of the Hebrew University, Taf. 16—34; The Scroll of the War of the Sons of Light against the Sons of Darkness. Ed. by Y. Yadin (Oxford 1962).
1Qp Hab. = Hab.-Kommentar aus Höhle 1 von Qumran: The Dead Sea Scrolls of St. Mark's Monastery, Taf. LV bis LXI.
1QS = Das Handbuch der Unterweisung aus Höhle 1 von Qumran: Ebd. II, 2: Plates and Transcription of the Manual of Discipline (New Haven 1951).
RGG[3] = Die Religion in Geschichte und Gegenwart. Handwörterbuch für Theologie und Religionswissenschaft[3] (Tübingen 1957—1963).
SAL = Sitzungsberichte der Sächsischen Akademie der Wissenschaften zu Leipzig.
Sir. = Sprüche Jesus', des Sohnes Sirachs, ed. H. L. Strack (Leipzig 1903).
W. v. Soden, Akkad. Grammatik = W. v. Soden, Grundriß der Akkadischen Grammatik. Analecta Orientalia 33 (Roma 1952).
A. Sperber, Masoretic Hebrew = A. Sperber, A Grammar of Masoretic Hebrew. A General Introduction to the Premasoretic Bible. Corpus Codicum Hebraicorum Medii Aevi, Pars II (Copenhagen 1959).
SVT = Supplements to Vetus Testamentum.
Textus = Textus. Annual of the Hebrew University Bible Project (Jerusalem 1960ff.).
ThLZ = Theologische Literaturzeitung.
ThZ = Theologische Zeitschrift.
VT = Vetus Testamentum.
WZ = Wissenschaftliche Zeitschrift.
ZAW = Zeitschrift für die Alttestamentliche Wissenschaft.
ZDMG = Zeitschrift der Deutschen Morgenländischen Gesellschaft.
Zs. = Zeitschrift.

Für wertvolle Hilfe bei der Anfertigung des Manuskripts und beim Lesen der schwierigen Korrekturen bin ich meiner Assistentin und Lektorin, Frau Dr. Jutta Körner, zu besonderem Dank verpflichtet.

Einleitung

§ 1. Hebräisch als Sprachbezeichnung

1. Mit Hebräisch bezeichnet man die Sprache des AT mit Ausnahme der aram. Teile Esr. 4, 8—6, 18; 7, 12—26; Da. 2, 4—7, 28; Jer. 10, 11 und zweier Wörter in Gn. 31, 47. Genauer handelt es sich um Althebr. im Unterschied vom Mittelhebr. der jüngeren, teilweise apokryphen Schriften des AT und des rabbinischen Schrifttums und vom Neuhebr. der Gegenwart (§ 5, 7).

2. Die Sprachbezeichnung עִבְרִית *'iḇrīṯ* (Yadayim 4, 5), לָשׁוֹן עִבְרִי *lāšōn 'iḇrī* (pal. Megilla 71 b), לָשׁוֹן עִבְרִית *lāšōn 'iḇrīṯ* (Tos. Megilla 2, 6) begegnet erst bei den Rabbinen, fehlt dagegen im AT. Gleichwohl ist sie älter; vgl. Sir. Prol. 22. Man bezeichnet damit meist Althebr. samt Mittelhebr., zuweilen auch die aram. Verkehrssprache (Giṭṭin 9, 8). Der Ausdruck ist insofern unsachgemäß, als er ursprünglich einen soziologischen, keinen ethnischen oder geographischen Begriff darstellt. Außerdem ist Althebr. keine selbständige Sprache, sondern als pal. Mundartengruppe geschichtlich im Kan. verwurzelt (§ 4,2c). Daher spricht Jes. 19, 18 folgerichtig von der „Sprache Kanaans" (שְׂפַת כְּנַעַן *śᵉfaṯ Kᵉnáʻan*). Auf das Judäische als Lokalidiom innerhalb des Althebr. weisen 2. R. 18, 26. 28 (vgl. Jes. 36, 11. 13) mit יְהוּדִית *yᵉhūḏīṯ* für das 8. Jh., Neh. 13, 24 für das 5. Jh. hin. Die griech. Entsprechung lautet Ἑβραῖος, adv. ἑβραϊστί, (Sir. Prol. 22). Häufiger als rabbinisches עִבְרִי *'iḇrī* wird Ἑβραῖος nicht nur auf das Althebr., sondern auch auf das Aram. bezogen. Vgl. für ersteres etwa Josephus Ant. 11, 159; Apc. Joh. 9, 11; für letzteres Ant. 18, 228; Joh. 5, 2. Die

Rabbinen gebrauchen vornehmlich die Bezeichnung לְשׁוֹן הַקֹּדֶשׁ *l^e^šōn haqqódæš* (Soṭa 7,2) für die Sprache des Heiligtums, der heiligen Schriften und des schriftgelehrten Lebens, daher Alt- und Mittelhebr. umfassend.

3. Der Ausdruck „Hebräisch" geht über *Hebraeus* = Ἑβραῖος auf pal.-aram. *ʿeḇrāyā* zurück. So nannten Griechen und Römer gelegentlich die Juden. Seine Verwendung als Gentilicium ist im AT gerade noch angedeutet (Gn. 14,13; Jon. 1, 9). In der Regel bezeichnet er den sozial Tieferstehenden, so vor allem den Vertragssklaven (z. B. Ex. 21, 2ff.). Nach weitverbreiteter Annahme hängt *ʿiḇrī* mit akkad. *ḫabiru/ʿapīru* zusammen, wozu ugar. *ʿprm* und äg. *ʿpr* (= sum. SA.GAZ) zu vergleichen sind. Hierunter sind kriegerische Verbände unterschiedlicher Herkunft zu verstehen, die — seit dem 3./2. Jt. im „Fruchtbaren Halbmond" nachweisbar — sich vielfach in den Dienst der ansässigen Bevölkerung begaben[1]). Solche „Hebräer" minderer sozialer Rechtsstellung finden sich in Palästina noch lange, nachdem die israelitischen Stämme seßhaft geworden sind und den „Hebräer"-Zustand überwunden haben (1. S. 14, 21). Da somit der Ausdruck „Hebräer" als Volksbezeichnung mißverständlich ist, wird der Begriff „Hebräisch" nur für die Sprache gebraucht. Die Träger dieses Idioms dagegen bezeichnen wir als Israeliten bzw. als Nordisraeliten und Judäer für die vorexilische Zeit, für die nachexilische Epoche aber als Juden.

§ 2. Die semitischen Sprachen

1. Hebräisch gehört zu einer Gruppe flektierender Sprachen, die von Mesopotamien bis zum Mittelmeer, vom armenischen Hochland bis zur Südküste Arabiens heimisch ist und sich durch Eroberung und Siedlung über Teile von Europa

---

[1]) A. Alt (S. Moscati), Hebräer. In: RGG[3] III, 105f. (Lit.).

und besonders Afrika für dauernd oder vorübergehend verbreitet hat. Diese Sprachfamilie heißt seit A. L. Schlözer[1]) nach Gn. 10, 11 semitisch; die Träger des sem. Sprachtypus bezeichnet man als Semiten[2]).

2. Bereits in der Mittelsteinzeit, im Natufium und damit vor rund 10000 Jahren, hausten in Palästina schlanke und langschädelige Menschen, die mit den kupfersteinzeitlichen Bewohnern von Byblos (um 3400 v. Chr.) und solchen des vordynastischen Ägypten (um 3000) verwandt sind[3]). Sie stellen offenbar den, allerdings infolge ungünstiger Lebensbedingungen noch kleinwüchsigen Prototyp der sog. orientalischen Rasse dar, die — soweit sie sich nicht z. B. mit der armenoiden Bevölkerung Vorderasiens vermischt hat — in historischer Zeit dem Semitentum das Gepräge verleiht. Dieser Befund spricht für die Annahme, daß die Semiten in Syrien zu Beginn der für uns erfaßbaren Geschichte auf eine lange Ahnenreihe zurückblicken können[4]). Wir bezeichnen die Verbände, die um 3000 in Syrien wohnten, als Altwestsemiten. Von ihnen sonderte sich wahrscheinlich um diese Zeit die Gruppe ab, die im östlichen Nildelta ihren noch heute erkennbaren Beitrag zum Äg. geliefert hat[5]). Auch im Zwei-

[1]) Vgl. J. G. Eichhorn, Repertorium für biblische und morgenländische Litteratur VIII (Leipzig 1781), 161.

[2]) B. Spuler, Ausbreitung der sem. Sprachen. In: HO III 1, 25—31.

[3]) D. A. E. Garrod, D. M. A. Bate, The Stone Age of Mt. Carmel I (Oxford 1937); W. F. Albright, Von der Steinzeit zum Christentum (Bern 1949), 129; G. E. Wright, The Archaeology of Palestine. In: Albright-Festschr., 78; 102, Anm. 15.

[4]) Die bisher ältesten literarischen Andeutungen aus Ägypten (etwa 2350—2200) machen zumindest wahrscheinlich, daß diese Semiten schon lange vor den Amurritern im Lande gesessen haben; S. Moscati, The Semites in Ancient History (Cardiff 1959), 82, Anm. 14.

[5]) E. Zyhlarz, Ursprung und Sprachcharakter des Altäg. Zs. für Eingeborenensprachen 23 (1932/33), 241—254; A. Scharff-

stromland ist wohl schon seit vorgeschichtlicher Zeit mit einer sem. Bevölkerungskomponente zu rechnen. Sprachlich gesehen, müssen die Sumerer bei ihrer Landnahme kurz vor 3000 auf eine teilweise sem. Vorbewohnerschaft gestoßen sein. An dem Siedlungsgebiet dieser Semiten, das sich von Kisch, der Vorläuferin Babylons, euphrataufwärts nach Nordwesten erstreckte, scheint ihre volksmäßige Expansionskraft — unbeschadet ihrer politisch-kulturellen Hegemonie — zum Stehen gekommen zu sein[1]). In diesem Falle sprechen wir von Ostsemiten oder — entsprechend dem ersten sem. Großreich der Sargoniden (etwa 2350—2150) — von Akkadern.

Daneben lebten seit je Semiten als Halbnomaden in den Randgebieten der syr.-arab. Wüste. Sie standen durch Weidewechsel mit dem Kulturland in Verbindung; die Wüste Arabiens haben sie sich als Vollnomaden wohl erst untertänig machen können, nachdem etwa um 1200 das Kamel domestiziert worden war. Der diesen Verbänden innewohnende Drang nach dem Acker- und Weideland des „Fruchtbaren Halbmondes" führte seit dem Ende des 3. Jts. zu drei langanhaltenden Invasionswellen, die sprachgeschichtlich insofern Bedeutung haben, als mit ihnen jeweils einzelne große Dialektgruppen zur Herrschaft gelangten. Im Rahmen der ersten, sog. amurritischen Welle (etwa 2000—1700) gaben zwar im Osten die Zuwanderer — trotz Überlegenheit — ihre Sprache zugunsten des Akkad. auf, aber in Syrien behielten sie ihr angestammtes Idiom bei, das man mit Recht noch als altwestsem. ansieht[2]), wenngleich nicht übersehen

A. Moortgat, Ägypten und Vorderasien im Altertum² (München 1959). 15—18 [A. Scharff].

[1]) H. Schmökel, Geschichte des Alten Vorderasien. HO II 3, 7f.; S. N. Kramer, The Sumerians (Chicago 1963), 41—43.

[2]) W. J. Moran, The Hebrew Language in Its Northwest Semitic Background. In: Albright-Festschr., 57, mit Bezug auf A. Caquot, Annales archéologiques de Syrie I (Damascus 1951), 216.

werden darf, daß sich in ihm bereits jungwestsem. Züge abzeichnen. Die jungwestsem.-aram. Welle (etwa 1400—900) führte das Aram. herauf, das seit dem 8. Jh. zunehmend die Vorherrschaft gewann, im Perserreich (539—330) Amtssprache Vorderasiens war und als Gemeinsprache — durch die griech. Koine nur in den Städten beeinträchtigt — erst seit dem 7. Jh. n. Chr. vom Arab. abgelöst worden ist. Bereits im 9. Jh. v. Chr. machten sich die Araber bemerkbar; aber erst nach jahrhundertelangen Unterwanderungen des Kulturlandes in nachchristl. Zeit hat die arab. Welle seit Mohammed zur absoluten Vorherrschaft des Arab. unter den sem. sprechenden Völkern geführt[1]).

3. Die Klassifikation der rein sem. Idiome ist gegenwärtig strittig. Im folgenden ist eine geographische Gliederung verwendet, die phonetische Gemeinsamkeiten und teilweise auch Verwandtschaft in Wortbildung und Flexion einschließt, jedoch gegenseitige Wechselbeziehungen zwischen den so entstehenden Gruppen völlig offen läßt[2]). Danach unterscheidet man eine ostsem., eine nordwestsem. und eine südsem. Gruppe. Ostsemitisch wird durch Akkadisch mit den beiden Dialekten Babylonisch und Assyrisch dargestellt. Infolge frühzeitiger Absonderung und der Symbiose mit dem Sumerischen hat es eine eigene Entwicklung durchlaufen[3]). Dem Ostsemitischen stehen Nordwestsemitisch und Südsemitisch gegenüber, die ihre höhere Einheit im Westsemitischen finden. Zum Nordwestsemitischen[4]) gehören Kanaanäisch (§ 4) und das jüngere Aramäisch. Letzteres ist in vorchristl. Zeit im wesentlichen einheitlich,

---

[1]) W. v. Soden, Semiten. In: RGG³ V, 1690—1693.

[2]) E. Hammershaimb, Semitische Sprachen. In: RGG³ V, 1694—1696.

[3]) W. v. Soden, Akkad. Grammatik.

[4]) G. Garbini, Il semitico.

später ist es in West- und Ostaramäisch gespalten[1]). Von beiden Zweigen gibt es moderne Restdialekte. Die südsem. Gruppe teilt sich a) in Nordarabisch, das inschriftlich seit dem 4. Jh. n. Chr. und als Schriftsprache seit dem 6. Jh. belegt ist und sich außer in der Hochsprache in zahlreichen Vulgärdialekten fortsetzt[2]); b) in Südarabisch, die Sprache vor allem der sich bis zum 6. Jh. n. Chr. erstreckenden sabäischen und minäischen Inschriften[3]); c) in Abessinisch, wovon Geʿez, Äthiopisch, die Kirchensprache darstellt. Auch Südarab. und Abessinisch leben in modernen Dialekten nach[4]).

4. Das Ägyptische mit der Fortsetzung im Koptischen hat, wie bereits erwähnt, eine sem. Komponente. Diese tritt, abgesehen von einem Teile des Wortschatzes, besonders beim sog. Pseudopartizipium hervor, das offensichtlich die westsem. Afformativkonjugation auf einer Stufe voraussetzt, wo letztere noch eng mit dem akkad. „Permansiv" bzw. „Stativ" zusammenhing[5]). Darüber hinaus besteht eine sem.-ham. Urverwandtschaft, wenngleich es in der Forschung strittig ist, wieweit dieselbe in den historischen Sprachen noch erkennbar ist[6]). Des weiteren gehören Indogerm., Sem. und Ham. insofern zusammen, als sie sich durch Nomi-

---

[1]) F. Rosenthal, Die aramaistische Forschung (Leiden 1939); C. Brockelmann, Das Aram. einschließlich des Syr. In: HO III 2/3, 135—162.

[2]) C. Brockelmann, Das Arab. und seine Mundarten. In: HO III 2/3, 207—245.

[3]) M. Höfner, Das Südarab. der Inschriften und der lebenden Mundarten. Ebd., 314—341.

[4]) E. Littmann, Die äth. Sprache. Ebd., 350—375.

[5]) E. Edel, Altäg. Grammatik I, § 570—596; H. Kees, Altägypt. In: HO I 1, 68—72.

[6]) Vgl. die durch O. Rößler, Verbalbau und Verbalflexion in den semito-hamitischen Sprachen. ZDMG 100 (1950), 461—514, ausgelöste Diskussion. Zur Lit. s. S. Moscati (oben S. 13, Anm. 4), 19—22.

nal- und Verbalflexion von allen übrigen Sprachen der Menschheit unterscheiden.

§ 3. Gemeinsemitisch

1. Die sem. Sprachen weisen so starke Verwandtschaft untereinander auf, daß man trotz der meist vokallosen Überlieferung ziemlich leicht ein gemeinsem. Sprachgut herausarbeiten kann. An diesem Gemeinsem. haben die Einzelsprachen ihren mehr oder weniger individuell ausgeprägten Anteil, und es trägt wesentlich zu deren Verständnis bei, wenn man in den Grundzügen um die Gemeinsamkeiten Bescheid weiß. Bei dem Bemühen, den Zusammenhang der verschiedenen sem. Sprachen genetisch zu verstehen, hat man aus dem Gemeinsem. ein Ursem. als Stammidiom für alle historisch erfaßbaren Sprachen rekonstruieren wollen. Aber alle derartigen Versuche müssen bei dem zur Verfügung stehenden Quellenmaterial als gescheitert angesehen werden, da es wohl bei den Semiten ebensowenig wie in anderen großen, später sich auseinander entwickelnden Völkerverbänden jemals eine gemeinsame Umgangssprache, sondern — entsprechend ihrer gesellschaftlichen Aufgliederung — immer nur Dialekte gegeben hat, die durch einen bestimmten Grundtypus gekennzeichnet waren.

2. Im folgenden seien einige Hauptmerkmale der sem. Sprachen aufgeführt, die zwar nicht alle genuin sem. sind, die aber, da sie zusammen auftreten, dem Sem. das typische Gepräge geben[1]).

a) Sieht man von den einzelsprachlichen Veränderungen ab, die — wie im Akkad. — nicht selten auch ethnisch bedingt sein können, so fällt das Sem. durch seine Laryngale

[1]) G. Bergsträßer, Einführung in die sem. Sprachen (München 1928), 3—19; B. Spuler, Der sem. Sprachtypus. In: HO III 1, 3—25.

ʾ, *h*, *ḥ*, und ʿ auf, wovon ʿ außerhalb des Sem.-Äg. nur sehr selten, *ḥ* anscheinend gar nicht belegt ist; desgleichen durch velares *q* und die velarisierten Laute *ṭ*, *ṯ̣*, *ṣ* und *ḍ*. Diese Laute und, in Verbindung hiermit, die eigenartig tiefe Sprechbasis geben dem Sem. einen dumpfen Klang.

b) Nach sem., bereits den ältesten Alphabet-Texten zugrunde liegender Auffassung haftet der Begriff eines Wortes am Konsonanten. Der Vokal verleiht dem Konsonanten lediglich seine „Schwingung" und dient mit zur näheren Bestimmung der Wurzelbedeutung im Sinne des Einzelbegriffs. Als Grundlaute im Sinne sonantischer Grenzwerte begegnen schon in den ugar. Tontafeln drei Vokale *a*, *i*, *u* bzw. *ā*, *ī*, *ū*. Diphthonge als Verbindung mehrerer Vokale kann es demnach nicht geben. Der Diphthong *aw (au)* oder *ay (ai)* ist stets eine Verbindung von Halbvokal mit heterogenem Vokal. Das Vorherrschen der Konsonanten hat sich erst im Laufe der vorgeschichtlichen Entwicklung herausgebildet. Die Substantive lassen teilweise eine ältere Stufe erkennen, wo der Vokal, wie etwa im Indogerm., noch gleichberechtigt neben dem Konsonanten steht.

c) Die Wurzeln bestehen meist aus drei Konsonanten oder Radikalen (*qtl* = I *q*, II *t*, III *l*), ausgenommen Pronomina, echte Partikeln und altertümliche Substantive. Ältere zweiradikalige Wurzeln nehmen bei langem mittleren Vokal einen dritten Konsonanten als mittleren Radikal an (Stämme II *w*/*y*), oder sie verdoppeln — bei kurzem Vokal — den zweiten Wurzelkonsonanten (Stämme II gem.). Aus der Wurzel entsteht die Einzelform durch Vokalwechsel und Dehnung, innere konsonantische Vermehrung (Verdoppelung bzw. Dehnung und Infigierung) sowie durch Antritt von Prä- und Afformativen. Mangels echter Präpositionen fehlen nominale und verbale Komposita.

d) Beim Tätigkeitswort ist primär verbal die Präformativkonjugation, traditionell als „Imperfektum" bezeichnet.

Flektiert wird sie durch Prä- und Afformative. Im Akkad. ist sie in ein „Präteritum" oder „Punktual" *(iprus)* und ein „Präsens" oder „Durativ" *(iparras)* gespalten. Hatte bisher dieses Präs. nur im äth. Ind. *yeqáttel* neben dem Juss. *yéqtel* eine westsem. Entsprechung, so scheint neuerdings das Ugar. neben dem Prät./Juss. *yaqtul* und dem Narr. *yaqtulu* auch ein Präs. bzw. einen Durativ *yaqattalu* zu bieten. Allerdings erlaubt die ugar. Konsonantenschrift keinen bindenden Schluß. Dagegen bieten die Mari-Texte einige Male die akkad. Subj.-Form *iparrasu* synt. fehlerhaft oder zumindest auffallend, was sich leicht daraus erklärt, daß der amurritische Schreiber unter dem muttersprachlichen Einfluß von westsem. gleichlautendem, jedoch bedeutungsverschiedenem *yaqattalu* stand[1]). Damit dürfte für das Altwestsem. die Existenz der Form *yaqattalu* erwiesen sein; in der Tat begegnen im Hebr. unter Einschluß des Sam. mit seinem altwestsem. Substrat *yaqattalu*-Bildungen bis hinein in die Texte von Qumran[2]). Erst im Jungwestsem. — so in der Hauptschicht des Hebr., ferner gänzlich im Phön., Aram. und Arab. — ist altes *yaqattalu* entweder geschwunden oder im Intensiv unter analogischer Bildung der fehlenden Formen aufgegangen.

Gegenüber dem Akkad. unterscheidet sich die westsem. Präformativkonjugation dadurch, daß sie — abgesehen vom Prät./Juss. *yaqtul* — nur subjektive Zeitstufen (Vergangenheit, Gegenwart, Zukunft) sowie einen konstativen (Punktual) und einen kursiven (Durativ) Aspekt kennt, darüber hinaus aber als Modi im eigentlichen Sinne des Wortes den

---

[1]) W. J. Moran (oben S. 14, Anm. 2), 65f., in Auseinandersetzung mit A. Finet, L'accadien des lettres de Mari (Brüssel 1956), 262 (§ 91f).

[2]) R. Meyer, Spuren eines westsem. Präs.-Fut. in den Texten von Chirbet Qumran. In: Eißfeldt-Festschr., 118—128; ders., Das hebr. Verbalsystem. SVT VII. 309—317.

„Indikativ“ oder „Narrativ“ *yaqtulu*, den „Subjunktiv“ oder „Finalis“ *yaqtula* und den „Energicus“ *yaqtulan(na)* entwickelt hat. Für die beiden ersten Modi wird im folgenden nur noch die Bezeichnung „Narrativ“ und „Finalis“ angewendet.

Die Afformativkonjugation oder das „Perfektum“ *qatila*, *qatula*, *qatala* stellt von Haus aus die Verbindung eines statischen bzw. Zustandsverbums oder eines Adj. mit einem enklit. Personalpronomen dar. Sie begegnet in ihrer reinen Form im akkad. „Permansiv“ oder „Stativ“ (*ḫalqāku* „ich bin abgängig“), zeigt ihren statischen Charakter noch sehr stark im Ugar. und wiederholt sich in der syr. Partizipialkonjugation. Im Westsem. liegt insofern eine Weiterentwicklung vor, als hier die statische Afformativflexion in Gestalt der fientischen Bildung *qatala* auch auf den Vorgang ausgedehnt worden ist. Damit war der Ansatz dafür geschaffen, daß in der Folge afformatives *qatala* zunehmend als Punktual vor allem in präteritaler Funktion gebraucht werden konnte und damit zum Prät./Juss. *yaqtul* und zum Narr. *yaqtulu* in Konkurrenz trat.

Ein besonderes Kennzeichen des Verbums sind die zahlreichen Stammesmodifikationen: Aktiv, Passiv (westsem.), Medium, Reflexiv, Intensiv, Konativ, Kausativ. Sie verleihen der Sprache bei Konzentration im Ausdruck eine Fähigkeit zu feiner Nuancierung.

e) Man unterscheidet beim Pronomen, Verbum und Nomen zwei Genera, Maskulin und Feminin, dieses weithin als Neutrum gebraucht; dazu die drei Numeri Singular, Dual und Plural.

f) Das Nomen verfügt im Sg. über drei Kasus: den Nom. als Subjektskasus auf *-u*, den adnominalen Gen. auf *-i* und den adverbalen Akk. auf *-a*. Im Du. und Pl. begegnen ein Casus rectus auf *-ā* bzw. *-ū* und ein Casus obliquus auf *-ay* bzw. *-ī*. Steht das Nomen isoliert, so erscheint es im „Status absolutus". In Verbindung mit einem folgenden Gen. steht das Nomen in einer kürzeren Form, dem „Status constructus".

Eine Determination, d. h. eine unserem Artikel entsprechende Näherbestimmung, begegnet altsem. nur gelegentlich; hierfür wird im Akkad. — *šarrum-ma* „der König"[1]) — und Ugar. —*'*ilu-ma* „der Gott"[2]) — das an sich mehrdeutige Enklitikum *-ma* gebraucht. Später bezeichnet man das determinierte Nomen durch ein proklit., zuweilen auch durch ein enklit. (so im Aram.) Deuteelement. Im ersteren Fall spricht man vom „Artikel", in letzterem vom „Status emphaticus" oder „Status determinatus".

g) Abgesehen vom Akkad., das ein adj. Possessivpronomen kennt, gibt es nur subst. Fürwörter. Das selbständige Pronomen begegnet in der Regel nur im Nom.; doch findet sich auch selbständiger Gen./Akk., so im ugar. **huwati* und akkad. *šuati* „seiner"/„ihn". Zur Kennzeichnung des Attribut- oder Objektverhältnisses geht das Pronomen in einer enklit. Form als Suffix mit seinem Beziehungswort eine feste Verbindung ein; Gen.- und Akk.-Suffixe haben zuweilen verschiedene Gestalt.

h) Die Zahlwörter, außer den Adjektiven für „eins" und „zwei", sind Substantive. „Zwanzig" ist wohl ursprünglich Du. von „zehn", „dreißig" bis „neunzig" sind Plurale von „drei" bis „neun" und zeigen dekadisches Prinzip. Die Zahlen von „drei" bis „zehn" disgruieren mit dem Beziehungswort, zu einem M. tritt ein f. Zahlwort und umgekehrt. Bei den übrigen Zahlen steht der gezählte Gegenstand teils appositionell im entsprechenden Kasus, teils im Akkusativ.

i) Die Syntax ist ihren Grundzügen nach einfach. So steht im attributiven Verhältnis zweier Substantive, der Gen.-Verbindung, an erster Stelle das regierende Nomen im St.

[1]) W. v. Soden, Akkad. Grammatik, §§ 38 h; 123.
[2]) J. Aistleitner, Wörterbuch, Nr. 1494.

cstr. (regens), während ihm das regierte Nomen (rectum) im Gen. und St. abs. folgt. Beide bilden zusammen eine Akzenteinheit. Man unterscheidet ferner den Nominalsatz, von Haus aus ohne die Kopula „sein" und mit der durchschnittlichen Reihenfolge Subjekt — Prädikat, vom Verbalsatz, bei dem das Verbum meist am Anfang steht. Bei dieser Verbstellung begegnet oft Disgruenz zum folgenden Subjekt. Im Satzgefüge herrscht die Parataxe. Den Übergang zur Hypotaxe bilden die einführungslosen Nebensätze, die noch in der durchgebildeten arab. Syntax begegnen. Der Relativsatz steht teils parataktisch neben seinem Beziehungswort, teils auch im ideellen Gen.-Verhältnis; vgl. akkad. *awāt iqbū* „das Wort, [das] er sagte". Im übrigen aber gehen die Einzelsprachen in der Syntax weithin eigene Wege.

3. Von allen Idiomen hat das Arab. den Charakter des Sem. bis zur höchsten Stufe entwickelt. Es hat den ursprünglichen Lautstand am reinsten bewahrt und das Wesen des Sem. trotz einem gewissen, im Systemzwang begründeten Schematismus zu vollendetem Ausdruck gebracht. Ohne das Arab. kann man weder den sem. Grundtypus erfassen noch eine Einzelsprache verstehen. Eine besondere Bedeutung hat es für die hebr. Grammatik deshalb, weil die arab. Grammatik für die mas. Tätigkeit von grundlegender Bedeutung geworden ist. Daneben hat freilich die neuere Forschung gezeigt, daß man das Arab. nicht unbesehen zum Maßstab für Sprachgeschichte und Sprachvergleichung nehmen darf. Für das Verständnis des teilweise altertümlicheren Hebr. wird man daher weitgehend das Akkad. — trotz seiner frühzeitigen Sonderentwicklung — und die altwestsem. Dialekte Syriens heranzuziehen haben.

§ 4. Kanaanäisch

1. Ebensowenig wie über die Gruppierung der sem. Idiome im großen Rahmen der Sprachfamilie (§ 2, 3) herrscht Einig-

keit darüber, wieweit sich die vor- und nichtaram. Dialekte Syriens zu einer höheren Einheit, d. h. zu einer „Sprache" zusammenfassen lassen. Die im folgenden zu nennenden altsyr. Dialekte oder auch Mundartengruppen besitzen jedoch Eigenschaften, die sie ganz oder teilweise gemeinsam haben und durch die sie sich vom aram. Sprachtypus unterscheiden; daher erscheint es noch immer als berechtigt, von „kanaanäischen" Dialekten und damit von der „kanaanäischen Sprache" als deren Oberbegriff zu reden, wobei selbstverständlich Sonderentwicklungen der einzelnen Mundarten — eventuelle Gemeinsamkeiten mit dem Aram. eingeschlossen — von vornherein in Rechnung gestellt sind.

2. Trotz der epochemachenden Entdeckungen in neuerer Zeit wissen wir über die kan. Mundarten nur zum kleinsten Teile Bescheid. Was hiervon gegenwärtig greifbar ist, verteilt sich auf Syrien folgendermaßen:

a) Nordkanaanäisch. Sieht man von den amurritischen Namen z. B. im nordsyr. Alalach ab, die der Zeit Hammurabis (1728—1686) und dem 15. Jh. angehören[1]), so ist bisher das Ugaritische der einzige nordkan. Dialekt, von dem wir uns ein Bild machen können. Das Ugar. trägt seinen Namen nach der uralten, bis in die vorkeramische Jungsteinzeit (7./6. Jt.) zurückreichenden Hafenstadt Ugarit, die — bezeugt z. B. in den Korrespondenzen von Mari (18. Jh.) und Amarna (14. Jh.) — im 2. Jt. eine höchst bedeutende Industrie- und Handelsmetropole darstellte. Die 1929 begonnenen, nach der Unterbrechung durch den Krieg wiederaufgenommenen und heute noch keineswegs abgeschlossenen französischen Grabungen haben Tontafeln in alphabetischer Keilschrift zutage gefördert, die vorwiegend der letzten Hochblüte Ugarits im 14. Jh. angehören. Diese Texte bieten einen altnordwestsem. Dialekt, der Beziehungen zum Amur-

[1]) D. J. Wiseman, The Alalakh Tablets (London 1953); hierzu W. J. Moran (oben S. 14, Anm. 2), 67, Anm. 16f.

ritischen der Mari-Tontafeln, zum Phön. und Hebr. aufweist, ohne mit einer dieser Mundarten identisch zu sein. Wertvoll ist das Ugar. für die Hebraistik vor allem, weil es einerseits in das Altwestsem. der voramurritischen Periode zurückführt, anderseits die Entwicklung zum Jungwestsem. nur teilweise mitgemacht hat[1]). Seit dem Untergang des Stadtstaates von Ugarit in den Völkerstürmen um 1200 ist dieser archaische Dialekt nicht mehr greifbar.

b) Mittelkanaanäisch. Die kan. Mundartengruppe Mittelsyriens, zu der z. B. berühmte Städte wie das uralte Byblos, Sidon und Tyrus gehören, wird als Phönikisch bezeichnet; ihm entspricht das Punische in den phön. Kolonien vor allem Nordafrikas wie auch im übrigen Mittelmeerbereich[2]). Inschriftlich im Linearalphabet seit dem 11./10. Jh. belegt, begegnet das Phön. in pun. Gestalt noch in den ersten Jhn. n. Chr. In das 14. Jh. v. Chr. führen einige, allerdings sehr wertvolle Andeutungen in den Amarna-Briefen; sie vermitteln hier und da einen Einblick in ein älteres Stadium des Dialektes von Byblos[3]). Von der original-phön. Literatur ist nichts mehr erhalten.

c) Südkanaanäisch. In der Amarna-Korrespondenz der äg. Könige Amenophis III. (1413—1377) und Amenophis IV. (1377—1358) mit den syr.-pal. Vasallenfürsten begegnen im Rahmen der akkad. abgefaßten Texte Kanaanis-

---

[1]) C. H. Gordon, Manual; PRU II; J. Aistleitner, Wörterbuch; A. Kuschke, H. Donner, O. Eißfeldt, Ugarit. In: RGG³ VI, 1100—1106 (Lit.); A. Jirku, Kan. Mythen und Epen aus Ras Schamra-Ugarit (Gütersloh 1962); Cl. F.-A. Schaeffer, Neue Entdeckungen in Ugarit. AfO 20 (1963), 206—215; ders. (Hrsg.), Ugaritica IV. Mission de Ras Shamra. Tome XV (Paris 1962).

[2]) Z. S. Harris, A Grammar of the Phoenician Language (New Haven 1936); J. Friedrich, Phön.-pun. Grammatik; KAI I, 1—32.

[3]) W. J. Moran (oben S. 14, Anm. 2), 57—65; J. Deshayes, Byblos. In: RGG³ I, 1557f. (Lit.).

men und kan. Glossen von altertümlichem Charakter; z. B. *'abadat* (EA 288, 52: Jerusalem), vgl. hebr. אָבְדָה *'åbedå* „sie ist verloren" und juss. *yazkur-mi* (EA 228, 19: Hazor), vgl. hebr. יִזְכֹּר *yizkor* „er gedenke doch". Diese Texte, von denen überdies der eine oder andere Brief zum Teil kan. abgefaßt ist, weisen auf ein Idiom hin, bei dem man fragen kann, ob es als selbständiger Dialekt oder als vorhebr. anzusehen ist. In Anbetracht dessen, daß das Hebr. eine landesgebundene Mundartengruppe darstellt (§ 5, 3), wird im folgenden das Kan. der Amarna-Briefe, soweit es den pal. Raum als das Siedlungsgebiet Israels voraussetzt, als Vorhebräisch bezeichnet. Weiterhin gehört zum Südkan. das Hebräische (§ 5) als die für uns bedeutsamste Dialektgruppe, die seit dem 11. Jh. quellenmäßig in Erscheinung tritt. Des weiteren ist das Moabitische zu erwähnen. Für diesen ostjordanischen Nachbardialekt des Hebr. liegt nur die Inschrift des Königs Mesa (um 850; vgl. 2. R. 3, 4—27) vor[1]). Das Moab. berührt sich in seinen Abweichungen vom Hebr. teils mit dem Phön., teils geht es eigene Wege. Vom Ammonitischen und Edomitischen haben wir bislang nur Spuren.

3. Aus der inneren Entwicklung des Kan. seien einige Hauptmerkmale, die für das geschichtliche Verständnis des Hebr. bedeutsam sind, angeführt:

a) Lautverschiebung. Mit dem Akkad., zum Teil auch mit dem Äth., haben die kan. Dialekte den Übergang der altsem. dentalen Spiranten *ḏ* und *ṯ* sowie *ḏ̣* und *ṯ̣* zu den S-Lauten *z*, *š* und *ṣ* gemein. Im Ugar. sind diese Laute im wesentlichen noch erhalten. Nur *ḏ* ist, wenngleich nicht vollständig, wie im Aram. zu *d* verschoben, und *ṯ* wurde auf der Spätstufe (14. Jh.) bereits ganz oder teilweise als *š* gesprochen, wie aus der ugar.-akkad. ABC-Tafel PRU II 189 her-

[1]) KAI I, 33.

vorzugehen scheint. Weiterhin fallen die ugar. noch unterschiedenen Laryngale und Velare *ḥ* und *ḫ*, ʿ und *ġ* zu *ḥ* und ʿ zusammen. Allerdings handelt es sich hierbei um einen langen Prozeß, der sich im Hebr. teilweise bis in hell.-röm. Zeit erstreckt (§ 22, 3). Außerdem gilt als kan. Kennzeichen der Wandel von betontem *ā* zu *ō*. Er begegnet jedoch noch nicht im Ugar., und in den übrigen Dialekten hat er sich keineswegs in dem Maße wie im Phön.-Pun. durchgesetzt. Dies gilt besonders für das Hebr. mit seinem Nebeneinander von *a*- und *o*-Vokalismus[1]) (§ 23, 1a).

b) Das Nomen. Während das Ugar. noch die volle Kasusflexion kennt, gehen späterhin die Sg.-Endungen verloren; im Du. und Pl. schwindet der Casus rectus und der Casus obliquus übernimmt seine Funktionen mit.

c) Das Verbum. Das Altkan. verfügt nach Ausweis des Ugar. über eine synt. abgerundete Präformativkonjugation. Als erzählender Modus, der alle Zeitstufen umfaßt und vorwiegend als konstativer Aspekt (Punktual) anzusprechen ist, fungiert der Narr. *yaqtulu*, daneben der Finalis *yaqtula* und höchstwahrscheinlich der Durativ *yaqattalu* (vgl. § 3, 2d) mit vorwiegend Präs./Fut.-Bedeutung, während der Energ. I (und II) terminativ und verstärkend gebraucht wird. Hierzu kommt altes *yaqtul* als Prät./Juss. sowie der Imp./Inf. *qtul*/*qutl*. Für sich steht der nominale Stativ zur Bezeichnung des Zustandes. Mit dem zunehmenden Aufkommen des fientischen *qatala* vor allem in punktual-präteritaler Funktion ändert sich die Struktur des Verbalsystems. Zunächst scheint es überhaupt gestört zu sein; dieses Stadium vermitteln offenkundig die ugar. Texte (§§ 100, 1. 2 a; 101, 1). Allmählich kristallisiert sich das jungwestsem. Schema heraus: Afformatives *qatala* tritt weitgehend an die Stelle von präteritalem *yaqtul* und übernimmt vom Narr.

[1]) R. Meyer, Bemerkungen zu den hebr. Aussprachetraditionen von Chirbet Qumran. ZAW 70 (1958), 39—48.

yaqtulu weithin die Vergangenheits-, nicht dagegen die präsentisch-futurischen Funktionen. Im wesentlichen zum Präs./Fut. reduziert, fällt letzterer mit durativem *yaqattalu* zusammen, das seinerseits morphologisch verschwindet (vgl. § 3, 2d). Damit ist das Nebeneinander von *qatala* als konstativem Aspekt oder Punktual mit vorwiegend präteritaler Funktion und *yaqtulu* als Durativ oder kursivem Aspekt mit hauptsächlich präsentisch-futurischer Funktion gegeben, das die weitere Entwicklung der gesamten verbalen Syntax auf jungwestsem. Sprachstufe bestimmt hat.

Von hier aus setzt seit dem Ende des 2. Jts. eine morphologische und synt. Vereinfachung des Verbalsystems ein, die am Ende dazu führt, daß der Punktual *qatala* sekundär zum Prät. wird, daß der Durativ *yaqtulu* einen Teil seiner kursiven Funktionen an das als finite Verbform gebrauchte Part. abtritt und nunmehr als Präs./Fut. unter Betonung der zweiten Funktion erscheint, und daß das Part. einen Durativ I für die Gegenwart und II (mit Hilfsverb) für die Vergangenheit bildet, womit ein dreigestuftes Tempussystem erreicht ist.

Freilich gehen hierbei die einzelnen Idiome ihre eigenen Wege. Für das Hebr. insbesondere gilt, daß sowohl *qatala* >*qāṭal* als auch *yaqtulu* >*yiqṭol* nicht ausschließlich als konstative und kursive Aspekte anzusprechen sind, sondern daß sie einen guten Teil ihrer älteren Funktionen beibehalten haben; hierzu kommt, daß das alte Prät./Juss. *yaqtul* sich bis weit in nachexilische Zeit als präteritales „Imperf. cons." *wayyiqṭol* erhalten hat und z. B. der Energ. zumindest morphologisch noch lange eine Rolle spielt.

§ 5. Geschichte des Hebräischen

1. Das Hebräische gliedert sich in drei Abschnitte: Althebr., Mittelhebr. und Neuhebr. der Gegenwart, das offiziell als „Ivrit" bezeichnet wird. Althebr., als Gegenstand dieser

Grammatik kurz „Hebr." genannt, umfaßt als Sprache des AT einen Zeitraum von etwa 1000 Jahren. Man unterscheidet eine ältere, bis etwa 500 v. Chr. reichende, und eine jüngere Sprachstufe. Letztere überschneidet sich in Sir. (um 190) und Qoh. mit dem Mittelhebr. Als Quellen sind außer dem AT zu nennen: der Bauernkalender aus Gezer (10. Jh.), die Ostraka von Samaria (8. Jh.), die Siloah-Inschrift aus Jerusalem und die Grabinschrift für Sebna (?), Hiskias Hausminister (vgl. Jes. 22, 15), aus Silwān bei Jerusalem (um 700), Siegel mit hebr. Aufschriften, die Ostraka von Lachis (um 600), Münzen, Krugstempel und beschriftete Gewichte[1]). Zu diesen Kleintexten kommt als zugleich ältester sem. Papyrus das jud. Palimpsest Mur. 17 aus dem 8./7. Jh., das ein Brieffragment und einen kurzen Wirtschaftstext enthält[2]).

2. Von besonderer Bedeutung für die Geschichte des Hebr. sind die in der Wüste Juda nahe dem Toten Meere gefundenen Handschriften auf Leder und Papyrus, Ostraka und Graffiti aus der Zeit zwischen dem 3. Jh. v. Chr. und dem 2. Jh. n. Chr. An Hauptfundstätten seien genannt: Qumran[3]), wo in 11 Höhlen mehr als 500 meist fragmentarische biblische und andere literarische Texte (3./2. Jh. v. Chr. bis 1. Jh. n. Chr.) geborgen worden sind[4]), und Wadi Murabbaʿāt mit 5 Höhlen, die — abgesehen von dem bereits erwähnten Papyrus Mur. 17 — vor allem Bibelfragmente sowie Rechts- und Wirtschaftsurkunden (zumeist 2. Jh. n. Chr.), aber auch zwei Originalbriefe Simon ben Kosibas (Bar Kochba) enthielten. Neben diesen beiden jordanischen Fund-

---

[1]) F. M. Cross, jr., Epigraphik I. In: RGG³ II, 523—526 (Lit.); KAI I, 34—36.

[2]) DJD II, 93—100.

[3]) Zum Namen vgl. R. Meyer, Das Gebet des Nabonid. SAL 107/3 (Berlin 1962), 9, Anm. 9.

[4]) M. Burrows, Qumran 1. In: RGG³ V, 740f. (Lit.); R. Meyer, Qumran 3. Ebd., 742—745 (Lit.).

plätzen sei auf israelischem Gebiet Naḥal Ḥævær erwähnt, wo 1960 15 Briefe aus der Korrespondenz des Simon ben Kosiba und 1961 zahlreiche weitere Dokumente entdeckt wurden, die wertvolle Einblicke in die sprachlichen Verhältnisse Judäas um 130 n. Chr. vermitteln[1]).

3. Die Israeliten fanden bei ihrer Landnahme vom 14. bis 12. Jh. das Hebr. als landschaftsgebundenen Dialekt vor. Soweit sie — etwa in ihrer jüngsten, die Landnahme abschließenden Schicht — ein dem Altaram. verwandtes Idiom sprachen (vgl. Dt. 26, 5), gaben sie ihre Muttersprache auf, nicht ohne die „Sprache Kanaans" ihrerseits zu beeinflussen. So setzt zwar das Hebr. einerseits den in der Amarna-Korrespondenz belegten Wandel von *ā* zu *ō* in langer Drucksilbe (§ 4, 3a) voraus, anderseits erscheint *ā* z. B. in *qām* „stehend" neben seltenerem, phön. Vokalismus[2]) entsprechendem *qōm* (2. R. 16, 7). Auch begegnet — wie im Moab. — zuweilen Diphthongierung bei kan. monophthongischen Bildungen; z. B. **bēt/bayt* „Haus", **yēn/yayn* „Wein" und **mōt/mawt* „Tod", wobei zu beachten ist, daß die samarischen Ostraka aus der 2. Hälfte des 8. Jhs. nur **yēn* kennen[3]).

4. Obwohl das Hebr. von Haus aus keinen homogenen Dialekt, sondern eine Mundartengruppe darstellt, haben sich im AT nur geringe Spuren von Dialektunterschieden erhalten. So sprachen nach Jdc. 12, 6 die Ephraimiten *š* als *ś* aus; auch die unterschiedliche Bildung des Infinitivs der Verben III *y* mögen dialektisch begründet sein. Weit mehr als die mas. Tradition zeigen die Qumran-Texte mundartliche Eigenheiten. So finden sich hier z. B. neben *hū* „er" und *hī* „sie" noch die alten Vollformen *hūʼā* und *hīʼā*, die ugar. und arab. *huwa* und *hiya* entsprechen. Außerdem bietet Qumran

---

[1]) C.-H. Hunzinger, Qumran 6. Ebd., 754—756 (Lit.).
[2]) J. Friedrich, Phön.-pun. Grammatik, § 168.
[3]) KAI I, 34.

eine Reihe von Bildungen, die im Sam. ihre Entsprechung haben, so daß hierdurch die sam. Aussprachetradition in völlig neuem Lichte erscheint[1]). Allerdings ermöglicht es die Spätstufe von Qumran nicht mehr, die stark gemischten Ausspracheformen dialektgeographisch mit Sicherheit aufzugliedern.

5. Trotz der traditionsgeschichtlich bedingten Vereinheitlichung im sprachlichen Ausdruck lassen sich Spuren der Entwicklung feststellen. Dabei gelten zunächst die oben aufgezeigten gemeinkan. Entwicklungslinien, anderseits zeigt sich, ebenso wie im Phön., zunehmender Einfluß des Aram.; allerdings ist nicht in jedem Fall leicht festzustellen, welche Erscheinung auf innersprachliche Entwicklung zurückzuführen ist, welche andere aber, abgesehen von ganz offenkundigen Fällen, auf aram. Einfluß zurückgeht. So kann die Vereinfachung im verbalen Gebrauch mit dem Verlust der Konsekutivtempora ebenso innersprachlich erklärt werden wie etwa die Auflösung der suff. Verbformen durch solche mit nachfolgender suff. Akk.-Partikel, zumal da bereits ugar. neben dem Akk.-Suff. zumindest in der 3. Sg. M. und F. selbständiges **huwati* und **hiyati* (§ 3,2 g) belegt ist. Das gleiche gilt von der Geschichte des Stiles, der in älterer Zeit knapp und gedrungen ist und späterhin breit und aufgelockert erscheint. Anderes wieder zeigt deutlich aram. Einfluß, so etwa, abgesehen von einzelnen Wörtern, die Inf.-Bildung im Grundstamm nach der aram. Form *maqtal* (§ 40, 4a), im Steigerungsstamm nach *qattālat* (§ 38, 5c), sowie die zunehmende Verwendung des Partizips.

6. Das Hebr. hat unter den Israeliten nur in vorexilischer Zeit geherrscht. Das in Mittel- und Nordsyrien seit der Jahr-

---

[1]) A. Murtonen, Vocabulary; ders. in: KG, 338—356 (Anhang II).

tausendwende dominierende und sich in den Großreichen mehr und mehr ausbreitende Aram. drang mit der assyr. und neubabyl. Herrschaft auch in Palästina vor. Mit dem Fall Samarias (721 v. Chr.) und Jerusalems (587) war der entscheidende Schritt in der Entwicklung getan. Das Aram. begegnet als Diplomatensprache um 701 (2. R. 18, 26) und um 600 in dem bisher ältesten aram. Papyrus, dem Bittgesuch eines philistäischen Stadtkönigs an den Pharao[1]). Es ist ferner die Sprache der jüd. Söldner von Elephantine, die spätestens zu Beginn des 6. Jhs. Palästina verlassen haben[2]), und das Idiom, in dem die auf Leder geschriebene Korrespondenz des persischen Satrapen Arsames abgefaßt ist (5. Jh.)[3]). Die Erhebung des Aram. zur Verkehrssprache im sem. Vorderasien durch die Achämeniden war nur der Abschluß der durch Assyrien angebahnten Entwicklung. Die Zweisprachigkeit führte zunehmend zur Vorherrschaft des Aram., während das Hebr. aus dem Alltag verdrängt wurde und sich zur Literatur- und Gebildetensprache entwickelte.

7. Die Herrschaft der aram. Gemeinsprache auch in den jüd. Teilen Palästinas führte jedoch nicht dazu, daß das Hebr. zur „toten" Sprache erstarrte. Vielmehr bildete sich in nachexilischer Zeit das Mittelhebr. heraus, bei dem man zwei Stufen unterscheidet: eine ältere, die z. B. durch Qoh., Tob., Sir. und die außerbiblischen Qumran-Texte verkörpert wird, sowie eine jüngere, die — vielfach auch als „Neuhebr."

---

[1]) KAI I, 51 (Nr. 266); R. Meyer, Ein aram. Papyrus aus den ersten Jahren Nebukadnezars II. In: Festschr. für F. Zucker (Berlin 1954), 253—262.

[2]) A. E. Cowley, Aramaic Papyri of the Fifth Century B. C. (Oxford 1923); E. G. Kraeling, The Brooklyn Museum Aramaic Papyri (New Haven 1953).

[3]) G. R. Driver, Aramaic Documents of the Fifth Century B. C. (Oxford 1954); ders., Aramaic Documents of the Fifth Century B. C., abridged and revised edition (Oxford 1957).

oder „Mischnisch" bezeichnet[1]) — bisher nur aus Mischna, Tosefta und den tannaitischen Midraschim bekannt war, die zu Anfang des 3. Jhs. n. Chr. redigiert worden sind. Die im gleichen Idiom abgefaßten Dokumente von Murabbaʿāt und Naḥal Ḥævær führen jetzt um ein Jh. zurück, und es scheint, als ob hierin ein jud. Dialekt vorliegt, der weit weniger in der althebr. Tradition steht, als dies noch beim älteren Mittelhebr. der Fall ist. Wenn dieses jüngere Mittelhebr. auch organisch gewachsen sein dürfte, so stellt es doch wohl keine „Volkssprache" im vollen Sinne des Wortes dar. Vielmehr zeigt die Statistik auf Grund der bisher bekannten Belege, daß es durchaus im Schatten des Aram. stand, von dem es nach Wortschatz und Grammatik stark beeinflußt ist, und daß man in Judäa, in dem es bodenständig war, außerdem in hell.-röm. Zeit die griech. Sprache verwendete. An dieser Dreisprachigkeit hat — unter Dominanz des Aram. — auch die religiös-nationale Welle unter Simon ben Kosiba nicht das geringste geändert[2]).

Vom 3. Jh. n. Chr. an tritt das Mittelhebr. mehr und mehr zurück. Das Aram. herrscht, wie das pal. und babyl. Traditionsgut zeigt, auch im akademischen Betrieb, bis es seit dem 7. Jh. n. Chr. dem Arab. erliegt. Aber die Blütezeit der islamischen Kultur bedeutet auch für das Hebr. ein Neuaufleben in Grammatik und Literatur und führt zu seiner endgültigen Fixierung. Im 13. Jh. setzt der Niedergang des Judentums ein; seitdem hat sich das Hebr. nicht mehr weiterentwickelt. Erst seit einem Menschenalter findet, unter zionistischem Einfluß, eine Neubelebung des Hebr. statt, das als „Ivrit" die Amtssprache des jungen Staates Israel darstellt.

---

[1]) K. Albrecht, Neuhebr. Grammatik (München 1913) = CLS V; M. Segal, A Grammar of Mishnaic Hebrew[2] (Oxford 1958).

[2]) DJD II, 69f.; hierzu R. Meyer, Der gegenwärtige Stand der Erforschung der in Palästina neugefundenen hebr. Handschriften: 47. Die vier Höhlen von Murabbaʿāt. ThLZ 88 (1963), 24f.

8. In der Überlieferung des AT ist streng zu unterscheiden zwischen dem Konsonantentext auf der einen und der Ausspracheüberlieferung auf der anderen Seite; man vgl. etwa den Konsonantentext *r'š*, der *ra'š* zu lesen ist, mit der traditionellen Aussprache *rōš* „Kopf". Ein Vergleich der AT-Fragmente von Qumran (bis etwa 70 n. Chr.) mit denjenigen von Murabbaʿāt (um 130) zeigt, daß die Fixierung des Konsonantentextes im Rahmen der Reorganisation des Judentums unter den pharisäisch-hillelitischen Führern der Synagoge erfolgt ist. Lassen sich in Qumran z. B. für den Pentateuch noch drei Überlieferungsstränge nachweisen — ein proto-mas., ein proto-sam. und die eigenständige Vorlage für G —, so ergibt sich aus Murabbaʿāt, daß die Rabbinen unter Benutzung des bereits im 1. Jh. n. Chr. in Palästina dominierenden proto-mas. Typus und unter Ausscheidung der konkurrierenden Traditionen den AT-Text normativ festgelegt haben. Diesen vereinheitlichten Text, der keinen „Urtext", sondern eine „Rezension" darstellt, bezeichnen wir als „masoretischen Text" (MT). Da der auf Grund dogmatischer Reflexionen uniformierte Text sich in relativ kurzer Zeit im Gesamtjudentum durchsetzte, nimmt es nicht wunder, daß alle AT-Handschriften keinerlei tiefgehende Varianten mehr aufweisen[1]).

9. Anders steht es mit der Ausspracheüberlieferung, die bis ins 9. Jh. n. Chr. nicht normativ festgelegt war. Hier unterscheiden wir die Anwendung von Vokalbuchstaben, die bis ins 9., wenn nicht 10. Jh. v. Chr. zurückreicht[2]), den Gebrauch griech. und lat. Umschriften in hell.-röm. Zeit und schließlich die Punktation. Letztere läßt sich seit dem 6. Jh. n. Chr. im Judentum belegen; ihre Entwicklung und Proble-

[1]) R. Meyer (oben S. 28, Anm. 4), 742—745.

[2]) Cross-Freedman; R. Meyer, Die Bedeutung der linearen Vokalisation für die hebr. Sprachgeschichte. WZ Leipzig 2 (1953/1954), 85—94.

matik aufgezeigt und durch seine Pionierleistung eine breite, noch keineswegs abgeschlossene wissenschaftliche Diskussion ausgelöst zu haben, ist das bleibende Verdienst von P. E. Kahle[1]). Die Schriftgelehrten, die sich, abgesehen von der Überlieferung des Konsonantentextes, mit der Aussprache und Akzentuierung befaßten, bezeichnet man als Masoreten. Man unterscheidet die Masoreten des Ostens (Babylonien) von denen des Westens (Palästina). Das Vorbild für die Punktation haben die Ostsyrer (Nestorianer) gegeben (§10). Sowohl für Palästina wie für Babylonien lassen sich verschiedene Systeme unterscheiden. Die ältere pal. und babyl. Punktation stellen supralineare, d. h. Systeme mit Vokalzeichen über den Konsonanten dar. Sind die älteren Systeme sehr einfach und bezeichnen sie die Aussprache vielfach nur dort, wo Vokalbuchstaben fehlen, so beruhen die komplizierten Punktationen auf systematischen phonologischen, phonetischen und morphologisch-synt. Erwägungen, die den gottesdienstlichen Vortrag des heiligen Textes sowie seine dogmatische Eindeutigkeit endgültig sicherstellen sollten.

Unsere Grammatiken fußen auf dem komplizierten System der Masoreten von Tiberias, genauer auf der Vokalisation und Akzentsetzung der Masoretenfamilie Ben Ašer (BA), die sich durch fünf Generationen (Ende 8. bis Anfang 10. Jh.) verfolgen läßt und mit P. E. Kahle den Karäern zuzurechnen ist[2]). Eng verwandt mit ihr ist die Schule Ben Naftali (BN), von der wir nur wenig wissen[3]). Hierzu kommt jetzt eine dritte Richtung, deren Eigenständigkeit Sh. Morag

[1]) KG, 55—199.

[2]) Ebd., 82—119.

[3]) L. Lipschuetz, Kitāb al-Khilaf. Mishael ben Uzziel's Treatise on the Differences between Ben Asher and Ben Naphtali. In: Textus 2 (1962), 1—58 [hebr.]; A. Díez Macho, A new list of the so-called „Ben-Naftali“ Manuscripts, preceded by an inquiry into the true character of these Manuscripts. In: Driver-Festschr., 16f.

in Auseinandersetzung mit A. Sperbers verdienstvoller Ausgabe des berühmten Codex Reuchlinianus (R) zu den „Acht Propheten" (Jos. — Dodekapropheton) vom Jahre 1105 und anderer ihm verwandter Texte erwiesen hat[1]). Diese Schule steht, wie A. Díez Macho gezeigt hat, als „Pseudo-Ben Naftali" (PsBN) und „proto-tib." im Traditionszusammenhang mit der älteren pal. Punktation[2]). Die PsBN-Handschriften, in sich wiederum differenziert, waren nach Ausweis des span.-jüd. Grammatikers Menaḥem ben Saruq (um 960) im 10. Jh. weit verbreitet; ihre altertümliche Punktation gibt für die Vorgeschichte der BA-Masora wertvolle Aufschlüsse.

Daß innerhalb der tib. Überlieferung, die die babyl. Punktation verdrängt hat, BA für die Folgezeit maßgebend wurde, ist Maimonides (1135—1204) zu verdanken, der den BA-Kodex von Aleppo, den Aaron ben [Moše ben] Ašer (1. Hälfte 10. Jh.) zwar nicht selber geschrieben, wohl aber mit Vokalen und Akzenten versehen hat, zur Muster-Handschrift erklärte[3]). Freilich hat sich der BA-Text nicht rein durchgesetzt; der Normaltext in Gestalt des Textus receptus stellt vielmehr eine Mischform dar, in der zwar BA dominiert, doch daneben auch BN begegnet. Diesen Mischcharakter weisen alle seit 1477 vorliegenden Druckausgaben auf. Dies gilt besonders auch von der sog. „Zweiten Rabbinerbibel" von 1524/25, auf der die Textausgaben des 19./20. Jhs. — die zweite Auflage der von R. Kittel 1912 edierten Biblia Hebraica (BH) eingeschlossen — beruhen[4]). Als bisher für moderne wissenschaftliche Zwecke einzig brauchbare Ausgabe

[1]) Sh. Morag, The Vocalization of Codex Reuchlinianus: Is the „Pre-Masoretic" Bible Pre-Masoretic?. JSS 4 (1959), 216—237.

[2]) A. Díez Macho, (oben S. 34, Anm. 3), 2—26.

[3]) Yad ha-ḥazaqa. Hilchot sefer tora VIII, 4; I. Ben Zvi, The Codex of Ben Asher. In: Textus 1 (1960), 1—16; M. H. Goshen-Gottstein, The Authenticity of the Aleppo Codex. Ebd., 17—58.

[4]) KG, 139—151.

ist dieser Grammatik BH³ (1929—1937) zugrunde gelegt. Sie bietet mit der Handschrift B 19 A (L) der Shaltykow-Stschedrin-Bibliothek in Leningrad einen Text, der zwar nicht mit dem Musterkodex von Aleppo identisch ist, wohl aber auf Handschriften des Aaron ben [Moše ben] Ašer fußt, deren kleine Divergenzen sich noch aus den darin enthaltenen Korrekturen erkennen lassen. Dieser aus dem Jahre 1008 stammende Kodex hat gegenüber dem zu einem Viertel vernichteten Kodex von Aleppo, aber auch vor so wertvollen BA-Handschriften wie dem Kairoer Prophetenkodex des Moše ben Ašer von 895 oder dem alten Pentateuchfragment des Britischen Museums (Or. 4445) den nicht zu unterschätzenden Vorteil, daß er den gesamten AT-Text enthält; aus diesem Grunde wird er auch der im Gange befindlichen Neubearbeitung der BH zugrunde liegen, auf die im folgenden nach Maßgabe des Möglichen Bezug genommen wird[1]).

Erster Teil: Schriftlehre

§ 6. Zur Geschichte der Schrift

1. Nach ihrer Niederlassung in Palästina übernahmen die Israeliten im Rahmen des sich ihnen darbietenden kan. Erbgutes ein aus 22, teilweise mehrdeutigen Zeichen (z. B. Ṣade = ẓ und ṣ) bestehendes Konsonantenalphabet, das man zuweilen noch als „phönikisch“ bezeichnet, dem aber besser die Benennung „kanaanäisch“ zukommt. Den bisher ältesten inschriftlichen Beleg für die maßgebend gewordene Buchstabenform und linksläufige Schriftrichtung bieten drei beschriftete Pfeilspitzen aus al-Ḫaḍr, westlich Bethlehem, die ins 12. Jh. gehören. Mit dieser untersten zeitlichen Beleggrenze ist allerdings noch nichts über das tatsächliche Alter

[1]) Zur Einführung in die BH sei verwiesen auf: E. Würthwein, Der Text des AT² (Stuttgart 1963).

des kan. linearen Konsonantenalphabets ausgesagt. Frühformen für die hier begegnenden Linearbuchstaben finden sich in dem um 1800 anzusetzenden pal.-syr. Bilderalphabet und den proto-sinaitischen Schriftzeichen, die kan. Arbeiter oder Sklaven der äg. Türkis-Bergwerke auf der Sinai-Halbinsel um 1500 auf ihren Grabinschriften verwendeten[1]).

2. Das Prinzip der Konsonantenschrift geht wahrscheinlich auf die äg. Schreibkunst zurück; denn das Altäg. besaß 24 Einkonsonantenzeichen, die aus Phonogrammen gewonnen worden waren, die nur über einen starken Konsonanten verfügten[2]). Während aber die Ägypter diesen Ansatz niemals zu einem ausschließlich gebrauchten Alphabet systematisch ausbauten, richteten die Westsemiten — vielleicht auf Grund einer besonderen Begabung zu sprachlicher Abstraktion und Systematisierung — im Durchgangsland Syrien gerade hierauf ihr Augenmerk und sind so zu Erfindern des Alphabets als einer der größten Kulturtaten der Menschheit geworden. Zur Kennzeichnung der einzelnen Buchstaben bediente man sich der akrophonischen Methode; d. h. man wählte etwa für *b* das mit diesem Konsonanten beginnende Wort **bētu* (altkan.) bzw. **bēt* (phön.) mit dem entsprechenden Sinnzeichen in Gestalt eines Hausgrundrisses, das jedoch in der Folge zu dem Linearbuchstaben „Bet" abstrahiert wurde.

Für die Geschichte des kan. Alphabets ist das ugar. Keilschriftalphabet mit seinen 30 Konsonantenzeichen von wesentlicher Bedeutung. Dieses Alphabet, das 1930 von H. Bauer und E. Dhorme gleichzeitig entziffert wurde, fußt seiner Form nach nicht auf den äg. Hieroglyphen, sondern auf der akkad. Keilschrift. Allerdings zeigt die bereits erwähnte, 1955 entdeckte ugar.-akkad. Keilschriftsynopse PRU II

[1]) F. M. Cross, jr., The Evolution of the Proto-Canaanite Alphabet. BASOR 134 (1954), 15—24; ders. (oben S. 28, Anm. 1).

[2]) E. Edel. Altäg. Grammatik I, §§ 35f.; 109—146.

1891[1]), daß das ugar. Alphabet, das sporadisch auch in Palästina begegnet, lediglich auf der Technik der Keilschrift, nicht jedoch auf einzelnen akkad. Silbenzeichen fußt. Vielmehr sind die Buchstaben selbst frei erfunden, und sie scheinen — soweit die starre Form der Keile und Winkelhaken überhaupt einen Schluß zuläßt — teilweise am kan. Alphabet ausgerichtet zu sein. In der Tat ist das ugar. Tontafelalphabet jünger als letzteres; die erhaltenen ABC-Tafeln setzen nämlich nicht nur dessen Reihenfolge als bereits feststehend voraus, sondern sie weisen auch darauf hin, daß die ugar. Schreiber die kan. Buchstaben dort ergänzen wollten, wo einzelne Zeichen ein zu breites Lautband wiedergaben. Da nun aber die entsprechenden Buchstaben nirgends dort eingesetzt sind, wo sie phonetisch hingehören — z. B. steht *ġ* hinter *ṯ* statt hinter ʿ —, kann an dem sekundären Charakter des Keilschriftalphabets kein Zweifel sein. Hierzu kommt, daß es drei syllabische Zeichen enthält — Alef mit *a* am Anfang, Alef mit *i* und *u* am Schluß des ABC —, womit das Prinzip der reinen Konsonantenschrift nachträglich durchbrochen ist. Da nun das ugar. Alphabet im 14. Jh. längst eingebürgert war, muß es spätestens im 15. Jh. entstanden sein; daraus ergibt sich, daß das kan. Konsonantenalphabet um 1500, wahrscheinlich noch früher, nach Form und Reihenfolge bereits festgelegt war. Es muß also bei ziemlich frühzeitiger Abstrahierung seiner bilderschriftlichen Vorgänger in nicht allzu großem zeitlichen Abstand von der Erfindung des reinen Konsonantenprinzips entstanden sein, die kurz nach 2000 in Syrien erfolgt ist.

Das ugar. Alphabet hat die Stürme des 12. Jhs. nicht überstanden. Dagegen behauptete das kan. Konsonantensystem nicht nur in Syrien das Feld, vielmehr vermittelten die Phöniker um 800 den Griechen das von ihnen selbst einige

---

[1]) Oben S. 25.

Jhe. vorher übernommene kan. Alphabet. Letztere benutzten die Laryngalzeichen sowie die Buchstaben Waw und Yod konsequent zur Bezeichnung der Vokale und gaben damit dem Alphabet seine Vollendung (§ 9, 2). Durch griech. Vermittlung wurde es zur Mutter sämtlicher europäischer Schriftarten.

3. Unter den Israeliten war das kan. Alphabet vom 10. bis 6. Jh. im Gebrauch; es war die „Leuteschrift" (Jes. 8, 1), das „Demotische", in dem sämtliche bisher bekanntgewordenen Kleintexte aus jener Zeit abgefaßt sind. In dieser Funktion bezeichnet man es vielfach als „althebr.", doch entspricht die Benennung „hebr.-kan." besser dem geschichtlichen Sachverhalt. Darüber hinaus lebte die hebr.-kan. Schrift vom 6. Jh. v. Chr. bis zum 2. Jh. n. Chr. auch im Judentum fort. Münzen der persischen Tempelprovinz Jerusalem-Juda mit der Aufschrift **Yehud* (4. Jh.) sind ebenso hebr.-kan. abgefaßt wie die Prägungen der hasmonäischen Priesterfürsten (2.—1. Jh. v. Chr.) oder die Geldstücke aus dem ersten und zweiten jüd. Aufstand unter den Römern (66—73 bzw. 132—135 n. Chr.). Zudem wurde nach Ausweis der Qumran-Funde der hebr.-kan. Duktus auch noch in hell.-röm. Zeit bisweilen für die heiligen Schriften verwendet, wie denn auch die Samaritaner diese Schrift für ihren Pentateuch bis auf den heutigen Tag in einer Zierform weiterpflegen[1]). Erst die Rabbinen haben um die Mitte des 2. Jhs. n. Chr. die hebr.-kan. Schrift (כְּתָב עִבְרִי *k*ᵉ*ṯåḇ ʿiḇrī*) als für heilige Texte unbrauchbar erklärt (Yadayim 4, 5) und sie damit praktisch abgeschafft.

4. Ebenso wie die Phöniker und Israeliten übernahmen auch die Aramäer das kan. Alphabet und bildeten es weiter. Diese aram. Spielart ist zusammen mit dem Aram. seit dem

[1]) Vgl. S. Talmon, Selections from the Pentateuch in the Samaritan Version (Jerusalem 1956/7).

8. Jh. im gesamten neuassyr. Reiche im Vordringen und erobert unter den Achämeniden (539—332) den Vorderen Orient. F. M. Cross jr., dem wir vor allem die erst neuerdings auf Grund der Entdeckungen von Qumran und Wadi Murabbaʻāt möglich gewordene Erschließung der jüd. Schriftgeschichte verdanken[1]), hat gezeigt, daß es nicht die aram. Lapidarschrift ist, die sich seit dem 6. Jh. allgemein durchsetzte, sondern daß die persische Kanzleischrift die weitere Entwicklung bestimmte. Im gleichen Maße, wie die Juden im persischen Imperium von Ägypten bis Babylonien aram. sprachen, bedienten sie sich auch hauptsächlich des aram. Duktus, der im Laufe der Zeit individuell geformt wurde, so daß man etwa seit der Mitte des 3. Jhs. v. Chr. von einer jüd.-aram. Schrift im Unterschied zu anderen aram. Spielarten reden kann. In dem schriftgeschichtlichen Prozeß, den wir von da ab verfolgen können, unterscheidet F. M. Cross jr. eine altjüd. (etwa 250—150), eine hasmonäische (etwa 150—30) und eine herodianische (etwa 30 v.—70 n. Chr.) Periode. Die Entwicklung kam im Rahmen der inneren und äußeren Reorganisation des Judentums um 100 n. Chr. zu einem Abschluß: Unter dem uniformierenden Einfluß des Rabbinats standardisierte man nach Ausweis der Murabbaʻāt-Texte aus der Traditionsmasse einen nachherodianisch-barocken Typus als sog. Buchschrift, was etwa unserer Antiqua entspricht; dieser Duktus wurde als כְּתָב מְרֻבָּע *k*ᵉ*ṯåḇ m*ᵉ*rubbåʻ* „Quadratschrift“ oder auch כְּתָב אַשּׁוּרִי *k*ᵉ*ṯåḇ ʼaššūrī* „syr. Schrift“ bezeichnet und erhielt für die Herstellung heiliger Texte kanonische Geltung. Daneben stand eine halbkursive Kanzleischrift und eine reine Kursive, die sich beide bis ins 2. Jh. v. Chr. zurückverfolgen lassen.

---

[1]) F. M. Cross, jr., The Oldest Manuscripts from Qumran. JBL 74 (1955), 147—172; ders., The Development of Jewish Scripts. In: Albright-Festschr., 133—202 (Lit.).

5. Wenn die jüd. Tradition behauptet, Esra habe die „assyrische", d.h. die syr. bzw. aram. Schrift aus dem Exil mitgebracht (babyl. Sanhedrin 21 b), ist das historisch falsch; dennoch ist diese Aussage wertvoll, weil sie ein dogmatisches Urteil wiedergibt: Die Rabbinen haben die hebr.-kan. Schrift abgestoßen und sich unter Berufung auf Esra für den jüd.-aram. Duktus autoritativ entschieden. Dieser Typus aber ist mit seinen drei verschiedenen Schriftarten — Buch- und Kanzleischrift sowie Kursive — für die Entwicklung in den folgenden Jhn. maßgebend geworden, was keineswegs ausschließt, daß sich auf dieser Basis in der Folge sekundär neue Schriftvarianten entwickelt haben. So unterscheidet man in der Quadratschrift z. B. den eckigen deutsch-polnischen und den mehr abgerundeten spanischen Buchstabentyp; als Halbkursive findet sich seit dem Mittelalter oft die sog. Raši-Schrift (genannt nach R. Šelomo ben Yiṣḥaqi [gest. 1105]), und außerdem bestehen zahlreiche örtlich unterschiedene Vollkursiven mit Vereinfachungen und Ligaturen[1]).

§ 7. Die Schriftzeichen

1. Zählt man im Hebr. *b g d k p t* nur einfach, *ś* und *š* als ein Zeichen, so erhält man 22 Konsonanten. Eine genaue Festlegung ihrer Aussprache ist erst durch die Masoreten erfolgt.

2. Die jetzige Buchstabenfolge ist durch das ugar. Alphabet bereits für das 14. Jh. v. Chr. bezeugt, dürfte aber nach § 6, 2 wesentlich älter sein.

3. Man schreibt und liest von rechts nach links. Beim Schreiben beginne man alle Druckbuchstaben der Quadratschrift an der linken oberen Ecke. Die 5 Buchstaben כ, מ, נ,

---

[1]) S. A. Birnbaum, The Hebrew Scripts. Part II: The Plates (London 1954—1957).

פ, צ haben am Wortende die Formen ך, ם, ן, ף, ץ (Finalbuchstaben). Vokalloses Schluß-Kaf erhält zur Unterscheidung von Nun finale Šwa quiescens (§ 13, 2): ךְ; vgl. סוּסֵךְ „dein (F.) Pferd" mit סוּסָן „ihr (F. Pl.) Pferd". Die Wörter

Kanaanäisch	Quadrat	Raši	Kursiv	Name	Umschrift	Zahlenwert
𐤀	א	א	א	*'ā̊læf*	ʼ	1
𐤁	ב	ב	ב	*bēṯ*	*b, ḇ*	2
𐤂	ג	ג	ג	*gímæl*	*g, ḡ*	3
𐤃	ד	ד	ד	*dā̊læṯ*	*d, ḏ*	4
𐤄	ה	ה	ה	*hē*	*h*	5
𐤅	ו	ו	ו	*wā̊w*	*w (u̯)*	6
𐤆	ז	ז	ז	*záyin*	*z*	7
𐤇	ח	ח	ח	*ḥēṯ*	*ḥ*	8
𐤈	ט	ט	ט	*ṭēṯ*	*ṭ*	9
𐤉	י	י	י	*yōḏ*	*y (i̯)*	10
𐤊	כ, ך	כ, ך	כ, ך	*kaf*	*k, ḵ*	20
𐤋	ל	ל	ל	*lā̊mæḏ*	*l*	30
𐤌	מ, ם	מ, ם	מ, ם	*mēm*	*m*	40
𐤍	נ, ן	נ, ן	נ, ן	*nūn*	*n*	50
𐤎	ס	ס	ס	*sā̊mæḵ*	*s*	60
𐤏	ע	ע	ע	*'áyin*	ʻ	70
𐤐	פ, ף	פ, ף	פ, ף	*pē*	*p, f*	80
𐤑	צ, ץ	צ, ץ	צ, ץ	*ṣā̊ḏē*	*ṣ*	90
𐤒	ק	ק	ק	*qōf*	*q*	100
𐤓	ר	ר	ר	*rēš*	*r*	200
𐤔	שׂ	שׂ	שׂ	*śīn*	*ś*	300
	שׁ	שׁ	שׁ	*šīn*	*š*	
𐤕	ת	ת	ת	*tā̊w*	*t, ṯ*	400

dürfen am Zeilenende nicht abgeteilt werden. Freibleibender Raum wird durch Breitziehen der Buchstaben א, ה, ל, ם, ת zu ﬡ, ﬣ, ﬥ, ﬦ, ﬨ ausgefüllt.

4. Neben den Buchstaben standen ursprünglich echte Zahlzeichen, die sich gegenwärtig für Israel bis etwa 800 zurückverfolgen lassen, jedoch älter sind. Das Zahlensystem, dessen sich die Israeliten bedienten, ist wahrscheinlich in Syrien entstanden; es ist bereits ugar. belegt[1]) und verwandt mit den äg. und babyl. Systemen. Unter den Achämeniden zusammen mit dem Aram. über das ganze sem. Vorderasien und Ägypten verbreitet, beruht es auf einer Kombination des Dezimal- und Sexagesimalprinzips. Die Grundsymbole sind „1", ein senkrechter Strich: | (ugar. senkrechter Keil), und „10", ursprünglich ein waagerechter Strich: —. Das Zeichen für „10" wurde schon früh abgewandelt; so hat es in den samarischen Wirtschaftstexten (§ 5, 1) die Form eines griech. Lambda — Λ — (ugar. Winkelhaken), während die „5" als halbe „10" hier wie ein hebr.-kan. Gimel — ʌ — aussieht. Die Einer über „2" werden in Dreiergruppen gegliedert; so schreibt man z. B. „6" als ||| |||. Zuweilen begegnet, wie in Samaria, auch ein Zeichen für „4": Ł ; dementsprechend kann man z. B. „16" entweder aus 10 + 3 + 3 oder aus 10 + 4 + 2 zusammensetzen. Symbole für „100" und „1000" sind bisher nur altaram. belegt, doch ist anzunehmen, daß sie auch in Israel üblich waren. Dieses Zahlensystem, das über verschiedene kursive Formen und Ligaturen verfügte, hat auch im Judentum geherrscht und stand noch in den Wirtschaftstexten von Murabbaʿāt in voller Blüte[2]). Manche Fehler in den Zahlenangaben des AT mögen auf Verlesung von Zahlen zurückgehen[3]).

---

[1]) C. H. Gordon, Manual, § 7, 2.
[2]) DJD II, 97f. (Lit.).
[3]) H. L. Allrik, The Lists of Zerubbabel (Neh. 7 and Esr. 2) and the Hebrew Numeral Notation. BASOR 136 (1954), 21—27.

Erst im 2. Jh. v. Chr. kam — wahrscheinlich unter hell. Einfluß — die Verwendung von Zahlbuchstaben auf. Die Einer werden nach diesem System durch א „1" bis ט „9", die Zehner durch י „10" bis צ „90" und die Hunderter durch ק „100" bis ת „400" dargestellt. Die Hunderter über „400" werden durch ת „400" unter Addition der übrigen Zahlwerte bezeichnet: תק „500", תר „600", תש „700", תת „800", תתק „900". Zuweilen gebraucht man für „500" bis „900" die 5 Finalbuchstaben in der alphabetischen Reihenfolge. Bei zusammengesetzten Zahlen steht die größere Ziffer (rechts) voran: יא „11", קיא „111", תרלב „632" (= 400 + 200 + 30 + 2). Zur Vermeidung der Silbe יה, die den ersten Teil des Gottesnamens יהוה darstellt, schreibt man für die Zahl „15" טו (= 9 + 6), vielfach auch für „16" טז (= 9 + 7), um die in theophoren Namen begegnende Silbe יו zu vermeiden. Die Tausender werden meist durch die Einer mit zwei darüber gesetzten Punkten bezeichnet: א̈ „1000", ב̈ „2000". Zur Kennzeichnung einer Buchstabengruppe als Zahl gebraucht man zwei schräge, auch zur Abkürzung verwendete Striche zwischen den beiden letzten Zeichen, תרכ״ג = „623". Im Kontext des AT begegnet dieses System ebenso wenig wie der Gebrauch echter Zahlsymbole; wahrscheinlich ist man seit hasmonäischer Zeit dazu übergegangen, die Zahlen in den heiligen Schriften und in der übrigen eigentlichen Literatur grundsätzlich auszuschreiben.

5. Abkürzungen kommen zwar in unseren Bibelausgaben nicht vor, finden sich aber in mittelalterlichen Handschriften bis hin zu Texten, die ganz in Abkürzungen gehalten sind[1]). Außerdem lassen sich manche Unstimmigkeiten im MT oder Differenzen zwischen MT und G nur so erklären, daß man bereits in alter Zeit Abbreviaturen gebraucht hat, die

[1]) Vgl. z. B. KG, 184.

später mißverstanden wurden[1]). In alten Handschriften und Drucken gilt ein Punkt auf der Oberlinie בּ֗, später ein schräger Strich וגו׳ = וְגֹמֵר „und so weiter", oder, bei Abkürzung einer durch die Anfangsbuchstaben gekennzeichneten Wortgruppe, ein schräger Doppelstrich vor dem letzten Buchstaben als Abkürzungszeichen, z. B. תנ״ך = תורה נביאים כתובים „Gesetz, Propheten [und] Hagiographen"[2]).

§ 8. Die Konsonanten

1. א ʾ, fester Stimmeinsatz, entspricht dem Knacklaut in „beʾachten" zwischen *e* und *a*, ist aber ein echter Mitlaut und kann als solcher am Anfang oder am Ende einer Silbe stehen: אַ֫יִל *ʾáyil* „Widder", יַאְדִּיר *yaʾdīr* „er verherrlicht". Über nicht gesprochenes, quiescierendes א s. § 22, 3 a.

2. ב ג ד כ פ ת, *b g d k p t* (litterae *beg̃adkefat*), ursprünglich nur Verschlußlaute, weisen tib. eine doppelte Aussprache auf, explosiv, entsprechend deutschem *b g d k p t*, und als Reibelaut: *ḇ* wie *w*, wobei unentschieden bleibt, ob es labiodental (= franz. *v*) oder eher bilabial (= span. *v*) zu sprechen ist; *ḡ* wie norddeutsches *g* in „Tag" oder auch nichtgerolltes Zäpfchen-*r*; *ḏ* gleich stimmhaftem engl. *th* in „father"; *ḵ* wie deutscher stimmlos-velarer „ach"-Laut, niemals jedoch gleich deutschem „ich"-Laut; *f* als stimmloser Reibelaut und *ṯ* gleich stimmlosem engl. *th* in „month". Im Ivrit ist die Spirierung von *g d t* aufgegeben. Die explosive Aussprache wird tib. durch einen in den Buchstaben gesetzten diakritischen Punkt, das sog. Dageš lene (§ 14, 1), angedeutet: בּ גּ דּ כּ פּ תּ, die Spirierung dagegen durch das in unseren Druck-

---

[1]) Hierzu neuerdings: G. R. Driver, Abbreviations in the Massoretic Text. In: Textus 1 (1960), 112—131.

[2]) G. H. Händler, Lexikon der Abbreviaturen (Anhang zu: G. Dalman, Aram.-neuhebr. Handwörterbuch[3] [Frankfurt/M. 1938]).

ausgaben weggefallene Rafe (§ 14, 6) in Gestalt eines über den Buchstaben stehenden Striches: בֿגֿדֿ כֿ פֿ תֿ. Zur babyl. und pal. Aussprache s. § 22, 2.

3. ה *h*, stimmlose laryngale Spirans, entspricht deutschem *h* in „hart". Soll ה im Wortauslaut konsonantisch gesprochen werden, erhält es einen diakritischen Punkt (הּ), das sog. Mappiq (§ 14, 3). Andernfalls ist es in dieser Stellung lediglich Vokalzeichen (§ 9, 5).

4. ו *w (u̯)* entspricht engl. *w* in „water", וָו *wåw* „Nagel"; über seine Rolle als Sonant (Vokal) und Konsonant s. § 22, 4.

5. ז *z* gleicht franz. *z*, אָז *'åz* „damals".

6. ח *ḥ* stellt tib. einen stimmlosen Kehlkopfreibelaut, gebildet unter Zusammenpressung des Kehlkopfes, entsprechend arab. ح dar, חִלֵּל *ḥillel* „er entweihte". Ursprünglich gibt ח sowohl *ḥ* als auch die stimmlose Velaris *ḫ*, arab. خ, wieder: חָלָל *ḥålål* < **ḫalal* „durchbohrt"; s. § 22, 1. 3c. Im Ivrit sind tib. *ḥ* und *ḵ* (כ) zu *ḫ* zusammengefallen.

7. ט *ṭ* mit dem Zungenrücken am Zahnfleisch gesprochenes, stimmloses velarisiertes *t*, טוֹב *ṭōḇ* „gut"; im Ivrit ist es mit ת *t* gleichlautend.

8. י *y (i̯)* entspricht engl. *y* in „you", יָד *yåḏ* „Hand"; über seine Rolle als Sonant (Vokal) und Konsonant s. § 22, 4.

9. ס *s* gibt stimmloses *s* wie in deutschem „das" oder „Faß" wieder.

10. ע *ʿ* ist ein stimmhafter Kehllaut, hervorgebracht durch Zusammendrücken der Stimmbänder, entsprechend arab. ع, עָבַד *ʿåḇaḏ* „er diente". Im Ivrit wird es als א *'* gesprochen.

11. צ *ṣ* stimmloses, zwischen Zungenrücken und dem Vorderrand des harten Gaumens gesprochenes velarisiertes *s*, צַדִּיק *ṣaddīq* „gerecht"; im Ivrit frikativ, d. h. als *ts* bzw. deutsches *z* gesprochen.

12. ק *q* zwischen Zungenwurzel und Gaumensegel gesprochenes stimmloses *k*, קוֹל *qōl* „Stimme".

13. ר *r* war wohl immer Zungen-*r*. Noch im Mittelalter war die doppelte Aussprache des Reš in Form einer für uns heute nicht mehr erschließbaren Stark- und Schwachartikulation bekannt, die man ebenso wie bei בגדכפת durch Dageš lene und Rafe andeutete. Erstere ist von der zuweilen noch begegnenden Verdoppelung bzw. Dehnung des Reš — gekennzeichnet durch sog. Dageš forte (§§ 14, 1; 28, 3 b) — zu unterscheiden[1]). Daraus, daß es einige Eigentümlichkeiten mit den Laryngalen gemein hat, ist nicht auf die Aussprache als Zäpfchen-*r* zu schließen.

14. ש deutete ursprünglich sowohl *š* — vgl. deutsches „Schule" — als auch verwandtes *ś* an, das als Mittellaut zwischen *s* und *š* mit der Zungenspitze am Zahnfleisch unter flacher Einbiegung des Zungenrückens gebildet wird. Nach Jdc. 12, 6 sprachen die Ephraimiten ש einheitlich als *ś* aus (§ 5, 4), während im Sam. *ś* und *š* zu *š* zusammengefallen sind. Das Tib. steht in einer sowohl für Palästina als auch für Babylonien nachweisbaren Tradition, die nicht mehr zwischen *ś* und *s* (ס) unterscheidet (§ 22, 5). Die Aussprache von *ś* als *s* löste späterhin die graphische Differenzierung von Śin und Šin durch ein diakritisches Zeichen aus. Hierbei ging man unterschiedlich vor. So setzte man babyl. und pal. mitunter, wenn auch noch nicht konsequent, über ש ein kleines ס, um *ś*, und ein kleines ש, um *š* anzudeuten: $\overset{\text{ס}}{\text{ש}}$ *ś*, $\overset{\text{ש}}{\text{ש}}$ *š*. PsBN verwendet stattdessen einen Punkt im linken Zwischenraum des ש für *ś*, innen rechts dagegen für *š*: ש *ś*, ש *š*. Durchgesetzt aber hat sich die Praxis von BA und BN mit dem diakritischen Punkt für *ś* auf dem linken und für *š* auf dem rechten Horn des Buchstabens: שׂ *ś*, שׁ *š*[2]). Einfaches ש im punk-

[1]) P. Kahle in: BL, § 8, i. a′.
[2]) Weiteres ebd., § 8, a—f.

tierten Text wird in der Aussprache übergangen: יִשָּׂשכָר *Yiśśåkår* „Issachar".

15. נ מ ל, *l m n* gleichen unseren entsprechenden Lauten.

§ 9. Die Vokalbuchstaben

1. Das Ugar. verwendet *a*-, *i*- und *u*-haltiges Alef; hierdurch werden in gewissen Fällen die Grundvokale *a*, *i* und *u* (§ 3,2 b), daneben aber auch *ē* < *ay* und *ō* < *aw* im Schriftbild erkennbar[1]). Abgesehen jedoch von dieser syllabischen Durchbrechung der reinen Konsonantenschrift blieben bis nach der Jahrtausendwende im kan. Alphabet nicht nur sämtliche Vokale unbezeichnet, sondern es bestand auch die Tendenz, schwache Mitlaute bei Verlust ihrer konsonantischen Funktion aus dem Wortbilde zu tilgen; vgl. z. B. phön. בני **banaya* „er baute" (um 1000) mit בן **banā* < **banaya* in der jüngeren Sprachstufe[2]).

2. Der abstrakte Charakter des Schriftkonsonantismus[3]) erwies sich freilich wegen mangelnder Eindeutigkeit des Wortbildes als unpraktisch. So wurde gegen Ende des 10. Jhs. die lineare Vokalisation erfunden; d. h., man setzte hinter die Konsonanten — u. z. primär am Wortende — Vokalsymbole, um das betreffende Wort durch graphische Andeutung der Endungen morphologisch genauer festzulegen. Hierfür wurden jedoch nicht neue Zeichen eingeführt, sondern zunächst die Symbole für die schwachen Mitlaute He, Waw und Yod benutzt. Nach F. M. Cross und D. N. Freedman, denen wir entscheidende Einsichten in die Geschichte der linearen Vokalisation verdanken, beruht die Erfindung der Vokalbuchstaben, die vielleicht auf die Aramäer zurückgeht, auf der Beobachtung, daß bei Abfall eines

[1]) C. H. Gordon, Manual, § 4, 7.
[2]) J. Friedrich, Phön.-pun. Grammatik, § 63 b.
[3]) Zu Absatz 2—4 vgl. R. Meyer (oben S. 33, Anm. 2), 89 bis 91.

Auslautvokals der vorhergehende schwache Konsonant einen reinen Selbstlaut anzeigen konnte[1]). Als Beispiele seien angeführt: לי *lī < *liy < *liya (= ugar. und phön.) „mir" (§ 46, 2 c); עבדה *ʿabdō < *ʿabdaw < *ʿabdahū „sein Knecht" neben עבדו *ʿabdō < *ʿabdaw (§ 22, 3 b), wobei im ersten Falle das He trotz Elision und anschließender Diphthongbildung erhalten blieb, während man es im zweiten Falle tilgte und statt dessen den Diphthong *-aw* (§ 3, 2 b) durch Waw andeutete, das nach der Kontraktion *-aw* > *-ō* als Vokalsymbol fungierte; moab. ימה *yamē < *yamēh < *yamēhū < *yamayhū „seine Tage"; moab. בללה *balēlā < *balēlahā (§ 45, 3 c) „in der Nacht".

Das Prinzip linearer Vokalisation, einmal entdeckt, breitete sich sehr schnell in Gesamtsyrien aus. Entscheidend hierbei war, daß man schon frühzeitig zum freien, nicht mehr etymologisch ableitbaren Gebrauch der Vokalsymbole überging; vgl. z. B. moab. נבה *Nebō (tib. *Nᵉḇō*) „Nebo", moab. בנה *banā < *banaya „er baute", hebr. אמה *ʾammā (tib. *ammå*) < *ʾammat < *ʾammatu „Elle" (§ 42, 3 b), יבנה tib. *yiḇnæ* < *yibnē < *yibnay < *yibnayu „er baut" (§ 82, 2 a), moab. מלכתי *malaktī (tib. *målákṯī*) „ich bin König", hebr. הכו *hakkū oder *hikkū (§ 66, 4 a; tib. *hikkū*) „sie schlugen" (§ 83, 2 b).

Zusammen mit dem Konsonantenalphabet übernahmen die Griechen auch die lineare Vokalisation; sie führten den Schriftvokalismus konsequent durch, indem sie Alef = Alpha, He = Epsilon, Ḥet = Eta, Yod = Jota und ʿAyin = Omikron setzten. Dagegen blieb der Gebrauch von Vokalzeichen im kan.-aram. Sprachbereiche stets fakultativ, und besonders im Wortinneren weisen die hebr. Originaltexte aus vorexilischer Zeit nur wenige, eindeutig als Vokalsymbole zu bezeichnende Buchstaben auf. Hierzu kommt erschwerend, daß sämtliche Selbstlautzeichen auch weiterhin ihren ur-

[1]) Cross-Freedman, 31—33.

sprünglichen Konsonantenwert beibehielten und darüber hinaus lautlich niemals eindeutig festgelegt worden sind.

So lassen sich etwa um 600 hebr. folgende Vokalbuchstaben nachweisen: He für *ā*, *ē*, *ō*, Waw für *ū* und *ō*, Yod für *ī* und nunmehr auch Alef für *ō* (Lachis: לא **lō*; vgl. ugar. *l* = **lā*; altaram. ל **lā*) im Wortauslaut; andererseits Waw für *ō* (Lachis: יאוש **Ya'ōš* „Jaos" und *ū* (ebd.: מאומה **ma'ūmah* (tib. *m^e^ūmå*) „etwas, was auch immer" und Yod für *ī* (jud. זיף neben זף *Zīp* (tib. *Zīf*) „Sif" im Wortinneren. Kontrahierte Diphthonge *ē* < *ay* und *ō* < *aw* werden in den vorexilischen Originaltexten im allgemeinen nicht angezeigt; immerhin stehen mitunter im Schriftbild ältere monophthongische und jüngere diphthongische Formen (§ 5, 3) — z. B. moab. *bt* = **bēt* und *byt* = **bayt* „Haus" — synt. undifferenziert (vgl. § 58, 15) nebeneinander, so daß bei einheitlicher kontrahierter Aussprache Waw und Yod als Symbole für *ē* und *ō* angesehen werden konnten.

3. In hell. Zeit ist, wahrscheinlich unter aram. und darüber hinaus griech. Einfluß, die lineare Vokalisation im Hebr. stark ausgebildet. Zwar beschränkt man sich auch jetzt noch auf die traditionell vorgegebenen Zeichen Alef, He, Waw und Yod, aber man bemüht sich um genauere Festlegung ihrer Lautwerte und verwendet sie nicht nur zur Wiedergabe langer, sondern auch kurzer Vokale. Da der Text der heiligen Schriften jetzt noch nicht normativ festgelegt ist, dringt diese neue Form der Vokalisation, die freilich nach wie vor fakultativ bleibt, teilweise sehr stark in den AT-Text ein, und auch dort, wo man von dem älteren sparsamen Gebrauch der Vokalbuchstaben nur wenig abweicht, macht sich das neue Prinzip geltend. Danach ergibt sich für das 2. Jh. n. Chr. folgendes Bild: Alef steht vornehmlich für *a*, seltener für *e* im Inneren wie am Ende des Wortes; He bezeichnet die langen Auslautvokale *ā* und *ē*, dagegen nicht mehr *ō*; Waw verkörpert *o* und *u*, Yod *i* und *e* sowohl im In-

neren als auch am Ende des Wortes. Soweit Alef, Waw und Yod in Wortmitte gebraucht werden, können sie langen oder kurzen Vokal anzeigen. Gleichzeitig versucht man, wortschließendes Waw und Yod dadurch als Vokalbuchstaben festzulegen, daß man ihnen ein Alef prostheticum — auch Alef metatheticum genannt — anfügt. Einige Beispiele aus der noch vor 100 v. Chr. geschriebenen Qumran-Rolle 1Q Jes.[a], einem Vulgärtext, mögen diesen Sachverhalt verdeutlichen: עאוון *ʿ*awōn* (tib. *ʿåwōn*) „Sünde" (1, 15); יאכה **yakkē* (tib. *yakkœ̄*) „er schlägt" (30, 31; § 83, 2 b); רינה **rinnā* (tib. *rinnå*) „Jubel" (35, 10); cstr. אוזני *ʾ*oznē* (tib. *ʾåznē*) „Ohren" (36, 11); ferner מיא (MT מי) **mī* „wer?" (in der aram. Umgangssprache dagegen: מי [מאי] *may* „was?") פוה **pō* „hier", לוא **lō* „nicht", ראוש bzw. רואש **rōš* „Kopf" (1, 5f.; § 58, 14).

Bei der Normierung des MT um 100 n. Chr. ging man von Pentateuch-Handschriften aus, in denen das Konsonantenprinzip dominierte. Nach ihnen richtete man den Text der übrigen at.lichen Schriften aus. Allerdings erreichte man hierbei, wie die bekannten Variantensammlungen zeigen[1]), keine Einheitlichkeit, und die alte, teilweise literargeschichtlich ausgewertete Regel, wonach der Gebrauch von Vokalbuchstaben im jüngeren Schrifttum des AT im allgemeinen häufiger sei als in den älteren Werken, muß dahin modifiziert werden, daß die rabbinischen Gelehrten auf die Entfernung von Vokalbuchstaben in den synagogal bedeutsamen Texten mehr Sorgfalt verwendet haben, als dies bei den gottesdienstlich weniger wichtigen Schriften der Fall ist.

[1]) Vetus Testamentum Hebraice cum variis lectionibus, ed. B. Kennicott (Oxford 1776—80); J. B. de Rossi, Variae Lectiones Veteris Testamenti I—IV (Parmae 1784—1788). Als Beispiel für das Schwanken in der Schreibweise auch nach der Festlegung des Konsonantentextes sei aus B. Kennicott Jdc. 4,19 angeführt. Danach begegnet neben der üblichen Form נאוד „Schlauch" in den Handschriften 6 mal נוד, 27 mal נאד und 2 mal נואד!

4. Andererseits setzt sich der Gebrauch von Vokalbuchstaben außerhalb des AT fort; vgl. z. B. aus der Mischna גובאי (Berachot 6, 3) im Gegensatz zu גבי (tib. *gōḇay*) „Heuschrecke" in MT. Darüber hinaus begegnet zuweilen mittelhebr. auch ʿAyin, das schon auf der Aussprachestufe von Qumran weithin seinen Lautwert verloren hat (§ 22, 3 d), neben Alef und He zur Wiedergabe von *a* im Anlaut (Pesaḥim 3, 1)[1]). Schließlich steht die ältere babyl. Punktation (§ 10, 2), deren Grundlage in stilisiertem Alef = *ā*, ʿAyin = *a*/*ä*, Waw = *u* und ursprünglich auch Yod = *i* besteht, offensichtlich in dem gleichen Traditionszusammenhange.

5. Nach mas. Regel wird der naturlange oder auf Kontraktion beruhende Vokal — *å* im Wortinneren meist ausgenommen — durch einen Vokalbuchstaben, mater lectionis, ausgedrückt. Danach tritt Alef für *å*, *ǣ*, *ē*, *ī*, *ō*, Waw für *ō* und *ū* und Yod für *ǣ*, *ē*, *ī* ein, während He am Wortende *å*, *ǣ*, *ē*, *ō* symbolisiert. Doch ist diese Regel keineswegs konsequent durchgeführt, da im Konsonantentext eine solche Vokalisation alles andere als regelmäßig angewendet ist. Man unterscheidet somit die Anwendung von Vokalbuchstaben als scriptio plena „Pleneschreibung" von deren Auslassung als scriptio defectiva „Defektivschreibung"; aussprachemäßig und morphologisch besteht daher kein Unterschied zwischen יקומו (plene) und יקמו (defektiv), tib. *yåqūmū*, „sie stehen auf". Zuweilen enthält auch MT noch Vokalbuchstaben zur Andeutung kurzer Vokale; z. B. אשקוטה (= 1QJes.ᵃ 18, 4 **ʾešqóṭā*; vgl. § 68, 2 d) „ich will ruhig sein". Derartige Formen werden durch die in der Punktation vorgeschriebene Aussprache, das Qere (קְרֵי *qᵉrē* „zu Lesendes"; § 17, 2), in diesem Falle durch tib. *ʾæšqᵒṭå* außer Kraft gesetzt.

---

1) K. Albrecht, Neuhebr. Grammatik, § 7 a.

§ 10. Die masoretische Vokalisation

1. Nach dem Vorbild der ostsyr. (nestorianischen) Masora haben die jüd. Gelehrten Vokalisationssysteme erfunden, um Mehrdeutigkeiten des überlieferten Konsonantentextes der heiligen Schrift auszuschließen und die Lesung synagogaler Gedichte zu erleichtern[1]).

2. Die Heimat der mas. Vokalisation ist wahrscheinlich das Mesopotamien des 5./6. Jhs. (Nisibis?), von wo die jüd. Gelehrten ihre Anregung erfahren haben. Man unterscheidet im wesentlichen drei Systeme: ein älteres einfaches pal. System, das mit der sam. Punktation verwandt ist[2]), ein ebensolches babyl., das nicht auf Punkten und Strichen, sondern primär auf stilisierten Vokalbuchstaben (§ 9, 4) basiert[3]), und die tib. Vokalisation. Auf die komplizierte babyl. Punktation und die jemenitische Vokalisierung sei nur eben hingewiesen. Nach der Stellung der Vokalzeichen nennt man das pal. und das babyl. System supralinear, da der Vokal über dem Konsonanten steht, die tib. Punktation dagegen infralinear, da hier mit einer Ausnahme das Vokalzeichen unter dem Buchstaben begegnet. Das Verhältnis der drei Systeme zueinander ergibt sich aus folgender Tabelle[4]):

Pal.	ב *ā/a*	ב *a/ā*	ב *æ*	ב *e*	ב *i*	ב *o*	ב *u*
Tib.	בָ *å*	בַ *a*	בֶ *æ*	בֵ *e*	בִ *i*	בֹ *o*	בֻ *u*
Babyl.	ב *ā*	ב ב *ä*		ב *e*	ב *i*	ב *o*	ב *u*

1) Vgl. P. Kahle in: BL, § 7; ferner Sh. Morag, The Vocalization Systems of Arabic, Hebrew and Aramaic. ('s-Gravenhage 1962), 17—44.

2) KG, 72—79. 3) Ebd., 71f.

4) Nach P. Kahle in: BL, 102.

Das tib. System stellt eine Verbesserung und Vervollkommnung der einfachen pal. Punktation oder eines ihr verwandten Systems dar. Wohl seit dem 8. Jh. allmählich entwickelt, tritt es uns jetzt in drei Formen, PsBN, BA und BN (§ 5, 9), entgegen. Während die beiden letzteren anscheinend nur geringfügig unterschieden waren, bestehen zwischen BA und PsBN bedeutsame Differenzen, auf die im folgenden bisweilen hinzuweisen ist. Da jedoch seit Maimonides BA die Grundlage für Lexikon und Grammatik darstellt, bezeichnet in dieser Sprachlehre der Ausdruck „tiberisch" — einfach gebraucht — die BA-Punktation, während PsBN und BN stets ausdrücklich angeführt werden.

§ 11. Die tiberischen Vokalzeichen

Die tib. Zeichen für die Vollvokale *a*, *å*, *æ*, *e*, *i*, *o*, *u* deuten, ebenso wie in den meisten anderen Sprachen, lediglich die Qualität (Klangfarbe), nicht aber die Quantität (Länge oder Kürze) der einzelnen Laute an. In der Aussprache des tib. Systems unterscheidet man: aschkenasisch, babylonisch, dagestanisch, jemenitisch, marokkanisch, persisch, portugiesisch samaritanisch, sefardisch[1]). Seit Reuchlin folgt man in der Grammatik der sefardischen, d. h. der aus Babylonien stammenden span.-jüd. Aussprache, die mit der Aussprache des langen Qameṣ als *ā* für tib. *å* bzw. *ō* der geschichtlichen Entwicklung am besten gerecht wird.

1. a) Qameṣ קָמֵ֫ץ *å* stellt ursprünglich eine Kombination aus dem Strich des Pataḥ (s. u. 2) und dem Punkt des Ḥolem (s. u. 6) dar: ַֹ ; diese Form begegnet in BH³ im Anschluß an L. Die traditionelle Gestalt des Qameṣ dagegen ist

[1]) BL, § 10 c′—n′; zur jemenitischen Ausspracheüberlieferung vgl. neuerdings Sh. Morag, The Hebrew Language Tradition of the Yemenite Jews. The Academy of the Hebrew Language Studies IV (Jerusalem 1963).

‐; sie wird unter Abweichung von BH³ aus technischen
Gründen in unserer Grammatik gebraucht. Qameṣ kann lang
oder kurz sein. Als langes Qameṣ ā̊ — babyl. und sef. ā, tib.
ō — steht es für etymologisch langes ā (§ 23, 1 a): קָם qā̊m
<*qām „stehend"; desgleichen für sekundär gedehntes ā < a
(ebd.): יָד yā̊ḏ < *yad „Hand".

b) Das kurze Qameṣ å fungiert als offenes ŏ für o < u und
heißt Qameṣ ḥaṭuf. Es steht in drucklosen geschlossenen Silben: חָכְמָה ḥåḵmā̊ „Weisheit", חָנֵּנִי ḥånnē̆nī „sei mir
gnädig", כָּל־הָאָדָם kål-hā̊ʾā̊ḏā̊m „alle Menschen", וַיָּמָת
wayyā̊måṯ „und er starb"; außerdem in offenen Silben: פָּעֳלוֹ
på‘ŏlō „sein Werk" vor Ḥaṭef-Qameṣ (§ 13, 4), פָּעָלְכֶם
på‘ålḵœm „euer Werk" vor bereits vorhandenem Qameṣ
ḥaṭuf, sowie in den Pl.-Formen קָדָשִׁים qådāšīm, neben קֳדָשִׁים
„Heiligtümer" (Sg. קֹדֶשׁ) und *שָׁרָשִׁים šårāšīm „Wurzeln"
(Sg. שֹׁרֶשׁ). Dagegen ist בָּתִּים „Häuser" bå̊ttīm (§ 58, 15) zu
sprechen.

c) Nach älterer Auffassung symbolisiert Qameṣ einen Mittellaut zwischen a und o (vgl. engl. „wall"), das als å̊ — so
z. B. im Jem. und teilweise im Aschk. — auf einen pal.-jüd.
Lautwandel ā > ō (§ 23, 1 a) in nachchristl. Zeit zurückgehen soll. Im Gegensatz zum Westsyr. läßt sich jedoch für
das pal.-jüd. Hebr. ein durchgehender Lautwandel ā > ō in
der ausgehenden Antike nicht nachweisen; wohl aber zeigt
das Nebeneinander von ā und ō bei gleicher Funktion in den
Q-Texten, daß man in Palästina durch die Jhe. über unterschiedliche, ursprünglich dialektisch bedingte Aussprachetraditionen verfügte. Es ist daher anzunehmen, daß man in
Galiläa zum Zwecke einheitlichen liturgischen Vortrags die
divergierende Aussprache normieren wollte. Dem entspricht
in der Tat die Urform des Qameṣ. Im Sinne seiner Erfinder

soll es zunächst wohl bedeuten, daß ein durch Ḥolem ergänztes Pataḥ als *o* zu sprechen sei; darüber hinaus aber stellt es die Lesung als *a* oder *o* zur Wahl[1]). Von daher erklärt es sich, daß in PsBN — ebenso wie in der pal. Punktation — Qameṣ und Pataḥ unterschiedslos zur Wiedergabe von *a*/*ā* gebraucht werden. So steht Qameṣ für Pataḥ in PsBN וַיְצָו֯ (2 R. 22, 12 [R]), BA וַיְצַו (§ 82, 4 a), *wayṣaw* „und er befahl“, dagegen umgekehrt Pataḥ für Qameṣ in PsBN P. יִשְׂרַאֵל (Jos. 4, 4 [R]) *Yiśrā'ēl*, BA יִשְׂרָאֵל *Yiśrå'ēl*, „Israel“. Um andererseits die Lesung von Qameṣ als *o* sicherzustellen, setzt PsBN in der Regel Šwa sowohl für langes als auch für kurzes (s. u. b) *o* neben das Vokalzeichen: ◌ָ◌ְ (MW II, 58* [12]); so ergibt sich: אְָמַר (sic!) = BA אֹמַר *'ōmar* (§ 77, 1 b) „ich sage“ (Jos. 7, 8 [R]); עְָזְבָם *'ozḇām*, BA עָזְבָם *'åzḇåm* (§ 84, 2 g) „ihr Verlassen“ (Jer. 9, 12 [R]). Vereinzelt findet sich dieser Brauch auch in BA: יַעְכָּרְךָ *ya'kårkå* (§ 84, 2 b) „er wird dich ins Unglück bringen“ (Jos. 7, 25 [L]).

2. Pataḥ פַּתַח ◌ַ *a* verkörpert einen sehr hellen *a*-Laut, ähnlich deutschem *ä*. Daher begegnet es in der griech. Umschrift oft als Epsilon[2]). Gleichwohl haben die Tiberier Pataḥ graphisch von Segol unterschieden, während die babyl. Vokalisation für tib. *a* und *æ* nur ein Zeichen ◌ ä kennt. Pataḥ ist ursprünglich kurz und lang; es kann daher in der pal. Punktation und in PsBN mit Qameṣ ausgetauscht werden (s. u. 1 c). Man beachte, daß adv. לאוט **le'ōṭ* „sanft“ (1QJes.[a] 8, 6) in BA als P. לְאַט *le'āṭ*, in PsBN (R) als לָֽאְט *el'āṭ* (sic!; vgl. § 14, 6) vokalisiert ist. Nach der normativen Festlegung der Funktionen von Qameṣ und Pataḥ in BA scheint letzteres fast immer kurz zu sein; u. z. sowohl in ge-

[1]) R. Meyer (oben S. 26, Anm. 1), 47.
[2]) E. Brønno, Studien, 267ff.

schlossener wie in offener Silbe: מַלְכִּי *malkī* „mein König“, שָׂמַנִי *śåmánī* „er setzte mich.“

3. Segol סְגוֹל ֶ *æ*, *ä* entspricht offenem *e* in „Pech“ und *ä* in „Hände“. In der ältesten Stufe der pal. Vokalisation vom geschlossenen *e* ebensowenig wie in der älteren Vokalisierung durch Vokalbuchstaben geschieden und babyl. mit dem Pataḥ identisch, begegnet es als Umlaut für *a*: יֶדְכֶם *yæḏ-ḵæm* „eure Hand“ (St. abs. יָד *yåḏ*), יֶרַח *yǽraḥ* < **yarḫu* (= ugar.) „Monat“; als Umlaut für *i*: חֶפְצִי *ḥæfṣī* < **ḥifṣī* „mein Gefallen“, אַתֶּם *'attæm* < *'*attimmā* (Q und sam.) „ihr“; als Bezeichnung für druckloses *e*: וַיָּקֶם *wayyåqæm* „und er stellte auf“, vgl. den Juss. יָקֵם *yåqēm*; als Hilfsvokal in den Segolaten (§ 52, 1), מֶלֶךְ *mǽlæḵ* „König“, der sich oft nicht vom Šwa mobile unterscheidet. Segol ist ein sekundäres Vokalzeichen, kann lang oder kurz sein, in geschlossener oder offener Silbe stehen und wechselt nicht nur in PsBN, sondern auch in BA mitunter mit Ṣere (s. u. 4).

4. Ṣere צֵרֵי ֵ *e* gibt meist geschlossenes *e* < *i* wieder, doch hat es keineswegs völlig seine Funktion als offenes *e* < *a* an das jüngere Segol abgetreten. Es kann kurz oder lang sein sowie in offener und geschlossener Silbe stehen. Die seit Josef Qimḥi (um 1200) vielfach vertretene Meinung, Ṣere deute immer langen Vokal (vgl. „See“) an, ist demnach unhaltbar[1]). Lang ist es z. B. in P. קִטֵּל *qiṭṭēl*, kurz dagegen in der K.-Form קִטֵּל *qiṭṭel*, die mit קִטַּל *qiṭṭal* und קִטֶּל *qiṭṭæl* wechseln kann (§ 70, 1 d), gleichfalls in K. סֵפֶר *séfær* „Buch“ entsprechend dem parallelen Pataḥ in נַעַר *náʿar* „Knabe, Knecht“. Zum Nebeneinander von Ṣere und Segol vgl. נֵדֶר *néḏær* und נֶדֶר *nǽḏær* „Gelübde“ für kurzen,

[1]) Miklilol, 31, Anm. 11.

PsBN P. לֵאמֹר *lēmōr* neben לֶאֱמֹר[1]) *læmōr* „nämlich" (§ 77, 1 d; Jos. 1, 10; 2, 2 [R]) für langen Vokal. Formen mit Epsilon und Eta in Sek. haben tib. Ṣere: μαγεν — מָגֵן *mågen* „Schild"; νηχαρ — נֵכָר *nēkår* „Fremde" (Ps. 18, 31. 46).

5. Ḥireq חִירֶק ִ bezeichnet langen oder kurzen *i*-Laut. In druckloser Silbe steht kurzes Ḥireq tib. oft, jedoch keinesfalls immer, als Umlaut für druckloses Pataḥ; vgl. tib. מִדְבָּר *midbår* „Wüste" mit babyl. *mädbār* (MO, 197). Beim Druck begegnet es in einsilbigen Wörtern wie אִם „wenn", soweit diese nicht durch Maqqef (§ 16, 1) als drucklos gekennzeichnet sind; außerdem in ursprünglich doppelt geschlossenen Silben wie וַיִּבֶן *wayyíbæn* „und er baute".

6. Ḥolem חוֹלֶם ֹ deutet geschlossenes (vgl. „Los") und offenes (vgl. „Post") *o* an. Dieses *o* ist etymologisch kurz, wo es aus *u* entstanden ist: כֹּל *kol* < **kullu* „Ganzheit, ganz", dagegen etymologisch lang, wo es durch Kontraktion von *aw*, מוֹשָׁב *mōšåb* < **mawšabu* (ugar. **mōṯabu*) „Wohnsitz", oder durch Lautwandel von *ā* zu *ō* (§§ 4, 3 a; 23, 1), שָׁלוֹם *šålōm* < **šalāmu* (= ugar.) „Friede", entstand. Dementsprechend kann es tib. lang, aber auch kurz sein; zu der seit Josef Qimḥi bestehenden Regel, wonach Ḥolem stets lang sei, s. u. 4. Ebenso wie Qameṣ ḥaṭuf für Ḥolem (s. u. 1 c), kann vereinzelt auch Ḥolem für ersteres stehen: PsBN בְּעֹבְרוֹ *beʿobrō* „bei seinem Überschreiten", tib. בְּעָבְרוֹ *beʿåbrō* (Jos. 6, 5 [R]); derartige Formen[2]) sind lautgeschichtlich wertvoll, da sie die Gleichung *o* = *å* bestätigen.

7. Šureq שׁוּרֶק, Qibbuṣ קִבּוּץ stellen zwei *u*-Zeichen dar, die tib. ohne Unterschied der Quantität ursprünglich neben-

---

[1]) Zum Dageš im Lamed (לּ) vgl. unten S. 70, Anm. 2.

[2]) Von A. Sperber, Masoretic Hebrew, 65, wohl zu Unrecht als Schreiberirrtümer angesehen.

einander stehen und die Formen ִּ und ֻ haben. Auch die Namen „Šureq" und „Qibbuṣ" werden zunächst ohne Unterschied für beide Zeichen gebraucht. Der *u*-Punkt, ursprünglich wohl in jeden Buchstaben gesetzt, hat sich, da sonst mißverständlich, nur in ו als וּ Šureq erhalten; dagegen scheint ֻ erst in Anlehnung an וּ entstanden zu sein und heißt jetzt ausschließlich Qibbuṣ. Beide Zeichen deuten von Haus aus *u* und *ū* an. Da sich aber ִּ nur in ו erhalten hat, erscheint Šureq in BA, nicht dagegen in PsBN, meistens als lang, während Qibbuṣ nach wie vor *u* und *ū* bezeichnet.

8. Ebenso wie noch heute im gesprochenen Arab., sind die Vokale im Hebr. unbestimmt und nicht scharf voneinander getrennt. Dieser Tatbestand fiel schon Griechen und Römern auf. Das tib. System stellt einen Versuch dar, auf der Basis der syr.-pal. Aussprache den fließenden Charakter der Vokale systematisch zu fixieren.

§ 12. Schreibung der Vokalzeichen

1. Außer Ḥolem stehen die tib. Vokalzeichen unter dem Konsonanten, hinter dem sie gesprochen werden, לָמַד *låmad̠* „er lernte". Nur der als Pataḥ furtivum (§ 13, 6) bezeichnete Gleitlaut *ª* wird unter bzw. rechts neben den Buchstaben gesetzt, vor dem er zu sprechen ist, מָשִׁיחַ oder מָשִׁיחַ *måšîªḥ* „Gesalbter". Bei ד, ו, י, ר tritt der Vokal unter den Schaft, רָוֶה *råwæ* „getränkt"; ך finale hat *å* in der Mitte ךָ. Ḥolem tritt links oben an den zugehörigen Konsonanten, קֹטֵל *qōṭēl*. Bei שׁ wird es auf die freie Spitze gesetzt: שֹׁפֵט *šōfēṭ* „Richter"; עֹשֶׂה *ʿōśæ* „machend". Trifft es auf den diakritischen Punkt des שׂ, verschmilzt es traditionell mit ihm: מֹשֵׁל *mōšēl* „Herrscher"; שֹׂנֵא *śōnē* „hassend". BA (A, C, L) setzt Ḥolem neben den diakritischen Punkt: מֹשֵׁל, שֹׂנֵא, dem-

entsprechend auch BH³. Aus technischen Gründen wird in dieser Grammatik auf die Setzung des zweiten Punktes verzichtet. Der Vokalbuchstabe ו und quiescierendes א (§ 22,3 a) ziehen Ḥolem an sich: עוֹד *ʿōḏ* „noch“, צֹאן *ṣōn* „Kleinvieh“. Hiervon zu unterscheiden sind jedoch konsonantisches ו und א, עָוֹן *ʿåwōn* „Sünde“ und יָבֹאוּ *yåḇṓʾū* „sie kommen“.

2. Wo bereits Vokalbuchstaben א, ה, ו, י (§ 9) im Text standen, wurden die tib. Zeichen hinzugefügt. So ergaben sich Kombinationen wie ◌ִי, ◌ֵי, ◌ֶי, וֹ, וּ, ◌ֶה. Im herkömmlichen Systeme nennt man ◌ִי, ◌ֵי, ◌ֶי, וֹ unter Einschluß des langen Qameṣ ◌ָ „groß“ (magnum), im Gegensatz zur Schreibung ohne Vokalbuchstaben, die „klein“ (parvum) heißt. Entsprechend der Verwendung von Vokalbuchstaben spricht man auch bei den kombinierten Zeichen von Plene- und Defektivschreibung; vgl. יָקוּמוּ (plene) mit יָקֻמוּ (defektiv) = *yåqū́mū* „sie stehen auf“. In der Regel erscheint die kombinierte Schreibung dort, wo die Vokalbuchstaben etymologisch berechtigt sind, בָּנֶיךָ *bånǽḵå* < **banaykā* „deine Söhne“, Gelegentlich findet sich in MT noch die auch im Arab. geübte Sitte, auf langen Auslautvokal ein Alef prostheticum folgen zu lassen; vgl. נָקִיא mit נָקִי „rein“, אָבוּא mit אָבוּ „sie wollten [nicht]“. Sie entspringt dem verbreiteten Gebrauch von Vokalbuchstaben in hell.-röm. Zeit und dem damit verbundenen Bemühen, die für die Vokalisation benutzten schwachen Konsonanten eindeutig als Vokalsymbole festzulegen; vgl. ליא (1Q Jes.ᵃ 43, 1) mit tib. לִי „mir“ (vgl. § 9, 3). Die Pleneschreibung wird vermieden, wo zwei gleiche Buchstaben zusammenstoßen würden: גּוֹיִם für גּוֹיִים „Völker“, מִצְוֹת für מִצְווֹת „Gebote“ und אֹמַר statt אאמַר „ich sage“.

§ 13. Das Šwa

1. Das tib. System kennt neben den Zeichen für die Vollvokale auch ein solches für den Murmellaut und zugleich für die Vokallosigkeit eines Konsonanten, Šwa. In den älteren Systemen hat man den Murmellaut zunächst gar nicht oder durch den ihm jeweils entsprechenden Vollvokal bezeichnet, während die Vokallosigkeit nicht ausgedrückt wurde. Die Wurzeln für das tib. Šwa liegen in der ostsyr. Vokalisation. Hier begegnet ein Strich über dem Konsonanten, *m^{e}hagg^{e}yānā* oder *marh^{e}ṭānā*, der sowohl den Murmellaut und die Vokallosigkeit als auch den Ausfall des betreffenden Konsonanten andeutet. Das syr. Zeichen wurde von den babyl.-jüd. Gelehrten unter dem Namen חִיטְפָא *ḥiṭfā* als Strich links über dem Buchstaben aufgenommen, um den zugehörigen Murmellaut auszudrücken. Zugleich deutete man damit quiescierendes א und Schluß-ה sowie vokalloses ך finale an (vgl. auch § 14, 6). So ergab es sich von selbst, *ḥiṭfā* überhaupt bei Vokallosigkeit eines Konsonanten entsprechend dem arab. *sukūn* zu verwenden. Von den Babyloniern übernahmen die Tiberier das *ḥiṭfā*, stellten es entweder als ְ unter oder als ּ in den Buchstaben; ersteres ist in BA — Kaf finale ךְ ausgenommen — stets, letzteres mitunter in PsBN der Fall. Da es vorzugsweise für die Andeutung der Vokallosigkeit benutzt wurde, nannte man es „Šwa" שְׁוָא, abgeleitet von שָׁוְא *šåw* „Nichts", und unterschied ein שְׁוָא נָח *š^{e}wå nåḥ* „Šwa quiescens" von dem שְׁוָא נָד *š^{e}wå nåd* bzw. שְׁוָא נָע *š^{e}wå nå'* „Šwa mobile"[1]).

2. Šwa quiescens steht im Wortinnern unter jedem vokallosen Konsonanten mit Ausnahme der quiescierenden Buchstaben, z. B. רָאשִׁים *råšīm* „Häupter", und deutet zugleich das Ende der geschlossenen Silbe an, מִנְ|חָה *min-ḥå* „Gabe". Am Wortende wird Šwa quiescens meist nicht

[1]) Vgl. zum Folgenden P. Kahle in: BL, § 7 e'—q'.

gesetzt, אָדָם *'ādām* „Mensch"; nur zur Unterscheidung des Schluß-ך von ן finale und bei Doppelkonsonanz am Wortende findet es sich in BA und damit in unseren herkömmlichen Grammatiken: הָלַךְ *hålak̲* „er ging", נֵרְדְּ *nerd* „Narde", אַתְּ *'att* „du" (F.). Es fällt stets unter wortschließendem, ohnehin quiescierendem א (חֵטְא *ḥēt̲* „Sünde") aus; zu Šwa bei ח, ו und ע am Wortende s. u. 4.

Šwa quiescens liegt nach manchen in angeblich lose geschlossenen Silben bei Formen wie מַלְכֵי *malk̲ē* (St. cstr. Pl.; § 52, 1 e) vor, bei denen man zuweilen Murmelvokal **malᵉk̲ē* und ein mas. nicht gerechtfertigtes „Šwa medium" erschließt[1]). Hierfür beruft man sich auf die zeitweilige Spirierung von *b g d k p t* unmittelbar nach Konsonanten, in der ein einstiger kurzer, jetzt zu Šwa reduzierter Vokal assimilatorisch nachwirken soll (§ 26, 1). Nun gibt es Formen, in denen ein solcher Vokal historisch nicht nachzuweisen ist, die Spirierung aber doch begegnet. Es liegt danach wohl kein kombinatorischer Lautwandel, sondern ein solcher durch Veränderung der Artikulationsbasis vor; u. z. ist er, nach unseren heutigen Quellen, aram. bedingt und hat sich im Hebr. allmählich durchgesetzt. So erscheint im 5. Jh. v. Chr. in jüd. theophoren Personennamen der kan. Bestandteil **milk* auf dem aram. Sprachgebiet Babyloniens als *milḫi*[2]). G vermittelt einen Einblick in das zunehmende Eindringen der Spirierung im Hebr., und Origenes benutzt in Sek. eine jüd. Vorlage, die eine totale Spirierung voraussetzt, wie sie durch rabbinische Aussagen sowohl für Palästina als auch für Babylonien seit dem 2. Jh. n. Chr. belegt ist (babyl. Berachot 13 b. 16 b; pal. Berachot 2, 1. 4)[3]).

---

1) G. Bergsträßer, Grammatik I, § 10 e; P. Joüon, Grammaire, § 8 d.

2) H. V. Hilprecht, The Babylonian Expedition of the University of Pennsylvania. Series A: Cuneiform Texts IX (Philadelphia 1898), 77.

3) Hierzu und zum Folgenden vgl. KG, 189—195.

Daneben hat es allerdings im ganzen aram. Sprachgebiet Lehnwörter und wohl auch schulmäßig tradierte Formen gegeben, in denen die Spirierung nicht durchgeführt wurde. Der erste, der nach unseren Quellen auf die doppelte Aussprache aufmerksam macht, ist der Syrer Jakob von Edessa (640 bis 705). Im Syr. sind offenbar auch zuerst die Artikulationsregeln für *b g d k p t* — explosiv im Taktanlaut sowie nach vorhergehendem Konsonanten und konsonantischem *w* und *y*, andernfalls spiriert — geprägt worden[1]).

Nach syr. Vorbild haben die Juden etwa seit dem 8. Jh. ebenfalls die im wesentlichen spirantische, nur selten explosive Aussprache von *b g d k p t* zu systematisieren versucht. Aber auch bei ihnen waren lokale und im liturgischen Vortrag verankerte Gewohnheiten oft stärker. So ergeben sich zahlreiche scheinbare Inkonsequenzen, wenn z. B. der pronominale Akk. אתכמה **'etkímmā* „euch" (Q, vgl. sam. *'itkímmā*; § 87, 3 b) im 9. Jh. n. Chr. als אֶתְכֶם *'æṯkæm* fixiert worden ist und seither als mas. Normalform erscheint, oder wenn PsBN in der sorgfältig punktierten Form וְלִנְתוֹץ *welinṯoṣ* „und um einzureißen" (Jer. 1, 10 [R]; vgl. § 68, 2 e) Nun durch Rafe (§ 14, 6) und Šwa als vokallos, Taw aber durch Rafe als spiriert festlegt. Es handelt sich also bei diesem Šwa um silbenschließendes Šwa quiescens, in der folgenden Spirans aber um eine Konzession an die aram. bedingte Artikulation ohne Rücksicht darauf, ob in einem früheren Stadium an Stelle des Šwa ein Vollvokal gestanden hat oder nicht.

3. Šwa mobile steht am Wort- und Silbenanfang und bildet mit seinem zugehörigen Konsonanten phonetisch einen Vorschlag zur folgenden Silbe: בְּרִית *berīṯ* „Bund", יִשְׁ|פְּטוּ *yiš-peṭū* „sie richten", שָׁ|פְטוּ *šå-feṭū* „sie richteten", לִמְּ|דוּ *lim-meḏū* „sie lehrten"; zum Silbenwert s. § 20, 2 a. Daher gilt

[1]) Th. Weiß, Zur ostsyr. Laut- und Akzentlehre. BOS 5 (Stuttgart 1933).

die allgemeine Regel, daß lautbares Šwa am Anfang eines Wortes, unter einem Konsonanten mit Dageš forte (§ 14, 2) und nach einem anderen Šwa steht. Dieser Murmellaut ist in der Regel der Rest voller, meist kurzer Vokale (§ 23, 2) in offenen Silben; zuweilen dient er aber zur Auflösung einer ursprünglichen Doppelkonsonanz wie in קְטֹל *q*^{e}*ṭol* < *qṭul* (§§ 68, 2 e; 29, 1). Herkömmlich bezeichnet man Šwa mobile als flüchtigen *e*-Laut: ^{e}; gleichwohl ist zu beachten, daß es vielfach eine vokalische Färbung aufweist, u. z. häufiger unter Anlehnung an den folgenden Vokallaut als unter Bewahrung des Ursprungslautes.

4. Vor oder hinter א, ה, ח, ע ergab sich bei dem Bemühen, die Laryngale möglichst deutlich zu artikulieren, meist ein *ạ* oder ein dem Hauptvokale entsprechender Nebenlaut. Benutzte man zur Andeutung dieser flüchtigen Vokale im einfachen babyl. System ohne Konsequenz gewöhnlich die Vollvokalzeichen, während derartige Nebenlaute pal. nur ganz selten angedeutet sind, so brachten die Tiberier allmählich eine gewisse Ordnung in deren Wiedergabe, indem sie außer dem Šwa mobile (simplex) Zeichen für flüchtiges *a*, *æ*, *o* einführten. Sie kombinierten Šwa mit Pataḥ, Segol und Qameṣ zu ֲ ^{a}, ֱ ^{æ}, ֳ ^{o} (Šwa compositum), nannten diese Zeichen unter Benutzung des babyl. Ausdruckes *ḥiṭfā* (s. u. 1) „Ḥaṭef-Pataḥ“ חֲטַף פַּתַח, „Ḥaṭef-Segol“ חֲטַף סְגוֹל und „Ḥaṭef-Qameṣ“ חֲטַף קָמֶץ; vgl. חֲנִית *ḥ*^{a}*nīṯ* „Lanze“, יַעֲבֹד *ya*ʿ^{a}*ḇoḏ* „er dient“, אֱמֶת ʾ^{æ}*mæṯ* „Wahrheit“, עֳנִי ʿ^{o}*nī* „Elend“, יָעֳמַד *yā*ʿ^{o}*maḏ* „er wird aufgestellt“. In den meisten Bibelausgaben wird der dem Ḥaṭef-Laut vorhergehende Vokal durch Meteg (§ 16, 2 a) mit einem Nebenton versehen. Da die ältere und bessere BA-Überlieferung das Meteg in den genannten Fällen nicht enthält, wird in dieser Grammatik darauf verzichtet.

5. Ḥaṭef-Pataḥ und Ḥaṭef-Qameṣ werden auch unter Nichtlaryngale gesetzt: a) Ḥaṭef-Pataḥ steht statt des einfachen Šwa oft bei an sich verdoppeltem Konsonanten, besonders in den Verben II gem., הַלֲלוּ *hal*^{a}*lū* statt הַלְלוּ *hal*^{e}*lū* „preist!“, des weiteren etwa bei סוֹרֲרִים *sōr*^{a}*rīm* „Widerspenstige“; gelegentlich steht es unter ר und כ, z. B. תֹּאכֲלֶ֫נָּה *tōḵ*^{a}*lǽnnå* „du wirst es essen“, בָּרֲכוּ *bår*^{a}*ḵū* „segnet!“; manchmal bei Zischlauten nach Waw cop., וּשֲׁבֵה *ūš*^{a}*ḇē* „und fange“ (Jdc. 5, 12), bei verschiedenen Konsonanten nach vorausgehendem *i* sowie bei Velaren und Zischlauten, b) Ḥaṭef-Qameṣ findet sich statt Šwa zuweilen in der Nähe von *u*, besonders bei Velaren, לֻקֳחָה *luq*^{o}*ḥå* „sie wurde genommen“ (für **luq*[*q*]^{e}*ḥå*; § 68, 3b), oder deutet noch gehörtes *o* an, רֳאִי *r*^{o}*'ī* „Sehen“ (§ 82, 2h). Die Überlieferung bezüglich der Anwendung der Ḥaṭef-Laute bei Laryngalen und Nichtlaryngalen schwankt außerordentlich.

6. Ein im wesentlichen tib., nur selten in der älteren babyl. Punktation[1]) begegnendes Zeichen ist das sog. Pataḥ furtivum ^{a}, ein flüchtiger *a*-Laut, der dem Ḥaṭef-Pataḥ verwandt ist. Man verwendet es zur Betonung des konsonantischen Charakters von wortschließendem Ḥet, ʿAyin und He (הּ; § 14, 3) nach *ē, ī, ō, ū* und setzt es entweder traditionell unter den Buchstaben, vor dem es zu sprechen ist: ר֫וּחַ *rū*^{a}*ḥ* „Geist“, זְר֫וֹעַ *z*^{e}*rō*^{a}*ʿ* „Arm“, גָּבֹ֫הַּ *gåḇō*^{a}*h* „hoch“, oder mit der älteren BA-Überlieferung, der auch BH[3] folgt, rechts daneben: ר֫וּחַ, זְר֫וֹעַ, גָּבֹ֫הַּ. In dieser Grammatik trägt der silbische Vokal vor Pataḥ furtivum ´ als Druckzeichen.

7. Statt des Pataḥ furtivum verwendet PsBN primär Šwa, um Ḥet, ʿAyin und teilweise He (öfter הּ; § 14, 3) als Konso-

[1]) Vgl. MB, 31; MO, 166.

nanten zu kennzeichnen: רוּחַ *rūḥ* (Jes. 17, 4 [R]); יַגִּיהַּ *yaggīh*, BA יַגִּ֫יהַ *yaggíᵃh* „er leuchtet" (ebd. 13, 10); וְכִתְקוֹעַ *wᵉkiṯqoᶜ*, BA וְכִתְקֹ֫עַ *wᵉkiṯqóᵃᶜ* „wie das Blasen [des Horns]" (ebd. 18, 3), wo gegen die traditionelle Regel das Ḥolem kurz sein dürfte (§ 75, 2). Sekundär stehen hier zuweilen Šwa und Pataḥ konkurrierend nebeneinander: יְהוֹשֻׁעַ, BA יְהוֹשֻׁ֫עַ „Josua" (Jos. 1, 1 [R]); vgl. in Wortmitte מָשַׁחְנוּ *māšáḥnū* (zum Dageš s. § 14, 5), BA מָשַׁ֫חְנוּ *mā-šáḥnū* „wir salbten" (2 S. 19, 11 [R]). Derartige Kombinationen sind vielleicht mit A. Sperber als Ausgangspunkt für die Ḥaṭef-Zeichen anzusehen[1]).

§ 14. Dageš, Mappiq, Rafe

1. Je nach ihrer Stellung im Wort oder in der Akzenteinheit, vielfach auch nach ihrer grammatischen Rolle, weisen die meisten hebr. Buchstaben eine wechselnde Aussprache auf, indem sie teils stärker, teils schwächer artikuliert werden[2]). Auf der Beobachtung dieser Artikulationsunterschiede, die auch im Syr. und Arab. graphisch vermerkt werden, beruhen die tib. Zeichen für Stark- und Schwachartikulation, Dageš und Mappiq einerseits und Rafe andererseits. Dageš דָּגֵשׁ „schärfend" stellt einen Punkt im Buchstaben dar und bezeichnet als Dageš forte דָּגֵשׁ חָזָק oder דָּגֵשׁ כָּבֵד Dehnung oder stärkere Artikulation des betreffenden Konsonanten, als Dageš lene דָּגֵשׁ קַל dagegen die stimmlose bzw. explosive Aussprache von *b g d k p t*. Wurzelhaft verwandt mit dem Dageš ist das Mappiq מַפִּיק „hervorbringend", das nach BA als Punkt vor allem in He am Wortende (הּ) dessen vollen Konsonantenwert andeutet. Mit Dageš und Rafe fußen

---

[1]) A. Sperber, Masoretic Hebrew, § 78.
[2]) Zum Folgenden vgl. P. Kahle in: BL, § 8.

die Tiberier auf babyl. Vorbild. Rafe רָפֵה oder רָפֶה „weich“ bedeutet die Schwachartikulation und hängt als Strich über dem Buchstaben mit dem syr. Zeichen *marh*^{e}*ṭānā* mittelbar zusammen. Denn letzteres bedeutet nicht nur den Murmellaut (§ 13, 1), sondern vor allem auch den Wegfall eines Konsonanten. Als solches wurde es von den Babyloniern zur Kennzeichnung von א und ה als Vokalbuchstaben und von vokallosem Schluß-Kaf (ך) benutzt und tib. darüber hinaus zur Andeutung der Schwachartikulation überhaupt verwendet.

2. Beim Dageš forte unterscheidet man die Fälle, in denen der Artikulationspunkt als Dageš forte necessarium grammatisch notwendig ist, von denen, wo er den liturgisch einwandfreien Vortrag des heiligen Textes — daher Dageš forte euphonicum — sicherstellen soll.

a) Dageš forte necessarium steht als Zeichen für die Kontraktion zweier gleicher Konsonanten, von denen der erste vokallos ist, נָתַ֫נּוּ *nåṯánnū* „wir gaben“; für eine durch Assimilation (§ 24, 3b) entstandene Doppelkonsonanz, יִתֵּן *yitten* < **yinten* „er gibt“, als Zeichen für grammatisch bedingte Verdoppelung: גַּנָּב *gannåḇ* „Dieb“, לִמֵּד *limmeḏ* „er lehrte“; ferner זִכָּרוֹן *zikkårōn* „Gedächtnis“, wo Dageš forte den an sich in offener Silbe stehenden Vokal schützt.

b) Vom Dageš forte euphonicum seien erwähnt das Dageš forte coniunctivum, das Dageš forte dirimens und das Dageš forte affectuosum. Das Dageš forte coniunctivum steht als דְּחִיק *d*^{e}*ḥīq* „zusammengedrängt“ im Anlaut eines einsilbigen oder vorn betonten Wortes, wenn diesem, eng verbunden, ein auf betontes *ā̆* oder *ǣ̆* ausgehendes Wort vorangeht: לְכָה־נָּא „gehe doch!“, נַעֲשֶׂה־לָּ֫נוּ „laßt uns machen!“ (Gn. 11, 4); als אָתֵי מֵּרַחִיק *'āṯē mērahīq* „von fern kommend“ im Anlaut eines einsilbigen oder vornbetonten Wortes, wenn diesem in enger Verbindung ein auf druckloses *å* oder *æ* ausgehendes Wort vorangeht, עָשִׂ֫יתָ זֹּאת „du hast dies getan" (Gn. 3, 14). Dieses Dageš steht auch unregelmäßig als *d^eḥīq* in Fällen wie וַיֹּֽאמְרוּ לֹּא „und sie sagten nein" (Gn. 19, 2) und als *'åṯē mēraḥīq*, z. B. ק֫וּמוּ צְּאוּ „auf und zieht ab!" (Ex. 12, 31). Über das auf den Artikel und auf -מַה folgende Dageš, das nicht an den Druck gebunden ist, s. §§ 31, 2; 32, 2. Das Dageš forte dirimens dient zur Hervorhebung der Lautbarkeit eines Šwa: עִנְּבֵי *'in^eḇe*, St. cstr. zu עֲנָבִים „Trauben" (Lv. 25, 5). Dageš forte affectuosum verstärkt einen vom Satzdruck betroffenen langen Vokal, besonders in großer Pausa (§ 15, 4), und steht in dem darauffolgenden Konsonanten חָדֵ֑לּוּ „sie hörten auf" (Jdc. 5, 7) im Gegensatz zu חָדְלוּ im Kontext.

c) Die Setzung des Dageš forte unterbleibt in der Regel am Ende des Wortes, z. B. in עַם *'am* „Volk" für **'amm* (Pl. עַמִּים *'ammīm*); zu אַתְּ *'att* (nicht **att^e*!) „du (F.)" s. § 30, 2b; zu נָתַתְּ *nåṯatt* „du (F.) hast gegeben" vgl. § 24, 3b. Außerdem wird sehr häufig die Verdoppelung bei einigen Konsonanten besonders ו, י, ל, מ, נ sowie ק, zuweilen auch bei den Zischlauten aufgehoben, wenn dieselben Šwa mobile haben; א, ה, ח, ע und nach allgemeiner Regel ר (§ 8, 13) haben niemals Dageš forte (§ 28, 3b).

3. Mappiq unterscheidet konsonantisches Schluß-He (הּ) von He als Vokalbuchstaben (§ 9): אַרְצָהּ *'arṣåh* „ihr Land", dagegen אַ֫רְצָה *'årṣå* „erdwärts" (§ 45, 3c). In gleicher Eigenschaft deutet Mappiq zuweilen den konsonantischen Charakter von Alef an, וַיָּבִ֫יאּוּ *wayyåḇí'ū* „und sie brachten" (Gn. 43, 26). Weit häufiger wird dieses diakritische Zeichen, das aus der pal. Punktation stammt[1]), in PsBN gesetzt, u. z.

[1]) A. Díez Macho (oben S. 34, Anm. 3), 24f.

nicht nur bei He (הּ) und Alef (אּ), sondern auch bei finalem Waw (וּ, וֹ), wo es mit den Šwa-Punkten wechselt (וְ, וּ), und Yod (יּ), um sie als Konsonanten festzulegen (MW, 58*[4.5]); z. B. חַיּ, BA חַי *ḥay* „lebendig", בָּנָיו, BA בָּנָיו *bånåw* „seine Söhne" (Jos. 3, 10; 7, 24 [R]), וַיְצַו, BA וַיְצַו *way-ṣaw* „und er befahl" (2 R. 22, 12 [R]). Diese Tradition wirkt offenbar noch in BA-Formen wie בוֹכִיָּה *bōḵīyå* (nicht **bōḵiyyå!*) nach; vgl. § 82, 2i.

4. Dageš lene dient zur Bezeichnung der explosiven Aussprache von *b g d k p t* (§ 8, 2) in folgenden Fällen: a) Am Anfang eines Satzes, בְּרֵאשִׁית בָּרָא אֱלֹהִים „Am Anfang schuf Gott" (Gn. 1, 1), oder eines Satzabschnittes, daher nach trennendem Akzent (§ 15, 2), וַיְהִי כִּי „und es geschah, als" (Gn. 6, 1; vgl. § 15, 2a [10]); b) am Anfang eines Wortes oder einer Silbe, wenn ein vokalloser Konsonant vorausgeht: אֶת־פִּיהָ *'aeṯ-pīhå* „ihren Mund", בְּצִדָּהּ תָּשִׂים *beṣiddåh tåśīm* „an ihrer Seite sollst du anbringen" (Gn. 6, 16), יְהוָה כְּצִדְקוֹ „Jahwe nach seiner Gerechtigkeit", da traditionell *'adōnåy keṣiḏqō* gesprochen (§ 17, 2), und יְהוֹשֻׁעַ בִּן־נוּן *Yehōšūaʿ bin-Nūn* mit Pataḥ furtivum (§ 13, 6); c) im letzten Konsonanten bei wortschließender Doppelkonsonanz: נֵרְדְּ *nerd* „Narde", זָכַרְתְּ *zåḵart* „du (F.) gedachtest"; d) fast stets in den Präfixen בְּ und כְּ bei Lautverbindungen wie בְּב־, כְּכ־, בְּמ־, בְּפ־, auch wenn das vorhergehende Wort vokalisch auslautet und hierzu in enger Verbindung steht.

5. Im Textus receptus, nicht in BH³, begegnet ein sog. Dageš orthophonicum[1]) in Formen wie: רַעְמָּה *Raʿmå* „Raë-

[1]) Fr. Delitzsch, Complutensische Varianten zu dem At.lichen Texte. Reformationsprogramm der Universität Leipzig (Leipzig 1878), 12; E. Kautzsch, Grammatik, § 13 c.

ma“ (Gn. 10, 7) oder עַל־לְשֹׁנוֹ *'al-l^ešōnō* „auf seiner Zunge“ (Ps. 15, 3). Dieser Punkt stammt wohl aus PsBN, wo Dageš u. a. die Kürze eines Vokals nicht nur in vorhergehender offener, sondern auch in geschlossener Silbe andeutet[1]); u. z. begegnet er vornehmlich bei einwertigen Buchstaben, seltener bei *b g d k p t*, offensichtlich, um deren explosive Aussprache, soweit nicht vorgegeben, zu vermeiden: וּבְנַפְשִׁי *ub̲nafšī* „und nach meinem Willen“ (1 S. 2, 35 [R]), לִבְנוֹת *lib̲nōṯ* „zu bauen“, andererseits לִנְתוֹשׁ *linṯoš* „auszurotten“ (Jer. 1, 10 [R]) neben חוּלְדָּה *Ḥuldā* „Hulda“ (2 R. 22, 14 [R]). Dieser Dageš-Gebrauch läßt sich nicht ohne weiteres in das traditionelle, auf BA beruhende Schema der Dageš-Regeln einordnen[2]); für eine Darstellung der Laut- und Formenlehre ist er insofern bedeutsam, als er davon abhält, etwa das BA-System historisch-genetisch allzu unbefangen für eine sprachgeschichtliche Erfassung des Hebr. zu benutzen.

6. Rafe רָפֶה „schwach“ steht als Strich über dem Konsonanten (בֿ הֿ) in den Handschriften (so auch in L) und Drucken fast nur, um die absichtliche Auslassung eines Dageš oder Mappiq anzuzeigen, bzw. um finales He als Vokalbuchstaben oder *bgdkpt* als Spiranten zu kennzeichnen. In BH³ ist Rafe bis auf ganz wenige Fälle weggelassen; vgl. z. B. die mas. Mischform (§ 17, 1) P. לֹא תִּנְאָף, die entweder לֹא תִנְאָף *lō tin'āf* „du sollst nicht ehebrechen“ mit dem Verbindungsakzent Munaḥ (§ 15, 2a [19]) oder לֹא תִּנְאָף *lō tin'āf* mit dem Trenner Ṭifḥa (ebd., [8]) zur Wahl stellt. Ursprünglich besaß

[1]) A. Sperber, Masoretic Hebrew, §§ 66—73; R. Meyer, Die Bedeutung des Reuchlinianus für die hebr. Sprachgeschichte. Dargestellt am Dageš-Gebrauch. ZDMG 113 (1963), 51—61.

[2]) Soweit das Dageš in PsBN nach geschlossener Silbe oder trennendem Akzent steht, ähnelt es dem Dageš lene traditioneller Auffassung, ohne sich freilich mit ihm zu decken.

Rafe eine weit größere Bedeutung. In der Punktation von PsBN deutet es nicht nur Vokalbuchstaben, quiescierendes Alef (§ 22, 3a) oder Spirierung von *b g d k p t* an, sondern zugleich den konsonantischen Charakter von Waw und Yod im Wortinneren (MWII, 58*[4.5]); z. B. zu Yod vgl. בַּיִֿת „Haus“, dem in BA בַּ֫יִת *báyit̲* (1 S. 25, 28 [R]; § 52, 3a) entspricht, oder לִהְֿיוֹתֿ *lihyōt̲* „zu sein“ (1 S. 19, 8 [R]) für das übliche לִֽהְיוֹת. Hinwiederum scheint Rafe bei der Präposition לֿ auf die im Sam. belegte Aussprache mit Vokalvorschlag *el* hinzuweisen (ebd., 57* [2]; § 87, 2a), während es in Formen wie לִנְתֿוֹשׁ *lint̲oš* oder וּבְנַֿפְשִׁי *ub̲nafši* (s. u. 5) in Verbindung mit Šwa Silbenschluß *lin-*, *ub̲-naf-* andeutet. Hierzu kommt, daß es, im Gegensatz zu Dageš als dem Zeichen für Starkartikulation, die Schwachartikulation einwertiger Konsonanten — ähnlich wie heute noch im Jem. — andeuten kann[1]). Eine systematische Erfassung des älteren Rafe-Gebrauchs ist bisher nicht gelungen; doch dürften hier, wie bei Dageš, verschiedene Schulbräuche ineinander geflossen sein, deren Systematisierung man später um so weniger durchgeführt hat, als die normative Festlegung der Aussprache nach BA hierzu keinen Anlaß gab.

§ 15. Die Akzente

1. Jedem mit selbständigem Druck gesprochenen Wort ist in den Ausgaben des AT ein Akzent beigefügt. Die tib. Akzentzeichen, die wie die babyl. auf die ältere pal. Punktation zurückgehen und mittelbar mit den griech. Interpunktionszeichen zusammenhängen, spielen eine dreifache Rolle:

---

[1]) H. Grimme, Die jem. Aussprache des Hebr. und die Folgerungen daraus für die ältere Sprache. Festschrift für E. Sachau (Berlin 1915), 135; P. Kahle in: BL, § 8 b.

a) als Musiknoten, b) als Zeichen für den Wortdruck oder Ton, also Akzente im eigentlichen Sinne, und c) als Interpunktionszeichen[1]).

a) Als Musiknoten kennzeichnen die Juden die Akzente durch den Ausdruck נְגִינוֹת „Melodien“.

b) Als Tonzeichen stehen die Akzente bei der Drucksilbe, also meist bei der letzten, seltener bei der vorletzten Silbe בָּרָ֑א (Gn. 1, 1), וָבֹ֑הוּ (Gn. 1, 2). Ein auf der letzten Silbe betontes Wort, Oxytonon, bezeichnen die Masoreten als מִלְרַע *milra'* „von unten“, ein auf der vorletzten Silbe betontes Wort, Paroxytonon, als מִלְעֵיל *mil'ēl* „von oben“ betont. Steht ein Vokal bei dem Konsonanten, so treten die Akzente links oben oder unten daneben, לָרָקִ֑יעַ *låråqī^a'* (Gn. 1, 7), nur bei Ḥolem steht er rechts וָבֹ֑הוּ *wåḇōhū*. Nicht bei der Drucksilbe, sondern als Präpositive am Wortanfang stehen Yetib und Groß-Teliša, vier andere dagegen, Segolta, Pašṭa, Zarqa und Klein-Teliša, stehen postpositiv am Wortende; vgl. Yetib עֵ֚שֶׂב *'éśæḇ* (Gn. 1, 11) mit Segolta הָרָקִ֒יעַ *håråqī^a'* (Gn. 1, 7). Fallen die Prä- und Postpositive nicht auf die Drucksilbe, so werden sie vielfach, besonders Pašṭa, daselbst wiederholt תֹּ֙הוּ֙ *ṯōhū* (Gn. 1, 2).

c) Als Interpunktionszeichen deuten die Akzente die logische Gliederung des Satzes an. Die eigentlichen Satzzeichen sind diejenigen Akzente, die die Sinnabschnitte andeuten. Sie heißen טְעָמִים *ṭ^e'āmīm* „Sinnzeichen“ oder, da sie den Satz regieren, מְלָכִים *m^elåḵīm* „Könige“, in unseren Grammatiken Distinctive oder Trenner. Die anderen Zeichen, die der Modulation dienen und die enge Verbindung zusammengehöriger Wörter andeuten, heißen מְשָׁרְתִים *m^ešår^eṯīm* „Diener“ bzw. Coniunctive oder Verbinder.

---

[1]) Zum Folgenden vgl. P. Kahle in: BL, § 9.

2. Das tib. Akzentsystem besteht aus einem Prosasystem, das in 21 at.lichen Büchern angewendet wird, und einem poetischen System, das in Hi., Prv., und Ps. begegnet.

a) Das Prosasystem umfaßt 18 Trenner (Nr. 1—18) und 9 Verbinder (Nr. 19—27). Trennungsakzente sind: 1. Silluq סִלוּק vor dem Satzschluß (Sofpasuq סוֹף פָּסוּק), בֽ׃, somit bei der letzten Drucksilbe im Satze, הָאָֽרֶץ׃ (Gn. 1, 1); 2. Atnaḥ אַתְנָחָה, ב֑, deutet die Hauptzäsur an: אֱלֹהִ֑ים (Gn. 1, 1); 3. Segolta סְגוֹלְתָּא, ב֒, postpositiv; 4. Šalšelet שַׁלְשֶׁ֓לֶת, ב֓׀; 5. Klein-Zaqef זָקֵף קָטוֹן, ב֔; 6. Groß-Zaqef זָקֵף גָּדוֹל, ב֕; 7. Rebiaʿ רְבִ֗יעַ, ב֗; 8. Ṭifḥa טִפְחָא, Ṭarḥa טַרְחָא, ב֖ ב֖, geht Atnaḥ und Silluq voraus oder steht auch in kurzen Sätzen an Stelle des ersteren, z. B. וְהָאֱלִילִ֖ים כָּלִ֥יל יַחֲלֹֽף „Und die Götzen — alles geht vorüber" (Jes. 2, 18); 9. Zarqa זַרְקָא, ב֘ ב֮, postpositiv; 10. Pašṭa פַּשְׁטָא, ב֙ ב֙, postpositiv; 11. Yetib יְתִיב, ב֚, präpositiv; 12. Tebir תְּבִיר, ב֛ ב֛; 13. Gereš גֶּ֜רֶשׁ, ב֜ ב֝; 14. Doppel-Gereš גֵּרְשַׁ֞יִם, ב֞ ב֞; 15. Pazer פָּזֵר, ב֡ ב֡; 16. Groß-Pazer oder Qarnefara פָּזֵר גָּדוֹל, קַרְנֵי פָרָה, ב֟; 17. Teliša תְּלִישָׁא, ב֠, präpositiv; 18. Legarmeh לְגַרְמֵהּ, ב֣ ׀, zusammengesetzt aus dem Verbinder Munaḥ und der Paseq-Linie (§ 16, 3).

Die Verbindungsakzente des Prosasystems sind: 19. Munaḥ מוּנָח, ב֣; 20. Mehuppach oder Mahpach מְהֻפָּךְ, מַהְפָּךְ: ב֤; 21. Mercha מֵירְכָא, ב֥ ב֥; 22. Doppel-Mercha מֵירְכָא כְּפוּלָה, ב֦ ב֦; 23. Darga דַּרְגָּא, ב֧; 24. Azla אַזְלָא, ב֨ ב֨; 25. Klein-Teliša תְּלִישָׁא קְטַנָּא, ב֩, postpositiv; 26. Galgal גַּלְגַּל, ב֪, findet sich zuweilen in Verbindung mit dem Trenner Groß-Pazer; 27. Maila מָאיְלָא, ב֑ ב֑, begegnet selten mit Atnaḥ oder Silluq im gleichen Wort oder Sprechtakt zur Andeutung des Nebendruckes, z. B. וַיֵּצֵא־נֹחַ „und Noah ging hinaus" (Gn. 8, 18).

b) Das poetische System in Hi., Prv. und Ps. umfaßt 12 Trenner (Nr. 1—12) und 9 Verbinder (Nr. 13—21). Trennungsakzente sind: 1. Silluq beim Sofpasuq; 2. ʿOlewejored עוֹלֶה וְיוֹרֵד, ב ב (z. B. רוּחִי), bildet mit vorausgehendem Zarqa oder Klein-Rebiaʿ eine Akzenteinheit und hat stärkere Trennwirkung als Atnaḥ; 3. Atnaḥ teilt kleinere Verse oder folgt als Nebentrenner auf ʿOlewejored in der zweiten Vershälfte; 4. Groß-Rebiaʿ, ב; 5. Rebiaʿ mugraš רְבִיַע מֻגְרָשׁ, ב ב; 6. Groß-Šalšelet, | ב; 7. Ṣinnor צִנּוֹר oder Zarqa זַרְקָא, ב ב, postpositiv; 8. Klein-Rebiaʿ ב, unmittelbar vor ʿOlewejored; 9. Deḥi דְּחִי, mit dem älteren Namen Yetib, ב ב, steht präpositiv regelmäßig vor Atnaḥ; 10. Pazer, בב; 11. Mehuppach-Legarmeh מְהֻפָּךְ לְגַרְמֵהּ, | ב; 12. Azla-Legarmeh אַזְלָא לְגַרְמֵהּ, ב ב.

Die Verbindungsakzente des poetischen Systems sind: 13. Mercha ב ב; 14. Munaḥ ב; 15. ʿIlluy עִלּוּי, ב; 16. Ṭarḥa ב ב, gleicht dem Trenner Deḥi (9) in der Form, steht aber im Gegensatz zu diesem bei der Drucksilbe; 17. Galgal ב; 18. Mehuppach ב; 19. Azla ב ב; 20. Klein-Šalšelet ב; 21. Ṣinnorit צִנּוֹרִית, ב ב, bei offener Silbe im gleichen Wort vor Mercha und Mehuppach.

3. Doppelakzentuierung findet sich Gn. 35, 22 und im Dekalog Ex. 20, 2ff.; Dt. 5, 6ff.: אָנֹכִי יְהוָה אֱלֹהֶיךָ „Ich bin Jahwe, dein Gott"; sie beruht auf zweifacher Versabteilung.

4. Silluq und Atnaḥ im Prosasystem, sowie Silluq, ʿOlewejored und meist auch Atnaḥ im poetischen System, mitunter

auch kleinere Trenner wie Klein-Zaqef, bedingen statt der gewöhnlichen K.-Formen vollere, sog. P.-Formen (§ 21, 3 b). Die Akzente, vor allem die genannten großen Trenner, sind in den meisten Fällen wertvolle Hilfsmittel zur Erschließung der logischen und synt. Gliederung des Textes.

§ 16. Maqqef, Meteg, Paseq

1. Maqqef מַקֵּף „Verbinder" ist ein Bindestrich ־, der das System der Verbindungsakzente voraussetzt und zwei, zuweilen auch drei oder vier Wörter zu einer Akzenteinheit vereinigt. Meist handelt es sich um kleine Wörter, die proklit. oder enklit. stehen und durch Maqqef an das Wort mit dem Hauptdruck angeschlossen werden. Maqqef bedingt in den enttonten Wörtern oft Wandel eines *e* (< *i*) zu *æ* und eines *o* (< *u*) zu *å*, was aber für die Aussprache erst Bedeutung hat, seitdem Ṣere und Ḥolem ausschließlich als Symbole für *ē* und *ō* gelten (§ 11, 4. 6); vgl. אֵת הַשִּׁיר „das Lied" mit אֶת־הַשִּׁיר und כֹּל אָדָם „jeder Mensch" mit כָּל־אָדָם. Durch Meteg (s. u. 2) kann ein Nebendruck gesichert werden: כִּֽי־הִשְׁחִית, *kī-hišḥīṯ* „denn er hatte verdorben" (Gn. 6, 12). Ein langer Vokal kann in geschlossener Silbe mit Nebendruck erhalten bleiben: שָֽׁת־לִי *šāṯ-lī* „er hat mir gegeben" (Gn. 4, 25). Maqqef kann auch gesetzt werden, wenn in einer Wortverbindung zwei Drucksilben unmittelbar aufeinanderfolgen (§ 21, 3 a).

Hauptsächlich steht Maqqef nach den Partikeln אַל־ „nicht" (beim Prohibitiv; § 86, 5), פֶּן־ „damit nicht", אִם־ „wenn", אֶת־ „mit" oder Akk.-Zeichen (ohne Maqqef אֵת), עַד־ „bis", עַל־ „auf", אֶל־ „zu", עִם־ „mit", מִן־ „von", sowie vor ־נָא „doch"; des weiteren nach כִּי־ „daß, weil", גַּם־ „auch", כָּל־ „alles" (ohne Maqqef כֹּל), אֵין־ „es gibt nicht" (St. cstr. zu אַ֫יִן „Nichts") und nach der Relativpartikel אֲשֶׁר־. Außerdem können längere Wörter, denen ein einsilbiges folgt, und zwei mehrsilbige durch Maqqef verbunden sein: הִֽתְהַלֶּךְ־נֹחַ „Noah wandelte“ (Gn. 6, 9). שְׁבְעָה־עָשָׂר „siebzehn“ (Gn. 7, 11).

2. Meteg מֶ֫תֶג „Zaum“ steht ebenfalls in engem Zusammenhang mit den Verbindungsakzenten und kann ebenso wie Maqqef bisweilen durch einen Verbinder ersetzt werden. Meteg ist ein senkrechter Strich ◌ֽ, der außer bei Ḥolem links vom Vokal steht[1]). Es ist ein tib., der babyl. Masora unbekanntes Zeichen und erst allmählich zu größerer Geltung gekommen. Seine Anwendung schwankt in der Überlieferung, daher sind die auf dem Textus receptus fußenden Regeln nur teilweise verbindlich. Meteg bezeichnet den Nebendruck, zuweilen ist es auch grammatisches Zeichen. Man unterscheidet beim Meteg, in älterer Zeit meist Gaʿya גַּעְיָא „Stimmhebung“ genannt, a) das leichte, b) das schwere, c) das Wohllautsmeteg.

a) Das leichte Meteg steht als Nebendruckzeichen bei der letzten offenen Silbe vor dem Hauptdruck, die Vortonsilbe ausgenommen, הָֽאָדָם *hā̊ʾādā̊m* „der Mensch“. Konventionell begegnet es auch bei kurzem Vokal in offener Silbe vor an sich verdoppeltem Kehllaut (sog. virtuelle Verdoppelung; § 28, 3b) מִֽהַרְתֶּן *mihartæn* „ihr eiltet“; doch kennt die ältere BA-Überlieferung beides nicht: הָאָדָם, מִהַרְתֶּן (Nu. 31, 47; Ex. 2, 18). Es steht nicht bei Waw cop. in der Form וּ, z. B. וּבָנוֹת „und Töchter“, es sei denn vor Ḥatef-Lauten: וְֽזָהָב „und Gold“ (Gn. 2, 12), וְֽבַעֲצָמוֹת „und mit Knochen“ (Hi. 10, 11). Es kann in der letzten offenen Silbe vor dem Nebendruck wiederholt werden, מֵֽהַֽתִּיכוֹנוֹת (Ez. 42, 6); dagegen nach BA nur מֵהַֽתִּיכוֹנוֹת „von den Mittleren“ (F. Pl.). Ist die vorletzte Silbe vor dem Hauptdruck geschlossen, so rückt das Meteg in die nächste oder auch übernächste offene

[1]) Über Rechtssetzung s. BH³, IV. VIII.

Silbe: הָֽאַרְבָּעִים „die vierzig", מְלֹֽא־הַגּוֹיִם „die Fülle der Völker" oder מֵֽהַתַּחְתּוֹנוֹת „von den Unteren". Als Lesehilfe setzt man Meteg bei langem Vokal in offener Silbe, die durch Šwa mobile von der Hauptdrucksilbe getrennt ist, אָֽכְלָה *'åkᵉlå* „sie aß"; dagegen ohne Meteg אָכְלָה *'åklå* „Speise". Analog hierzu ist מִֽי־לָךְ „wer [ist] dir?" gebildet. Ferner steht es bei *å*, *ē*, *ō* in geschlossener Silbe vor Maqqef, שָֽׁת־לִי (s. u. 1), zuweilen auch in der Silbe nach dem Druck: אֹהֵ֣ב דָּ֑עַת „Erkenntnis liebend" (Prv. 12, 1), לְבָעֵ֑ר „um auszurotten" (Nu. 24, 22). Auf Grund des Textus receptus (so auch noch BH²) vertrat man bisher die Regel, daß bei jedem Vokal vor Ḥaṭef-Laut Meteg stehen müsse: פָּֽעֳלוֹ „sein Werk" (Dt. 32, 4), יַֽעֲלֶה „er steigt hinauf" (Lv. 17, 8). Hier ist es nach § 13, 4 überflüssig; desgleichen ist es in Formen wie הָֽאֲנָשִׁים „die Männer" (Jdc. 19, 25) und מָֽאֲסוּ „sie verachteten" (Jes. 5, 24) nach der älteren BA-Überlieferung nicht gerechtfertigt. Zu בַּֽעַדְךָ und יַֽעַמְדוּ vgl. § 29, 2b. Vor ה und ח steht Meteg in יִֽהְיֶה „er wird", לִֽחְיוֹת „um zu leben". Dieses Meteg in geschlossener Silbe soll wohl dem Hauchlaut einen besonderen konsonantischen Druck verleihen und damit eine geschlossene Silbe andeuten; vgl. PsBN לִהְיוֹת *libyōṯ* „um zu sein" (§ 14, 6). In בָּֽתִּים „Häuser" (§ 58, 15), אָֽנָּה „bitte" stellt Meteg die Aussprache des Qameṣ als *å*, bei לָֽמָּה „warum" wohl zugleich die Pänultimabetonung *lắmmå* im Textus receptus sicher.

b) Das schwere Meteg begegnet häufig beim Artikel vor ehemals verdoppeltem Konsonanten mit Šwa, הַֽמְדַבְּרִים *hamḏabbᵉrīm* < **hammᵉḏabbᵉrīm* „die Redenden"; dementsprechend auch dort, wo die Präfixe בְּ, כְּ, לְ (§ 32, 5) mit dem Artikel zusammengefallen sind, בַּֽמְסִלָּה *bamsillå* „auf der Straße". Dagegen steht es nicht vor יְ *yᵉ*: הַיְלָדִים *haylåḏīm*

„die Kinder“; ausgenommen sind וַֽיְהִי „da geschah es“ und וַֽיְחִי „und er lebte“ vor Maqqef und bei Pašṭa (§ 15, 2a [10]) nach dem Textus receptus, während es auch hier die ältere BA-Überlieferung, וַֽיְהִי־לוֹ (2 R. 7, 20), וַֽיְהִי֙ (1 R. 18, 1), nicht bietet. Das schwere Meteg soll wohl die neugebildeten Silben als geschlossen kennzeichnen; ihm entspricht in PsBN Rafe mit Šwa (§ 14, 6): הַיְלָדִים *hayládīm* „die Jungen“ neben הַֽזְּקֵנִים (sic!) *hazqḗnīm* „die Alten“ (1 R. 12, 8 [R]), wo zusätzlich Meteg gebraucht wird.

Konventionell wird Meteg bei der Fragepartikel הֲ vor Kehllauten, zuweilen rechts vom Pataḥ gesetzt: הַֽאַתָּה oder הַֽאַתָּה „bist du?“ (2 S. 7, 5); aber auch hier ist die Form ohne Meteg, הַאֵלֵךְ „soll ich gehen?“ (Ex. 2, 7), älter.

c) Das Wohllautsmeteg fällt im wesentlichen mit dem leichten Meteg nach der Drucksilbe zusammen, וַיִּשָּֽׁבַע לוֹ „und er schwur ihm“ (Gn. 24, 9). In dem poetischen Akzentsystem begegnet als musikalisches Zeichen Šwa-Gaʿya ֽ‍ְ, z. B. וְֽהָיָה „und er wird sein“ (Ps. 1, 3).

3. Paseq פָּסֵק „Trenner“, auch Pesiq פְּסִיק, ist ein senkrechter Strich zwischen zwei Wörtern |, wie er auch bei Šalšelet | בּ֓ und Legarmeh | בּ֣ (§ 15, 2a [4. 18]) begegnet. Seine Bedeutung ist weithin unklar. Wahrscheinlich dient es von vornherein verschiedenen Zwecken. Nach der Überlieferung steht das Zeichen, das in der babyl. Masora fehlt, nach einem Verbindungsakzent, um die hierdurch gegebene Sprecheinheit wieder aufzuheben; auch soll es die explosive Aussprache von *b g d k p t* bewirken. Im AT findet es sich über 480 mal, u. z. vornehmlich bei Wörtern, von denen das eine mit dem Buchstaben schließt, mit dem das folgende beginnt: וּבַרְזֶל | לָרֹב „und Eisen in Menge“ (1 Chr. 22, 3); bei Aufeinanderfolge gleicher Wörter יַעֲקֹב | יַעֲקֹב (Gn. 46,

2); zur Vermeidung von Blasphemien: אִם־תִּקְטֹל אֱלֹהַּ | רָשָׁע „O wolltest du ihn töten, Gott, den Frevler“ (Ps. 139, 19), bzw. überhaupt zur synt. Klarstellung: וַתֹּאמֶר | כֵּן „und sie sagte: ‚Ja!‘“ (Jos. 2, 4 [LCR]); um Wörter auseinanderzuhalten, die leicht zusammengelesen werden können, יִשְׁמַע | אֵל „Gott wird [es] hören“ (Ps. 55, 20), zur Vermeidung des Namens יִשְׁמָעֵאל; gelegentlich zur Kennzeichnung einer auffallenden und schwierigen Textstelle, unseren Zeichen „sic!“ und „!“ vergleichbar.

§ 17. Grammatische Bemerkungen der Masoreten

Durch die Forschungen von P. Kahle ist es möglich geworden, daß in BH³ nicht nur der Text von Ben Ašer, sondern darüber hinaus die mas. Beigaben der gleichen tib. Gelehrtenfamilie geboten werden[1]). Für die Grammatik sind an mas. Anmerkungen von allgemeiner Bedeutung: 1. Mischformen bezüglich der Vokalisierung, 2. Qere und Ketib, 3. Sebir und 4. Tilgungspunkte.

1. Mischformen (Formae mixtae). Da die Überlieferung über die Aussprache einzelner Wörter mitunter nicht feststand, stellten die Punktatoren verschiedene Auffassungen dadurch zur Wahl, daß sie den Konsonantentext teils nach der einen, teils nach der anderen Art vokalisierten. So kann z.B. שְׁתַּיִם „zwei“ (F.) entweder שְׁתַיִם *šeṯáyim* oder שִׁתַּיִם *šittáyim*, שָׁמַעַתְּ „du (F.) hörtest“ (1 R. 1, 11) שָׁמַעַת *šåmáʿaṯ* und שָׁמַעְתְּ *šåmaʿt* gelesen werden. Daneben zeigt eine arab.-jüd. Abhandlung über das Šwa, daß שְׁתַּיִם im Gegensatz zur traditionellen Grammatik in Tiberias im 10. Jh. mit Vokalvor-

[1]) Zur grundlegenden Neubearbeitung der Masora für BH⁴ vgl. vorläufig G. E. Weil, La nouvelle édition de la Massorah (BHK IV) et l'histoire de la Massorah. SVT IX (1963), 266—284.

schlag gesprochen wurde: cstr. אשתי (BA שְׁתֵּי) *ištē[1]); dies entspricht PsBN abs. שְׁתַּיִם eštaym (Jos. 15, 60 [R]; § 59, 1). Ebenso kennt PsBN (R) zum zweiten Beispiel nur die Lesung šāmaʿt.

2. Qere קְרֵי und Ketib כְּתִיב. Mannigfache Gründe, von denen hier nur die grammatischen interessieren, haben die Masoreten veranlaßt, von dem ihnen jeweils vorliegenden Konsonantentext abzuweichen und aus anderen Handschriften bzw. Handschriftengruppen stammende Lesarten vorzuschlagen, die am Rande vermerkt wurden[2]). Man unterschied dabei zwischen dem festgelegten Konsonantentext als כְּתִיב „Geschriebenes" und dem Vorschlag קְרֵי „zu Lesendes" und setzte die Vokale des Qere unter den überlieferten Konsonantentext, während man die Konsonanten des Qere am Rande vermerkte. So steht z. B. Gn. 24, 33 im Text וַיִּישַׂם, während am Rande ויושם vorgeschlagen ist. Zur Erschließung des Qere setzt man zu den Konsonanten der Randlesart die beim Ketib befindlichen Vokale וַיּוּשַׂם oder וַיּוּשַׂם (= sam.) „und es wurde vorgesetzt". Will man das Ketib lesen, so muß man die Vokalisation erst erschließen; sie lautet hier וַיִּישֶׂם (= Gn. 50, 26; vgl. § 80, 31).

Bei einigen häufig vorkommenden Wörtern ist das Qere am Rande des Textes weggelassen, nur seine Vokale sind dem Ketib beigegeben; man spricht dann vom Qere perpetuum. Dieses liegt vor bei הִוא „sie" im Pentateuch, wo MT in seiner traditionellen Form bis auf wenige Ausnahmen m. הוא für f. היא bietet; bei נַעֲרָ, wo im Pentateuch die Konsonantenform נער „Knabe" für zu erwartendes נערה „Mädchen" steht; ferner יְרוּשָׁלַםִ, das als Qere יְרוּשָׁלַיִם zu lesen ist, wäh-

[1]) Vgl. KG, 85f.

[2]) Zum Problem vgl. E. Würthwein, Der Text des Alten Testaments[2], 23.

rend das Ketib יְרוּשָׁלֵם lautet; יִשָּׂשכָר „Issachar“ hat Qere יִשָּׂכָר und Ketib יִשְׂשָׂכָר (?; BN יִשְׂשָׂכָר; G ’Ισσαχαρ < *אישׁשכר ’īš śakar [tib. ’īš śåkår] „Lohnarbeiter“); bei שְׁנֵים und שְׁתֵּים „zwei“ ist anscheinend an ein Qere שְׁנֵי, שְׁתֵּי und ein Ketib שְׁנַ֫יִם und שְׁתַּ֫יִם (s. auch u. 1) zu denken. Besonders zu merken ist das Qere perpetuum יְהוָה; ihm liegt das Ketib יַהְוֶה „Jahwe“, der alte israelitische Gottesname, zugrunde, der in der Tradition אֲדֹנַי „Herr“ ausgesprochen wurde. Die Vokalisation des Qere, auf יהוה übertragen, ergab bei Umwandlung des Ḥaṭef-Lautes in Šwa mobile und des Pataḥ zu Qameṣ in offener Schlußsilbe יְהוָה. Diese Schreibweise beeinflußte umgekehrt wieder die Vokalisation von אֲדֹנַי, indem man das Qameṣ übernahm und אֲדֹנָי als Sakralnamen „der Herr“ von profanem אֲדֹנַי „meine Herren“ unterschied. Wo יהוה hinter אֲדֹנָי steht, ist es nach אֱלֹהִים „Gott“ vokalisiert; so lautet das Qere zu אֲדֹנָי יְהוִה stets אֲדֹנָי אֱלֹהִים (Jes. 28, 16). In BH³ findet sich eine jüngere Umschreibung des Gottesnamens יְהוָה, die aram. שְׁמָא, hebr. הַשֵּׁם „der Name“ zu lesen ist.

Sollen Wörter des überlieferten Textes nicht gelesen werden, so vokalisieren sie die Masoreten nicht und vermerken am Rande כְּתִיב וְלֹא קְרֵי *kᵉṯīḇ wᵉlō qᵉrē* „geschrieben, aber nicht zu lesen“. Umgekehrt setzen die Masoreten dort, wo ein Wort zu ergänzen ist, dessen Vokalisation in eine Lücke des laufenden Textes und vermerken die Konsonanten mit den Worten קְרֵי וְלֹא כְתִיב *qᵉrē wᵉlō kᵉṯīḇ* „zu lesen, jedoch nicht geschrieben“ am Rande. So steht Jdc. 20, 13 im Text ___ wozu am Rande die Konsonanten בני gehören; also ist St. cstr. בְּנֵי „Söhne“ zu lesen.

3. Sebir סְבִיר „zu Vermutendes“. Eng verwandt mit Qere, wird Sebir (BH³: Seb) dort gesetzt, wo die vorgefundene Les-

art als unrichtig angesehen wird. Während beim Qere der Konsonantenbestand nicht verändert wird, ist dies beim Sebir der Fall. Die vermutete richtige Lesart wird neben den überkommenen Text gesetzt; so lautet Gn. 19, 33 zu בַּלַּיְלָה הוא das Sebir בַּלַּיְלָה הַהוּא „in jener Nacht", das seinerseits mit der sam. Überlieferung übereinstimmt.

4. Tilgungspunkte (Puncta extraordinaria). Sie deuten Tilgung eines Buchstabens oder eines Wortes an. So soll Gn. 33, 4 וַיִּשָּׁקֵהוּ „und er küßte ihn" gestrichen werden.

Zweiter Teil: Lautlehre

§ 18. Allgemeines

Bevor die Masoreten das Hebr. systematisierten, hatte es bereits eine Geschichte von mehr als 1500 Jahren durchlaufen, teils als lebendes Idiom, teils als Schrift- und Gelehrtensprache. Entwickelte es sich zunächst im kan. Rahmen, so war es später mancherlei Einflüssen des Aram. ausgesetzt. Die Funde von Qumran geben jetzt einen bedeutsamen Einblick in seine Entwicklung und führen uns eine Sprachstufe (3. Jh. v. Chr.—1. Jh. n. Chr.) vor, die sich teilweise noch im Sam. erhalten hat, so daß damit dieser Dialekt in mancher Hinsicht eine ganz neue Bedeutung für die hebr. Grammatik erfährt[1]). Eine weitere Stufe lautlicher Entwicklung wird uns durch die Sek. (3. Jh. n. Chr.) mit dem fast völligen Schwund der Laryngale, der durchgängigen Spirierung von *b g d k p t* und dem Verlust z. B. des Endvokals der 2. M. Sg. Perf. und beim Suffix 2. M. Sg. vorgeführt. Ähnlich verhält es sich auch in der ältesten pal. Punktation. Mochten sich — wie in jeder

[1]) F. Diening, Das Hebr. bei den Samaritanern. BOS 24 (Stuttgart 1938); KG, 162—167; A. Murtonen, ebd. 338—356 (Anhang II); ders., Vocabulary.

Sprache — zuweilen archaische Ausspracheformen erhalten haben, als die Masoreten an die genaue Fixierung des Hebr. gingen, fanden sie eine weithin unter aram. Einfluß stehende, lokal natürlich differenzierte Sprache vor. Unter der Einwirkung nicht nur der syr. Masora, sondern auch der arab. Grammatik stehend, entwarfen sie nach der letzteren ihr Ideal vom Hebr., das zur Wiederbelebung der Laryngale, aber auch zum Wiederaufleben alter Endungen führte. Nimmt man hierzu die Systematisierung der Spiranten und Explosivlaute, so zeigt sich deutlich die Künstlichkeit weiter Gebiete der mas. Lautlehre[1]). Zudem nahm man das Hebr. phonetisch auf; daher erscheint es bei den Masoreten des Westens zuweilen anders als bei denen des Ostens. Rechnet man noch Schultraditionen, von denen wir BA, BN und PsBN als Konkurrenten kennen, hinzu, so ergibt sich, daß keines der mas. Systeme als das Ergebnis einer sprachgeschichtlichen Entwicklung anzusehen ist, sondern daß jedes System, auch BA, aus heterogenen Elementen besteht. Neben altüberlieferten Formen stehen mas. Restitutionsformen. Zuweilen begegnen auch lautliche Formen, die rein der Theorie angehören oder die infolge Abreißens der Tradition aus dem Mißverständnis des überlieferten Konsonantentextes entstanden sind. Zieht man dazu noch in Rechnung, daß für die Masoreten der synagogale Gesang, bzw. der liturgische Vortrag der heiligen Texte[2]) stark maßgebend gewesen ist, so wird man von einer Lautlehre nur mit Vorbehalt reden dürfen und sich vor allem vor einem allzu einfachen Entwicklungsschema wie auch vor einer Verabsolutierung der beobachteten Regeln hüten müssen.

Die Laut- und Silbenlehre umfaßt hauptsächlich Sprachlaute, Silbenbildung, Wort- und Satzdruck, Lautwandel durch

[1]) KG, 151—162; 167—199.

[2]) Vgl. den Kolophon des Moše ben Ašer zum Kodex C; ebd., 103 f.

Veränderung der Artikulationsbasis, kombinatorischen Lautwandel und Lautwechsel[1]).

§ 19. Einteilung der Sprachlaute

1. Teilt man die Sprachlaute nach ihrer Funktion ein, so hat man Sonanten und Konsonanten zu unterscheiden. Erstere sind die Träger des Silbenakzents, während die Konsonanten als deren Begleiter fungieren. Die Sonanten umfassen die reinen Vokale, zuweilen aber auch die Halbvokale *y (i̯)* und *w (u̯)*, sowie die Sonorlaute *l m n r*. Halbvokale und Sonorlaute sind also teils sonantisch, teils auch konsonantisch, werden aber hier nur nach ihrer konsonantischen Funktion betrachtet.

2. Die Konsonanten zerfallen ihrer Artikulationsstelle nach in Lippenlaute (Labiale), Zahnlaute (Dentale), Vordergaumenlaute (Palatale), Hintergaumenlaute (Velare), Seitenlaute (Laterale) und Kehlkopflaute (Laryngale). Nach der Artikulationsart unterscheidet man zwischen Explosiven, Spiranten und Sonoren, nach dem Verhalten der artikulierenden Teile stimmhafte, stimmlose und sog. „emphatische", besser velarisierte Laute, nach der Dauer Momentanlaute, zu denen die Explosiven, und Dauerlaute, zu denen Spiranten und Sonorlaute gehören.

§ 20. Die Silbe

1. Jede Silbe, damit jedes Wort, beginnt mit einem Konsonanten: דָ|בָר *då-ḇår* „Wort", יִשְׁ|פֹּט *yiš-poṭ* „er richtet". Ausgenommen ist tib. die Partikel וְ „und" in der Form וּ (§ 22, 4b) vor ב, מ, פ, z. B. וּמִדְבָּר *ūmiḏbår* „und Wüste", so-

[1]) GVG I, §§ 35—100; BL, §§ 10—26; Bergsträßer, Grammatik I, §§ 13—30; H. Birkeland, Akzent und Vokalismus im Althebr. (Oslo 1940), 1—61.

Lauttabelle

Artikulationsart		bilabial	labiodental	interdental	apiko-alveolar	dorso-alveolar	palatal	velar	lateral	laryngal	
		Artikulationsstelle									
Explosive	stimmhaft	*b*			*d*		*g*				Momentanlaute
	stimmlos	*p*			*t*		*k*	*q*		ʾ	
	velarisiert					*ṭ*					
Spiranten	stimmhaft	*ḇ*		*ḏ*	*z*			*ḡ*		ʿ	Dauerlaute
	stimmlos		*f*	*ṯ*	*s*, *ś*, *š*			*ḵ*		*h*, *ḥ*	
	velarisiert					*ṣ*					
Sonore	r- und l-Laute				*r*				*l*		
	Nasale	*m*			*n*						
	Halbvokale	*w*					*y*				

Zur Artikulationsbezeichnung: bilabial = mit beiden Lippen; labiodental = Unterlippe an Oberzähnen; interdental = Zungenspitze zwischen den Zähnen; apikoalveolar = Zungenspitze am Zahnfleisch; dorsoalveolar = Zungenrücken am Zahnfleisch; palatal = Zungenrücken am Vordergaumen; velar = Zungenrücken am hinteren weichen Gaumen; lateral = Zungenseite an den Backenzähnen; laryngal = Kehlkopflaut.

wie vor Konsonanten mit Šwa, וּדְבַשׁ *ūḏᵉḇaš* „und Honig". Doppelkonsonanz im Silbenanlaut begegnet nach der grammatischen Theorie zwar nicht, doch vgl. § 29, 1.

2. Im Silbenauslaut steht entweder Vokal oder Konsonant; im ersten Falle spricht man von einer offenen, im letzten von einer geschlossenen Silbe. Nach der Stellung im Wort oder in der Akzenteinheit unterscheidet man Drucksilben von solchen mit Nebendruck und von drucklosen Silben.

a) Die offene Silbe kann, wie im Arab. und Syr., langen oder kurzen Vokal haben. Kurzvokalige Silben sind im Mas. fast durchweg Neubildungen. Die offene Drucksilbe hat meist langen Vokal, קוֹ|לִי *qō-lī́* „meine Stimme". Kurzer, lediglich in Pausa gedehnter Vokal findet sich in בָּ֫|עַל „Herr", מֶ֫|לֶךְ „König", סֵ֫|פֶר „Buch", בֹּ֫|קֶר „Morgen" (§ 34); יְ֫|גֶל „er entblöße" (§ 82, 2b); außerdem beim Objektsuffix *-ánī* „mich", לִמְּדַ֫נִי „er lehrte mich" (§ 84, 3). Offene drucklose Silben und solche mit Nebendruck haben ebenfalls meist langen Vokal: שִׁי|רִים „Gesänge", הָ|אָ|דָם „der Mensch". Kurzer Vokal steht hauptsächlich in folgenden Fällen: 1. wenn *a*, *æ* oder *å* Kehllaute mit entsprechendem Ḥaṭef-Vokal nach sich haben: יַעֲמֹד „er tritt", יֶחֱזַק „er wird stark", פָּעֳלוֹ „sein Werk"; 2. wenn *a*, *æ*, *å* vor geschlossener Silbe mit Kehllaut und gleichem Vokal stehen: יַעַמְדוּ *yaʿamḏū* „sie treten", יֶחֶזְקוּ *yæḥæzqū* „sie werden stark", פָּעָלְךָ *påʿålḵå* „dein Werk" (§ 29, 2 b); 3. vor einem theoretisch verdoppelten Kehllaut (sog. virtuelle Verdoppelung): מִהֵר „er eilte", מִהַרְתֶּם „ihr eiltet", הַאֵלֵךְ „soll ich gehen?". Offene Endsilben ohne Druck sind tib. stets lang, דְּבָרֶ֫יךָ *dᵉḇårǽḵå* „deine Worte". Offene Silben mit der geringsten Quantität, mit Šwa oder Ḥaṭef-Vokal, bezeichnet man herkömmlich als Vor- oder Nachschlagsilben: דְּבָרִים *dᵉḇårīm* „Worte", יַעֲבֹד *yaʿᵃḇoḏ* „er dient". Doch besagt diese Klassifikation weder etwas über das Wesen dieser kürzesten Silben noch über dasjenige der dominierenden Nachbarsilben.

b) Die geschlossene Drucksilbe hat entweder langen oder kurzen Vokal: דָּבָר *dåḇår* „Wort", שָׁמַע *šåmaʿ* „er hat gehört". In geschlossener Pänultima begegnen als Vokal nur *a*, *æ*, *e*, *o*, nicht dagegen *i*, *å*, *u*: תִּשְׁלַחְנָה „ihr sendet", תְּדַבֵּרְנָה „ihr (F.) redet", תָּשֹׁבְנָה „sie (F.) kehren um", מִמֶּנּוּ „von ihm". Die geschlossene Nebendrucksilbe ist zuweilen lang: שָׁת־לִי „er gab mir" (§ 16, 1), meist jedoch kurz, אֹהֵב דָּעַת „Kenntnis liebend" (Prv. 12, 1). Dagegen ist die drucklose Silbe stets kurz: מִשְׁפַּחְתִּי „meine Familie", וַיָּנָס *wayyắnås* „und er floh". Zu den drucklosen geschlossenen Silben gehören meist auch אִם „wenn", מִן „von", עִם „mit", da sie in der Regel durch Maqqef (§ 16, 1) proklit. zum folgenden Wort gezogen werden. In druckloser Silbe findet sich *æ* statt *e*; vgl. וַיָּקֶם *wayyắqæm* „und er stellte auf" mit יָקֵם *yåqem* „er stelle auf"; sowie *u* und *å*, nicht aber *o*; vgl. וַיָּקָם *wayyắqåm* „und er stand auf" mit יָקֹם *yåqom* „er stehe auf", כֻּלָּם *kullåm* „sie insgesamt" mit כֹּל *kol* „alles".

c) Mit zwei Konsonanten schließende Silben, als doppelt geschlossen bezeichnet, begegnen nur am Wortende. Es sind stets Drucksilben, und der letzte Konsonant ist ein Explosivlaut. Sie haben kurzen Vokal *a*, *e*, *i*, *o*, der in Pausa (§ 21, 3b) gedehnt wird, wobei *e* und *i* zu *ē* werden: דִּבַּרְתְּ „du (F.) redetest", וַיֵּבְךְּ „und er weinte", וַיִּשְׁבְּ „und er führte gefangen", קֹשְׁטְ „Wahrheit"; die P.-Form ist graphisch nur bei *å* דִּבָּרְתְּ *dibbårt* zu erkennen, bei *ē* נֵרְדְּ *nērd* „Narde" und *ō* קֹשְׁטְ *qōšṭ* „Wahrheit" nur durch den Trennungsakzent. Zu Šwa beim Schlußbuchstaben s. § 13, 2.

d) Eine Silbe, die mit dem Konsonanten schließt, mit dem die folgende beginnt, heißt zuweilen geschärft. Für sie gelten die gleichen Gesetze wie für die einfach geschlossene Silbe. Die Silbengrenze liegt hierbei im verdoppelten Konsonanten, אִמּוֹ *'im-mō* „seine Mutter". Im Gegensatz zum Arab., das bei allen Konsonanten Gemination kennt, scheiden mas. die Laryngale und ר (doch s. § 8, 13) für Verdoppelung aus (§ 28, 3 b).

§ 21. Wort- und Satzdruck

1. Die Hervorhebung einer Silbe im Wort oder eines Wortes im Satz geschieht entweder durch größere Schallfülle in der Rede oder durch eine höhere Stimmlage. Im ersteren Fall spricht man von einem exspiratorischen Akzent oder von dem Druck im Wort und im Satz, im letzteren vom musikalischen Akzent oder Ton. Da im Hebr. der exspiratorische Akzent überwiegt, wird man sich grammatisch auf die Akzentuierung durch den Druck beschränken. Wie in anderen Sprachen, so ist auch im Hebr. der Druck in Wort und Satz nicht gleichmäßig stark. Man unterscheidet daher den Hauptdruck, in dieser Grammatik meist als Druck bezeichnet, vom Nebendruck und von der Drucklosigkeit. Das Zeichen für den Nebendruck ist das Meteg, dessen Anwendung in der Tradition freilich schwankt (§ 16, 2).

2. a) Die mas. Festlegung des Wortdruckes schließt einen langen und verwickelten, in den Einzelheiten nicht mehr aufhellbaren Prozeß ab. Auch hier mischen sich, wie überall in der Masora, historisch Gewordenes, Schultraditionen, durch die Umgangssprache bedingte Gegenwartsgewohnheiten und Bedürfnisse des gottesdienstlichen Vortrages. Zur Zeit, als das Hebr. noch gesprochene Sprache war, lag der ehemals freie Akzent auf der Pänultima, sofern sie lang oder die entsprechende Form durch Endungen erweitert war, sonst auf der

drittletzten Silbe. Auf dieser Stufe der Druckverteilung steht offenkundig noch die in den Q-Texten angewendete Vokalisierung. Durch den Verlust der Auslautvokale, der teils um 1000 v. Chr., teils auch erst sehr spät erfolgte, rückte der Druck um eine Silbe weiter zum Wortende, so daß er sich nunmehr teils auf die Ultima, teils auf die Pänultima verteilte; vgl. **dábaru* > **dábar*, daher sam. *débar* (tib. דָּבָר *dåḇår*) „Wort", und Q סודם *Sódom*, vgl. G *Σόδομα* (tib. סְדֹם *Sᵉḏom* [Jes. 1, 10]); ferner *-kímmā* (Q und sam.) > *-ḵæm* (§ 30, 3c).

b) Nach dem tib. Schema liegt der Wortdruck, im Gegensatz zur Betonung der Pänultima im Sam., im allgemeinen auf der Ultima, u. z. etymologisch berechtigt in שָׁלוֹם *šålōm* „Heil", שִׁירִים *šīrīm* „Gesänge", נְפַלְתֶּם *nᵉfaltæm* „ihr seid gefallen", andererseits sekundär, wohl bedingt durch die tib. Aussprachefixierung, in דָּבָר (s. u. a), כָּתַב *kåṯåḇ* (< **kátab* < **kátaba*), „er schrieb", כּוֹתֵב *kōṯēḇ* (<**kátib* < **kātibu*) „schreibend." Ein Ultimadruck durch Akzentbindung an das Afformativ liegt im Perf. cons. K. וְכָתַבְתִּ֫י „und ich werde schreiben" (§ 68, 2 g) vor.

c) Pänultimadruck findet sich 1. beim Perf. 1. Sg., 2. M. Sg., 1. Pl., und im Imperf. 2. und 3. F. Pl., z. B. כָּתַ֫בְתָּ „du hast geschrieben", תִּכְתֹּ֫בְנָה „ihr (F.) schreibt"; 2. im Hi. aller Verben, ausgenommen III יו, im Qal und Ni. der Verben II יו, im Qal, Ni. und Ho. der Verben II gem., wenn sie auf *å*, *ī*, *ū* ausgehen: הוֹשִׁ֫יעָה „sie half", הַגִּ֫ידִי „verkünde (F.)", קָ֫מָה „sie erhob sich", נָ֫סוּ „sie sind geflohen", חַ֫תּוּ „sie sind erschrocken", יֻכַּ֫תּוּ „sie (M.) werden zerschlagen"; 3. mit wenig Ausnahmen beim Verbum und Nomen samt Partikeln vor leichten Akk.- bzw. Gen.-Suffixen wie סוּסֵ֫נוּ „unser Pferd",

לִמְּדַ֫נִי „er lehrte mich", דְּבָרֶ֫יךָ „deine Worte"; 4. bei den Formen des Imperf. cons. mit geschlossener Ultima und zugleich offener und langer Pänultima (ausgenommen 1. Sg.), in denen sich bei tib. K.-Formen im Gegensatz zur babyl. Masora eine ältere Druckverteilung (s. u. a) erhalten hat: וַיָּ֫קָם „und er erhob sich"; 5. meist im Lokaladv. auf *-å*, אַ֫רְצָה „zur Erde"; 6. fast ständig bei den Segolaten נַ֫עַר „Knabe", מֶ֫לֶךְ „König", סֵ֫פֶר „Buch" und קֹ֫דֶשׁ „Heiligtum" (§ 52).

d) In den stehenden Ausdrücken הָ֫לְאָה *hål[e]'å* „hinweg!, fortan" (Nu. 17, 2; Lv. 22, 27) und הָאֹ֫הֱלָה *hå'ōh[ae]lå* „ins Zelt" (Gn. 18, 6) liegt der Druck nur scheinbar auf der Antepänultima, da *l[e]* und *h[a]* keinen vollen Silbenwert haben. Die echte Antepänultima oder noch weiter zurückliegende Silben können nur Nebendruck (§ 16, 2a) erhalten.

3. a) Die Druckverhältnisse des Wortes werden vielfach entscheidend durch den Rhythmus der größeren Einheiten beeinflußt. So bilden Wörter, die inhaltlich zueinander gehören, Akzenteinheiten (Sprechtakte), in denen die letzte Drucksilbe den Hauptdruck hat, während die vorhergehenden nur Nebendruck erhalten: מַלְכֵי הָאָ֫רֶץ *malkē̱ hå'ăræṣ* „die Könige der Erde", דְּבַר הָאִישׁ *d[e]ḇår hå'īš* „das Wort des Mannes". Durch Maqqef (§ 16, 1) kann auch völlige Enttonung angezeigt werden, כָּל־הָעִיר *kål-hå'īr* „die ganze Stadt". Der Hauptdruck im Sprechakt kann nach rückwärts (regressiv) und auch nach vorn (progressiv) wirken; so entsteht bei einsilbigen Wörtern Proklisis und seltener Enklisis wie לֶ֫ךְ־נָא *lé̱k-nå* „gehe doch!". Würden nach der mas. Akzentfestlegung in einem Sprechtakt zwei Drucksilben zusammenstoßen, so findet entweder Enttonung der ersten Drucksilbe durch Maqqef statt, יִמְשָׁל־בָּךְ *yimšål-bå̱ḵ* „er herrsche über dich"

für **yimšól bå̄k̲* (Gn. 3, 16), oder der Druck der ersten Silbe wird auf die vorhergehende Silbe verlagert (mas.: Nasog Aḥor נָסוֹג אָחוֹר oder Nesiga נְסִיגָה „Zurückweichen des Akzentes"), קָ֣רָא לָ֑יְלָה *qā̊rå lå̄ylå* „er nannte [sie] Nacht" für **qå̄rå̄ lå̄ylå* (Gn. 1, 5). Bei der im ersten Falle vorliegenden Attraktion sollte man freilich eher P. **yimšṓl-bå̄k̲* <**yimšol békī* < **yámšul bíkī*, vgl. sam. *yámšil bek*, erwarten, im zweiten dagegen bedeutet Nesiga nichts anderes als die Beibehaltung der alten Aussprache P. *qå̄rå lå̄ylå* < **qárā láyla* <**qára'a láyla*, vgl. sam. *qåra līle*[1]).

b) Der Schluß einer synt. zusammenhängenden Wortfolge, sei es als vorläufige Unterbrechung oder als Satz- bzw. Periodenschluß, P a u s a (hebr. Hefseq הֶפְסֵק „Unterbrechung") genannt und im wesentlichen durch die großen Trenner Silluq beim Sofpasuq ׃ ֽ, Atnaḥ ֑, ʿOlewejored ֥֫ und Klein-Zaqef ֔ gekennzeichnet (§ 15, 4), bedingt als Träger stärkeren Druckes vielfach andere Wortformen als sie im laufenden Text begegnen. Man unterscheidet daher P.- und K.-Formen. In der Pausa können kurze Vokale gedehnt werden, so P. מָ֑יִם „Wasser" für K. מַ֫יִם, P. לָקָ֑ח „er nahm" für K. לָקַח. Demgemäß werden auch *æ*, *e*, *o*, obwohl graphisch nicht erkennbar, gedehnt, z. B. מֶ֫לֶךְ „König": K. *mǽlæk̲*, P. *mǽ̄læk̲*. Hierbei kann auch Lautwandel eintreten, z. B. *å̄* und *ē* für zu erwartendes *ǽ* bzw. *å*: P. אָ֑רֶץ, K. אֶ֫רֶץ „Erde"; P. יֹאכֵ֑ל, K. יֹאכַל „er ißt". Zuweilen sind in der P.-Form älterer Druck auf der Pänultima und damit ursprünglichere Vokalqualitäten erhalten: P. נָתָ֑נָה *nåt̲å̄nå* < **natánā* < **nátanat* (§§ 64, 2a; 68, 2f), K. נָתְנָה „sie gab"; P. יִמְשֹׁ֑לוּ; *yimšṓlū* < **yimšólū* <**yamšúlū* (§ 68, 2a), K. יִמְשְׁלוּ „sie herrschen"; P. אָנֹ֑כִי *'ånōk̲ī* (vgl. akkad. *'anāku*), K. אָנֹכִי „ich". Umgekehrt kann

---

[1]) Zum Sam. vgl. A. M u r t o n e n in: KG, 338—356.

aber auch älterer Pänultimadruck der K.-Form durch Ultimadruck ersetzt werden, K. וַיָּ֫מָת *wayyā̊māṯ*, P. וַיָּמֹת *wayyå̄mōṯ* „und er starb“. Wo nicht Originalakzente den Pausaldruck andeuten, ist in dieser Grammatik Atnaḥ ֑ gesetzt.

§ 22. Wandel von Konsonanten durch Veränderung der Artikulationsbasis

1. Das Kan. wandelt gemeinsem. *ṯ* > *š*, *ḏ* > *z*, *ḍ*/*ẓ* > *ṣ* ab. Während im Ugar. *ẓ* erhalten ist, Verschiebung von *ṯ* > *š* wohl erst der Spätstufe angehört und *ḏ* noch teilweise begegnet, andererseits — wie im Aram. — zu *d* abgewandelt ist, hat das Hebr. den kan. Lautwandel durchweg vollzogen. Auch fallen im Hebr. die ugar. noch unterschiedenen Laute *ḥ*/*ḫ* >*ḥ*, ʿ/*ġ* > ʿ zumindest graphisch zusammen. Die endgültige Verschmelzung in der Aussprache fand anscheinend erst spät statt (§ 4, 3 a). Somit ergibt sich als althebr. Lautstufe: ʾ, *b*, *g*, *d*, *h*, *w*, *z*, *ḥ* [+ *ḫ*], *ṭ*, *y*, *k*, *l*, *m*, *n*, *s*, ʿ [+ *ġ*], *p*, *ṣ*, *q*, *r*, *ś*, *š*, *t*[1]).

2. Die Explosivlaute *b g d k p t*, im jüngeren Kan. lediglich teilweise aspiriert, nicht spiriert, wandelten sich unter aram. Einfluß etwa seit dem 6. Jh. v. Chr. zu Reibelauten. Dieser Prozeß endete etwa im 3. Jh. n. Chr. mit überwiegender Spirierung. Zum tib. System der doppelten Aussprache, *ḇ ḡ ḏ ḵ f ṯ* nach Vokalen und lautbarem Šwa, sonst *b g d k p t*, vgl. §§ 13, 2; 14, 4. Zur Spirierung im älteren babyl. und im pal. System vgl. tib. מִדְבָּר *miḏbår* mit babyl. *mäḏḇār* (MO, 197) „Wüste“ und pal. *šalṯā* (s. u. 3a) mit tib. P. שָׁאָ֑לְתָּ *šåʾăltå* „du hast gefragt“ (MW I, 49f.).

---

[1]) Die Reihenfolge des ugar. Alphabets ist: ʾ*a*, *b*, *g*, *ḫ*, *d*, *h*, *w*, *z*, *ḥ*, *ṭ*, *y*, *k*, *š*, *l*, *m*, *ḏ*, *n*, *ẓ*, *s*, ʿ, *p*, *ṣ*, *q*, *r*, *ṯ*, *ġ*, *t*, ʾ*i*, ʾ*u*, *ś*; vgl. PRU II 184.

3. Die Laryngale haben sich im großen und ganzen bis in die Zeit von G erhalten. Später verlieren sie weithin ihren konsonantischen Wert. Diesen Lautstand setzen Sek. und die pal. Punktation voraus. Offenbar beseelt von einem sprachlichen Ideal nach Art der Koranaussprache, stellte man tib. und babyl. auf verschiedene Weise und mit unterschiedlichem Ergebnis die Kehllaute ʾ, *h*, *ḥ*, ʿ wieder her[1]). Diesem Bemühen entstammen die Ḥaṭef-Laute (§ 13, 4) und das Pataḥ furtivum (§ 13, 6. 7), aber auch der Wirrwarr bezüglich Ersatzdehnung und „virtueller Verdoppelung". Schließlich ergaben sich hierbei auch künstliche Formen, die in der lebenden Sprache nie existiert haben.

a) א ist teilweise schon vorhebr. am Silbenschluß unter Dehnung des vorangehenden Vokals elidiert, so *a*ʾ > *ā* > *ō* in **raʾšu* > **rāšu* > **rōšu* (*rūšunū* = **rōšunū* „unser Kopf", EA 264, 18) > ראש „Kopf" und **ṣaʾnu* > **ṣānu* > **ṣōnu* (*zūnu*, EA 263, 12) > צאן „Kleinvieh". Im Ugar. ist ʾ noch erhalten: *riʾš* = **riʾšu* (akkad. *rēšu*, aram. *rēš*). *ṣiʾn* = **ṣiʾnu* (akkad. *ṣēnu*). Das Hebr. kontrahiert durchgehend, so *a*ʾ > *ā* in קָרָאתִי < **qaráʾtī* „ich rief", *i*ʾ > *ē* in **ṣiʾtu* > צֵאת „hinausgehen" und *u*ʾ > *ō* in **buʾru* > באר, בור „Brunnen". Schloß א nach Abfall der Auslautvokale das Wort, fiel es ebenfalls aus: מָצָא < **máṣā* (Q) < **maṣaʾ* < **maṣaʾa* „er fand". Konsonantisches Alef begegnet, tib. häufiger als babyl., im Wortinneren: וְיַאְדִּיר *wᵉyaʾdīr* „und er verherrlicht" (vgl. PsBN וַיַּאְדִּיר [Jes. 42, 21; § 14, 3]), נֶאֱחַז *næʾᵃḥaz* „er wurde gefangen".

Silbenbeginnendes א ist am Wortanfang konsonantisch, אָמַר *ʾåmar* „er hat gesagt", im Wortinnern jedoch zeigen Sek. und die pal. Punktation[2]) Laryngalschwund an; vgl. pal. *hāreṣ* mit tib. הָאָרֶץ „das Land", Sek. χαιαλωθ mit tib. כָּאַיָּלוֹת

[1]) KG, 174—181. [2]) Ebd., 178.

„wie die Hirschkühe“ (Ps. 18, 34), *μαχωβιμ* mit tib. מַכְאוֹבִים „Schmerzen“ (Ps. 32, 10), aber auch noch tib. מָלוּ (Ez. 28,16; vgl. Q מלו **malū* [1Q Jes.[a] 14, 21]) neben מָלְאוּ „sie sind voll“; ferner כֵּאלֹהִים „wie Gott“, לַאדֹנִי „meinem Herrn“. Daneben ist א erhalten in Sek. *μεσσωηεμ*, tib. מִשֹּׁאֵיהֶם „vor ihren Verwüstungen“ (Ps. 35, 17). Ebenso steht babyl. *l'ekol* = *lekol*, tib. לֶאֱכֹל, „zu essen“ neben *mē'ekol*, tib. מֵאֱכֹל (MO,188).

Quiescierendes א dient oft als Vokalbuchstabe (§ 9, 3), doch fällt es auch aus, so *רֵם statt *רְאֵם „Wildstier“ (Ps. 22,22), יָצָתִי für יָצָאתִי „ich ging hinaus“ (Hi. 1, 21). Mas. Restitutionsformen sind רְאֵם, שְׁאֹל „Unterwelt“, vgl. Sek. *σωλ* (Ps. 49, 15) und pal. *šōl* (Ps. 30, 4); aber auch P. שָׁאָלְתָּ „du hast gefragt“ neben pal. *šaltā* (Ps. 40, 7) und בְּאֵר neben sam. *bēr* < **bi'r* < **bi'ru* (= ugar.) „Brunnen“.

b) ה, in PRU II 189, 6 akkad. durch *ú*[1]) wiedergegeben (vgl. EA 245, 35 *ba-di-ú*; ugar. *bdh* = **badihū* „in seiner Hand“), wird schon im Ugar. gelegentlich nach oder zwischen Vokalen elidiert[2]), zunehmend schwindet es in den jüngeren kan. Dialekten. Im Hebr. ist ה vielfach beim Suffix 3. M. Sg. zwischen Vokalen geschwunden, ebenso zuweilen beim Suffix 3. M. F. Pl., z. B. **lahu* (vgl. ugar. *lh* = **lahu*) > **law* > לוֹ „ihm“, **abīhū* > אָבִיו *'åḇīw* „sein Vater“, **barahímmā* (sam. *bara'immā*) > בְּרָאָם *bᵉrå'åm* „er schuf sie“ (Gn. 5, 2). Ebenso wird das ה des Artikels nach den Präfixen **bi* „in“, **ka* „wie“, **la* „zu“ elidiert: **bihayyad* > בַּיָּד *bayyåḏ* „mit der Hand“. Wo ה erhalten blieb, diente es lediglich als Vokalbuchstabe; Formen wie בְּהַשָּׁמַיִם „im Himmel“ (Ps. 36, 6) sind daher auf Laryngalrestitution zurückzuführen. Zwischenvokaliges ה

---

[1]) Vgl. hierzu R. Labat, Manuel d'épigraphie accadienne[3] (Paris 1959), 144f. [318 Deimel].

[2]) C. H. Gordon, Manual, § 5, 31.

ist zuweilen beim Inf. Ni. und Hi., וּבִכָּשְׁלוֹ *ūḇikkåšᵉlō* „und bei seinem Stolpern“ (Prv. 24, 17), לָבִיא *lå̄ḇī* „hineinzubringen“ (Jer. 39, 7), geschwunden. Andererseits steht es im Suffix 3. F. Sg. **-hā* > הָ und הּ‍ָ, teilweise auch beim Suffix 3. M. Sg., sowie bei 3. M. F. Pl. nach Pl.-Formen auf *-ē*: כֻּלָּהּ „ihre Gesamtheit“, אָבִ֫יהָ „ihr Vater“, רָא֫וּהוּ „sie sahen ihn“, בְּנֵיהֶם „ihre (M.) Söhne“, עָרֵיהֶן „ihre (F.) Städte“, סוּסוֹתֵיהֶם „ihre (M.) Stuten“; weiteres s. § 46.

Besondere Bedeutung erhält der Schwund von zwischenvokaligem He dadurch, daß er die graphische Doppelform des Suffixes 3. M. Sg. ausgelöst hat; vgl. den altbybl. Gen. משפטה **mišpaṭihū* „seiner Rechtsprechung“ (um 1000) mit ארתו **'adataw* < **'adatahū* „seine Herrin“ (um 915). Nach dem Wandel *ahū* > *aw* > *ō* wurde entweder He oder Waw als Vokalbuchstabe gebraucht (§ 9, 2), sofern man nicht nach alter Weise überhaupt defektiv schrieb wie in phön. ראש **ru'šō* (*rōšō*[?]) < **ru'šaw* < **ra'šaw* < **ra'šahū*[1]) (um 825). In vorexilischer Zeit dominierte *-h* = *-o*; vgl. moab. ארצה *'arṣō*[2]) „sein Land“ (um 850) und jud. עבדה *'abdō* „sein Knecht“ (um 600). Im Gefolge weiterer Durchbildung der linearen Vokalisation in hell.-röm. Zeit (§ 9, 3) trat *-h* = *-ō* hinter *-w* = *-ō* sehr stark zurück. Dementsprechend herrscht später in MT *-w* = *-ō* vor; doch begegnet auch hier noch zuweilen *-h* = *-ō*, z. B. סוּתֹה „sein Gewand“ (Gn. 49, 11).

Reiner Vokalbuchstabe dagegen und somit — entgegen der seit B. Stade weithin herrschenden Auffassung[3]) — etymologisch nicht ableitbar ist z. B. das He in F. מַלְכָּה *malkå* < **malkā* < **malkat* < **malkatu* (§ 42, 3b) oder in 3. F. Sg.

---

[1]) Vgl. J. Friedrich, Phön.-pun. Grammatik, § 22; Cross-Freedman, 19.

[2]) Anders Cross-Freedman, 37, doch s. ebd., Anm. 7.

[3]) B. Stade, Lehrbuch der hebr. Grammatik (Leipzig 1879), 34—38.

קָטָ֫לָה *qåṭᵉlå̄* < **qatálā* (= sam. *yaláda* [Gn. 4, 22] „sie hat geboren") < **qátalat* „sie tötete" (§ 64, 2a), wo He den durch Wegfall des Taw in Pausa entstandenen langen Auslautvokal *-ā* symbolisiert. Entstanden sein dürfte dieses He = *ā* etwa aus Formen wie ללה (tib. לַ֫יְלָה) **lēlā* < **lēlah* < **lēlahā* „Nacht, nachts" (§ 45, 3c) oder aus dem Suffix 3. F. Sg. ה- *-ā* < **-ah* < **ahā* (§ 46, 2c). Von hier aus abgelöst, konnte es jederzeit zur Kennzeichnung eines wie auch immer morphologisch begründeten *-a* gebraucht werden. Damit entfällt die Ableitung F. הָ *-å* < *-ā* < **ah* < **-at* < **-atu* als nicht mehr stichhaltig[1]).

c) Noch ugar. steht Ḥet als stimmloser Kehlkopfreibelaut neben der velaren Spirans Ḫa. Unter aram. Einfluß, vielleicht auch schon im kan. Rahmen, setzt hebr. der Wandel *ḫ* > *ḥ* ein, der schließlich zur Elision, zumindest zu starker Schwächung führt. Für vorchristl. Zeit sei auf die Verwechslung von Ḥet mit ʿAyin verwiesen, wie sie in dem Schreibfehler 1Q Jes.ᵃ 37, 30, שעיס **šaʿīs* für MT שחיס, tib. *šåḥīs*, „Nachgewachsenes" vorliegt. Totale Elision begegnet in Sek. *ουαβ-βωτη*, tib. וְהַבּוֹטֵ֫חַ, „und der Vertrauende" (Ps. 32, 10) und pal. *mērōq*, tib. מֵרָחוֹק „von ferne"[2]); dagegen erscheint es schwach artikuliert in Sek. *αωσιμ*, tib. הַחֹסִים, „die Zuflucht Suchenden" (Ps. 18, 31), während eine Starkartikulation in Sek. *αββωτεειμ* הַבֹּטְחִים (Ps. 49, 7) vorliegt. Die Laryngalrestitution führte zur durchgängigen Aussprache als *ḥ*, so daß z. B. חִלֵּל (Wz. *ḫll*) „er durchbohrte" von חִלֵּל (Wz. *ḥll*) „er entweihte" in der Aussprache *ḥillel* nicht zu trennen ist.

d) Neben dem laryngalen Quetschlaut ʿAyin steht altkan. die velare Spirans Ġain. In der Zeit von G beginnt der Übergang *ġ* > ʿ, der auch hier wieder teils mit der völligen Elision,

---

[1]) Vgl. Cross-Freedman, 3—7. 32.
[2]) KG, 178.

teils mit Schwächung endet. Ersteres ist der Fall in Sek. εριμ הִרְעִים „er ließ donnern" (Ps. 29, 3), pal. *yazoḇ* יַעֲזֹב „er verläßt (Ps. 37, 28)[1]), letzteres in Sek. εεμεδεθ, tib. הֶעֱמַ֫דְתָּ „du hast aufgestellt" (Ps. 31, 9). Tib. gibt ע nur ʿ wieder; daher ist עָרְבָה (Wz. ʿ*rb*) „sie war angenehm" von עָרְבָה (Wz. *ġrb*) „es war Abend" weder graphisch noch lautlich zu unterscheiden.

e) Die sam. Aussprachetradition ist auf der Stufe der Schwachartikulation bzw. Elision der Kehllaute stehengeblieben[2]); vgl. אחד sam. *ad*, tib. *ʾaḥaḏ* „eins"; ערב sam. *ǽræb*, tib. ʿ*ǽræḇ* „Abend" (Gn. 1, 5); הרקיע sam. *ārqīʿ*, tib. *hārāqíaʿ* „die Himmelsfeste"; ויעש sam. *wīyāš*, tib. *wayyáʿaś* „und er schuf" (ebd. 1, 7); האור sam. *áor*, tib. *hāʾōr* (ebd. 1,4). Daß es sich hierbei nicht erst um späte Erscheinungen handelt, zeigen folgende jud. Beispiele aus der Zeit um 100 v. Chr.: ואתה **weʾattā* für ועתה, tib. *weʿattā*, „und nun" (1QJes.ᵃ 5,5); ועל **weʿal* für וְאַל, tib. *weʾal* „und nicht" (ebd. 6,9); ויִשה **wayaśē* < **wayaʿśē* für ויעשה (MT ויעש, tib. *wayyáʿaś*) „und er machte" (ebd. 5,4) und מסלה **missélā* für מסלע, tib. *missǽlaʿ* (PsBN [R] מִסֶּ֫לַע) „aus Sela" (ebd. 16,1)[3]).

4. Die Sonorlaute Waw und Yod sind in der Verdoppelung, meist im Wort- und Silbenanlaut, zuweilen auch am Silbenende erhalten, mitunter auch wiederhergestellt. Daneben findet weithin Elision statt.

a) Mit Ausnahme von **wa-* > וּ, וְ „und" ist *w* im Wortanlaut bereits altkan. zu *y* geworden[4]); seltene Formen sind וָלָד (Gn. 11, 30), vgl. ugar. *wld* = **waladu* „Kind", *וָו

1) Ebd.

2) A. Murtonen, Vocabulary, 17.

3) Vgl. R. Meyer, Der gegenwärtige Stand der Erforschung der in Palästina neugefundenen hebr. Handschriften: 14. Zur Sprache von ʿAin Feschcha. ThLZ 75 (1950), 722f.

4) C. H. Gordon, Manual, § 5, 20.

„Nagel“ (Ex. 38, 28), וָזָר „Schuldbelasteter“ (Prv. 21, 8), sowie einige Eigennamen.

Mittelhebr. sind וַדַּי „gewiß“, וַעַד „Versammlung“, וָרִיד „Halsader“, וֶשֶׁט „Schlund“, וָתִיק „tüchtig“, וֶתֶק „Schwindsucht“, וָתַר „er war reichlich“, וִתָּרוֹן „Rest“, וַתְּרָן „freigebig“. Etwas größer ist die Zahl der Formen I ו im Neuhebräischen.

b) Geht im Silbenanlaut ו und י einem Vokal voraus, ergibt sich ein steigender Diphthong. Als solcher hat *wa- „und“ wohl früh schon *ū- neben sich gehabt. Tib. ist *wa- meist zu *w*ᵉ- reduziert; vor ב, מ, פ und Šwa mobile begegnet *ū*-, vor *y*ᵉ- die Kontraktion *wī*: וּבָתִּים „und Häuser“, וּלְזַמֵּר „und zu spielen“, וִישַׁבְתֶּם „und ihr saßet“. Die babyl. Masora hat auch *wi*- in geschlossener druckloser Silbe, *wilzämmer* „und um zu spielen“ (MB, 59), sowie *w*ᵉ- vor ב, מ, פ, *w*ᵉ*b̲ātīm* „und Häuser“ (MB, 27). Wortanlautendes *y*ᵉ- verschmilzt, außer nach וְ „und“, mit den Präfixen בְּ, כְּ, לְ zu בִּי, כִּי, לִי, sonst bleibt es tib. erhalten.

Babyl. begegnet *y*ᵉ ~~oft~~ als *ī*, vgl. tib. יְחִי mit *īḥī* „er lebe“ (MO, 165). Der vokalische Einsatz (vgl. syr. *īd̲aʿ* < *y*ᵉ*d̲aʿ* „er erkannte“) findet sich teilweise auch in Sek., ιδαβ̣βεϱ tib. יְדַבֵּר „er redet“ (Ps. 49, 4) neben ουιεδαββεϱ, was einem tib. *וִידַבֵּר entspräche (Ps. 18, 48). Anscheinend ist tib. eine an sich schwankende Aussprache systematisiert. Nach Sek. scheint auch *ū*- für *wa-/w*ᵉ- „und“ vormas. häufiger gewesen zu sein als nach späterer Regel. Außerdem sei angemerkt, daß in ṖsBN *ū*- vor Šwa und ב, מ, פ kurz ist[1]); vgl. וּצְדָקָה *uṣd̲āqā* „und Gerechtigkeit“, וּבְנַפְשִׁי *ub̲nafšī* „und nach meinem Willen“ (Jer. 9, 23; 1 S. 2, 35 [R]).

---

[1]) A. Sperber, Masoretic Hebrew, § 73; R. Meyer (oben 70, Anm. 1), 59.

c) Fallende Diphthonge stehen am Silbenende, wobei *w* und *y* als schließende Konsonanten zu betrachten sind. Sie können ursprünglich sein, **baytu* „Haus", aber auch sekundär durch Wegfall der kurzen Auslautvokale, **šadayu* > שָׂדַי „Feld". Bei *-iy* und *-uw* ist Vereinfachung zu *ī* und *ū* schon früh eingetreten: יִיטַב < **yiyṭab* „er ist gut", הוּרַד < **huwrad* „er wurde hinuntergebracht". Der Diphthong *-iw* wurde zu *ī*, רָצִיתָ < **raṣiwtā* „du warst zufrieden"; erhalten ist er bei Gemination des *w*, עִוֵּר „blind", ebenso im Pl. עִוְרִים *ʿiwrīm* < **ʿiwwerīm*, תִּוָּרֵשׁ < **tanwariš* „du verarmst" (Gn. 45, 11). Der Diphthong *-uy* begegnet als *ū*, יוּצַּר < **yuyṣar* „er wird gemacht", neben *ī*, vgl. tib. יִיסָךְ < **yuysak* „er wird ausgegossen", doch sam. auch hier יוּסָךְ (Ex. 30, 32).

Die Kontraktion *ay* > *ē* und *aw* > *ō* ist bereits altkan.; vgl. ugar. *bt* = **bētu* (akkad. *bītum*) < **baytu* „Haus", *mt* = **Mōtu* (Göttername) < **mawtu* „Tod" für beide Status. Im Hebr. gehören kontrahierte, bzw. monophthongische Formen zum ältesten sprachlichen Grundbestand. Erst unter dem Einfluß der nach Beduinenart sprachlich konservativen zugewanderten Wüstenstämme, aber auch dann nur begrenzt, begegnen *aw* und *ay*; vgl. akkad. *Ausiʾ* = **Hawšiʿ* als Umschrift für den Namen des Königs הוֹשֵׁעַ „Hosea" (732—724 v. Chr.) neben gleichzeitig für das gleiche Sprachgebiet Samaria belegten monophthongischen Bildungen (§ 5, 3). Das Nebeneinander von *-aw/ō* und *-ay/ē* unter Vorherrschen von *ō* und *ē* bestand in Palästina auch zu Origenes' Zeiten.

Stehen tib. *-aw* und *-ay* in doppelt geschlossener Hauptdrucksilbe, so wird die Doppelkonsonanz durch einen Hilfsvokal (§ 29, 3c) aufgelöst: בַּיִת *báyiṯ* < **bayṯ*, מָוֶת *mắwaeṯ* < **mawṯ*, und die kontrahierten Formen בֵּית und מוֹת sind sekundär(!) dem St. cstr. zugewiesen. Doch fehlt die Konsequenz; vgl. den altüberkommenen St. abs. לֵיל „Nacht“ (Jes. 21, 11) neben לַ֫יִל. Der Diphthong ist erhalten z. B. in בַּ֫יְתָה *báytā* (PsBN בַּ֫יְתָה [Jes. 14, 17 (R)]) „nach Hause“ und לַ֫יְלָה *láylā* (PsBN לַ֫יְלָה [Jdc. 9, 32 (R)]) „Nacht“; vgl. hierzu § 45, 3c.

Beim Druck, aber auch sonst, erscheint der nach Wegfall der kurzen Auslautvokale entstandene Diphthong *-ay* (s. u. d) tib. als *ǣ* und babyl. als *ä*: יִרְאֶה (vgl. äth. *yér'ay*) „er sieht“, babyl. *hégä*, tib. הֶ֫גֶה < **higay* „Seufzen“ (MB, 68). Daneben ist *-ay* erhalten, abgesehen von Formen wie חַי „lebend“, Pl. חַיִּים, im Suffix 1. Sg. nach Pl./Du., עֵינַי „meine Augen“ (vgl. vorhebr. *ḫinaya* = **ʿēnāya* EA 144, 17), bei Eigennamen סִינַי „Sinai“, Interjektionen אַחֲלַי „wenn doch“ und archaischen, zuweilen auch restituierten Formen, שָׂדַי neben שָׂדֶה „Feld“ גַּיְא neben גֵּ֫יא „Tal“. Bei Nebendruck oder Drucklosigkeit steht *ē* als der wohl ältere Laut, daher St. cstr. שְׂדֵה. Soweit der Diphthong *aw* erhalten oder auch neu gebildet ist, begegnet er als *aw* am Wortende: קַו „Schnur“, וַיְצַו „und er befahl“, oder als *åw*: P. קָו, שָׁוְא „Nichts, Böses“ (vgl. arab. *saw'un*), im Wortinnern als *aw*, שָׁלַ֫וְתִּי „ich war ruhig“, bei Gemination גַּוֵּךְ „dein (F.) Rücken“, שַׁוְעִי neben שַׁוְעִי *šawʿī* (Ps. 5, 3) „mein Hilferuf“. Neubildungen sind wohl עַוְלָה „Verkehrtheit“ und das Qere עַוְלָתָה für das Ketib עֹלָתָה „Bosheit“ (Ps. 92, 15; Hi. 5, 16).

d) Stehen *w* und *y* zwischen Vokalen, werden sie weitgehend elidiert. Die allgemeine Regel lautet für das Hebr.: Nach kurzem und vor langem Vokal fallen *w* und *y* aus und letzterer dominiert, בָּנוּ < **banayū* „sie bauten“, umgekehrt bleiben sie erhalten, בָּנוּי < **banūyu* „gebaut“. Sind beide Vokale kurz, so findet Elision und Kontraktion zu *å* statt, wenn der zweite Vokal *a* war, בָּנָה < **banaya* „er baute"; ist er nicht *a*, so erfolgt die Kontraktion zu *ǣ/ē*; u. z. *-ayu/ -ayi* > *-ay* > *-ǣ/ē* (s. u. c) und *-iyu/-iyi* > *iy* > *-ī* > *-ǣ/ē*, wobei diese Kontraktion nur im Wortauslaut belegbar ist[1]). War im Ugar. von zwei kurzen Vokalen der letzte ein Kasusvokal, so dominierte dieser vermutlich wie im Akkad. bei der Halbvokalelesion: *šd* (Wz. *šdy*) = Nom. **šadū*, Gen. **šadī* oder **šadē* (= akkad.), Akk. **šadā* „Gefilde". Aus ugar. unkontrahiertem *bny* „bauend" lassen sich altkan. Nom. **bāniyu*, Gen. **bāniyi* > **bānī*, Akk. **bāniya* erschließen. Unkontrahierte Formen bilden, wohl infolge des sprachlich konservativen Charakters der zugewanderten Israeliten, den Ausgangspunkt für obige Lautregel im Hebr., das somit teilweise eigene Wege geht; z. B. **šadayu* > *šaday* (שָׂדַי) > abs. שָׂדֶה, cstr. שְׂדֵה, **bāniyu* > **bōniyu* (so wohl noch moab.) > **bōniy* > **bōnī* > abs. בֹּנֶה, cstr. בֹּנֵה; vgl. weiterhin § 82.

Auch erscheinen oft, vielleicht unter dem Zwang der Trilitteralität, *w* und *y* sekundär: שְׁוָרִים „Ochsen" (Hos. 12,12), שְׁוָקִים „Straßen" (Cant. 3, 2), z. T. zu ʾ reduziert, so im Pl. cstr. נְאוֹת *neʾōṯ* „Triften" (Jer. 9, 9) neben נְוֹת *newōṯ* (Zeph. 2, 6).

5. Auf aram. Einfluß geht der Wandel *ś* > *s* zurück; vgl. das Schwanken in der Orthographie שִׂכְלוּת, סִכְלוּת „Torheit".

§ 23, Wandel von Vokalen durch Veränderung der Artikulationsbasis

Als Grenzwerte im Sinne lautlicher Abstraktion wurden bereits um die Mitte des 2. Jts. in Ugarit die von uns als Grundvokale bezeichneten Selbstlaute *a*, *i* und *u* festgelegt.

---

[1]) Bergsträßer, Grammatik I, § 17 i—n.

Sie allein wurden in Verbindung mit Alef syllabisch kennt-
lich gemacht, während *e* und *o* graphisch nicht ausgedrückt
wurden.

1. **Lange Vokale.** a) Naturlanges *ā* in der Drucksilbe
wurde kan., das Ugar. ausgenommen, zu *ō*: שָׁלוֹם *šālōm*
< *šālōm < *šalām < *šalāmu (vgl. ugar. *šlm* = *šalāmu,
arab. *salā́mun*) „Frieden“; desgleichen *ā* < *a*’ in רֹאשׁ *rōš*
< *rāš < *rāšu < **ra’šu* (§ 22, 3a). Infolge nachträglicher
Druckverschiebung findet sich heute dieses *ō* < *ā* vielfach in
druckloser Silbe: חֹלֵם *ḥōlēm* < *ḥōlim < *ḥālim < **ḥā́limu*
(vgl. arab. *ḥā́limun*) „träumend“. Daneben begegnet altes *ā*
in קָם *qā̊m* < *qām* „er stand, stehend“, und zuweilen sind tib.
ā und *ō* nebeneinander belegt: Part. M. Pl. קוֹמִים *qōmīm*
(2 R. 16, 7) neben üblichem קָמִים *qā̊mīm*; שִׁרְיוֹן *širyōn* (1 S.
17, 5) „Panzer“ neben שִׁרְיָן *širyā̊n* (1 R. 22, 34). Auch findet
sich *ā* in den Formen qattāl (§ 38, 5) טַבָּח „Koch“, sowie *ō*
neben *ā*, קַנּוֹא *qannō* „eifrig“ (Jos. 24, 19), קַנָּא (Ex. 20, 5)
qannā̊ < *qannā < *qannā’ < **qannā’u*, wozu jetzt altkan.
qá-na-a-u „Neider“ aus einem kürzlich entdeckten drei-
sprachigen heth. Vokabular zu vergleichen ist[1]). Auf aram.
Einfluß beruht *a* in den Lehnwörtern כְּתָב „Schrift“ und קְרָב
„Kampf“; zu פְּרָת *Perāṯ* < *Perāṯ* „Euphrat“ vgl. die in der
mas. Überlieferung verschollene Vokalisation פורת *Purat
(= *Furaṯ*[?]), akkad. *Purattu*, in 1Q M 2, 11 (hebr.), 1Q IV
21, 17 (aram.). Ursprünglich druckloses *ā* tritt selten als *ō* in
Erscheinung: אַתָּה *’attā̊* < *’áttā* (= Q, sam.; § 30, 3b) „du“
(M.), מָצָא *mā̊ṣā̊* < *máṣā < *máṣa’ < **máṣa’a* (§§ 22, 3a;
81, 1b), daneben aber לָמוֹ *lā̊mō* < *lámmō < *lahímmō
< *lahímmā (§ 30, 3c) „ihnen“ (M.). Neben naturlangem
und ersatzgedehntem *ā* ist sekundäres *ā* < *a* häufig.

---

[1]) Noch unveröffentlicht; dankenswerter Hinweis durch W. v.
Soden.

Das unausgeglichene, aus alter Zeit ererbte Nebeneinander von *ā* und *ō* oft in der gleichen Form — vgl. auch 1QS 5, 21 רוחום **rūḥōm* mit tib. רוּחָם *rūḥåm* < *rūḥām* „ihr (M.) Geist" — veranlaßte die Tiberier, die Aussprache des Hebr. im Sinne des *ō*-Vokalismus zu normieren. Der graphische Ausdruck hierfür ist das Doppelzeichen des Qameṣ (§ 11, 1a.c). Diese dem Westsyr. entsprechende Aussprache hat sich freilich babyl. nicht durchgesetzt, ebenso wie das Ostsyr. älteres *ā* beibehalten hat; vgl. BA לָשׁוֹן *låšōn*, tib. ausgesprochen *lōšōn*, dagegen babyl. *lāšōn* „Zunge". Das sam. Hebr. wurde, obwohl eng benachbart, hiervon nicht betroffen. Zur modernen Aussprache von Qameṣ s. § 11 (Vorbemerkung).

b) Naturlanges *ī* steht z. B. in צַדִּיק „gerecht", auch in proklit. מִי „wer". Am Wortende erscheint *ǣ* (babyl. *ā̈*) < *ī*, פֶּה „Mund" (vgl. sam. *fī* = tib. cstr. פִּי), andererseits מַלְכִּי Q, sam. *málkī*) „mein König". Zum Wandel des Kontraktionsvokals *ī* < *iy* zu *ǣ*/*ē* vgl. § 22, 4 d.

c) Auch *ū* ist meist erhalten: בָּחוּר „Jüngling", יָקוּמוּ „sie stehen auf". Zuweilen wechseln, babyl. mehr als tib., *ū* und *ō*, offenbar infolge fließender Grenzen zwischen beiden Lauten. Bei Drucklosigkeit wird tib. mitunter *ō* < *ā* oder *ō* < *aw* zu *ū*, dagegen nicht babyl.: מָתוֹק (M.), מְתוּקָה (F.) „süß", tib. מְגוּרַי (*מְגוֹרַי), babyl. *mᵉgōray*, „mein Aufenthalt in der Fremde" (Gn. 47, 9). Zur Kürzung von *ū*- „und" vor Šwa und ב, מ, פ in PsBN s. § 22, 4b.

2. Kurze Vokale. a) In geschlossener Silbe steht schon altkan. *a* neben *i*; vgl. ugar. *'aqtl* = **'aqtulu* neben *'iqtl* = **'iqtalu* (1. Sg. Imperf.)[1]), vorhebr. *yazkur-mi* „er möge gedenken" (EA 228, 19) neben *yitruṣ* „es möge recht erscheinen" (EA 103, 40). Im allgemeinen gilt, daß tib. in druck-

[1]) C. H. Gordon, Manual, § 9, 5.

loser geschlossener Silbe *i*, babyl. *a* bzw. *ä* vorherrschen und *a* vielfach ursprünglicher ist.

Tib. findet sich *a* bei Drucklosigkeit meist neben Kehllauten sowie vor *l* und *r*: מַחְסֹר „Mangel“, מַלְבּוּשׁ „Kleidung“, מַרְאֶה „Gesicht“; aber auch עִזִּים „Ziegen“, מִרְעֶה „Weide“, andererseits מַתָּנָה „Gabe“.

Aus dem Vorherrschen von *a* bei Laryngalen hat man bisher geschlossen, daß *a* sich hier als ursprünglich erhalten habe. Doch liegt wohl eher eine künstliche, mit der Wiederbelebung der Laryngale zusammenhängende mas. Systembildung vor.

Ferner findet sich *a* in den qattāl-Bildungen (§ 38, 5), טַבָּח „Koch“, vor verdoppeltem Konsonanten, מַבּוּל „Flut“, beim St. cstr. מַלְכַּת, in K.-Formen יִזְקַן „er wird alt“, im Wortinneren, נְפַלְתֶּם „ihr fielet“. Sonst herrscht *i* vor: מִדְבָּר „Wüste“, יְלִדְתִּיךָ „ich habe dich gezeugt“ (Ps. 2, 7); dagegen יָלַדְתִּי bei geschlossener Drucksilbe. In geschlossener Silbe wird *a* beim Satzdruck zu *å*, vgl. K. כָּתַבְתָּ, P. כָּתָבְתָּ „du hast geschrieben“. In offener Drucksilbe kommt *a* nur selten vor, zu קְטָלַנִי *qeṭålánī* vgl. § 84, 2f; zu Neubildungen wie נַעַר „Knabe“ s. § 20, 2a. In offener Silbe vor dem Druck wird *a* > *å* in der sog. Vortondehnung, einer sprachlich sehr jungen Erscheinung, כָּתַב „er schrieb“, לָשׁוֹן „Zunge“ und in Formen wie K. מָלְכוּ „sie herrschten“, (sam. *malákū* [Gn. 36, 31], ebenso Q). Dieses sog. Vortonqameṣ unterliegt den Schwankungen, die sich aus den Druckverschiebungen in Wort und Satz ergeben: כְּתַבְתֶּם „ihr schriebet“, לְשׁוֹנִי „meine Zunge“. Nur selten steht Šwa vor dem Druck, wo man *å* < *a* erwarten sollte, so in שְׂאוּ „tragt“, das eine Reduktion nach Druckverlagerung aus vormas. **śá'ū* (= sam.) darstellt. In מְחִיר, akkad. *maḫīrum*, „Kaufpreis“, תְּכֵלֶת, akkad.

takiltum, „Purpur" scheinen aram. vermittelte Wörter vorzuliegen. Das kurze *á* in *malákū* (Q und sam. [s. o.]) ist mas. vor dem Druck in der K.-Form מַלְכוּ stets zu Šwa reduziert; zu P. מָלָכוּ s. § 21, 3 b.

b) Kurzes *i* steht in tib. druckloser geschlossener Silbe bei סִפְרִי „mein Buch", אִמּוֹ „seine Mutter", אֹיִבְךָ „dein Feind" und proklit. אִם „wenn", עִם „mit". Die Sek.-Formen εμ tib. עִם „mit" (Ps. 89, 39), εμμανου tib. עִמָּנוּ „mit uns" (Ps. 46, 8. 12), σεδκι tib. צִדְקִי „meine Gerechtigkeit" (Ps. 35, 27), ιεγδελ tib. יִגְדַּל „er wird groß" (Ps. 35, 27), ιερε tib. יִרְאֶה „er sieht" (Ps. 49, 10) sprechen dafür, daß dieses *i* aus älterem *e* < *i* mas. weithin neugebildet wurde. Als *æ* begegnet *e* < *i* tib. im allgemeinen vor und nach Kehllauten: עֶגְלֵךְ „dein (F.) Kalb", vgl. arab. *ʿiǧlun*. Mitunter steht *i*, יִחְיֶה „er lebt", oder *æ* neben *i*: אִמְרָתוֹ (Ps. 147, 15) und אֶמְרָתוֹ (Thr. 2, 17) „seine Rede"; stets dagegen *i* im Perf. Hi. הִשְׁמִיעַ „er ließ hören", ausgenommen die Verba I lar., הֶעֱמִיד „er stellte auf". Auch vor einem Gaumenlaut steht tib. zuweilen *æ*: נֶגְדִּי „mir gegenüber", נֶכְדִּי „meine Nachkommen".

Die offene Silbe vor dem Druck hat teils *ē*, teils Šwa: לֵבָב < **lebab* < **libabu* „Herz"; בְּנִי, vgl. sam. *bénī* (Gn. 21, 10), „mein Sohn", כָּבְדָה, vgl. sam. *kabédā* (Gn. 18,20), „sie war schwer", חֲמוֹר, vgl. arab. *ḥimārun*, „Esel". Zuweilen stehen *e* und Šwa bei gleichen Druckverhältnissen nebeneinander: יֹלֵדָה „Gebärende" (Hos. 13, 13), הַיֹּלְדוֹת (Jer. 16, 3). In geschlossener und offener Drucksilbe begegnet *e* < *i* teils als *ē*: P. אֹיֵב *'ōyēḇ*, vgl. Sek. ωιηβ, „Feind" (Ps. 31, 9), P. סֵפֶר *sḗfær* „Buch", teils als *e*: יְדַבֵּר *yᵉḏabber*, Sek. ιδαββερ, „er redet" (Ps. 49, 4), K. סֵ֫פֶר *sḗfær*. Kurzes *e* < *i* liegt auch vor in K.-Formen wie תְּגַלֵּנָה „sie jauchzen". Häufig findet sich *a* für *e* < *i* sowohl beim Nebendruck im St. cstr. der Formen qatil (§ 35, 2), זְקַן (St. abs. זָקֵן) „Greis", wie beim Hauptdruck, תֵּלַדְנָה „sie gebären".

c) Das ursprüngliche kurze *u* in geschlossener Silbe hat sich babyl. anscheinend erhalten; vgl. *šuršō* „seine Wurzel" mit akkad. *šuršum*. Dagegen wechselt es pal. weithin mit *o* bzw. *å*, das ja nach § 11, 1b. c lediglich eine Schreibvariante für kurzes *o* darstellt. So entspricht babyl. *šuršō* tib. שָׁרְשׁוֹ *šåršō*, PsBN שָׁרְשׁוֹ *šoršō* (Ez. 31, 7), und für Sek. οκκωθαι steht tib. חֻקֹּתַי „meine Gesetze" (Ps. 89, 32). Dieses *o* < *u* hat man ferner in כֹּל, vgl. arab. *kullun*; es wird regelmäßig vor Maqqef, כָּל־, vor den schweren Suffixen, יִקְטָלְכֶם, meist bei Segolaten, אָזְנִי „mein Ohr", als *å* geschrieben. Da *å* und *o* den gleichen kurzen *o*-Laut wiedergeben, besteht mitunter auch ein Schwanken zwischen *å* und *u*, so im Ho., wo הָקְטַל neben הֻקְטַל steht; ferner עָזִּי (Ps. 28, 7) neben עָזִּי (Ex. 15, 2) und PsBN עֻזִּי (Jes. 12, 2 [R]) „meine Kraft". Soll, wie in den alten Pass.-Bildungen des Qal, *u* in an sich offener Silbe vor dem Druck erhalten bleiben, wird der folgende Konsonant sekundär geminiert, לֻקַּח *luqqaḥ* „er wurde genommen" (Gn. 3, 23). In offener Silbe vor dem Druck steht mas. Šwa für *o* < *u*: יָכְלָה (Q **yakólā*) „sie konnte", יִשְׁמְרוּ (Q **yišmórū*) „sie bewahren", חֳלִי (Q **ḥólī*) „Krankheit"; vor Pausa findet sich *o* in יִקְצֹרוּן „sie ernten" (Ru. 2, 9). Geschlossene und offene Drucksilben können *o* und *ō* haben: K. יִטְרֹף *yiṭrof*, P. יִטְרֹף *yiṭrōf* „er raubt"; K. קֹדֶשׁ *qódæš*, P. קֹדֶשׁ *qōḏæš*, „Heiligtum".

§ 24. Assimilation von Konsonanten

1. Wie in jeder Sprache, so bewirkt auch im Hebr. der Redefluß, daß zwei unmittelbar aufeinander folgende oder nahe beieinander stehende unterschiedliche Laute zuweilen

gegenseitig teilweise (partiell) oder gänzlich (total) angeglichen (assimiliert) werden. Die Assimilation wirkt entweder nach vorn, wenn von zwei aufeinander folgenden Lauten der erste stärker ist als der zweite, oder sie ist rückwirkend, wenn sich der zweite Laut dem vorhergehenden gegenüber als stärker erweist. Im ersten Falle spricht man von progressiver, im zweiten von regressiver Assimilation.

2. Progressive Assimilation. a) Partielle progressive Assimilation bei unmittelbarer Berührung tritt ein, wenn das ת im Präformativ הִתְ־ des Hitp. durch Metathesis (§ 28, 2) nach צ zu stehen kommt, In diesem Falle wird ת zu ט, נִצְטַדָּק „wir rechtfertigen uns“ (Gn. 44,16). Totale Angleichung findet sich bei הִזַּכּוּ *hizzakkū* < **hizdakkū* < **hiztakkū* „reinigt euch“ (Jes. 1, 16).

b) Durch gänzliche Angleichung kann sich ה beim Suffix 3. M. und F. Sg. im vorhergehenden vokallosen ת oder נ auflösen: גְּנָבַתּוּ < **g^e nā̊ḇáṯhū* „sie stahl ihn“ (Hi. 21, 18), אֲחָזַתָּה <*'^a ḥā̊záṯhā̊* „sie faßte sie“. (Jer. 49, 24), P. יִקָּחֶנּוּ < **yiqqā̊ḥǽnhū* „er nimmt ihn“ (Hi. 40, 24). P. יִקָּחֶנָּה < **yiqqā̊ḥǽnhā̊* „er nimmt sie“ (Dt. 20, 7). Daneben bestehen auch nicht assimilierte Formen: P. אֲהֵבַתְהוּ „sie liebte ihn“ (1 S. 18, 28), יִצְּרֶנְהוּ „er bewahrt ihn“ (Dt. 32, 10). Handelt es sich hier nach manchen[1]) auch um mas. Neubildungen, so begegnet doch bereits ugar. *w'aqbrn*, vgl. יְאֶקְבְּרֵנּוּ, neben *w'aqbrnh*, vgl. וְאֶקְבְּרֶנְהוּ, „ich werde ihn begraben[2]).

3. Regressive Assimilation. a) Durch vollständige Angleichung geht das ת im Präformativ des Hitp. im folgenden *d* und *ṯ* auf: מְדַבֵּר für **miṯdabbēr* „redend“ (Ez. 2, 2), יִטַּמָּא für

[1]) Vgl. BL, § 15 b, Anm. 2.
[2]) C. H. Gordon, Manual, § 6, 17.

**yiṯṯammå* „er verunreinigt sich“ (Lv. 21, 1). Keine Besonderheit bietet P. תִּתַּמָּם „du zeigst dich redlich“ (Ps. 18, 26). Zuweilen wird das ת des Reflexivs auch folgendem כ, נ, ר angeglichen: תִּכּוֹנֵן für **tiṯkōnen* „sie wird aufgestellt“ (Nu. 21, 27). הִנַּבְּאוּ für *hiṯnabb*ᵉ*'ū* „sie weissagten“ (Jer. 23, 13), אֱרוֹמָם für **'æṯrōmåm* „ich will mich erheben“; merke auch תִּשּׁוֹמֵם „du schädigst dich“ (Qoh 7, 16) neben יִשְׁתּוֹמֵם „er ist betäubt“ (Ps 143, 4).

Folgendem ת der F.-Endung *-t* (§ 42, 3) wird ד angeglichen: לֵת < **latt* < **lidtu* „Geburt“ (1 S. 4, 19), אַחַת < **'aḥattu* (= ugar.[1]) < **'aḥadtu* „eine“. שֵׁשׁ „sechs“ setzt **šiššu* < **šidšu* voraus, vgl. ugar. *ṯṯ* = **ṯiṯṯu* < **ṯidṯu*[2]) und arab. *sittun* „sechs“ neben *sādisun* „sechster“; zum Wandel von altkan. *ṯ* > *š* s. § 22, 1.

Wahrscheinlich hat sich die Assimilation der Dentale ד und ט an darauffolgende ת-Afformative auch dort vollzogen, wo dies infolge historischer Schreibweise und Analogiebildungen nicht erkennbar ist, so in den analog zu קָטַ֫לְתָּ vokalisierten Formen עָבַ֫דְתָּ *'åḇáttå* „du dientest“, נִשְׁפַּ֫טְתִּי *nišpáttī* „ich rechtete“.

b) Der Sonorlaut נ wird, wie schon altkan., folgendem Konsonanten total assimiliert: מִקֶּ֫דֶם für מִן־קֶ֫דֶם „von Osten“, sek. *μεσσωλ* < **miššōl*, tib. מִן־שְׁאוֹל *min-š*ᵉ*ōl* „aus der Unterwelt“ (vgl. § 34, 6), מַבּ֫וּעַ (Wz. *nb'*) „Quelle“, יִמָּלֵא < **yinmålē* „er füllt sich“, יִגַּשׁ < **yingaš* „er nähert sich“, אַפִּי (vgl. arab. *'ánfī*) „meine Nase“, אַתָּה, ugar. *'at* = **'attā* < **'antā* „du (M.)“[3]). Die Assimilation unterbleibt im allgemeinen bei folgendem Kehllaut: יִנְאַץ „er verschmäht“, יִנְחַם „er

[1]) Ebd., § 5, 27.
[2]) Ebd., § 7, 11.
[3]) Ebd., § 6, 1.

knurrt", יִנְעָם „er ist angenehm" (Prv. 2, 10). Dies dürfte in der Schwäche der Laryngale begründet sein, die vormas. weithin überlesen wurden; vgl. tib. יַנְחִיל *yanḥīl* mit sam. *yānīl*[1]) „er gibt in Besitz." Eine Ausnahme bilden Imperf., Imp. und Inf. Ni. der Verben I lar.: יֵאָסֵף für **yin'åsef* (§ 73, 3a) „er versammelt sich", יֵנַחַת (§ 76, 2a) „er steigt herab" (Jer. 21, 13) neben וַתִּנְחַת „und sie stieg herab" (Ps. 38, 3). Ausgenommen sind ferner, wie im Ugar., die Verba III נ, שָׁכַנְתִּי „ich wohnte", und die Partikel מִן vor dem Artikel, מִן־הָאָרֶץ „aus dem Lande". Hiervon weicht נָתַן „geben" ab, z. B. נָתַתִּי „ich gab"; ferner einzelne Nominalformen wie אֱמֻנָתוֹ < **'amintō* „seine Treue" (St. abs. אֱמֶת). Formen wie תִּשְׁכֹּנָּה „sie (F.) werden wohnen" (Ez. 17, 23) bieten keine Besonderheit.

c) In כִּכָּר < **karkaru* „Umkreis, Talent" ist ר folgendem כ assimiliert.

4. Partielle Assimilation von Wurzelkonsonanten. Partielle Assimilation, teils in Kontakt-, teils in Fernstellung, läßt sich bei verschiedenen Wörtern beobachten; so begegnet aram. die Assimilation von *t* als zweitem Radikal an vorhergehendes *q* zu *ṭ*: vgl. arab. *qátala* mit aram. *qᵉṭal* und hebr. קָטַל. Damit ist קָטַל als aram. Lehnwort anzusprechen, wie wahrscheinlich auch קִיטוֹר „Rauch", קְטֹרֶת „Opferrauch, Räucherwerk" samt den Denominativen קִטֵּר, הִקְטִיר „ein Opfer als Rauch aufsteigen lassen". Daß es sich hierbei um eine junge Erscheinung handelt, zeigt ein Vergleich von קָטָן „klein, jung" mit ugar. *qṭn*, hier wohl Eigenname (vgl. Esr. 8, 12), und akkad. *qatnum* „dünn, jung". Als Beispiel für regressive Angleichung eines stimmlosen Lautes an einen stimmhaften

[1]) A. Murtonen, Vocabulary, 140: *yānīl*.

in Fernstellung führt man mitunter $p > b$ in בַּרְזֶל, akkad. *parzillum* (phön. *brzl*, ugar. *brḏl*, altaram. *przl*), „Eisen“ an, doch wird hierbei übersehen, daß in der kan. Form **barḏillu* bzw. **barzillu* das heth. Lehnwort *barzillu* vorliegt.

§ 25. Wechselseitige Vokalassimilation

1. Tib. scheint es, als würde Pataḥ in offener Drucksilbe bei Segolaten folgendem Sproßvokal *æ* (§ 29, 3b) assimiliert; vgl. arab. *nafsun* mit נֶ֫פֶשׁ < **napšu* „Seele“. Doch liegt hier wohl nur graphischer Ausgleich vor, da offenes *a* und *æ* ohnehin dicht beieinander liegen; vgl. Sek. *αρς* mit אֶ֫רֶץ „Erde“ (Ps. 35,20), andererseits *δερχ* mit דֶּ֫רֶךְ „Weg“ (Ps.32, 8). Dagegen liegt echter Vokalausgleich beim Pronominalsuffix vor, wo der Bindevokal dem Auslautvokal des Suffixes assimiliert ist; z. B. P. סוּסֶ֫ךָ *sūsǽkå* < **sūsákā* „dein [M.] Pferd“, סוּסֵךְ *sūsēk* < **sūsékī* < **sūsikī* [F.]; ebenso in Formen wie יִרְאֶ֫הָ *yirʼǽhå* < **yirʼéhā* < **yarʼīhā* „er sieht sie“ im Gegensatz zu יִרְאֵ֫נִי *yirʼénī* < **yarʼīnī* „er sieht mich“ (vgl. §§ 46, 2 c; 84, 2 a; 85, 7).

2. Die ältere Regel, wonach die Reduktionsvokale bei בְּ „in, mit“, לְ „für, zu“, כְּ „wie“, וְ „und“ tib. bei folgendem Kehllaut mit Ḥaṭef den entsprechenden Vollvokal erhalten, muß dahingehend modifiziert werden, daß die Ḥaṭef-Laute nach dem Vokal gefärbt sind, den die Präfixe nach Elision der Laryngalis erhalten haben (§ 13, 4); vgl. tib. nicht restituiertes לֵאמֹר *lēmor* (PsBN לֵאֱמֹר; Jos. 1, 1 [R]) „nämlich“ mit לֶאֱכֹל *læʼ*ᵉ*kol*, babyl. *lekol*, „zu essen“ und בַּעֲצָמַי *baʻ*ᵃ*ṣåmay*, pal. *baṣamay*, „in meinen Gebeinen“[1]). Sinngemäß sind כַּאֲרִי „wie ein Löwe“, וַחֲכָם „und sei klug“ zu verstehen.

---

[1]) KG, 178.

§ 26. Angleichung von Vokalen an Konsonanten

1. Eine Assimilation von Konsonanten an Vokale ist im Hebr. nicht feststellbar. Die angebliche Assimilation von *b g d k p t* an vorhergehenden Voll- oder Reduktionsvokal[1]) ist in Wirklichkeit eine aram. bedingte Lautverschiebung; vgl. § 13, 2.

2. In Formen wie גְּדִי < **gadyu* „Böckchen" nimmt man eine Assimilation *a* > *i*, ausgelöst durch konsonantisches Yod, an, das in offener Silbe vor dem Druck zu Šwa (§ 23, 2b) reduziert wurde. Zur Grundform vgl. arab. *ǧadyun* und babyl. *ǧādyōṯiyiḵ* „deine (F.) Zicklein" (MB, 71).

3. Vor wortschließendem ה, ח, ע begegnet fast nur tib. nach *ē*, *ī*, *ō*, *ū* sog. Pataḥ furtivum, das nach § 13, 6. 7 primär den konsonantischen Charakter der Laryngale im Auslaut anzeigt, jedoch nicht nach üblicher Auffassung aus der Angleichung[2]) vorausgehender langer und heterogener Vokale an den Kehllaut zu verstehen ist.

4. Mannigfachen konsonantischen Einflüssen unterliegen die kurzen Vokale.

a) Vor einer Laryngalis findet sich in der Regel *a* in geschlossener Silbe, wo vor anderen Konsonanten *i* erscheint, מַעְיָן „Quelle", יַחְשֹׁב „er denkt", so auch וַיַּרְא „und er sah"; andererseits מִחְיָה „Lebensunterhalt", יִרְאֶה „er sieht"; vgl. hierzu § 23, 2 a.

b) In offener druckloser Silbe bewirkt im tib. System vorhergehender Kehllaut, daß reduzierte Vokale als Ḥaṭef-Laute erscheinen: הֲרוּגִים „Erschlagene", אָהֲבָה „sie liebte", אֱלֹהִים „Gott, Götter", עֳנִי „Elend". Doch findet sich vielfach anstatt des ursprünglichen Lautes nach ה, ח, ע Ḥaṭef-Pataḥ, nach א Ḥaṭef-Segol oder -Pataḥ: חֲמוֹר „Esel", vgl.

---

1) BL, § 19.

2) Ebd., § 18 j. k.

arab. *ḥimā́run* (§ 23, 2 b), עֲנָבִים „Trauben", vgl. arab.
'inabun. Ḥaṭef-Laut steht auch bei den velaren Lauten ט, צ,
ק, z. B. הֻטֲלוּ „sie wurden geworfen" (Jer. 22, 28), קֳדָשִׁים,
„Heiligtümer" (neben קָדָשִׁים; § 11, 1 b), צֳרִי „Balsam"; ferner
in Formen wie הַלֲלוּ „preiset!"; בָּרֲכוּ „segnet", וּלֲהַבְדִּיל
„und zu scheiden" (Gn. 1, 18), cstr. וּזֲהַב „und Gold" (Gn.
2, 12); vgl. hierzu § 13, 5.

§ 27. Dissimilation

1. Im Gegensatz zur Assimilation bedeutet die Dissimilation Umwandlung oder Ausstoßung eines Lautes, um die
Wiederkehr oder Häufung gleicher bzw. ähnlicher Laute zu
vermeiden. Sie kann zugleich Laute festhalten, die unter anderen Umständen verschoben werden. Im allgemeinen handelt es sich hierbei mehr um lexikalische als grammatische
Erscheinungen.

2. Dissimilation von Konsonanten. Schon früh ist
א am Ende einer mit א beginnenden Silbe unter Ersatzdehnung des voranstehenden Vokals elidiert: אֹכַל < *'ā́kal
< *'a'kulu „ich esse", vgl. arab. *'ā́kulu*. Ebenso fällt silben-
schließendes ה bei vorangehendem ה unter gleichen Bedin-
gungen aus: *hahlaka* > *hā́laka* > *hṓlika* (§ 23, 1 a) > *hṓlik*
הוֹלִיךְ *hōlī́k* „er ließ gehen", so daß sekundär ein Hi. analog
den Verben I ו entsteht (§ 78, 9 b). Sehr alt ist auch die Aufhebung der Gemination unter gleichzeitiger Ersatzdehnung
in den Intensivstämmen der Verba II gem. infolge der dissimilatorischen Wirkung des zweiten gleichen Konsonanten,
יְסֹבְבֶנְהוּ, „er umgibt ihn" (Dt. 32, 10). Mittelhebr. treten
diese Formen zugunsten der Normalbildung קִלֵּל „er hat verflucht" stark zurück, die allerdings auch für die alte Sprache[1]

---

[1]) Zum Ugar. s. C. H. Gordon, Manual, § 9, 49.

belegt ist, so in סַבֵּב „verwandeln“ (2 S. 14, 20). Häufig sind Dissimilationen bei Reduplikationsformen zweiradikaliger Wurzeln, so begegnet noch ugar. **kabkabu* „Stern“ zugleich mit einer Assimilationsform **kakkabu* entsprechend akkad. *kakkabum*[1]). Im Hebr. dagegen dissimilierte **kabkabu* > **kawkab* (so im Arab.) > כּוֹכָב. Ferner ist ל nach ל zu נ geworden in לוּן, לִין „übernachten“ (vgl. לַיִל „Nacht“), und in aram. Lehnwörtern ist *w* zwischen *ū* und *ō* zu *y* dissimiliert: מַלְכֻיּוֹת *malkūyōṯ*, vgl. bibl.-aram. *malḵᵉwåṯå*, „Königreiche“ (Da. 8, 22).

Fast stets setzt man in die Präfixe בְּ und כְּ bei vorausgehendem Vokal und Verbindungsakzent Dageš lene, um die Verbindung *ḇ-ḵ*, *ḇ-f*, *ḇ-m*, *ḇ-ḇ*, *ḵ-ḵ* zu vermeiden: וַיִּקְבְּרֻהוּ בְּבֵיתוֹ „und sie begruben ihn in seinem Hause“ (1 S. 25, 1; zum Akzent s. § 15, 2a [21]). Die vortib. Aussprache kennt eine solche Differenzierung noch nicht; vgl. § 13, 2.

3. Vokaldissimilation. Der Wandel *ā* > *ō* (§ 23, 1) ist möglicherweise unter dem Einfluß eines vorhergehenden *u*/*o*-Lautes unterblieben: שֻׁלְחָן (ugar. *ṯlḥn* = **ṯulḥānu*) „Tisch“, קָרְבָּן „Opfer“, תּוֹשָׁב „Beisasse“. Allerdings ist hierbei zu beachten, daß dies nicht mehr für die Aussprachefixierung in BA gilt; denn hier ergibt sich: *šulḥån* = *šulḥōn*, *qorbån* = *qorbōn*, *tōšåḇ* = *tōšōḇ*. Zuweilen begegnet Dissimilation von *u* und *o (å)* > *i/e*: חִיצוֹן „äußerer“, gebildet aus חוּץ „außen“ + Afformativ וֹן (§ 41, 1), תִּיכוֹן „mittlerer“ (*תּוֹךְ „Mitte“), אִמְרוֹ (אֹמֶר) „seine Rede“. Dagegen muß eine solche nicht notwendig in רִאשׁוֹן (רֹאשׁ „Kopf“) „erster“ vorliegen; vgl. den ugar. Eigennamen *Riʾšn* = **Riʾšānu*. Dissimilatorischen Gründen mag *a* in geschlossener druckloser Silbe, sonst vielfach mit *i* wechselnd, seine Existenz in Bildungen wie תַּבְנִית „Modell“, תַּלְמִיד „Schüler“ verdanken.

---

[1]) Ebd., § 8, 38.

Zuweilen wird *a* zu *i*, sobald sich die lautlichen Verhältnisse in der zweiten Silbe ändern, vgl. abs. מַרְבֵּץ mit cstr. מִרְבַּץ „Lager".

§ 28. Haplologie, Metathesis, Gemination

1. Haplologie. Wird ein Konsonant nur einmal gesprochen, wo man grammatisch eine doppelte Setzung erwartet, so spricht man von Haplologie. Hierdurch verschwindet das Part.-Präformativ מְ in **'im m^emå'ēn 'attå* > אִם מָאֵן אַתָּה „wenn du dich weigerst" (Ex. 7, 27), und **hamm^emå'^anīm* > הַמָּאֲנִים (Jer. 13, 10 fälschlich הַמֵּאֲנִים) „die sich Weigernden". Haplologische Verkürzung liegt wohl auch vor in der Verbindung der Endung **-tumu* der 2. M. Pl. Perf. mit dem Objektsuffix צַמְתֻּנִי < **ṣamtumūnī* „ihr fastet mir" (Sach. 7, 5); desgleichen in der Einfachschreibung von Verbindungen wie *iyi* in עִבְרִים neben עִבְרִיִּים „Hebräer". Ferner werden Formen wie **h^amīṯōṯī* (vgl. הֲקִימוֹתִי) im allgemeinen vermieden, statt dessen הֵמַתִּי „ich tötete". Schließlich kann das Präfix בְּ „in, an" vor בַּיִת und פֶּתַח schwinden, daher cstr. בֵּית „im Hause" (Gn. 24, 23) und פֶּתַח „an der Tür" (Gn. 19, 11); vgl. aram. *bēṯ* „drinnen". Ebensogut ist freilich in diesem Falle die Annahme eines adv. Akk. (§ 106, 2a) möglich.

2. Metathesis. Auch in der Metathesis, der Umstellung zumeist benachbarter Laute, liegt das Bestreben vor, sich die Aussprache bequemer zu gestalten. Grammatisch bedeutsam ist die Metathesis des *t* im Hiṯp. mit dem ersten Radikal, falls dieser *z s ṣ ś š* ist, יִסְתַּבֵּל „er schleppt sich mühsam fort" (Qoh. 12, 5) von סָבַל; מִשְׂתַּכֵּר „sich verdingend" (Hag. 1, 6) von שָׂכַר, יִשְׁתַּמֵּר „er hütet sich" (Mi. 6, 16) von שָׁמַר, הִזַּכּוּ (<

*hizdakkū) „läutert euch" (Jes. 1,16) von זָכָה, נִצְטַדָּק „wir rechtfertigen uns" (Gn. 44, 16) von צָדַק; zu letzten beiden vgl. § 24, 2a.

3. Gemination. a) Die Verdoppelung eines Konsonanten, ausgedrückt durch Dageš forte (§ 14, 2), ist primär durch die Wortbildung und durch Assimilation veranlaßt. Daneben steht die sekundäre Gemination, die einen an sich in offener Silbe stehenden Vokal von den durch Wort und Satzdruck bedingten Veränderungen in Qualität und Quantität ausnimmt. Sekundäre Gemination findet sich nach dem aus der alten Deutepartikel *hā entstandenen Artikel *ha*-, הַיּוֹם < *hāyōm. Ebenso wird *mā „was?" im Kontext behandelt: מַזֶּה < *mā-zœ „was ist das?", מַה־נּוֹרָא „wie furchtbar"; desgleichen die Relativpartikel *šœ*- oder *ša*- „welcher". Weiterhin wird beim Imperf. cons. der auf das kurzvokalige Präfix *wa*- „und" folgende Konsonant *y*, *t* oder *n* sekundär verdoppelt. Bei zahlreichen Wörtern wird der 2. oder 3. Radikal geminiert, so im St. abs. זִכָּרוֹן „Gedächtnis" (jedoch זִכְרוֹנוֹ „sein Gedächtnis"), גְּמַלִּים „Kamele", קְטַנָּה „klein" (F.), פְּלַגִּים „Bäche"; אִסָּר „Enthaltungsgelübde" (dagegen אֱסָרָהּ „ihr Gelübde"), אֵלֶּה „diese"; עֲמֻקָּה „tief" (F. zu עָמֹק), יֻלַּד „er wurde geboren" (Perf. Pass. Qal).

b) Die Verdoppelung kann sowohl am Wortende wie im Wortinnern aufgehoben werden; so tib. am Wortschluß: דַּל (< *dall*; § 33, 3c) „schwach", תֵּת < *tittu < *tintu „geben", יָסֹב (aber 3. F. Pl. תְּסֻבֶּינָה) „er umgibt", während babyl. anscheinend regelmäßig Gemination am Wortende stattfindet; vgl. babyl. *sädd* mit tib. סַד „Block" (MB, 69). Bei Kehllauten und ר steht, wo man, analog zum Arab., Verdoppelung erwarten sollte, mit wenigen Ausnahmen (§ 8, 13) regelmäßig vor ר, oft vor א und ע, seltener von ה und ח Dehnung des vorhergehenden Vokals, u. z. *a* > *å*, *i* > *ē*, *u* > *ō*. Wo kurzer

Vokal gesetzt ist, spricht man von virtueller Verdoppelung der Laryngalis bzw. vom Dageš forte implicitum. Zur Ersatzdehnung vgl. שֵׁרֵת „er diente“, יְמָאֵן „er weigert sich“, מְבֹהֶ֫לֶת „schnell“ (F.), אֵחַר „er zögerte“, בָּעֵר „anzünden“; zur virtuellen Verdoppelung נִאֲפָה „sie brach die Ehe“, יְמַהֵר „er eilt“, שִׁחֵת „er verdarb“, בִּעֵר „er zündete an“. Stets findet sich Ersatzdehnung bei den Verben I lar. im Imperf. und Imp. Ni., יֵאָסֵף „er versammelt sich“. In der Behandlung der Kehllaute weichen die Masoreten wesentlich von der arab. Grammatik ab. Hier wirkt deutlich der vormas., fast völlige Laryngalschwund nach. Dem entspricht auch die Regellosigkeit im Gebrauch von Ersatzdehnung und virtueller Verdoppelung.

Die Gemination unterbleibt sehr häufig bei Konsonanten mit Šwa unter gleichzeitiger Elision des Reduktionsvokals; so namentlich bei *w*, *y*, *l*, *m*, *n*, *q*, den alveolaren Spiranten, besonders wenn diesen ein Kehllaut folgt, aber auch bei anderen Konsonanten: עִוְרִים (Sg. עִוֵּר) „Blinde“ (PsBN עִוְּרִים *ʿiwrīm*; Jes. 30, 18 [R]), וַיְהִי *wayhī* statt **wayyᵉhī* „und es geschah“; dementsprechend stets bei *Waw* cons. vor יְ (nicht aber vor תְּ); vgl. ferner הַמְבַקְשִׁים *hamb̲aqšīm* statt **hammᵉb̲aqqᵉšīm* „die Suchenden“ (Ex. 4, 19). Andererseits wird analog zum Sg. הַמֶּ֫לֶךְ trotz Šwa der Pl. הַמְּלָכִים *hammᵉlåk̲īm* „die Könige“ gebildet. Bei *b g d k p t* steht im allgemeinen gleichfalls Dageš forte bei Šwa, דִּבְּרָה „sie redete“, daneben auch St. cstr. נִדְּחֵי „Verstoßene“ (Jes. 11, 12) neben נִדְחֵי (Jer. 49, 36).

§ 29. Entstehung neuer Vokale

1. Doppelkonsonanz im Wortanlaut. Konsonantenhäufung im Wortanlaut begegnet gewöhnlich nicht. Wo sie bildungsmäßig zu erwarten wäre, steht tib. Šwa mobile; vgl. die sog. umgekehrten Segolata (§ 52, 5) דְּבַשׁ *dᵉb̲aš* „Honig“,

שְׁכֶם *šᵉkæm* „Schulter", סְבֹךְ *sᵉbok* „Gestrüpp" im St. abs., außerdem im St. cstr. שְׁבַע *šᵉbaʿ* „sieben", תְּשַׁע *tᵉšaʿ* „neun" (59, 1), cstr. זְרַע *zᵉraʿ* (Nu. 11, 7) „Same" neben üblichem זֶ֫רַע *zǽraʿ* für beide Status. Vor *z*, *ṣ* und *t* wird zuweilen Doppelkonsonanz, wie allgemein im Arab., durch Bildung einer drucklosen Nebensilbe mit א protheticum vermieden: זְר֫וֹעַ > אֶזְר֫וֹעַ „Arm", צְעָדָה > אֶצְעָדָה „Schrittkettchen", תְּמוֹל > אֶתְמוֹל „gestern". Diese Erscheinung ist schon altkan., wie ugar. *'uṣbʿt* = **'uṣbuʿātu*, hebr. אֶצְבָּעוֹת „Finger", syr. *ṣebʿā* (Wz. *ṣbʿ* „zeigen") beweist.

2. Doppelkonsonanz im Wortinnern. a) Eine Auflösung findet sich vor allem bei den Kehllauten. Hierbei haben die einzelnen mas. Schulen verschiedene Wege beschritten. Für das tib. System gilt, daß Laryngalis am Ende einer drucklosen Silbe teils vokallos ist und damit wie ein starker Konsonant behandelt wird: יַאְדִּ֫ימוּ *ya'dímū* „sie werden rot" (vgl. § 22, 3a), יֶחְסַר *yæḥsar* „es mangelt", מַעְיָן *maʿyån* „Quelle"; teils, und dies häufiger, ein Ḥaṭef-Zeichen erhält, das sich nach dem vorhergehenden Vokal richtet: יַעֲבֹר *yaʿᵃbor* (vgl. dagegen arab. *yáʿburu*) „er überschreitet", יֶאֱסֹף *yæ'ᵉsof* „er sammelt". Babyl. sind ה und ח meist vokallos, während א und ע Vollvokal erhalten, damit aber überlesen werden, da der vorausgehende Konsonant vokallos ist; vgl. תַּעֲמֹד *taʿᵃmod* mit babyl. *tʿämod* = *tämod* „du bestehst" (MB, 31; 54). In dieser uneinheitlichen Behandlung der Kehllaute zeigt sich deutlich das mas. Bemühen, die längst eingebürgerte Laryngalelision zu überwinden; vgl. Sek. ουαïαλεζ mit וַיַּעֲלֹז „und er frohlockte" (Ps. 28, 7) und pal. *yazob* mit יַעֲזֹב „er verläßt" (Ps. 37, 28)[1].

---

[1]) KG, 178.

b) Würde tib. auf einen Kehllaut mit Ḥaṭef ein Konsonant mit Šwa folgen, so wird der entsprechende kurze Vollvokal gesetzt: יַעֲבְרוּ *ya'aḇrū* „sie überschreiten", יֶחֶזְקוּ *yœḥœzqū* „sie erstarken", פָּעֳלְךָ *pā'ǎlḵā* „dein Werk". Damit entsteht sekundär eine geschlossene drucklose Silbe, und zugleich eine vom Grundtypus yaqtul abweichende Form; vgl. tib. יַעֲזְבוּ mit Sek. ιεζεβου „sie verlassen" (Ps. 89, 31).

c) Tib. begegnet nach *m, n, l, r*; *q*; *z, ṣ, ś, š*, mitunter auch nach anderen Konsonanten zuweilen ein Šwa, das nach *ᵃ* oder *ᵒ* gefärbt sein kann; z. B. St. cstr. שְׁקֳתוֹת „Tränkrinnen" (Gn. 30, 38), נְבְהָל (Prv. 28, 22) neben נִבְהָל (Ps. 30, 8) „erschrocken". Meist aber findet sich einfaches Šwa, das als lautbar durch Dageš forte dirimens (§ 14, 2 b) angemerkt ist, עִנְּבֵי *'inᵉḇē* „Trauben" (St. cstr.).

3. Wortschließende Doppelkonsonanz. a) Am Wortende kann Doppelkonsonanz stehen, wenn der letzte der beiden Laute *ṭ, q* oder *b, d, k, t* ist: קֹשְׁטְ *qošṭ* „Wahrheit", וַיַּשְׁקְ *wayyašq* „und er tränkte", וַיִּשְׁבְּ *wayyišb* „und er führte gefangen", נֵרְדְּ „Narde", וַיֵּבְךְּ *wayyebk* „und er weinte", זָכַרְתְּ *zāḵart* „du (F.) gedachtest". Zuweilen wird im Anschluß an D. Qimḥi das zweite Šwa als lautbar aufgefaßt[1]): נֵרְדְּ *nerdᵉ*; doch widerspricht dem z. B. das Qere in לִמַּדְתִּי „du (F.) lehrtest" (Jer. 2, 33), das nur dann Sinn hat, wenn der Auslautvokal elidiert und *limmaḏt* statt Ketib *limmáḏtī (§ 64, 2a) gelesen werden soll.

b) Gewöhnlich findet am Wortende Auflösung durch einen Hilfsvokal statt. Dieser hat ursprünglich den Wert eines Šwa und kann den Druck nicht auf sich ziehen. Wo dies scheinbar geschieht, wie in בְּאֵר < *bi'ru „Brunnen", liegen Sonderformen (s. u. e) vor. Der Sproßvokal begegnet vor allem in

---

[1]) Mikhlol, § 4 e; vgl. z. B, P. Joüon, Grammaire, § 5 k.

den Segolaten (§ 34, 1), ferner bei den F.-Formen auf *-t* (nicht *-at*; § 57), שֶׁבֶת „sitzen“ (< **šibtu*), sowie bei den Kurzformen des Imperf. Qal und Hi. der Verba III יו. Dieser Vokal lautet tib. meist *æ*, vor ה, ח und א sowie nach ע und zumeist auch ח *a*; z. B. דֶּרֶךְ „Weg“, חֶסֶד „Gnade“, סֵפֶר „Buch“, קֹדֶשׁ „Heiligtum“, גֹּבַהּ „Höhe“, זֶרַע „Same“, נַעַר „Knabe“, נַחַל „Bach“; andererseits לֶחֶם „Brot“, אֹהֶל „Zelt“. Zum Qal III יו vgl. וַיִּבֶן „und er baute“, וַיִּחַן „und er ließ sich nieder“; für das Hi. וַיֶּגֶל „und er führte ins Exil“, וַיַּעַל „und er ließ aufsteigen“; hier gelegentlich auch Imp. הֶרֶב „vermehre“.

c) Bei Wörtern wie *mawt* und *bayt* ist ein Hilfsvokal erst mas. belegt; so überliefert Origenes noch diphthongische Formen[1]). Systematisch ist hier durch die Masoreten die Segolierung durchgeführt worden, die bisheriges *bayt* als בַּיִת *báyit* „Haus“ und *mawt* als מָוֶת *máwæt* vokalisierten und diese Wortgestalt als St. abs. festsetzten, während von nun an מוֹת und בֵּית dem St. cstr. zugerechnet wurden; vgl. auch § 22, 4 c.

d) Bei den mit Waw und Yod schließenden Stämmen sind *w* und *y* nach Verlust des kurzen Auslautvokals sonantisch, vgl. arab. *laḥyun* mit hebr. לְחִי „Backe“ und arab. *ru'yun* mit רְאִי „Sehen“, ferner אָחוּ „Nilgras“, בֹּהוּ „Leere“. Die bei den auf *y* endenden Wörtern eingetretene Druckverlagerung ist in der Pausa wieder aufgehoben; vgl. P. פֶּרִי mit K. פְּרִי „Frucht“, ferner P. חֹלִי (Q חוּלִי **ḥóli*) mit K. חֳלִי „Krankheit“.

---

[1]) E. Brønno, Studien, 139—142; zum Problem vgl. auch A. Sperber, Masoretic Hebrew, § 84 c.

e) Scheinbar liegt Auflösung wortbeginnender Doppelkonsonanz in Formen wie זְאֵב *zᵉʾēḇ* „Wolf", שְׁאוֹל *šᵉʾōl* „Unterwelt" vor. Doch handelt es sich hierbei um späte Neubildungen für *zēḇ* (< **ziʾb* < **ḏiʾbu* [= arab. *ḏiʾbun*]) und *šōl*; vgl. sam. *bēr* (ugar. *biʾr* = **biʾru*) mit tib. בְּאֵר „Brunnen" und pal. *šōl* mit שְׁאוֹל (§§ 22, 3a; 52, 5).

Hebräische Grammatik

II
Formenlehre
Flexionstabellen

Inhaltsverzeichnis

Dritter Teil: Formenlehre

A. Das Pronomen

B. Das Nomen

1. Die Nominalbildung

2. Die Flexion des Nomens

3. Das Nomen mit Suffixen

C. Das Zahlwort

D. Das Verbum

1. Die Verbalbildung

2. Die Flexion des starken Verbums

a) Das gewöhnliche starke Verbum

b) Das starke Verbum mit Laryngalen

3. Die Flexion des schwachen Verbums

4. Das Verbum mit Suffixen

E. Partikeln

Anhang

Abkürzungsverzeichnis

(Nachtrag)

Grammatische Bezeichnungen

det. = determinatus
emph. = emphaticus
Fin. = Finalis
TR = Textus receptus

Literatur

Baumgartner-Festschr. = Hebräische Wortforschung. Festschrift für W. Baumgartner. Hrsg. v. B. Hartmann—E. Yenni—E. Y. Kutscher—v. Maag—J. L. Seeligmann—R. Smend. VTS XVI (Leiden 1967).

M. Dahood, S. J., Philology = M. Dahood, S. J., Ugaritic-Hebrew Philology. Biblica et Orientalia 17 (Rome 1965).

M. Dahood, S. J., Proverbs = M. Dahood, S. J., Proverbs and Northwest Semitic Philology. Scripta Pontificii Instituti Biblici 113 (Roma 1963).

C. H. Gordon, Textbook = C. H. Gordon, Ugaritic Textbook. Analecta Orientalia 38 (Roma 1965).

S. Moscati, Comparative Grammar = An Introduction to the Comparative Grammar of the Semitic Languages. Phonology and Morphology. Ed. by S. Moscati. Porta Linguarum Orientalium NS VI (Wiesbaden 1964).

Rost-Festschr. = Das ferne und nahe Wort. Festschrift für L. Rost. Hrsg. v. Maass. BZAW 105 (Berlin 1967).

VTS = Vetus Testamentum, Supplement.

Für wertvolle Hilfe bei der Anfertigung des Manuskriptes bin ich meiner wissenschaftlichen Mitarbeiterin Dr. Jutta Körner, für das Mitlesen der Korrekturen vor allem meiner Assistentin cand. theol. Waltraut Bernhardt zu großem Dank verpflichtet.

Dritter Teil: Formenlehre

A. Das Pronomen

§ 30. Das Personalpronomen

1. Die Pronomina personalia sind entweder selbständige (separata) oder abhängige (suffixa) Substantive; adj. Personalpronomina gibt es im Hebr. nicht (vgl. § 3, 2g). Selbständig begegnet das Pronomen im Nom. als Subjekt oder als Prädikat im Nominalsatz, abhängig im Gen. beim Nomen oder im Akk. beim Verbum und geht mit diesen als Suffix eine feste Verbindung ein. Das im Altkan. belegte selbständige Pronomen im Gen./Akk. findet sich im Hebr. nicht mehr; hierfür wird die anscheinend jungwestsem. suff. Akk.-Partikel אֵת *'eṯ* (§ 87, 3b) gebraucht.

2. Das selbständige Personalpronomen

a) Die Formen lauten:

Singular:

1.	K. אֲנִי; אָנֹכִי	P. אָנִי; אָנֹכִי	„ich“
2. M.	K. אַתָּה	P. אָתָּה; אַתָּה	„du“ (M.)
2. F.	K. אַתְּ	P. אָתְּ	„du“ (F.)
3. M.	הוּא		„er“
3. F.	הִיא		„sie“

Plural:

1.	K. נַחְנוּ; אֲנַחְנוּ	P. נָחְנוּ; אֲנָחְנוּ	„wir“
2. M.	אַתֶּם		„ihr“ (M.)

2. F.	אַתֵּ֫נָה; אַתֵּן	„ihr“ (F.)
3. M.	הֵ֫מָּה; הֵם	„sie“ (M.)
3. F.	הֵ֫נָּה	„sie“ (F.)

b) אָנֹכִי mit Verschiebung *ā* > *ō* besteht aus **'anā* < **'an'ā* (vgl. arab. *'ána*) und einem zweiten Element *-kū*, das dem Suffix *-ī* (s. u. 3c) als *-kī* angeglichen ist; vgl. akkad. *anāku*, ugar. *'ank* = **'anākī* oder **'anākū*. Kürzeres אֲנִי, vgl. ugar. *'an* = **'anā/ī*, wahrscheinlich zunächst proklit. gebraucht, verdrängt, wohl unter aram. Einfluß, אָנֹכִי zunehmend und herrscht mittelhebr. allein vor. Grundformen zu אַתָּה und אַתְּ sind **'antā* (arab. *'ánta*, akkad. *atta*) und **'antī* (arab. *'ánti*, akkad. *atti*). Zu der bereits ugar. vollzogenen Assimilation *nt* > *tt* (*'at* = **'attā* und **'attī*) vgl. § 24, 3b. Anstatt אַתָּה steht zuweilen אַתְּ falsch für אַתָּ (Nu. 11, 15 את, sam. אתה). Wie Q אתי **'áttī* hat MT mitunter das Ketib אתי *'attī* (Jdc. 17, 2). הוּא < **hū'a*, הִיא < **hī'a* (angeglichen aus **šī'a*) begegnen ugar., wie im Arab., als *hw* = **hūwa* und *hy* = **hīya*[1]). Hebr. sind **hū́'ā* und **hī́'ā* graphisch noch in Q הואה und היאה nachweisbar. אֲנַ֫חְנוּ < **niḥnū* (vgl. נַ֫חְנוּ mit arab. *náḥnu*, akkad. *nīnu* und äth. *néḥna*) ist analog zum Sg. wie phön. אנחנן, akkad. *anīnu*, altaram. *'ªnáḥnā* erweitert. Als späte Analogiebildung zu 1. Sg. ist אָנוּ (Jer. 42, 6 Ketib) mittelhebr. häufig. Als gemeinsem. Grundformen 2. Pl. gelten M. **'antumū*, F. **'antinnā*. Doch dürfte das M. an die F.-Form wohl schon altwestsem. angeglichen worden sein. Zwar läßt das Ugar. die Vokalisation nicht erkennen, aber im Hebr. lauten die Pronomina nach Q, wie im Sam., אתמה **'attímmā* und אתנה **'attínnā* (vgl. äth. *'antémmū*, *'anten*), woraus sich tib. *'attæm*

---

[1]) C. H. Gordon, Manual, § 6, 3 (= Textbook § 6, 3).

und *'attḗnå̊*, *'atten*, babyl. *'ättän*, *'ättā́nā* (MO, 198) ergeben. Entsprechendes gilt für 3. Pl.; hier sind die Grundformen **humū*, **hinnā* (angeglichen aus **šinnā*). Nach Angleichung des M. an das F. ergeben sich **hímmā* und **hínnā* in Q, tib. *hḗmmå̊*, *hem* und *hḗnnå̊* (babyl. *häm*, *hā́mmā*, *hā́nnā*; MO, 198).

c) Das selbständige Personalpronomen verbindet sich nur mit der Fragepartikel *h*ᵃ-, הַאַתָּה „du?", der Kopula *w*ᵉ-, וַאֲנַ֫חְנוּ „und wir", der Relativpartikel *šae*-, שֶׁאֲנִי „daß ich".

3. Das Pronominalsuffix

a) Die Formen lauten:

Person	Nomen		Verbum	
Sg. 1.	ִי	„mein"	נִי	„mich"
2. M.	ְךָ	„dein" (M.)	ְךָ	„dich" (M.)
2. F.	ֵךְ	„dein" (F.)	ֵךְ	„dich" (F.)
3. M.	הוּ; ה֗; וֹ	„sein"	הוּ; וֹ	„ihn"
3. F.	הָ; ָהּ	„ihr"	הָ; ָהּ	„sie"
Pl. 1.	נוּ	„unser"	נוּ	„uns"
2. M.	כֶם	„euer" (M.)	כֶם	„euch" (M.)
2. F.	כֶן	„euer" (F.)	—	
3. M.	הֶם; ם	„ihr" (M.)	ם	„sie" (M.)
3. F.	הֶן; ן	„ihr" (F.)	ן	„sie" (F.)

b) Die Suffixe verbinden sich mit dem Beziehungswort enger als etwa das griech. enklit. Pronomen ὁ πατήρ μου „mein Vater", παιδεύω σε „ich erziehe dich", gleichwohl liegt dieselbe Bildung vor. Sie unterliegen beim Antritt an Nomen (§ 46), Verbum (§§ 84; 85), Partikel (§§ 86; 87) mannigfachen Veränderungen.

c) Die Suffixe gleichen sich beim Nomen und Verbum mit Ausnahme von 1. Sg., das beim Nomen ִי, beim Verbum נִי

lautet. Die Grundform ist **-ya*, die ugar. noch nach langem Vokal, kontrahiertem Diphthong sowie *i* oder *a* steht[1]); vgl. auch vorhebr. *ḫinaya* = **ʿēnāya* „meine Augen" (EA 144, 17), phön. אבי **ʾabīya* „meines Vaters" (אב **ʾabī* „mein Vater"). Hebr. steht *-y* < **-ya* nur nach der Du./Pl.-Endung *-ay*, שִׁירַי < **širayya* „meine Lieder", sonst *ī*, z. B. **pīya* > **piy* > פִּי „mein Mund". Erweitertes נִי < **-niy* < **-niya*, vielleicht an vokalisch endenden Verbformen entstanden, findet sich auch in כָּמֹ֫ונִי „wie ich" (vgl. § 87, 2g). Die Grundformen zu 2. Sg. **-kā* und **-kī* stehen gelegentlich in MT: בֹּאֲכָה „deine Ankunft" (Gn. 10, 30) neben בֹּאֲךָ, רָעָתֵ֫כִי „deine Bosheit" (Jer. 11, 15) neben רָעָתֵךְ. Das vokalisierte Suffix כה = *-kā* begegnet häufig in Q: בידכה **beyadákā* „bei deiner Hand" (vgl. tib. P. בְּיָדֶ֫ךָ, 1 Q Jes.[a] 42, 6). Infolge des aram. Einflusses, nach anderer Annahme bereits in vorexilischer Zeit[2]), fielen die Endvokale weithin ab; vgl. für M. Sg. Sek. αμμαχ, tib. P. עַמֶּ֫ךָ „dein Volk" (Ps. 28, 9), Pl. φαναχ, tib. פָּנֶ֫יךָ „dein Antlitz" (Ps. 30, 8); pal. *qodšak*, tib. קָדְשְׁךָ (Dt. 26, 15) „dein Heiligtum", sam. *natáttek*, tib. נְתַתִּ֫יךָ (Gn. 17, 5) „ich habe dich gegeben"[3]). Während beim F. der Auslautvokal *i* bis auf einige Formen elidiert blieb, fand beim M. Vokalrestitution statt, die zu künstlichen Formen führte; vgl. Q ידכה **yadákā* > pal. *yādāk* > tib. יָדְךָ *yā́dᵉkā*. Die Formen הוּ, וֹ (§ 46, 2c) und הָ, הּ gehen auf **-hū* und **-hā* < *-ša* (= akkad.) zurück. Das unkontrahierte Suffix *-hū* begegnet noch in Q nicht nur nach Vokal, sondern auch nach Konsonant (vgl. § 22, 3b): ורוחהו **werūḥéhū* < **warūḥíhū* (tib. וְרוּחוֹ *wᵉrūḥō*) „und sein Geist" (1 QJes.[a] 34, 16). Ebenso lautet F. *-hā* weithin noch voll aus:

[1]) C. H. Gordon, Manual, § 6, 6 (= Textbook § 6, 6).
[2]) KG, 181—189; Cross-Freedman, 65—67.
[3]) KG, 181—183.

בהא *béhā < *bíhā (tib. בָּהּ) „in ihr“ neben בה *bā mit Elision von zwischenvokaligem He (ebd. 34, 10. 17; vgl. § 22, 3b). Die mas. Formen -hå und -åh jedoch stellen Neubildungen dar; vgl. pal. פיה pī mit tib. פִּ֫יהָ, pal. שעריה šārē mit tib. שְׁעָרֶ֫יהָ „ihre Tore“, Sek. αμουδα mit tib. עַמּוּדֶ֫יהָ „ihre Säulen“ (Ps. 75, 4)[1]). Das Suffix נו < * -nā (arab. -nā, äth. -na) ist Analogiebildung zu נַ֫חְנוּ. Als Ausgangsformen zu den Suffixen כֶם und כֶן wird man eher *-kimmā als *-kumū und *-kinnā anzusetzen haben (s. u. 2b: *'attímmā); vgl. Q, ebenso Sam., אתכמה *'etkímmā (tib. אֶתְכֶם „euch“, 1 Q Jes.ª 42, 9), aber auch MT im Ketib לכנה *lakínnā (tib. לָכֶ֫נָה, Ez. 13, 18). Durch Abfall der Endung und Wandel von i > e/æ (§ 23, 2b) ergeben sich die tib. Formen. Ähnliches gilt von הֶם -hæm < *-himmā (*-humū) und הֶן -hæn < *-hinnā (< *-šinnā, akkad. -šina): Q עדיהמה *'ēdēhímmā, (tib. עֵדֵיהֶם) „ihre Zeugen“ (1 QJes.ª 43, 9). Tib. begegnet neben הֶם und הֶן auch הֵם und הֵן. Nach konsonantisch auslautendem Sg. steht die Kurzform ָם <*-ahimmā, (*-ahumū) bzw. ָן < *-ahinnā. Als Nebenform zu 3. M. Pl. findet sich zuweilen מוֹ -mō, die man in der Regel aus *-humō < *-humū mit Dissimilation des auslautenden ū > ō ableitet[2]). Auf Grund der Q-Form *-hímmā liegt jedoch die Annahme einer Entwicklung -mō < dial. *-hímmō < *-hímmā mit Wandel von drucklosem ā > ō (§ 23, 1a) näher.

§ 31. Demonstrativum, Interrogativum, Relativum, Indefinitum

1. Das Demonstrativum. Das hinweisende Fürwort bezieht sich teils auf einen näheren, teils auf einen ferneren Gegenstand.

---

[1]) KG, 187f. [2]) BL, § 21j.

a) Für das Näherliegende gebraucht man Pronomina, die aus ursprünglich geschlechtslosen Elementen *z* < *ḏ* (vgl. ugar. *d*), *l* und *h* erwachsen sind:

Sg. M.	זֶה	„dieser", seltener „dieses"
F.	זֹאת	„diese" und „dieses"
Pl.	אֵ֫לֶּה	„diese"

Seltener sind Sg. F. זֹה, זוֹ und Pl. c. אֵל (fast nur mit Artikel gebräuchlich); poetisch steht זוּ Sg. c. und Pl. c.; ferner begegnen הַלָּזֶה Sg. M.; tib. הַלֵּ֫זוּ, babyl. *hällázū* (MO, 199) als Sg. F. und הַלָּז als Sg. c.; זֹאתָה als Sg. F. (Jer. 26, 6 Ketib).

Zu M. זֶה < **ḏī* vgl. arab. F. Sg. *ḏī* „diese"; zu F. זֹה, זוֹ < **ḏā* vgl. arab. *ḏā* „dieser". Zu F. (§ 42, 3a) זֹאת *zōṯ* < **zāt* < **za't* < **ḏa'tu*, das häufiger als זֶה neutrisch gebraucht wird, vgl. moab. und jud. *z't* sowie ugar. *dt* = **dātu* < **ḏātu* (?) als sächliches Determinativum und Relativum[1]). זֹאתָה stellt eine sekundäre Erweiterung zu זֹאת dar. Für אֵ֫לֶּה < *'*ilay* mit sekundärer Gemination (§ 28, 3a) vgl. arab. '*ulā'i* und pun. *ili* (Plautus), für אֵל < *'*illa* das äth. Relativum '*ĕlla* „welche" (Pl.); zum Demonstrativelement *l* vgl. den proklit. Artikel *al* bzw. *l* für alle Genera und Numeri im Arab. Poetisches זוּ, oft relativ gebraucht (s. u. 3c), entspricht arab. *ḏū* „der" und determinativem, bzw. relativem ugar. *d* (*ḏ*, *š*) = **dū* (**ḏū*, *ša* [?]) ohne Unterschied des Genus oder Numerus[2]). הַלָּזֶה entspricht dem arab. Relativum '*allaḏī*.

b) Für das Fernerliegende dient das Personalpronomen:

Sg. M.	הוּא	„jener", seltener „jenes"
F.	הִיא	„jene" und „jenes"

---

[1]) C. H. Gordon, Manual, § 6, 23 (= Textbook § 6, 23).

[2]) Ebd., § 6, 21f. (= Textbook, § 6, 23); J. Aistleitner, Wörterbuch, 71—73.

Pl. M.	הֵם; הֵ֫מָּה	„jene“ (M.)
F.	הֵ֫נָּה	„jene“ (F.)

c) Zuweilen hat auch der Artikel (§ 32) hinweisende Bedeutung: הַיּוֹם „heute“, הַלַּ֫יְלָה „heute nacht“ (vgl. § 45, 3c). Zum subst. und adj. Gebrauch der Demonstrativa s. § 93.

d) Die Demonstrativadverbia gehen auf die gleichen Elemente zurück wie die Pronomina: הֲלֹם „hierher“, הָ֫לְאָה „hinweg!“ (§ 21, 2d), הֵ֫נָּה „hier, hierher“, הִנֵּה „siehe!“; אַךְ, אָכֵן „fürwahr“, כֵּן „so“, כֹּה „so“, פֹּה „hier“, כִּי „denn, daß“.

2. Fragepronomen. Beim Interrogativ unterscheidet man selbständiges, vielfach proklit. gebrauchtes מִי „wer?“ (ugar. *my*) und מָה „was?“ (ugar. *mh*) einerseits, eine suff. und proklit. für „welcher?“ gebrauchte Form אֵי < **ay* „wo?“ andererseits. Diese Interrogativa gelten für alle Genera und Numeri. Außerdem sind die Grenzen zwischen מִי und מָה fließend; vgl. äth. *mī* „was?“.

a) Subst. מִי „wer?“ bezieht sich meist auf Personen, doch zuweilen auch auf Sachen, מִי שְׁמֶךָ „was ist dein Name?“ (Jdc. 13, 17). Als Nomen steht מִי in jedem Kasus, nach Präfixen und präpositionellen Partikeln: מִי אַתָּה „wer bist du?“, מִי יֹאמַר „wer möchte sagen?“, מִי אֵ֫לֶּה „wer sind diese?“, בַּת־מִי אַתְּ „wessen Tochter bist du?“ (Gn. 24, 23), אֶת־מִי אַעֲלֶה „wen soll ich heraufholen?“ (1 S. 28, 11), לְמִי „wem?“, מִמִּי „von wem?“, בְּשֶׁלְּמִי „durch wen?“ (Jon. 1, 7). Verstärkungen durch Demonstrativa sind מִי זֶה, מִי הוּא זֶה, מִי הוּא „wer?“ Adv. steht es in מִי יָקוּם „wie könnte bestehen?“ (Am. 7, 2. 5).

b) Subst. מָה „was?“, vgl. arab. und aram. *mā*, regelmäßig neutrisch gebraucht, begegnet im Nom. als Subjekt מַלָּכֶם „was ist euch?“ (Jes. 3, 15 Ketib) oder Prädikat וְנַחְנוּ מָה „und was sind wir?“ (Ex. 16, 8), als Objekt im Akk. מָהֵם עֹשִׂים „was tun sie?“ (Ez. 8, 6), als Attribut im Gen. חָכְמַת־מֶה „was für Weisheit?“ (Jer. 8, 9), als Adv. מָה־רָמוּ „wie hoch sind sie!“ (Prv. 30, 13), nach Präfixen: בַּמָּה und בַּמֶּה „worin?“, כַּמָּה und כַּמֶּה „wie?“, לָמָּה „warum?“, sowie nach präpositionell gebrauchten Partikeln: עַל־מָה „weshalb?“, עַד־מָה „bis wann?“; ausgenommen sind Verbindungen mit dem Akk.-Zeichen אֶת und mit מִן „von“.

Die Tradition über die Vokalisierung von מָה schwankt ebenso wie die Schreibweise sehr stark. Allgemein gilt: מַה mit Dageš forte (babyl. *mä*), also bei sekundärer Gemination des folgenden Konsonanten, steht vor Nichtlaryngalen meist mit Maqqef, מַה־לָּךְ „was ist dir?“, oder zusammengeschrieben מַלָּכֶם „was ist euch?“; מָה und מָה־ stehen regelmäßig vor Alef: מָה אִמְּךָ „was war deine Mutter?“, מָה־אֲדַבֵּר „was soll ich sagen?“, vor Reš: מָה רָאוּ „was haben sie gesehen?“, מָה־רַבּוּ „wie zahlreich sind sie!“, in Pausa und meist vor dem Artikel: מָה־הַדָּבָר הַזֶּה „was ist das für eine Sache?“, jedoch מֶה הָאָדָם „was ist der Mensch?“ (Qoh. 2, 12); מֶה und מֶה־ stehen vor עָ, חָ, חֳ meist auch הָ; מֶה־עָשִׂיתָ „was hast du getan?“, מֶה־חָדֵל אָנִי „wie vergänglich bin ich!“, מֶה חֳרִי אַף „was für Zornesglut!“, מֶה הָיָה „was ist er geworden?“. Vor ה, ח, ע mit anderen Vokalen schwankt die Überlieferung: מַה הוּא „was ist er?“, מַה חֶפְצוֹ „was ist sein Begehr?“, מָה עַבְדְּךָ „was ist dein Diener?“, מֶה חַטָּאתִי „was ist mein Vergehen?“ (1 R. 18, 9) neben מַה חַטָּאתִי (Gn.

31, 36). Auch steht מֶה vor Nichtlaryngalen: מֶה קוֹל הַתְּרוּעָה „was bedeutet das Jubelgeschrei?“ (1 S. 4, 6).

c) Das Interrogativum אַי < *ayu (ugar. *'iy) lautet in der Bedeutung „wo?“ tib. אַיֵּה, אַיֶּכָּה „wo bist du?“, vgl. arab. *'ayyun* „was für einer?“; daneben adv. אֵי־לָזֹאת „weshalb?“. In Verbindung mit זֶה ist es adj. Fragepronomen: אֵי־זֶה „welcher?, was für einer?“, אֵי־זֶה הַדֶּרֶךְ נַעֲלֶה „welchen Weg sollen wir hinaufgehen?“ (2 R. 3, 8), אֵי־מִזֶּה עַם „aus welchem Volke?“ (Jon. 1, 8).

d) Interrogativadverbien sind מִי „wie?“ (s. u. 2a), מָה „wie?“, אֵיךְ, אֵיכָה „wie?“, אַיֵּה „wo?“, אַיִן „wo?“, מֵאַיִן „von wo?“ אָן, אָנָה „wo, wohin?“, אֵיפֹה „wo?“ אֵי מִזֶּה „woher?“, מָתַי „wann?“, אֵי־לָזֹאת „wozu?“.

3. Das Relativpronomen. Ein flektierbares adj. Relativpronomen gibt es nicht. Das Relativum hat teils adv., teils determinativen Charakter. a) Das häufigste Relativum ist אֲשֶׁר „wo“, ein auch moab. adv. gebrauchter Akk. im St. cstr.; vgl. die akkad. Konjunktion *ašar* „wo, wohin“.

b) Daneben steht שַׁ, שֶׁ mit folgendem Dageš forte, auch שֶׁ, שָׁ, שְׁ ohne sekundäre Gemination. Obwohl im AT vorwiegend der jüngeren Literatur angehörend und אֲשֶׁר mittelhebr. ganz verdrängend, ist es altkan.; vgl. עַד שַׁקַּמְתִּי „bis du aufstandest“ (Jdc. 5, 7) und verwandtes phön. *'š* „welcher“, wobei hier das Alef als prothetisch (vgl. § 29, 1) anzusehen ist[1]), ferner im Akkad. ursprünglich determinatives *ša* als Relativpronomen.

c) Poetisch stehen auch זֶה, זוֹ und vor allem זוּ, entsprechend ugar. *d* (s. u. 1a), als Relativa.

---

[1]) J. Friedrich, Phön.-pun. Grammatik, § 121.

d) Wie alle Demonstrativa kann auch der Artikel (§ 32) einen Relativsatz einführen: הֶהָלְכוּא אִתּוֹ „welche mit ihm gegangen waren“ (Jos. 10, 24; zum Alef prostheticum s. §12, 2), הַבָּ֫אָה אֵלַי „welche zu mir gekommen ist“ (Gn. 18, 21).

e) Als verallgemeinerndes Relativum „wer, was auch immer“ begegnen מִי und מָה bisweilen: מִי־יָרֵא וְחָרֵד „wer bange und furchtsam ist“ (Jdc. 7, 3); מַה־תֹּאמַר „was sie auch immer sagt“ (1 S. 20, 4), וּדְבַר מַה־יַּרְאֵ֫נִי „und was er mir auch zeigen wird“ (Nu. 23, 3).

4. Das Indefinitum. Als Indefinita werden teils Frage- und Demonstrativpronomina, teils Nomina allgemeinen Charakters verwendet. a) Indefiniter Gebrauch von Interrogativen liegt z. B. vor in מִי לַיהוָה אֵלָי „wer für Jahwe ist, her zu mir!“ (Ex. 32, 26), מִי אֲשֶׁר „jeder, der“ (Ex. 32, 33), שִׁמְרוּ־מִי „behütet, wer es auch sei“ (2 S. 18, 12); מִי הָאִישׁ אֲשֶׁר „wer auch immer“ (Jdc. 10, 18); מָה bedeutet „etwas“, verneint „nichts“: וְיַעֲבֹר עָלַי מָה „möge auf mich was auch immer kommen“ (Hi. 13, 13), בַּל־יָדְעָה מָּה „sie versteht nichts“ (Prv. 9, 13), vgl. לֹא ...... מָה „gar nichts“ (Neh. 2, 12); ferner מַה־שֶּׁהָיָה „das, was gewesen ist“ (Qoh. 1, 9), vgl. hierzu syr. *mā ḏ*^{e} „das, was“.

b) Die Substantive „jemand“, „niemand“ lauten (לֹא) אִישׁ, (לֹא) אָדָם, (לֹא) נֶ֫פֶשׁ; נֶ֫פֶשׁ כִּי־תֶחֱטָא „wenn jemand sündigt“ (Lv. 4, 2), הַנֶּ֫פֶשׁ הַהִיא „der Betreffende“ (Nu. 19, 13). Für „etwas“ bzw. „nichts“ stehen מְאוּמָה und דָּבָר; für „ein gewisser“, „ein gewisses“, auch als Anrede „so und so“ (Rt. 4, 1) zuweilen פְּלֹנִי אַלְמֹנִי, daneben stark synkopiert פַּלְמֹנִי „der Betreffende“ (Da. 8, 13). Einfaches פְּלֹנִי, F. פְּלֹנִית (vgl. arab. *fulānun*, syr. *p*^{e}*lān*) ist im AT nicht belegt, aber mittelhebr. häufig.

c) Dem Indefinitum „jeder“, „alles“ entspricht כֹּל „Gesamtheit“ vor nicht determiniertem Nomen: כָּל־יוֹם „jeden Tag“, כָּל־אִישׁ „jedermann“, כָּל־עַם „jedes Volk“ (Est. 3, 8), כָּל־טוּב „allerlei Kostbarkeiten“ (Gn. 24, 10), אִישׁ לְנַחֲלָתוֹ „ein jeder nach seinem Erbteil“ (Jos. 24, 28); daneben כֻּלּוֹ „ein jeder“ (Ps. 29, 9). Der Begriff „einige“ wird entweder durch den Pl., שָׁנִים „einige Jahre“, oder beigefügtes אֲחָדִים, יָמִים אֲחָדִים „einige Tage“, ausgedrückt; die gleiche Bedeutung hat partitiv gebrauchtes מִן „von“ z. B. in מִזִּקְנֵי יִשְׂרָאֵל „einige Älteste Israels“ (Ex. 17, 5; vgl. § 97, 4b).

d) Reziproker Gebrauch liegt vor in הָאֶחָד ... הָאֶחָד „der eine ... der andere“, זֶה ... (וְ)זֶה „dieser ... jener“: זֶה יַשְׁפִּיל וְזֶה יָרִים „den einen erniedrigt er, den anderen erhöht er“ (Ps. 75, 8). Ferner אִישׁ ... רֵעֵהוּ, אִישׁ ... אָחִיו „der eine ... der andere“, אִשָּׁה ... רְעוּתָהּ, אִשָּׁה ... אֲחוֹתָהּ „die eine ... die andere“. So auch sächlich: וַיִּתֵּן אִישׁ־בִּתְרוֹ לִקְרַאת רֵעֵהוּ „und er legte das eine Stück dem anderen gegenüber“ (Gn. 15, 10).

§ 32. Der Artikel

1. a) Der Artikel ist ursprünglich ein Demonstrativelement *hā, das noch im Arab. als *hāḏā*, im Syr. als *hāḏēn* „dieser“ enthalten ist. Als Determinativ begegnet *hā noch nicht im Ugar., lediglich als terminatives Enklitikum (§ 45, 3c); dagegen verwendet das Phön. den Artikel zunehmend[1]), und moab. wird er wie im Hebr. gebraucht. Aram. entspricht ihm der postfigierte St. emph. bzw. St. det., vgl. אַרְעָא *'ar'ā* mit הָאָרֶץ „die Erde“.

b) Der Gebrauch des Artikels *hā- gehört der jungwestsem. Sprachstufe an. Altkan. dient — wie im Akkad. —

[1]) J. Friedrich, Phön.-pun. Grammatik, § 117f.

enklit. *-mā*, das an sich mehrdeutig ist, als Determinativum (vgl. § 3, 2f). Es steht ugar. sowohl beim St. abs. — *'ilm* = **'ilu-mā* „der Gott“ — als auch beim St. cstr. in der Gen.-Verbindung (§ 44, 1. 2) bzw. nach Präpositionen (§ 87, 2h): *ṯkm-m ḥmt* „die Schultern der Mauer“; *bhklm* = **bihēkali-mā* „in dem Palaste“[1]). Entsprechend seinem altwestsem. Substrat verfügt auch das Hebr. des AT, wie W. F. Albright und H. L. Ginsberg bewiesen haben[2]), über mas. nicht mehr verstandene Spuren dieses alten Determinativs; vgl. die Beispiele in § 96, 1.

2. Der Artikel lautet für alle Genera und Numeri ־הַ mit Dageš forte. Wie bei מַה und שֶׁ ist auch hier Vokalkürzung und Gemination des folgenden Konsonanten eingetreten: הַבָּשָׂר „das Fleisch“, הַכְּפִירִים „die Junglöwen“, הַתְּפִלָּה „das Gebet“, הַמַּמְלָכוֹת „die Königreiche“, הַיָּדַיִם „die Hände“.

3. Folgt dem Artikel יְ oder das Präformativ מְ, so unterbleibt die Gemination, und es entsteht eine geschlossene Silbe (§ 28, 3b): הַיְלָדִים *haylådīm* „die Kinder“, הַמְבַקְשִׁים *hambaqšīm* „die Suchenden“. Dagegen erhält יְ vor ה und ע Dageš: הַיְּהוּדִים „die Juden“, הַיְּעֵפִים „die Müden“, desgleichen מְ vor ה, ע, ר: בַּמְּרֵעִים „an den Übeltätern“, außer wenn ה, ע, ר vor kurzem Vokal und Geminata stehen: הַמְהַלְּכִים „die Wandelnden“ (Qoh. 4, 15).

4. Vor Laryngalen lautet er: a) הַ vor ה und ח mit allen Vokalen außer Qameṣ und bei ח auch Ḥaṭef-Qameṣ: הַהֶבֶל „das Eitle“, הַהוּא „jener“, הַחָכְמָה „die Weisheit“, הַחִצִּים „die Pfeile“. Andererseits הָ in הָהֵם, הָהֵמָּה, הָהֵנָּה „jene“,

---

[1]) J. Aistleitner, Wörterbuch, 176f.

[2]) R. T. O'Callaghan, Echoes of Canaanite Literature in the Psalms. VT 4 (1954), 164—176, besonders 170f.

הָחַי „das Lebendige“ (Gn. 6, 19) neben üblichem הַחַי; הָחֲרִיטִים „die Taschen“ (Jes. 3, 22), הָחַמָּנִים „die transportablen Räucheraltäre[1])“ (Jes. 17, 8).

b) הָ stets vor א und ר: הָאוֹר „das Licht“, הָרֹאשׁ „der Kopf“; vor הָ mit Hauptdruck, הָהָר „der Berg“; meist vor ע, außer mit drucklosem Qameṣ: הָעֶ֫בֶד „der Knecht“, הָעָם „das Volk“, הָעֳמָרִים „die Garben“, הָעִוֵּר „der Blinde“, andererseits הַעִוְרִים „die Blinden“, הַעֹזְבִים „die Verlassenden.“

c) הֶ vor drucklosem הָ und עָ, z. B. הֶהָרִים „die Berge“, הֶעָוֹן „die Schuld“; stets, unabhängig vom Druck, vor חָ sowie חֳ: הֶחָג „das Fest“, הֶחָלָב „die Milch“, הֶחֳדָשִׁים „die Monate“. Man beachte den Vokalwandel in K. הַחַ֫יִל und P. הֶחָ֫יִל „die Kraft“.

d) Die Wörter אֶ֫רֶץ „Erde“, הַר „Berg“, חַג (חָג) „Fest“, עַם (עָם) „Volk“, פַּר (פָּר) „Jungstier“ haben nach dem Artikel stets pausalen Vokal: הָאָ֫רֶץ, הֶחָג, הָעָם, הַפָּר; אֲרוֹן „Kasten, Schrein“ lautet mit Artikel הָאָרוֹן.

5. Nach בְּ, כְּ, לְ, jedoch nicht nach וְ, ist das ה des Artikels elidiert, und das Präfix hat Vollvokal: לָאִישׁ statt *l^{e}hå̄'īš „dem Manne“ (§ 22, 3b). Mitunter ist es sekundär wiederhergestellt: כְּהֶחָכָם „wie der Weise“ (Qoh. 8, 1), כְּהַיּוֹם „gerade jetzt“ (1 S. 9, 13) neben כַּיּוֹם „zuvor“ (Gn. 25, 31).

6. Einen unbestimmten Artikel kennt das Hebr. nicht. Zuweilen gebraucht man hierfür das Zahlwort אֶחָד „eins“, אִשָּׁה אַחַת „eine Frau“ (Jdc. 9, 53); oder es steht auch der Artikel, unserem „der Betreffende“ entsprechend, הָעַלְמָה „eine junge Frau“ (Jes. 7, 14). Weiteres hierüber s. § 96, 5.

---

[1]) Fälschlich „Sonnensäulen“; vgl. BRL, 20; Koehler-Baumgartner, 311.

B. Das Nomen

1. Die Nominalbildung

§ 33. Nomina mit einem und mit zwei Radikalen

1. Das Hebr. ist durch das gemeinsem. Grundschema dreiradikaler konsonantischer Wurzeln gekennzeichnet[1]). Hier liegt das Ergebnis eines langen, nicht mehr erfaßbaren prähistorischen Prozesses vor. Aber aus früher Zeit haben sich noch Wörter erhalten, die dem Zwange der zur allgemeinen Trilitteralität führenden Analogiebildungen wenigstens in ihren Grundformen standgehalten haben und in denen teilweise noch der Vokal gleichberechtigt neben dem Konsonanten steht. Sie gehören meist dem Bereiche ältester menschlicher Kultur an.

2. Einradikalig sind פֶּה „Mund" < **pī* (= St. cstr.; vgl. sam. *fī*; § 23, 1b) entsprechend ugar. *p* = **pū* und akkad. *pū* (§ 58, 13); *אִי „Schakal", nur Pl. אִיִּים; *צִי „ein Wüstentier", nur Pl. צִיִּים; אִי „Insel" und צִי „Schiff" sind ohne Zweifel äg. Lehnwörter (vgl. äg. *iw* und *ṣ'j*).

3. Bei den zweibuchstabigen Wörtern unterscheidet man kurzvokalige, langvokalige und Wurzeln mit langem zweiten Konsonanten. a) Kurzvokalig sind von Haus aus die Verwandtschaftsnamen אָב „Vater", אָח „Bruder", בֵּן „Sohn", *חָם „Schwiegervater" und die auf *-t* oder *at-* endenden Feminina אָחוֹת „Schwester" (akkad. *aḫātum*), *חָמוֹת „Schwiegermutter", בַּת (arab. *bintun*) „Tochter", אָמָה „Magd"; ferner אֵל „Gott", דָּג „Fisch", *דָּל „Tür" (nur Ps. 141, 3 St. cstr.), דָּם „Blut", יָד „Hand", עֵץ „Holz", שֵׁם „Name", שֵׁת „Gesäß", *מֹת *mot* „Mann", (vgl. ugar. *mt* = **mutu*, akkad. *mūtu* und äth. *mēt*; oft in Eigennamen)[2]), im

---

[1]) Zu § 33—41 vgl. BL, § 61.

[2]) C. H. Gordon, Manual, Nr. 1177 (= Textbook, Nr. 1569); J. Aistleitner, Wörterbuch, 108.

AT nur Pl. מְתִים „Leute“; dazu die Feminina דֶּלֶת „Tür“, קֶרֶת „Stadt“, קֶשֶׁת „Bogen“ (mit sekundärer Anfügung des *-t* an den Stamm qal), מֵאָה „hundert“, שָׁנָה „Jahr“, שָׂפָה „Lippe“ und der Du. שְׁנַיִם „zwei“.

b) Langvokalig sind z. B. טוֹב „gut“ (akkad. *ṭābum*), דִּין „Gericht“, רוּם „Höhe“, עִיר „Stadt“, קִיר „Mauer“, רוּחַ „Hauch“, מַיִם „Wasser“ (§ 58, 16); F. שׁוּחָה „Grube“, פּוּרָה „Kelter“.

c) Nomina mit ursprünglich langem Konsonanten sind אֵם (arab. *'ummun*) „Mutter“, עֹז „Stärke“, עַם „Volk“, הַר „Berg“, שַׂר „Fürst“ (akkad. *šarrum* „König“), גַּן „Garten“, דַּל „dünn“ צַר „eng“ (vgl. § 79, 1c), רַב „viel“ und F. שָׂרָה „Fürstin“ (akkad. *šarratum*).

§ 34. Erste Klasse des dreiradikaligen Nomens: Einsilbige kurzvokalige Stämme

1. a) Die Klasse der einsilbigen Wörter umfaßt etwa ein Viertel aller Nomina. Zwischen 2. und 3. Radikal steht ursprünglich kein Vokal: qatl, qitl, qutl. Die Doppelkonsonanz aber ist tib. meist durch drucklosen Hilfsvokal beseitigt (§ 29, 3b), der pal. und in PsBN vielfach graphisch noch nicht vermerkt ist[1]). Da dieser gewöhnlich Segol ist, heißen die Nomina „Segolata“. Hierdurch entstehen sekundär zweisilbige Formen mit kurzem Vokal in offener Drucksilbe (§ 20, 2a): דֶּרֶךְ „Weg“, עֵגֶל „Kalb“, קֹדֶשׁ „Heiligtum“. Eine Dehnung des Druckvokals findet häufig nur in Pausa statt.

---

[1]) A. Díez Macho, A new list of the so-called „Ben-Naftali“ Manuscripts, preceded by an inquiry into the true character of these Manuscripts. In: Driver-Festschr., 22.

b) Die heutige Form der Segolata geht auf mas. Systematisierung zurück. Die Wiedergabe des Sproßvokals, ursprünglich eines Murmellautes, mit tib. *æ*, babyl. *ä* zeigt die wenig scharfe Natur des Lautes. Dabei knüpfen die Masoreten nicht an hypothetische Grundformen, sondern an vorgefundene Aussprachetraditionen an. Diese lauten *qeṭl* und *qaṭl* < **qaṭl*, *qeṭl* < **qiṭl* sowie *qoṭl* < **quṭl*. Zu *qeṭl*/*qaṭl* vgl. Sek. λαμαλχη mit tib. St. cstr. לְמַלְכֵי „für Könige" (Ps. 89, 28), δερχ mit P. דָּ֑רֶךְ „Weg" (Ps. 89, 42), δερχι mit דַּרְכִּי „mein Weg" (Ps. 18, 33); zu *qeṭl* σεθρ mit סֵ֫תֶר „Geheimnis" (Ps. 32, 7), σεδκαχ mit P. צִדְקֶ֑ךָ „deine Gerechtigkeit" (Ps. 35, 28), aber auch καρβαμ mit קִרְבָּם „ihre Mitte" (Ps. 49, 12); zu *qoṭl* οζνι mit אָזְנִי „mein Ohr" (Ps. 49, 5), ορφ mit P. עֹ֑רֶף „Nacken" (Ps. 18, 41). Wenn es scheint, als ob in den suff. Formen, *qaṭl-*, *qiṭl-* und selten *quṭl-*, die Grundform auftritt, so kann dies nur insoweit gelten, als wahrscheinlich die arab. Grammatik für diese Vokalisierung bestimmend wirkte, soweit nicht eigene Überlieferung, wie bei *qoṭl-* < *quṭl-*, sich als stärker erwies. Die Dehnung des kurzen Druckvokals in Pausa geht offenbar auf synagogale, von den Masoreten phonetisch aufgenommene Praxis zurück. Graphisch erkennbar ist sie nur, wo in qatl-Formen bisweilen *æ* zu *å* gedehnt wird.

2. q a t l. a) Gewöhnliche Formen sind כֶּ֫רֶם „Weinberg", כֶּ֫לֶב (arab. *kalbun*) „Hund", F. עַלְמָה (Wz. *ġlm*) „Mädchen"; I lar.: עֶ֫בֶד „Knecht"; II ה, ח, ע: רַ֫הַט (akkad. *rāṭum*) „Wasserrinne", נַ֫חַל (akkad. *naḫlum*) „Tal", בַּ֫עַל „Herr"; לֶ֫חֶם „Brot", רֶ֫חֶם „Mutterschoß" (רַ֫חַם „kriegsgefangene Sklavin") und F. שַׂעֲרָה „Haar"; III lar.: קֶ֫מַח „Mehl", זֶ֫רַע „Same", aber דֶּ֫שֶׁא „Gras"; II א: ראשׁ „Kopf", צאן „Herde"

(§ 22, 3a); II ו: מָ֫וֶת „Tod“, שָׁוְא „Nichtigkeit“, אָ֫וֶן „Unrecht“ (ursprünglich wohl gleich אוֹן „Kraft“); kontrahiert שׁוֹט „Peitsche“ (arab. *šawṭun*), שׁוֹר *šōr* < **ṯōru* (= ugar.) „Stier“ (arab. *ṯawrun*) und F. עוֹלָה neben עַוְלָה „Unrecht“, קוֹמָה Höhe; II י: עַ֫יִן „Auge“, בַּ֫יִת „Haus“; kontrahiert חֵיק „Busen“, לֵיל „Nacht“ und F. שֵׂיבָה „graues Haar“, *בֵּיצָה „Ei“ (Sg. nur mittelhebr. belegt); III וי: שָׂ֫חוּ „Schwimmen“, K. גְּדִי, P. גֶּ֫דִי „Böckchen“ (arab. *ǧadyun*), אֲרִי „Löwe“ und F. גַּאֲוָה „Hochmut“, אַלְיָה „Fettschwanz“, בְּרִית „Bund“, חֲנִית „Speer“.

b) Da die lautliche Grenze zwischen *a* und *i* fließend ist (§ 23, 2a), gehen qatl- und qitl-Formen ineinander über; so sind רֶ֫גֶל „Fuß“ (arab. *riǧlun*), בֶּ֫רֶךְ (akkad. *birkum*) „Knie“, שֶׁ֫בֶת „wohnen“ an sich qitl-Bildungen; נֵדֶר, נֶ֫דֶר „Gelübde“, שֵׂכֶל, שֶׂ֫כֶל „Verstand“ erscheinen als qatl- wie als qitl-Formen, wobei allerdings betont werden muß, daß Ṣere und Segol ihrer Funktion nach nicht scharf zu trennen sind; vgl. § 11, 3. 5.

3. qitl. סֵ֫פֶר „Buch“, עֵ֫גֶל „Kalb“, זֵ֫כֶר neben זִכָּרוֹן (§ 41, 1a) „Gedenken“, נֵרְדְּ „Narde“; III lar.: תֵּ֫שַׁע „neun“, חֵטְא „Sünde“, und F. זִקְנָה „Greisenalter“, אִמְרָה „Wort“, אֶבְרָה „Feder“, דִּמְעָה „Träne“; III י: חֵצִי „Hälfte“, פְּרִי „Frucht“, בְּכִי „Weinen“.

4. qutl. קֹ֫דֶשׁ „Heiligtum“, אֹ֫זֶן „Ohr“, אֹ֫כֶל „Speise“, קֹשְׁטְ „Wahrheit“ und F. אָכְלָה „Speise“, חָכְמָה „Weisheit“; II und III lar.: פֹּ֫עַל „Werk“, אֹ֫רַח „Weg“, daneben אֹ֫הֶל „Zelt“, *בֹּ֫הֶן „Daumen“, רֹ֫מַח „Lanze“ und F. טָהֳרָה „Rein-

werden", טֻמְאָה „Unreinheit", רַחְצָה „sich waschen"; III י: חֳלִי „Krankheit" (§ 23, 2c) und F. אֳנִיָּה „Schiff".

5. Die Formen II gem., zum Teil aus Assimilation der beiden letzten Radikale entstanden, fallen weithin mit den zweikonsonantigen Stämmen (§ 33, 3c) äußerlich zusammen, so עֵז „Ziege" (arab. *ʿanzun*), אַף „Nase, Gesicht" < **ʾanpu* (arab. *ʾanfun*, ugar. *ʾap* = **ʾappu*). Andererseits werden die zweiradikaligen Nomina wie dreibuchstabige Formen behandelt: אִמִּי „meine Mutter", עַמִּים „Völker", כֻּלּוֹ „seine Gesamtheit".

6. Analog zum aram. Typus qtal finden sich einige Formen, in denen der Druckvokal zwischen zweitem und drittem Radikal steht, während der erste Šwa enthält[1]); so z. B. St. cstr. גְּבַר *gᵉḇar*, St. abs. גֶּ֫בֶר *gǽḇær* „Mann" und תְּשַׁע *tᵉšaʿ*, abs. תֵּ֫שַׁע *téšaʿ* < **tišʿ* < **tišʿu* (ugar. *tšʿ* = **tišʿu*; arab. *tisʿun*) „neun". Derartige Bildungen dürften jedoch innersprachlich analog dem St. cstr. קְטַל des zweisilbigen kurzvokaligen Typus qatal zu erklären sein, zumal da die morphologischen Grenzen zwischen beiden Klassen ohnehin fließen; vgl. z. B. die Pl.-Bildung (§§ 50, 2a; 52, 1b). Dies gilt auch für den Inf./Imp.-Stamm qtal, qtul (qtil ist nicht mehr erkennbar), der sowohl als qatl, qutl wie als qatal, qutul erscheinen kann (§ 35, 1b. 7).

Dagegen dürften Formen wie דְּבַשׁ *dᵉḇaš* (arab. *dibsun*) „Honig" (vgl. § 52, 5) auf aram. Einfluß zurückgehen. Aram. bedingt sind auf jeden Fall die mas. im Rahmen der Laryngalrestitution neugebildeten qtil- und qtul-Formen II א: בְּאֵר < **bēr* (= sam.) < **biʾru* (= arab. und ugar.) „Brunnen", זְאֵב (sam. *zīb*) „Wolf", בְּאשׁ „Gestank", שְׁאֹל (pal.

---

1) BL, § 72, x. s'.

šōl) „Unterwelt", שְׂאֵת „Heben", dagegen שֵׂתוֹ neben שְׂאֵתוֹ „sein Heben" (Hi. 41, 17).

7. Die einsilbigen Stämme stellen sowohl konkrete wie abstrakte Begriffe dar; teils handelt es sich dabei um primäre Substantive und Adjektive, teils auch um Verbalnomina wie הֶ֫רֶג „Morden", אֹ֫מֶר „Ausspruch".

§ 35. Zweite Klasse des dreiradikaligen Nomens: Zweisilbige kurzvokalige Stämme

1. qatal. a) דָּבָר „Wort", זָנָב „Schwanz" (arab. *ḏána-bun*), חָכָם „weise"; F. בְּרָכָה „Segen", אֲדָמָה „Erdboden", קְלָלָה „Fluch", זְוָעָה „Schrecken"; קְטַנָּה „klein" (§ 28, 3a); mit aram. Vokalisation: גְּבַל „Byblos" (vgl. arab. *ǧábalun* „Berg"), מְעַט „ein wenig", הֲדַס „Myrte" (südarab. *hádasun*) II gem: עָנָן „Wolke"; III י׳ו: שָׂדֶה „Feld", seltener שָׂדַי (§ 22, 4c), עָלֶה „Blatt", עָנָו „demütig", יָפֶה, F. יָפָה „schön"; aramaisierend סְנֶה „Dornstrauch".

b) Zahlreiche Verbalnomina sind qatal-Bildungen, so עָמָל „Arbeit" (arab. *ʿámalun*), רָעָב neben רְעָבוֹן (§ 41, 1a) „Hunger"; ferner שְׁפַל „niedrig sein", אַשְׁמָה „sich verschulden", אַהֲבָה „lieben", יִרְאָה „sich fürchten", זִקְנָה „alt werden, Alter". Möglicherweise ist der Inf./Imp. קְטֹל dem Grundtypus nach als qtal-Bildung einsilbig; s. u. 7.

c) Dementsprechend umfaßt diese Gruppe Konkreta, בָּקָר „Rind", und Abstrakta, צְדָקָה „Gerechtigkeit".

2. qatil. a) קָטֵל-Formen sind ursprünglich Adjektiva: יָבֵשׁ „trocken", עָיֵף „müde", שָׁלֵו „ruhig". Selten sind Nominalbildungen, besonders Körperteile: יָרֵךְ „Hüfte" (arab. *wárikun*), כָּתֵף „Schulter", ferner יָתֵד „Pflock"; F. נְקֵבָה „Weibchen".

b) Konkret ist חָצֵר „Hof“, abstrakt גְּזֵלָה „Raub“.

3. qatul. קָטוֹל-Bildungen erhalten ihr kurzes *u* bei Antritt von Endungen durch sekundäre Gemination (§ 28, 3a) des letzten Radikals, so häufig Adjektiva, besonders von Farben: אָדֹם, F. אֲדֻמָּה „rot“, ferner עָמֹק, F. עֲמֻקָּה „tief“; אֲחֻזָּה „Besitz“, חֲנֻכָּה „Einweihung“. Ebenso gehören ursprünglich hierher גָּדוֹל, F. גְּדוֹלָה „groß“, daher גְּדֻלָּה „Herrlichkeit“, קָדוֹשׁ „heilig“, יָתוֹם „Waise“; vgl. hierzu § 37, 1.

4. qital. קֵטָל-Konkreta sind עֵנָב „Weintraube“ (vgl. arab. *ʿinabun*), לֵבָב „Herz“; abstrakt ist נֵכָר „Fremde“.

5. qutal. Als קְטָל-Bildung unsicher, etwa שֹׁעָר, Pl. שֹׁעָרִים „abscheulich“; vgl. ferner § 68, 3c.

6. qitil. קְטֵל-Inf. der Verba mit *i*-Imperf. soll vorliegen in לַעְשֵׂר „zu verzehnten“ (Dt. 26, 12), בַּעְשֵׂר „beim Verzehnten“ (Neh. 10, 39), wofür besser Pi. לְעַשֵּׂר, בְּעַשֵּׂר bzw. Hi. בַּעְשֵׂר, לַעְשֵׂר; das Ketib לעזיר (2 S. 18, 3) weist ebenfalls auf den Inf. Hi. לַעְזִיר „um zu helfen“ hin; vgl. hierzu § 22, 3b.

7. qutul. קְטֹל-Bildungen sind בְּכֹר „Erstgeborener“ und F. כֻּתֹּנֶת „Leibrock“ mit durch Gemination erhaltenem Vokal in der ersten Silbe; vor allem der Inf. des starken Verbums mit *u*-Imperf.: דְּרשׁ „suchen“, כָּתְבוֹ „sein Schreiben“. Allerdings ist die Bildung qutul für den Inf./Imp. wohl sekundär, da als Grundtypus die Form qtul wahrscheinlicher ist; vgl. § 65, 1a.

§ 36. Dritte Klasse des dreiradikaligen Nomens: Nomina mit langem Vokal in der ersten Silbe

1. qātal. Die Form קוֹטָל begegnet nur in עוֹלָם < *ʿālam* <**ʿālamu* (= ugar.; vgl. arab. *ʿālamun* und äth. *ʿālam*)

„Ewigkeit“; חוֹתָם „Siegel“ (äg. Lehnwort *ḫtm*), und עוֹלָל < מְעוֹלָל „Kind“.

2. qātil. קוֹטֵל ist die gewöhnliche Form des Part. Qal im Aktivum: הוֹרֵג „tötend“, גֹּזֵז „scherend“. Vielfach wird das Part. subst. gebraucht: כֹּהֵן „Priester“, שֹׁפֵט „Richter“; öfters ist qātil denominiert, so בּוֹקֵר „Rinderhirt“ von בָּקָר „Rind“. F. יֹשֶׁבֶת, יֹשְׁבָה „sitzend“, בֹּגֵדָה „Betrügerin“, הוֹמָה neben הוֹמִיָּה *hōmīyā* (§ 14,3) „lärmend“; קֹהֶלֶת „Prediger“ von קָהָל „Versammlung“.

3. qūtal. קוּטַל-Formen sind vielleicht K. שׁוּשַׁן, P. שׁוֹשָׁן „Lilie“ (doch arab. *sáwsanun*), סוּגַר „Käfig“ (vgl. akkad. *šigarum*).

4. qawtal. Zu קוֹטָל vgl. גּוֹזָל „Taube“ (arab. *ǧáwzalun*), שׁוֹפָר „Horn, Trompete“.

§ 37. Vierte Klasse des dreiradikaligen Nomens: Nomina mit langem Vokal in der zweiten Silbe

1. qatāl. קָטוֹל ist nicht überall sicher von קָטוֹל < qatul (§ 35, 3) zu trennen; שָׁלוֹם „Frieden“ (§ 23, 1 a), אָתוֹן „Eselin“ (arab. *'atā́nun*; vgl. ugar. F. *'atnt* = **'atānatu*), אָדוֹן < **'adān* < **'adānu* (= ugar.) „Herr“, vor allem Inf. abs. Qal הָלֹךְ „gehen“. Aram. Vokalismus haben קְרָב „Kampf“ (akkad. *qarābum*), כְּתָב „Buch“ (arab. *kitābun*), שְׁאָר „Rest“, סְתָו „Winter“ (arab. *šitā́'un*), יְקָר „Ehre“, סְפָר „Zählung“.

2. qitāl. Nach קְטוֹל gehen besonders Instrumente und Gefäße: חֲגוֹר „Gürtel“, צְרוֹר „Beutel“, אֵזוֹר „Gürtel“ (mit aram. אֶ für hebr. אֲ); ferner זְרוֹעַ „Arm“, חֲמוֹר „Esel“ (arab. *ḥimā́run*; § 23, 2 b), אֱלֹהַּ „Gott“ (arab. *'ilā́hun*), תְּהוֹם „Ozean“ (akkad. *tiāmatum*, *tāmtu*, arab. *tihā́matun*, ugar. *thm* =

**tihāmu* und *thmt* = **tihāmatu*); F. זְמוֹרָה „Ranke" und abstrakt עֲבוֹדָה „Dienst".

3. qutāl. קְטָל-Bildungen sind בְּרוֹשׁ „Zypresse", אֱנוֹשׁ „Mensch" (arab. *'unāsun*), רְחֹב „freier Platz" (arab. *ruḥābun*), aber auch זְבוּב „Fliege" und wahrscheinlich שׁוּעָל „Fuchs" (arab. *ṯuʿālun*); F. נְחֹשֶׁת „Erz" (arab. *nuḥāsun*), לְבוֹנָה „Weihrauch" (arab. *lubānun*). Deminutive und pejorative Bedeutung liegt vor in נְעֹרֶת „Werg".

4. qatīl. a) קָטִיל-Formen sind besonders Adjektiva: יָמִין „rechts", נָעִים „lieblich", עָנִי „elend"; oft subst. abgeleitet: נָבִיא „Prophet", פָּקִיד „Aufseher", מָשִׁיחַ „Gesalbter", נָשִׂיא „Fürst"; ferner שָׁמִיר „Dornen" und subst. Infinitive, קָצִיר „Ernte"; F. גְּלִילָה „Bezirk", יְחִידָה „einzig", צְעִירָה „Kleinheit", סְלִיחָה „Vergebung". קְטִילָה-Bildungen sind mittelhebr. häufig.

b) Aramaisierend sind גְּבִיר „Herr", גְּבִירָה (St. cstr. גְּבֶרֶת) „Herrin", כְּסִיל „Tor, Narr", אֱלִיל „Götze", חֲזִיר, ugar. *ḫnzr* = **ḫi/unzīru*, arab. *ḫinzīrun* „Schwein"; vgl. akkad. *ḫuzirtum* (unbestimmtes Tier), wozu die babyl. Vokalisation *ḥozīr* bzw. *ḥuzīr* (MB, 72) paßt.

5. qatūl. Nach קָטוּל sind zahlreiche Adjektiva und Partizipien gebildet: עָרוּם „listig", עָצוּם „stark", זָכוּר „eingedenk"; subst. שָׁבוּעַ Woche, wohl auch בָּחוּר „Jüngling"; vor allem das Part. Pass. Qal שָׁלוּחַ „geschickt". F. בְּתוּלָה „Jungfrau", מְלוּכָה „Königtum", שְׁמוּעָה „Kunde", גְּבוּרָה „Stärke". Der Pl. M. bezeichnet das Lebensalter: זְקֻנִים „Greisenalter", נְעוּרִים „Jugend", *בְּחוּרִים, *בְּחוּרוֹת „Jünglingsalter", dagegen בַּחוּרִים „Jünglinge"; ferner בְּתוּלִים „Jungfrauschaft".

6. qutūl/qitūl. קְטוּל begegnet z. B. in כְּלוּב „Käfig" (vgl. vorhebr. *kilūbu, EA 74, 46), רְכוּשׁ „Besitz" (akkad. *rukūšum*), גְּבוּל „Grenze, Gebiet", לְבוּשׁ „Kleidung", גְּמוּל neben תַּגְמוּל (§ 40, 7e) „Tat, Wohltat".

7. Langer Vokal in beiden Silben begegnet nur selten, so etwa תִּירוֹשׁ „Most", נִיחֹחַ „Behagen", קִיטוֹר „Rauch", כִּידוֹן *kīḏōn* <**kīdān* (vgl. 1 QM 5, 7. 11—13: כידן) „Sichelschwert, Krummschwert"[1]).

§ 38. Nomina mit Verdoppelung des mittleren Radikals

1. qattal. a) קַטָּל begegnet in אַיָּל „Hirsch" (ugar. *ʼayl* = *ʼ*ayyalu*; arab. *ʼáyyalun*); dagegen ist in שַׁבָּת „Sabbat" (akkad. *šabattum*) ב sekundär verdoppelt; vgl. § 28, 3a.

b) F. qattalat. קַטָּלָה / קַטֶּלֶת ist oft Abstraktum zu קַטֵּל < qattil (s. u. 3): חַטָּאָה, חַטָּאת „Sünde", עַוֶּרֶת „Blindheit", (עִוֵּר „blind"), daneben אִוֶּלֶת „Torheit". Konkreta sind אַיָּלָה, אַיֶּלֶת „Hirschkuh" sowie die Umbildungen צַלַּחַת „Schüssel" (arab. *ṣaḥnun*), צַפַּחַת „Krug" (arab. *ṣáfḥatun, ṣáḥfatun*).

2. quttal. קֻטָּל als Weiterbildung von qutal ist unsicher und selten, סֻלָּם „Leiter" (arab. *súllamun*).

3. qattil. a) קַטֵּל bezeichnet bemerkenswerte, oft fehlerhafte Eigenschaften: עִקֵּשׁ „verkehrt", פִּסֵּחַ „lahm", חֵרֵשׁ „taub", גֵּאֶה „hoch, stolz"; daneben *שִׁלֵּשׁ „Urenkel" (nur Pl. שִׁלֵּשִׁים).

b) קַטֵּל ist Inf. Pi., so דַּבֵּר „reden", F. יַסְּרָה „züchtigen".

4. quttul. קִטּוֹל (vgl. § 27, 3): צִפּוֹר „Vogel" und F. שִׁבֹּלֶת „Ähre".

---

1) Im Anschluß an G. Molin, What is a Kidon? JSS 1 (1956), 334—337.

5. qattāl. In allen Idiomen häufig, ugar. wegen defektiver Schreibweise zwar nur zu vermuten[1]), jedoch anderweit als altkan. ausgewiesen, begegnet qattāl im Hebr. als קַטּוֹל mit ō < ā (nach § 23, 1a) und als קַטָּל[2]).

a) קַנּוֹא „eifersüchtig“ neben häufigerem קַנָּא, dem altkan. *qannā'u (§ 23, 1a) entspricht; גִּבּוֹר „Held“, שִׁכּוֹר „betrunken“, und F. כַּפֹּרֶת „Deckplatte“; Inf. abs. Pi. רַפֹּא „heilen“.

b) דַּיָּן „Richter“, פָּרָשׁ „Reiter“, גַּנָּב „Dieb“; ferner נַגָּח „stößig“.

c) Das F. קַטָּלָה findet sich besonders als aramaisierender Inf. Pi., בַּקָּשָׁה „begehren“, und wird mittelhebr. oft angewendet.

6. qattīl. קַטִּיל steht adj. in אַדִּיר (ugar. *'adr* = **'addīru*), „gewaltig“, עָרִיץ „gewalttätig“, שַׁלִּיט (F. P. שַׁלֶּטֶת) „mächtig“; ferner F. אַדֶּרֶת „Mantel“. Im St. cstr. geht qattīl zuweilen in qatīl über, פָּרִיץ, cstr. פְּרִיץ „Räuber“ (Jes. 35, 9). סָרִיס „Eunuch“ ist akkad. Lehnwort (*ša rēši* „Vorsteher“).

7. qattūl. Von qatūl nicht immer streng zu scheiden, begegnen קַטּוּל und קִטּוּל. a) adj. חַנּוּן „gnädig“, רַחוּם „barmherzig“, אַלּוּף „Vertrauter, Stammesoberhaupt“; subst. מַלּוּחַ „Melde“, עַמּוּד „Säule“, תַּנּוּר „Ofen“; F. חַבּוּרָה „Wunde“. *אַשּׁוּר „Schritt“ hat eine suff. Nebenform nach qatūl: אֲשֻׁרַי „meine Schritte“. Deminutiv bei Eigennamen: שַׁלּוּם für שֶׁלֶמְיָה.

b) קִטּוּל, selten adj. עִזּוּז „stark“, vielfach Verbalnomen zum Pi., mittelhebr. häufig: שִׁלּוּם „Vergeltung“ und Pl.

---

[1]) C. H. Gordon, Manual, 48, Anm. 1 (= Textbook, 59, Anm. 1).

[2]) O. Loretz, Die hebr. Nominalform qattāl. Biblica 41 (1960), 411—416.

נִחֻמִים „Trost"; konkret לִמּוּד „Schüler", בִּכּוּרָה „Frühfeige" (Pl. בַּכֻּרוֹת und בִּכּוּרִים).

8. quttāl. קַטּוֹל Inf. abs. Pu.; רִמּוֹן „Granatapfel" (vgl. arab. *rummānun* und vorhebr. Pl. **rimmūnū-ma*, EA 250, 46), Pl. קִשֻּׁאִים „Gurken".

§ 39. Reduplikationsformen und mehrradikalige Stämme

1. Wiederholung des dritten Radikals. a) qatlal: רַעֲנָן „grün" (vgl. arab. IX. Stamm: *iḥmárra* „rot sein"), שַׁאֲנָן „ruhig" (Pl. שַׁאֲנַנִּים), פַּרְחַח „Brut" (babyl. *pärḥäḥ*, MB, 74); b) qatlul: גַּבְנֻנִּים „Giebel"; c) qutlal: *אֻמְלָל „verschmachtet"; d) qatilal: Pl. אֲמֵלָלִים „schwach"; e) qatlāl: נַהֲלֹלִים „Tränkorte"; f) qatlīl: עַבְטִיט „Pfand", סַגְרִיר „Platzregen", חַכְלִילִי „trübe"; g) qatlūl: נַעֲצוּץ „Dorngehege", Pl. נַאֲפוּפִים „Ehebruch"; mit Präformativ *ša-* (§ 40, 6) שְׁקַעֲרוּרוֹת „Vertiefungen".

2. Reduplikation des zweiten und dritten Radikals. a) qataltal: הֲפַכְפַּךְ „verkehrt", חֲלַקְלַקּוֹת „schlüpfrige Örter"; Farbadjektive יְרַקְרַק „grünlich" mit F. Pl. יְרַקְרַקּוֹת, F. Sg. אֲדַמְדֶּמֶת „rötlich"; ferner חֲצֹצְרָה „Trompete"; b) qatiltil: יְפֵה־פִיָּה „sehr schön"; c) qataltāl: פְּתַלְתֹּל „verdreht", F. שְׁחַרְחֹרֶת „schwärzlich"; d) qataltūl: אֲסַפְסֻף „Gesindel", חֲבַרְבֻּרוֹת „Streifen".

3. Wiederholung des zweiradikaligen Stammes. a) qalqal: גַּלְגַּל „Rad", חַלְחָלָה „Zittern", קַשְׂקֶשֶׂת „Schuppe", צִנְצֶנֶת „Korb" oder „Krug", כּוֹכָב (ugar. **kabkabu*, s. § 27, 2) „Stern", טוֹטָפוֹת < **taptapātu* „Stirnbänder", כִּכָּר < **karkaru* (§ 24, 3c) „Umkreis, Talent"; b) qalqil: Inf. כַּלְכֵּל „versorgen", F. טַלְטֵלָה „hinschleudern"; c) qulqul: קָדְקֹד (ugar. *qdqd* = **qudqudu*, vgl. akkad. *qaqqadum*) „Scheitel";

F. גֻּלְגֹּלֶת „Schädel" (akkad. *gulgullum*); d) qalqāl/qalqul: כַּדְכֹּד „Rubin"; e) qalqīl: זַרְזִיר „gegürtet"[1]); f) qalqūl: בַּקְבֻּק „Flasche", abstrakt שַׁעֲשֻׁעִים „Vergnügen"; g) qalāqil: קְלֹקֵל „gering"; vgl. hierzu den arab. Pl. *qalāqilu* des vierradikalen Nomens.

4. Mehrradikalige Bildungen. a) Stämme mit vier Radikalen: אַרְנֶבֶת „Hase" (§ 40, 1), עֲטַלֵּף „Fledermaus", עַכָּבִישׁ „Spinne", עַקְרָב „Skorpion", פַּרְעֹשׁ „Floh", שַׁבְּלוּל „Schnecke"; חֲנָמַל „Hagel", חֶרְמֵשׁ „Sichel", כַּרְכֹּב „Rand", שַׁרְבִיט „Zepter", סַנְוֵרִים „Blindheit" (§ 40, 6); *עַשְׁתֶּרֶת (ugar. *ʿṯtrt* = **ʿAṯtartu*, akkad. *Aštartu*) die Göttin „Astarte"; tib. Qere tendenziös בֹּשֶׁת „Schande", אַלְמָנָה (ugar. *ʾalmnt* = **ʾalmanatu*) „Witwe". Vierradikalig ist auch שְׂמֹאל < **šimōl* < **šimʾālu* (= ugar. **ša/imʾālu*) „links, Norden, Samʾal".

b) Fünfkonsonantig ist צְפַרְדֵּעַ „Frosch"; שַׁעַטְנֵז „Zeug aus zweierlei Fäden" und St. cstr. Pl. אֲגַרְטְלֵי „Körbe" (vgl. zu *אֲגַרְטָל griech. κάρταλος) sind wohl Fremdwörter.

§ 40. Das Nomen mit Präformativen

Die Nomina mit vorgesetztem Bildungselement gehen vielfach auf Verbformen zurück; sie haben daher oft die gleichen Präformative wie das Verbum: א, ה, י, מ, נ, שׁ, ת.

1. Präformativ א. a) Zum Stamm gehört א z. B. in אַרְנֶבֶת „Hase", אַלְמָנָה „Witwe" (§ 39,4); אֶתְנַן „Hurenlohn" ist wahrscheinlich erstarrte Energicusform *אֶתְּנַן *ʾættᵉnan* „ich will geben"[2]). b) Häufig steht א protheticum, besonders vor S-Lauten, ב und ג: אֶצְבַּע „Finger" (vgl. ugar. Pl. *ʾuṣbʿt* = **ʾuṣbuʿātu*; aber syr. *ṣeḇʿā*); אֶזְרוֹעַ „Arm" (Jer. 32, 21;

[1]) Mittelhebr. „Star, Kämpfer"; vgl. Koehler-Baumgartner, 266. [2]) BL, 487, Anm. 1.

Hi. 31,22) neben häufigerem זְרוֹעַ; אַשְׁמוּרָה, אַשְׁמֹרֶת „Nachtwache"; אֲבַטִּחִים (syr. *paṭṭīḥā*) „Melonen", אֱגוֹז (syr. *gūzā*) „Nuß". c) Die Bildung 'aqtal in אַכְזָב „lügnerisch", אַכְזָר „grausam", אֵיתָן „dauernd fließend" stellt wohl nur eine äußerliche Analogie zum arab. Elativ (*'ákbaru* „sehr groß") dar.

2. Präformativ ה. Der aramaisierende Inf. Hi. הַקְטָלָה ist als Abstraktbildung mittelhebr. sehr häufig: הַכָּרָה „Betrachtung", הַצָּלָה „Rettung"; mit א für ה in אַזְכָּרָה „zu verbrennender Opferteil".

3. Präformativ י. Verwandt dem verbalen Präformativ *y*, dient kan. י, wie auch im Arab. und Aram., zur Bildung von Beschreibewörtern, besonders Tier- und Pflanzennamen[1]): יִצְהָר „Öl" („was glänzt"), יַחְמוּר „Antilopenart" („was rot ist"), יַנְשׁוּף „Ohreneule" (?; „der bläst"), יַלְקוּט „Tasche" („Sammler"). Hierher gehört auch der Gottesname יַהְוֶה < **Yahwē* < *Yahwī* „Er ist, Er wirkt" (andere: „der im Sturm einherfährt"); vgl. den altarab. Gottesnamen *Yaǵūṯ* „der hilft"[2]).

4. Präformativ מ. Die weitverbreiteten Bildungen mit *ma-* bezeichnen eine Handlung (vgl. den aram. Inf. maqtal) oder deren Ergebnis, Ort und Zeit, Art und Weise des Vorgangs oder das Werkzeug[3]).

a) maqtal/miqtal. Beide Formen stehen schon ugar. nebeneinander[4]). Zuweilen begegnet im gleichen Wort aus

---

[1]) L. Koehler, Jod als hebr. Nominalpräfix. Die Welt des Orients (1950), 404f.

[2]) Zum Problem des Gottesnamens vgl. z. B. Koehler-Baumgartner, 368f.; O. Eißfeldt, 'Äheyäh 'ašär 'äheyäh und 'El 'ôlām. Forschungen und Fortschritte 39 (1965), 298—300; W. v. Soden, Jahwe „Er ist, Er erweist sich". Die Welt des Orients III (1966), 177—187.

[3]) W. Baumgartner, Das hebr. Nominalpräfix mi-. ThZ 9 (1953), 154—157.

[4]) C. H. Gordon, Manual, § 8, 41 (= Textbook, § 8, 46).

dissimilatorischen Gründen auch Lautwechsel (§ 27, 3). In Sek. herrscht *a* vor, babyl. *ä* (MO, 197f.); tib. ist *i* häufiger. Regelmäßig steht *a* vor Laryngalen, also in mas. Restitutionsformen (§ 23, 2a), und Geminaten der Stämme I נ. In offener Silbe steht *å*, so bei II יו, zuweilen auch *ē* in Formen II gem.; bei den Stämmen I יו lautet die Vorsilbe, wie schon altkan., *mō-* < *maw-* und *mē-* < *may-*; vor ל, מ, ר schwankt sie zwischen *ma-*, *mæ-* und *mi-*. Das F. lautet מַקְטָלָה / מִקְטָלָה sowie מַקְטֶלֶת / מִקְטֶלֶת. Daher מִדְבָּר „Trift", מִשְׁפָּט „Richten, Recht, Gericht"; מַאֲכָל „Speise", מַחְשָׁךְ „Finsternis"; מַטָּע (Wz. *nṭ'*) „Pflanzung"; מֵסַב (Wz. *sbb*) „Umkreis"; nach qatl (§ 34, 2a) geht מֶמֶר (Wz. *mrr*), dagegen babyl. *mämēr* (MB, 73), „Betrübnis"; מוֹשָׁב (Wz. *wšb*) „Sitz", vgl. ugar. *mṯb* = **mōṯābu*, מֵיטָב (Wz. *yṭb*) „Bestes"; מָקוֹם (Wz. *qūm*; § 80, 1b) „Ort", vgl. ugar. *mqm* = **maqāmu*; מָנוֹחַ (PsBN מָנוֹחַ *mānōḥ* [Jes. 34, 14 (R)]) „Ruhe"; מַרְאֶה „Aussehen", מֶרְחָק „Ferne", מִרְעֶה, babyl. *mär'ä* (MO, 197) „Weide", מַלְאָךְ „Bote", vgl. ugar. *ml'k* = **mal'aku*. F. מִשְׁפָּחָה (vgl. שִׁפְחָה „Magd"), cstr. מִשְׁפַּחַת „Familie"; מְנוּחָה „Ruhe", מְנוֹרָה „Leuchter"; מִלְחָמָה „Krieg", מַמְלָכָה „Königsherrschaft", מֶמְשָׁלָה, cstr. מֶמְשֶׁלֶת „Herrschaft", מְלָאכָה (babyl. *mäl'āḵā* [MB, 73]) „Arbeit".

b) maqtil/miqtil. מַקְטֵל, seltener מִקְטֵל, bezeichnet häufig Werkzeuge: מַזְלֵג „Gabel", מַפְתֵּחַ (PsBN מַפְתֵּחַ *maftēḥ* [Jes. 22, 22 (R)]) „Schlüssel", מַפֵּץ (Wz. *npṣ*) „Hammer", מָגֵן (Wz. *gnn*) „Schild", *מוֹסֵר (Wz. *'sr*) „Band", מוֹקֵד (Wz. *w/yqd*) „Herd"; מִזְבֵּחַ (babyl. *mäzḇēḥ* [MO, 197]; vgl. PsBN מִזְבֵּחַ *mizbēḥ* [Jos. 8, 30 (R)]) „Altar". Ferner מַרְפֵּא „Heilung", מִסְפֵּד „Klage", מַאֲפֵל „Dunkel", מוֹעֵד (Wz. *w/y'd*) „Fest". F. *מַהְפֵּכָה „Zerstörung", מַגֵּפָה (Wz. *ngp*) „Schlag",

מְגִלָּה (Wz. *gll*) „Schriftrolle", מְרִיבָה (Wz. *rīb*; § 80, 1b) „Streit", מַרְבִּית neben תַּרְבִּית (Wz. *rby*; s. u. 7b) „Zins"; מִסְכֵּן „arm" ist akkad. Lehnwort (*muškēnum*).

c) maqtul. מַקְטֹל ist von maqtāl-Bildungen nur bei Antritt von Endungen zu unterscheiden: מַחְסֹר „Mangel", מַחֲמֻדֵּיהֶם „ihre Kostbarkeiten" (Thr. 1, 11 Ketib); F. מַאֲכֹ֫לֶת „Speise", מַחֲלֹ֫קֶת „Abteilung". Zuweilen gelten Formen wie מְנוּחָה „Ruhe" (s. u. a) als maqtul-Bildungen.

d) maqtāl/miqtāl. מַקְטֹל/מִקְטֹל dieser Klasse hat unveränderliches *ō* < *ā*: מַטְמוֹן „Schatz", מַשּׂוֹר „Säge", מִקְצֹ֫עַ „Ecke"; מִזְמוֹר „Psalm", מִכְשׁוֹל „Anstoß", מִישׁוֹר „Ebene"; F. מִכְמֹ֫רֶת „Fischernetz".

e) maqtīl. *מַנְגִּינָה, babyl. **mingīnā* (MB, 73), „Spottlied".

f) maqtūl. מַלְבּוּשׁ „Kleid", מַנְעוּל neben *מִנְעָל (Dt. 33, 25) „Riegel"; F. *מַקְצוּעָה „Schnitzmesser".

5. Präformativ נ. נָזִיד „gekochtes Gericht" (Wz. *zūd*) ist vielleicht Ni.-Bildung; in *נַפְתּוּלִים < *מַפְתּוּלִים „Kämpfe" (Gn. 30, 8) ist wohl, wie im Akkad.[1]), vor Labialis *m* > *n* dissimiliert, falls es sich hierbei nicht um eine Form des Inf. Ni. der Wz. *ptl* „sich winden" (?) handelt.

6. Präformativ שׁ. Das Kausativelement *ša-*, ugar. im Eigennamen *šʿtqt* „Krankheitsentfernerin" belegt, begegnet in שַׁלְהֶ֫בֶת, Q שלהובת **šalhóbet* (1 QM 6, 3), „Flamme", שְׁקַעֲרוּרוֹת (Wz. *qʿr*; § 39, 1g) „Vertiefungen" und als *sa-* möglicherweise in סַנְוֵרִים „Blindheit" (§ 39, 4a).

7. Präformativ ת. Unter den Bildungen mit vorgesetztem ת treffen Nomina verschiedenen Ursprungs zusammen. a) *taqtal.* תַּקְטָל / תִּקְטָל, selten M., תֵּימָן „Süden" (syr.

---

[1]) P. Steininger, *נַבְלוּת. Ein Beitrag zur hebr. Grammatik und Lexikographie. ZAW 24 (1904), 141 f.

taymān), häufiger F.: תּוֹצָאוֹת „Ausgänge“, תּוֹרָה „Lehre“; תִּקְוָה „Hoffnung“, תַּאֲוָה „Verlangen“, תִּפְאֶרֶת und תִּפְאָרָה „Schmuck“; zu mittelhebr. תַּרְבֵּץ „Hof“ vgl. bereits ugar. *trbṣ* = **tarbaṣu* (= akkad.).

b) taqtil. תַּקְטֵל M. nur תַּשְׁבֵּץ „Buntgewirktes“; F. תַּרְדֵּמָה „Tiefschlaf“, תּוֹכֵחָה „Züchtigung“, תְּהִלָּה „Lobpreis“, תְּחִלָּה „Anfang“, תְּפִלָּה „Gebet“; von Stämmen III י ו z. B. תּוֹדָה „Dank“, תַּאֲנִיָּה „Betrübnis“, תַּבְנִית „Modell, Form“, תַּרְבִּית neben מַרְבִּית (s. u. 4b) „Zins“.

c) taqtāl. תּוֹשָׁב „Beisaß“.

d) taqtīl. תַּלְמִיד „Schüler“, seltene und junge, wohl aram. bedingte Bildung.

e) taqtūl. תַּגְמוּל neben גְּמוּל „Wohltat“ (§ 37,6), תַּנְחוּמִים „Tröstungen“, תַּחֲנוּנִים „Bitten“, תַּפּוּחַ „Apfel“ (falls Wz. **npḥ*); taqtūl-, vielleicht auch taqtul-Bildungen sind die mittelhebr. häufigen Formen der Stämme II ו wie תְּרוּמָה „Abgabe“, תְּשׁוּעָה neben יְשׁוּעָה „Hilfe“, תְּרוּעָה „Lärm“, תְּשׁוּבָה „Antwort“.

§ 41. Nomina mit Afformativen

1. Das Afformativ *-ān*. Öfter von Nominal- als von Verbalstämmen werden mit gemeinsem. *-ān* (so noch ugar.)[1]), im Hebr. auf Grund der Lautverschiebung $\bar{a} > \bar{o}$ meist *-ōn*, seltener *-ān*, Formen verschiedener Bedeutung gebildet, vornehmlich Abstrakta, Adjektiva und Deminutiva.

a) Abstrakta werden gebildet nach qatalān > קְטָלוֹן, so in רְעָבוֹן neben רָעָב (§ 35,1b) „Hunger“, sonst קִטָּלוֹן, meist mit Aufhebung der Gemination im St. cstr. und Pl.: זִכָּרוֹן, cstr. זִכְרוֹן (vgl. זֵכֶר; § 34,3), „Gedächtnis“, חִזָּיוֹן, cstr. חֶזְיוֹן

[1]) C. H. Gordon, Manual, § 8, 52 (= Textbook, § 8, 58).

und חָזוֹן (Wz. *ḥzy*) „Schau“, שָׂשׂוֹן, cstr. שְׂשׂוֹן (Wz. *śūś/śīś*) „Freude“, הָמוֹן, cstr. הֲמוֹן (Wz. *hmy*) „Lärm“, andererseits עִצָּבוֹן, cstr. עִצְּבוֹן „Mühe“; mit Verdoppelung des dritten Radikals אֲבַדּוֹן „Untergang, Unterwelt“ (Apc. Joh. 9, 11: 'Αβαδδών) und als Aramaismus אַבְדָן. Andere gehen nach qitlān/qutlān. קִטְּלוֹן begegnet in יִתְרוֹן „Vorzug“, חֶשְׁבּוֹן „Berechnung“, lauter jungen Formen. In קִנְיָן „Eigentum, Erwerb“, בִּנְיָן „Bau“, עִנְיָן „Geschäft, Angelegenheit“ liegen Aramaismen vor. קָטְלָן-Formen sind שֻׁלְחָן (ugar. *ṯlḥn* = **ṯulḥānu*) „Tisch“, קָרְבָּן „Opfer“ (§ 27, 3) sowie אָבְדַן „Untergang“ (St. cstr. zu אַבְדָן). Eine maqtalān-Form ist מַשָּׁאוֹן „Betrug“.

b) Denominative Adjektiva sind *קַדְמוֹן (קֶ֫דֶם „Osten“) „östlich“, חִיצוֹן „äußerer“ (§ 27, 3), רִאשׁוֹן „erster“ (§ 60, 1), עֶלְיוֹן „höchster“; Substantiva לְבָנוֹן „Libanon“ (לָבָן „weiß“), wohl auch חַלּוֹן „Fenster“ (Wz. *ḥll* „durchbohren“). נַעֲמָן (ugar. *nʿmn* = **Naʿmānu*) „Adonis“ (נָעֵם „lieblich sein“), sowie Schlangennamen לִוְיָתָן „Schlange, Leviathan“ (לִוְיָה „Windung“); vgl. hierzu ugar. *ltn* = **Lōtānu*[1]).

c) Deminutiva: אִישׁוֹן „Pupille“ (אִישׁ „Mann“), שַׂהֲרֹנִים „kleine Monde“, (ein Halsschmuck; vgl. syr. *sahrā* „Mond“); Eigennamen wie שִׁמְשׁוֹן, שִׁמְעוֹן, wahrscheinlich auch יְשֻׁרוּן, זְבֻלוּן (vgl. G Ζαβουλών).

2. Die Lokalendung *-ān*. Vom gewöhnlichen Afformativ trennt man wohl mit Recht eine bei Ortsnamen begegnende Endung *-ān/-ām*, die mit *-ayn/-ēn* und *-aym/ēm* wechselt und später als Du. aufgefaßt wurde: דֹּתָן „Dothan“, P. דֹּתַ֫יְנָה „nach Dothan“, שֹׁמְרוֹן (aram. שָׁמְרַ֫יִן) „Samaria“,

---

1) C. H. Gordon, Manual, § 8, 52 (= Textbook, § 8, 58).

מִצְרַ֫יִם „Ägypten"; vgl. auch das Ketib יְרוּשָׁלֵם mit vorhebr. *Urusalim*. Ganz jung ist das Qere יְרוּשָׁלַ֫יִם (§ 17, 2).

3. Das Afformativ *-n*. Unbekannter Herkunft ist *-n* in גַּרְזֶן „Axt" und צִפֹּ֫רֶן „Nagel" (arab. *ṯufrun*); dagegen scheint *n* in כְּנַ֫עַן „Kanaan" (akkad. [*māt*] *Kinaḫḫi*, *Kinaḫni/a*) zum Stamm zu gehören; u. z. bedeutet כְּנַ֫עַן bzw. אֶ֫רֶץ כְּנַ֫עַן nach Ausweis der Nuzi-Texte (2. Jt. v. Chr.) „Land der roten Purpurwolle" (akkad. *kinaḫḫum* „rote Purpurwolle")[1].

4. Die Beziehungsendung *-ī*. Westsem. bezeichnet *-ī* < *-īyu* die Zugehörigkeit zu einem Volk, Stamm, Ort, Land und anderweitigen konkreten und abstrakten Gattungen, sowie die Ordinalzahlen: רַגְלִי „Fußgänger" (רֶ֫גֶל „Fuß"), חָפְשִׁי „frei", אֲרַמִּי „Aramäer" (אֲרָם); F. *-īyatu* > ־יָּה. oder ־ית., so מֹאֲבִיָּה oder מוֹאֲבִית „Moabiterin" (מוֹאָב). F.- und andere Endungen können bei Bildung des Zugehörigkeitsadj. abgeworfen werden: יְהוּדִי (יְהוּדָה) „Judäer", מִצְרִי (מִצְרַ֫יִם) „Ägypter", doch auch עַזָּתִי (עַזָּה) „Mann aus Gaza". Auch Gen.-Verbindungen können Beziehungsadjektive bilden: בֶּן־יְמִינִי „Benjaminit" neben יְמִינִי, determiniert בֶּן־הַיְמִינִי „der Benjaminit" (§ 96, 4b). Die Ordinalzahlen außer רִאשׁוֹן „erster" gehören ebenfalls hierher (§ 60, 1), z. B. שִׁשִּׁי „sechster". Häufig sind, wie im Ugar., Eigennamen auf *-ī*, so גָּדִי. Mit *-ān* und *-ōn* entstehen קַדְמֹנִי „östlich", אַדְמוֹנִי „rötlich", יִדְּעֹנִי „Wahrsager" und vielleicht aramaisierend *רַחֲמָנִי „barmherzig". In שִׁילוֹנִי „aus Silo" (שִׁילֹה) sind, wie auch bei ugar. Namen[2], die Endungen *-ōn* < **-ān* und *ī* < **-īyu* an den Stamm *Šīlō* angefügt.

---

[1] Koehler-Baumgartner, 444.
[2] C. H. Gordon, Manual, § 8, 53 (= Textbook, § 8, 59f.).

5. Die Endungen *-iṯ*, *-ūṯ*, *-ōṯ*. a) Das auch aram. und akkad. belegte Afformativ *-īṯ* ist ursprünglich eine F.-Bildung auf *-t* (§ 42, 3a) von Stämmen III י: שְׁבִית „Gefangenschaft" (Wz. *šby*), dann verselbständigt, רֵאשִׁית „Anfang".

b) Das Abstraktafformativ *-ūṯ*, bildungsmäßig nur äußerlich gleich mit der F.-Endung des Inf. III ו auf *-t*, כְּסוּת (arab. *kiswatun*; Wz. *ksw*) „Kleidung", besteht selbständig im Akkad. als *-ūt*[1]), ebenso im Aram. und ist in ugar. *ʾabynt* = *ʾ*abyanūtu* „Elend" wahrscheinlich[2]). Hierbei handelt es sich um Denominativa: מַלְכוּת „Königtum" (מֶ֫לֶךְ „König"), יַלְדוּת „Kindheit" (יֶ֫לֶד „Kind"), מִסְכֵּנוּת „Armut" (מִסְכֵּן „arm"), die besonders mittelhebr. unter aram. Einfluß stark verbreitet sind.

c) Das Afformativ *-ōṯ*, der Form nach mit der Inf.-Endung der Stämme III וי (§ 82, 2h) identisch, ist sehr selten und fraglich. In den wenigen Formen, wie חָכְמוֹת *ḥåḵmōṯ* „Weisheit" (Prv. 1, 20), könnte phön. Einfluß vorliegen, insofern als hier das F. Sg. nicht, wie hebr., auf *-ā* bzw. *-aṯ* (§ 42, 3), sondern für beide Status auf **-ōt* < **-at* < **-atu* auslautet[3]).

6. Das Afformativ *-m*. Mit *-m* ist שָׂפָם „Lippenbart" (שָׂפָה) gebildet. Dagegen liegt in כֻּלָּם „insgesamt", יוֹמָם „bei Tage", חִנָּם „umsonst", רֵיקָם „leer", אוּלָם „aber", אָמְנָם „gewiß" und פִּתְאֹם „plötzlich", wie im Akkad. — z. B. *ūmam* „heute" — und Ugar., ein altsem. adv. Akk. **-am* vor. Andererseits scheint adv. שִׁלְשׁוֹם „vorgestern" aus **šāliš-* „dritter" (§ 60, 2) und **yōm*/*yām* „Tag" (§ 59, 19) zusammengezogen zu sein; vgl. akkad. *šal(a)šūmi* (ARM III 74, 5), dem

---

[1]) L. Gulkowitsch, Die Bildung von Abstraktbegriffen in der hebr. Sprachgeschichte (1931), 128.
[2]) C. H. Gordon, Manual, § 8, 51 (= Textbook, § 8, 57).
[3]) J. Friedrich, Phön.-pun. Grammatik, §§ 227f.

jüngeres *ina šalše ūme* „am dritten Tage" = „vorgestern" entspricht[1]).

7. Das Afformativ *-ay* begegnet zunächst in hypokoristischen Namenformen wie זַכַּי, חַגַּי, בַּרְזִלַּי und יַנַּי = יוֹנָתָן. Daneben finden sich *-ay* < **-ayu* in f. Personennamen; so vielleicht in שָׂרַי „Sarai", vgl. ugar. *'Arṣy* = **'Arsayu* (Tochter Ba'als), denominiert von **'arṣu* „Land"[2]). Nichtsem. Herkunft sind Namen wie *Addaya* (EA 254, 37).

8. Nichtsemitische Afformative. a) Die indogerm. Endung *-ag*, *-ak* findet sich vielleicht in Namen wie אֲבִישַׁג, אַרְיוֹךְ und חַדְרָךְ.

b) Eine indogerm. (?) Deminutivendung *-l* haben wohl die Eigennamen wie חֲמוּטַל „Echslein" (חֹמֶט Eidechsenart)[3]), אֲבִיגַל bzw. אֲבִיגַיִל; ferner haben afformatives *-l* Appelative wie כַּרְמֶל „Fruchtgarten" (כֶּרֶם „Weinberg"), עֲרָפֶל (ugar. *'rpt*; akkad. *urpitu*) „Wolkendunkel".

2. Die Flexion des Nomens

§ 42. Genus

1. Man unterscheidet Maskulinum und Femininum[4]). Strittig ist, ob diese Genera mit dem natürlichen Geschlecht oder mit einem älteren Wertklassensystem zusammenhängen. Für die Beschreibung der geschichtlichen Form des Hebr. ist diese Problemstellung ohne Belang.

2. Das M. ist nicht gekennzeichnet, desgleichen mitunter das F.: אֹזֶן „Ohr", אֶרֶץ „Erde", חֶרֶב „Schwert", נֶפֶשׁ „Kehle,

---

1) W. v. Soden, Akkad. Grammatik, § 72b.
2) C. H. Gordon, Manual, § 8, 48 (= Textbook, § 8, 54).
3) GVG I, 402; anders Koehler-Baumgartner, 309.
4) BL, § 62.

Seele“, שְׁאֹל „Unterwelt“. Gelegentlich stehen sich M. und F. in der gleichen Begriffsklasse gegenüber: אָב „Vater“ — אֵם „Mutter“, עֶבֶד „Sklave“ — אָמָה, שִׁפְחָה „Sklavin“, אַיִל „Widder“ — רָחֵל „Mutterschaf“, חֲמוֹר „Esel“ — אָתוֹן „Eselin“. Im allgemeinen wird das F. durch besondere Endungen ausgedrückt, besonders gilt das von fast sämtlichen Adjektiven.

3. Die hauptsächliche F.-Endung ist gemeinsem. *-t/-at*, das als *-ṯ* und *-aṯ* begegnet. a) Einfaches *-t* steht bei zweiradikaligen Stämmen, בַּת „Tochter“ (arab. *bintun*), דֶּלֶת „Tür“ (§ 57, 1), sowie beim Inf. I ו״י und I נ, דַּעַת „wissen“ neben דֵּעָה, תֵּת „geben“; bei zweisilbigen kurzvokaligen Stämmen, עֲקֶרֶת, „unfruchtbar“ (St. cstr.) neben עֲקָרָה (St. abs.); bei zweisilbigen Stämmen mit langem Vokal in der zweiten Silbe, שְׁלֹשֶׁת „drei“ (cstr.) neben שְׁלֹשָׁה (abs.); bei langem Vokal in der ersten Silbe, יֹשֶׁבֶת „sitzend“ neben יֹשְׁבָה und יֹשֵׁבָה; bei Verdoppelung des mittleren Radikals, עִוֶּרֶת „Blindheit“, doch auch מְשַׁכֵּלָה neben מְשַׁכֶּלֶת „kinderlos machend“; am Nomen mit Präformativ und langem Stammvokal, אַשְׁמֹרֶת „Nachtwache“ neben אַשְׁמוּרָה; desgleichen mit kurzem Stammvokal, מַמְלֶכֶת „Königreich“ (cstr.) neben מַמְלָכָה (abs.); beim vierradikaligen Nomen, גֻּלְגֹּלֶת „Schädel“, daneben חַלְחָלָה „Angst“; bei Beziehungsadjektiven auf *-ī*, תַּחְתִּית „untere“ neben תַּחְתִּיָּה *taḥtīyå* (§ 56, 1 a); bei vokalisch auslautendem Nomen, אָחוֹת „Schwester“ < **'aḫātu*, זֹאת „diese“ und neutrisch „dieses“ (§ 31, 1 a).

b) Das Afformativ *-at* > *-aṯ* hat sich, abgesehen vom St. cstr., in einigen Wörtern erhalten: רַבַּת „viel“, מָחֳרָת „morgen“, אֵילַת „Elat“. Im St. abs. wurde es nach Wegfall der

Auslautvokale *-at* > *-ā* > *å* meist durch ה als Vokalbuchstabe gekennzeichnet (vgl. § 22, 3b). Diese F.-Endung *-å* begegnet stets beim Nomen, das zweikonsonantig oder geminiert endet: מַלְכָּה (ugar. *mlkt* = **malkatu*) „Königin", אַמָּה „Elle"; ferner beim einsilbigen Nomen mit langem Stammvokal, שִׁירָה < **sīratu* „Lied".

4. Ein abgeleitetes F.-Afformativ liegt in der Abstraktendung *-īṯ* vor, während die Endung *-ūṯ* von Haus aus selbständig ist; § 41, 5a.b. Zu problematischem *-ōṯ* vgl. § 41, 5c.

5. Vereinzelt findet sich aram. אָ für הָ, שֵׁנָא „Schlaf" (Ps. 127, 2) für שֵׁנָה. Das zuweilen als phön. angesehene F. רִבּוֹ (רִבּוֹא) „Zehntausend" setzt den Wandel *ā* > *ō* (§ 23, 1a) voraus: *ribbō* < **rabbā* < **rabbat* < **rabbatu* (= ugar. *rbt*). F.-Formen liegen möglicherweise auch in Ortsnamen wie שִׁילֹה (שִׁלֹה, שִׁלוֹ) *Šīlō* < **Šīlā* „Silo" oder עַכּוֹ *ʿAkkō* < **ʿAkkā* „Akko" vor; zu letzterem vgl. vorhebr. *Akka* (EA 232, 4), das noch in griech./lat. Ακη/*Ace* und arab. *ʿAkkā* fortlebt[1]). Zu שָׂרַי „Sarai" vgl. § 41, 7. F. ist nach manchen z. B. אַרְבֶּה „Heuschreckenschwarm" mit dial. *-æ* für *-å* < *-at*[2]); vgl. jedoch ugar. *ʾirby* = **ʾirbayu*, was auf die Endung **-iyu* > **-iy* > **-ī* > **-ē* bzw. tib. *-æ* schließen läßt. Zu F. עֶשְׂרֵה, ugar. *ʿšrh*[3]), „zehn" in Zusammensetzungen vgl. § 59, 2.

6. Manche Substantive sind teils M., teils F. (Nomina communia): רוּחַ „Wind, Geist", שֶׁמֶשׁ „Sonne", דֶּרֶךְ „Weg"; כַּד „Krug" ist im Sg. F., im Pl. aber M.

7. Zahlreiche Substantive stellen Kollektivbegriffe dar. Von ihnen wird, wie besonders im Arab., durch Anfügung der F.-Endung ein Nomen unitatis abgeleitet: אֳנִי „Flotte": אֳנִיָּה „Schiff"; שִׁיר „Gesang": שִׁירָה „Lied". Vielleicht handelt

---

1) Koehler-Baumgartner, 702.
2) GVG I, 412; BL, § 61 f. i.
3) C. H. Gordon, Manual, § 7, 16 (= Textbook, § 7, 18).

es sich bei dieser Endung *-atu* > *-å* um ein altes Afformativ **-tawu* > **-tū* (vgl. arab. *tawun* „Einzelding“), das erst sekundär der F.-Endung gleichgesetzt wurde[1]).

§ 43. Numerus

1. Das Hebr. hat drei Numeri: Singular, Dual, Plural.

2. Der Dual. a) Das Altkan. wendet den Du. auf jede beliebige Zweizahl an. Im Hebr. ist er stark zurückgebildet (§ 45, 2b).

b) Bei M.-Formen lautet er *-áyim*, יָדַ֫יִם *yå̊ḏáyim* „Hände“, P. יָדָ֑יִם *yå̊ḏā̆yim* im St. abs., im St. cstr. *-ē*, בְּרַגְלֵיכֶם *beraḡlē-ḵæm* „mit euren Füßen“. Beim F. tritt der Du. an den St. cstr. Sg.: שְׂפָתַ֫יִם *śefå̊ṯáyim* „Lippen“ (Sg. cstr. שְׂפַת), נְחֻשְׁתַ֫יִם *neḥuštáyim* „eherne Fesseln“; doch begegnet vereinzelt auch ein Pl. mit Du.-Endung, חוֹמוֹתַ֫יִם *ḥōmōṯáyim* „Doppelmauern“.

c) Der Du. findet sich hebr. nie beim Fürwort und Adj., יָדַ֫יִם רָפוֹת „schlaffe Hände“, desgleichen folgt er nicht auf die Zahl „2“, anders das Ugaritische[2]).

d) Man bildet ihn fast nur von dem in der Natur oder Kunst paarweise Vorkommenden, doch auch dies ohne Konsequenz, so lautet zu זְר֫וֹעַ „Arm“ Pl. und Du. זְרוֹעוֹת; auf ehemals größeren Du.-Gebrauch weisen hin: מַלְקָחַ֫יִם „Zange“, יוֹמַ֫יִם „Zeitraum von zwei Tagen“, שְׁנָתַ֫יִם „zwei Jahre“; in שֵׁשׁ כְּנָפַ֫יִם „sechs Flügel“, כָּל־יָדַ֫יִם „alle Hände“ vertritt der Du. sekundär den Plural.

e) Sekundäre Du.-Bildungen liegen vor in צָהֳרַ֫יִם „Mittag“, ebenso im Qere יְרוּשָׁלַ֫יִם für das Ketib יְרוּשָׁלֵם „Jerusalem“ (§ 41, 2).

---

1) BL, § 62, 2.
2) C. H. Gordon, Manual, § 7, 4. 7 (= Textbook, § 7, 4. 9).

3. Der Plural. a) Auch der Pl. M. ist im Hebr. gegenüber dem Altkan. stark reduziert (§ 45, 2c). Er lautet *-īm*, גִּבּוֹרִים *gibbōrīm* „Helden", im St. abs. und *-ē*, גִּבּוֹרֵי *gibbōrē*, im St. cstr.

b) Wie im Moab. findet sich auch im Hebr. in älteren Texten die Endung *-īn*, רָצִין „Läufer" (2 R. 11, 13); später ist sie infolge aram. Einflusses häufiger, מִלִּין „Worte" (Hi. 4, 2).

c) Der altkan. Pl. F. *-ātu* lautet hebr. unter Wandel von *ā* > *ō* und nach Elision der kurzen Endvokale (§ 45, 2c), wie im Phön., für alle Fälle und Status *-ōṯ*, abs. עוֹלוֹת *'ōlōṯ* „Brandopfer", cstr. תְּפִלּוֹת דָּוִד *tefillōṯ Dåwīḏ* „die Gebete Davids".

4. Eine sehr alte Pl.-Bildung besteht in der Verdoppelung des ganzen Wortes; vgl. das Distributiv יוֹם יוֹם „Tag für Tag". Reste dieser Reduplikation sind St. cstr. מֵימֵי „Wasser" (vgl. ugar. *mmh* = **mēmēhā* „ihre Wasser") und פִּיפִיּוֹת „Schwertschneiden" von **pī* „Mund" (vgl. § 58, 13).

5. Kollektiva sind im Hebr. häufig: אָדָם „Gattung Mensch, Menschen", צֹאן „Kleinvieh". Kollektive Bedeutung hat oft auch, wie im Arab., die F.-Bildung, sprachgeschichtlich vom Nomen unitatis (§ 42, 7) zu trennen, גּוֹלָה „Wegführung, Exulanten", יֹשֶׁבֶת „Bewohnerschaft, Bewohner", und wohl auch בַּת־צִיּוֹן „Bewohnerschaft von Jerusalem" im Gegensatz zu בְּנֵי־צִיּוֹן, den einzelnen Bewohnern.

6. Andererseits begegnen grammatische Plurale mit Sg.-Bedeutung: נְעוּרִים „Jugend", חַיִּים „Leben". Die Plurale אֲדוֹנִים „Herren, Herr" und אֱלֹהִים „Götter, Gott" haben Pl.- und Sg.-Bedeutung.

7. Auch liegen Andeutungen innerer Pl.-Bildung, so עֶבֶד „Sklave", עֲבֻדָּה „Dienerschaft" (vgl. arab. Sg. *'abdun*, Pl. *'abūdun*), vor.

8. Zuweilen haben logische oder grammatische Maskulina F.-Endungen und umgekehrt, mitunter finden sich auch beide Plurale zu einer Sg.-Form: אָב „Vater", Pl. אָבוֹת, vielleicht Analogiebildung zu אִמּוֹת „Mütter"; יוֹנָה „Taube", Pl. יוֹנִים, wohl von einem Kollektivum *waynu gebildet, während יוֹנָה ein abgeleitetes Nomen unitatis darstellt; ebenso שָׁנָה „Jahr", Pl. שָׁנִים, woneben Pl. F. שָׁנוֹת (so schon ugar. *šnt* = **šanātu*; § 58, 20) begegnet; zu יָד „Hand" vgl. Du. יָדַ֫יִם für natürliche Hände, dagegen Pl. יָדוֹת „Handvoll" als Maß.

§ 44. Status

1. Das Nomen wird nach seiner Stellung flektiert, je nachdem ob es isoliert steht oder sich in genitivischer Annexion befindet[1]). Die beiden Stellungen heißen Status absolutus (נִפְרָד *nifråd* „alleinstehend") und Status constructus (נִסְמָךְ *nismåk* „angelehnt"). Die voll entwickelte Form bietet der St. abs.: יָד *yåd* „Hand", הַיָּד *hayyåd* „die Hand". Wird dagegen ein Wort durch ein Gen.-Attribut näher bestimmt, so entsteht eine Verbindung mit dem Hauptdruck auf dem zweiten Teil, während der erste im St. cstr. den Druck überhaupt verliert oder nur einen Nebendruck behält; Druckverlust wird meist durch Maqqef (§ 16, 1) angezeigt, בְּנֵי־נֹ֫חַ *b^enē-Nōaḥ* „die Söhne Noahs" (Gn. 7, 13), Nebendruck durch Verbinder, וְר֣וּחַ אֱלֹהִים *w^erūaḥ 'aelōhīm* (vgl. sam. *urū ælūwem*) „und der Geist Gottes" (Gn. 1, 2), oder Meteg mit Maqqef, מֶֽלֶךְ־צֹר *mælæk Ṣōr* „der König von Tyrus" (2 S. 5, 11).

2. In einer solchen Verbindung ist der erste Teil Träger der synt. Beziehungen, er heißt Nomen regens; der zweite Teil dagegen steht als Attribut stets im Gen. und heißt Nomen rectum. Dieses ist Träger der näheren Bestimmung

1) BL, § 64.

oder Determination: אִישׁ שָׁלוֹם „ein Mann des Friedens“, אִישׁ הַשָּׁלוֹם „der Mann des Friedens“; es hat den Hauptdruck und steht im St. abs. als der entwickelten Form. Das Nomen regens erleidet im St. cstr. vielfach Vokalwandel: דָּבָר *dåḇår* „Wort“, jedoch דְּבַר הָאִישׁ *dᵉḇar hå'īš* „das Wort des Mannes“. Das gleiche Verhältnis besteht zwischen einem Nomen und einem ihm angefügten Possessivsuffix; vgl. hierzu § 46.

3. Während der Vokalwandel im St. cstr. von den einzelnen Nominalklassen abhängt, ergeben sich für den Auslaut folgende Regeln:

a) Das konsonantisch endende M. unterscheidet sich im St. cstr. Sg. vom St. abs. nicht. Im Du. lauten die Endungen abs. *-áyim*, cstr. *-ē*, im Pl. abs. *-īm*, cstr. *-ē* (Beispiele: סוּס „Pferd“, אַפַּ֫יִם „Nase, Angesicht“):

St. abs.	Sg.	סוּס	Du. K.	אַפַּ֫יִם	Pl.	סוּסִים
			P.	אַפָּ֫יִם		
St. cstr.		סוּס		אַפֵּי		סוּסֵי

b) Beim F. auf *-å* hat sich im St. cstr. die ältere Endung *-aṯ* < *-at* erhalten. Die übrigen F.-Endungen *-ṯ*, *-īṯ*, *-ūṯ* und Pl. *-ōṯ* erleiden im St. cstr. keine Veränderungen (Beispiele: סוּסָה „Stute“, שְׂפָתַ֫יִם „Lippen“, נְחֹ֫שֶׁת „Erz“, נְחֻשְׁתַּ֫יִם „eherne Fesseln“):

St. abs.	Sg.	סוּסָה	Du. K.	שְׂפָתַ֫יִם	Pl.	סוּסוֹת
			P.	שְׂפָתָ֫יִם		
		נְחֹ֫שֶׁת	K.	נְחֻשְׁתַּ֫יִם		
			P.	נְחֻשְׁתָּ֫יִם		
St. cstr.		סוּסַת		שִׂפְתֵי		סוּסוֹת
		נְחֹ֫שֶׁת		נְחֻשְׁתֵּי		

c) Die auf *-ǣ* endenden Nomina schließen im St. cstr. auf *-ē* (§ 22,4d): שָׂדֶה „Feld“, cstr. שְׂדֵה אֶפְרוֹן „das Feld von Efron“.

§ 45. Kasus

1. Das Kan. verfügte über eine ausgebildete Kasusflexion: Nom. *-u*, Gen. *-i*, Akk. *-a*. Mimation, d. h. Antritt von *-ma* oder *-mi* findet sich ugar. im Pl. und Du., außerdem begegnet *-m* sporadisch im adv. Akk. des Sg. als Flexionselement (§ 41, 6). Ob der St. cstr. Sg. altsem. voll dekliniert worden ist, bleibt bisher unentschieden, da auch das Akkad. hierzu kein einheitliches Bild liefert[1]). Während der Namenbestandteil *Mut-* in EA 255, 3 den reinen Stamm bietet, gilt aber wohl für das historisch erfaßbare Kan. im allgemeinen, daß der St. cstr. über Kasusvokale verfügte; vgl. außer dem Ugar. etwa vorhebr. Nom. *rūšunu* = **rōšu-nū* „unser Kopf“ (EA 264, 18) oder altbybl. Gen. משפטה **mišpaṭihū* „seiner Rechtsprechung“ (§ 22, 3b). Das Hebr. ist gegenüber dem Altkan. vereinfacht.

2. Das Verhältnis zwischen Hebr. und Altkan. ergibt sich aus einem Vergleich mit dem Ugar. (Beispiel ugar. *ṭb* = **ṭābu*, hebr. *ṭōḇ* „gut“[2]).

a) Der Sg. lautet:

		abs.		cstr.	
M.	Nom.	**ṭābu*	*ṭōḇ*	**ṭābu*	*ṭōḇ*
	Gen.	**ṭābi*		**ṭābi*	
	Akk.	**ṭāba*		**ṭāba*	
F.	Nom.	**ṭāb(a)tu*	*ṭōḇå̄*	**ṭāb(a)tu*	*ṭōḇaṯ*
	Gen.	**ṭāb(a)ti*		**ṭāb(a)ti*	
	Akk.	**ṭāb(a)ta*		**ṭāb(a)ta*	

b) Im Du. findet sich ugar. die alte Endung *-ā* für den Nom., für Gen./Akk. *-ē* < *-ay*, beide im St. abs. durch *-mi* (vgl. das Akkad. und Arab.) vermehrt:

---

1) W. v. Soden, Akkad. Grammatik, § 64.
2) C. H. Gordon, Manual, § 8, 1—12 (= Textbook, § 8,1—15).

M.	Nom. abs.	**ṭābāmi*	*yådáyim*	cstr. **ṭābā*	*yᵉḏē*
	Gen. / Akk.	**ṭābēmi*		**ṭābē*	
F.	Nom.	**ṭāb(a)tāmi*	*śᵉfåṯáyim*	**ṭāb(a)tā*	*śifṯē*
	Gen. / Akk.	**ṭāb(a)tēmi*		**ṭāb(a)tē*	

Danach haben sich im Hebr. in beiden Status des Du. die obliquen Formen durchgesetzt, u. z. im St. abs. unter Elision des Auslautvokals. Neben älterem kan. *-ēm* (vgl. noch pun. **yadēm* [*iadem*])[1]) dürfte *-aym* auf den Einfluß der Wüstenstämme zurückgehen (§ 22, 4d), während *-áyim* eine späte Neubildung darstellt, die PsBN nicht oder noch nicht kennt; vgl. וְעֵינָיִם *wᵉʿēnaym* „und Augen", וְאָזְנָיִם *wᵉʾoznaym* „und Ohren" (Jes. 43, 8 [R]) mit BA וְעֵינַ֫יִם *wᵉʿēnáyim*, וְאָזְנַ֫יִם *wᵉʾåznáyim* (zum Mappiq bei Yod im zweiten Beispiele vgl. § 14, 3).

c) Der ugar. Pl. hat die alten Endungen *-ū* für den Nom., *-ī* für Gen./Akk., im St. abs. durch *-ma* zu *-ūma* und *-īma* erweitert, wobei auch hier der Auslautvokal analog dem Akkad. und Arab. angesetzt ist.

M.	Nom. abs.	**ṭābūma*	*ṭōḇīm*	cstr. **ṭābū*	*ṭōḇē*
	Gen. / Akk.	**ṭābīma*		**ṭābī*	
F.	Nom.	**ṭābātu*	*ṭōḇōṯ*	**ṭābātu*	*ṭōḇōṯ*
	Gen. / Akk.	**ṭābāti*		**ṭābāti*	

Im St. abs. M. hat sich der altkan. Casus obliquus *-īma* unter Elision des Endvokals als *-īm* erhalten, während der entsprechende St. cstr. Pl. *-ī* nur noch rudimentär begegnet, im übrigen aber unter Wandel von auslautendem *-ī* > *-ē* (§ 23, 1b)

[1]) J. Friedrich, Phön.-pun. Grammatik, § 226a.

mit jüngerem *-ē* < *-ay* zusammengefallen ist, so daß sich nunmehr Du. und Pl. im St. cstr. (*-ē*) gleichen[1]). Im Pl. F. verstehen sich die hebr. Formen nach dem Endvokalwegfall und Wandel *ā* > *ō* von selbst.

3. Reste alter Kasusendungen begegnen in erstarrten Formen, besonders Eigennamen und Adverbien. a) Die Verwandtschaftsnamen אָב „Vater", אָח „Bruder" und *חָם „Schwiegervater" lauteten kan. im St. abs. Sg. ***'*abu* (Nom.), ***'*abi* (Gen.), ***'*aba* (Akk.); cstr. ***'*abū*, ***'*abī*, ***'*abā*. Hebr. hat sich hiervon gewöhnlich der lange Gen.-Vokal erhalten, allerdings ohne seine ursprüngliche Bedeutung: אֲבִי־מִלְכָּה „Vater der Milka" (Gn. 11, 29), אָחִיךָ „dein Bruder", חָמִיהָ „ihr Schwiegervater". Dagegen handelt es sich bei den Eigennamen אֲחִימֶלֶךְ („mein Bruder ist [der Gott] Maelaek") um die suff. Form אָחִי. Der alte St. cstr. Pl. **panū* (Nom.), **panī* (Gen./Akk.) „Gesicht" wirkt nach im Ortsnamen פְּנוּאֵל **panū 'ili* (Gn. 32, 32) und פְּנִיאֵל **panī 'ili* (Gn. 32, 31).

b) Zu dem erstarrten adv. Akk. Sg. mit Mimation יוֹמָם „bei Tage" (vgl. akkad. *ūmam* „heute"; arab. *yáwman*) s. § 41, 6.

c) Im Lokaladv. אַרְצָה „zur Erde", hat man einen alten Richtungsakk. vermutet. Doch nach ugar. *'arṣh*, wohl = ***'*arṣahā*, ist an den Akk. ein Deuteelement **-hā* getreten[2]), das man zwar als Vorstufe zum Artikel oder zum aram. St. emphaticus, nicht aber als Ausdruck des einfachen Akk. ansehen darf. Dieser verstärkte adv. Akk. findet sich lokal, אַשּׁוּרָה „nach Assur", חוּצָה „hinaus", עַזָּתָה „nach Gaza", פְּנִימָה „hinein", שָׁמָּה „dort, dorthin", יָמָּה „nach dem Meer,

---

[1]) Anders z. B. BL, § 64 e. f.

[2]) Vgl. auch M. Dahood, S. J., Philology, 33, der mich allerdings mißverstanden zu haben scheint.

westwärts"; temporal, מִיָּמִים יָמִ֫ימָה „von Jahr zu Jahr", vgl. ugar. *ʿlmh* = *ʿ*ālamahā* „ewig"; exhortativ, עֶזְרָ֫תָה „zu Hilfe!" (Ps. 44, 27). Er begegnet mit Artikel: הַנֶּ֫גְבָּה „nach dem Südlande (Negeb)", הָאֹ֫הֱלָה „in das Zelt!"; ferner vor nachfolgendem Gen.-Attribut, בֵּ֫יתָה פַּרְעֹה „in des Pharao Palast"; pleonastisch findet sich לִשְׁאֹ֫לָה „nach der Unterwelt hin", zum Teil unter Aufhebung der Richtung, מִבָּבֶ֫לָה „aus Babylon", und damit vielfach in völlig abgeblaßter Bedeutung, vor allem poetisch-archaisierend, יְשׁוּעָ֫תָה „Hilfe" (Ps. 3, 3) neben üblichem יְשׁוּעָה. Auf der gleichen adv. Bildung beruht wohl auch לַיְלָה *láylå* < **láylā* < **lēlā* < **lēlah* < **lēlahā* (= moab.); vgl. vorhebr. **lēl* (EA 243, 13), das im AT teils als Adv. „nachts", hauptsächlich aber als Subst. „Nacht" gebraucht wird.

d) Der ausgestorbene, in MT nicht mehr erkennbare St. cstr. Du. im Nom. liegt wahrscheinlich noch als *-*ō* < *-*ā* im Bauernkalender von Gezer (§ 5, 1) vor: *yrḫw ʾsp* = **yarḫō ʾuspi* (vgl. hebr. אָ֫סֶף) „zwei Monate des Einheimsens"[1]).

e) Nichts mit Kasusendungen haben ו und י compaginis zu tun[2]). In בְּנוֹ צִפֹּר „sein Sohn, nämlich Sippors" (Nu. 23, 18) liegt eine volkstümliche, im Aram. übliche Vorwegnahme des Possessivverhältnisses durch ein Pronomen vor; vgl. בְּבֹאָם הַכֹּהֲנִים „beim Eintritt der Priester" (Ez. 42, 14). Analogiebildungen mit erstarrtem Suffix sind מַעְיְנוֹ מָיִם „Wasser-

[1]) Vgl. R. Meyer, Die Bedeutung der linearen Vokalisation für die hebr. Sprachgeschichte. WZ Leipzig 2 (1953/1954), 88f., im Anschluß an H. L. Ginsberg; anders mit Bezug auf W. F. Albright: Cross-Freedman, 46.

[2]) Vgl. W. J. Moran, The Hebrew Language in Its Northwest Semitic Background. In: Albright-Festschr., 60.

quelle“, חַיְתוֹ־אֶרֶץ „Getier der Erde“. Auf einen alten Hilfsvokal, vielleicht auch eine alte dial. Form des Personalsuffixes 3. Sg. M./F. (phön. **-iyu/a*)[1]), die nicht mehr verstanden wurde, geht י compaginis zurück. Es findet sich vor allem poetisch, besonders beim Part. im St. cstr. ohne Rücksicht auf die Syntax der Gen.-Verbindung: שֹׁכְנִי סְנֶה „der Dornbuschbewohner“ (Dt. 33, 16), אֹסְרִי לַגֶּפֶן עִירֹה „sein Eselsfüllen an den Weinstock bindend“ (Gn. 49, 11); so auch im St. abs., הַיֹּשְׁבִי בַּשָּׁמָיִם „der im Himmel wohnt“ (Ps. 123, 1).

f) In dem arab. Namen גַּשְׁמוּ (Neh. 6, 6) neben גֶּשֶׁם (ebd. 2, 19) ist wohl, wie im Nabatäischen, durch ו die Nunation angedeutet.

3. Das Nomen mit Suffixen

§ 46. Anfügung der Suffixe

1. In der sog. Suffixflexion[2]) tritt das Possessivsuffix, synt. ein enklit. Pronomen im Gen., nach §§ 30, 3; 44, 2 als Endung an den St. cstr. des Nomens und dementsprechend an Präpositionen und präpositionale Ausdrücke (vgl. hierzu § 87, 2f; 3a—g). Der konsonantisch schließende St. cstr. Sg. hat meist *a* oder *i* > *e* als Hilfsvokale nach sich, die keine Kasusfunktion mehr besitzen, zuweilen auch Šwa. Vokalisch auslautendem St. cstr. Sg. wird das Suffix unmittelbar angefügt, u. z. begegnet hier einesteils altes *-ī* (§ 23, 1b), andernteils *-ē*, wie meist bei den Stämmen III ו י (§ 53, 2). Du. und Pl. enden auf *-ē* (§ 45, 2), *-ā* sowie *-ay* (tib. *-áyi*) und *-ǣ*; eine Sonderstellung nimmt das Du./Pl.-Suffix 1. c. Sg. *-ay* ein.

---

[1]) Vgl. J. Friedrich, Phön.-pun. Grammatik, § 112.

[2]) BL, § 29; H. Birkeland, Akzent und Vokalismus im Althebr. (Oslo 1940), 64—67.

2. a) Das vokalisch endende Nomen im Sg. lautet (Beispiel: פֶּה „Mund“):

1. c.	Sg. (-*ī*)	פִּי	Pl.	-*nū*	פִּ֫ינוּ
2. M.	-*k̲å*	פִּ֫יךָ		-*k̲æm*	פִּיכֶם
2. F.	-*k̲*	פִּיךְ		-*k̲æn*	פִּיכֶן
3. M.	-*hū*, -*w*	פִּיו, פִּ֫יהוּ		-*hæm*	פִּיהֶם
3. F.	-*hå*	פִּ֫יהָ		-*hæn*	פִּיהֶן

Zur Flexion der Stämme III י״ו auf -*æ*, St. cstr. -*ē*, < -*ay* s. § 53, 2.

b) Das konsonantisch schließende Nomen im Sg. M. lautet (Beispiel: סוּס „Pferd“):

1. c.	Sg. -*ī*		סוּסִי	Pl.	-*ḗnu*	סוּסֵ֫נוּ
2. M.	-*⁽ᵉ⁾k̲å*	K.	סוּסְךָ		-*⁽ᵉ⁾k̲æm*	סוּסְכֶם
	-*ǽkå*	P.	סוּסֶ֫ךָ			
2. F.	-*ēk̲*		סוּסֵךְ		-(ᵉ)*k̲æn*	סוּסְכֶן
3. M.	-*ō*		כוּסוֹ		-*åm*	סוּסָם
3. F.	-*åh*		סוּסָהּ		-*ån*	סוּסָן

Beim F. auf -*å* mit dem St. cstr. -*at̲* begegnen folgende Formen (Beispiel: סוּסָה „Stute“):

1. c. Sg.	-*åt̲ī*		סוּסָתִי	Pl.	-*åt̲ḗnū*	סוּסָתֵ֫נוּ
2. M.	-*åt̲ᵉk̲å*	K.	סוּסֳתְךָ		-*at̲k̲æm*	סוּסַתְכֶם
	-*åt̲ǽk̲å*	P.	סוּסָתֶ֫ךָ			
2. F.	-*åt̲ēk̲*		סוּסָתֵךְ		-*at̲k̲æn*	כוּסַתְכֶן
3. M.	-*åt̲ō*		סוּסָתוֹ		-*åt̲åm*	סוּסָתָם
3. F.	-*åt̲åh*		סוּכָתָהּ		-*åt̲ån*	סוּסָתָן

c) Zu פִּי *pī* < **pīy* < **pīya* (ugar. = altkan. *-*ūya* [Nom.], *-*īya* [Gen.], *-*āya* [Akk.]) und סוּסִי *sūsī* < **sūsiy*

< *sūsiya (*-uya, *-iya, *-aya), vgl. § 30, 3c. Tib. lautet das Suffix 2. M. Sg., 2. M. und 2. F. Pl. nach langem Vokal vor vorhergehendem Konsonanten, nach Doppelkonsonanz und Geminata -^{e}ḵå, -^{e}ḵæm, -^{e}ḵæn, sonst -ḵå, -ḵæm, -ḵæn. Die Bildungen K. sūs^{e}ḵå, P. sūsǽḵå sind mas., wobei die P.-Form der geschichtlichen Entwicklung nahekommt. Diese verläuft (*sūsukā, *sūsikā, *sūsakā) > *sūsakā > *sūsákā (Q; daneben *sūsák) > sūsáḵ (Sek. und pal.) > tib. סוּסְךָ sūs^{e}ḵå; vgl. § 30, 3c. Beim Suffix 2. F. Sg. ist der Hilfsvokal *i* (*sūsukī, *sūsikī, *sūsakī) *sūsikī > *sūsékī (Q; daneben *sūsek) > *sūseḵ > tib. סוּסֵךְ sūsēḵ; zu rudimentärem רְעָתֵ֫כִי in BA vgl. § 30, 3c. Mit dem Suffix 3. M. Sg. סוּסוֹ sūsō < *sūsaw < *sūsáhū < (*sūsuhū, *sūsihū, *sūsahū) hat sich mas. -ō < *-áhu als die in nachchristl. Zeit am weitesten verbreitete Form durchgesetzt. Daneben läßt sich aber auch die Suffigierung mit Hilfsvokal *i* nachweisen: *-ihū > *-éhū (Q רוחהו *rūḥéhū „sein Geist" [1 QJes.[a] 34,16], tib. רֵעֵ֫הוּ rēʿéhū „sein Nächster") > *rēʿēw; vgl. hierzu MT רעו (Jer. 6, 21), das rēʿō (mas.) und *rēʿēw[1]) gelesen werden kann. Zu Waw und in vorhell. Zeit sehr verbreitetem He als Symbol für -ō vgl. §§ 9, 2. 3; 22, 3b. Konsonantisches *h* in 3. F. Sg. סוּסָהּ sūsåh < *sūsáhā (= Q) beruht auf Kehllautrestitution; daher חֵילָה ḥēlå „ihre Vormauer" (Ps. 48,14) neben P. חֵילָהּ ḥēlåh (Sach. 9,4). Auch -hå in פִּ֫יהָ pîhå geht wohl im wesentlichen auf mas. Restitution zurück; vgl. § 30, 3c. Neben *i* > *e* in סוּסֵ֫נוּ sūsénū < *sūsinū begegnet beim Suffix 1. c. Pl. auch *a* > tib. *å*: כֻּלָּ֫נוּ „wir insgesamt". 2. M./F. Pl. סוּסְכֶם sūs^{e}ḵæm und סוּסְכֶן sūs^{e}ḵæn setzen *sūsikímmā und *sūsikínnā voraus, während 3. M./F. Pl. סוּסָם sūsåm und סוּסָן sūsån auf *sūsahímmā und *sūsahínnā fußen; hierzu und zu den ent-

[1]) Vgl. Cross-Freedman, 50.

sprechenden Q- und sam. Formen vgl. § 30, 3c. Für *-ấm* steht zuweilen *-ằmō* < dial. **-ahímmō* bzw. **-ahúmō* (§ 30, 3c): פִּרְיָ֫מוֹ (Ps. 21, 11) neben פִּרְיָם „ihre Frucht“; nach Vokal entsprechend *-mō*, פִּ֫ימוֹ „ihr Mund“ (Ps. 17, 10). In כֻּלָּהַם „sie insgesamt“ (2 S. 23, 6) liegt sicher Fehlrestitution eines vormas. elidierten ה vor: כלהם = *kullåm*. Für *-ån* < **-ahínnā* findet sich auch *-ắnå*, P. בֹּאָ֫נָא „ihre Ankunft“ (Jer. 8, 7), *-ǽnå*, קִרְבֶּ֫נָה „ihr Inneres“ (Gn. 41, 21), *-hen*, פָּתְהֵן „ihre Scham“ (Jes. 3, 17), und *-hæn*, לִבְּהֶן (Ez. 13, 17) neben לִבָּן „ihr Herz“. Der Form כֻּלָּ֫הְנָה (1 R. 7, 37) liegt im Konsonantentext **kullahínnā* zugrunde.

3. a) Das suff. Nomen im Pl. M. lautet (Beispiel סוּסִים „Pferde“):

1. c. Sg.	*-ay*	K.	סוּסַי	Pl.	*-ḗnu*	סוּסֵ֫ינוּ
	-ằy	P.	סוּסָ֫י			
2. M.	*-ǽ<u>k</u>å*		סוּסֶ֫יךָ		*-ē<u>k</u>æm*	סוּסֵיכֶם
2. F.	*-áyi<u>k</u>*	K.	סוּסַ֫יִךְ		*-ē<u>k</u>æn*	סוּסֵיכֶן
	-ằyi<u>k</u>	P.	סוּסָ֫יִךְ			
3. M.	*-åw*		סוּסָיו		*-ēhæm*	סוּסֵיהֶם
3. F.	*-ǽhå*		סוּסֶ֫יהָ		*-ēhæn*	סוּסֵיהֶן

Gleicherweise ist der Du. שׁוֹקַי „meine Schenkel“ gebildet; vgl. hierzu vorhebr. *ḫinaya* = **ʿēnāya* (EA 144, 17: Sidon) > עֵינַי *ʿēnay* (P. עֵינָ֫י *ʿēnằy*) „meine Augen“.

b) Das F. Pl. auf *-ō<u>t</u>* nimmt Pl.-Endungen des M. *-ay*, *-ǽkå* usw. an, bildet also einen doppelten Pl. (Beispiel סוּסוֹת „Stuten“):

1. c. Sg.	*-ō<u>t</u>ay*	K.	סוּסוֹתַי	Pl.	*-ō<u>t</u>ḗnū*	סוּסוֹתֵ֫ינוּ
	-ō<u>t</u>ằy	P.	סוּסוֹתָ֫י			
2. M.	*-ō<u>t</u>ǽ<u>k</u>å*		סוּסוֹתֶ֫יךָ		*-ō<u>t</u>ē<u>k</u>æm*	סוּסוֹתֵיכֶם

2. F.	*-ōṯáyiḵ* K.	סוּסוֹתַ֫יִךְ	*-ōṯēḵæn*	סוּסוֹתֵיכֶן
	-ōṯåyiḵ P.	סוּסוֹתָ֫יִךְ		
3. M.	*-ōṯåw*	סוּסוֹתָיו	*-ōṯēhæm*	סוּסוֹתֵיהֶם
			-ōṯåm	סוּסוֹתָם
3. F.	*-ōṯǽhå*	סוּסוֹתֶ֫יהָ	*-ōṯēhæn*	סוּסוֹתֵיהֶן
			-ōṯån	סוּסוֹתָן

c) Das י des St. cstr. Pl. ist nur noch orthographisch, kann daher ausfallen: דְּרָכֶ֫ךָ „deine Wege" (Ex. 33, 13) neben דְּרָכֶ֫יךָ und אֲנָשָׁו (1 S. 23, 5) neben אֲנָשָׁיו „seine Leute".

d) סוּסַי *sūsay*, P. סוּסָ֫י *sūsåy*, in der Regel aus **sūsay-ya* abgeleitet, stimmt formal mit dem suff. Nom. im Du. עֵינַי *ʿēnay*, P. עֵינָ֫י *ʿēnåy*, überein, zu dem das oben erwähnte *ḫinaya* = *ʿ*ēnāya* aus Sidon (s. u. a) zu stellen ist. Nach Wegfall der Kasusdifferenzierung (§ 45, 2b. c) hat offenbar dieser Du. die entsprechende Pl.-Form, die man wohl mit **sūsī* < **sūsīy* < **sūsī-ya* ansetzen darf (vgl. § 22, 4c) und die vom Sg. nicht zu unterscheiden war, verdrängt. Seine Verwandtschaft mit aram. *-ay* < *-*ay-ya* und die ausgeprägte Differenzierung gegenüber 1. c. Sg. *-ī* < *-*iya* bewirkte seine Beständigkeit durch die Zeiten (vgl. vormas. -αι in Sek.). סוּסֶ֫יךָ *sūsǽkå*, babyl. *sūsäḵā*, unterscheidet sich lautlich nicht von P. Sg. *sūsǽkå*, sondern lediglich im Schriftbild durch Yod als Vokalbuchstaben: Sg. סוסך, Pl. סוסיך. Gewöhnlich auf **sūsaykā* zurückgeführt, dürfte סוּסֶ֫יךָ gleichwohl auf **sūsēkā* basieren, wie es wohl noch in Q אלוהיכה **ʾelōhēkā* (tib. אֱלֹהֶ֫יךָ) „dein Gott" (1QJes.[a] 37, 4), bestimmt aber, nach Elision des drucklosen Endvokals, in pal. לפ֗נך *lᵉfānēḵ* (tib. לְפָנֶ֫יךָ) „vor dir" (Ps. 19, 15) und sam. *appēk* (tib. אַפֶּ֫יךָ) „dein Angesicht" (Gn. 3, 19) vorliegt. Daneben finden sich allerdings, wohl unter dem Einfluß von aram. ־ָךְ *-āk̲*, auch Formen nach *sūsāk̲*; vgl. Sek. φαναχ (tib. פָּנֶיךָ) „dein Gesicht" (Ps. 30, 8) und Hieronymus *dabarach* (tib. דְּבָרֶיךָ) „deine Worte" (Hos. 13, 14)[1]. In der mas. Restitutionsform ist offenbar *-ǽk̲å* nach dem Muster P. Sg. סוּסְךָ geformt, damit als Neubildung etymologisch nicht unmittelbar abzuleiten. סוּסַיִךְ *sūsáyik̲*, P. סוּסָיִךְ *sūsā̆yik̲*, meist aus **sūsaykī* hergeleitet, fußt ursprünglich wohl auch auf **sūsḗkī*, vgl. noch Q בעלכי **baʿālḗkī* für tib. בְּעָלַיִךְ *bᵉʿåláyik̲* „dein Gemahl" (Pl. majestatis) und בניכי **banḗkī*, tib. בָּנַיִךְ *bånáyik̲*, „deine Söhne" (1 QJes.[a] 54, 5. 12), sowie nach Elision des Auslautvokals אַשְׁרֵיךְ *ʾašrēk̲* „wohl dir" (Qoh. 10, 17). Die Diphthongierung *ē* > *ay* beruht wohl auch hier auf aram. Einfluß; vgl. P. מְנוּחָיְכִי *mᵉnūḥā̆ykī* „deine Ruhe" (Ps. 116, 7); zu *-ayk̲* > *-áyik̲* vgl. analoges **bayt̲* > mas. *báyit̲* (§ 29, 3c). סוּסָיו *susåw*, mit der üblichen Ableitung *sūsåw* <? **sūsāyū* < **susayhū*, setzt, wie W. F. Albright gezeigt hat[2]), nach MT סוסיו **sūsēw* < **sūsḗhū*, dagegen nach der Aussprache *sūsåw* mit Langdiphthong voraus. Zu *-ēhū* vgl. Q עליה[ו] **ʿalḗh[ū]* „wider ihn" (tib. עָלָיו [1 Q Jes.[a] 19, 16]), zu *-ḗhū* neben *-åw* vgl. גִּבּוֹרֵיהוּ *gibbōrēhū* (Nah. 2, 4) bei häufigerem גִּבּוֹרָיו *gibbōråw* „seine Helden". Durchgesetzt hat sich die bereits in Sek. (vgl. ηλαυ mit tib. אֵלָיו „zu ihm" [Ps. 32, 6]) dominierende Form *-åw*, die in defektiver Schreibweise wie אֲנָשָׁו „seine Leute" (1 S. 23, 5) oder in MT ידו, Qere *yådåw*, „seine Hände" (Lv. 9, 22) deutlich hervortritt, während **-ēw* aus der Tradition geschwunden und erst durch das vorexilische Inschriftenmaterial erkennbar geworden ist.

---

1) Zu den außertib. Belegen vgl. KG, 181—184.
2) Cross-Freedman, 68.

Beide Suffixformen sind genuin hebr. und stehen ursprünglich als Dialektformen nebeneinander. סוּסֶ֫יהָ *sūsǽhå* ist ebenso wie סוּסֶ֫יךָ mas. Neubildung (s. u. 2c); zu den in § 30, 3c gebotenen Belegen vgl. noch vor dem Endvokalwegfall Q עליהא **ʿalḗhā* „auf ihr" (tib. עָלֶ֫יהָ [1 Q Jes.ª 42, 5]). Zu 1. c. Pl.: סוּסֵ֫ינוּ *sūsḗnū*, 2. M./F. Pl. סוּסֵיכֶם *sūsēḵæm*, סוּסֵיכֶן *sūsēḵæn* und 3. M./F. Pl. סוּסֵיהֶם *sūsēhæm*, סוּסֵיהֶן *sūsēhæn* vgl. § 30, 3c. Rudimentär begegnet z. B. **-ēhímmā* in MT אליהמה „ihre Wandpfeiler" (Ez. 40, 16), wo tib. *'ēlēhḗmå* für älteres **'ēlēhímmā* steht. Poetisch findet sich neben üblichem אֱלֹהֵיהֶם auch אֱלֹהֵ֫ימוֹ < dial. **'elōhēhímmō* < **'elōhēhímmā* „ihre Götter" (Dt. 32, 37); zu letztem ist Q אלוהיהמה (1 Q Jes.ª 37, 19) zu vergleichen.

e) Feminina auf *-ōṯ* im Sg., *-ūṯ*, *-īṯ* und sogar *-å* nehmen zuweilen Pl.-Suffixe an: בְּנוֹתַ֫יִךְ „dein Bauen", שְׁבִיתַ֫יִךְ „deine Gefangenschaft" (Ez. 16, 53), עֲצָתָ֫יִךְ „dein Rat" (Jes. 47, 13). Doch handelt es sich wohl meist um mas. Fehlformen; so ist z. B. MT עצתיך sicher als **ʿᵃṣåṯēḵ* entsprechend Q עצתך **ʿaṣaték(ī)* aufzulösen.

4. Die Suffixe *-(ᵉ)ḵæm*, *-(ᵉ)ḵæn*, *-(ᵉ)hæm*, *-(ᵉ)hæn* und *-ēḵæm*, *-ēḵæn*, *-ēhæm*, *-ēhæn* heißen, da sie Druckverlagerung bedingen, „schwere", die übrigen „leichte" Suffixe. Auf der Zwischenstufe steht das Suffix *-(ᵉ)ḵå*, das nach Vokalen und pausal ohne, in allen anderen Fällen mit Druck steht.

§ 47. Klasse I: Das unveränderliche Nomen

Das unveränderliche Nomen der Flexionsklasse I[1]) (Tab. 1) umfaßt ein- und zweisilbige Stämme verschiedener Herkunft. Besonderheiten ergeben sich nur bei auslautender Laryngalis.

[1]) Einteilung in 11 Flexionsklassen nach BL §§ 67—77; vgl. auch H. Birkeland (oben S. 51, Anm. 2), 112—123.

Bei Stämmen III א wird dieses im St. abs. und cstr. Sg. elidiert: בָּא „kommend“, מוֹצִיא „herausführend“. Wortschliessendes ה, ח, ע wird nach vorhergehendem heterogenen Vokal tib. mit Pataḥ furtivum gesprochen: אֱלֹ֫הַּ „Gott“, שִׂ֫יחַ „Strauch“, מַשְׁמִ֫יעַ „verkündend“, רֵ֫עַ „Freund“ (§ 13, 6). Nach einem Kehllaut haben die Suffixe 2. M. Sg. sowie 2. M. F. Pl. die Form -*ᵃḵå*, רוּחֲךָ „dein Geist“, -*ᵃḵæm* und -*ᵃḵæn*, רוּחֲכֶם „euer Geist“. Als Pl.-Bildungen zu unveränderlichem דּוּד „Topf“, שׁוּק „Straße“ und שׁוֹר „Rind“ sind דְּוָדִים (neben דּוּדִים), שְׁוָקִים und שְׁוָרִים zu merken.

§ 48. Klasse II: Das Nomen mit veränderlichem Vokal in vorletzter Silbe

1. a) Zur Flexionsklasse II (Tab. II) gehört vor allem der Typus qatā(ī/ū)l (§ 37), שָׁלוֹם „Frieden“, מָשִׁ֫יחַ „Gesalbter“, אָסוּר „Gefangener“. Ursprüngliches *a* und *i* ist im St. abs. Sg., also in der Vordrucksilbe, zu *å* und *ē* gedehnt, sonst zu Šwa reduziert. Hierzu kommen mehrere Adjektiva qatul (§ 35, 3), גָּדוֹל „groß“, Nomina maqtal (§ 40, 4a) der Stämme II יו wie מָקוֹם „Ort“ und Part. Hi. II יו, מֵקִים „aufstellend“.

b) Bei אֵבוּס „Krippe“ sind St. abs. und cstr. Sg. gleich. שָׁבֻ֫וּעַ „Woche“, cstr. שָׁבֻ֫וּעַ; Du. שָׁבוּעַ֫יִם; Pl. שָׁבֻעוֹת (Da. שָׁבֻעִים), cstr. שְׁבֻעוֹת, suff. שָׁבֻעֹתֵיכֶם (Nu. 28, 26). שָׁלִישׁ „Held“, suff. שָׁלִישׁוֹ; Pl. שָׁלִישִׁים, dagegen שְׁלִישִׁים „Dritte“. מָנ֫וֹחַ „Ruhe“, cstr. מְנ֫וֹחַ, suff. unter Wandel *ō* > *ū* (§ 23, 1c) מְנוּחֵ֫יכִי (vgl. § 46, 3c); מָנוֹס „Zuflucht“, suff. מְנוּסִי; בָּחוּר „Jüngling“, Pl. בַּחוּרִים, cstr. בַּחוּרֵי, suff. בַּחוּרֵיכֶם; aber בְּחֻרָיו „seine Jugend“ (Nu. 11, 28), בְּחוּרוֹתֶ֫יךָ „dein Jünglingsalter“ (Qoh. 11, 9).

2. a) Hierzu gehören ferner die Bildungen qatalān > קָטְלוֹן (§ 41, 1a): זִכָּרוֹן „Gedächtnis“, חִזָּיוֹן „Schau“ mit sekundärer

Gemination im Sg. abs., die meist im St. cstr. und bei Antritt von Endungen wegfällt, doch עִצָּבוֹן „Beschwerde", cstr. עִצְּבוֹן (Gn. 5, 29), suff. עִצְּבוֹנֵךְ (Gn. 3, 16). Ebenso werden דֵּרָאוֹן „Abscheu", cstr. דִּרְאוֹן, und חַלָּמִישׁ „Kiesel", cstr. חַלְמִישׁ, behandelt; vgl. ferner בִּטָּחוֹן „Vertrauen".

b) Die Formen II ו י von qatalān, זָדוֹן „Übermut", שָׂשׂוֹן „Freude", mit an sich unveränderlichem Wurzelvokal ā > å, werden ebenfalls nach Klasse II flektiert: cstr. זְדוֹן, suff. זְדֹנְךָ; cstr. שְׂשׂוֹן, suff. שְׂשׂוֹנִי.

3. Einige Formen qattīl II ר mit ersatzgedehntem, also unveränderlichem å (§ 28, 3b) bilden den St. cstr. Sg. nach qatīl: פָּרִיץ „Räuber", cstr. פְּרִיץ, doch wiederum Pl. פָּרִיצִים und cstr. פָּרִיצֵי neben פְּרִיצֵי; סָרִיס „Eunuch, Palastbeamter" (§ 38, 6) geht teils nach qatīl, teils nach qattīl: Sg. cstr. סְרִיס, Pl. סָרִיסִים, cstr. סְרִיסֵי, סָרִיסֵי, suff. סָרִיסָיו.

§ 49. Klasse III: Das Nomen mit veränderlichem Vokal in letzter Silbe

1. Wandelbares å < a, ē < i, ō < u in letzter Silbe haben qātal, עוֹלָם „Ewigkeit", qātil, יוֹצֵר „Töpfer" (§ 37); qattil (§ 38, 3), אִלֵּם „stumm", das Part. Pi., מְלַמֵּד „Lehrer"; maqtal, מַלְאָךְ „Bote", מִשְׁפָּט „Gericht"; maqtil, מַזְלֵג „Gabel", מִסְפֵּד „Klage" (§ 40, 4) und Formen mit א protheticum, אֶצְבַּע „Finger" (§ 40, 1b). Hierzu gehören ferner alte einsilbige Stämme wie יָד „Hand", שֵׁם „Name" sowie reduplizierte und vierradikalige Formen: *אֻמְלָל „schwach", עַקְרָב „Skorpion" (§ 39). Nomina auf ō < u sind selten, צִפּוֹר „Vogel", da bei den meisten u bei Antritt von Endungen durch Gemination geschützt ist (Tab. III).

2. a) Nomina mit å < a haben langen Vokal meist im Sg. abs., doch zuweilen auch a, so מַדָּע, מַדַּע „Wissen", K. אוֹפָן

neben אוֹפַן, P. אוֹפָן „Rad“; ebenso im Du. abs. מִכְנָסַ֫יִם „Unterkleider“, יָדַ֫יִם „Hände“, im Pl. abs., vor leichtem Suffix und -*ᵉḵå̄*, also vor dem Hauptdruck, soweit nicht Dageš den kurzen Vokal als *a*, אוֹפַנִּ֫ים, עַקְרַבִּים „Skorpione“, oder *i*, גַּלְגִּלָּיו „seine Räder“, schützt. Kurzes *a* steht im St. cstr. Sg., מִסְפַּד „Trauer“, sowie vor -*ḵæm*, -*ḵæn*, מִשְׁפַּטְכֶם „euer Rechtsspruch“; Šwa begegnet im Du. cstr., יְדֵי „Hände“ und Pl. cstr., d. h. in offener Silbe vor Nebendruck, sowie vor schwerem Suffix im Du., שְׁדֵיכֶם „eure Brüste“, und Pl., also in vorletzter offener Silbe vor dem Hauptdruck, soweit nicht Dageš die Reduktion ausschließt, wie im Pl. cstr. נִכְבַּדֵּי „Geehrte“. Zuweilen begegnet auch hier *å̄*, so in מַעְבָדֵיהֶם „ihre Taten“ (Hi. 34, 25).

b) Da bei den Stämmen III א wortschließendes א elidiert wird (§ 22, 3a), steht im Sg. abs. und cstr. regelmäßig ersatzgedehntes *å̄*, נִפְלָא „wunderbar“. Beim Part. Ni. ist *å̄* zuweilen im Pl. abs. zu Šwa reduziert: נִמְצְאִים neben נִמְצָאִים „befindlich, gefunden“.

c) Formen mit an sich festem *å̄* wie qattāl (§ 38,5), רַכָּב „Reiter“, *מַלָּח „Matrose“ (akkad. *malaḫum* = sum. *ma laḫ*), אִכָּר „Landmann“ (akkad. *ikkarum*), bilden den St. cstr. Sg. nach Flexionsklasse III: רַכַּב, מַלַּח, ebenso תּוֹשַׁב „Beisasse“ (abs. תּוֹשָׁב); andere, wie שֻׁלְחָן „Tisch“, werden ganz nach diesem Schema flektiert, Sg. cstr. שֻׁלְחַן; Pl. abs. שֻׁלְחָנוֹת, cstr. שֻׁלְחֲנוֹת.

3. a) Veränderliches *ē* < *i* begegnet im St. abs. Sg., שׁוֹפֵט „Richter“, und *e* meist im St. cstr., daneben *a* < *i* in zweisilbigen Formen: מִרְבַּץ Lager (abs. מַרְבֵּץ); vgl. § 27, 3. Einsilbige haben bei Drucklosigkeit *æ*: שֶׁם־ „Name“. Vor -*ḵå̄*, -*ḵæm*, -*ḵæn* steht gewöhnlich *i*, אֹיִבְךָ *’ōyiḇḵå̄* „dein Feind“,

zuweilen *æ*, מְקַלְלֶךָ „dich verfluchend“ (P. מְקַלְלֶךָ, Qoh. 7,21), daneben auch *ē*, אַבְנֵטְךָ „dein Gürtel“ (Jes. 22,21). In offener Silbe vor dem Hauptdruck, im Du. abs., Pl. abs. und bei leichten Suffixen im Sg. und Pl., herrscht Šwa vor; jedoch שִׁלֵּשִׁים „Urenkel“, סַנְוֵרִים „Blindheit“, P. מוֹסֵרָי „meine Fesseln“. Stets *ē* haben die einsilbigen Stämme im Pl. abs., עֵצִים „Bäume“, שֵׁמוֹת „Namen“, sowie die M.-Formen vor leichten Suffixen, עֵצַי „meine Bäume“. Im Pl. cstr. und vor schweren Pl.-Suffixen steht Šwa.

b) Das Nomen III ה, ח, ע hat im St. cstr. Sg. *a*: שֹׁלַח „sendend“ (abs. שֹׁלֵחַ), מִזְבַּח „Altar“ (abs. מִזְבֵּחַ). Vor -^{a}*ḵå* steht *e*, שֹׁלֵחֲךָ, מְשַׁלֵּחֲךָ (Jer. 28,16), oder *a*, K. מִזְבַּחֲךָ (1 R. 8,31), P. מִזְבְּחֶךָ (Dt. 33,10). Bei III א lauten St. abs. und cstr. Sg. stets gleich, בֹּרֵא „Schöpfer“; vor -^{a}*ḵå* begegnet *a* statt *e*, בֹּרַאֲךָ „dein Schöpfer“, aber P. רֹפְאֶךָ „dein Arzt“, ebenso bei II lar. גֹּאֲלֵךְ „dein Befreier“; ferner *æ* vor -*ḵæm* in מְנַחֶמְכֶם „euer Tröster“.

4. Zu den seltenen Stämmen mit $\bar{o} < u$ gehören primär צִפּוֹר „Vogel“ und קָדְקֹד „Schädel“ mit Reduzierung des *ō* zu ^{o} in letzter und vorletzter offener Silbe vor dem Druck, Pl. abs. צִפֳּרִים „Vögel“, suff. קָדְקֳדוֹ „sein Schädel“. Nach Klasse III werden auch אַרְמוֹן „Palast“, Pl. cstr. אַרְמְנוֹת, und אֶשְׁכֹּל „Traube“, Pl. cstr. אֶשְׁכְּלוֹת flektiert.

5. Das Lokaladv. wird meist vom St. abs. gebildet: מִדְבָּרָה „nach der Wüste“ neben מִדְבָּרָה (1 R. 19,15), מִזְרָחָה „gegen Sonnenaufgang“, הַמִּזְבֵּחָה „zum Altar“.

§ 50. Klasse IV: Das Nomen mit zwei veränderlichen Vokalen

1. Der IV. Flexionsklasse (Tab. IV) sind folgende Stämme zuzurechnen: die zweisilbigen kurzvokaligen Bildungen (§ 35),

der Typus qatalān > קְטָלוֹן (§ 41, 1a), Stämme I lar. vom Typus maqtal > מַאֲכָל sowie das Part. Ni. der Verba I laryngalis.

2. a) Der Typus qatal > קָטָל hat langen Ultimavokal im Sg. abs., also in geschlossener Drucksilbe; außerdem im Du. und Pl. abs. und vor leichten Suffixen, d. h. in offener Silbe vor dem Druck, sowie vor -^{e}*k̲å*; vgl. Klasse III (§ 49, 2a). Im Du. und Pl. cstr. sowie vor schweren Pl.-Suffixen wird der Vokal elidiert; ist der mittlere Radikal ein Kehllaut, so erhält er Ḥaṭef-Pataḥ; vgl. St. cstr. דִּבְרֵי „Worte" mit נַהֲרֵי „Flüsse". Der Vokal der Pänultima ist nur im Sg. abs., d. h. in offener Silbe vor dem Druck, lang. Kurz ist er im Du. und Pl. cstr. sowie vor schwerem Pl.-Suffix, da er hier in geschlossener Silbe steht, und lautet tib. meist *i*, דִּבְרֵי (Sek. δαβρη [Ps. 35,20]), aber auch *a*: כַּנְפֵי „Flügel" und זַנְבוֹת „Schwänze" (Pl. abs. זְנָבוֹת); zuweilen wechselt die Vokalisierung im gleichen Wort: כִּתְבֵי neben כַּתְבֵי „Schriften". Eine Laryngalis hat meist *a* neben sich: חַכְמֵי „weise" (חָכָם), רַחֲבֵי „geräumig" (רָחָב), doch auch *i*, חִזְקֵי „stark" (חָזָק). Reduktion des *å* zu Šwa findet statt in offener vorletzter Silbe vor dem Druck, d. h. im Du. כְּנָפַ֫יִם und Pl. abs. דְּבָרִים, vor leichten Suffixen sowie vor schwerem Sg.-Suffix -*k̲æm*, -*k̲æn* und -^{e}*k̲å*: דְּבָרִי, דְּבָרַי, דְּבַרְכֶם, דְּבָרְךָ.

b) Bei den Stämmen II gem., חָלָל „durchbohrt", bewirkt die Elision des Ultimavokals im Pl. cstr. und vor schweren Suffixen im Pl. eine Geminata: חַלְלֵי *ḥallē* < **ḥalalē*. Die Stämme III א lauten bei Elision des wortschließenden א (§ 22, 3 a) Sg. abs. צָבָא „Heer", cstr. צְבָא; Pl. abs. צְבָאוֹת, cstr. צִבְאוֹת; suff. צְבָאִי, צְבָאֲךָ, צִבְאוֹתַי. Formen III ו mit konsonantischem *w* bieten keine Besonderheiten: עָנָו „demütig", Pl. abs. עֲנָוִים, cstr. עַנְוֵי.

c) Zuweilen hält sich der kurze Ultimavokal durch sekundäre Gemination: גָּמָל „Kamel“, Pl. abs. גְּמַלִּים, cstr. גְּמַלֵּי, suff. גְּמַלָּיו; in diesen Formen erfolgt der Vokalwandel der ersten Silbe nach Klasse II (§ 48).

d) Nach qatil haben חָלָב „Milch“ als Sg. cstr. חֲלֵב und לָבָן „weiß“ לְבֶן.

e) Zwischen qatal und qatl ist die Grenze fließend (vgl. auch § 52,1b): עָשָׁן „Rauch“, cstr. עֲשַׁן und עֶ֫שֶׁן (Ex. 19,18), הָדָר „Glanz“, cstr. הֲדַר und הֶ֫דֶר (Da. 11,20), עָנָף „Zweig“, suff. עַנְפְּכֶם (Ez. 36,8). נָהָר „Fluß“, ursprünglich qatl-Stamm (arab. *nahrun*), wird nach Klasse IV flektiert, nur im Du. נַהֲ֫רַיִם als Segolat.

3. a) Beim Typus qatil > קָטֵל wird das *å* der Pänultima wie bei קָטָל < qatal behandelt. In letzter Silbe findet sich *ē* < *i* im Sg. abs. in geschlossener, beim Lokaladv. חָצֵ֫רָה „nach dem Vorhof“ auch in offener Drucksilbe; des weiteren in offener Silbe vor dem Druck, also beim Du. und Pl. abs. sowie vor leichten Suffixen. Im Sg. cstr. steht meist *a* < *i*, זְקַן „Greis“ (abs. זָקֵן). Im Pl. cstr. und vor schwerem Pl.-Suffix wird der Vokal der Ultima elidiert, חַבְרֵי „Genossen“ (abs. חֲבֵרִים); doch findet sich auch *ē* im St. cstr. Sg. und Pl. vornehmlich bei Adjektiven, aber auch sonst, עֲקֵב „Ferse“ (abs. עָקֵב); zuweilen stehen Formen mit *ē* und Šwa quiescens nebeneinander, z. B. Pl. cstr. שְׂמֵחֵי und שִׂמְחֵי „fröhlich“ (Sg. abs. שָׂמֵ֫חַ). Formen mit schwerem Sg.-Suffix sind nicht belegbar.

b) Bei den Stämmen III א lautet der Sg. cstr. יְרֵא „sich fürchtend“, suff. יְרֵאִי, der Pl. abs. יְרֵאִים, cstr. יִרְאֵי, suff. יִרְאֵיכֶם, יְרֵאַי.

c) Auch zwischen dem Typus qatil und den Segolaten der Form qatl gibt es tib. Übergänge. Segolatisch ist der St. cstr. Sg. in יֶ֫רֶךְ „Hüfte“ (abs. יָרֵךְ), doch suff. יְרֵכֵךְ, Du. יְרֵכַ֫יִם, suff. יְרֵכֶ֫יךָ; כֶּ֫תֶף „Schulter“ (abs. כָּתֵף), aber suff. כְּתֵפָם; עֶ֫רֶל neben עֲרַל „unbeschnitten“ (abs. עָרֵל); שָׁלֵו bzw. שָׁלֵיו „ruhig“ bildet den Pl. cstr. שַׁלְוֵי.

d) עָקֵב „Ferse“, cstr. עֲקֵב, hat im Pl. cstr. und vor Pl.-Suffix Dageš forte dirimens (§ 14, 2 b): עִקְּבֵי *ʿiqᵉḇē* (Gn. 49, 17), עִקְּבוֹת (Ps. 89, 52), עִקְּבוֹתֶ֫יךָ (Ps. 77, 20).

4. Die Nomina qatul > קָטוֹל werden, abgesehen von den in § 48, 1 a angeführten Stämmen, nach Klasse II flektiert, da bei Antritt von Endungen sekundäre Gemination erfolgt: נָקֹד, Pl. נְקֻדִּים „gesprenkelt“; עָמוֹק, Pl. עֲמֻקִּים „tief“.

5. Die Nomina qital > קְטָל, z. B. לֵבָב „Herz“, cstr. לְבַב; Pl. abs. לְבָבִים, לְבָבוֹת, cstr. *לִבְבֵי gehen nach qatal. Wie עִנְּבֵי „Trauben“ haben *לִבְבֵי, לִבְבֵהֶן (Na. 2, 8) Šwa mobile: **libᵉḇē*, *libᵉḇēhæn*. עֵנָב „Traube“, Pl. abs. עֲנָבִים, bildet den St. cstr. Pl. mit Dageš forte dirimens (§ 14, 2 b), עִנְּבֵי *ʿinᵉḇē*; נֵכָר „Fremde“ hat St. cstr. Sg. נֵ֫כַר (Dt. 31, 16). שֵׂעָר „Haar“ (koll.), ursprünglich eine qatl-Bildung (arab. *saʿrun*), hat neben שְׂעַר den St. cstr. nach qatl שֵׂ֫עַר; צֵלָע „Rippe“ den segolatischen St. cstr. צֶ֫לַע neben צֵ֫לַע.

6. Nomina vom Typus qatalān > קְטָלוֹן sind äußerst selten, da hier die Bildung קִטָּלוֹן, flektiert nach Klasse III (§ 48, 2), vorherrscht: רְעָבוֹן „Hunger“, St. cstr. רַעֲבוֹן (Gn. 42, 19).

7. Die Nomina mit Präformativen gehören zur Klasse III. Ist jedoch der erste Radikal eine Laryngalis, so hat diese vielfach einen Ḥaṭef-Laut nach sich. Folgt dem Ḥaṭef-Laut ein Šwa mobile, so entsteht Vollvokal, und das Šwa quiesciert

(§ 29, 2 b): מַאֲכָל „Nahrung", cstr. מַאֲכַל, suff. מַאֲכָלוֹ, מַאֲכָלְךָ, מַאֲכַלְכֶם; ferner נֶאֱמָן, cstr. נֶאֱמַן; Pl. abs. נֶאֱמָנִים, cstr. נֶאֱמְנֵי „zuverlässig". Zur Aussprache merke man מַעֲלָלִים „Taten", aber St. cstr. מַעַלְלֵי־ *ma'allē*, suff. מַעַלְלֵיכֶם *ma'allēkæm* (s. u. 2 b; oder *ma'al^elē*, *ma'al^elēkæm*? [PsBN z. B. מַֽעֲלְלֵיכֶם, Jer. 7, 5 (R)]), מַעְשְׂרוֹ *ma'aśrō* „sein Zehnt" und Pl. abs. מַעְשְׂרוֹת *ma'aśrōṯ* (Neh. 12, 44).

§ 51. Klasse V: Stämme mit verdoppeltem zweiten Radikal

1. Die Stämme II gem. (Tab. V) umfassen die einsilbigen Nomina mit langem zweiten Konsonanten (§ 33, 3 c) und die dreiradikaligen II נ mit assimiliertem mittleren Konsonanten. In beiden Fällen ist tib. der Schlußkonsonant vereinfacht: אֵם „Mutter" (arab. *'ummun*), אַף „Nase" (arab. *'anfun*), ebenso in Sek., dagegen ist babyl. die Länge des Konsonanten bewahrt; vgl. tib. סַד „Block" mit babyl. *säḏḏ* (§ 28, 3 b). Gemination findet vor Endungen statt: לִבִּי „mein Herz", Sek. λεββι (Ps. 28, 7). Sie unterbleibt zuweilen vor Šwa, חָקְךָ „dein Gesetz", stets bei Laryngalen und ר (doch s. § 8, 13), wo beim Stammvokal mit Ausnahme von ח meist Ersatzdehnung eintritt: שָׂרִים (Sg. שַׂר) „Fürsten", רָעִים (Sg. רַע, רָע) „böse", פַּחִים (Sg. פַּח) „Fallen", doch auch הַרְכֶם „euer Berg". Manchmal wird der zweite Konsonant wie beim Verbum II gem. (§ 79) wiederholt: לֵבָב (§ 50, 5) „Herz" neben לֵב, עֲמָמֶיךָ „deine Stämme" (Jdc. 5, 14) neben עַמֶּיךָ; הֲרָרָם „ihr Berg" (Gn. 14, 6) neben הָרָם; ferner חֲשַׁשׁ „Heu" (arab. *ḥašīšun*), חֲתַת „Schrecken" neben *חַת; zur Form קְטַל in חֲשַׁשׁ und חֲתַת s. § 52, 5.

2. a) Die Form qall hat *a* stets im Sg. cstr., meist in den K.-Formen des Sg. abs. neben *å*, רַע und רָע „böse"; in Pausa

ist *a* vielfach zu *å* gedehnt, doch begegnet auch *ā*, so in P. לָאַט „gemächlich, sanft“ (Jes. 8, 6) mit langem (!) Pataḥ, wofür 1 Q Jes.ª לאוט **le'ōṭ* bietet (vgl. § 11, 2). Das Lokaladv. wird teils nach der P.-Form, יָ֫מָּה „seewärts“, teils auch ohne P.-Dehnung, הֶ֫רָה „nach dem Berge“ (Gn. 14,10), gebildet. Zu הָעָם u. ä. s. § 32, 4d. Bei Gemination steht meist *a* (babyl. *ä*), doch bisweilen auch *i* < *a*, חִתְּכֶם „eure Furcht“ (Sg. *חַת). Von dem Stamm II נ **'anzu* (= arab.) „Ziege“ ist der Sg. עֵז, der Pl. עִזִּים.

b) Der Typus qill hat vor Endungen (§ 23, 2b) meist *i*, im Sg. abs. und cstr. *e*; vgl. עֵת „Zeit“, suff. עִתּוֹ. Ersatzdehnung begegnet vor ר in זֵרוֹ „sein Kranz“ (זֵר) und ח in לֵחֹה „seine Frische“ (לֵ֫חַ), *æ* steht in אֶשְׁכֶם „euer Feuer“ (אֵשׁ). Die Formen qall und qill gehen ineinander über; vgl. גַּל, Pl. גַּלִּים „Welle“ mit akkad. *gillum*. Die qill-Bildung פַּת „Bissen“ hat *a* im Sg. abs. und cstr., sonst *i*: suff. פִּתִּי, Pl. פִּתִּים. Stark tritt Pataḥ in der babyl. Überlieferung hervor, tib. אֵשׁ „Feuer“, babyl. *'äšš* (anderseits tib. אֶשְׁכֶם und babyl. *'išḵäm*; MO, 196); tib. לֵב „Herz“, babyl. *läḇḇ* (Sek. λεβ; suff. λεββι, tib. לִבִּי [Ps. 32, 11; 28, 7]).

c) Während Sek. bei qull nur *o* als Stammvokal kennt, schwankt die tib. Vokalisierung zwischen *u*, *o*, *å*, wobei zu beachten ist, daß zwischen kurzem Ḥolem und Qameṣ ḥaṭuf nur ein graphischer Unterschied besteht (§§ 11, 1c; 23, 2c); vgl. Sek. χολ mit tib. כֹּל (Ps. 18,31) sowie כָּל־ „Gesamtheit“ (Ps. 31,24), οκκωθαϊ mit חֻקּוֹתַי „meine Gesetze“ (Ps. 89,32). Als Regel gilt, daß der Sg. cstr. *o*, der Sg. abs. meist *o*, in Pausa gewöhnlich *ō*, und proklit. Formen *å* haben, z. B. חֹק חֹק und חָק־ „Gesetz“. Ist der zweite Radikal geminiert, steht meist *u*, עֻלֵּ֫נוּ „unser Joch“, daneben auch *å*, עָזִּי „meine

Stärke" (Ex. 15, 2) neben עָזִּי (Jes. 49,5); *å* begegnet vor allem vor -*ᵉḵå* und -*ᵉḵæm*, z. B. חָקְךָ (Lv. 10,13), חָקְכֶם (Ex. 5,14). Vor ח steht stets *o*, כֹּחוֹ „seine Kraft". Merke שָׁרְּךָ „dein Nabelstrang" (Prv. 3, 8) und שָׁרֵּךְ (Ez. 16, 4) neben שָׁרְרֵךְ (Cant. 7, 3) mit geminiertem ר (§ 8, 13).

d) Die Nomina דַּי „Genüge" < **dayyu* und חַי „lebendig" < **ḥayyu* haben im St. cstr. *ē* als Kontraktionsvokal, jedoch חַי יְהוָה „so wahr Jahwe lebt!" neben חֵי נַפְשְׁךָ „bei deinem Leben!"; vgl. auch die Zusammenschreibung in Lachis-Ostr. 3, 9: חיהוה **ḥayyaḥwē* neben חי יהוה **ḥay yahwē* (ebd. 6,12)[1].

§ 52. Klasse VI: Die Segolata

1. a) Als einsilbige kurzvokalige Stämme mit schließender Doppelkonsonanz begegnen die Segolata (Tab. VI) im suff. Sg. sowie im Pl. cstr. bzw. vor schwerem Suffix. Der endungslose Sg. ist selten einsilbig; üblich ist die Neubildung קֶ֫טֶל, קֵ֫טֶל, קֹ֫טֶל, deren Hilfsvokal, in der Nähe von Laryngalen oft *a*, sich noch in Sek. selten findet, so ιεθερ, tib. יֶ֫תֶר „Rest" (Ps. 31, 24), aber auch in der pal. Punktation und in PsBN vielfach nicht gesetzt wird[2]). Die Stammvokale lauten in Sek. *a/e* < *a*, *e* < *i*, *o* < *u*. Mas. schwankt deren Wiedergabe oft im gleichen Wort, so נֶ֫דֶר neben נֵ֫דֶר „Gelübde" (§ 34,2b); קֶ֫צֶף „Zorn" bildet קִצְפִּי neben קֶצְפְּךָ, vgl. babyl. *qäṣfäḵā* (MO,196); vgl. ferner רַגְלַ֫יִךְ „deine Füße" mit babyl. *riḡlåyiḵ* entsprechend arab. *riǧlun*, בִּטְנִי „mein Leib" mit babyl. *bäṭnī* (ebd.) entsprechend arab. *baṭnun*, daneben auch P. חָ֫לֶד (K. חֶ֫לֶד) „Leben" mit Sek. ολδ (Ps. 49,2); vgl. die BA-Aussprache

[1]) Cross-Freedman, 53.

[2]) A. Díez Macho (oben S. 21. Anm. 1), 22.

P. *ḥălœd* und arab. *ḫuldun*. Die qutl-Form בֹּ֫סֶר „unreife Traube" bildet tib. dissimilatorisch בִּסְרוֹ für **båsrō* entsprechend syr. *besrā*, babyl. dagegen *busrō* wie arab. *busrun*. Vokaldissimilation liegt ferner vor bei נִכְחוֹ „ihm gegenüber" von נֹ֫כַח und אִמְרוֹ „sein Wort" von אֹ֫מֶר (vgl. § 27, 3).

b) Der Pl. קְטָלִים ist dem des Nomens mit zwei veränderlichen Vokalen gleich. Einsilbige Stämme שַׂלְוִים „Wachteln", שִׁקְמִים „Sykomoren", בָּטְנִים „Pistazien", שִׁבְעִים „siebzig" weisen auf älteres **qatlīm*, **qitlīm*, **qutlīm* hin, wie es in Sek. αβδαχ = **ʿabdāk* (vgl. § 46, 3c) „deine Knechte" (Ps. 89, 51) vorauszusetzen ist, während tib. עֲבָדֶ֫יךָ auf Pl. עֲבָדִים zurückgeht. Daneben lief wohl schon altkan. ein innerer Pl. *qa(i/u)tal*, pleonastisch mit der Pl.-Endung versehen (vgl. arab. *ʾarḍun* „Land" mit dem Doppel-Pl. *ʾaraḍ-ūna* und entsprechend wohl ugar. *riʾš* = **riʾšu* „Kopf": Pl. *raʾšm* = **raʾaš-ūma*). Dieser Pl. begegnet auch in Sek. φλαγαυ entsprechend tib. פְּלָגָיו „seine Bäche" (Ps. 46, 5); er ist die mas. Normalform und gleicht ebenfalls dem der Klasse IV (§ 50, 2a).

c) Der Du. wird meist vom einsilbigen Stamm gebildet; selten sind jüngere Analogien zum Pl. קְטָלִים, z. B. קְרָנַ֫יִם „Hörner" (Da. 8, 3).

d) Das Lokaladv. fußt vielfach auf dem einsilbigen Stamm: K. אַ֫רְצָה, P. אָ֫רְצָה „aufs Land", נֶ֫גְבָּה „nach Süden" und P. גָּ֫רְנָה „nach der Tenne"; nach der Regel jedoch auf der entwickelten Form des St. abs.: P. הָאֹ֫הֱלָה „ins Zelt", K. שְׁכֶ֫מָה „nach Sichem" neben P. שֶׁ֫כְמָה (Hos. 6, 9; s. u. 5) und נֶגְדָה־ „in Gegenwart von" (Ps. 116, 14).

e) Bei den Stämmen III *b g d k p t* wechselt die explosive Aussprache beim suff. Sg. דַּרְכִּי „mein Weg" (Sek. δερχι, Ps. 18, 33) mit der Spirierung im Pl. beim St. cstr. מַלְכֵי

„Könige“ (Sek. μαλχη, Ps. 89, 28) und vor schweren Suffixen, דַּרְכֵיהֶם „ihre Wege“, allerdings ohne Konsequenz: בִּגְדוֹ „sein Kleid“ (2 R. 4, 39), כַּסְפֵּיהֶם „ihr Geld“ (Gn. 42, 25); vgl. § 13, 2.

2. a) Zu den Kehllauten in den Laryngalstämmen vgl. § 22, 3. Die Stämme I א, ח, ע der Form qitl haben oft *æ* im suff. Sg., חֶפְצוֹ „sein Begehr“, neben *i*, עִמְקָם „ihr Talgrund“ (עֵ֫מֶק), Pl. cstr. חִקְרֵי „Forschungen“ (חֵ֫קֶר). Im St. abs. und vor leichten Suffixen begegnet im Pl. von qutl statt Šwa meist Ḥaṭef-Qameṣ beim Kehllaut, חֳדָשִׁים „Monate“; abweichend אֹהָלִים (Sg. אֹ֫הֶל), dagegen Pl. cstr. אָהֳלֵי „Zelt“.

b) Bei den Wörtern II lar. ist der Stammvokal tib. in der Regel *a* oder *o*: נַ֫חַל „Bach“, תֹּ֫אַר „Gestalt“; qitl-Formen treten tib. nicht in Erscheinung; vgl. פֹּ֫עַל „Werk“ mit arab. *fiʿlun* oder P. נַחֲלָתֶ֫ךָ „dein Erbteil“ (Ps. 28, 9) mit Sek. νεελαθαχ (vgl. § 46, 3c) und arab. *níḫlatun*. Vielfach findet sich eine Sproßsilbe, נַעֲלוֹ „sein Schuh“, neben festem Silbenschluß, לַחְמוֹ „sein Brot“. Vor den Sg.-Suffixen -*ḵå*, -*ḵæm*, -*ḵæn* erhält ein Ḥaṭef-Laut Vollvokal: נַעַלְךָ „dein Schuh“, פָּעָלְכֶם „euer Werk“ (§ 20, 2a). Der Hilfsvokal ist häufiger *a* als *æ*, לֶ֫חֶם „Brot“.

c) Von den Stämmen III lar. haben die qatl-Formen III ה, ח, ע als Stammvokal *æ*, in Pausa meist *å* und als Hilfsvokal *a*: K. זֶ֫רַע, P. זָ֫רַע, suff. זַרְעִי „Same“. Bei III א ist א im Auslaut elidiert (§ 22, 3a) und der Hilfsvokal *æ* zu *ǣ* gedehnt; vgl. פֶּ֫רֶא „Wildesel“ mit arab. *fáraʾun*.

3. a) Segolata II ו י kommen als junge Formen nur von qatl vor. Da die Kontraktion *aw* > *ō*, *ay* > *ē* altkan. ist und somit im Hebr. älter ist als die Diphthongierung (§ 22, 4c), weisen auch die meisten Stämme II ו י unveränderlichen Kon-

traktionsvokal ō und ē (Flexionsklasse I; § 47) auf; Wörter wie יוֹם „Tag“, קוֹל „Stimme“, חֵיל „Vormauer“, חֵיק „Busen“, לֵיל „Nacht“, in denen *w* und *y* nur als Vokalbuchstaben fungieren (§ 9, 2), gehören zum ältesten Bestand. Daneben gibt es einige Formen mit *w* und *y* als zweitem Radikal, die sich als Reste genuin israelitischer, beduinisch-konservativer Redeweise begreifen lassen. Derartige vereinzelte Formen sind z. B. **mawt* „Tod“, **bayt* „Haus“ (§ 58, 15) mit dem Lokaladv. הַמָּ֫וְתָה *hammắwṯå* „zum Tode hin“ (Ps. 116, 15), K. בַּ֫יְתָה *báyṯå*, P. בָּ֫יְתָה *bắyṯå* „ins Haus“ (neben בַּ֫יְתָה). Dem synagogalen Sprachgebrauch mag die Segolierung **bayṯ* > בַּ֫יִת *báyiṯ*, **mawṯ* > מָ֫וֶת *mắwæṯ* entstammen. Die Schaffung einer Reihe von diphthongierten Neubildungen und synt. Systematisierung paralleler monophthongischer und diphthongischer Formen sind mas. Werk. So ist z. B. die zur grammatischen Tradition gehörende Zuweisung von בַּ֫יִת, יַ֫יִן „Wein“ oder מָ֫וֶת an den St. abs., dagegen בֵּית, יֵין oder מוֹת an den St. cstr. sprachgeschichtlich nicht gerechtfertigt (§ 5, 3).

b) Zu den Segolaten II ו gehören ferner אָ֫וֶן „Unrecht“ (§ 34, 2 a), suff. אוֹנִי und Pl. אוֹנִים, außerdem רֶ֫וַח „Weite“ und עָ֫וֶל „Unrecht“, cstr. עֶ֫וֶל, suff. עַוְלוֹ. שׁוֹר „Rind“ hat (Hos. 12, 12) Pl. שְׁוָרִים wie mittelhebr.; vgl. noch שׁוּק „Markt“ (arab. *sawqun*), Pl. שְׁוָקִים (§ 22, 4 d). Bei II י stehen zuweilen segolierte Formen neben älteren einsilbigen: לַ֫יִל „Nacht“ neben לֵיל, Pl. לֵילוֹת; שַׁ֫יִשׁ neben שֵׁשׁ „weißer Marmor“. Von חֵיל „Vormauer“ ist חַ֫יִל „Macht, Heer“ (vgl. Sek. αϊλ < **ḥayl* [Ps. 18, 40]) zu unterscheiden. Ferner sei verwiesen auf: עִירֹה „sein Esel“ (Gen. 49, 11; vgl. arab. *ʿayrun*), שִׁיתוֹ „seine Dornen“ (Jes. 10, 17) mit Segolierung עַ֫יִר und שַׁ֫יִת im St. abs.

Sg.; weiterhin Pl. cstr. עִינוֹת „Quellen“ (Prv. 8,28) für עֵינוֹת (Ex. 15,27). Zum Pl. abs. עֲיָנוֹת vgl. noch חֲיָלִים „Heere“, suff. חֵילֵיהֶם; עֲיָרִים „Eselsfüllen“ (Jes. 30,6), תְּיָשִׁים (Sg. תַּ֫יִשׁ) „Ziegenböcke“ (Gn. 30,35). Mittelhebr. ist dieser Pl. häufig, z. B. עֲיָרוֹת „Städte“ für עָרִים (§ 58, 17).

c) In שָׁוְא „Lüge“ ist א nach § 22, 3a elidiert, daher שָׁו (Hi. 15,31 Ketib; vgl. Sek. σαυ, Ps. 31, 7). Neben גַּיְא „Tal“, aber גַּי (Dt. 34,6), findet man auch abs. גֵּיא (Jes. 40,4); cstr. גֵּיא (§ 22, 4c); Pl. abs. *גֵּאוֹת (Ez. 6,3 גאית) neben גֵּאָיוֹת (2 R. 2, 16)[1].

4. a) Von den Stämmen III ו gibt es nur wenige Formen; שָׂ֫חוּ „Schwimmen“ (Ez. 47,5), das äg. Lehnwort אָ֫חוּ „Riedgras“, בֹּ֫הוּ „Leere“ und תֹּ֫הוּ „Wüste“. Vor Endungen ist *w* konsonantisch: Pl. cstr. חַגְוֵי „Schluchten“ (Jer. 49,16), מְזָוֵ֫ינוּ „unsere Vorratskammern“ (Ps. 144,13), שַׁלְוִי „meine Ruhe“ (Sek. σαλουι, Ps. 30, 7), vgl. auch שַׁלְוָה „Ruhe“ (§ 55, 2).

b) Von III י begegnen qatl גְּדִי „Böckchen“ (arab. *ǧadyun*), qitl פְּרִי „Frucht“ (Wz. *pry*; ugar. *pr* = **pirū*), und die Form qutl חֳלִי „Krankheit“ (Wz. *ḥly*). Wie in den starken Formen ist auch hier die Grenze qatl/qitl bei Vorherrschen von *i* im suff. Sg. fließend. Im Sg. abs. und cstr. ist *y* sonantisch. Aus P. בֶּ֫כִי *bǽḵī* „Weinen“, חֵ֫צִי *ḥéṣī* „Hälfte“ und חֹ֫לִי *ḥólī* „Krankheit“ ergibt sich älterer Pänultimadruck wie in Q. Im suff. Sg. ist *y* stets konsonantisch. Der Pl. wird nach der Normalform gebildet, גְּדָיִים „Böckchen“. Der Pl. cstr. lautet statt **gidyē* tib. גִּדְיֵי; doch die ältere Form begegnet noch in babyl. *gādyōṯáyiḵ* „deine (F.) Zicklein“ (MB, 71). Daneben existiert schon altkan. ein Pl. mit elidiertem *y*; vgl. כֵּלִים „Geräte“, cstr. כְּלֵי, suff. כְּלֵיהֶם. Unter Übergang von י zu א findet sich

[1]) Zu den Pl.-Bildungen vgl. E. Kautzsch, Grammatik, § 98v.

schließlich der im Mittelhebr. häufige Pl. חֲלָאִים „Halsgeschmeide" (Cant. 7, 2) oder עֳפָאִים „Gezweig" (Ps. 104, 12 Ketib). Der Du. lautet לְחָיַ֫יִם „Kinnbacken", cstr. לְחָיֵי, suff. לְחָיֵיכֶם.

5. Einige Segolata haben den Stammvokal zwischen zweitem und drittem Radikal, sog. umgekehrte Segolata. Hier mag aram. Einfluß vorliegen: אֲגַם „Sumpf", דְּבַשׁ „Honig" (arab. *dibsun*), suff. דִּבְשִׁי; סְבַךְ „Dickicht", Pl. cstr. סִבְכֵי; שְׁכֶם „Nacken", suff. שִׁכְמָהּ (Gn. 21, 14); vgl. K. שְׁכֶם, P. שֶׁ֫כֶם „Sichem"; *סֹבֶךְ „Dickicht", cstr. -סֲבַךְ, suff. סֻבְּכוֹ *sub̠ᵉk̠ō* mit Dageš forte dirimens (§ 14, 2b). Junge und künstliche Analogiebildungen sind זְאֵב „Wolf", שְׂאֵת „heben", בְּאֵר „Brunnen", שְׁאוֹל „Unterwelt", in denen verstummtes א im Rahmen der Laryngalerneuerung konsonantisch wurde (§ 34, 6).

6. Stämme ohne Hilfsvokal begegnen zuweilen dort, wo einer der beiden letzten Radikale eine Explosiva ist (§ 29, 3a): חֵטְא „Sünde", suff. חֶטְאוֹ (vgl. PsBN בְּחֶטְאוֹ „in seiner S." [2 R. 14, 6 (R)]); Pl. חֲטָאִים, cstr. חַטְאֵי, suff. חֲטָאַי mit aramaisierend festem *å*; ferner נֵרְדְּ „Narde", קֹשְׁטְ „Wahrheit". Die einsilbigen Stämme mit schließender Doppelkonsonanz werden wie die gewöhnlichen Segolata flektiert, z. B. im suff. Sg. נִרְדִּי, im Pl. abs. נְרָדִים.

§ 53. Klasse VII: Nomina auf *-æ̅*

1. Zur Klasse VII (Tab. VII) mit den Endungen *-æ̅* (babyl. *-ā̆*) im St. abs. Sg. und *ē* im St. cstr. Sg. gehören die Stämme III י״ו, abgesehen von den Formen, in denen *w* und *y* konsonantisch geblieben sind oder als Konsonanten neu gebildet wurden (§ 52, 4). Noch im Altkan. ist der dritte Radikal *w*/*y* weithin konsonantisch, doch ist bereits im Ugar. innervokalische Elision von *w* und *y* beim Nomen nachweis-

bar. Im Hebr. setzt die Elision von *w* und *y*, die zu *y* zusammengefallen sind, den Wegfall der Auslautvokale voraus (vgl. § 22, 4d), und ה dient als Vokalbuchstabe für *ǣ*/*ē* als auslautenden Kontraktionsvokal.

2. Die Suffixe treten an die Formen auf -*ē*, so daß Bildungen entstehen, die dem normalen Pl. gleichen; vgl. מִקְנַי „mein Besitz" mit שִׁירַי „meine Gesänge". Im Pl. (und Du.) ist *y* (*w*) innervokalisch ausgefallen (§ 22, 4d); vgl. ugar. *šdm* (Wz. *šdy*) = **šadūma*/*šadīma*)[1]) mit שָׂדִים „Felder". Dieser Pl. hat seinerseits eine sekundäre Sg.-Bildung ausgelöst, die dem normalen Sg.-Typus entspricht. Das Suffix 3. M. Sg. lautet -*åw*, -*ḗhū* und -*o*; letztere beiden treten sowohl an die Vollform wie an den sekundären Sg.; die Suffixe 2. M. F. Pl. und 3. M. F. Pl. stehen nur in der Pl.-Form -*ēḵæm*, -*ēhæm*.

1. c.	Sg. K. מִקְנַי	שָׂדַי	Pl. מִקְנֵינוּ	שָׂדֵינוּ
	P. מִקְנָי			
2. M.	מִקְנֶיךָ	K. שָׂדְךָ	מִקְנֵיכֶם	שְׂדֵיכֶם
		P. שָׂדֶךָ		
2. F.	K. מִקְנַיִךְ	שָׂדֵךְ	מִקְנֵיכֶן*	שְׂדֵיכֶן*
	P. *מִקְנָיִךְ			
3. M.	מִקְנָיו	שָׂדוֹ	מִקְנֵיהֶם	שְׂדֵיהֶם
	מִקְנֵהוּ	שָׂדֵהוּ		
3. F.	מִקְנֶיהָ	שָׂדָהּ	מִקְנֵיהֶן	שְׂדֵיהֶן

Beide Flexionsformen begegnen oft beim gleichen Nomen; vielfach steht defektive Schreibung: שְׂדֵהֶם, שָׂדֵנוּ, מִקְנֶהָ, מִקְנֶךָ.

---

[1]) C. H. Gordon, Manual, § 8, 22 (= Textbook, § 8, 25); J. Aistleitner, Wörterbuch, 2583.

§ 54. Klasse VIII: Feminina auf -$\mathring{a}$ von maskulinen Nichtsegolaten

1. Die Flexionsklasse VIII umfaßt vor allem Ableitungen von Stämmen der Klassen I—V und VII. Nach dem Verhalten der Stammvokale unterscheidet man Wörter mit unveränderlichem Stammvokal, solche mit einem veränderlichen Vokal und die Feminina von Klasse IV mit zwei veränderlichen Vokalen (Tab. VIII).

2. Unveränderliche Stammvokale hat das F. folgender Stämme: a) Klasse I, סוּסָה „Stute“ von סוּס, רָמָה „erhaben“ von רָם (§ 47); b) Klasse II mit veränderlichem Pänultimavokal, der infolge Druckverlagerung durch die F.-Endung zu Šwa reduziert ist, גְּדוֹלָה „groß“ von גָּדוֹל (§ 48); c) Klasse III mit veränderlichem Ultimavokal, sofern dieser aus gleichem Grunde zu Šwa geworden ist, כֹּתְבָה „schreibend“ von כֹּתֵב (§ 49); d) Klasse V der Stämme II gem., רַבָּה „viel“ von רָב (§ 51), sowie der Nomina mit sekundärer Gemination: אֲדֻמָּה „rot“, בּוֹכִיָּה „weinend“; e) Klasse VII der Nomina III י ו auf -$\bar{æ}$ mit unveränderlichem Vokal in vorletzter Silbe (§ 53). Hierbei sind die Feminina analog zum Sg. M. gebildet: בּוֹנָה „bauend“ von בּוֹנֶה (vgl. dagegen arab. *bắniyatun* und § 22, 4d), מִצְוָה „Gebot“. Schließlich gehören hierher f) Ableitungen von Segolaten II י ו (§ 52, 3a), צֵידָה „Reisekost“ (St. abs. Sg. M. צַ֫יִד), und von III י (§ 52, 4b), die den letzten Radikal sekundär verdoppeln, so tib. גְּדִיָּה „Zicklein“ und אֳנִיָּה „Schiff“.

3. Feminina mit einem veränderlichen Vokal sind Ableitungen der Klasse III mit veränderlichem $\mathring{a} < a$ und $\bar{e} < i$ in letzter Silbe, so שָׂפָה „Lippe“, אַלְמָנָה „Witwe“, עֵצָה „Ratschlag“, יוֹלֵדָה „Gebärende“ (neben *יֹלְדָה, s. u. 2c, und יֹ֫לֶדֶת); ferner von Klasse VII, wenn der erste Stammvokal veränderlich ist, יָפָה von יָפֶה „schön“. Die Feminina der ersten

Gruppe wechseln teilweise, zuweilen auch ganz mit den Segolatbildungen der Klasse XI (§ 57). Der veränderliche Vokal ist nur lang vor dem Druck, sonst ist er zu Šwa reduziert, so Sg. cstr. אַלְמְנַת, *יְלֶדֶת; Pl. cstr. אַלְמְנוֹת, יְלָדוֹת. Im Du. cstr. und vor schweren Suffixen lautet er, in geschlossener Silbe stehend, *i*: שִׂפְתֵי „Lippen“ (vgl. דִּבְרֵי), suff. שִׂפְתֵיכֶם (vgl. דִּבְרֵיכֶם; § 50, 2a).

4. a) Die F.-Ableitungen der Klasse IV mit zwei veränderlichen Vokalen verhalten sich wie die m. Pl.-Formen dieser Klasse (דִּבְרֵיכֶם, דְּבָרַי, דִּבְרֵי, דְּבָרִים; § 50, 2a): Steht der zweite Stammvokal vor der Drucksilbe, so ist er lang, *å* oder *ē*, und der erste Stammvokal ist zu Šwa reduziert, so im Sg. abs. צְדָקָה „Gerechtigkeit“, לְבֵנָה „Ziegel“, חֲרָדָה „Schrecken“ und Pl. abs. בְּרָכוֹת „Segenswünsche“, עֲגָלוֹת „Wagen“. Rückt der Druck, wie in allen anderen Fällen, um eine oder zwei Silben weiter, so wird der zweite Stammvokal elidiert, der erste dagegen begegnet, in geschlossener druckloser Silbe stehend, tib. als *i*, bei Laryngalen als *a* und *æ*: Sg. cstr. קִלְלַת „Fluch“ (babyl. *qällät*; MB, 74), חֶשְׁכַת „Finsternis“, אַדְמַת „Erdboden“; Pl. cstr. מַעַרְכוֹת (Sg. abs. מַעֲרָכָה) „Anordnungen“.

b) Zuweilen wird bei den cstr. F.-Formen von qatil, qatilat > קְטֵלָה, der St. cstr. nach dem St. abs. umgebildet, so daß unveränderliche Vokale entstehen: בְּרֵכָה „Teich“, cstr. בְּרֵכַת und Pl. בְּרֵכוֹת; שְׁאֵלָה „Bitte, Frage“, suff. שְׁאֵלָתִי neben שֶׁאֱלָתִי; ferner Sg. cstr. טְמֵאַת (vgl. § 50, 3b) „unrein“ und babyl. *īrē'ät* neben tib. יְרֵאַת (MB, 73) „sich fürchtend“.

5. Lokaladverbien sind הַבָּמָתָה „auf die Höhe“, עַזָּתָה „nach Gaza“, הָעֲרָבָתָה „in die Wüste“.

§ 55. Klasse IX: Feminina auf -*å* von maskulinen Segolaten

1. Die Femininklasse IX (Tab. IX) setzt im Sg. und Du. die einsilbigen, mit Doppelkonsonanz schließenden Segolata voraus: פַּרְסָה „Huf“, עֶגְלָה „junge Kuh“, אָכְלָה „Essen“. Auch hier schwankt die Grenze zwischen qitl- und qatl-Bildungen, vgl. כַּבְשָׂה neben כִּבְשָׂה „Schaflamm“ (< **kabsu*); insbesondere ist bei den Wörtern I lar. eine genaue Bestimmung unmöglich. Bei Stämmen II lar. findet sich meist ein Ḥaṭef-Laut nach der Laryngalis: אַהֲבָה „Liebe“, נַעֲרָה „Mädchen“, טָהֳרָה „Reinigung“, doch auch רַחְמָה „Mutterleib“, פַּחְדָּתִי „meine Furcht.“ Der Pl. entspricht in den Quantitäten der Vokale der Normalform des M.; vgl. F. מְלָכוֹת mit M. מְלָכִים und St. cstr. F. מַלְכוֹת mit M. מַלְכֵי. Zu Formen wie אַהֲבָה s. § 35, 1b und § 65, 1.

2. Feminina II ו bieten, wenn *w* konsonantisch ist, keine Besonderheiten: עַוְלָה *ʿawlå* „Frevel“ neben עוֹלָה. Meist wird das F. von den kontrahierten Stämmen II וי abgeleitet und damit nach § 54, 2f flektiert. Stämme III וי sind שַׁלְוָה, cstr. שַׁלְוַת „Ruhe“; *אֻרְוָה „Krippe“, Pl. abs. אֻרָוֹת *'uråwōṯ*, cstr. אֻרְוֹת *'urwōṯ* neben אֻרְיוֹת (2 Chr. 9, 25); אַלְיָה „Fettschwanz“.

3. Tib. sind *b g d k p t* als dritte Radikale im Sg. und Du. explosiv zu sprechen, soweit nicht ein Ḥaṭef-Laut vorausgeht: מַלְכָּה, doch אַהֲבָה „Liebe“. Es gibt jedoch eine Reihe von Wörtern, in denen sich die spirantische Aussprache findet, so Du. abs. יַרְכָתַ֫יִם „Innenseite“ neben St. cstr. יַרְכְּתֵי; vgl. § 13, 2.

4. Lokaladverbien sind לְשִׁכָּ֫תָה „ins Zimmer“, הַמִּצְפָּ֫תָה „nach Miṣpa“, תִּרְצָ֫תָה „nach Tirṣa“.

§ 56. Klasse X: Feminina auf -īṯ und -ūṯ

1. a) Maskulina auf -ī < -īyu (so ugar.; § 41, 4)[1]) können ein F. auf -at bilden: -īyatu > īyå (Klasse VIII), dazu ein zweites auf -t: -ītu > -īṯ, so von תַּחְתִּי „unterer" תַּחְתִּיָּה und תַּחְתִּית, von שְׁלִישִׁי „dritter" שְׁלִישִׁיָּה und שְׁלִישִׁית. Entsprechende Formen sind möglich von Stämmen III י, so vom Inf. שְׁבִי „Wegführung von Gefangenen" שְׁבִיָּה neben שְׁבִית „Gefangenschaft"; ferner בְּרִית „Bund" von der Wz. *bry* „Mahlgemeinschaft halten"[2]).

b) Von Formen wie שְׁבִית hat sich die Endung -īṯ als selbständiges Afformativ abgelöst (§ 41, 5a) und dient zur Bildung von Abstraktbegriffen: רֵאשִׁית „Anfang" (רֹאשׁ „Kopf"), אַחֲרִית „Ende" (אַחַר „hinten").

c) Der Pl. wird in beiden Fällen auf -īyōṯ (§ 54, 2f) gebildet: מוֹאֲבִיָּה, מוֹאֲבִית; Pl. מוֹאֲבִיּוֹת „Moabiterin".

2. a) Das alte Abstraktafformativ -ūṯ, das sekundär im Hebr. mit einer F.-Bildung der Stämme III ו auf -t zusammengefallen ist (§ 41, 5b), hat erst unter aram. Einfluß zunehmend an Bedeutung gewonnen. Damit mag es zusammenhängen, daß bei Antritt von -ūṯ an ein M.-Segolat mit *b g d k p t* als 3. Radikal nur selten die Spirierung aufgehoben wird, so im St. cstr. עַשְׁתּוּת „Meinung" (?; Hi. 12, 5); gewöhnlich יַלְדוּת „Jugend", מַלְכוּת „Königtum" (§ 13, 2).

b) Der Pl. lautet חֲנֻיּוֹת „Läden" (Sg. חָנוּת nur mittelhebr. belegt), und מַלְכֻיּוֹת „Königreiche". Der aram. Pl. -wāṯā begegnet z. B. in עֵדְוֹתֶיךָ ʾēḏwōṯǽḵå „deine Zeugnisse" (Sg. עֵדוּת; Ps. 119, 14).

3. Die Veränderlichkeit der Vokale richtet sich nach den Stämmen, auf denen diese Feminina fußen. Nomina wie גָּלוּת

---

1) C. H. Gordon, Manual, § 8, 47 (= Textbook, § 8, 52).
2) Koehler-Baumgartner, 152.

„Verbannung“ haben nach aram. Weise unveränderliches *å* in der ersten Silbe. Zur Aussprache beachte man, daß das Dageš im Yod z. B. bei מַלְכֻיּוֹת lediglich dessen konsonantischen Charakter anzeigt (§ 14, 3), man also *malkūyōt* zu lesen hat (Tab. X).

§ 57. Klasse XI: Segolata femininer Form

1. Durch Anfügung von *-t* an konsonantisch auslautende zweiradikalige Stämme wie *דָּל „Tür“ (§ 33, 3a) und an den Inf. III יו, I י entstehen dreibuchstabige qa(i/u)tl-Formen, die wie die echten Segolata flektiert werden, שֶׁבֶת „sitzen“, suff. שִׁבְתִּי, שִׁבְתְּכֶם. Soweit Pl.-Bildungen vorliegen, entsprechen sie Klasse IX; im Du. abs. findet sich bei דְּלָתַיִם eine jüngere Form (§ 52, 1c). Weitere Formen sind קֶשֶׁת (ugar. *qšt*; vgl. akkad. *qaštu*) „Bogen“ (§ 33, 3a) mit dem suff. Pl. קַשְּׁתוֹתָם; לֶדֶת „gebären“ (יָלַד), suff. לִדְתֵּךְ; תֵּת „geben“ (נָתַן), suff. תִּתּוֹ; לֶכֶת „gehen“ (הָלַךְ), suff. לֶכְתּוֹ, und קַחַת „nehmen“ (לָקַח), suff. קַחְתּוֹ.

2. a) Ebenso tritt *-t* an dreiradikalige oder durch Präformative erweiterte Stämme; derartige F.-Bildungen finden sich insbesondere bei dem Part. Qal, sowie beim Part. der abgeleiteten Stämme, dem auf maqtal (§ 40, 4) beruhenden F., aber auch sonst: אִגֶּרֶת „Brief“, נְחֹשֶׁת „Kupfer“. Im Sg. abs. steht die segolierende Form oft neben der F.-Bildung nach Klasse VIII; vgl. יֹדַעַת „wissend“ mit יְדֻעָה und יֹדֵעָה (§ 54, 3); K. מִשְׁמָרָה „Wache“ neben P. מִשְׁמֶרֶת. Vielfach hat der St. abs. die Form auf *-å*, der St. cstr. die Segolatform; z. B. גְּבִירָה „Herrin“, cstr. גְּבֶרֶת, suff. 3. M. Sg. גְּבִרְתָּהּ (Prv. 30, 23). Daneben findet sich im St. abs. Sg. auch die Segolatform ohne

Hilfsvokal יֹלֶדֶת „gebärend“ (Gn. 16, 11); zur schließenden Doppelkonsonanz vgl. § 29, 3a. Der Du. wird entsprechend dem M. flektiert, נְחֻשְׁתַּיִם „eherne Fesseln“ (§ 44, 3b), und der Pl. stimmt in Bau und Flexion mit dem der Klassen VIII/IX überein.

b) Die Stämme III א elidieren das א bei Antritt von *-t* nach § 22, 3a: חַטָּאת „Sünde“ (חַטַּאת); יֹצֵאת, Pl. יֹצְאוֹת „hinausgehend“. Ebenso bildet das Part. Ni., Pu. und Ho. den Sg. mit *ē*, נִפְלֵאת „wunderbar“ statt zu erwartendem **niflāṯ* < **napla'tu*. Dagegen ist der Pl. regelmäßig: נִפְלָאוֹת, cstr. נִפְלְאוֹת, suff. נִפְלְאוֹתַי (Tab. XI).

§ 58. Nomina eigentümlicher Bildung

1. אָב „Vater“, cstr. אֲבִי, auch אַב (Gn. 17, 4) oder אַב־ (Gn. 17, 5). Ursprünglich einsilbig und kurzvokalig (§ 33, 3a), hat אָב altkan. im St. abs. kurze Kasusvokale, **'abu* (Nom.); **'abi* (Gen.), **'aba* (Akk.), lange dagegen im St. cstr. und vor Suffixen: **'abū*, **'abī*, **'abā*. Das Hebr. hat die Endung *-ī* für St. cstr. und die suff. Formen: אָבִיו, אֲבִיהוּ, אֲבִיהֶם (§ 45, 3a). Der Pl. lautet nach dem Wandel *ā* > *ō* altkan., entsprechend dem vorhebr. Gen. *'abūtīya* = **'abōtīya* „meiner Väter“ (EA 122, 12), **'abōtu* > hebr. אָבוֹת, cstr. אֲבוֹת, suff. אֲבוֹתָיו.

2. אָח „Bruder“, kurzvokaliger Stamm **'aḫ* (§ 33, 3a; vgl. ugar. *'aḫ* = **'aḫu* [Nebenform *'iḫ* = **'iḫu*])[1]), Pl. abs. אַחִים mit sekundärer Gemination in der Vordrucksilbe, cstr. אֲחֵי, suff. 1. c. Sg. K. אַחַי, P. אָחָי, 2. M. אָחִיךָ, 2. F. אָחִיךְ, 3. M. אָחִיו, 3. F. אָחִיהָ; 1. c. Pl. אַחֵינוּ, 2. M. אֲחֵיכֶם, 3. M. אֲחֵיהֶם.

3. אָחוֹת „Schwester“, cstr. אֲחוֹת, suff. אֲחוֹתִי. Zum Sg. auf *-ōṯ* vgl. die entsprechende phön. Endung **-ōt*, wie sie z. B. im akkad. umschriebenen Eigennamen *A-ḫu-ut-mi-il-ki*

[1]) J. Aistleitner, Wörterbuch, 133.

= *'*Aḥōtmilki* begegnet[1]). Der Pl. ist nur suff. belegt: אַחוֹתַי (Jos. 2, 13 Ketib). Dieser Pl. steht bereits ugar. *'aḫt* = *'*aḫātu* neben der Weiterbildung *'aḫtt* = *'*aḫātātu*, wobei das erste F.-*t* als dritter Radikal erscheint (vgl. קְשָׁתוֹת „Bogen", § 57, 1); hebr. begegnet eine Neubildung nach III ו״י, אַחְיוֹתָיו; vgl. hierzu den arab. Pl. *'aḫawātun* zum Sg. *'uḫtun* und hebr. אַחֲוָה „Bruderschaft" (Sach. 11, 14).

4. בֵּן „Sohn", cstr. gewöhnlich בֶּן־, manchmal בָּן־ (Ex. 6, 25)[2]), außerdem בֶּן (Gn. 17, 17), בִּן (Dt. 25, 2), בֵּן (Gn. 49, 22); vgl. ferner בִּנְיָמִין, בִּן־נוּן doch בֶּן־יְמִינִי „Benjaminit", mit Artikel בֶּן־הַיְמִינִי. Zu den Formen בְּנִי אֲתֹנוֹ „sein Eselsfüllen" (Gn. 49, 11) und בְּנוֹ צִפֹּר „Sippors Sohn" vgl. § 45, 3d. Der suff. Sg. lautet nach § 23, 2b בְּנוֹ, K. בִּנְךָ, P. בִּנֶךָ. Im Pl. begegnet *å* trotz Grundform **bin* (§ 33, 3a): בָּנִים entsprechend ugar. *bnm* = **banūma*/**banīma* und arab. *banūna*. Der Pl. cstr. lautet בְּנֵי, suff. בָּנָיו, בְּנֵיהֶם.

5. בַּת „Tochter", auch P. בָּת (Gn. 30, 21), cstr. בַּת, suff. בִּתִּי, בִּתֵּנוּ; vgl. hierzu akkad. und arab. *bintu* (ugar. *bt* = **bittu*). Der Pl. abs. lautet, nach dem M. בָּנִים, בָּנוֹת, cstr. בְּנוֹת, suff. בְּנוֹתָיו, בְּנוֹתֵיהֶם.

6. *חָם „Schwiegervater", suff. חָמִיךְ; zur Bildung s. u. 1.

7. *חָמוֹת „Schwiegermutter", suff. חֲמוֹתֵךְ; vgl. hierzu u. 3.

8. אִישׁ „Mann", suff. אִישִׁי; Pl. abs. אֲנָשִׁים (vgl. אֱנוֹשׁ; arab. *'unāsun*) „Mensch, Menschen", andererseits ugar. *nšm* = **na/išūma* (akkad. *nīšū*) „Leute"; Pl. cstr. אַנְשֵׁי, suff. אֲנָשָׁיו, אַנְשֵׁיהֶם. Der vielfach als junge Analogiebildung zum Sg. angesehene Pl. אִישִׁים (Jes. 53, 3) hat seine Entsprechung bereits in altphön. אשם = *'*īšīm*; vgl. die Karatepe-Inschrift I, 15[3]).

---

1) J. Friedrich, Phön.-pun. Grammatik, § 240.
2) Nach dem TR.
3) KAI I, 15; J. Friedrich, Phön.-pun. Grammatik, § 240.

9. אִשָּׁה „Frau"; akkad. *aššatum* „Ehefrau", arab. *'únṯā* „weiblich", ugar. *'aṯṯ* = **'aṯṯatu* < **'anṯatu*. Im Sg. cstr. liegt eine Segolatbildung אֵ֫שֶׁת (vgl. § 57, 1) vor; suff. אִשְׁתִּי, אִשְׁתְּךָ neben אֶשְׁתְּךָ (Ps. 128,3). Pl. abs. נָשִׁים (s. u. 8), cstr. נְשֵׁי, suff., נָשַׁי, נְשֵׁיכֶם. Der Pl. אִשֹּׁת (Ez. 23,44) nach dem Sg. ist unsicher; mittelhebr. begegnet die Neubildung נָשׁוֹת.

10. אָמָה „Magd, Sklavin", suff. אֲמָתְךָ, אֲמָתוֹ, ein einsilbiger Stamm (§ 33, 3a); vgl. ugar. *'amt* = **'amatu*, im Pl. durch ה erweitert: אֲמָהוֹת, cstr. אַמְהוֹת, suff. אַמְהוֹתַי, אַמְהוֹתֵיכֶם. Dieser Pl. begegnet auch bibl.-aram.: אֲבָהָתָךְ „deine Väter" (Esr. 4, 15), arab. *'ummahátun* „Mütter" und ugar. *bhtm* = **bahatūma* „Häuser".

11. אֵל „Gott" < **'ilu* (= ugar.), suff. אֵלִי, Nebenform אֱלוֹהַּ; Pl. abs. אֵלִים „Götter" und אֱלֹהִים „Götter, Gott", so auch ugar. *'ilm* = **'ilūma* neben seltenerem *'ilhm* = **'ilāhūma*; cstr. אֱלֹהֵי. Das F. lautet ugar. *'ilt* = **'ilatu*, Pl. *'ilht* = **'ilāhātu* und ist im AT nicht belegt.

12. *מֹת „Mann" (vgl. ugar. *mt* = **mutu* „Mann, Gatte", akkad. *mutu*, ägypt. *mt*), hebr. nur Pl. מְתִים „Leute", cstr. מְתֵי, suff. מְתָיו.

13. פֶּה „Mund", cstr. פִּי; vgl. § 46, 2. Ein einradikaliger Stamm (§ 33, 2), dessen St. abs. ursprünglich dem St. cstr. glich; zu *ǣ* < *ī* vgl. § 23, 1b. Altkan. (wie akkad.) wird flektiert: **pū* (Nom.), **pī* (Gen.), **pā* (Akk.). Der Pl. lautet פִּיּוֹת, (Prv. 5, 4) und פֵּיוֹת (Jdc. 3, 16); zu פִּיפִיּוֹת „Schwertschneiden" vgl. § 43, 4. Nicht hierher gehört פִּים „Zweidrittel Schekel" (= 7, 50—7, 75 gr.)[1]).

14. רֹאשׁ „Kopf" < **ra'šu* (arab. *ra'sun*) mit Elision des silbenschließenden א und Wandel von *ā* > *ō*; vgl. altkan.

[1]) Koehler-Baumgartner, 759.

rūšunu = **rōšunū* „unser Haupt“ (EA 264, 18), phön. *rōš*. Beides unterbleibt im Ugar., daher *ri'š* = **ri'šu* (§ 22, 3a). Pl. abs. רָאשִׁים, cstr. רָאשֵׁי, suff. רָאשַׁי, רָאשֵׁיכֶם; ugar. noch unkontrahiert *ra'šm* = **ra'ašūma*, daneben *ri'št* = **ri'ašātu*. Nach dem Sg. neugebildet ist רָאשָׁיו. Ableitungen sind רִאשֹׁן „erster“ (§ 60, 1); רֵאשִׁית „Anfang, Bestes“ (vgl. phön. ראשת).

15. בַּ֫יִת „Haus“, cstr. בֵּית, suff. בֵּיתִי, בֵּיתְךָ, בֵּיתְכֶם; Lokaladv. בַּ֫יְתָה und בֵּ֫יתָה. Zur Segolierung des St. abs. **bayṯ* = Sek. βαιθ (Ps. 30, 1) s. § 52, 3a. Ugar. ist *bēt* für beide Status belegt: *bt* = **bētu* (vgl. akkad. *bītum*). Im Phön. schwankt die Überlieferung zwischen **bayt* und **bēt*[1]), doch dürfte *bēt* die Normalform sein; im Sam. begegnen *bēt* und *bīt*. Der Pl. בָּתִּים *båtīm*, cstr. בָּתֵּי *bātē*, suff. בָּתַּי, steht neben ugar. *bhtm* = **bahatūma* mit sekundärem *h* (vgl. Nr. 10). Das Dageš deutet, wie in syr. *bātē*, die außergewöhnliche, weil altüberlieferte explosive Aussprache des *t* an. P.-Formen sind Sg. בָּ֑יִת und Lokaladv. בָּ֑יְתָה.

16. מַ֫יִם „Wasser“, P. מָ֫יִם, cstr. מֵי und מֵימֵי (§ 43, 4), suff. מֵימֶיכֶם, מֵימָיו, Lokaladv. הַמַּ֫יְמָה „zum Wasser“; ein alter einsilbiger Stamm **māy* < **māw* (vgl. arab. *mā'un*, akkad. *mū* und südarab. *mw*). מַ֫יִם ist wohl ein abgeleiteter Sg. vom Pl. **māymāy*; ugar. lautet der Sg. *my* = **māyu*, der Pl. *mym* = **māyūma*. Der vorhebr. Kontraktionsform *mēma/mīma* (EA 148, 12. 31) entspricht sam. *mēm/mīm*, während segoliertes מַ֫יִם < **maym* = Sek. μαϊμ (Ps. 32, 6) mas. neugebildet ist und wie שָׁמַ֫יִם sekundär die Du.-Form aufweist.

17. עִיר „Stadt“, ein einsilbiger Stamm mit langem Vokal (§ 33, 3b), im Sg. regelmäßig; Pl. abs. עָרִים, cstr. עָרֵי, suff.

---

[1]) J. Friedrich, Phön.-pun. Grammatik, § 240, 9.

עָרַי, עָרֵיכֶם, vgl. ugar. *ʿrm* = **ʿarūma*. Mittelhebr. ist der sekundäre Pl. עֲיָרוֹת häufig (§ 52, 3b).

18. שָׁמַיִם „Himmel", P. שָׁמָיִם, cstr. שְׁמֵי, suff. שָׁמֶיךָ, Lokal-adv. K. הַשָּׁמַיְמָה, P. הַשָּׁמָיְמָה. Ugar. lautet der Pl. *šmm* = **šamūma* neben *šmym* = *šamayūma*, arab. der Sg. *samāʾun*. Die Segolierung ist wie bei מַיִם mas. Neubildung aus **šamaym*; vgl. Sek. σαμ(μ)αϊμ für tib. P. שָׁמָיִם (Ps. 89, 30) und phön. שמם = **šamēm*[1]).

19. יוֹם „Tag", alte kan. monophthongische Form < **yawmu* für beide Status des Sg., suff. יוֹמוֹ; Du. K. יוֹמַיִם, P. יוֹמָיִם „zwei Tage". Pl. abs. יָמִים, cstr. יְמֵי, suff. יָמָיו, יְמֵיכֶם. Selten sind Pl. abs. יָמִין (Da. 12,13), offenbar aramaisierend, sowie Pl. cstr. יְמוֹת (Dt. 32,7; Ps. 90,15). Vgl. hierzu das Nebeneinander von Pl. abs. *yawmīn* und emph. bzw. det. *yawmāṯā* im Syr., vor allem aber phön. Pl. abs. ימם = **yōmīm* und cstr. ימת = **yōmōt*[2]). Im Gegensatz zu *yōm* (Sg.) neben *yām-* (Pl.) in MT findet sich in Q auch *o*-Vokalismus im Pl.: cstr. יומי = **yōmē* (1Q S 3,5). Adv. Formen sind יוֹמָם „bei Tage" (§ 41, 6) im Gegensatz zu לַיְלָה „bei Nacht"; מִיָּמִים יָמִימָה „Jahr für Jahr".

20. שָׁנָה „Jahr", cstr. שְׁנַת, suff. שְׁנָתוֹ; Du. K. שְׁנָתַיִם, P. שְׁנָתָיִם. Der einsilbige Stamm (§ 33,3a) begegnet im Pl. שָׁנִים, cstr. שְׁנֵי, suff. שָׁנַי, שְׁנֵיהֶם; daneben der Pl. abs. שָׁנוֹת, cstr. שְׁנוֹת, suff. שְׁנוֹתָיו. Zu שָׁנָה vgl. ugar *šnt* = **šanatu*, zum Pl. שָׁנוֹת bereits ugar. *šnt* = **šanātu*, ebenso phön. שנת „Jahre".

21. שֶׂה „Schaf", cstr. שֵׂה, suff. שֵׂיוֹ (Dt. 22, 1), שֵׂיֵהוּ (1 S. 14, 34), wofür man **śēw* und **śēhū* erwarten sollte. Ein einsilbiger Stamm **śay* (arab. *šāʾun*, akkad. *šuʾum* „Widder",

[1]) J. Friedrich, Phön.-pun. Grammatik, § 226a.
[2]) Ebd., § 240, 11.

ägypt. *s3* „Sohn") mit Elision des innervokalischen *y* im Kan., vgl. ugar. *š* mit der Flexion **šū* (Nom.), **šī* (Gen.), **šā* (Akk.) unter Dominanz der Kasusvokale[1]). Hebr. trat die Kontraktion *ay* > *ǣ*/*ē* erst nach Verlust der Auslautvokale ein (§ 22, 4d); vgl. auch sam. *šī*.

22. כֻּתֹּ֫נֶת „Leibrock", cstr. כְּתֹ֫נֶת, suff. כֻּתָּנְתִּי, P. כֻּתָּנְתֶּ֫ךָ; Pl. abs. כֻּתֳּנֹת, כָּתְנֹת, cstr. כָּתְנוֹת, כָּתְנֹת, suff. כֻּתָּנֹתָם mit sekundärem Dageš forte (§ 28, 3a). Ein Stamm, der in sämtlichen sem. Idiomen bis in die Gegenwart verbreitet ist; vgl. akkad. *kitinnum* und vielleicht ugar. *ktnt* „Leibröcke", außerdem ugar. *ktn*, arab. *kutnun* „Baumwolle" und jonisch κιθών „Hemd".

C. *Das Zahlwort*

§ 59. Die Grundzahlen

1. Die Grundzahlen[2]) „1" bis „10" haben verschiedene Formen, je nach dem Geschlecht des gezählten Gegenstandes; auch können sie im St. abs. oder cstr. stehen, u. zw.:

	beim Maskulinum		beim Femininum	
„1"	abs. אֶחָד	cstr. אַחַד	abs. K. אַחַת	cstr. אַחַת
			P. אֶחָת	
„2"	K. שְׁנַ֫יִם	שְׁנֵי	K. שְׁתַּ֫יִם	שְׁתֵּי
	P. שְׁנָ֫יִם		P. שְׁתָּ֫יִם	
„3"	שְׁלֹשָׁה	שְׁלֹ֫שֶׁת	שָׁלֹשׁ	שְׁלֹשׁ
„4"	אַרְבָּעָה	אַרְבַּ֫עַת	K. P. אַרְבַּע	אַרְבַּע
			P. אַרְבָּע	
„5"	חֲמִשָּׁה	חֲמֵ֫שֶׁת	חָמֵשׁ	חֲמֵשׁ

1) C. H. Gordon, Manual, § 8, 15 (= Textbook, § 8, 18), betrachtet *š* als primär einradikalig.

2) BL, § 79a—n; zum Ugar. vgl. C. H. Gordon, Manual, § 7, 1—35 (= Textbook, § 7, 1—43).

„6"	שִׁשָּׁה	שֵׁשֶׁת		שֵׁשׁ	שֵׁשׁ
„7"	שִׁבְעָה	שִׁבְעַת		שֶׁבַע	שְׁבַע
„8"	שְׁמֹנָה	שְׁמֹנַת		שְׁמֹנֶה	שְׁמֹנֶה
„9"	תִּשְׁעָה	תִּשְׁעַת		תֵּשַׁע	תְּשַׁע
„10"	עֲשָׂרָה	עֲשֶׂרֶת	K.	עֶשֶׂר	עֶשֶׂר
			P.	עָשֶׂר	

Die Zahlwörter für „eins" und „zwei" sind Adjektive, die übrigen Substantive. Zu אֶחָד lautet die Grundform ***'*aḥadu* (= ugar.; vgl. arab. *'áḥadun*), zu F. entsprechend ***'*aḥadtu* > ugar. ***'*aḥattu*. Die sekundäre „virtuelle" Gemination im Sg. אֶחָד, אַחַד, אַחַת geht auf mas. Wiederbelebung der Laryngale zurück; vgl. sam. *ād* mit älterer Elision des ח[1]); Pl. אֲחָדִים „einige, einzelne". אֶחָד ist P.-Form, die die K.-Form אַחַד weitgehend verdrängt hat. חַד (Ez. 33,30) ist entweder Aramaismus oder Schreibfehler. — Zu dem Du. שְׁנַיִם und שְׁתַּיִם vgl. arab. M. *'iṯnāni* und F. *ṯintāni*; ugar. ist nur der St. cstr. M. *ṯn* = **ṯinā*/*ṯinē* und F. *ṯt* = **ṯittā*/*ṯittē* < **ṯintā* (Nom.) bzw. **ṯintē* (Gen./Akk.) belegt. Als Grundstamm ist altkan. **ṯin* > hebr. **šin* anzunehmen. Tib. שְׁתַּיִם, cstr. שְׁתֵּי, stellt anscheinend die Lesungen *š*^{e}*ṯáyim*, *š*^{e}*ṯē* (entsprechend dem M.) und *šittáyim*, *šittē* zur Wahl (vgl. § 17, 1); suff. M. שְׁנֵיהֶם, F. שְׁתֵּיהֶן „sie beide". Für die F.-Form gilt darüber hinaus, daß nach Ausweis der „Abhandlung über das Šwa" die Tiberier das Šwa in שְׁתַּיִם, שְׁתֵּי und שְׁתֵּיהֶן als silbenschließend betrachteten und daher mit Vokalvorschlag bzw. Alef protheticum (§ 29,1) אֶשְׁתַּיִם *'ištáyim*, אֶשְׁתֵּי *'ištē*, אֶשְׁתֵּיהֶן *'ištēhæn* aussprachen. Diese Lesung, die in phön. St. abs.

[1]) Vgl. zum Problem auch J. Friedrich, Phön.-pun. Grammatik, § 243.

אשנם *ʾ*ešnēm* und cstr. אשן *ʾ*ešnē* ihre Parallele hat[1]), herrschte in Tiberias im 10. Jh. allgemein(!)[2]).

Die subst. Zahlen „3“ bis „10“ disgruieren im Geschlecht gewöhnlich zu ihrem Beziehungswort. Zu שָׁלֹשׁ vgl. ugar. *ṯlṯ* = **ṯalāṯu* (= arab.); anderseits akkad. *šalāšum*. — In אַרְבַּע ist א prothetisch (Wz. *rbʿ*): ugar. *ʾarbʿ* = **ʾarbaʿu*. — חָמֵשׁ, ugar. *ḥmš* = **ḫamišu* (arab. *ḫamsun*) mit Gemination im F. abs.: חֲמִשָּׁה entsprechend שִׁשָּׁה „sechs“. — Zu שֵׁשׁ vgl. ugar. *ṯṯ* = **ṯiṯṯu* < **ṯidṯu* und arab. *sittun* (sab. *sdṯ*); daher F. abs. שִׁשָּׁה *šiššā̊* < **šiššā* < **šiššatu* < **ṯiṯṯatu* im St. abs. — שֶׁבַע (arab. *sabʿun*) entspricht ugar. *šbʿ* = **šabʿu*; zu cstr. שְׁבַע s. § 29, 1; ferner שִׁבְעָתָם „alle sieben“ (2 S. 21, 9 Qere). — שְׁמֹנֶה, cstr. שְׁמֹנֶה statt zu erwartendem *שְׁמֹנֵה (§ 22, 4c); vgl. arab. *ṯamā́nī* und ugar. *ṯmn* = **ṯamānē*. Zu F. שְׁמֹנָה, cstr. שְׁמֹנַת vgl. ugar. *ṯmnt* = **ṯamāntu* (akkad. *šamāntu*), arab. *ṯamā́niyatun*. — תֵּשַׁע, cstr. תְּשַׁע, ugar. *tšʿ* = **tišʿu*, arab. *tisʿun*. — עֶשֶׂר, Pl. abs. F. עֲשָׂרוֹת „Dekaden“; ugar. *ʿšr* = **ʿaš(a)ru*, arab. *ʿášarun*.

2. Auch die Zahlwörter „11“ bis „19“ haben verschiedene Formen, je nach dem Geschlecht des gezählten Gegenstandes. Sie lauten:

	beim Maskulinum	beim Femininum
„11“	אַחַד עָשָׂר	אַחַת עֶשְׂרֵה
	עַשְׁתֵּי עָשָׂר	עַשְׁתֵּי עֶשְׂרֵה
„12“	שְׁנֵים עָשָׂר	שְׁתֵּים עֶשְׂרֵה
	שְׁנֵי עָשָׂר	שְׁתֵּי עֶשְׂרֵה
„13“	שְׁלֹשָׁה עָשָׂר	שְׁלֹשׁ עֶשְׂרֵה

[1]) Ebd., § 242.

[2]) K. Levy, Zur mas. Grammatik (Bonn 1936), 20; 8f.; 8—10 (hebr.) = BOS 15. Vgl. hierzu ferner KG, 85f. und § 17, 1 dieser Grammatik.

„14"	אַרְבָּעָה עָשָׂר	אַרְבַּע עֶשְׂרֵה
„15"	חֲמִשָּׁה עָשָׂר	חֲמֵשׁ עֶשְׂרֵה
„16"	שִׁשָּׁה עָשָׂר	שֵׁשׁ עֶשְׂרֵה
„17"	שִׁבְעָה עָשָׂר	שְׁבַע עֶשְׂרֵה
„18"	שְׁמֹנָה עָשָׂר	שְׁמֹנֶה עֶשְׂרֵה
„19"	תִּשְׁעָה עָשָׂר	תְּשַׁע עֶשְׂרֵה

עֶשְׂרֵה, beim F., zuweilen als Aramaismus bezeichnet, ist bereits ugar., *ṯmn ʿšrh* „achtzehn", also altkan., wobei die ursprünglich konsonantische Funktion des *-h* noch unklar ist[1]; babyl. hierfür gewöhnlich *ʿäśrō* < **ʿäśrā* (MB, 77). Bei „13" bis „19" tritt der St. abs. des f. Einers vor עָשָׂר, wenn das Gezählte ein M. ist, dagegen der St. cstr. der m. Einerzahl vor עֶשְׂרֵה bei f. Beziehungswort. Ausnahmen sind selten: שְׁמֹנַת עָשָׂר „achtzehn" (Jdc. 20, 25).

Der Einer עַשְׁתֵּי, nur in עַשְׁתֵּי עָשָׂר und עַשְׁתֵּי עֶשְׂרֵה belegt, ist akkad. Lehnwort (M. *ištēn*, F. *ištiat*, *ištēt* „eins"); vgl. auch seltenes *ʿstn* im Südarab.[2]) — שְׁנֵים עָשָׂר und שְׁתֵּים עֶשְׂרֵה sind häufiger als שְׁנֵי עָשָׂר, שְׁתֵּי עֶשְׂרֵה; zu שְׁנֵים, שְׁתֵּים vgl. §17,1. Altkan. kann „12" auch durch „2×6" ausgedrückt werden; so ugar. Du. *ṯṯm* = **ṯiṯṯatāmi/ṯiṯṯatēmi* (PRU II, 24 [verso] 7. 9).

3. Die Zehner „20" bis „90" sind nicht flektierbar:

„20"	עֶשְׂרִים	„60"	שִׁשִּׁים
„30"	שְׁלֹשִׁים	„70"	שִׁבְעִים
„40"	אַרְבָּעִים	„80"	שְׁמֹנִים
„50"	חֲמִשִּׁים	„90"	תִּשְׁעִים

Der Pl. עֶשְׂרִים steht für alten Du.; vgl. akkad. *eśrā*. Altkan. wurden die Zehner wie im Arab. flektiert; vgl. ugar. *ṯlṯm*

[1]) C. H. Gordon, Manual, § 7, 17. 22 (= Textbook, § 7, 20. 28).
[2]) M. Höfner, Altsüdarab. Grammatik, § 110.

= **ṯalāṯūma* (Nom.), **ṯalāṯīma* (Gen./Akk.) mit arab. *ṯalāṯūna, ṯalāṯīna* „dreißig“. Im Hebr. liegt der erstarrte Casus obliquus vor. In עֶשְׂרִים (babyl. *ʿiśrīm*, MO, 199), שִׁבְעִים und תִּשְׁעִים hat sich der ursprüngliche Pl. der Segolata (§ 52, 1b) erhalten.

4. Die Hunderter lauten:

„100“	מֵאָה	„500“	חֲמֵשׁ מֵאוֹת
„200“	K. מָאתַ֫יִם	„600“	שֵׁשׁ מֵאוֹת
	P. מָאתָ֫יִם	„700“	שְׁבַע מֵאוֹת
„300“	שְׁלֹשׁ מֵאוֹת	„800“	שְׁמֹנֶה מֵאוֹת
„400“	אַרְבַּע מֵאוֹת	„900“	תְּשַׁע מֵאוֹת

מֵאָה, cstr. מְאַת; vgl. arab. *miʾatun*, ebenso ugar. *miʾt* = **miʾatu*[1]). Auf einer Kontraktionsform **mā* beruht der Du. מָאתַ֫יִם (ohne St. cstr.); ugar. *miʾtm* = **miʾatāmi/-ēmi*. Zum Pl. מֵאוֹת (ohne St. cstr.) vgl. ugar. *mʾat* = **miʾātu*.

5. Größere Zahlen sind: אֶ֫לֶף „1000“ (vgl. ugar. *ʾalp* = **ʾalpu*), Du. K. אַלְפַּ֫יִם, P. אַלְפָּ֫יִם „2000“ (ohne St. cstr.); שְׁל֫שֶׁת אֲלָפִים „3000“ usw.; „10000“: עֲשֶׂ֫רֶת אֲלָפִים neben עֲשָׂרָה אֲלָפִים (2 S. 18, 3), רְבָבָה, רִבּוֹ (Hos. 8, 12 Ketib) und רִבּוֹא (Esr. 2, 64). רִבּוֹ < **ribbā* ist kan. (vgl. ugar. *rbt* = **ribbatu*, Pl. *rbbt* = **ribabātu*) und im Aram. Lehnwort; vgl. hierzu § 42, 5.

Zahlen über „10000“ bildet man entweder von רִבּוֹ, z. B. שְׁתֵּי רִבּוֹת „20000“ (Neh. 7, 70) neben שְׁתֵּי רִבּוֹא (Neh. 7, 71), ugar. Du. *rbtm* = **ribbatāmi/-ēmi*; אַרְבַּע רִבּוֹא „40000“ (Esr. 2, 64); שְׁתֵּים עֶשְׂרֵה רִבּוֹ „120000“ (Jon. 4, 11) oder häufiger von אֶ֫לֶף: שְׁנֵים עָשָׂר אֶ֫לֶף „12000“; עֶשְׂרִים אֶ֫לֶף „20000“, מֵאָה

[1]) Anders C. H. Gordon, Manual, § 7, 33 (= Textbook, § 7, 41).

אֶ֫לֶף neben מְאַת אֶ֫לֶף „100000“; מָאתַ֫יִם אֶ֫לֶף „200000“; שְׁלֹשׁ מֵאוֹת אֶ֫לֶף „300000“; אֶ֫לֶף אֲלָפִים „1000000“.

6. Bei zusammengesetzten Zahlen gehen, abgesehen von den festen Zahlen „11“ bis „19“ (nur einmal עֲשָׂרָה וַחֲמִשָּׁה, Ez. 45, 12), die größeren Zahlen den kleineren voran; in der jüngeren Literatur ist die Stellung dagegen freier. Die verschiedenen Ziffern werden durch וְ „und“ verbunden, doch fehlt dieses häufig nach den Hundertern und Tausendern: עֶשְׂרִים וּשְׁמֹנָה „28“ (M.); תְּשַׁע מֵאוֹת וְאַרְבָּעִים וַחֲמִשָּׁה „945“ (M.); שְׁלֹ֫שֶׁת אֲלָפִים וְשֵׁשׁ מֵאוֹת וְתִשְׁעִים „3690“; andererseits שְׁתֵּים עֶשְׂרֵה וּתְשַׁע מֵאוֹת „912“ (F.); שְׁתַּ֫יִם וְשִׁשִּׁים „62“ (F.).

7. Für die Alltagspraxis bediente man sich, u. zw. nachweisbar seit der Mitte des 2. Jts., in Syrien eines Zahlensystems, das die Kombination von Dezimal- und Sexagesimalprinzip voraussetzt und demzufolge man z. B. „12“ entweder als „10+2“ oder als „2×6“ darstellen kann; s. u. 2. Diese einst weit verbreitete, in Israel selbst vom 8. Jh. v. Chr. bis zum 2. Jh. n. Chr. belegte Zahlensymbolik ist aus der jüd. Tradition völlig geschwunden und erst durch epigraphisches und handschriftliches Material außerhalb der kanonischen Texte des AT wieder ans Licht gekommen. Weiteres s. § 7, 4.

8. Zum synt. Verhältnis zwischen Zahlwort und gezähltem Gegenstand s. § 99.

§ 60. Die übrigen Zahlwörter

1. Besondere adj. Ordinalzahlen[1]) gibt es nur für „1“ bis „10“:

„erster“	M. רִאשׁוֹן	F. רִאשׁוֹנָה
„zweiter“	שֵׁנִי	שֵׁנִית
„dritter“	שְׁלִישִׁי	שְׁלִישִׁית, שְׁלִישִׁיָּה

[1]) BL, § 79 v—z; zum Ugar. vgl. C. H. Gordon, Manual, § 7, 38—45a (= Textbook, § 7, 46—54).

„vierter“	M. רְבִיעִי	F. רְבִיעִית
„fünfter“	חֲמִישִׁי	חֲמִישִׁית
„sechster“	שִׁשִּׁי	שִׁשִּׁית
„siebenter“	שְׁבִיעִי	שְׁבִיעִית
„achter“	שְׁמִינִי	שְׁמִינִית
„neunter“	תְּשִׁיעִי	תְּשִׁיעִית
„zehnter“	עֲשִׂירִי	עֲשִׂירִית, עֲשִׂרִיָּה

Zu רִאשׁוֹן, phonetisch רִישׁוֹן (Hi. 8, 8 Ketib), vgl. § 27, 3. Die Ordinalia von „2“ bis „10“ sind Denominative auf -ī (§ 41, 4) und mit Ausnahme von שֵׁנִי und שִׁשִּׁי vom Typus qatīl (§ 37, 4). Zu רְבִיעִי vgl. ugar. *rbʿ* = **rābiʿu*; שִׁשִּׁי ist wohl eine junge Ableitung aus שֵׁשׁ, dagegen ugar. noch *ṯdṯ* = **ṯādiṯu* (vgl. arab. *sādisun*). Das Vorherrschen von qatīl gegenüber altkan., arab. und wohl auch altakkad. sowie altassyr.[1]) qātil ist vielleicht aram. bedingt.

2. Die Ordnungszahlen über „10“ werden durch die Grundzahlen ohne Artikel ausgedrückt: בְּאַרְבַּע עֶשְׂרֵה שָׁנָה „im vierzehnten Jahre“, בְּאַרְבָּעִים שָׁנָה „im vierzigsten Jahre“. Bei Datierungen (§ 61) werden — die Monate ausgenommen — auch die Ordinalia „1“ bis „10“ durch Grundzahlen ausgedrückt: בִּשְׁנַת שָׁלֹשׁ „im dritten Jahre“ (1 R. 15, 28).

3. Als Bruchzahlen[2]) dienen a) F.-Formen der Ordnungszahlen: שְׁלִישִׁית „$^1/_3$“ neben שָׁלִישׁ (Jes. 40, 12); חֲמִישִׁית neben חֲמִשִׁית „$^1/_5$“; עֲשִׂירִית und עִשָּׂרוֹן „$^1/_{10}$“, Pl. עֶשְׂרֹנִים; b) qutl-Bildungen: רֹבַע „$^1/_4$“ neben qatl רֶבַע (Ex. 29, 40), suff. Pl. רְבָעָיו (Ez. 43, 16), רִבְעֵיהֶן (Ez. 1, 17); חֹמֶשׁ „$^1/_5$“; c) für „$^1/_2$“ steht K. חֲצִי, P. חֵצִי „Hälfte“ (§ 52, 4 b); zum Sg. *חֲצוֹת, cstr. חֲצוֹת und חֲצֹת, vgl. ugar. *ḫṣt* = **ḫaṣātu*.

---

[1]) W. v. Soden, Akkad. Grammatik, § 70 c.

[2]) BL, § 79, a′; C. H. Gordon, Manual, § 7, 46—53 (= Textbook, § 7, 55—62).

4. Distributiva[1]) werden durch Wiederholung unbenann-
ter oder auch benannter Grundzahlen ausgedrückt: שְׁנַ֫יִם שְׁנַ֫יִם
„zwei und zwei", „je zwei" (Gn. 7,9), אִישׁ־אֶחָד אִישׁ־אֶחָד „je
ein Mann" (Jos. 3, 12); vgl. יוֹם יוֹם „Tag für Tag".

5. Multiplicativa werden dargestellt a) durch das F. im
Sg.: אַחַת „einmal", שֶׁ֫בַע „siebenmal"; b) durch das F. im Du.:
אַרְבַּעְתַּ֫יִם „vierfach", רִבֹּתָ֫יִם „zehntausendmal" (Ps. 68,18);
c) durch Verbindungen mit רְגָלִים מֹנִים, פְּעָמִים פַּ֫עַם, יָדוֹת
„Male": עֶ֫שֶׂר־יָדוֹת (2 S. 19, 44) oder עֲשֶׂ֫רֶת מֹנִים (Gn. 31, 7)
„zehnmal", פַּ֫עַם אַחַת „einmal"; d) „zum zweiten Male" heißt
שֵׁנִית, שְׁלִישִׁית „zum dritten Male", פַּ֫עַם חֲמִישִׁית „zum fünften
Male" (Neh. 6, 5).

6. Unbestimmte oder ungefähre Zahlen können a) durch
zwei unmittelbar folgende Zahlen ausgedrückt werden: אַרְבָּעָה
חֲמִשָּׁה „vier oder fünf"; b) durch כְּ, z. B. כְּעֶ֫שֶׂר שָׁנִים „ungefähr
zehn Jahre" (Rt. 1, 4).

§ 61. Der Kalender

1. Der Kalender[2]) fußt auf dem Mondumlauf (lunares
System). Da aber das reine Mondjahr von 354 Tagen durch
die Jahreszeiten wandern würde, hat man für die Dauer eines
Monats (חֹ֫דֶשׁ, יָרֵחַ), beginnend mit Neumond, einen Mittelwert
von 29 und 30 Tagen errechnet und die verbleibende Diffe-
renz zum Sonnenumlauf durch Schaltmonate ausgeglichen
(lunisolares System). Von den vorexilischen Monatsnamen
sind, abgesehen vom Bauernkalender aus Geser, nur bekannt:

---

[1]) Hierzu und zum Folgenden vgl. BL, § 79, a'—c'; C. H. Gordon, Manual, § 7, 54—64 (= Textbook, § 7, 63—73).
[2]) BRL, 309—314; E. Kutsch, Israelitisch-jüd. Chronologie.
In: RGG[3] I, 1812—1814 (Lit.).

אָבִיב „Ährenmonat", זִו „Blütenmonat", אֵתָנִים „Monat der ständig fließenden Bäche", בּוּל „Herbstregenmonat". Nach 1 R. 6,1. 37f.; 8,2 ist זִו der zweite, אֵתָנִים der siebente, בּוּל der achte Monat im Frühlingskalender.

Das Kalenderjahr begann zunächst im Herbst. Nach 722 v. Chr. wurde der babyl. Frühlingskalender maßgebend. Aber da man den alten Herbstanfang als Jahresbeginn beibehielt, fiel Neujahr — רֹאשׁ הַשָּׁנָה (Ez. 40,1) — auf den 1. Tischri. Der Monatserste ist אֶחָד לַחֹדֶשׁ oder häufiger רֹאשׁ חֹדֶשׁ; die Monatsnamen lauten:

1.	נִיסָן	März/April	7.	תִּשְׁרִי	September/Oktober
2.	אִיָּר	April/Mai	8.	מַרְחֶשְׁוָן	Oktober/November
3.	סִיוָן	Mai/Juni	9.	כִּסְלֵו	November/Dezember
4.	תַּמּוּז	Juni/Juli	10.	טֵבֵת	Dezember/Januar
5.	אָב	Juli/August	11.	שְׁבָט	Januar/Februar
6.	אֱלוּל	August/September	12.	אֲדָר	Februar/März

2. Die Datierung erfolgte bis in hellenistische Zeit im Rahmen relativer Chronologie. Seit dem Beginn des 3. Jhs. v. Chr. wurde die seleukidische Ära für Syrer und Juden maßgebend. Dabei ist die makedonische von der babyl. Zählweise zu unterscheiden; erstere setzt den Beginn der Ära auf den 1. Dios 312 v. Chr. (Herbstanfang), während letztere erst vom 1. Nisan 311 v. Chr. (Frühlingsanfang) an rechnet.

Der Kalender der Synagoge zählt nach Jahren der Weltschöpfung; u. zw. hat mit dem 10. September 1961 = 1. Tischri das Jahr 5722 „seit Erschaffung der Welt" (בְּרִיאַת עוֹלָם, meistens יְצִירָה) begonnen. In den Jahresangaben unterscheidet man die „große Zählung" unter Beifügung der Tausender, פְּרָט גָּדוֹל, von der „kleinen Zählung" unter Weglassung derselben, פְּרָט קָטָן. So ergibt sich für das Jahr 5722 erstens שְׁנַת חֲמֵשֶׁת אֲלָפִים וּשְׁבַע מֵאוֹת וְעֶשְׂרִים וּשְׁתַּיִם לִפְרָט גָּדוֹל,

abgekürzt שְׁנַת הׄתשכ״ב לפ״ג; zweitens שְׁנַת שְׁבַע מֵאוֹת וְעֶשְׂרִים, וּשְׁתַּ֫יִם לִפְרָט קָטָן abgekürzt שְׁנַת תשכ״ב לפ״ק. Das christliche Jahr wird gewonnen, indem man zur „kleinen Zählung“ 1240 addiert, wenn das jüd. Datum zwischen dem 1. Januar und dem jüd. Neujahr (1. Tischri) liegt, dagegen nur 1239, wenn es in den Zeitraum zwischen 1. Tischri und 31. Dezember fällt. So kann die Jahreszahl 722 um 1239 vermehrt, 1961 n. Chr., unter Addition von 1240 das Jahr 1962 ergeben; d. h. das jüd. Jahr 5722 entspricht dem christlichen Jahr 1961/62, gerechnet von Herbstanfang bis Herbstanfang.

3. Die Tage der Woche (שָׁב֫וּעַ, mittelhebr. oft שַׁבָּת) wurden von Anfang an nur gezählt; lediglich für den Sabbat und den Freitag als Sabbatvorabend haben sich besondere Namen herausgebildet. Die Wochentage lauten:

1.	יוֹם אֶחָד אֶחָד בַּשַּׁבָּת	„Sonntag“	4.	יוֹם רְבִיעִי	„Mittwoch“
			5.	יוֹם חֲמִישִׁי	„Donnerstag“
2.	יוֹם שֵׁנִי	„Montag“	6.	עֶ֫רֶב שַׁבָּת	„Freitag“
3.	יוֹם שְׁלִישִׁי	„Dienstag“	7.	שַׁבָּת	„Sonnabend“

Den ältesten Beleg für die Wocheneinteilung bietet der Priesterkodex (Gn. 1, 1—2, 4a). Zu יוֹם אֶחָד (Gn. 1, 5) vgl. arab. *yawm ul-'áḥadi*; אֶחָד בַּשַּׁבָּת neben אַחַר הַשַּׁבָּת ist mittelhebr.; vgl. μία σαββάτων (Matth. 28,1) und syr. *ḥad̲ bᵉšabbā*. Bei יוֹם שֵׁנִי usw. steht meist nur die Ordinalzahl: בַּשֵּׁנִי „am Montag“; für „Freitag“ ist statt יוֹם הַשִּׁשִּׁי (Gn. 1, 31) עֶ֫רֶב שַׁבָּת „Sabbatvorabend“ üblich.

4. Für Tages- und Jahresangaben werden häufig ausschließlich Grundzahlen gebraucht; nur für die Monate verwendet man Ordinalia: בְּאֶחָד לַחֹ֫דֶשׁ „am Ersten des Monats“ (Gn. 8, 13); בְּתִשְׁעָה לַחֹ֫דֶשׁ „am Neunten des Monats“ (Lv. 23,

32); בִּשְׁנַת שְׁתַּיִם „im 2. Jahre“ (1 R. 15, 25). יוֹם und חֹדֶשׁ können weggelassen werden: בַּשְּׁבִיעִי בְּעֶשְׂרִים וְאֶחָד לַחֹדֶשׁ „im 7. [Monate], am 21. [Tage] des Monats“ (Hag. 2, 1); vgl. unser „am 21. 7.“. עָשׂוֹר ist der 10. Tag im Monat.

D. Das Verbum

1. Die Verbalbildung

§ 62. Einführung

1. Das Frühstadium des westsem. Verbalsystems und damit die Vorstufe des hebr. Verbums, bis ins 3. Jahrzehnt unseres Jahrhunderts nur andeutungsweise aus der Amarna-Korrespondenz der äg. Könige Amenophis III. und Amenophis IV. (15./14. Jh. v. Chr.) bekannt (§ 4, 2c), ist durch die Tontafelfunde von Ugarit (14./13. Jh. v. Chr.) und Mari (18. Jh. v. Chr.) entscheidend aufgehellt worden (§ 4, 2a). Wenngleich auch heute noch keineswegs alle Probleme auf diesem Gebiete gelöst sind[1]), so kann doch mit Sicherheit gesagt werden, daß das klassische Verbalsystem, mit dem sich diese Grammatik zu beschäftigen hat, auf eine lange Entwicklung zurückblicken kann, deren altwestsem. Spuren sich im AT bis heute erhalten haben. Hierbei gilt vor allem, daß das Verbum ebenso wie das Nomen eine morphologische Vereinfachung, darüber hinaus aber auch einen entscheidenden Wandel erfahren hat (§ 4, 3c).

Wertvollen Aufschluß über die Geschichte des Verbums geben ferner die Texte von Qumran. Zwischen dem 3./2. Jh. v. Chr. und 70 n. Chr. geschrieben, enthalten sie mitunter archaische, später aus dem Text des AT ausgeschiedene oder durch Qere (§ 17, 2) ungültig gemachte Formen, wie sie sich teilweise noch im Sam. nachweisen lassen (§ 5, 2). Auch

[1]) Vgl. S. Moscati, Comparative Grammar, § 16, 28—36.

bieten diese Handschriften die Erklärung für manche Ausspracheformen, die sich noch in der Sek. des Origenes sowie in den pal. und babyl. Punktationssystemen finden, während sie in BA nicht mehr begegnen.

2. Das Verbum verfügt über zwei Konjugationen (§ 3, 2d), erstens über eine Präformativkonjugation, die man herkömmlich als Imperf. bezeichnet, mit einer Beugung durch Präformative und erst in zweiter Linie durch Endsilben; zweitens eine Afformativkonjugation, das Perf., das ausschließlich durch Afformative abgewandelt wird. Beide Konjugationen sind bereits vorhebr. zu einem geschlossenen System verwachsen; gleichwohl ist auch hier noch ihr unterschiedlicher Ursprung deutlich erkennbar: Die Präformativkonjugation gibt als Fiens primär eine Handlung oder einen Vorgang wieder, während die Afformativkonjugation als ursprünglicher Stativ von Haus aus die Beugung eines Zustandsverbums oder eines Adj. darstellt.

3. Stärker als beim Nomen tritt in der Verbalbildung die Trilitteralität hervor (§ 3, 2c)[1]. Vom Grundstamm (Qal) sind die abgeleiteten Stämme oder Stammesmodifikationen zu unterscheiden (§ 3, 2d). Der Grundstamm hat drei Präformativtypen, yaqtul, yaqtil, yiqtal, sowie drei Afformativformen, qatal, qatil, qatul. Hiervon ist qatal insofern dem Westsem. eigentümlich, als es in der Regel fientisch fungiert, während qatil und qatul statischen Charakter besitzen. Beide Konjugationstypen sind folgendermaßen einander zugeordnet: yaqtul bzw. yaqtil — qatal und yiqtal — qatil bzw. qatul. Doch gibt diese Regel nur die allgemeinen Richtlinien;

[1]) Zur Frage der gegenseitigen Zuordnung der einzelnen Konsonanten bei der Bildung dreiradikaliger Wurzeln, in der keineswegs alle denkbaren Lautkombinationen verwirklicht werden und zudem die einzelnen sem. Idiome teilweise unterschiedliche Wege gehen, vgl. für das Hebr. besonders K. Kosinken, Kompatibilität in den dreikonsonantigen hebr. Wurzeln. ZDMG 114 (1964), 16—58 (Lit.).

so kann das präformative *a* des fientischen Imperf. schon vorhebr. mit *i* wechseln[1]). Auch gibt es Übergänge hinsichtlich des Vokals in der zweiten Silbe; vgl. hierzu § 68, 2a. Da die meisten Verben im Grundstamm das Schema yaqtul-qatal aufweisen, ist dieser Typus im folgenden vornehmlich benutzt. Hierbei ist zu beachten, daß in dieser Grammatik aus sprachgeschichtlichen Gründen nach § 3, 2d entgegen der traditionellen Praxis die Präformativkonjugation vor der Afformativkonjugation behandelt wird.

§ 63. Die Präformativkonjugation

(Imperfektum und Imperativ)

1. Altkan. stellt die Präformativkonjugation sowohl morphologisch als auch synt. (§ 100, 1) ein geschlossenes System mit dem Prät./Juss. **yaqtul* und dem Imp./Inf. **q(u)tul* als Basis dar; dem entsprechen im Akkad. das Prät. *iprus* und der Imp. *purus*[2]). Während im Imp./Inf. (zum Inf. vgl. § 65, 1a) der reine Stamm begegnet, weist das Prät./Juss. die Präformative *y*-, *t*-, *ʾ*- und *n*- auf.

2. Zu diesen beiden Grundformen treten altkan. der Narr. (Ind.) **yaqtulu*, der Fin. (Subj.) **yaqtula* und der Energ. **yaqtulannā* bzw. **yaqtulan*. Darüber hinaus wird die Frage stark diskutiert, ob das Altkan. einen Durativ **yaqattalu* besessen hat, der dem akkad. Präs. *ipparas* entspräche. Ein westsem. Gegenstück liegt in der Tat im Präs. *yiqat(t)al* < **yaqattalu* der Amarna-Glossen[3]) sowie im äth. Ind. *yeqáttel* vor. Für das Ugar. läßt die Konsonantenschrift keinen bindenden Schluß zu, wenngleich synt. Erwägungen die Annahme von **yaqattalu*-Formen zumindest für die poetischen Texte

[1]) F. M. Th. Böhl, Die Sprache der Amarnabriefe (Leipzig 1909), 49; ferner § 23, 2a.
[2]) Das akkad. Paradigma ist *prs* „scheiden".
[3]) E. Ebeling, Das Verbum der El-Amarna-Briefe (Leipzig 1910), 15f.

als durchaus berechtigt erscheinen lassen[1]). Wohl aber weisen die Mari-Texte einige *iparrasu*-Bildungen auf, die offensichtlich auf den Einfluß von westsem. **yaqattalu* zurückzuführen sind (§ 3, 2d). Wir werden also für das Altsem. und damit für das Altkan. mit einem Durativ **yaqattalu* zu rechnen haben.

3. a) Die altkan. Präformativkonjugation umfaßt demnach folgende Modi:
Narr. **yaqtulu*, Durativ **yaqattalu*, Fin. **yaqtula*, Prät./Juss. **yaqtul*, Energ. **yaqtulan(nā)* und Imp. **q(u)tul*.

Da der Durativ nur aus Rudimenten erschlossen ist und der Energ. lediglich vereinzelt begegnet, beschränkt sich die folgende Übersicht, die im Anschluß an C. H. Gordon aus dem Ugar. entwickelt ist, auf Narr., Fin., Prät./Juss. und Imperativ. Wie beim Nomen und Pronomen unterscheidet man altkan. Sg., Du. und Pl.; somit ergibt sich:

Narrativ
(Indikativ)

3. M. Sg.	**yaqtulu*	Pl. **(y/t)aqtulūna*
3. F.	**taqtulu*	**(y/t)aqtulnā*
2. M.	**taqtulu*	**taqtulūna*
2. F.	**taqtulīna*	**taqtulnā*
1. c.	*'*aqtulu*	**naqtulu*

3. c. Du. **(y/t)aqtulāni*

Finalis
(Subjunktiv)

3. M. Sg.	**yaqtula*	Pl. **(y/t)aqtulū*
3. F.	**taqtula*	**(y/t)aqtulnā*
2. M.	**taqtula*	**taqtulū*

1) Zu den Prosatexten vgl. C. H. Gordon, Textbook, § 9, 3.

2. F.	**taqtulī*	**taqtulnā*
1. c.	**'aqtula*	**naqtula*

3. c. Du. *(y/t)aqtulā

Präteritum/Jussiv
(Kurzimperfektum)

3. M. Sg.	**yaqtul*	Pl. *(y/t)aqtulū*
3. F.	**taqtul*	*(y/t)aqtulnā*
2. M.	**taqtul*	**taqtulū*
2. F.	**taqtulī*	**taqtulnā*
1. c.	**'aqtul*	**naqtul*

3. c. Du. *(y/t)aqtulā

Imperativ

2. M. Sg.	**q(u)tul*	Pl. *q(u)tulū*
2. F.	**q(u)tulī*	**q(u)tulā* (?)

Vom Energ. lassen sich nur folgende fünf Formen nachweisen: 3. M. Sg. **yaqtulan(nā)* 3. F. **taqtulan(nā)* 2. M. **taqtulan(nā)* 1. c. **'aqtulan(nā)* 1. c. Pl. **naqtulan(nā)*.

b) Der Narr. stellt eine Weiterbildung des Prät./Juss. durch auslautendes *-u* in den endungslosen Formen dar; dagegen sind 3. c. Du. um *-ni*, 2. F. Sg., 2. und 3. M. Pl. um *-na* vermehrt, wobei der Endvokal analog zum Arab. angesetzt ist. Der Fin. endet in den afformativlosen Formen auf *-a*, so daß Narr. und Fin. dem arab. Ind. und Subj. gleichen. Beim Energ. ist nicht mehr feststellbar, ob er, wie das Arab., über beide Endungen *-annā* und *-an* oder nur über eine von beiden verfügt. Die Präformative *y-* und *t-* in 3. c. Du. sowie 3. M. und F. Pl. sind oft nicht fest (s. u. 4b). Der Imp. der 2. F. Pl. hat anscheinend *-ā* statt zu erwartendem *-nā* als Endung; vgl. akkad. *pursā*. Auch kann 2. M. Sg. durch *-ā* zu **q(u)tulā* erweitert werden[1]), das man wohl eher aus dem

[1]) C. H. Gordon, Textbook, § 9, 20.

auch beim Fin. begegnenden Element *-a* als aus *-an*[1]) ableitet und dem Energ.-Funktionen eignen.

4. a) Im Hebr. ist die Präformativkonjugation stark reduziert[2]). Hier herrscht im wesentlichen nur ein Modus, der in den Endungen dem alten Prät./Juss. entspricht. Dieses hebr. Imperfektum umfaßt bei verhältnismäßig wenig Ausnahmen alle im Altkan. entwickelten Modi, insbesondere den Narr. sowie den Fin.; auch besitzt es keinen Du. mehr.

Imperfektum

3. M. Sg.	*y---*	xxxי	Pl.	*y---ū*	וxxxי
3. F.	*t---*	xxxת		*t---nå*	נָהxxxת
2. M.	*t---*	xxxת		*t---ū*	וxxxת
2. F.	*t---ī*	יxִxxת		*t---nå*	נָהxxxת
1. c.	*'---*	xxxא		*n---*	xxxנ

Imperativ

2. M. Sg.	---	xxx	Pl.	*----ū*	וxxx
2. F.	*---ī*	יxִxx		*---nå*	נָהxxx

b) Das Präformativ *y-* < **ya*, ursprünglich wohl ein altes Demonstrativelement (vgl. **-ya* „mein"; § 30, 3c)[3]), bezeichnet an sich 3. M./F. im Sg., Du. und Pl.; doch hat offenbar sehr früh in 3. F. Sg. eine Differenzierung durch die Verwendung des Demonstrativelementes **tā* stattgefunden[4]), das man als F. auffaßte (vgl. die F.-Endung *-at*; § 42, 3). Dieses F.-Präformativ hat bereits altkan. wie auch akkad. im Sg. seinen festen Platz. Dagegen lassen sich Schwankungen bei den Präformativen 3. M./F. Pl. und Du. beobachten: Im Gegensatz zum einheitlichen Gebrauch von *y-* im Akkad. steht altkan. noch *y-* neben *t-* im Pl. und Du., während sich

[1]) So GVG I, 554.
[2]) G. Bergsträßer, Grammatik II, § 5.
[3]) GVG I, 564. [4]) GVG I, 565f.

hebr. *y*- für 3. M., *t*- für 3. F. durchgesetzt hat. Selten hat 3. F. Pl. noch *y*-: וַיֵּחַ֫מְנָה „und sie (F.) wurden brünstig" (Gn. 30, 38). Das gleiche Element **tā* liegt wohl auch dem Präformativ *t*- in 2. M. Sg. und 2. M. F. Pl. zugrunde. Die Genusbezeichnung des an sich neutralen *t*- (vgl. nominales *ta*-; § 40, 7) erfolgt in 2. F. Sg. durch die Endung -*ī*; vgl. auch das Personalpronomen 2. F. Sg. (§ 30, 2b). Im Pl. haben 2. und 3. M. die nominale Pluralendung -*ū* (§ 45, 2c), während 2. und 3. F. die auch beim entsprechenden Personalpronomen (§ 30, 2b) begegnende Endung -*nā* bzw. tib. -*nå̄* aufweisen. Darüber hinaus entspricht ugar. 3. c. Du. abs. -*ā* dem Nomen im Du. (§ 45, 2b), und der altkan. Narr. berührt sich in 3. c. Du. -*āni* und 2./3. M. Pl. -*ūna* mit dem Du. abs. -*āmi* (arab. -*āni*) und dem Pl. abs. -*ūma* (arab. -*ūna*) beim Nomen (§ 45, 2b. c). Pronominale Elemente ohne Ergänzung durch Afformative sind 1. c. Sg. ʼ- < **ʼa* und 1. c. Pl. *n*- < **nā* (§ 30, 3c).

c) Der Imp. 2. F. Sg., 2. M./F. Pl. ist nur differenziert nach Genus und Numerus, wobei im Gegensatz zu ugar. -*ā* (s. u. 3a. b) hebr. die 2. F. Pl. in der Regel auf -*nā* bzw. tib. -*nå̄* endet.

5. Das hebr. Verbum verfügt über modale Reste, die durch das Ugar. in ihrem geschichtlichen Zusammenhange verständlich werden.

a) Alter Narr. liegt vor beim sogenannten Nun paragogicum der 2. F. Sg. sowie 2. und 3. M. Pl.; z. B. P. מַה־תְּחִילִ֫ין „was gebierst du unter Schmerzen?" (Jes. 45, 10), K. יִדְרְכוּן „sie treten" (Ps. 11, 2), P. יִלְקֹט֫וּן „sie lesen auf" (Ps. 104, 28), K. תִּשְׁמְרוּן „ihr beobachtet" (Dt. 6, 17), P. תְּכְרֹת֫וּן „ihr haut um" (Ex. 34, 13). Modale Bedeutung haben -*īn* < **-īna* und -*ūn* < **-ūna* in der Regel nicht mehr; vgl. Juss. יִכְרְעוּן „sie mögen sich beugen" (Hi. 31, 10), ferner לְמַ֫עַן יַאֲרִיכֻן יָמֶ֫יךָ

„damit dein Leben lang währe“ (Ex. 20, 12; § 117, 2a) und Fin. P. אֵת אֲשֶׁר תַּעֲשִׂין „was du (F.) tun sollst“ (Ru. 3, 4; § 114, 1c); anderseits בַּל יֶחֱזָיוּן יֶחֱזוּ וְיֵבֹשׁוּ „sie schauen nicht; mögen sie schauen und zuschanden werden“ (Jes. 26, 11).

b) Der Fin. ist infolge des Wegfalls von auslautendem *-a* nicht mehr erkennbar; das schließt jedoch eine augenfällige Nachwirkung nicht aus. So liegt wohl eher altes **yaqtula*[1]) als **yaqtulā* < **yaqtulan*[2]) der Koh.-Endung *-ā* bzw. tib. *-å* zugrunde: אֵלְכָה „ich will gehen“ (Gn. 45, 28), נֵלְכָה „laßt uns gehen!“ (Gn. 22, 5). Vereinzelt begegnet der Fin. auch in der 3. Person: יָחִישָׁה „er beschleunige doch“ (Jes. 5, 19). Verstärkend steht die gleiche Endung in der 2. M. Sg. Imp. K. קָטְלָה, P. קַטְּלָה (s. u. 3b) und zuweilen im Imperf. cons.: וָאֶשְׁלְחָה „und ich sandte hin“ (Gn. 32, 6).

Q bietet oft den alten Fin. für mas. Imperf. cons.; vgl. ואומרה **wa'ōmárā* für וָאֹמַר „da sprach ich“ (1 Q Jes.ᵃ 40, 6). Die gleiche Form steht auch für einfaches Imperf.; vgl. אפעולה *'*ep'ólā* mit tib. אֶפְעַל „ich mache“ (1 Q Jes.ᵃ 43, 13), אתמוכה בו *'*etmókā bō* mit tib. אֶתְמָךְ־בּוֹ „ich stütze ihn“ (1 Q Jes.ᵃ 42, 1). Als Stilvariante zu Imperf. und Imperf. cons. entspricht dies dem ugar. Sprachgebrauch, wo der Fin. neben dem Narr. oder Prät./Juss. stehen kann.

c) Altkan. Prät./Juss. hat teils juss., teils erzählenden Charakter; dementsprechend unterscheidet man im Hebr. unter Trennung beider Funktionen Juss. und Imperf. cons. (§ 100, 3a). Der Juss. ist formal erkennbar in den Kurzformen III י: וְיִבֶן „und er möge bauen“ (Esr. 1, 3; vgl.

[1]) BL, §§ 36d; 40t; W. J. Moran, The Hebrew Language in Its Northwest Semitic Background. In: Albright-Festschr., 64; S. Moscati, Comparative Grammar, § 16, 34.

[2]) So noch in der 2. Auflage dieser Grammatik (Bd. II, § 63, 4d); vgl. auch B. Kienast, Das Punktualthema **japrus* und seine Modi. Orientalia 29 (Rom 1960), 163.

§ 82, 2b), ferner in den afformativlosen Formen des Hi. mit ī und der Stämme II ו״י mit ī oder ū als Imperf.-Vokal; z. B. יַכְרֵת „er rotte aus" (Ps. 12, 4; vgl. § 71, 1b), יָשֵׁב „er kehre um" (Jdc. 7, 3; § 80, 3b), יָקֵם „er errichte" (1 S. 1, 23; § 80, 6a). Selten begegnet hierbei Pänultimadruck, so tib. vor Maqqef: יָֽשָׁב־נָא „er möge zurückkehren" (2 S. 19, 38). Zuweilen hat auch der Juss. alte Narr.-Endungen (s. u. a).

Das Hauptmerkmal des Imperf. cons., das morphologisch im allgemeinen mit dem Juss. übereinstimmt, ist tib. der altertümliche Pänultimadruck, wie er in der Regel in den Formen mit geschlossener Ultima und zugleich offener und langer Pänultima (ausgenommen 1. c. Sg.) vorliegt; z. B. וַיֵּ֫שֶׁב „und er setzte sich" (1 R. 2, 19; § 78, 3a), וַיָּ֫סָב „und er umging" (Jdc. 11, 18; § 79, 2a), וַיָּ֫קָם „und er stand auf" (Gn. 4, 8; § 80, 3c), וַיָּ֫קֶם „und er errichtete" (Ex. 40, 18; § 80, 6a), וַיִּ֫בֶן „und er baute" (Gn. 2, 22; § 82, 2c); vgl. § 21, 2c. Auch beim Imperf. cons. findet man mitunter alte Narr.-Endungen, so in וַתִּקְרְבוּן „und ihr nähertet euch" (Dt. 1, 22); doch wird man besser diese Formen überhaupt dem alten Narr. zuweisen, der altkan. der normale Erzählungsmodus ist und als solcher auch in Q nachwirkt.

d) Alter Energ. könnte etwa in הַגִּידָה־נָּא < **haggidannā* „verkündige doch" (Gn. 32, 30; zum Dageš [*'ātē mēraḥīq*] vgl. § 14, 2b) zugrunde liegen; das darin enthaltene Element *-*nā* wäre dann in enklit. נָא־ (§ 87, 5) verselbständigt. In der Tat kennt Q noch keine konsequente Getrenntschreibung, die tib. nachträglich durch Maqqef (§ 16, 1) ausgeglichen ist. So begegnet hier neben den üblichen mas. Formen z. B. שפוטונה **š(o)poṭunnā* für tib. שִׁפְטוּ־נָא „richtet doch" (1 Q Jes.[a] 5, 3) und הבטנה **habbiṭannā* für tib. הַבֶּט־נָא „schaue doch" (1 Q Jes.[a] 64, 8).

Der Energ. **yaqtulan* lebt außerdem, und zwar meist in Pausa, beim suff. Verbum mit dem sogenannten Nun energicum (§ 84, 2d) fort; vgl. § 24, 2b.

§ 64. Die Afformativkonjugation

(Perfektum)

1. a) Entsprechend ihrer ursprünglich nominalen Natur verfügt die Afformativkonjugation morphologisch nicht über Modi (zur Syntax s. § 101, 5. 6). Ihre Flexionselemente sind teils pronominaler, teils nominaler Herkunft. Ugar. ergibt sich folgendes Flexionsbild[1]):

	Sg.	Pl.
3. M.	**qatala*	**qatalū*
3. F.	**qatalat*	**qatalū/ā*
2. M.	**qataltā*	**qataltumū/-tim(m)ā*
2. F.	**qataltī*	**qataltinnā*
1. c.	**qataltī/ū*	**qatalnā/ū*

	Du.
3. M.	**qatalā* (?)
3. F.	**qataltā*
1. c.	**qatalnāyā* (?)

b) Pronominal sind folgende Afformative (vgl. § 30, 2b): 2. M. Sg. *-tā* < **'antā*, 2. F. Sg. *-tī* < **'antī*, 1. c. Sg. *-tī/-tū* < **'anākī/ū* mit Angleichung von *k* an *t* in 2. Sg. (vgl. äth. *qatalkū*); 2. M. Pl. *-tumū/-timmā* < **'antumū/'antimmā*, 2. F. Pl. *-tinnā* < **'antinnā*, 1. c. Pl. *-nā/ū*; 1. c. Du. *-ny* = *-*nāyā* (?).

Nominal sind: 3. F. Sg. *-at* (§ 42, 3), 3. M. Pl. *-ū*, 3. M. Du. *-ā* und 3. F. Du. *-tā* (§ 45, 2b. c). Für 3. F. Pl. ist unentschieden, ob man ugar. *-ū* oder *-ā*, wie selten im Hebr. und stets im Akkad., Aram. und Äth., anzusetzen hat. 3. M. Sg.

---

[1]) Nach C. H. Gordon, Manual, § 9, 4 und S. 120 (= Textbook, § 9, 7 und S. 155).

lautet, entgegen dem endungslosen akkad. Stativ, altkan. auf *-a* aus, so in ugar. *šn'a* = **šani'a* (hebr. שָׂנֵא) „er haßt".

2. a) Das vereinfachte hebr. Perfektum[1]) kennt keinen Du. mehr; beim isolierten Verbum ist Elision von *-a* in 3. M. Sg. eingetreten, ebenso von *-ī* nach tib. Regel in 2. F. Sg.; in 3. F. Sg. begegnet Wandel *-at* > *-ā* bzw. tib. *-å* wie beim Nomen (§ 42, 3b). Der Auslautvokal 1. c. Sg. ist stets *-ī*, in 1. c. Pl. *-ū*. 3. F. Pl. ist mit 3. M. Pl. im allgemeinen (s. u. 2b) zu *-ū* zusammengefallen. In 2. F. Pl. setzen tib. *-tæm* (babyl. *-ṯäm*) und *-tæn* (babyl. *-ṯän*) den Wandel **-timmā* > *-tæm* und **-tinnā* > *-tæn* voraus (§ 30, 2b); zur Nebenform **-tumū* beim suff. Verbum s. § 84, 2f.

b) Dementsprechend lautet das tib. Schema:

3. M. Sg.	---	xxx	Pl.	---*ū*	xxxוּ
3. F.	---*å*	xxxָה			
2. M.	---*tå*	xxxְתָּ		---*tæm*	xxxְתֶּם
2. F.	---*t*	xxxְתְּ		---*tæn*	xxxְתֶּן
1. c.	---*tī*	xxxְתִּי		---*nū*	xxxְנוּ

Reste älterer Formen sind beim suff. Verbum in MT und im tib. System erkennbar. So lautet 3. F. Sg. אָזְלַת < **'azalat* „sie ging weg" (Dt. 32, 36), zuweilen als Aramaismus aufgefaßt. In 2. F. Sg. begegnet häufig das Ketib *-tī*, das tib. stets *-t* gelesen wird; vgl. לִמַּדְתִּי mit Ketib לִמַּ֫דְתִּי und Qere לִמַּדְתְּ „du (F.) lehrtest" (Jer. 2, 33). Dieses Ketib entspricht der sam. Aussprache, צחקת *ṣa'áqtī*, tib. P. צָחָקְתְּ, „du (F.) hast gelacht" (Gn. 18, 15), und dem öfter vokalisierten Afformativ *-tī* in Q; vgl. Q שכחתי **šakáḥtī* mit tib. שָׁכַ֫חַתְּ „du (F.) hast vergessen" (Jes. 17, 10). Für 3. F. Pl. findet sich altes *-ā* z. B. in P. נִתְפָּ֫שָׂה „sie (F.) sind erobert worden" (Jer.

1) G. Bergsträßer, Grammatik II, § 4.

48, 41), wofür das babyl. Qere P. נִתְפָּשׂוּ als Normalform fordert[1]). In 2. M. Pl. bietet Q, ebenfalls durch Vokalisierung erkennbar, vielfach altertümliches **-tímmā*, so in ושאבתמה **wešaʾabtímmā*, tib. וּשְׁאַבְתֶּם „und ihr werdet schöpfen" (1 Q Jes.[a] 12, 3); vgl. hierzu sam. *ʾamartímmā*, tib. אֲמַרְתֶּם, „ihr habt gesagt" (Dt. 1, 39). Vielleicht darf man aus MT והשלכתנה — nach G ein Ho. **wᵉhåšla<u>k</u>ténå* für tib. Hi. וְהִשְׁלַכְתֶּנָה „und ihr werdet geworfen werden" (Am. 4, 3) — auf altes, sonst nicht mehr erhaltenes **-tínnā* in 2. F. Pl. schließen.

c) Weit stärker als in der Pleneschreibung des MT tritt in Q der Auslautvokal 2. M. Sg. hervor: Q אמרתה **ʾamártā*, doch tib. אָמַרְתָּ, „du (M.) hast gesprochen" (1Q Jes.[a] 14, 13). Demgegenüber herrscht in Sek. und pal. Elision des Endvokals vor[2]); vgl. Sek. ναθαθ mit tib. נָתַתָּה „du (M.) hast gegeben" (Ps. 18, 41), Sek. αφαχθ mit tib. הָפַכְתָּ „du (M.) wandtest" (Ps. 30, 12), pal. היית *hāyī<u>t</u>* mit tib. הָיִיתָ „du (M.) bist gewesen" (Ps. 90, 1), ferner *carath* bei Hieronymus für tib. קָרָאתָ „du (M.) hast gerufen" (Jer. 3, 12). Seltener begegnen auf dieser Stufe voll auslautende Formen: Sek. βαραθα, tib. בָּרָאתָ, „du (M.) hast geschaffen" (Ps. 89, 48). Da anderseits Hieronymus altes *-tī* in 2. F. Sg. *carathi*, tib. קָרָאת, „du (F.) hast gerufen" noch gehört hat[3]), ist anzunehmen, daß in der Festlegung der Aussprache beider Afformative, und zwar *-tå* für 2. M. Sg. und *-t* für 2. F. Sg., junge Systematisierung vorliegt; vgl. auch §§ 30, 2b; 46, 2c.

---

[1]) Zum Problem vgl. G. Bergsträßer, Grammatik II, § 4b.

[2]) KG, 181—184.

[3]) C. Siegfried, Die Aussprache des Hebräischen bei Hieronymus. ZAW 4 (1884), 34—87, besonders S. 47.

§ 65. Infinitiv und Partizipium

1. Entsprechend dem Altkan. hat das Hebr. zwei herkömmlich als Inf. cstr. und Inf. abs. bezeichnete Infinitive.

a) Der Inf. cstr.[1]), sprachgeschichtlich mit dem endungslosen Imp. identisch (§ 63, 1), geht auf die Basis qtul, qtil, qtal zurück[2]); er kann mit Gen.- und Akk.-Suffixen (§ 84, 2g) sowie Präfixen (§ 87, 2) verbunden werden.

Grammatikalisch wird er herkömmlich unter den Typen qatal, qitil, qutul geführt (§ 35, 1b. 6. 7), wovon qitil beim starken Verbum nicht belegt ist. Der morphologisch gültige Vokal steht jedoch zwischen zweitem und drittem Radikal, und beim Antritt von Endungen bilden sich sekundäre Segolatformen qutl, qitl, qatl. Aber auch in diesem Falle hat sich in Q — wenngleich nicht ausschließlich — der Typus qutul, qtil, qtal erhalten; vgl. z. B. Q שמורני **š(o)morḗnī* mit tib. שָׁמְרֵנִי „behüte mich" (11 Q Ps.[a] 141, 9).

Die F.-Ableitungen, soweit sie auf *-å* < *-at* gebildet werden, erscheinen als Segolate (§ 55, 1): קָרְבָה „sich nähern" (Ex. 36, 2), חֶמְלָה „schonen" (Ez. 16, 5) oder auch als Kurzformen qatlat < qatalat (§ 35, 1b): אַשְׁמָה „sich verschulden" (Lv. 22, 16), יִרְאָה „[sich] fürchten" (Dt. 4, 10), אַהֲבָה „lieben" (Dt. 10, 15). Doch auch hier weist Q auf qtu(i/a)lat hin; vgl. tib. שָׁמְעָתוֹ mit Q שמועתו *š(o)moʿatō* „sein Hören" (1Q Jes[a]. 30, 19), woraus St. abs. *שמועה *š(o)moʿā* folgt. Diese Vokalisation haben tib. noch die seltenen Formen auf *-t* und *-å*, letztere, soweit der dritte Radikal sekundär verdoppelt ist (§ 28, 3a): יְבֹשֶׁת „trocknen" (Gn. 8, 7), *אֲפֻדָּה „Anlegen des Efod" (Ex. 28, 8). Im jüngeren Althebr. und im Mittel-

---

[1]) G. Bergsträßer, Grammatik II, § 11.

[2]) Vgl. C. H. Gordon, Manual, § 9, 16, Anm. 2 (= Textbook, § 9, 20); R. Meyer, Zur Geschichte des hebr. Verbums. VT 3 (1953), 229—235.

hebr. begegnet der Inf. mit dem Präformativ *m*-, מַהְפֵּכָה „zerstören“ (Am. 4, 11); vgl. §§ 5, 5; 40, 4b.

b) Der Inf. abs.[1] lautet unabhängig vom jeweiligen Stamm qatāl > קָטֹל (§ 37, 1); vgl. ugar. *sp'u* = **sapā'u* „essen“[2]. Er steht isoliert und kann somit weder mit Suffixen noch mit Präfixen verbunden werden.

2. Das Qal hat ein akt. und ein pass. Partizipium[3].

a) Das Part. Akt. vom Typus qatal lautet qātil > קֹטֵל (§ 36, 2); den statischen Stämmen qati/ul entspricht ein Part., das primär Adj. ist: qatil > קָטֵל, qatul > קָטֹל (§ 35, 2.3). BA stellt z. B. in F. Sg. קֹטְלָה, M. Pl. קֹטְלִים die Lesung *qōṯlå*, *qōṯlīm* (vgl. syr. *kāṯbā*, *kāṯbīn* „schreibend“) oder *qōṭᵉlå*, *qōṭᵉlīm* zur Wahl. Letztere wird in dieser Grammatik unter Verwendung von Meteg (§ 16, 2a) — קֹֽטְלָה, קֹֽטְלִים — aus etymologischen Gründen empfohlen.

b) Das Part. Pass. hat die Form qatūl > קָטוּל (§ 37, 5) und ist zu unterscheiden vom Part. קֻטָּל und קֻטֹּל < qutal des Pass. Qal (§ 68, 3c).

§ 66. Die Stammesmodifikationen

1. Nach § 3, 2d stehen neben dem Grundstamm abgeleitete Stämme.

a) Das Nifʿal[4], formal ein Refl. zum Qal, ergänzt dasselbe in der Regel als Refl. und Pass., auch wird es reziprok gebraucht: יָעַץ „er riet“, Ni. נוֹעַץ „er beriet sich, er ließ sich beraten“. Seltener steht es in gleicher Beziehung zum Intensiv- oder Kausativstamm. Auch begegnet es selbständig, נֶאֱמַן „er war zuverlässig“, selten denominiert: נֶאֱחַז „er setzte sich in Besitz“ von אֲחֻזָּה „Besitz“.

---

1) G. Bergsträßer, Grammatik II, § 13.

2) C. H. Gordon, Manual, § 9, 23 (= Textbook, § 9, 27).

3) G. Bergsträßer, Grammatik II, § 13.

4) Die Bezeichnungen stammen vom veralteten Paradigma פָּעַל „machen“.

b) Als Intensiv dienen Piʿel mit dem Pass. Puʿal und das oft selbständige Refl. Hiṯpaʿel; vgl. Qal סָפַר „er zählte" mit Pi. סִפֵּר „er erzählte". Das Pi. kann oft Kausativ zum Qal, seltener zum Ni. sein; so Qal גָּדַל „er ist (war) groß", Pi. גִּדֵּל „er vergrößerte". Oft steht es selbständig, *נִהֵל „er führte", oder denominiert: *אִשֵּׁר „er pries glücklich" zum Pl. cstr. אַשְׁרֵי „Heil!".

c) Das Hifʿil mit Pass. Hofʿal ist vor allem Kausativ zu trans. oder intrans. Qal.: אָבַד „er ging zugrunde", Hi. הֶאֱבִיד „er richtete zugrunde"[1]), daneben Ni. נִשְׁבַּע „er schwor", Hi. הִשְׁבִּיעַ „er ließ schwören". Auch fungiert es selbständig: הִסְתִּיר „er verbarg", intrans. הֶאֱרִיךְ „er war lang", und vielfach denominiert: הִרְשִׁיעַ „er erklärte zum Frevler" von רָשָׁע „Frevler".

d) Hierzu kommen noch einige seltene Ableitungen, besonders zum Intensivstamm.

2. Das Nifʿal. Im Ni. ist der Grundstamm um das Präformativ *na-* erweitert, der zweite Stammvokal im Imperf. ist *i*, und der Inf. abs. נִקְטֹל ist mit $\bar{o} < \bar{a}$ analog קָטֹל (§ 65, 1b) gebildet: Imperf. **yanaqatil* > **yanqatil* > יִקָּטֵל, Imp./Inf. **naqatil* > (**nqatil*) > *ʾ*inqatil* > הִקָּטֵל mit ה anstatt א protheticum, Inf. abs. הִקָּטֹל mit Angleichung von הִקָּטֵל an die Nebenform נִקְטֹל, Perf. **naqatala* > **naqtala* > נִקְטַל, Part. נִקְטָל.

3. Der Intensivstamm. Die Intensivbildung erfolgt im Hebr. gewöhnlich durch Gemination des mittleren Radikals.

a) Das Piʿel mit *i* als zweitem Imperf.-Vokal lautet: Imperf. **yaqattil* > יְקַטֵּל, Imp./Inf. **qattil* > קַטֵּל (§ 38, 3b),

---

[1]) Zu אבד, das sowohl im Pi. als auch im Hi. kausativ fungiert, vgl. neuerdings E. Jenni, Faktitiv und Kausativ von אבד „zugrunde gehen." Baumgartner-Festschr., 143—157.

Inf. abs. **qattāl* > קַטֹּל (§ 38,5a) neben קַטֵּל, Perf. **qattala* > קִטֵּל und קִטַּל, Part. **maqattilu* > מְקַטֵּל. Der Inf. cstr. hat zuweilen F.-Ableitungen: יַסְּרָה „züchtigen" (Lv. 26,18; § 38, 3b), *בַּקָּשָׁה „begehren" (Esr. 7, 6; § 38, 5c).

b) Das Pu'al ist analog zum Pass. Qal (§ 68, 3) durch *u* in der ersten Stammsilbe gekennzeichnet: Imperf. **yaquttal* > יְקֻטַּל, Perf. **quttala* > קֻטַּל, Part. **maquttalu* > מְקֻטָּל. Vom Inf. begegnet nur einmal ein Inf. abs. קֻטֹּל als sicher: גֻּנֹּב „gestohlen werden" (Gn. 40, 15).

c) Das Hitpa'el hat präformatives *t*- und wohl ursprünglich, das *i* des Part. ausgenommen, *a* als zweiten Stammvokal, also den Typus taqattal. Das tib. übliche *e* ist analog zum Pi. entstanden. Das zweite Präformativ *h*- in Perf. und Imp./Inf. geht wohl auf א protheticum nach Verlust des ursprünglichen Präformativvokals zurück: Imperf. **yataqattal* > **yatqattal* > יִתְקַטַּל und יִתְקַטֵּל, Imp./Inf. **taqattal* > (**tqattal*) > *'*itqattal* > הִתְקַטַּל und הִתְקַטֵּל, Perf. **taqattala* > (**tqattal*) > *'*itqattal* > הִתְקַטַּל und הִתְקַטֵּל, Part. **mataqattilu* > **matqattilu* > מִתְקַטֵּל.

4. Der Kausativstamm. Von den im Sem. möglichen Kausativpräformativen *š*-, *h*- und *'*-[1]) weist das Kan. *š*- und *h*- auf. Das Ugar. verwendet anscheinend nur *š*-[2]); vorhebr., moab. und hebr. ist *h*- belegt, während phön. sekundäres *y*-[3]) begegnet.

a) Das Hif'il hat ursprünglich *a* als Präformativvokal, doch steht daneben *i* bereits im Vorhebr.; vgl. auch § 23, 2a. Der zweite Stammvokal im Imperf. und Imp./Inf. lautet *i* wie im Pi.; innervokalisches *h* des Präformativs ist im Imperf., Part. und mitunter beim präfigierten Inf. (§ 22, 3b)

---

[1]) S. Moscati, Comparative Grammar, § 16, 10—14.
[2]) Die Belege für *'*- sind unsicher; vgl. C. H. Gordon, Manual, § 9, 34 (= Textbook, § 9, 38).
[3]) J. Friedrich, Phön.-pun. Grammatik, §§ 146—148.

elidiert: Imperf. *yahaqtil > *yaqtil > יַקְטִיל; der Imp./Inf. *haqtil begegnet im Inf. cstr. als הַקְטִיל, im Imp. und Inf. abs. als הַקְטֵל; das Perf. lautet *haqtala > הִקְטִיל, das Part. *ma-haqtilu > *maqtilu > מַקְטִיל. Zur sekundären Dehnung in Formen wie יַקְטִיל und ī < i < a in הִקְטִיל vgl. § 71, 1.

b) Im Hofʿal steht das *u* des Pass. sehr oft als *å*; daher Imperf. יָקְטַל und יֻקְטַל < *yahuqtal, Inf. cstr. *הָקְטֶ֫לֶת, Inf. abs. הָקְטֵל, Perf. הָקְטַל und הֻקְטַל < *huqtala, Part. meist מָקְטָל < *mahuqtalu, seltener מֻקְטָל.

§ 67. Die Flexionsklassen

1. Abgesehen von den Flexionselementen der beiden Konjugationen, die unabhängig von Stammesmodifikationen und Wurzeln sind, setzt das bisher vorgeführte Bildungsschema das normale dreiradikalige oder starke Verbum voraus. Diese Klasse umfaßt die bei weitem meisten Verben, übt zum Teil auf andere Stämme Analogiezwang aus und weist dadurch vielfach Besonderheiten auf, daß Laryngale (und ר) mit ihren lautgeschichtlich bedingten Schwächen (§ 22, 3) als Radikale fungieren. Man teilt daher die Klasse des dreiradikaligen Verbums unter in gewöhnliche (§§ 68—72) und in laryngalhaltige starke Verben (§§ 73—75).

2. Demgegenüber steht die in sich uneinheitliche Gruppe der schwachen Verben, die entweder durch Assimilation oder Elision des einen oder anderen Radikals das starke Beugungsschema sprengen oder aber auf zweiradikalige Basen zurückgehen (§§ 76—83).

2. Die Flexion des starken Verbums

a) Das gewöhnliche starke Verbum

§ 68. Der Grundstamm

1. a) Der Grundstamm oder das Qal[1]), קַל „leicht", (Tab. XIIa) hat eine fientische Flexion vom Typus yaqtul-qatal,

[1]) G. Bergsträßer, Grammatik II, § 14; BL, §§ 40—43.

selten yaqtil-qatal, und eine statische yiqtal-qati/ul. Unter fientischen Stämmen versteht man primäre oder denominierte Wurzeln, die eine Handlung oder einen Vorgang ausdrücken, gleichgültig, ob das betreffende Verbum trans. ist, also einen Objektsakk. regiert, oder nicht. Die statische Flexion findet sich besonders bei Stämmen, die einen Zustand, eine Eigenschaft oder eine Sinneswahrnehmung ausdrücken: זָקֵן „er ist (war) alt“ (זָקֵן „alt, Greis“), יִזְקַן „er wird alt“; אָפֵס „er hörte auf“; K. שָׁמַע, P. שָׁמֵ֑עַ < **šamiʿa* (= ugar.) „er hörte“, K. שָׂמַח, P. שָׂמֵ֑חַ < **šamiḫa* (= ugar.) „er war erfreut“. Mitunter gehen statische Stämme sekundär in fientische über. Auch können statische Stämme trans. sein, so bedeutet יָרֵא „er fürchtet sich“ und „er fürchtet (jem.)“; ebenso begegnen intrans. fientische Stämme: שָׁבַת „er hörte auf“ mit Imperf. יִשְׁבֹּת (doch auch תִּשְׁבַּת „sie soll ruhen“, Lv. 26, 34). Da die fientische Flexion dominiert, treten statische Formen besonders im Perf. stark zurück.

b) Wenn auch durch die mas. Überlieferung stark verdeckt, läßt sich, wie bereits altkan.[1]), neben dem Akt. ein inneres Pass. bei trans. Formen nachweisen.

2. D a s A k t i v u m Q a l. a) Tib. lautet das Imperf. yaqtul:

	Singular		Plural	
3. M.	K. יִקְטֹל	P. יִקְטֹ֑ל	K. יִקְטְלוּ	P. יִקְטֹ֑לוּ
3. F.	תִּקְטֹל	תִּקְטֹ֑ל	תִּקְטֹ֫לְנָה	תִּקְטֹ֑לְנָה
2. M.	תִּקְטֹל	תִּקְטֹ֑ל	תִּקְטְלוּ	תִּקְטֹ֑לוּ
2. F.	תִּקְטְלִי	תִּקְטֹ֑לִי	תִּקְטֹ֫לְנָה	תִּקְטֹ֑לְנָה
1. c.	אֶקְטֹל	אֶקְטֹ֑ל	נִקְטֹל	נִקְטֹ֑ל

Fientisches yaqtil, vorhebr. wohl beim starken Verb noch vorhanden[2]), ist hebr. sehr selten; vgl. P. וַיִּטְמֹ֑נוּ „und sie

[1]) C. H. G o r d o n, Manual, § 9, 27 (= Textbook, § 9, 31).
[2]) E. E b e l i n g, Das Verbum der El-Amarna-Briefe, 47.

verbargen“ (2 R. 7, 8) neben gewöhnlichem וַיִּטְמֹן „und er verbarg“ (Gn. 35, 4), Juss. יַאֲמֵץ < *ya'miṣ (Sek. ιαεμας) „er möge stark sein“ (Ps. 31, 25). Statisches yiqtal (qatil) findet sich in K. וַיִּזְקַן „und er alterte“ (2 Ch. 24, 15), P. יִצְדָּק, „er ist gerecht“ (Hi. 4, 17); K. יִלְבְּשׁוּ (Ps. 35, 26), P. יִלְבָּשׁוּ „sie (M.) bekleiden sich“ (Ez. 26,16); K. u. P. תִּשְׁפַּלְנָה (Jes. 5,15), P. *תִּשְׁפָּלְנָה „sie (F.) sinken nieder“. Seltenes yiqtal zu qatul liegt in וַתִּקְטַן (קָטֹן) „und sie war klein“ (2 S. 7,19) vor. Daneben steht noch vielleicht ursprüngliches yuqtal in אוּכַל (יָכֹל) „ich ertrage“ (Jes. 1, 13).

Zu den erstarrten Narr.-Endungen *-īn* < **-īna* in 2. F. Sg., *-ūn* < **-ūna* in 2. und 3. M. Pl. s. § 63, 5a.

Der Vokal beim Präformativ ist babyl. stets *i*, tib. lautet er in 1. c. Sg. *æ*; vgl. babyl. *'irḥäṣ* mit tib. אֶרְחַץ „ich wasche“ (MB, 53). In Sek. scheint *e* (§ 23, 2b) vorzuherrschen; sam. steht *i* neben *e*[1]). Der Stammvokal ist fientisch K. *o* und P. *ō*, vor Maqqef *å*, אֶתְמָךְ־בּוֹ „ich stütze ihn“ (Jes. 42, 1); statisch steht K. *a*, P. *å*. Zu einigen Vokalvarianten vgl. tib. יִשְׁלַט mit babyl. *yišloṭ* „er wird herrschen“ und tib. יִדְלֹף mit babyl. *yidläf* „es träufelt“ (MB, 53). Für *o* und *a* kann in Sek. *e* stehen: ουϊαλεζ < **wayaʿloz*, tib. וַיַּעֲלֹז, „und er frohlockte“ (Ps. 28, 7); ϊεγδελ < **yigdal*, tib. יִגְדַּל, „er zeigt sich groß“ (Ps. 35, 27). Sam. begegnet stets *a* neben *e*[2]): *yifqad*, tib. יִפְקֹד, „er wird heimholen“ (Gn. 50, 24); *ūyefqed*, tib. וַיִּפְקֹד, „und er ordnete bei“ (Gn. 40, 4). Demgegenüber betont Q durch fast regelmäßige Vokalisierung mit ו den Stammvokal *o* sowohl in tib. drucklosen wie in Drucksilben: Q יחמול **yeḥmol*, tib. P. יַחְמֹל, „er schont“ (1 Q Jes.ᵃ 30, 14); Q ימשולו **yemšólū*, tib. K. יִמְשְׁלוּ, „sie herrschen“ (ebd. 3, 4),

---

[1]) F. Diening, Das Hebr. bei den Samaritanern, 31.
[2]) F. Diening, a. a. O.

vgl. §§ 21,2a; 23,2c; Q אתמוכה בו *'etmókā bō, tib. אֶתְמָךְ־בּוֹ, „ich stütze ihn" (ebd. 42, 1). Zu 3. c. Pl. vgl. auch Sek. ιεφφολου, tib. K. יִפְּלוּ, „sie fallen" (Ps. 18, 39).

b) Der Juss. gleicht dem gewöhnlichen Imperfektum.

c) Das Imperf. cons. bietet demnach keine Besonderheiten. Es wird gebildet unter Voransetzung von Waw cons. (§ 88, 1), wobei das folgende Präformativ sekundär verdoppelt ist, ausgenommen א, vor dem Ersatzdehnung eintritt (§ 28, 3b): וַיִּלְכֹּד, וַיִּלְכָּד־ „und er eroberte" (Jdc. 8, 12. 14); וַיִּלְבַּשׁ „und er bekleidete sich" (1 S. 28, 8); וָאֶשְׁבֹּר „und ich zerbrach" (Lv. 26, 13). Zuweilen ist Waw cons. in 1. c. Sg. und Pl. mit der Fin.-Endung verbunden: וָאֶשְׁלְחָה „und ich sandte hin" (Gn. 32, 6), וַנִּפְתְּחָה „da öffneten wir" (Gn. 43, 21.) Diese Formen entsprechen einem älteren Stadium in Q, wo für einfaches Imperf. cons. oft der Fin. als Erzählungsmodus fungiert (§ 63, 5b).

d) Der Koh., gebildet von 1. c. Sg. und Pl., lautet fientisch K. אֶשְׁמְרָה, P. אֶשְׁמֹרָה „ich will bewahren" (Ps. 39, 2; 59, 10); statisch K. נִשְׁכְּבָה „wir wollen uns legen" (Jer. 3, 25), P. נִקְרָבָה „laßt uns herantreten" (Jes. 41, 1). Zu babyl. K. *'ä'äzóḇā* „ich will verlassen" (MB, 54) und Ketib אשקוטה *'œšqóṭå* ist Q אשקוטה *'ešqóṭā* für tib. K. אֶשְׁקוֹטָה „ich will ruhig sein" (1 Q Jes.[a] 18, 4) zu vergleichen.

e) Der fientische Imp. hat folgende Formen:

	Singular		Plural	
2. M.	K. קְטֹל	P. קְטֹל	K. קִטְלוּ	P. קְטֹלוּ
2. F.	קִטְלִי	קְטֹלִי	קְטֹלְנָה	קְטֹלְנָה

Statisches *a* bzw. *å* tritt hervor in 2. M. Sg. K. קְטַל, P. קְטָל; 2. F. Sg. P. קְטָלִי; 2. M. Pl. P. קְטָלוּ; 2. F. Pl. K. קְטַלְנָה, P. קְטָלְנָה *qᵉṭålnå*. Zuweilen endet 2. F. Pl. auf *-å*: פְּשֹׁטָה „legt ab!", רְגָ֫זָה „zittert!" (Jes. 32, 11); vgl. hierzu ugar. *q(u)tulā (§ 63, 3 b). Für fehlerhaftes שְׁמַ֫עַן (Gn. 4, 23) lies שְׁמַ֫עְןָ šemáʿnå.

Die Stellung des Stammvokals zwischen zweitem und drittem Radikal ist wohl ursprünglich. Derselbe lautet, wie beim Imperf., K. *o*, P. *ō*, vor Maqqef *å*, זְכָר־נָא „gedenke doch!" (2 R. 20, 3), bzw. K. *a* und P. *å*. Gleiche Vokalverteilung haben z. B. K. מלוכה *melóḵå* (Jdc. 9, 8 Ketib) für tib. Qere מָלְכָה *målḵå* „herrsche doch!" und 2. F. Sg. K. מלוכי *melóḵī* (Jdc. 9, 12 Ketib) für tib. Qere מָלְכִי *målḵī* „herrsche!"; vgl. babyl. *šefóṭā*, tib. שָׁפְטָה, „richte!" (MB, 52); Q 2. M. Pl. דרושו *d(o)róšū*, tib. K. דִּרְשׁוּ, „sucht!" (1 Q Jes.ª 1, 17); sam. *ūšebárū*, tib. וְשִׁבְרוּ, „und kauft ein!" (Gn. 42, 2). Vokalverteilung entgegen der späteren tib. Regel kennt auch noch Hieronymus[1]) in *hedalu* für tib. K. חִדְלוּ „hört auf" (Jes. 2, 22) und vereinzelt Sek. εζακ[ου], tib. K. חִזְקוּ „seid stark!" (Ps. 31, 25).

Soweit der Stammvokal in der ersten Silbe steht, lautet er gewöhnlich *i*; in der verstärkten fientischen Form 2. M. Sg. dagegen *å*: שָׁמְרָה „behüte doch!" (Ps. 25, 20 neben שָׁמְרָה ebd. 86, 2 und שָׁמְרָה 1 Chr. 29, 18 [§ 11, 1 c]) und analogisch von statischer Wurzel קָרְבָה „nähere dich!" (Ps. 69, 19), desgleichen vor Suffixen (§ 84, 2 c). Zuweilen stehen Formen mit *i* und *å* nebeneinander: z. B. מָשְׁכוּ (Ez. 32, 20) neben מִשְׁכוּ „zieht!" (Ex. 12, 21), מִכְרָה für *מָכְרָה „verkaufe doch!" (Gn. 25, 31). Das Šwa in מָשְׁכוּ *måšḵū* ist quiescens (§ 13, 2).

f) Das fientische Perf. wird folgendermaßen flektiert:

	Singular		Plural	
3. M.	K. קָטַל	P. קָטָ֑ל	K. קָטְלוּ	P. קָטָ֑לוּ
3. F.	קָטְלָה	קָטָ֑לָה		
2. M.	קָטַ֫לְתָּ	קָטָ֑לְתָּ	קְטַלְתֶּם	קְטַלְתֶּם

[1]) C. Siegfried (oben S. 105, Anm. 3), 47.

2. F.	קָטַלְתְּ	קָטָ֫לְתְּ	קְטַלְתֶּן	קְטַלְתֶּן
1. c.	קָטַ֫לְתִּי	קָטָ֫לְתִּי	קָטַ֫לְנוּ	קָטָ֫לְנוּ

Das qatil-Perf. mit K. *e*, P. *ē*, findet man nur in 3. M. Sg. K. קָטֵל, P. קָטֵ֑ל; 3. F. Sg. P. קָטֵ֫לָה, 3. c. Pl. P. קָטֵ֫לוּ. Doch steht auch hier zuweilen *a*, z. B. K. אָהַב (אָהֵב) „er liebte" (Gn. 37, 3), sogar P. קָמֵ֑ל (קָמַל) „er ist welk" (Jes. 33, 9); zu *i* bei qatil-Formen vgl. וִירִשְׁתֶּם „und ihr (M.) werdet in Besitz nehmen" (Dt. 4, 1). Andererseits begegnet *i* auch in qatal-Formen, יְלִדְתִּ֫יךָ (יָלַד) „ich habe dich gezeugt" (Ps. 2, 7). In den seltenen qatul-Formen steht K. *o*, P. *ō* und vor dem Druck *å*, abgesehen von 3. F. K. יָֽכְלָה „sie vermochte" (Gn. 36, 7) und 3. c. Pl. יָֽכְלוּ (Gn. 13, 6). Analog zum Perf. cons. (s. u. g) וְיָכָ֫לְתָּ „du (M.) wirst bestehen" (Ex. 18, 23) müssen die nicht belegten Formen 2. M. und F. Pl. *יְכָלְתֶּם und *יְכָלְתֶּן lauten.

Zu den älteren Afformativen s. § 64, 2b. Falsche Analogiebildung zum Imperf. auf *-ūn* (§ 63, 5a) ist wohl יָֽדְעוּן „sie kannten" (Dt. 8, 3).

In P. 2. F. Sg. und P. 3. c. Pl. קָטָ֫לָה, קָטָ֫לוּ liegen altertümliche Vokalqualität und Druckverteilung vor; vgl. sam. *kabéda* mit tib. K. כָּֽבְדָה „sie ist schwer" (Gn. 18, 20), sam. *malákū* mit tib. K. מָֽלְכוּ „sie herrschten" (Gn. 36, 31). Gleiche Verhältnisse begegnen in Q; vgl. § 23, 2a.

g) Entsprechend seiner statischen Herkunft (§ 3, 2d) weist das Perf. keine Modi nach Art der Präformativkonjugation auf. Wohl aber variiert die Afformativkonjugation bereits im Altsem. modal, insofern als der Stativ nicht nur den Zustand, sondern auch den Wunsch nach einem solchen bezeichnet[1]). Hierin darf wohl die geschichtliche Voraus-

[1]) R. Meyer, Zur Geschichte des hebr. Verbums. Forschungen und Fortschritte 40 (1966), 241—243.

setzung für das sog. Perf. cons. mit teils juss., teils fut. Bedeutung gesehen werden. Hingegen beruht es anscheinend auf später Systematisierung, wenn die K.-, nicht jedoch die P.-Formen in 1. c. und 2. M. Sg. nach Waw cons. Ultimadruck haben: וְאָכַלְתָּ֫ „und du (M.) sollst essen" (Gn. 3, 18), וְשָׁפַכְתִּ֫י „und ich werde ausgießen" (Ez. 14, 19); vgl. § 21, 2b.

h) Beim Inf. cstr. herrscht qtul (qutul) > קְטֹל vor; selten ist qtal (qatal) > קְטַל, z. B. לִשְׁכַּב „sich zu legen" (Gn. 34, 7); nicht belegt ist qtil (qitil) beim starken Verbum (§ 35, 6). Der Stammvokal *o* ist kurz, wird aber vielfach sekundär gedehnt. Das Šwa der ersten Silbe ist nach Präfixen quiescens (§ 13, 2); vgl. hierzu auch PsBN לִבְנוֹת *libnōt* „um zu bauen" (Jer. 1,10 [R]; § 14, 5). Nach לְ „zu" steht fast regelmäßig Dageš lene (§ 14, 4b) in *bgdkpt*: לִכְתֹּב „um zu schreiben" (Dt. 31, 24), daneben aber auch לִנְתוֹץ *lintoṣ* „um einzureißen" (Jer. 1, 10); vgl. ferner babyl. *lišṯōṯām* mit tib. לִשְׁתּוֹתָם „um sie zu trinken" (MB, 58). Nach בְּ „in" und כְּ „wie" erfolgt im allgemeinen Spirierung, andererseits auch explosive Aussprache: בִּנְפֹל *binfol* „beim Fallen" (Jes. 30, 25), dagegen בִּשְׁכֹּן „beim Wohnen" (Gn. 35, 22), כִּזְכֹר „entsprechend der Erinnerung" (Jer. 17, 2).

Endungen bewirken meist sekundäre Segolate mit *å*, daneben *u*, *i*, *a* als Stammvokal, so in den F.-Ableitungen קָטְלָה, קֻטְלָה, קִטְלָה, קַטְלָה. Hierzu und zu seltenerem קְטֹ֫לֶת, קְטָלָה s. § 65, 1a.

i) Zum Inf. abs. s. § 65, 1b.

k) Das Part. Akt. lautet für die fientischen Wurzeln קֹטֵל (§ 49, 3a) F. קֹטֵלָה, קֹטֶ֫לֶת, קֹטְלָה (§ 54, 2.3). Zuweilen steht es bei qati/ul: אֹהֵב (אָהֵב) „liebend". Statisch gehört zu qatil

קָטֵל, zu qatul קָטֹל (§ 50, 3. 4): יָשֵׁן „schlafend“ (1 S. 26, 7), יָגוֹר „fürchtend“ (Jer. 22, 25). Manchmal steht hier Part. קֹטֵל neben קָטֹל, קָטֵל als Nomen: שֹׁכֵן „wohnend“, aber שָׁכֵן „Anwohner“. Andererseits kann auch Part. קָטֵל neben קָטֹל als reinem Nomen stehen: קָרֵב „sich nähernd“ (Nu. 1, 51), קָרוֹב „nahe“.

l) Zu Part. Pass. קָטוּל s. § 48, 1; zu F. קְטוּלָה vgl. § 54, 3.

3. Passivum Qal. Das innere Pass.[1]), gekennzeichnet durch *u* beim Präformativ des Imperf. sowie in der ersten Silbe des Perf. und Part., tib. oft unter sekundärer Gemination des folgenden Konsonanten (§ 28, 3a), ist vorhebr. belegt[2]) und ugar. wahrscheinlich[3]). Hebr. ist es rudimentär bei scheinbaren Pu.- und Ho.-Formen erhalten, die synt. das Pass. zu einem sonst nur im Qal begegnenden Stamm darstellen. Da das Pass. bereits mittelhebr. ausgestorben ist, sind wohl zahlreiche Pass.-Formen dank mas. Fixierung im Imperf. Ni. aufgegangen.

a) Das Imperf. lautet הֲיֻקַּח „wird es genommen?“ (Ez. 15, 3), תּוּשַּׁד (שָׁדַד) „du (M.) wirst beraubt“ (Jes. 33, 1).

b) Perf.-Formen sind z. B. לֻקַּח „er wurde genommen“ (Gn. 3, 23), יֻלַּד (Q יולד) „er ist geboren“ (Jes. 9, 5), P. חֻבָּֽשׁוּ (Q חובשו) „sie sind verbunden“ (Jes. 1, 6). Zu לֻֽקֳחָה „sie wurde genommen“ (Gn. 2, 23) vgl. § 13, 5.

c) Das Part., zu unterscheiden von קָטוּל (s. u. 2 l), gehört zum Stamme qutal (§ 35, 5) und lautet entweder קֻטָּל oder קֻטָּל: אֻכָּל „verzehrt“ (Ex. 3, 2); יִלּוֹד „geboren“ (Ex. 1, 22), Pl. יִלֹּדִים (Jos. 5, 5).

---

[1]) G. Bergsträßer, Grammatik II, § 15.
[2]) F. M. Th. Böhl (oben S. 96, Anm. 1), 60—63.
[3]) C. H. Gordon, Manual, § 9, 27 (= Textbook, § 9, 31); vgl. ferner S. Moscati, Comparative Grammar, § 16, 3.

§ 69. Das Nif'al

1. Das Nif'al[1] (Tab. XIIb) hat in sämtlichen Modis *i* als Präformativvokal.

2. a) Abweichend hiervon hat das Imperf. 1. c. Sg. tib., nicht babyl. (vgl. § 68, 2a), teils *i*, teils *æ*: אֶדָּרֵשׁ „ich lasse mich suchen" (Ez. 14, 3), P. אֶבָּהֵל „ich erschrecke" (Hi. 23, 15); so auch P. אִשָּׁבֵעַ „ich schwöre" (Gn. 21, 24) neben cons. וָאֶשָּׁבֵעַ (1 R. 2, 8). Zu diesem *æ* vgl. Sek. *e* < *a* ιεχχον mit tib. יִכּוֹן „er steht fest" (Ps. 89, 38). Stets *i* hat K. אִמָּלְטָה „ich will mich retten" (Gn. 19, 20).

Der erste Stammvokal ist unveränderlich tib. *å*, babyl. *ā* < *a*. Der zweite Vokal lautet meist tib. K. *e*, P. *ē*; babyl. K. *ä*, P. *ē* < *i*: tib. יִנָּחֵם, babyl. *yinnāḥäm*, „er läßt es sich gereuen"; tib. P. יִקָּבֵרוּ, babyl. *yiqqāḇērū*, „sie werden begraben" (MO, 194). Vor נָּה steht meist *a*, תִּקָּטַלְנָה, bisweilen auch sonst in Pausa, וַיִּגָּמַל „und er wurde entwöhnt" (Gn. 21, 8), oder bei Pänultimadruck: תֵּעָזַב אָרֶץ „die Erde wird verlassen" (Hi. 18, 4). Vor dem Druck steht Šwa, meist auch in P.-Formen: K. יִקָּטְלוּ, P. יִקָּטְלוּ neben יִקָּטֵלוּ. Bei sonstiger Enttonung, z. B. Zurückweichen des Akzents (§ 21, 3a), steht *æ*: יִכָּשֶׁל בָּהּ „er strauchelt an ihr" (Ez. 33, 12).

b) Das Imperf. cons. hat oft Pänultimadruck, וַיִּלָּחֶם „und er kämpfte" (Nu. 21, 23), daneben וַיִּקָּטֵל.

c) Der Imp. lautet הִקָּטֵל (babyl. *hiqqāṭäl*), הִקָּטְלוּ; mit Verstärkung 2. M. Sg. הִשָּׁבְעָה „schwöre doch!" (Gn. 21, 23). Vor Maqqef und bei Zurückweichen des Akzents steht *æ*: הִשָּׁמֶר־נָא (1 S. 19, 2), הִשָּׁמֶר לְךָ (Gn. 24, 6), zuweilen auch sonst: הִשָּׁמֶר (2 R. 6, 9) „hüte dich!".

---

[1]) G. Bergsträßer, Grammatik II, § 16; BL, § 44.

d) Das Perf. mit Stammvokal K. *a* (babyl. *ä*), P. *å* (babyl. *ā*) bietet keine Besonderheiten: K. נִקְטַל, P. נִקְטָל; 3. F. Sg. K. נִקְטְלָה, P. נִקְטָלָה; 2. M. Pl. נִקְטַלְתֶּם; Perf. cons. וְנִפְקַדְתָּ „und du (M.) wirst heimgesucht werden" (1 S. 20, 18), gewöhnlich jedoch וְנִקְטַלְתָּ֫, וְנִקְטַלְתִּ֫י; andererseits stets וְנִקְטַ֫לְנוּ.

e) Der Inf. cstr. הִקָּטֵל (babyl. *hiqqātäl*) wird wie der Imp. flektiert. Zur Elision von *h* nach Präfixen, וּבִכָּשְׁלוֹ „und bei seinem Stolpern" (Prv. 24, 17), vgl. § 22, 3b.

f) Der Inf. abs. lautet im Zusammenhang mit dem Imperf. meist הִקָּטֵל, הִקָּטֹל; in Verbindung mit dem Perf. נִקְטֹל, z. B. נִכְסֹף נִכְסַ֫פְתָּה „du sehnst dich sehr" (Gn. 31, 30).

g) Zur Flexion des Part. M. נִקְטָל s. § 49, 2a; zu F. נִקְטָלָה, נִקְטֶ֫לֶת s. § 54, 3.

§ 70. Der Intensivstamm

1. Pi'el[1]). a) Im Imperf. ist der Präformativvokal $^{e} < a$, ausgenommen 1. c. Sg. tib. *'a-*, babyl. *'e-*; vgl. tib. אֲבַקֵּשׁ mit babyl. *'ebäqqeš* „ich suche" (MB, 59). Sam. steht stets *e*: tib. תְּבַקֵּשׁ, sam. *tebáqqeš*, „du (M.) suchst" (Gn. 37, 15). Der zweite Stammvokal ist in der Regel tib. K. *e* (babyl. auch *ä*), P. *ē* sowohl tib. wie babyl.; bei vokalischen Endungen mit Druckverlagerung steht Šwa: K. יְקַטְּלוּ, dagegen P. יְקַטֵּ֫לוּ, vielfach unter Wegfall des Dageš forte besonders in ל, מ, נ, ק als zweitem Radikal (§ 28, 3b): וַיְנַקְשׁוּ „und sie stellten Fallen" (Ps. 38,13). In 2. und 3. F. Pl. תְּקַטֵּ֫לְנָה begegnen auch *a* und *œ*, letzteres auch vor Maqqef und, neben *i*, vor schwerem Suffix (§ 84, 3); z. B. K. תְּעַכַּ֫סְנָה „sie schmücken sich mit Fußspangen" (Jes. 3,16), P. תְּרַטַּ֫שְׁנָה „sie strecken zu Boden"

1) G. Bergsträßer, Grammatik II, § 17; BL, § 45.

(Jes. 13,18); cons. וַתְּחַלֶּלְנָה „und ihr entweihtet" (Ez. 13,19), וַיְנַשֶּׁק־לוֹ „und er küßte ihn" (Gn. 29, 13). Sek. hat meist ε, vgl. ιδαββερ mit tib. יְדַבֵּר „er redet" (Ps. 49, 4), aber auch η, so ιδαββηρου für tib. P. יְדַבֵּרוּ „sie reden" (Ps. 35,20). Zum vokalischen Einsatz für *y*- in ιδαββερ wie auch babyl. *īqäwwä*, tib. יְקַוֶּה, „er hofft" (MO, 165) vgl. § 22, 4b.

b) Die übrigen Modi bieten über das Gesagte hinaus keine Besonderheiten; z. B. Koh. וַאֲגַדְּלָה „und ich will groß machen" (Gn. 12, 2), אֲבַקְשָׁה „ich will suchen" (Ps. 122, 9).

c) Der Imp. lautet 2. M. Sg. K. קַטֵּל (babyl. auch *qäṭṭäl*), P. קַטֵּל *qaṭṭēl*, 2. M. Pl. K. קַטְּלוּ, P. קַטֵּלוּ. Zum Wegfall des Dageš vgl. וּבַקְשׁוּ „und sucht!" (Jer. 5, 1), dagegen in der Regel בַּקְּשׁוּ „sucht!" (1 S. 28,7). Ferner חַלְּצָה „rette doch!" (Ps. 6, 5), דַּבֶּר־נָא „rede doch!" (Ex. 11, 2).

d) Im Perf. ist der erste Stammvokal tib. und babyl. *i* < *a*, in Sek. entweder ε, so auch sam. *e*, oder α; vgl. Sek. ελλελθ mit tib. חִלַּלְתָּ „du (M.) hast entweiht", Sek. μαγ[γ]αρθ mit tib. מִגַּרְתָּה „du (M.) hast gestürzt" (Ps. 89, 45); sam. *dēbber* mit tib. דִּבֶּר „er hat gesprochen" (Gn. 12, 4). Der veränderliche zweite Vokal lautet tib. K. *a*, *e* und auch *æ*, babyl. K. *ä*, dagegen stets P. *ē*: 3. M. Sg. K. קִטֵּל, קִטַּל, קִטֶּל; vgl. hierzu אִבַּד „er vernichtete", גִּדֵּל „er ließ groß werden", בֵּרַךְ „er segnete", כִּבֵּס neben כִּבֶּס „er wusch", דִּבֶּר „er redete", כִּפֶּר „er sühnte"; P. קִטֵּל *qiṭṭēl*, so auch P. בֵּרֵךְ, גִּדֵּל, דִּבֵּר, כִּבֵּס, כִּפֵּר. Bei Druckverschiebung steht Šwa: 3. M. Pl. K. קִטְּלוּ, dagegen P. קִטֵּלוּ; unter Wegfall des Dageš forte (s. u. a) 3. F. Sg. K. בִּקְשָׁה „sie suchte" (Qoh. 7, 28). Vor konsonantisch anlautendem Afformativ steht *a*; Sek. hat meist ε neben α, das Sam. *e* neben *i*: vgl. Sek. φεθ[θ]εθα mit tib. פִּתַּחְתָּ „du (M.) hast geöffnet" (Ps. 30, 12), Sek. μαγ[γ]αρθ mit tib. מְגַ֫רְתָּה (s. o.); sam. *šekkeltímmā* (§ 64, 2b) mit tib. שִׁכַּלְתֶּם „ihr habt kinderlos gemacht“ (Gn. 42, 36), sam. *berríktī* mit tib. בֵּרַ֫כְתִּי „ich habe gesegnet“ (Gn. 17, 20).

e) Zu Inf. cstr. K. קַטֵּל *qaṭṭel* (babyl. auch *qäṭṭäl*; MO, 190), P. קַטֵּ֑ל *qaṭṭēl* und abs. קַטֹּל neben קַטֵּל s. § 66, 3a.

f) Zur Flexion des Part. M. מְקַטֵּל und F. מְקַטֶּ֫לֶת s. §§ 49, 1. 3a; 57, 2a.

g) Manche jetzigen Pi.-Bildungen sind vielleicht primär Formen des ausgestorbenen Durativ Qal (§§ 3, 2d; 63, 2); z. B. יְדַבֵּר < **yadabbaru* „er redet“, *יְזַמֵּר < **yazammaru* „er musiziert“.

2. Puʿal[1]). a) Der erste Stammvokal lautet neben *u* zuweilen *å*; vgl. שֻׁדְּדָה (Nah. 3, 7) mit שָׁדְּדָה (Jer. 49, 3) „sie ist zerstört“, כָּרַּת *kårraṯ* (§ 8, 13) „er ist abgeschnitten“ (Ez. 16, 4). Der zweite veränderliche Vokal ist K. *a*, P. *å*; Imperf. 3. M. Sg. K. יְקֻטַּל, P. יְקֻטָּ֑ל, 3. M. Pl. K. יְקֻטְּלוּ, P. יְקֻטָּ֑לוּ; Perf. 3. M. Sg. K. קֻטַּל, P. קֻטָּ֑ל, 3. c. Pl. K. קֻטְּלוּ, P. קֻטָּ֑לוּ. Zum Inf. abs. קֻטֹּל s. § 66, 3b; zum Part. מְקֻטָּל vgl. § 49, 2a.

b) Zu Pass.-Formen, die, wie לֻקְּחָה (§ 13, 5) „sie wurde genommen“ (Gn. 2, 23), nur scheinbar zum Pu. gehören, s. § 68, 3.

c) Mittelhebr. ist das Pu., abgesehen vom Part. מְקֻטָּל, fast ausgestorben.

3. Hiṯpaʿel[2]). a) Präformatives *t* erleidet vor Sibilanten Metathesis (§ 28, 2), desgleichen partielle oder totale Assimilation neben ז, צ, ד, ט, ת, bisweilen auch כ, נ, ר, (§ 24, 2a. 3a). Der Präformativvokal ist *i*, dagegen sam. und in Sek. *e*. Aramaisierend ist א für ה in אֶשְׁתּוֹלְלוּ „sie sind zur Beute ge-

---

1) G. Bergsträßer, Grammatik II, § 17; BL, § 45.
2) Ebd., § 18; BL, § 45.

worden“ (Ps. 76, 6), אֶתְחַבַּר „er hat sich verbündet“ (2 Chr. 20, 35).

Der zweite Stammvokal, mit Ausnahme des *e* < *i* beim Part., ist ursprünglich *a* (§ 66, 3c), jetzt tib. K. *e* und *a*, letzteres auch im Imperf. und Imp.; vor Maqqef *æ* und vor betontem Afformativ *i*; babyl. begegnet K. *ä* in allen Formen außer Part. *m^eqäṭṭel*. Der P.-Vokal ist tib. stets *å*, babyl. in der Regel *ā*.

b) Zum Imperf. vgl. K. יִתְקַטֵּל, יִתְקַטַּל, aber P. יִתְקַטָּל; z. B. P. יִתְגַּדָּל „er zeigt sich groß“ (Da. 11, 37). Vor Maqqef יִתְעַלֶּם־ „er verbirgt sich“ (Hi. 6, 16). 3. M. Pl. K. יִתְקַטְּלוּ, P. יִתְקַטָּלוּ, unter Fortfall des Dageš (s. u. 1a) וְיִתְהַלְלוּ „und sie rühmen sich“ (Jes. 45, 25); 2. und 3. F. Pl. תִּתְקַטֵּלְנָה neben תִּתְקַטַּלְנָה, so auch P. תִּתְקַטָּלְנָה[1]).

c) Entsprechend steht im Imp. הִתְקַטֵּל neben הִתְקַטַּל; zu letzterem vgl. הִתְחַזַּק „zeige dich stark“ (1 R. 20, 22).

d) Perf. 3. M. Sg. K. הִתְקַטֵּל neben הִתְקַטַּל, so in הִתְחַזַּק „er zeigte sich stark“ (2 Chr. 13, 7); vor Maqqef *æ*, z. B. הִתְהַלֶּךְ־נֹחַ „Noah wandelte“ (Gn. 6, 9); P. הִתְקַטָּל. Ferner 3. c. Pl. K. הִתְקַטְּלוּ, P. הִתְקַטָּלוּ. Vor konsonantisch anlautendem, drucklosen Afformativ steht *a*, z. B. 1. c. Sg. הִתְקַטַּלְתִּי, dagegen bei Ultimadruck *i*, so im Perf. cons. וְהִתְקַדִּשְׁתֶּם „und ihr sollt euch heilig erweisen“ (Lv. 11, 44), וְהִתְגַּדִּלְתִּי „und ich will mich groß erweisen“ (Ez. 38, 23); daneben aber auch *a* in וְהִתְהַלַּכְתִּי „und ich will wandeln“ (Lv. 26, 12).

e) Der Inf. hat tib. stets *e* als zweiten Stammkonsonanten; so Inf. cstr. K. לְהִתְהַלֵּךְ „zu wandeln“ (Sach. 1, 10) und P.

[1]) So nach BL, § 45b′.

לְהִתְעַלֵּם *l^e^hiṯʿallēm* „sich zu verbergen“ (Dt. 22, 3). Aramaisierend ist הִתְחַבְּרוּת „sich verbünden“ (Da. 11, 23).

f) Das Part. M. K. מִתְקַטֵּל, P. מִתְקַטָּל; F. מִתְקַטֶּלֶת wird wie das Part. Pi. flektiert; vgl. §§ 49, 1. 3a; 57, 2a.

g) Ein sekundär als Hiṯp. aufgefaßtes *t*-Refl. Qal begegnet in הִתְפָּקְדוּ „sie wurden gemustert“ (Jdc. 20, 17); vgl. § 72, 1a. Nicht zum Hiṯp. gehören אַל־תִּשְׁתָּע „fürchte dich nicht!“ (Jes. 41, 10) und Koh. וְנִשְׁתָּעָה „und wir wollen uns fürchten“ (Jes. 41, 23), da hier das Qal der Wz. שתע < altkan. *ṯtʿ* vorliegt[1]).

h) Das Mittelhebr. hat statt Hiṯp. meist die an Ni. angeglichene Mischform נִתְקַטֵּל; vgl. וְנִכַּפֵּר (§ 24, 3) „und es wird gesühnt“ (Dt. 21, 8).

4. Zum Intensivstamm s. Tab. XIIb.

§ 71. Der Kausativstamm

1. Hifʿil[2]). a) Das Imperf. hat tib. *a*, babyl. *ä* als Präformativvokal; sam. und in Sek. herrscht *e* bzw. *e* < *a* vor. Der zweite Stammvokal lautet *ī* < *i*; in Sek. ι, sam. *e* neben *i* vor Afformativen. Die Dehnung *i* > *ī* ist analog dem Hi. II יו (§ 80, 6) erfolgt; z. B. יָקִים „er stellt auf“. In Q ist, wie im Sam., der Vokal wahrscheinlich noch kurz: יַשְׁלִיךְ, tib. *yašlīḵ*, Q **yáš̆lik*, „er wirft“ (Jes. 2, 20); vgl. tib. וַיַּשְׁלִכוּ mit sam. *ūyešlíkū* „und sie warfen“ (Gn. 37, 24). Bei gelegentlich defektiver Schreibweise ergeben sich unter Übereinstimmung von P.- und K.-Formen: 3. M. Sg. יַקְטִיל, 2. F. Sg. תַּקְטִילִי, 3. M. Pl. יַקְטִילוּ; 2. F. Pl. ist, obgleich nicht belegt, als *תַּקְטֵלְנָה analog 3. F. Pl. zu erschließen.

[1]) A. Alt, Die Welt des Orients 4 (1949), 281; C. H. Gordon, Manual, Nr. 2086 (= Textbook, Nr. 2763).

[2]) G. Bergsträßer, Grammatik II, § 19; BL, § 46.

b) Der endungslose Juss. hat K. *e*, P. *ē* < *i*, vor Maqqef und bei sonstiger Drucklosigkeit *æ*; babyl. begegnet öfter *ä* für *e*: K. יַכְרֵת „er rotte aus" (Ps. 12, 4), P. *יַכְרֶת, יַבְעֶר־ „er zündet an" (Ex. 22, 4)[1]; babyl. *ʼäl tästär*, tib. אַל תַּסְתֵּר, „verbirg nicht!" (MB, 63).

c) Sinngemäß lautet das Imperf. cons. וַיַּקְטֵל; vgl. וַיַּבְדֵּל, wofür sam. *ūyēbdel* „und er trennte" (Gn. 1, 4) die ältere Akzentlage (§ 21, 2a) bietet. 1. c. Sg. וָאַקְטִיל stimmt mit dem Imperf. überein, ebenso z. B. 1. c. Pl. וַנַּקְטִ֫ילָה mit Fin.-Afformativ (§ 68, 2c).

d) Der Koh. lautet 1. c. Sg. אַקְטִ֫ילָה, 1. c. Pl. נַקְטִ֫ילָה.

e) Im Imp. 2. M. Sg. sowie 2. F. Pl. steht K. *e*, P. *ē*: הַקְטֵל, הַקְטֵ֫לְנָה; vor Maqqef *æ*, הַסְכֶּן־נָא „befreunde dich doch!" (Hi. 22, 21); sonst *i*: 2. M. Sg. הַקְשִׁ֫יבָה „höre doch!" (Jer. 18, 19), 2. M. Pl. הַקְטִ֫ילוּ.

f) Das Perf. hat tib. und babyl. *i* < *a* beim Präformativ, in Sek. *e* und sam. *a* neben *e*. Der zweite Vokal lautet tib. und babyl. *ī* in 3. M. Sg., ebenso in 3. F. Sg. vor -*ā* und 3. c. Pl. vor -*ū*; vor konsonantischem Afformativ K. *a*, P. *å* (babyl. *ā*). Sek. bietet entsprechend ι und ε, das Sam. *e* neben *i*. Wie im Imperf. geht auch hier die Dehnung *ī* < *i* < *a* (§ 66, 4a) auf Analogiewirkung des Hi. II ו״י zurück, z. B. הֵקִים „er hat aufgestellt": 3. M. Sg. tib. הִמְטִיר, sam. *ámter* „er ließ regnen" (Gn. 2, 5), tib. הִרְעִים, Sek. εριμ, „er ließ donnern" (Ps. 29, 3); 3. F. Sg. tib. הִלְבִּ֫ישָׁה, sam. *elbíša*, „sie bekleidete" (Gn. 27, 16); 2. M. Sg. tib. הִסְכַּ֫לְתָּ, sam. *eskílta*, „du (M.) hast töricht gehandelt" (Gn. 31, 28), tib. הִסְתַּ֫רְתָּ, Sek. εσθερθα, „du (M.) hast verborgen". (Ps. 30, 8); 2. M. Pl. cons. וְהִשְׁכַּמְתֶּם, sam.

---

[1]) Koehler-Baumgartner, 140.

waškemtímmā (§ 64, 2b), „ihr sollt zeitig aufbrechen" (Gn. 19, 2).

g) Der Inf. cstr. lautet הַקְטִיל (sam. *éqtel*), vereinzelt הַקְטֵל, z. B. הַסְתֵּר „verbergen" (Prv. 25, 2). Zu der in Q häufigen Elision von ה nach לְ „zu" vgl. § 22, 3b. Der Inf. abs. ist הַקְטֵל.

h) Das Part. מַקְטִיל (sam. *méqṭel*) wird in M. nach § 47, im F. מַקְטֶ֫לֶת (sam. *meqṭīla*) nach § 57, 2a flektiert. Zum Präformativvokal vgl. auch Sek. μισβιθ mit tib. מַשְׁבִּית „beendend" (Ps. 46, 10).

i) Einige Hi.-Formen im Imperf. gehören wohl ursprünglich dem rudimentären Imperf. Qal yaqtil (§ 68, 2a) an.

2. Hof'al[1]). Der Präformativvokal ist meist *å*, daneben *u* (so stets im Sam.): Imperf. יָקְטַל, יֻקְטַל; Inf. abs. הָקְטֵל; Part. meist מֻקְטָל, doch מָשְׁחָת „mißraten" (Mal. 1, 14); Inf. cstr. F. הֻלֶּ֫דֶת „geboren werden" (Gn. 40, 20), wohl sekundäre Bildung zum mißverstandenen Inf. Qal mit Pass.-Bedeutung; vgl. § 102, 1c.

3. Zum Kausativstamm s. Tab. XIIb.

§ 72. Seltene Stämme

1. Einige dreiradikalige Formen weisen auf ausgestorbene Stämme hin[2]).

a) Ein Refl. Qal mit infigiertem *t* begegnet ugar., moab. und phön.[3]); vgl. ugar. *'imtḫṣ* = **'imtaḫiṣu*[4]) „ich werde kämpfen". Das hebr. *t*-Refl. Qal ist teils akt., teils pass. vokalisiert und hat Pass.-Bedeutung: הִתְפָּקְדוּ, הָתְפָּקְדוּ „sie

---

[1]) G. Bergsträßer, Grammatik II, § 19; BL, § 46.

[2]) Zu § 72 vgl. E. Kautzsch, Grammatik, § 55; G. Bergsträßer, Grammatik II, § 20; BL, § 38.

[3]) J. Friedrich, Phön.-pun. Grammatik, § 150.

[4]) C. H. Gordon, Manual, § 9, 28f. (= Textbook, § 9, 32f.).

wurden gemustert“ (Jdc. 20, 15; Nu. 1, 47); Imperf. cons. 3. M. Sg. וַיִּתְפָּקֵד (Jdc. 21, 9).

b) Zur Nebenform qātal > קוֹטֵל des Intensivs (vgl. den arab. III. Stamm qā́tala) gehört wohl z. B. שֵׁרֵשׁ „er schlug Wurzeln“ (Jes. 40, 24), Pass. P. שֹׁרָֽשׁוּ „sie sind festgewurzelt“ (Jer. 12, 2), denominiert von שֹׁ֫רֶשׁ „Wurzel“. Die Mischform מִנֹּאָץ „verlästert“ (Jes. 52, 5) stellt anscheinend Part. Pōʿal מְנֹאָץ < *manāʾaṣu (Q מנואץ) und Hitp.[1]) מִנָּאֵץ (§ 24, 3a) zur Wahl.

c) Angeblich kausatives Tifʿel (Tifʿal) gibt es nicht; zu Part. Pass. מְתֻרְגָּם „übersetzt“ s. u. 4a.

d) Kausatives Šafʿel begegnet ugar. als Imperf. *yašaqtil, Imp. *šaqtil, Perf. *šaqtala, Part. *mašaqtilu[2]), hebr. ist ša- nur noch nominales Präformativ; vgl. § 40, 6. Dagegen stellt הִשְׁתַּחֲוָה „er warf sich nieder“ wohl ein t-Refl. zum Šafʿel der Wz. *hwy dar; vgl. § 82, 5c.

2. a) Dreiradikalige Reduplikationsformen mit verdoppeltem dritten Radikal bezeichnen eine Eigenschaft (vgl. arab. IX. Stamm: iḥmárra „rot sein“) und begegnen nur im Perf.: אֻמְלַל „er ist welk“ (Jo. 1, 10), vgl. *אֻמְלָל „verschmachtet“ (§ 39, 1c), רַעֲנָנָה „sie ist grün“ (Hi. 15, 32), vgl. רַעֲנָן „grün“ (§ 39, 1a).

b) Wiederholung des zweiten und dritten Radikals (§ 39, 2) weist z. B. סְחַרְחַר „er bewegte sich heftig“ (Ps. 38, 11) auf.

3. Wiederholungen zweiradikaliger Stämme (§ 39, 3) werden als Pilpel-, Polpal- und Hitpalpel-Formen gewöhnlich nach Pi., Pu., Hitp. flektiert: יְכַלְכֵּל „er versorgt“ (Sach. 11, 16), Inf. כַּלְכֵּל (1 R. 4, 7), babyl. k̲älk̲äl (MO, 191), Perf. כִּלְכַּל (2 S. 19, 33), Pass. כָּלְכְּלוּ (1 R. 20, 27), suff. Imp. סַלְסְלֶ֫הָ

[1]) Nach G. Bergsträßer, Grammatik II, § 20b (Anm.).
[2]) C. H. Gordon, Manual, § 14, 6 (= Textbook, § 14, 7).

„halte sie hoch!" (?; Prv. 4, 8) Part. מְכַרְכֵּר „tanzend" (2 S. 6, 14). Weiteres s. §§ 79, 4b; 80, 5c.

4. Vierradikalige Stämme werden a) nach Pi., Pu., Hiṯp. flektiert; so suff. Imperf. יְכַרְסְמֶנָּה „er frißt sie ab" (Ps. 80, 14); zu תְּתַחֲרֶה „du läufst um die Wette" (Jer. 12, 5), denominiert von תַּחֲרָה „Streit" (Sir. 40, 5), einer *t*-Bildung zu חָרָה „entbrannt sein" (§ 40, 7), s. u. 5. — Part. Pass. מְכֻרְבָּל „bekleidet" von aram. כַּרְבְּלָא „Mütze" (Da. 3, 21), מְתֻרְגָּם „übersetzt, verdolmetscht" (Esr. 4, 7) von akkad. *targumānu* „Dolmetsch" sind Lehnwörter.

b) Hi.-Flexion hat Koh. אַשְׂמְאִילָה „ich will mich zur Linken wenden" (Gn. 13, 9), ferner 2. F. Sg. Imp. P. הַשְׂמְאִילִי (Ez. 21, 21), denominiert von שְׂמֹאל „links" (§ 39, 4a).

5. Mittelhebr. sind Neubildungen sekundärer Stämme häufig, so von תְּחִלָּה „Anfang" (*Wz. ḥll*) Hi. הִתְחִיל „er fing an" (Joma 5, 5).

b) Das starke Verbum mit Laryngalen

§ 73. Kehllaut als erster Radikal

1. a) Nach § 22, 3 haben א, ה, ח, ע zahlreiche Besonderheiten. So begegnet vormas. Laryngalelision oder Schwachartikulation als ʾ, teilweise mit einem aus dem alten Kehllaut hervorgegangenen sekundären Vokal[1]), wohl dem lautlichen Vorbild des tib. Ḥaṭef-Lautes: Sek. εεμεδεθ < **haʿmadtā* „du stelltest auf", tib. הֶעֱמַדְתָּ[2]). Selten findet sich vormas.

---

[1]) Hieronymus nennt die Kehllaute nachgerade „Vokale" und spricht bei *h* von einer duplex aspiratio; vgl. KG, 176f.

[2]) Zum Ḥaṭef-Zeichen vgl. § 13, 4. 5. 7.

Starkartikulation, so ε für *ḥ* in Sek. αββωτεειμ, tib. הַבֹּטְחִים (§ 22, 3c), wo Epsilon offensichtlich für Laryngalis steht[1]).

b) Die mas. Tradition spiegelt diesen Lautstand wider. Tib. gilt im allgemeinen[2]): Für Šwa mobile steht gewöhnlich unter Laryngalis Ḥaṭef-Pataḥ; Imp. und Inf. I א haben meist Ḥaṭef-Segol. Silbenschließender Kehllaut hat entweder Šwa quiescens — so besonders vor Verschlußlauten, dazu öfter ח, ע und ה als א — oder bei aufgelöster Doppelkonsonanz einen Ḥaṭef-Laut, der dem vorangehenden Vokal entspricht (§ 29, 2a). Kommt Kehllaut mit Ḥaṭef vor Šwa zu stehen, erhält er entsprechenden Vollvokal (§ 29, 2b). Fortschreitender Akzent kann Wandel von Segol und Ḥaṭef-Segol zu Pataḥ bzw. Ḥaṭef-Pataḥ, zuweilen aber auch das Umgekehrte bewirken.

2. Qal. a) Die Stämme I lar. (Tab. XIII) haben im Imperf. yaqtul tib. bei I ה, ח, ע *a*, bei I א *æ* (babyl. I א *e*, I ה, ח meist *i*, I ע *ä*); in 1. c. Sg. steht tib. stets *æ*: יַחְשֹׁב „er denkt" (Jes. 10, 7), P. יַעְזֹ֫רוּ „sie helfen" (Jes. 30, 7), אֶחְמוֹל „ich schone" (Jer. 13, 14); יַעֲזֹב „er verläßt", vgl. pal. *yazob̲* (Ps. 37, 28)[3]), babyl. יעמד *yämod̲* (nicht *yeʿämod̲*; § 29, 2a) „er steht auf" (MB, 54), יֶאֱסֹר, babyl. יאסר *yēsor*, „er bindet" (MB, 53). Zu yaqtil (§§ 68, 2a; 71, 1i) vgl. יַעְרִם „er ist listig" (1 S. 23, 22). Das Imperf. yiqtal hat *æ*: *יֶחְדַּל, Sek. ιεδαλ, „er läßt ab" (Ps. 49, 9), יֶחֱזַק „er erstarkt" (1 Chr. 28, 7). 3. M. Pl.: יֶחֶזְקוּ, יַעַמְדוּ, יַחְשְׁבוּ (§ 29, 2b). Zum Vokalwandel vgl. Imperf. cons. וַתֶּאֱרַ֫כְנָה „und sie (F.) wurden lang" (Ez. 31, 5) mit יַאַרְכוּ „sie ziehen sich hin" (ebd. 12, 22), וַיַּחְדְּלוּ „und sie ließen ab" (Gn. 11,8) mit P. יֶחְדָּ֑לוּ (Ez. 2,5), Koh. אַהַרְגָה „ich will töten" (Gn. 27, 41) mit P. אֶהֱרֹג (Am. 9, 1).

---

1) Etwas anders E. Brønno, Studien, 8f.; 275f.

2) G. Bergsträßer, Grammatik II, § 21; BL, § 49.

3) KG, 178.

b) Imp. עֲמֹד, עֲמָד־נָא (2 S. 1, 9) „tritt hin!"; אֱחֹז „ergreife!", חֲכַם „sei klug!"; 2. M. Pl. אֶהֱבוּ, Sek. αβου, „liebt!" (Ps. 31, 24); אֶסְפָה *'æsfå* „sammle doch!" (Nu. 11, 16; vgl. § 63, 5b).

c) Perf. 2. M. Pl. עֲזַבְתֶּם „ihr habt verlassen".

d) Inf. cstr. עֲבֹד „arbeiten"; nach לְ „zu": לַחְשֹׁב „zu denken" (Ex. 31, 4) neben לַעֲבֹד „zu arbeiten" (Gn. 2, 5).

e) Part. Pass. F. עֲזוּבָה „verlassen" für קְטוּלָה; zum Vokalwandel vgl. cstr. עֱרוּךְ (Jo. 2, 5) neben F. עֲרוּכָה (2 S. 23, 5) „zubereitet".

3. Nifʿal. a) Imperf., Imp. und Inf. haben nach § 28, 3b Dehnung des Präformativvokals: יֵאָסֵף „er versammelt sich" (Nu. 20, 24; § 24, 3b), יֵחָשֵׁב „es wird angerechnet" (Lv. 7, 18), הֵאָסְפוּ „versammelt euch!" (Gn. 49, 1); Inf. cstr. הֵאָסֵף (Gn. 29, 7), abs. הֵאָסֹף (2 S. 17, 11). Ebenso bei I ר: הֵרָפֵא „geheilt werden" (Jer. 15, 18).

b) Im Perf., Inf. abs. נִקְטֹל und Part. ist *æ* die Regel; daneben auch *a*: נֶהְפַּךְ „er wendete sich" (Lv. 13, 17), נַחְבֵּאתָ „du (M.) verbargst dich" (Gn. 31, 27); נֶעֱזַב „er wurde verlassen"; Inf. abs. נַחְתּוֹם „besiegelt werden" (Est. 8, 8), נַהֲפוֹךְ „sich wenden" (Est. 9, 1); Part. M. נֶעְלָם (1 R. 10, 3), mit Vokalwandel (nur im Part.) F. נַעֲלָמָה „verborgen" (Nah. 3, 11); נַעֲרָץ „furchtbar" (Ps. 89, 8); נֶאֱמָן, Sek. νεεμαν, F. נֶאֱמֶנֶת, Sek. νεεμανεθ (Ps. 89, 38. 29), neben נֶאֱמָנָה, Pl. abs. נֶאֱמָנִים, cstr. נֶאֱמְנֵי „zuverlässig" (§ 50, 7).

4. Hifʿil. a) Imperf., Imp., Inf., Part. haben *a*: אַעְלִים „ich verhülle" (Jes. 1, 15), יַעֲבִיר „er läßt vorübergehen", cons. וַיַּעֲבֵר; Imp. הַעֲבֵר; Inf. cstr. הַעֲבִיר, nach לְ „zu" neben לְהַעֲבִיר auch לַעֲבִיר (2 S. 19, 19) mit in Q besonders häufiger Elision des *h*; Part. מַעְלִים „verbergend" (Hi. 42, 3), מַעֲבִיר „hindurchführend" (Dt. 18, 10).

b) Das Perf. hat *æ*: הֶחְסִיר „er ließ mangeln“, הֶעֱמִיד „er stellte auf“; mit Vokalwandel z. B. in cons. וְהַחֲרַמְתֶּם „und ihr sollt bannen“ (1 S. 15, 3), וְהַאֲזִין „daß er höre“ (Ps. 77, 2).

5. Hof'al. Die erste Silbe hat *å*: Imperf. P. יָחֳרָם „er wird gebannt“ (Ex. 22, 19), Perf. הָהְפַּךְ „er wandte sich“ (Hi. 30, 15), Inf. abs. הָחְתֵּל „eingewickelt werden“ (Ez. 16, 4), Part. מָעֳמָד „aufgestellt“ (1 R. 22, 35).

§ 74. Kehllaut und Reš als mittlere Radikale

1. a) Die Kehllaute der Stämme II lar.[1]) (Tab. XIV) haben für Šwa quiescens Ḥaṭef-Pataḥ, so רַעֲנָה „sie ist grün“ (§ 72, 2a), meist auch im Imp. Qal mit Endungen (s. u. 2b). Für Šwa mobile steht fast stets Ḥaṭef-Pataḥ, so vielfach auch bei II ר, z. B. בָּרֲכוּ „segnet!“ (Ps. 134, 2); daneben Ḥaṭef-Qameṣ, Inf. טָהֳרָה „reinigen“ (§ 55, 1), und selten Šwa, Part. Pl. מִתְיַחְשִׂים „registriert“ (Esr. 2, 62). Mit Ṣere kann Pataḥ unter der Laryngalis wechseln: 3. M. Sg. Imperf. Ni. יִלָּחֵם „er kämpft“, cons. וַיִּלָּחֶם, daneben וַיִּוָּעַץ „und er ratschlagte“ (1 R. 12, 6); 2. M. Sg. Imp. Hi. K. הַרְחֵק, P. הַרְחַק „entferne!“ (Prv. 4, 24; Hi. 13, 21), הַזְעֶק־ „rufe zusammen!“ (2 S. 20, 4), הַנְחַת „führe herab!“ (Jo. 4, 11). Zum Pi. s. u. 3.

b) In den Intensivstämmen herrscht an Stelle der Gemination tib. bei א Dehnung vor, doch wechseln oft Längen und Kürzen im gleichen Wort, wobei *i* meist kurz bleibt, dagegen *a* zu *å* gedehnt wird. Vor ה, ח, ע sind die Vokale öfter kurz als lang. Fast stets begegnet Dehnung vor ר, doch auch Pu. כָּרַּת *kårraṯ* (Ps BN [R] כֻּרְּת *korraṯ*)[2]) „er wurde abgeschnitten“ (Ez. 16, 4); vgl. §§ 8, 12; 70, 2a. Babyl. sind *i* und *u* meist zu

---

[1]) G. Bergsträßer, Grammatik II, § 22; BL, § 50.
[2]) Die Originalformen lauten im Kontext כָּרַּת bzw. כֻּרְּת.

ē und *ō* gedehnt; *a* ist kurz vor ה und ח, schwankt vor א und ע, ist dagegen vor ר immer lang.

2. Qal. a) Das Imperf. hat meist *a*: וַתִּבְאַשׁ „und sie stank" (Ex. 8,10), וַיִּבְחַר, sam. *ūyēbar*, „und er wählte" (Gn. 13,11), תִּבְעַר, Sek. θεβαρ, „sie brennt" (Ps. 89,47); daneben *o*, וַיֶּאֱחֹז „und er faßte", oder *a* neben *o*: יִמְעַל־ „er frevelt" (Prv. 16, 10), 3. F. Sg. תִּמְעֹל (Lv. 5, 15).

b) Der Imp. lautet גְּאַל־ „löse aus!" (Rt. 4, 6), P. וּטְהָר „und sei rein!" (2 R. 5,10); נְעֹל „verriegele!". Ferner וְסַעֲדוּ, sam. *ūsáddū*, „und erquickt!" (Gn. 18,5), אֱהֱבוּ „liebt!" (§ 73, 2b).

c) Das Perf. qatil hat neben *e*, טָהֵר „er ist rein", mitunter *a*: שָׁאַל < **ša'ila* (= ugar.)[1]), sam. *šá'el*, „er hat gefragt" (Gn. 43,7); doch 2. M. Pl. שְׁאֶלְתֶּם und suff. שְׁאֶלְתִּיו „ich fragte ihn" (1 S. 1, 20).

d) Im Inf. cstr. steht meist *o*, ebenso *å*: רְחֹץ, רָחְצָה „waschen", טָהֳרָה „reinigen"; daneben *a* in אַהֲבָה (אֱהֹב) „lieben".

3. Piel. Zu II א vgl. Imperf. *יְבָאֵר[2]) „er erklärt", Imp. בָּאֵר, Perf. בֵּאֵר, doch Inf. abs. בַּאֵר (Dt. 27, 8). Weiterhin Imperf. cons. וַיְנַאֲפוּ „und sie brachen die Ehe" (Jer. 29,23), doch *å* in 3. F. Pl. P. תְּנָאַפְנָה (Hos. 4,13), Perf. P. נִאֵפוּ, doch Part. מְנָאֵף. Zu den übrigen Laryngalen vgl. Imperf. אֲטַהֵר „ich reinige", suff. Imp. טַהֲרֵנִי, Perf. טִהַר, Inf. cstr. לְטַהֵר „zu reinigen", Part. מְצַעֵק „schreiend". Andererseits יְתָעֵב „er verabscheut" und נֵהַלְתָּ „du (M.) führtest" neben Imperf. יְנַהֵל. Pänultimadruck hat nach § 21, 2c vor allem II ר im Imperf. cons., וַיְשָׁרֶת „und er diente" (Gn. 39, 4), und beim

1) Vgl. C. H. Gordon, Manual, § 9, 3 (= Textbook, § 9, 6).
2) So nach יְמָאֵן „er weigert sich" (Ex. 22, 16).

Zurückweichen des Akzents (§ 21, 3a), הִתְעָרֶב נָא „wette doch!" (2 R. 18, 23).

§ 75. Kehllaut als letzter Radikal

1. Zur Klasse III lar.[1]) gehören die auf ה, ח und ע endenden Stämme (Tab. XV).

2. Auslautende Laryngalis hat tib. in der Regel K. *a*, P. *å* beim Imperf. und Imp. Qal, selten *o* wie אֶסְלוֹחַ „ich vergebe" (Jer. 5, 7 Ketib), טְבֹחַ „schlachte!" (Gn. 43, 16) וְכִתְקֹעַ „und wie das Blasen [des Horns]" (Jes. 18, 3; vgl. § 13, 7); ebenso steht *a* bzw. *å* beim qatil-Perf. 3. M. Sg. K. שָׁמַע < **šamiʿa* „er hat gehört", doch P. שָׁמֵעַ (Jer. 36, 13).

3. a) Stets *a* haben das Perf. Hiṯp., fast ausschließlich das K.-Perf. Pi., ferner die K.-Formen im Imperf., Imp. des Ni., Pi., Hiṯp., außerdem im Juss., Imperf. cons. und Imp. des Hi.; dagegen steht *ē* in den P.-Formen, sowie *ī* regelmäßig im Perf. und Imperf. Hi.: Imp. Pi. K. שַׂמַּח (Prv. 27, 11), P. שַׂמֵּחַ „erfreue!" (Ps. 86, 4)[2]); Perf. Hi. הִצְלִיחַ „er ließ gelingen". Der Inf. abs. hat meist langen Vokal, so Ho. הָמְלֵחַ „gesalzen werden" (Ez. 16, 4), selten Kürze, so Ni. הִשָּׁבַע „schwören" (Nu. 30, 3). Beim Inf. cstr. hat das Hi. stets langen Vokal, הַשְׁלִיחַ, fast immer auch das Qal, שְׁלֹחַ „schicken". Sonst wechselt *a* mit dem üblichen Flexionsvokal; vgl. *ē* im Pi. K. לְנַצֵּחַ „zu leiten" (Esr. 3, 9) mit *a* in K. בַּלַּע „verschlingen" (Hab. 1, 13).

b) Das Part. hat im St. abs. stets Länge und *a* im St. cstr. (§ 49, 3b). Zum Pataḥ furtivum nach *ē*, *ī*, *ō*, *ū*, z. B. פָּתוּחַ „geöffnet", vgl. § 13, 6.

[1]) G. Bergsträßer, Grammatik II, § 23; BL, § 51.
[2]) P.-Form im Kontext nach kleinem Trenner Deḥi (§ 15, 2b).

4. Laryngalis hat Šwa quiescens vor konsonantischem Afformativ bei vorhergehendem Druck: שָׁלַ֫חְתִּי „ich habe geschickt" oder 1. c. Pl. P. שָׁלַ֫חְנוּ, sonst nur vor Afformativ mit *t*: 2. M. Pl. שְׁלַחְתֶּם; vor *n* steht bei Druckverrückung meist Ḥaṭef-Pataḥ; vgl. suff. P. שְׁכַחֲנוּךָ „wir haben dich vergessen" (Ps. 44, 18). Zur Mischform 2. F. Sg. Perf. שָׁמַ֫עַתְּ s. § 17, 1.

5. Vor den Suffixen 2. M. Sg., 2. M. F. Pl. hat der Kehllaut stets Ḥaṭef-Pataḥ: אֶשְׁלָחֲךָ „ich schicke dich" (Ex. 3, 10), Imperf. cons. 1. c. Pl. Pi. וַנְּשַׁלֵּחֲךָ (Gn. 26, 29).

6. Zur vormas. Aussprache der Laryngale vgl. den verbalen Eigennamen יִפְתָּח „Jeftah" (Wz. פָּתַח) mit ח = ε in G Ιεφθαε (Jdc. 11, 14), dagegen Q תפתח *tópte*[1]), tib. תָּפְתֶּה „Feuerstätte", und Sek. εφθα für 1. c. Sg. אֶפְתַּח „ich öffne" (Ps. 49, 5); Sek. σεμ[μ]εθ < **šammaḥtā* und tib. שִׂמַּ֫חְתָּ „du hast erfreut" (Ps. 30, 2); sam. *ūlekātímmā*, tib. וּלְקַחְתֶּם, „und ihr sollt nehmen" (Gn. 44, 29). Ferner begegnet Elision in Imp. Sek. σεμου (Hieronymus: *semu*) für tib. שִׂמְחוּ „freut euch!" (Ps. 32, 11) und Schwachartikulation in sam. *šemá'ū* für tib. שִׁמְעוּ „hört!"[2]) (Gn. 37, 6).

3. Die Flexion des schwachen Verbums

§ 76. Das Verbum mit Nun als erstem Radikal

1. Die Stämme yiqtal, yaqtil I נ (Tab. XVI), schon altkan. im wesentlichen der Trilitteralität unterworfen, sind wohl ursprünglich einsilbig[3]); vgl. **tin* mit נָתַן „er gab", aber

[1]) 1 Q Jes[a]. 30, 33; hier steht *h* für *ḥ*, d. h. ohne Lautwert.

[2]) F. Diening, Das Hebr. bei den Samaritanern, 30; KG, 174 bis 181.

[3]) Primär dreiradikalig nach G. Bergsträßer. Grammatik II. § 25; BL, § 52; GVG I, § 267.

ugar. und phön. *ytn*[1]). Der Stamm **qaḥ* hat als ersten Radikal *l*, er lautet somit לָקַח „er nahm“.

2. a) Nach § 24, 3b wird נ dem folgenden Radikal assimiliert im Imperf. Qal (s. u. 3a); im Perf. Ni. נִגַּשׁ „er näherte sich“ — mit Pi. gleichlautend in נִחַם: Ni. „er bereute“, Pi. „er tröstete“ — und Part. Ni. נִגָּשׁ; im gesamten Hi., יַבִּיט „er blickt“, und Ho., הֻגַּד „es wurde gemeldet“, neben seltenerem הָנְחַלְתִּי „man setzte mich in Besitz“ (Hi. 7, 3).

b) Assimilation unterbleibt nach § 24, 3b vor Kehllaut: יִנְהֹם „er knurrt“, יִנְאַץ „er verschmäht“, doch stets נִחַם (s. u. 2a); beim Inf. qtul (qutul) mit festem נ: לִנְפֹּל „zu fallen“, לִנְחֹל (Imperf. יִנְחַל) „zu erben“; zuweilen auch sonst, so in Ni. נִלְקַח „er wurde genommen“ (1 S. 4, 22).

c) Einige Verben bilden assimilierte und nichtassimilierte Formen nebeneinander. So begegnet לֹא־יִגֹּשׂ „er dränge nicht“ (Dt. 15, 2) neben P. תִּנְגֹּשׂוּ „ihr treibt an“ (Jes. 58, 3), יִדְּפֶנּוּ „er schlägt ihn in die Flucht“ (Hi. 32, 13) neben תִּנְדֹּף „sie verweht“ (Ps. 68, 3), תִּצְּרֵנִי (Ps. 32, 7) neben P. תִּנְצְרֵנִי (Ps. 140, 2) „du behütest mich“ und P. יִנְצֹרוּ „sie beobachten“ (Dt. 33, 9), יִנְקָב־ *yinqåḇ-* „er durchbohrt“ (Hi. 40, 24) neben וַיִּקֹּב „und er verfluchte“[2]), während von נקף nur P. יִנְקֹפוּ „sie kreisen“ (Jes. 29, 1) belegt ist. Diese Bildungen sind in letzter Zeit stärker diskutiert worden. O. Rössler vermutet in ihnen Reste des alten Durativs bzw. Präs./Fut. (§ 63, 2), die sogar noch synt. wirksam sein sollen[3]). Demgegenüber macht

[1]) C. H. Gordon, Manual, § 9, 44 (= Textbook, § 9, 48); J. Friedrich, Phön.-pun. Grammatik, § 159.

[2]) So in Lv. 24, 11; dagegen bedeutet die gleiche Form in 2 R. 12, 10 „und er bohrte“.

[3]) O. Rößler, Eine bisher unbekannte Tempusform im Althebräischen. ZDMG 111 (1961), 445—451; Die Präfixkonjugation der Verba I[ae] Nun im Althebräischen und das Problem der sogenannten Tempora. ZAW 74 (1962), 125—141.

A. Bloch geltend, daß die beigebrachten Argumente für eine Beweisführung nicht ausreichen. Er sieht hierin vielmehr dialektisch bedingte starke Formen, die in die Hochsprache eingedrungen seien[1]). Es ist m. E. nicht unwahrscheinlich, daß die bisher nicht befriedigend erklärten starken Bildungen im Konsonantentext Rudimente des Durativs **yaqattalu* darstellen, die dem jüngeren Beugungsschema unterworfen wurden (*yinṣ^{e}rḗnī* < **yanaṣṣarḗnī*) und dabei, wie alle übrigen Reste dieser Art, ein synt. Eigengewicht nicht mehr besitzen; es sei nur auf תִּצְּרֵ֫נִי und תִּנְצְרֵ֫נִי verwiesen, die beide im Satzgefüge die gleiche Stellung einnehmen.

3. a) Das Imperf. yaqtul lautet יִפֹּל „er fällt“, cons. וַתִּדֹּר „und sie gelobte“, doch auch וַיִּדַּר (Gn. 28,20), ferner יִפְּלוּ, Sek. ιεφφολου (Ps. 18, 39); yaqtil nur יִתֵּן, יִתֶּן־ „er gibt“, cons. וַיִּתֵּן, וַיִּתֶּן־, Koh. אֶתְּנָה „ich will geben“; yiqtal יִגַּשׁ „er nähert sich“, doch יִבּוֹל (נָבֵל) „er welkt“ (Jes. 34,4). III lar. bildet יִטַּע „er pflanzt“, יִקַּח „er nimmt“, Koh. אֶקְּחָה. Zum Pass. יֻתַּן, יֻקַּח vgl. § 68, 3a.

b) Der Imp. qtul (qutul) hat festes נ, z. B. נְצֹר „bewahre!“, נִפְלוּ „fallt!“, ebenso II lar. (s. u. 2b), נְהַג „führe!“ (2 R. 4,24); ferner III lar. נִטְעוּ „pflanzt!“. Zweiradikalig sind qtil (qitil): תֵּן „gib!“, K. תְּנִי, P. תֵּ֫נִי (Jes. 43, 6); qtal (qatal): גַּשׁ, גֶּשׁ־ (Gn. 19, 9), גְּשָׁה־ (Gn. 27, 21) „nähere dich!“. In K. גֹּ֫שׁוּ (Jos. 3, 9) wirkt vielleicht vormas. *q(o)tólū* (§ 68, 2e) nach. Ferner קַח, קַח־, seltener לְקַח (Ex. 29,1), לִקְחִי־נָא, קְחִי (1 R. 17, 11) „nimm!“; שָׂא neben נְשָׂא (Ps. 10, 12) „erhebe!“.

c) Der Inf. qtil (qitil) und qtal (qatal) wird meist durch F.-*t* (§§ 42, 3a; 57, 1) erweitert: תֵּת < **titt* < **tint*, לָתֵת,

---

[1]) A. Bloch, Zur Nachweisbarkeit einer hebräischen Entsprechung der akkadischen Form *iparras*. ZDMG 113 (1963), 41—50.

לָתֶת־, selten נְתֹן (Nu. 20, 21), נְתָן־ (Gn. 38, 9); לָגֶשֶׁת, גֶּשֶׁת. So auch לָקַחַת, קַחַת. Formen mit נ gehen nach qtul (qutul): נְטַע neben טַעַת „pflanzen", שְׂאֵת, לָשֵׂאת und נְשֹׂא.

§ 77. Das Verbum mit schwachem Alef als erstem Radikal

1. a) Die Verba אָבַד „zugrunde gehen"[1]), אָבָה „wollen"[2]), אָכַל „essen", אָמַר „sagen", אָפָה „backen" (Tab. XVII) bilden nach herkömmlicher Anschauung (vgl. § 22, 3a und § 23, 1a) das Imperf. nach **ya'kul* > **yākul* > **yōkul* > K. יֹאכַל, P. יֹאכֵל mit Dissimilation nach § 27, 3[3]), doch scheint auf Grund neuerer morphologischer Erwägungen die Ableitung aus dem alten Durativ **yaqātalu* in Form von **ya'ākal* > *ye'ōkel* > **y'ōkel* > *yōkel/yōkal* (s. u. 2a) näherzuliegen.

b) Der zweite Imperf.-Vokal ist bei אָבַד, אָכַל, אָמַר tib. meist K. *a*, P. *ē* (babyl. *ä* auch in P.-Formen, daneben P. יֹאבֵדוּ *yōḇēḏū*): K. יֹאבַד, P. יֹאבֵד; Pl. K. יֹאמְרוּ (Sek. ιωμρου; Ps. 35, 25), P. יֹאבֵדוּ (Sek. ιοβαδου; Ps. 49, 11); תֹּאמַרְנָה. Zu תֹּאמְרוּן s. § 63, 5a. Stets *a* hat 1. c. Sg. אֹמַר, auch bei Zurückweichen des Akzents: אֹמַר לָךְ (Ps. 50, 12); Koh. אוֹמְרָה (Ps. 42, 10).

c) Das Imperf. cons. K. 3. M./F. Sg., 2. M. Sg., 1. c. Pl. hat Pänultimadruck: K. וַיֹּאמֶר und וַיֹּאמַר, וַיֹּאכַל); dagegen P. וַיֹּאכֵל, וַיֹּאמַר und 1. c. Sg. stets וָאֹכַל (§ 21, 2c).

---

[1]) Bei lexikalischer Aufzählung setzt man hebr. 3. M. Sg. Perf. für deutschen Infinitiv.

[2]) Fast nur in Negation, daneben aber auch im Bedingungssatz und in der rhetorischen Frage.

[3]) G. Bergsträßer, Grammatik II, § 24; BL, § 53.

d) Elision des א hat Inf. cstr. לֵאמֹר „nämlich"; zu babyl. *lek̲ol*, tib. לֶאֱכֹל, „zu essen" vgl. § 22, 3a. Zum Imp. vgl. § 73, 2b.

e) Zu אָבָה, אָפָה vgl. § 83, 3.

2. a) Schwache und starke Flexion wechseln bisweilen bei אָהַב „lieben", אָחַז „ergreifen", אָסַף „sammeln": Imperf. 1. c. Sg. P. אֵהָב (Prv. 8, 17), cons. וָאֹהַב (Mal. 1, 2), sonst stark יֶאֱהַב (Prv. 3, 12), mit sekundär restituiertem א: תְּאֵהֲבוּ < **tēhᵃb̲ū* (Prv. 1, 22). Mit *ē* (*æ*): תֹּאחֵז (Dt. 32, 41), cons. וַיֹּאחֵז (2 S. 6, 6) neben וַיֶּאֱחֹז (Jdc. 16, 3); תֹּסֵף „du sammelst" (Ps. 104, 29), cons. וַיֹּסֶף (2 S. 6, 1), aber אֶאֱסֹף (Mi. 2, 12). Bisher als abnorme Restitutionsformen angesehene Bildungen wie sam. *na'ōkel*, tib. P. נֹאכֵל, oder *wya'ōmer*, tib. וַיֹּאמֶר (Gn. 3, 2. 4), erklären sich jetzt auf Grund entsprechender Q-Formen wie אדורשך **'adōrešékkā* „ich suche dich" (1 QH 4, 6) mit ziemlicher Wahrscheinlichkeit als Rudimente des ausgestorbenen Durativs **yaqattalu* (§§ 3, 2d; 4, 3c), der hier in der Nebenform **yaqātalu* erscheint[1]).

b) Zuweilen sind Ni., Pi. und Hi. schwach: Ni. Perf. 3. c. Pl. נֹאחֲזוּ (Nu. 32, 30) neben Part. נֶאֱחָז (Gn. 22, 13); Hi. Imperf. אָזִין „ich höre" (Hi. 32, 11) neben אַאֲמִין „ich vertraue" (Hi. 9, 16), אוֹכִיל „ich gebe zu essen" (Hos. 11, 4), אֹבִידָה „ich will verderben" (Jer. 46, 8), וָאוֹצְרָה „und ich bestellte zum Schatzmeister" (Wz. אצר; Neh. 13, 13), Part. מֵזִין „zuhörend" (Prv. 17, 4). Part. Pi. מַלְּפֵנוּ für מְאַלְּפֵנוּ „der uns verständig macht" (Hi. 35, 11); vgl. hierzu Q משריך **maššerékā* und tib. מְאַשְּׁרֶיךָ „deine Führer" (Jes. 3, 12).

---

[1]) Zum Problem vgl. R. Meyer, Spuren eines westsem. Präs.-Fut. in den Texten von Chirbet Qumran. In: Eißfeldt-Festschr., 118—128.

c) Babyl. ist Imperf. Qal I א meist schwach: יאסֹר *yēsor*, tib. יֶאֱסֹר, „er bindet", יאסֹף *yēsof*, tib. יֶאֱסֹף, „er sammelt", doch 1. c. Sg. אאסֹף *'e'esof*, tib. אֶאֱסֹף (MB, 53).

§ 78. Das Verbum mit Waw oder Yod als erstem Radikal

1. Die Stämme I ו (Tab. XIX) und I י (Tab. XVIII) sind verschiedenen Ursprungs[1]). Bei Vorherrschen der Trilitteralität weist z. B. der interjektionale Imp. I ו auf zweiradikalige Basen zurück (vgl. § 33, 1): הַב „gib!", noch hebr. ohne Imperf. und Perf., *$ṣi'$ > צֵא „hinaus!". Dementsprechend fließen die Grenzen zu I נ (§ 76) und II וי (§ 80). Wortanlautendes *w*, ugar. zuweilen nachweisbar[2]), ist zu *y* abgewandelt (§ 22, 4a).

2. a) Stämme I ו mit Imperf. Qal nach yaqtil sind: יָלַד „gebären", יָרַד „herabsteigen", יָשַׁב „sich setzen"; יָחַד „sich vereinigen" (II lar.; § 74); יָדַע „wissen" (angeglichen aus I י) und יָקַע „sich ausrenken" (III lar.; § 75); יָצָא „hinausgehen" (III א; § 83, 4).

b) Eine zweite Gruppe umfaßt Stämme I ו und I י mit Imperf. Qal yiqtal unter Kontraktion *iy* > *ī* und *iw* > *ī*. Im Hi. haben einige Stämme I י *ay* > *ē*, doch dominiert im allgemeinen nach I ו der Kontraktionsvokal *ō* im Präformativ; vgl. § 22, 4c. Der Imp./Inf. ist gewöhnlich dreiradikalig. Hierher gehören יָבֵשׁ „trocken sein", יָגַע „müde sein", Imperf. יִיטַב „gut sein" (zum Perf. s. § 80, 3f), יָנַק „saugen", יָסַד „gründen", יָעַד (I ו) „bestimmen", יָעֵף „müde sein", יָעַץ (I ו) „raten", יָפָה „schön sein", *יָקַד (I ו, nur Imperf.) „brennen" (intrans.), *יָקַץ „erwachen" (nur Imperf.), יָקַר „wertvoll

[1]) G. Bergsträßer, Grammatik II, § 26; BL, § 55; GVG I, §§ 268f.

[2]) C. H. Gordon, Manual, § 9, 44 (= Textbook, § 9, 48).

sein“, יָרֵא „fürchten“ (trans. und intrans.), יָשֵׁן „schlafen“, יָשַׁר „recht sein“.

c) Andere Stämme I י, besonders II צ, geminieren den zweiten Radikal analog I נ (§ 76, 2a), יַצִּיעַ „er breitet aus“ (Wz. *yṣʿ*). Hierzu kommen zwischen I ו und I י ו schwankende Formen.

3. Qal. a) Das Imperf. yaqtil von I ו hat festes *ē*: יֵשֵׁב < **yašib* < **yaṯib* „er setzt sich“, 3. M. Pl. יֵשְׁבוּ, F. תֵּלַדְנָה „sie gebären“, P. יֵשֵׁבוּ; cons. וַיֵּשֶׁב mit altem Pänultimadruck (§ 21, 2c). Imp. שֵׁב, verstärkt שְׁבָה, Pl. שְׁבוּ (ugar. *ṯb* = **ṯibū*); ferner הַב „gib!“, דַּע „wisse!“, P. צֵאוּ „geht hinaus!“. Inf. שֶׁבֶת (§ 57, 1), K. לָשֶׁבֶת, P. לָשָׁבֶת, doch im St. cstr. לְשֶׁבֶת אַבְרָם „der Niederlassung Abrahams“ (Gn. 16, 3); דֵּעָה neben דַּעַת „wissen“, לָדַעַת, doch suff. לְדַעְתָּהּ „sie zu erkennen“ (Gn. 38, 26); צֵאת „hinausgehen“.

b) Das Imperf. yiqtal von I י lautet: יִיבַשׁ „es trocknet“, P. יִינָקוּ „sie saugen“; cons. וַיִּיקַץ „und er erwachte“, וַתִּיפִי (§ 83, 5b) „und du warst schön“ (Ez. 16, 13), Koh. אִיעֲצָה (I ו) „ich will lehren“ (Ps. 32, 8). Imp. יְרָא „fürchte!“; Inf. יְבֹשׁ „trocknen“ neben יְבֹשֶׁת (§ 65, 1a), לִיסֹד „zu gründen“ (Jes. 51, 16), יִרְאָ „fürchten“, לִישׁוֹן „zu schlafen“ (Qoh. 5, 11).

c) Das Imperf. analog I נ begegnet z. B. in אֶצֹּק, אֶצָּק־ „ich gieße aus“ (Wz. *yṣq*), suff. אֶצָּרְךָ „ich bilde dich“ (Jer. 1, 5; Ketib אצורך < **ʾeṣṣorēḵā*; Wz. *yṣr*), cons. וַתִּצַּת „und sie zündete an“ (Wz. *yṣt*); daneben יִצֹק (Lv. 14, 26), וַיִּיצֶר „und er schuf“ (Gn. 2, 7). Im Imp. steht יְצֹק, Pl. יִצְקוּ, neben צַק (2 R. 4, 41); Inf. לָצֶקֶת (Ex. 38, 27).

d) יָרַשׁ „in Besitz nehmen“ bildet das Imperf. nach I י: cons. וַיִּירַשׁ (Nu. 21, 24), Imp. P. יְרָשָׁה (Dt. 33, 23); daneben

Imp. רֵשׁ, רְשׁוּ und Inf. לָרֶשֶׁת. Zur Wz. vgl. ugar. *yrṯ* im *t*-Refl. Qal: *'itrṯ* = **'ittariṯu* „ich werde bekommen“[1]). Ein Imperf. yaqtil nach I ו bildet יָרָה „schießen“: יוֹרֶה < **yawriy* (s. auch § 83, 5c), dagegen suff. cons. וַנִּירָם „und wir beschossen sie“ (Nu. 21, 30), Imp. יְרֵה, Pl. יְרוּ (Jer. 50, 14 Var.), Inf. לִירוֹת (Ps. 11, 2) neben לִירוֹא (2 Ch. 26, 15). Das gleiche Imperf. yaqtil nach I ו hat יָסַף „hinzutun“: cons. 3. F. Sg. וַתֹּסֶף (Gn. 4, 2), andererseits 2. M. Pl. Imp. סְפוּ; vgl. moab. Inf. לספת. Formen wie יוֹרֶה, יוֹסֵף können zu Qal und Hi. gehören. יָכוֹל „können“ hat Imperf. יוּכַל (§ 68, 2a), Inf. יְכֹלֶת (Nu. 14, 16). יָגוֹר „fürchten“ hat kein Imperfektum.

e) Das Pass. Qal (§ 68, 3) lautet im Imperf. יוּצַר < **yuyṣar* (§ 22, 4c) „er wird gebildet“ (Jes. 54, 17), im Perf. יֻלַּד „er wurde geboren“.

4. Nifʿal. a) Das Ni. wird nach I ו flektiert: Imperf. יִוָּלֵד „er wird geboren“, nur einmal יִיָּרֶה „er wird erschossen“ (Ex. 19, 13); Perf. נוֹלַד und Part. נוֹלָד.

b) Gemination begegnet im Perf. נִצְּבָה „sie steht“ (Ps. 45,10) mit dem Imperf. Hiṯp. יִתְיַצֵּב (Wz. *yṣb* oder *nṣb*), ferner נִצְּתָה „sie entzündete sich“ und Part. נִצָּב „stehend“.

5. Piʿel. Pi.-Formen gehen meist regelmäßig nach I י: Imperf. תְּיַבֵּשׁ „sie trocknet aus“ (Hi. 15, 30), תְּיַבֶּשׁ־ (Prv. 17, 22); suff. mit Kontraktion $y^e ya > ya$: וַיַּבְּשֵׁהוּ „er trocknete es aus“ (Nah. 1, 4). Part. Pu. מְיֻדָּע „vertraut, kund“ (Rt. 2, 1 Ketib).

6. Hiṯpaʿel. a) Formen nach I ו sind, bei teilweise ursprünglichem ו, Imperf. P. אֶתְוַדָּע „ich gebe mich zu erkennen“ (Nu. 12,6), Inf. הִתְוַדַּע (Gn. 45, 1); Perf. הִתְוַדָּה (III יו; § 83, 5a) „er gestand“.

[1]) C. H. Gordon, Manual, § 9, 44 (= Textbook, § 9, 48).

b) Bildungen I י sind z. B. יִתְיָעֲצוּ „sie beraten sich" (Ps. 83, 4) und denominiertes Part. Pl. מִתְיַהֲדִים „sich zum Judentum bekennend" (Est. 8, 17).

7. Hif'il. a) Im Hi. herrscht die Flexion nach I ו vor: Imperf. אוֹרִיד „ich führe hinab", Juss. יוֹרֵד, cons. וַיּוֹרֶד neben וַיּוֹשֶׁב „und er siedelte an" (Gn. 47, 11), vgl. hierzu *e* neben *ä* beim babyl. Imperf. cons. (MO, 192); וַיֹּשַׁע „und er half" (1 S. 23, 5). Imp. הוֹשַׁע; הוֹאֶל־נָא „geruhe doch!" (Jdc. 19, 6). Perf. הוֹדַ֫עְתָּ „du tatest kund", הוֹדוּ „sie priesen", הוֹבִישׁ „er ließ austrocknen", suff. הִרְגַ֫נִי „er warf mich" (Hi. 30, 19). Inf. cstr. הוֹשִׁיעַ, abs. הוֹשֵׁעַ „retten". Part. מוֹשִׁיעַ „Retter", Pl. מוֹרִים „werfend, Schützen" (1 S. 31, 3).

b) Einige Verba I י haben *ē < ay*, selten *ay*: Imperf. תֵּינִק „sie säugt", cons. וַתֵּ֫ינֶק; Imp. הֵינִ֫יקִי. Perf. 3. F. Sg. הֵינִ֫יקָה; ferner הֵיטִיב „er tat Gutes" (Gn. 12, 16) neben 2. M. Sg. הֵטִ֫בְתָּ (1 R. 8, 18) und הֵקִיץ „er erwachte" (Wz. *yqṣ*) nach II ו (§ 80, 6 c). Inf. cstr. הֵינִק. Part. F. מֵינֶ֫קֶת; daneben Pl. מַיְמִינִים „sich rechts befindend" (1 Chr. 12, 2).

c) Gemination analog I נ findet sich bei Stämmen II צ, z. B. im Imperf. תַּצִּיג „du stellst auf" (Wz. *yṣg*, nur im Hi. und Ho.), cons. וַיַּצֶּג, Koh. אַצִּ֫ינָה; וַיַּצִּ֫יקוּ „und sie gossen aus", וַיַּצִּתוּ „und sie zündeten an"; ferner יַצִּיעַ „er breitet aus" (Jes. 58, 5). Imp. הַצִּ֫יגוּ, Inf. cstr. הַצֵּג (Dt. 28, 56), Part. מַצִּיג neben F. P. מוּצֶ֫קֶת nach I ו (2 R. 4, 5 Qere).

8. Hof'al. a) Ho.-Formen haben *ū* in erster Silbe: Imperf. אוּבַל „ich werde geführt" (Wz. *ybl*, nur Hi. und Ho.); Perf. הוּרַד „er wurde hinabgestürzt", auch הוּצַק „er wurde aus-

gegossen“ (Ps. 45, 3); Part. F. מוּדַּ֫עַת. Selten begegnet *ō*: הוֹדַע „es wurde erkannt“ (Lv. 4, 23).

b) Gemination haben Imperf. P. יֻצָּ֑ג „es werde zurückgelassen“ (Ex. 10, 24), der wohl sekundär gebildete Inf. הִוָּ֫לֶדֶת „geboren werden“ (Gn. 40, 20), Part. מוּסָּד „gegründet“ (Jes. 28, 16).

9. Wie I ו wird auch הָלַךְ „gehen“ im Qal und Hi. flektiert.

a) Qal. Imperf. יֵלֵךְ < **yalik* (= ugar.) „er geht“, יֵלֶךְ־ (Ex. 34, 9), P. יֵלַ֑ךְ (Hi. 27, 21); cons. וַיֵּ֫לֶךְ, P. וַיֵּלַ֑ךְ (Gn. 24, 61). Der interjektionale Imp. ist wohl primär zweiradikalig: לֵךְ < **lik* „geh!“, לֶךְ־; ferner לְכָה, לֶךְ־נָא < **likannā* (§ 63, 5d). Inf. לֶ֫כֶת, לָלֶ֫כֶת „zu gehen“. Zu יְהַלֵּךְ „er geht“ (Jer. 9, 3), Inf. הֲלֹךְ (Ex. 3, 19) vgl. bereits moab. ואהלך „und ich ging“ und altphön. הלך „geh!“[1]).

b) Hif'il. Nach ugar. Šaf'el *'ašhlk* = **'ašahliku* „ich lasse gehen“[2]) ist das Hi. aus der vollen Wz. *hlk* analog Hi. I ו entstanden: Imperf. **yahahlik* > **yālik* (§ 22, 3b) > **yōlik* (§ 23, 1) > יוֹלִיךְ, cons. וַיּ֫וֹלֶךְ, P. וַיּוֹלַ֑ךְ; Perf. **hahlaka* > **hālaka* > **hōlaka* > הוֹלִיךְ (§ 27, 2).

§ 79. Stämme mit verdoppeltem zweiten Radikal

1. a) Die Stämme II gem. (Tab. XX) gehen wohl in der Hauptsache auf zweiradikalige, kurzvokalige Basen mit vornehmlich langem Endradikal zurück[3]).

b) Stark flektieren die verbalen Stämme II gem., so das Perf. Qal 3. M. Sg. סָבַב[4]), die vokalisch endenden 3. F. Sg. סָֽבְבָה, 3. c. Pl. סָֽבְבוּ sowie Part. סֹבֵב; ferner Inf. abs. Qal, der in der Regel סָבֹב lautet, und zuweilen auch Inf. cstr. סְבֹב

[1]) J. Friedrich, Phön.-pun. Grammatik, § 163.
[2]) C. H. Gordon, § 9, 45 (= Textbook, § 9, 38).
[3]) G. Bergsträßer, Grammatik II, § 27; BL, § 58.
[4]) Paradigma für II gem. ist סָבַב „umgeben“.

neben סֹב. Gleiche Flexion haben Pi., Pu., Hiṯp. bzw. Polel, Polal, Hiṯpolel. Selten sind sonstige starke Bildungen.

c) Zweiradikalig sind die denominalen Stämme: Perf. Qal 3. M. Sg. סַב, 3. F. Sg. סַ֫בָּה, 3. c. Pl. סַ֫בּוּ, Part. סַב, zugleich Adj. (vgl. § 33, 3c). Manchmal stehen סָבַב und סַב bei verschiedener Bedeutung nebeneinander; z. B. צָרַר „er band zusammen" (Prv. 30, 4), צָרֲרוּ „sie befehdeten" (Nu. 33, 55), andererseits צַר „er ist eng" (Jes. 49, 20); vgl. adj. צַר „eng". Ferner werden schwach flektiert Imperf., Imp. und meist Inf. Qal, gesamtes Ni. und Hi. Endungslose Formen haben tib. einfachen Konsonanten, יָסֹב < **yasubb*, im Babyl. anscheinend Gemination (MB, 37); vgl. § 28, 3b. Vor vokalischem Afformativ erfolgt Gemination, יָסֹ֫בּוּ. Zwischen einsilbigem Stamm und konsonantisch beginnendem Afformativ steht ein sog. Trennungsvokal; u. zw. *ō* im Perf., סַבּ֫וֹתִי, und *œ* im Imperf., תְּסֻבֶּ֫ינָה; vgl. hierzu תִּגְלֶ֫ינָה (§ 82, 2a).

d) Wohl aram. beeinflußt sind Formen I gem. im Imperf. Qal: יִסֹּב, יִסַּב; Perf. Ni. I lar. נִחַר (Ps. 69, 4), P. נִחָֽרוּ „sie sind entzündet" (Ps. 102, 4; babyl. *nāḥārū* neben *nēḥārū*)[1]) und Part. Pl. נֵאָרִים „verflucht" (Mal. 3, 9); ferner Imperf., Imp. und Inf. Hi., יַחֵל „er entweiht" (Nu. 30, 3), sowie Ho. bzw. Pass. Qal, P. יוּסַּב „er wendet sich" (Jes. 28, 27); vgl. hierzu syr. *nebboz* „er plündert". Imperf. Qal יִסֹּב, יִסַּב gleicht Imperf. Ni. יִסֹּב, יִסַּב. Jedoch kommen anscheinend gleichlautende Qal- und Ni.-Formen derselben Wz. nicht nebeneinander vor.

e) Die Grenzen zwischen II gem. und II ו י (§ 80), aber auch I נ (§ 76) und I ו י (§ 78) sind fließend. So sind Pass. Qal und Ho. nach I ו י (§ 78, 3e. 8) gebildet.

---

[1]) MO, 193.

f) Altertümlicher Pänultimadruck begegnet im Qal, Ni., Hi., Ho. bei *ā*, *ī* und *ū* im Auslaut, ferner — außer 1. c. Sg. — im Imperf. cons. Qal und Hi. bei offener Präformativ- und geschlossener Stammsilbe (§ 21, 1c).

2. Qal. a) Das Imperf. **yasubb* > יָסֹב, יָסָב־ ist meist trans., doch auch תָּרֹן „sie jubelt" (Jes. 35, 6); 3. M. Pl. יָסֹ֫בּוּ, 2./3. F. Pl. תְּסֻבֶּ֫ינָה. Ferner cons. וַיָּ֫סָב neben seltenem וַיָּ֫רָם „und es faulte" (Ex. 16, 20); וַיָּ֫סֹלּוּ „und sie schütteten auf" (Hi. 19, 12). Seltenes, im Hi. aufgegangenes **yasibb* > יָסֵב begegnet in יָגֵן „er wird beschützen" (Jes. 31, 5), תְּצִלֶּ֫ינָה „sie gellen" (1 S. 3, 11), cons. וַיָּ֫גֶל „und er rollte" (Gn. 29, 10). Die Bildung **yisabb* > יִסַּב ist intrans.: יֵחַם „es ist heiß" (Dt. 19, 6) neben יָחֹם (Jes. 44, 16) und וַיָּ֫חָם (2 R. 4, 34), יֵצַר „es ist eng" (Prv. 4, 12); zu יֵרַע לָנוּ „es ist verderblich für uns" (2 S. 20, 6) s. § 21, 3a; cons. וַתֵּקַל „und sie war gering" (Gn. 16, 4), וָאֵקַל (Gn. 16, 5), וַיֵּ֫צֶר לוֹ „und es wurde ihm bange" (Gn. 32, 8) neben וַתֵּ֫צֶר [לוֹ] „und er geriet in Not" (1 S. 30, 6).

Aramaisierend sind יִסֹּב, אֶסֹּב, יִסְּבוּ, תִּסֹּ֫בְנָה, cons. וַיִּקֹּב „und er lästerte" (Lv. 24, 11); statisch יִמַּל „es verwelkt" (Hi. 18, 16), יִתַּ֫מּוּ „sie sind vollzählig" (Nu. 14, 35), P. יִתָּ֫מּוּ (Ps. 102, 28), cons. וַיִּתְּמוּ (Dt. 34, 8); תִּצַּ֫לְנָה „sie gellen" (2 R. 21, 12). Zu P. יִדֹּם „er verstummt" vgl. ιαδομ in Sek. (Ps. 30, 13), andererseits babyl. *wᵉyiddom* (Thr. 3, 28; MB, 56); ferner sam. *ūyíttam*, tib. וַיִּתֹּם, „und es hörte auf" (Gn. 47, 15).

Zu starkem, angeblich jungem יֶחֱנַן „er ist gnädig" (Am. 5, 15) vgl. ugar. *yqll* = **yaqlul*[1]) und pun. *ythmum*[2]), tib. *אֶתְמֹם, „ich vollende".

---

[1]) C. H. Gordon, Manual, § 9, 49 (= Textbook, § 9, 53).

[2]) J. Friedrich, Phön.-pun. Grammatik, § 165.

b) Der Imp. lautet סֹב < *subb: גֹּל „wälze" (Ps. 22, 9), גּוֹל (Ps. 37, 5), aber auch גַּל (Ps. 119, 22); F. Sg. רֹנִּי (Jes. 12, 6), רָנִּי (Jes. 54, 1); Pl. M. שֹׁעוּ (Q שׁוֹעוּ) „seid blind!" (Jes. 29, 9), רָנּוּ (Q רוֹנוּ; Jes. 44, 23); 2. F. Pl. fehlt; verstärkt עוּזָּה für *עֻזָּה „erweise dich doch mächtig!" (Ps. 68, 29). Interjektional ist Imp. Pl. הַס (Jdc. 3, 19), Pl. הַסּוּ „still!" (Neh. 8, 11), sowie K. הַס (Hab. 2, 20).

c) Das Perf. ist fientisch סָבַב, K. סָבְבָה, P. סָבָבָה; K. סָבְבוּ, P. סָבָבוּ, doch auch P. דָּמּוּ „sie schwiegen" (Ps. 35, 15); סַבּוֹתָ, סַבּוֹנוּ, סַבּוֹתֶם. Statisch steht K. תַּם, P. תָּם; K. תַּמּוּ, P. תָּמּוּ (2 R. 7, 13) neben דָּלְלוּ „sie sind schwach" (Jes. 19, 6); ferner דַּלּוֹתִי „ich bin arm" (Ps. 116, 6) neben K. תַּמְנוּ, P. תָּמְנוּ „wir sind vernichtet" (Nu. 17, 28; Jer. 44, 18). Das Perf. cons. wird wie das einfache Perf. betont, andererseits begegnet זַמֹּתִי (Ps. 17, 3) für und neben זַמֹּתִי (Jer. 4, 28); dreiradikalig ist זָמַמְתִּי „ich habe beschlossen" (Sach. 8, 14).

d) Der Inf. cstr. lautet meist סֹב: לָבֹז „zu rauben" (Jes. 10, 6), -סָב: -בְּרָן „beim Jubeln" (Hi. 38, 7) und suff. *su(å)bb*- (§ 85, 4); daneben לָגֹז „zu scheren" (Gn. 31, 19). Inf. abs. אָרוֹר „verfluchen" (Jdc. 5, 23).

e) Zu Part. Akt. סֹבֵב und Pass. סָבוּב s. § 68, 2 k. l.

f) Als Pass. Qal sind z. B. Imperf. P. יוּאָר „er wird verflucht" (Nu. 22, 6), Perf. cons. P. וּבָזּוּ „und sie werden ausgeplündert" (Jer. 50, 37), זֹרוּ (Q זוֹרוּ; Wz. *zrr*) „sie wurden ausgepreßt" (Jes. 1, 6) anzusehen (§ 68, 3).

3. Nif'al. a) Das Imperf. lautet יִסַּב < **yansabb* < **yanasabb* und יִסֹּב < **yansubb* < **yanasubb*: יִגַּל „es wälzt sich"

(Am. 5,24); K. יִדַּמּוּ, P. יִדָּמּוּ „sie kommen um“ (Jer. 49,26; 1 S. 2,9), תִּמַּקְנָה „sie (F.) schwinden“ (Sach. 14,12); I lar. auch תֵּחֵל „sie entweiht sich“ (Lv. 21,9); ferner וַיִּסֹּב „und er wendete sich“ (Gn. 42,24).

b) Zum Imp. הִסַּב vgl. הִבָּרוּ „reinigt euch!“ (Jes. 52,11).

c) Perf.-Formen sind נָסַב < *nasabba*, zuweilen tib. und babyl. mit *e* für *a*, sowie נָסֹב < *nasubba*: נָסַבָּה und נָסֵבָּה, נְסַבּוֹתֶם, נָסַבּוּ; zu נָמַסּוּ „sie zerflossen“ (Ps. 97,5) vgl. babyl. *nāméssū* (MB,66). נָסֹב steht in וְנָבֹזּוּ „und sie werden geplündert“ (Am. 3,11). Die Ähnlichkeit des Ni. mit Qal I נ bedingt sekundäre Qal-Formen: נָזֹלּוּ (Wz. *zll*) „sie erbebten“ (Jdc. 5,5). Zu aramaisierendem Perf. I lar. s. u. 1d.

d) Im Inf. abs. steht הִבּוֹז „ausgeplündert werden“ (Jes. 24,3) neben הִמֵּס „zerfließen“ (2 S. 17,10); cstr. nur הִמֵּס (Ps. 68,3).

e) Im Part. stehen — analog zum Perf. נָסַב, נָסֵב, נָסֹב — נָמֵס, babyl. *nāmäss* (MB,66), und *נָרֹץ „zerknickt“ (vgl. Qoh. 12,6); F. נְקַלָּה im Adv. עַל־נְקַלָּה „leichthin“ (Jer. 6,14).

4. Intensivstämme. a) Zu Pi., Pu., Hitp. bilden die Stämme II gem. nach § 27,2 starkes Polel, Polal, Hitpolel mit langem ersten Stammvokal: סוֹבֵב, סוֹבַב, הִסְתּוֹבֵב. Zuweilen haben Pi. und Polel von gleicher Wz. verschiedene Bedeutung; z. B. יְהַלֵּל „er rühmt“, יְהוֹלֵל „er macht zum Toren“ (Qoh. 7,7). Das Polel ist nicht mit dem Typus qātal > קוֹטֵל (§ 72,1b) identisch.

b) Außerdem begegnen Reduplikationsformen Pilpel, Polpal, Hitpalpel (§ 72,3), z. B. לְחַרְחַר „zu erhitzen“ (Prv. 26,21), וַיִּתְמַרְמַר „und er erboste sich“ (Da. 8,7), P. הִתְגַּלְגָּלוּ „sie wälzten sich“ (Hi. 30,14).

5. Hif'il. a) Das Imperf. bildet יָסֵב < *yasibb < *yahasibb: K. יָפֵר, P. יָפֵר „er macht ungültig" (Nu. 30,13; Jes. 14,27); P. תָּחֵלּוּ „ihr beginnt" (Ez. 9,6), תָּפֵרוּ (Jer. 33,20); 3. F. Pl. *תְּחִלֶּינָה. Ferner cons. וַיָּחֶל (Gn. 9,20) und Koh. נָסֵבָּה „laßt uns herbeischaffen!" (1 Chr. 13, 3), aramaisierend (s. u. 1 d) cons. וַיַּסֵּבּוּ „und sie brachten" (1 S. 5, 8).

b) Imp.-Formen sind הָסֵב, הָפֵר, babyl. hāfär (MO, 192) „mache ungültig!" (Ps. 85, 5), verstärkt הָפֵרָה (1 R. 15, 19), P. הָשַׁע „verklebe!" (Jes. 6,10); F. הָסֵבִּי, Pl. הָבֵרוּ „schärft!" (Jer. 51, 11); 2. F. Pl. fehlt.

c) Im Perf. steht הֵסַב < *hasabba neben הֵסֵב: הֵדַק „er zermalmte" (2 R. 23, 15), הֵחֵל „er begann" (Gn. 6,1); ferner הֵסַבּוּ (1 S. 5, 9), הֵחֵלּוּ (1 S. 3, 2); הֲסִבֹּתָ (1 R. 18, 37), הַחִלּוֹתָ (Dt. 3, 24); cons. וַהֲדִקּוֹת „und du (F.) wirst zermalmen" (Mi. 4,13). Beim Perf. cons. schwankt der Druck; vgl. וַהֲסִבּוֹתִי (Ez. 7, 22) mit וַהֲזִכּוֹתִי „und ich will reinigen" (Hi. 9, 30).

d) Der Inf. cstr. gleicht dem Imp.: מֵהָחֵל „vom Beginn" (Dt. 16, 9), P. לְהָבַר „zu reinigen" (Jer. 4, 11). Inf. abs. הָפֵר „ungültig machen" (Nu. 30, 13), הָדֵק „zermalmen" (Ex. 30, 36).

e) Das Part. hat wie das Perf. e neben a: מֵפֵר (Jes. 44, 25) neben pal. mēfar, babyl. mēfär (MB, 65), und מֵצַל „beschattend" (Ez. 31, 3).

6. Hof'al. Das nach I ו״י gebildete und im Imperf. mit Pass. Qal formengleiche Ho. begegnet z. B. im Imperf. P. יוּדַק „er wird zermalmt" (Jes. 28, 28); Perf. הוּתַל „er wurde irregeführt" (Jes. 44, 20); Part. מוּסַב־ „sich wendend" (Ez. 41, 7), F. Pl. מֻסַבֹּת (Ex. 28, 11), מוּסַבֹּת (Nu. 32, 38).

§ 80. Zweiradikalige Stämme mit langem Vokal

1. a) Die Klasse II ו״י mit schwachem ו und י (Tab. XXI) fußt wohl vornehmlich auf langvokaligem qāl, qīl, qūl in der Präformativkonjugation, wobei der Vokalismus des starken Verbums einwirkt[1]). Nach yaqtul ist am häufigsten יָקוּם < **ya-qūm* „er steht auf"[2]), daneben steht nach yaqtil יָבִין < **ya-bīn* „er versteht" sowie selteneres *yiqtal*, יֵבֹשׁ <*yi-bāš* „er schämt sich". Außerhalb des Schemas findet sich altertümliches יָבֹא < *ya-bā'* „er tritt ein" (§ 83, 6); vgl. sam. 3. M. Pl. *yabā'ū*, tib. יָבֹאוּ (Gn. 6, 4).

Daneben liegt nominales qāl, qīl z. B. in קָם < **qāmu* „aufrecht", מֵת <**mītu* „tot" als Adj. und Part. vor. Hierauf fußt das Perf. קָם, primär „er ist aufgestanden", מֵת ursprünglich „er ist tot". Letzteres entspricht statischem qatil (§ 68, 1a), allerdings mit Imperf. יָמוּת, ersteres erscheint wie fientisches qatal. Die fientischen Formen lauten: Imperf. II ו: יָקוּם (yaqtul), II י: יָבִין (yaqtil); Perf. קָם (qatal), Part. קָם.

b) Man betrachtet oft die Formen II ו״י als primär dreiradikalig; z. B. Perf. *qām* < **qāma* < **qawama*. Wenn auch vorgeschichtlich starke Formen II ו״י möglich sind, so läßt doch bereits die ugar. Frühstufe des Westsem. mit Ausnahme der Stämme II ו״י, die zugleich III ו״י (§ 82, 1c) sind, nur schwache Formen erkennen. Das gleiche gilt von den aus den Mari-Texten (18. Jh. v. Chr.) erschließbaren amurritischen Formen.

Erst unter aram. Einflusse entstehen starke Bildungen II ו, גָּוַע „er verschied" (Nu. 20, 29), und II י, so cons. וְאָיַבְתִּי „und ich werde befeinden" (Ex. 23, 22), die mittelhebr. besonders als II י häufig sind; z. B. Pi. קִיְּמוּ „sie bestätigten" (Est. 9, 27).

1) G. Bergsträßer, Grammatik II, § 28; BL, § 56.
2) Daher steht קוּם für II ו״י als Paradigma.

c) Von den seltenen Stämmen II י sind nur wenige rein erhalten, z. B. דִּין „richten", שִׂית „setzen, legen, stellen" (s. u. d). Öfters begegnet auch hier ein Imperf. II ו, z. B. von שִׂים „setzen, stellen" יָשׂוּם neben תָּשִׂים (Ex. 4, 11; Gn. 6, 16) oder Part. Pass. שׂוּם neben שִׂים (s. u. 3h). Die Formengleichheit des Imperf. mit dem Hi. bewirkt mitunter ein sekundäres Perf. Hi., so bei בִּין „bemerken, einsehen": הֵבִין, das möglicherweise in וּבִין „und er gab acht" (Da. 10, 1) in verkürzter Gestalt vorliegt. Bei nur wenigen Abweichungen stimmen die Stämme II י im Perf., Inf. abs., Part. Akt. Qal zu II ו; ebenso gleichen sich Ni., die Intensiv- und Kausativstämme.

d) Die Grenzen der Klasse II יו zu II gem. (§ 79), zuweilen auch I יו (§ 78) und I נ (§ 76) sind fließend. Mitunter scheinen kurzvokalige Stämme in II יו aufgegangen zu sein; vgl. etwa שִׂית „setzen, stellen" mit שֵׁת < **šitu* „Gesäß" (§ 33, 3a) oder אוֹר „leuchten", wohl denominiert von *ʾ*urru* (=*akkad.*; dagegen ugar. bereits *ʾar* = *ʾ*āru* > hebr. אוֹר nach § 23, 1) „Licht".

2. Im Vokalismus des Imperf.-Stammes Qal und Hi. spiegelt sich teilweise das Altkan. wider (§ 63, 3). Langer Vokal steht im Ind., dazu im vokalisch endenden Prät./Juss. und Imp.; gekürztes *u*, *i*, *a* im endungslosen Prät./Juss. und Imp., ebenso vor dem Afformativ -*nå* in 2./3. F. Pl. (§ 63, 4b).

3. Qal. a) Das Imperf. hat veränderliches *ā*, tib. *å* < *a* (§ 23, 2a) oder *ē* < *i*, das mit *å* wechseln kann — vgl. cons. וַתָּאֹ֫רְנָה „und sie leuchteten" (1 S. 14, 27 Qere und Var.) — beim Präformativ; im endungslosen oder vokalisch auslautenden Stamm *ū* (babyl. und tib. hierfür zuweilen *ō*), *ī*, *ō* < *ā* (§ 23, 1): יָקוּם neben seltenem תָּחֹס „sie schone" (Dt. 7, 16), יָשִׁיר, יֵאֹר; יָקֻ֫ומוּ, יָשִׁ֫ירוּ, יֵבֹ֫שׁוּ „sie schämen sich", יְשׁוּבוּן „sie kehren um" (§ 63, 5a); יָבֹא „er tritt ein", יָבֹ֫אוּ.

Vor *-nā* bzw. *-nå* steht *o* < *u*: תָּשֹׁבְנָה „sie kehren um" (§ 20, 2b), *e* < *i*: תָּגֵלְנָה „sie jauchzen" (§ 23,2b); *ō* (nach § 22, 3a): תָּבֹאנָה < **taba'na*. Häufiger ist *-ǣnå* mit Trennungsvokal (vgl. § 79, 1c; 82, 2a): תְּקוּמֶינָה, תְּבֹאֶינָה (sam. *tabā'innā*; Gn. 30, 38). Formen mit Afformativ haben Pänultimadruck (§ 21, 2c).

b) Der Jussiv hat K. *o*, *e*, P. *ō*, *ē* im Stamm: יָקֹם, יָשָׁב־נָא mit Zurückweichen des Akzents (§ 21, 3a); תָּשֵׂם, doch P. auch תָּלַן „du sollst nächtigen" (Jdc. 19,20), אַל־תָּשֶׂם „setze nicht!" (1 S. 9, 20).

c) Endungsloses Imperf. cons. hat außer 1. c. Sg. וָאָקוּם tib. im Kontext Pänultimadruck (§ 21, 2c): וַיָּקָם, וַיָּשֶׂם, nicht dagegen pausal, P. וַיָּמֹת „und er starb", und babyl., *wäy-yāqom* (MO, 187f.). III lar. וַיָּנַח „und er ruhte" zu יָנוּחַ, III ר: וַיָּצַר „und er belagerte" zu *יָצוּר (1 R. 20, 1).

d) Koh.-Formen sind: אָקוּמָה, אָשִׁירָה, נָבוֹאָה.

e) Der Imp. hat langen Vokal: קוּם, שִׂים; ferner קוּמָה, שִׂימָה, בֹּאָה; Pl. קוּמוּ, שִׂימוּ, בֹּאוּ; קֹמְנָה.

f) Perf. und Part. קָם haben *ā* für kan. *ō*; vgl. phön. *qōm* < **qōma* (§ 23, 1) < **qāma* (= ugar.) und hierzu seltenes *ō* beim Part., so Pl. קוֹמִים (2 R. 16, 7). Der *ā*-Vokalismus fußt vielleicht auf restituierendem Einfluß der Wüstenstämme (vgl. auch § 22, 4c): Perf. קָם, קָמָה, קָמוּ; קַמְתָּ, קַמְתְּ, altertümlich קַמְתִּי „du (F.) erhobst dich" (Jdc. 5, 7), קַמְתִּי (vgl. *נַחְתִּי „ich bin ruhig" mit südkan. *nuḫti* = **nóḫtī*; EA 147, 56), קַמְתֶּם, קַמְנוּ mit K. *a*, doch P. קָמְתִּי. Statt *å* begegnet *ī* z. B. in P. רִיבוֹתָ „du strittest" (Hi. 33, 13) neben רַבְתָּ

(Thr. 3, 58). Zum Bindevokal *ō* < *ā* vgl. vielleicht ugar. *b'at* = **bā'ātī*, dagegen hebr. בָּאתִי < **ba'tī* „ich kam“.

Die Denominative טוֹב „gut sein“ mit Imperf. I י: יִיטַב (§ 78, 2 b), בּוֹשׁ „sich schämen“, אוֹר „leuchten“ haben *o*-Vokalismus. מֵת „er starb“ bildet Sg. 3. F. מֵתָה, 2. M. מַתָּה, K. 1. c. מַתִּי, cons. P. וָמֵתִּי (Gn. 19, 19); Pl. K. 1. c. מַתְנוּ, P. מָתְנוּ. Zum Perf. cons. vgl. וְקָמוּ; andererseits auch gewöhnliches Perf. בָּזָה „sie verachtete“ (2 R. 19, 21).

g) Inf. cstr. קוּם, דִּין „richten“, בּוֹא; bei II י z. B. שׂוּם neben seltenerem שִׂים, לוּן neben לִין „übernachten“. Zuweilen begegnet *ō*: מוֹט „wanken“ (Ps. 38, 17), מוֹת „sterben“ (Nu. 16, 29) neben מוּת, נוֹחַ „ruhen“ neben נוּחַ. Der Inf. abs. lautet קוֹם, שׂוֹם, בּוֹא; neben רֹב „kämpfen“ auch רִיב.

h) Das Part. Akt. lautet קָם, שָׂם, בָּא, F. בָּאָה *bā'ā* (3. F. Sg. Perf. בָּאָה); מֵת und Pl. בֹּשִׁים „sich schämend“. Pass.-Formen sind מוּל „beschnitten“ (Jer. 9, 24), Pl. מֻלִים (Jos. 5, 5); ferner שִׂים neben F. שׂוּמָה (2 S. 13, 32).

i) Ein Imperf. Pass. ist z. B. יוּדַשׁ „er wird gedroschen“ (Jes. 28, 27); vgl. auch das Qere וַיּוּשַׂם bzw. וַיּוּשַׂם (= sam.) „und es wurde vorgesetzt“ (Gn. 24, 33; § 17, 2).

k) Das Ugar. hat ein *t*-Refl. *yttn* = **yattīnu* „er pißt“; das Hebr. bildet hieraus ein Hi. von sekundärer Wz. *štn*, Part. מַשְׁתִּין (1 S. 25, 22).

4. Nif'al. Im Ni. herrscht *ō* < *ā*-Vokalismus.

a) Imperf.-Formen sind יִקּוֹם < **yanaqām*: יִנּוֹעַ „er wird geschüttelt“ (Am. 9, 9), יֵעוֹר „er bricht auf“ (Jer. 6, 22); Pl. יִקּוֹמוּ, 2./3. F. Pl. ist nicht belegt.

b) Der Imp. lautet הִקּוֹם, הִקּוֹמִי.

c) Das Perf. נָקוֹם < *naqāma, Pl. נָקֹ֫מוּ, hat tib. ū < ō (§ 23, 1c) bei betontem Trennungsvokal, נְבֻנ֫וֹתִי „ich bin klug“ (Jes. 10,13), dagegen 2. M. Pl. וּנְקֹטֹתֶם „und ihr werdet euch ekeln“ (Ez. 20, 43) mit Nebendruck nach § 16, 2a.

d) Der Inf. cstr. ist הִקּוֹם; ebenso der Inf. abs. הִקּוֹם neben נָסוֹג „weichen“ (Jes. 59, 13) nach dem Perf.; vgl. § 69, 2f.

e) Das Part. lautet נָכוֹן, F. נְכוֹנָה „fest“; Pl. נְבוֹנִים „klug“, doch נְבֻכִים „verwirrt“ (Ex. 14, 3) nach § 23, 1c.

5. Intensivstämme. a) Die Intensivbildung erfolgt analog II gem. (§ 79, 4a) durch stark flektiertes Polel: Imperf. יְקוֹמֵם, Perf. קוֹמֵם, Part. מְקוֹמֵם; sowie durch Polal und Hiṯpolel.

b) Zu starken Pi.-Bildungen s. u. 1b.

c) Reduplikationsformen (§ 72, 3) bildet z. B. כּיל < *kil(?) „umfassen“: cons. וְכִלְכַּלְתִּ֫י „ich werde versorgen“ (Gn. 45,11); Pass. וְכָלְכְּלוּ (1 R. 20, 27); Refl. יִשְׁתַּקְשְׁקוּן „sie überrennen sich“ (Nah. 2,5) zu שׁוּק oder שָׁקַק. Ferner Q יזדעזעו *yizdaʿzáʿū „sie erzittern“ (1 QS 3, 8) zu זוּ֫עַ „zittern“, mittelhebr. Niṯpalpel.

6. Hifʿil. a) Das Imperf. יָקִים < *yahaqīm hat den Vokalismus wie II י Qal: אָבִיא, יָקִ֫ימוּ, יְקִימוּן. Konsonantische Afformative treten teils direkt, teils mit Trennungsvokal an den Stamm: תְּשֵׁ֫בְנָה „sie (F.) geben zurück“ (Hi. 20, 10), תְּבִיאֶ֫ינָה „sie (F.) bringen“ (Lv. 7, 30).

Der Juss. lautet יָאֵר „er erleuchte“, das Imperf. cons. וַיָּ֫קֶם, וַיָּ֫סַר (wie Qal) „und er entfernte“, וַיָּבֵא „und er brachte“; Koh. אָקִ֫ימָה.

b) Imp.-Formen sind: הָקֵם, הָקִ֫ימָה; Pl. הָקִ֫ימוּ; der Präformativvokal å < a ist nach § 23, 2a veränderlich.

c) Der Präformativvokal des Perf. הֵקִים < **haqāma* ist *ē* für *å* < *a* mit Reduktion zu ^{a} und ^{e} bei Druckverlagerung; babyl. lautet er *ē* oder *ī* (= sam.), nur im Perf. cons. auch *ä* (MO, 192). Konsonantische Afformative werden zuweilen unmittelbar, meist jedoch mit Trennungsvokal angefügt: הֵנַפְתָּ neben הֲנִיפוֹתָ „du hast geschwungen", cons. וְהֵמַתָּה, הֲמִתֶּם (§ 28, 1); הֵבֵאתָ neben הֲבִיאוֹתֶם; הֲקִימוֹתָ, הֲקִימוֹתֶם, הֲקִימֹונוּ; mit Ḥaṭef-Segol: הֱשִׁיבוֹתָ, הֱשִׁיבֹנוּ; mit Stammvokal *ē* statt *ī*: הֲשֵׁבֹתֶם, cons. וַהֲשֵׁיבֹתֶם (1 S. 6, 7).

d) Der Inf. cstr. lautet הָקִים, abs. הָקֵם.

e) Zum Part. מֵקִים, Pl. מְמִיתִים, (vgl. § 48, 1 a) sei angemerkt, daß der Präformativvokal *ē* sich bereits in Alalach und Mari nachweisen läßt, wo sich z. B. die Namenform *Me-ki-in* bzw. *Me-ki-nu-um* findet, die genau dem Part. מֵכִין „aufstellend" entspricht[1]).

7. Hof'al. Das Ho. wird nach I ו (§ 78, 8) gebildet: Imperf. יוּמַת „er wird getötet", Perf. הוּקַם, Part. מוּמָת; Flexion nach §§ 49, 1; 54, 3.

8. Analog zu den Stämmen II gem. (§ 79, 1 e; vgl. § 78, 2 c) findet sich auch Gemination des ersten Radikals; so Perf. Ni. נִמֹּל „er wurde beschnitten", Pl. נִמֹּלוּ (Gn. 17, 26 f.), Part. Pl. נִמֹּלִים (Gn. 34, 22). So besonders oft im Hi., zuweilen in verschiedener Bedeutung: Imperf. יַנִּיחַ „er setzt nieder", dagegen יָנִיחַ „er läßt lagern", Imp. הַנַּח, הַנִּיחוּ, Perf. הִנִּיחַ neben הֵנִחַ, Part. מַנִּיחַ; Ho. Part. מֻנָּח „freigelassen" (Ez. 41, 9).

---

1) Vgl. W. J. Moran, The Hebrew Language in Its Northwest Semitic Background. In: Albright-Festschr., 62; H. B. Huffmon, Amorite Personal Names in the Mari Texts: A Structural and Lexical Study (Baltimore 1965), 150.

§ 81. Das Verbum mit Alef als drittem Radikal

1. a) Die Stämme III א[1]) (Tab. XXII) sind primär dreiradikalig; so noch ugar. *ml'a* = **mali'a* „er ist voll“. Auslautendes ' ermöglicht hier Feststellung der Modi, z. B. Fin. *'iqr'a* = **'iqra'a* „ich rufe“[2]).

b) Nach § 22, 3a wird hebr. wie phön.[3]) א am Wort- und Silbenschluß bei Dehnung des vorhergehenden Vokals elidiert: **maṣa'a* > **maṣa'* > **máṣā* (Q) > מָצָא „er fand“; **qara'tā* (so auch altbyblisch) > קָרָ֫אתָ, Hieronymus *carath*[4]), „du riefst“; vgl. pun. 1. c. **carōthī*. Vor konsonantischem Afformativ haben Imperf. und Imp., dazu Perf. Ni., Pi., Hiṯp. und Hi. Formen nach III וי (§ 82, 2).

Am Silbenanfang ist א konsonantisch, z. B. P. מָלֵ֫אוּ „sie sind voll“. Nach vorhergehendem Šwa ist א meist, vielfach durch Restitution, konsonantisch, daneben aber auch elidiert: מָֽלְאוּ < **mali'ū*, entsprechend sam. K. *malē'ū*, andererseits מָלוּ wie Q **malū* (1 Q Jes.ᵃ 14, 21) und Sek. κεροu, tib. קָֽרְאוּ, „sie riefen“ (Ps. 49, 12); ferner שְׂאֵת „tragen“, aber stets לָשֵׂאת wie sam. *šāt* und Sek. **σαθ*[5]). Statt Šwa erhält א Ḥaṭef-Pataḥ, und kurzer vorhergehender Vokal wird zu Pataḥ, so בֹּרַאֲךָ „dein Schöpfer“ (Jes. 43, 1).

Bei Elision kann א als Vokalbuchstabe (§ 9, 2) dienen oder ganz ausfallen, z. B. יָצָ֫אתִי neben יָצָ֫תִי „ich ging hinaus“ (Hi. 1, 21).

---

1) G. Bergsträßer, Grammatik II, § 29; BL, § 54; Paradigma III א ist מָצָא „finden“.

2) C. H. Gordon, Manual, § 9, 7 (= Textbook, § 9, 10).

3) J. Friedrich, Phön.-pun. Grammatik, § 172.

4) C. Siegfried (oben S. 105, Anm. 3); vgl. KG, 188.

5) Nur suff. 1. c. Sg. σαθι שְׂאֵתִי belegt (Ps. 89, 51).

c) Zwischen III א und III וי bestehen auch orthographische Überschneidungen: אֶרְפָּא, Wz. *rp'*, neben אֶרְפֶּה „ich heile" (Jer. 3, 22) und קָרָא$_2$ neben קָרָה „begegnen".

2. a) Das Imperf. lautet gewöhnlich yiqtal: יִמְצָא, Pl. K. יִמְצְאוּ, P. יִמְצָאוּ, 3. F. תִּמְצֶאןָ; I lar. יֶחֱטָא „er sündigt", K. תֶּחֶטְאוּ, P. תֶּחֱטָאוּ; cons. 2. M. Sg. P. וַתֶּחֱטָא (Ez. 28, 16).

b) Imp. מְצָא, מִצְאוּ *miṣ'ū*.

c) Die Perf.-Typen sind qatal מָצָא und qatil מָלֵא (s. u. 1a): טָמְאָה und טָמֵאת „sie war unrein"; בָּרָאתָ, Sek. βαραθα, „du hast geschaffen" (Ps. 89, 48), מָלֵאתִי; Pl. K. מָצְאוּ, מָלְאוּ, P. מָצָאוּ, מָלֵאוּ; מְצָאתֶם, שְׂנֵאתֶם < **śani'tímmā* (sam. *šanātímmā*) „ihr haßtet".

d) Inf. cstr. מְצֹא, מְלֹאת, חֶטְאָה; abs. מָצֹא.

e) Part. Akt. מֹצֵא, auch מוֹצֵא (Qoh. 7, 26), מָלֵא; F. מֹצֵאת (§ 57, 2b), מְלֵאָה; Pl. M. יֹצְאִים, doch pun. *iusim* = **yōṣīm* „hinausgehend"; cstr. Sek. σωνη, tib. *שֹׂנְאֵי, „hassend" (MT שֹׂנְאַי „meine Hasser"; Ps. 35, 19); F. יֹצְאוֹת, מְלֵאוֹת. Pass. *מָצוּא, daneben cstr. נְשׂוּי (vgl. § 82, 2i) „gehoben".

f) Pass. Qal ist wohl Perf. קֹרָא „man nannte" (Jes. 48, 8).

3. Nif'al. Formen des Ni. sind: Imperf. יִמָּצֵא, תִּמָּצֶאינָה; Imp. הִמָּצֵא, *הִמָּצֶאנָה; Perf. נִמְצָא, נִמְצֵאתִי, daneben auch נִפְלָאַתָה „sie war wunderbar" (2 S. 1, 26) als Analogiebildung zu III וי für zu erwartendes נִפְלָאת (Ps. 118, 23); Inf. cstr. הִמָּצֵא, abs. נִמְצֹא, *הִמָּצֹא; Part. M. נִמְצָא (§ 49, 2b), F. נִמְצֵאת (§ 57, 2b), נִמְצָאָה.

4. Intensivstämme. a) Das Pi. lautet im Imperf. יְמַלֵּא „er füllt", 3. F. Pl. תְּמַלֶּאנָה, im Imp. מַלֵּא, מַלְאוּ. Perf. מִלָּא (Jer. 51, 34) neben מִלֵּא, cons. וּמִלֵּאתֶם. Inf. cstr. מַלֵּא, מַלֹּאת, מַלֹּאוֹת (Da. 9, 2); abs. בָּרֵא „abholzen" (Ez. 23, 47).

b) Zu seltenem Pu. vgl. Part. F. P. מְטֻמָּאָה „verunreinigt" (Ez. 4, 14).

c) Im Hitp. enden Imperf. und Imp. häufig auf *å*, יִתְחַטָּא „er entsündigt sich" (Nu. 19, 12) neben cons. וַיִּתְחַבֵּא „und er verbarg sich" (Gn. 3, 8), dementsprechend Pl. P. יִתְמַלָּאוּן „sie versammeln sich" (Hi. 16, 10). Zum Perf. vgl. Pass. P. הֻטַּמָּאָה (§ 24, 3a) „sie ließ sich verunreinigen" (Dt. 24, 4).

5. Kausativstämme. a) Im Hi. haben Juss. und Imperf. cons. *ī* statt *ē*; vgl. Imperf. יַמְצִיא, יַחֲטִיא mit Juss. יַשִּׁא „er verführe" (Jes. 36, 14), וַיַּחֲטִא „und er verführte zur Sünde" (2 R. 21, 11). Allerdings scheint die meist defektive Schreibweise auf *יַשִּׁא (so Q ישיא) und *וַיַּחֲטִא zu fußen. Die übrigen Formen sind regelmäßig.

b) Das Ho. ist selten; zu הוּבָא „er wurde gebracht" s. § 83, 6.

§ 82. Das Verbum mit Waw oder Yod als drittem Radikal

1. a) Altkan. sind die Stämme III וי (Tab. XXIII) als dreiradikalig noch deutlich zu erkennen[1]); für III ו vgl. ugar. Fin. *'ašlw* = **'ašluwa* „ich ruhe", 3. F. Perf. *'atwt* = **'atawat* „sie kam"; zu III י Ind. *ymġy* = **yamġiyu* „er kommt", 3. F. Sg. Perf. *mġyt* = **maġayat* oder **maġiyat*, Part. *bny* = **bāniyu* (בֹּנֶה) „bauend"; Šafʿel *šʿly* = **šaʿlaya* (Hi. הֶעֱלָה) „er ließ hinaufsteigen"[2]). Ebenso begegnet altbyblisch *ʿly* = **ʿalaya* „er kam herauf" und moab. III ו *wyʿnw* = **wayaʿanniwu* (Pi. *וַיְעַנֶּה) „und er bedrückte"[3]).

b) Hebr. und phön. sind III ו und III י im allgemeinen zu III י zusammengefallen. Flexionsgrundlage sind bei gegenseitiger Beeinflussung und unter Verlust ihres Eigengewichts

1) G. Bergsträßer, Grammatik II, § 30; BL, § 57.
2) C. H. Gordon, Manual, § 9, 48 (= Textbook, § 9, 52).
3) J. Friedrich, Phön.-pun. Grammatik, § 175.

yiqtal und yaqtil sowie qatal und qatil: **yiglayu*, **yagliyu*, **galaya und* **galiya*[1]). Elision des *y* und Kontraktion erfolgen nach § 22, 4d.

c) Formen mit starkem *w* und *y* gelten hebr. allgemein als jung; so שָׁלַוְתִּי „ich war ruhig" (Hi. 3, 26), denominiert von שַׁלְוָה „Ruhe", Adj. שָׁלֵו; ferner K. יִשְׁלָיוּ (Ps. 122, 6); K. P. יֶאֱתָיוּ „sie kommen" (Ps. 68, 32). Doch läßt das Ugar. teilweise alte Tradition vermuten.

d) Zum Vokalbuchstaben ה im Auslaut vgl. § 9, 2.

2. Qal. a) Das Imperf. lautet tib. und babyl. יִגְלֶה < **yiglay* < **yiglayu* (yiqtal); vgl. Sek. ιερε, tib. יִרְאֶה, „er sieht" (Ps. 49,10) und pal. *yiḇnœ* „er baut"; ferner יַעֲנֶה „er antwortet". Sam. steht daneben auch *níbnī* < **nabniy* (yaqtil), tib. נִבְנֶה (Gn. 11, 4). 1. c. Sg. אֶגְלֶה; יִהְיֶה „er ist", יִחְיֶה „er lebt". Bei vokalischem Afformativ wird *y* eliminiert, und der lange Vokal bestimmt die Kontraktion: 2. F. Sg. תִּגְלִי < **tiglayī*, 3. M. Pl. יִגְלוּ < **yiglayū*, dementsprechend P. יִבְכָּיוּן „sie weinen" (Jes. 33,7); zu altem Narr. P. תַּעֲשִׂין < **taʿśīna* „du (F.) machst" (Rt. 3, 4) s. § 63, 5a. Mit konsonantischer Endung lautet 2. 3. F. Pl. תִּגְלֶינָה < **tiglaynā*, תַּעֲשֶׂינָה „sie machen".

b) Das Prät./Juss. endet altkan. vokalisch; vgl. ugar. *ymġ* = **yamġī* „er kam/komme"[2]). Hebr. ist der Endvokal elidiert, die entstandene Doppelkonsonanz meist aufgelöst, und der Präformativvokal lautet, ähnlich wie im Babyl. (MB, 55), außer 3. M. Sg., wo *i* vorherrscht, meist *ē*; z. B. ohne Hilfsvokal (§ 29, 3a): אַל־תֵּשְׁתְּ „trinke nicht!" (Lv. 10, 9), mit Sproßvokal (§ 29, 3b): יָגֶל (Hi. 20, 28), יִבֶן „er baue" (Esr. 1,3), אַל־תֵּפֶן „wende dich nicht!" (Nu. 16,15);

[1]) Paradigma ist גָּלָה „entblößen, auswandern".

[2]) C. H. Gordon, Manual, § 9, 48 (= Textbook, § 9, 52).

stets *ē* hat II א: יֵ֫רֶא „er sehe“ (2 Chr. 24, 22), תֵּרֶא, ferner יֵרֶא (Gn. 41,33)[1]), תֵּרֶא (Mi. 7,10)[1]); I lar. K. יַ֫עַל „er ziehe hinauf“ (Gn. 44, 33), P. יָעַל (2 Chr. 36, 23), אַל־יִ֫חַדְּ, besser יִ֫חַד (babyl. *yäḥäd*; MO, 186) „er freue sich nicht“ (Hi. 3,6); II lar. יֵ֫רַע „er weide“ (Hi. 20, 26), תֵּ֫תַע „es irre ab“ (Prv. 7,25). Ferner K. יְהִי, P. יֶהִי „er sei“; K. יְחִי, P. יֶחִי „er lebe“; וִיהִי „und es sei“.

c) Formen des Imperf. cons. ohne Hilfsvokal sind: וַיִּפְתְּ (= babyl.; MB, 55) „und er ließ sich verführen“ (Hi. 31, 27), וַיֵּבְךְּ „und er weinte“ (Gn. 27, 38), וָאֵשְׁתְּ „und ich trank“ (Gn. 24,46), וַיֵּט „und er streckte aus“ (§ 83, 2a); mit Hilfsvokal: וַיֶּ֫גֶל (2 R. 17,23), וַיִּ֫קֶן „und er erwarb“ (Gn. 33,19); וַתִּ֫רֶץ „und du hattest Gefallen“ (Ps. 50, 18), וַתֵּ֫רֶב „und sie vermehrte sich“ (Gn. 43,34), וָאֵ֫רֶא „und ich sah“ (Gn. 31, 10). Stämme I lar. haben beim Präformativ meist K. *a*, P. *å*: וַיַּ֫עַל < **waya‘lī* (= ugar.) „und er zog hinauf“, P. וַתָּ֫עַל (Gn. 24, 16), וָאַ֫עַל (Dt. 10, 3), וַיַּ֫עַן „und er antwortete“; andererseits I ח: וַיִּ֫חַן „und er lagerte sich“ (Gn. 26,17), וַיִּ֫חַר (babyl. *wayyäḥär*; MB, 55) „und es entbrannte“ (Gn. 4,5); II lar. וַיִּ֫מַח „und er löschte aus“ (Gn. 7,23), וַתֵּ֫לַהּ „und sie war erschöpft“ (Gn. 47, 13); וַיְהִי „und es geschah“.

d) Der Koh., entstanden aus dem Fin. **yagliya*, findet sich selten: אֶשְׁעָה „ich will sehen“ (Ps. 119, 117), P. אֶהֱמָיָה „ich will klagen“ (Ps. 77,4); zu וְנִשְׁתָּ֫עָה „und wir wollen uns

---

[1]) So nach S. Mandelkern, Veteris Testamenti Concordantiae[2] (1937), 1052f., doch BHK[2,3]: יֵרֶא und תֵּרֶא; vgl. auch E. Kautzsch, Grammatik, § 75p.

fürchten" (Jes. 41, 23), s. § 70, 3g. Sonst steht Imperf.: נִבְנֶה־ „laßt uns bauen" (Gn. 11, 4), נַעֲשֶׂה־נָּא „laßt uns doch machen!" (2 R. 4, 10; zum Dageš vgl. § 14, 2b).

e) Vielfach wird für Imperf. cons. וַיִּגֶל volles Imperf., וַיִּגְלֶה, gebraucht; vgl. hierzu § 63, 4c.

f) Der Imp. — ugar. *ʿl* = **ʿalī*[1]) (tib. עֲלֵה) „steige hinauf" — lautet גְּלֵה, הֱיֵה „sei!", F. גְּלִי, הֱיִי; Pl. גְּלוּ, P. auch בְּעָיוּ „sucht!" und אֱתָיוּ „kommt!" (Jes. 21, 12), F. גְּלֶינָה.

g) Im Perf. setzt 3. M. Sg. גָּלָה **galaya* oder **galiya* (s. u. 1a) voraus; vgl. sam. *bānā* mit vormas. Pänultimadruck, tib. בָּנָה „er baute" (§ 21, 2a). 3. F. Sg. גָּלְתָה fußt auf **galāt* < **galayat* oder **galiyat* mit Angleichung an קָטְלָה, wobei *t* als dritter Radikal behandelt ist. Altes **galāt* begegnet noch in cons. וְעָשָׂת „und sie wird machen" (Lv. 25, 21) und regelmäßig vor Suffix (§ 85, 7); zu P. גָּלָתָה vgl. P. קָטָלָה und sam. K. *zānātā* (tib. זָנְתָה) „sie hurte" (Gn. 38, 24). 3. c. Pl. גָּלוּ < **galayū* hat Kontraktion nach § 22, 4d. Bei konsonantischem Afformativ wirkt **galiya* nach: גָּלִיתָה < **galiytā* (ugar. *mǵt* = **maǵītā* „du kamst")[1]), sam. *šarītā*, tib. שָׂרִיתָ, Hieronymus *sarith*, „du strittest" (Gn. 32, 29); ferner פָּדִיתָה, Sek. φαδιθ (Ps. 31, 6), „du löstest aus"[2]). 2. F. Sg. גָּלִית; 1. c. Sg. קָנִיתִי, Hieronymus *canithi*, „ich erwarb"[3]). Zu moab. בנתי (tib. בָּנִיתִי) „ich baute", mit dem Vokalbuchstaben *y* = *ī*, vgl. ידעתה (tib. יָדַעְתָּ) „du weißt" in den Ostraka von Lachis (§ 5, 1). Die Pl.-Formen sind גְּלִיתֶם, גְּלִיתֶן, גָּלִינוּ. Konsonanti-

1) C. H. Gordon, Manual, § 9, 48 (= Textbook, § 9, 52).
2) KG, 188.
3) J. Friedrich, Phön.-pun. Grammatik, § 176.

sches י haben z. B. K. חָסָ֫יָה „sie barg sich“ (Ps. 57, 2), P. גָּלָ֫יוּ.

h) Der Inf. cstr. lautet gewöhnlich גְּלוֹת < *galōtu < *ga-lātu < *galayatu; z. B. לִפְנוֹת, Sek. λαφνωθ, „sich zu wenden“ (Ps. 46, 6), הֱיוֹת „sein“, לִהְיוֹת; daneben auch עֲשׂה „machen“ (Gn. 50, 20), עֲשׂוֹ (Gn. 31, 28); zu babyl. ʿăśē (MB, 57) vgl. tib. הֱיֵה „sein“ (Ez. 21, 15), ferner ugar. *bbk* = *bibakī „beim Weinen“[1]); dagegen setzt hebr. K. בְּכִי, P. בֶּ֫כִי altkan. **bakyu* (ebenfalls ugar.) voraus, während der substantivierte Inf. רְאִי, P. רֳאִי und רֳ֫אִי „Sehen“ auf **ruʾyu* zurückgeht (§ 52, 4b). Inf. abs. ist גָּלֹה.

i) Das Part. Akt. M. lautet abs. בֹּנֶה, cstr. בֹּנֵה < **bāniyu* (= ugar.), flektiert nach § 53. F. ist בּוֹכִיָּה < **bākiyatu*, selten kontrahiert פֹּרָת < **pārātu* < **pāriyatu* „fruchtbar“ (Gn. 49, 22); daneben begegnet Umbildung nach Sg. M.: *בֹּנָה (§ 54, 2). Sekundäre Gemination in בּוֹכִיָּה weist auf die Aussprache *bōḵīyå̄* (nicht *bōḵiyyå̄*) hin; vgl. § 56, 3. Part. Pass. ist M. גָּלוּי, F. גְּלוּיָה (§§ 48, 1a; 54, 2b).

k) Pass. Qal. ist z. B. Perf. עֻשֵּׂ֫יתִי „ich wurde geschaffen“ (Ps. 139, 15).

l) Die Stammesmodifikationen stimmen bis auf die Kurzformen im Imperf. cons., Juss. umd Imp. im wesentlichen mit dem Qal überein: Das Imperf. ohne Afformative endet auf *ǣ*, ebenso das Part. M. abs.; Imp. und Part. M. cstr. lauten auf *ē*, das Perf. auf *å̄*, der Inf, cstr. auf *-ōṯ* aus. Im Inf. abs. haben *ō* Qal, mitunter Ni. und Pi., dagegen *ē* die übrigen Stämme. Schwankungen bestehen im Vokalismus des Perf. vor konsonantischem Afformativ[2]).

---

[1]) C. H. Gordon, Manual, § 9, 48 (= Textbook, § 9, 52).
[2]) Vgl. G. Bergsträßer, Grammatik II, § 30 a. o.

3. Nif'al. Imperf.-Formen sind יֵרָאֶה, תִּגָּלֶינָה, יִגָּלוּ, יִגָּלֶה „er läßt sich sehen", יֵעָשֶׂה „es wird getan"; Juss. יֵרָא, תִּגָּל; cons. וַיִּקָּר „und er begegnete" (Nu. 23, 4), וַיֵּרָא, וָאֵרָא. Imp. nur הֵרָאֵה „zeige dich!" (1 R. 18,1). Perf. נִגְלָה, נִדְמֵיתָה „du bist vertilgt" (Ob. 5), נִדְמֵיתִי (Jes. 6, 5), נִגְלֵינוּ. Inf. cstr. לְהִבָּנוֹת „erbaut zu werden" (Hag. 1, 2); abs. נִגְלֹה (1 S. 2, 27) neben הִנָּקֵה „gereinigt werden" (Jer. 25, 29). Part. נִגְלֶה, cstr. נִגְלֵה; נִרְאֶה „sichtbar" (§ 53, 1).

4. Intensivstämme. a) Im Pi. lautet das Imperf. יְגַלֶּה, אֲגַלֶּה, יְכַסּוּ „sie bedecken"; Juss. יְצַו „er befehle"; cons. וַיְגַל, וַיְחַל „er flehte an". Imp. צַוֵּה neben צַו „befiehl!", חַל־נָא „besänftige doch!" (1 R. 13, 6). Perf. גִּלָּה, קִוִּיתִי „ich hoffte" (so auch stets vor Suffix; § 85, 7), קִוֵּיתִי (Jes. 5, 4); cons. וְקִוֵּיתִי, קִוִּינוּ. Inf. cstr. גַּלּוֹת; abs. קַוֵּה, selten קַוֹּה (babyl. *qawwē*; MB, 59); adv. כַּלֵּה „zu Ende" (1 S. 3, 12). Part. abs. מְגַלֶּה, cstr. מְגַלֵּה.

b) Im Pu. begegnet Imperf. תְּסֻלֶּה „sie wird aufgewogen" (Hi. 28,16). Perf. גֻּלָּה, צֻוֵּיתָה „dir wurde befohlen" (Gn. 45, 19), צֻוֵּיתִי (Lv. 8, 35). Inf. cstr. *עֻנּוֹת „gedrückt sein". Part. abs. מְעֻנֶּה (Jes. 53, 4) „bedrückt".

c) Das Hiṯp. lautet im Imperf. תִּתְאַוֶּה „du begehrst"; Proh. אַל־תִּתְאָו „begehre nicht!" (Prv. 23, 3); cons. וַיִּתְאָו (1 Chr. 11, 17), וַיִּתְאַוֶּה (2 S. 23, 15), P. וַיִּתְחָל „und er wurde krank" (2 S. 13, 6). Imp. *הִתְגַּלֵּה, *הִתְגַּל, P. הִתְחָל „stelle dich krank!" (2 S. 13, 5). Perf. הִתְעַנִּיתָ „du hast dich gedemütigt" (1 R. 2, 26), הִתְאַוֵּיתִי „ich begehrte" (Jer. 17, 16). Inf. cstr. לְהִתְעַנּוֹת „sich zu demütigen" (Esr. 8, 21). Part. abs. מִתְגַּלֶּה.

5. Kausativstämme. a) Imperf.-Formen Hi. sind יַרְבֶּה „er vermehrt“, יַשְׁקוּ „sie tränken“; Juss. יֶרֶב, יַרְדְּ „er lasse niedertreten“ (Jes. 41, 2), אַל־תַּט „weise nicht ab!“ (§ 83, 2a); zum Imperf. cons. vgl. וַיֶּגֶל, וַיַּשְׁקְ; וָאַךְ „und ich schlug“ (§ 83, 2b). Ferner P. וַיַּךְ (2 R. 15, 16), außerdem P. אַט „ich weiche ab“ (Hi. 23, 11). Bei I lar. gleichen sich Hi. und Qal: יַעֲלֶה „er führt hinauf“, Juss. וְיַעַל „und er opfere“ (2 S. 24, 22), cons. וַיַּעַל, וַיַּעֲלֶה, P. וַיָּעַל, K. וָאַעַל (Nu. 23, 4). Im Imp. steht הַרְבֵּה (Ez. 24, 10) neben הֶרֶב (Ps. 51, 4 Qere) „vermehre!“; הַכֵּה, הַךְ „schlage!“; הַעַל „laß aufsteigen!“. Im Perf. הִגְלָה überwiegt vor konsonantischem Afformativ ī: הִגְלִיתָ, הִגְלִינוּ, ausgenommen 1. c. Sg. הִגְלֵיתִי; nur selten begegnet z. B. 2. M. Sg. הֶעֱלֵיתָ (Ex. 32, 7) neben הֶעֱלִיתָ „du führtest herauf“. Der Inf. cstr. lautet הַגְלוֹת; abs. הַגְלֵה, הַרְבֵּה[1]) „vermehren“, auch adv. הַרְבֵּה „viel“. Part. abs. מַגְלֶה, cstr. מַגְלֵה.

Anhangsweise sei bemerkt, daß die paradigmatisch gebrauchte Form הִגְלָה in MT nur einmal als וְהִגְלָה „und er führte gefangen“ (2 R. 24, 14; § 101, 3b) belegt ist, während sonst הֶגְלָה begegnet; vgl. auch suff. הִגְלָם (Jer. 20, 4) neben הֶגְלָם (1 Ch. 8, 7). Die übrigen Perf.-Formen haben *i* als Präformativvokal.

b) Zum Ho. vgl. Imperf. תֻּכּוּ „ihr werdet geschlagen“ (Jes. 1, 5), cons. וַיֻּכּוּ; Perf. הָרְאֵתָ „dir wurde gezeigt“ (Dt. 4, 35); Part. מָפְנֶה „gewendet“ (Ez. 9, 2).

c) Ein *t*-Refl. zu altem Šafʿel (§ 72, 1d), kaum ein Hiṯpaʿlel von *שחה (III ו), liegt vor in הִשְׁתַּחֲוָה „sich niederwerfen“;

[1]) Daneben הַרְבָּה; vgl. הַרְבָּה אַרְבֶּה „ich will groß machen“ (Gn. 3, 16).

vgl. ugar. *yšṯḥwy* = **yaštaḥwiyu* „er wirft sich nieder“[1]), Wz. **ḥwy* (arab. *taḥáwwā* „sich zusammenrollen“): Imperf. יִשְׁתַּחֲוֶה; Juss. יִשְׁתַּ֫חוּ < **yaštaḥw* < **yaštaḥwī*[2]); cons. וַיִּשְׁתַּחֲוֶה, K. וַיִּשְׁתַּ֫חוּ, P. וַיִּשְׁתַּחָֽוּ; Imp. הִשְׁתַּחֲווּ; ferner Perf. הִשְׁתַּחֲוֵ֫יתִי; Inf. cstr. לְהִשְׁתַּחֲוֺת; Part. מִשְׁתַּחֲוֶה.

§ 83. Das doppelt schwache Verbum

1. Zu I נ (§ 76) und III א (§ 91) gehören a) נָשָׂא „heben“: Imperf. יִשָּׂא, אֶשָּׂא, Pl. יִשְׂאוּ, P. יִשָּׂאוּ, cons. וַתִּשָּׂא, וַתִּשֶּׂ֫אנָה; Imp. שָׂא neben נְשָׂא, Pl. שְׂאוּ (§ 23, 2a); Inf. שְׂאֵת, לָשֵׂאת, בִּשְׂאֵת, נְשֹׂא; Part. Pass. M. cstr. נְשׂוּי neben נְשׂוּא. — Ni.: Perf. נִשָּׂא, 3. F. נִשֵּׂאת, Part. נִשָּׂא. — Hi.: הִשִּׂיא, *הִשֵּׂ֫אתָ.

b) נָשָׁא$_1$ „verleihen“: Part. נֹשֶׁא (§ 81, 2e); Hi. יַשֶּׁה „er leiht aus“.

c) נָשָׁא$_2$ Hi. „täuschen“: יַשִּׁיא, יַשִּׁ֫יאוּ, Juss. יַשֵּׁא (§ 81, 5a); Perf. הִשִּׁיא, הִשֵּׁ֫אתָ; Inf. abs. הַשֵּׁא.

2. Nach I נ (§ 76) und III יו (§ 82) werden flektiert a) נָטָה „ausstrecken“: Imperf. יִטֶּה; Juss. יֵט; cons. וַיֵּט, וַיֵּט־; Imp. נְטֵה. — Hi.: Imperf. יַטֶּה, אַטֶּה; Juss. תַּט, אַט, P. אָֽט; Imp. הַטֵּה, הַט, Pl. הַטּוּ; Perf. הִטָּה, הִטֵּ֫יתִי, הִטִּיתֶם; Inf. cstr. הַטּוֹת; Part. מַטֶּה.

b) נָכָה Hi. „schlagen“: Imperf. יַכֶּה, vgl. Q יאכה **yakkē* (1 Q Jes.ª 30,31), cons. וַיַּךְ; Imp. הַכֵּה, הַךְ; Perf. הִכָּה; Part. מַכֶּה. — Ho.: Imperf. תֻּכּוּ, cons. וַיֻּכּוּ; Perf. הֻכָּה, הֻכֵּ֫יתִי; Part. מֻכֶּה.

c) נָקָה Ni. „unschuldig sein“: Perf. נִקָּה, נִקֵּ֫יתִי, cons. 3. F. P. וְנִקָּֽתָה. — Pi.: cons. וְנִקֵּ֫יתִי „und ich werde lossprechen“ (Jo. 4, 21).

[1]) C. H. Gordon, Manual, § 9, 35 (= Textbook, § 9, 39).
[2]) Vgl. BL, § 57 k″.

3. Stämme I א (§ 77) und III יו (§ 82) sind: a) אָבָה „[nicht] wollen“: Imperf. יֹאבֶה, יֹאבוּ.

b) אָפָה „backen“: Imperf. *יֹאפֶה, cons. וַיֹּאפוּ, Imp. אֵפוּ.

c) אָתָה „kommen“ (altkan. III ו; § 82, 1a): Imperf. תֵּאתֶה (Mi. 4, 8) neben יֶאֱתֶה, Pl. יֶאֱתָ֫יוּ; cons. וַיֵּתֵא (Dt. 33, 21), P. וַיֶּאֱתָיוּן.

4. Flexion nach I יו (§ 78) und III א (§ 81) haben: a) יָצָא „hinausgehen“: Imperf. יֵצֵא, תֵּצֶ֫אנָה, Koh. אֵצְאָה, 3. M. Pl. P. יֵצֵאוּ; cons. וַיֵּ֫צֵא (Gn. 4, 16); Imp. צֵא, P. צֵאָה, Pl. צְאוּ, צְאֶ֫ינָה (Cant. 3, 11); Inf. צֵאת (§ 22, 3a). — Hi.: Imperf. יוֹצִיא, יוֹצִ֫יאוּ; cons. וַיּוֹצֵא; Imp. הוֹצֵא, Pl. הוֹצִ֫יאוּ; Perf. הוֹצִיא, הוֹצֵ֫אתָ, הוֹצֵ֫אתִי, Pl. הוֹצִ֫יאוּ, הוֹצֵאתֶם; Inf. cstr. הוֹצִיא; Part. מוֹצִיא. — Ho.: Perf. P. הוּצָאָה; Part. F. מוּצֵאת.

b) יָרֵא „fürchten“: Imperf. יִירָא, אִירָא, Pl. תִּירְאוּ, תִּירְאוּן, P. תִּירָאוּ; Part. יָרֵא. — Ni.: Imperf. תִּוָּרֵא; Part. נוֹרָא.

5. Zu I יו (§ 78) und III יו (§ 82) gehören: a) יָדָה Hi. „preisen“: Imperf. יוֹדֶה, אוֹדֶה, Pl. יוֹדוּ; Imp. הוֹדוּ; Perf. הוֹדִ֫ינוּ, cons. וְהוֹדוּ; Inf. cstr. הוֹדוֹת; Part. מוֹדֶה. — Hiṯp. „gestehen“: Imperf. cons. וַיִּתְוַדּוּ, וָאֶתְוַדֶּה; Perf. cons. וְהִתְוַדָּה; Inf. cstr. *הִתְוַדּוֹת; Part. מִתְוַדֶּה.

b) יָפָה „schön sein“: Imperf. cons. וַיִּיף, וַתִּיפִי, — Hiṯp.: Imperf. P. תִּתְיַפָּ֫י „du schmückst dich“ (Jer. 4, 30).

c) יָרָה Hi. „werfen“: Imperf. cons. וַיּוֹר; Part. מוֹרֶה, Pl. מוֹרִים. Zum Qal vgl. § 78, 3d.

6. Flexion II יו (§ 80) und III א (§ 81) hat vor allem בּוֹא „hineingehen“: Imperf. יָבוֹא, אָבוֹא, Pl. יָבֹ֫אוּ, תְּבוֹאֶ֫נָה; cons. וַיָּבוֹא; Imp. בּוֹא, בֹּ֫אָה, Pl. בֹּ֫אוּ; Perf. בָּא, בָּ֫אָה, בָּ֫אתָ, בָּאת, בָּ֫אתִי, Pl. בָּ֫אוּ, בָּאתֶם, בָּ֫אנוּ; Inf. cstr. בּוֹא; Part. בָּא. — Hi.: Imperf.

יָבִיא, אָבִיא, Pl. תָּבִיאוּ, תְּבִיאֶנָּה; cons. וַיָּבֵא und וַיָּבֵיא (Ez. 40, 3), וַיָּבִיאוּ; Imp. הָבֵא, הָבִיאָה, Pl. הָבִיאוּ; Perf. הֵבִיא, הֵבֵאתָ, הֵבֵאתִי, Pl. הֵבִיאוּ; cons. וַהֲבִיאוֹתֶם, וַהֲבֵאתֶם; Inf. cstr. הָבִיא, abs. הָבֵא; Part. מֵבִיא. — Ho.: Imperf. יוּבָא, P. יוּבָאוּ; Perf. הוּבָא, הֻבָאתָה, הוּבְאוּ; Part. מוּבָא.

4. Das Verbum mit Suffixen

§ 84. Das starke Verbum mit Suffixen

1. a) Das Pronominalsuffix[1]) (§ 30, 3) tritt als Akk.-Objekt an Qal, Pi., Hi. (Tab. XXIV), selten an sekundär trans. Refl., וְהִתְנַחֲלוּם „und sie werden sie sich aneignen" (Jes. 14, 2). Daneben steht es, wie bereits altkan., auch als entferntes Objekt: גְּדֵלַנִי „er ist mir aufgewachsen" (Hi. 31, 18).

b) Das suff. Verbum hat zum Teil altertümliche Formen, alten Pänultimadruck (§ 21, 2a) und entgegen dem tib. Schema (§ 20, 2a), aber Q entsprechend, bisweilen primär kurze und offene Drucksilben.

2. Qal. a) Afformativloses Imperf. hat meist betonten Bindevokal: *ē* < *i*, auch *ā* und *å̄* < *a*. Dieser fehlt primär wohl nur vor 2. M. Pl. -*k̠æm* (2. F. Pl. nicht belegt): **yaqtul-kímmā* > יִקְטָלְכֶם mit Spirierung des *k* nach § 13, 2. Vor 2. M. Sg. -*k̠å̄* steht Bindevokal: **yaqtulikā*; vgl. Sek. Pi. ιζαμμερεχ < **yazammirékā* mit tib. K. יְזַמֶּרְךָ „er besingt dich" (Ps. 30, 13) neben P. *יְזַמְּרֶךָּ, יִקְטְלֶךָּ. Das Suffix 3. M. F. Sg. lautet entweder -*ō* und -*åh* oder -*ēhū* und -*æhå̄*: יִקְטְלוֹ, יִקְטְלָהּ; יִקְטְלֵהוּ, יִקְטְלֶהָ. Vokalischer Auslaut bietet keine Besonderheit: יִקְטְלוּנִי; für suff. 2./3. F. Pl. תִּקְטֹלְנָה tritt M. תִּקְטְלוּ ein.

---

[1]) BL, § 48.

b) Der Stammvokal *o* ist tib. zu Šwa reduziert: יִקְטְלֵנִי, יִקְטְלֵם und יִקְטְלֵמוֹ < **yaqtulihímmā* (§ 30, 3c); anders das Babyl. (*yiqṭolénī*; MB, 53) sowie Q, z. B. ויסקולהו **wayes-qolḗhū* (tib. Pi. וַיְסַקְּלֵהוּ) „und er entsteinte ihn“ (1 Q Jes.[a] 5,2). Ebenso ist *e* < *i* reduziert; vgl. יִתֵּן „er gibt“ mit אֶתְּנֶהוּ „ich gebe ihn“. Vor 2. M. Sg. in K.-Formen und stets vor 2. M. Pl. steht *å* < *o*, *æ* < *e*: יִקְטָלְךָ, יִקְטָלְכֶם; יִשְׁמָרְךָ, P. יִשְׁמְרֶךָ „er behüte dich“, אֶתֶּנְךָ, P. *אֶתְּנֶךָּ; zu יַעְכָּרְךָ „er wird dich ins Unglück bringen“ (Jos. 7, 25 [L, R]) vgl. § 11, 1c. Das Imperf. yiqtal hat sog. Vortonqameṣ *å* < *a* (§ 23, 2a): *יִלְבָּשְׁךָ, *יִלְבָּשֵׁהוּ, dagegen *a* vor *-ḵæm*, P. תֹּאכַלְכֶם „sie verzehrt euch“ (Jes. 33, 11).

c) Zu altem Narr. (§ 63, 5a) vgl. יִלְכְּדֻנוֹ „sie fangen ihn“ (Prv. 5, 22).

d) Der Energ. **yaqtulan* (§ 63, 5d) steht vor 1. c., 2. M., 3. M. und F. Sg. als *-æn*, *-ån* < *-an* (§ 24, 2b): יִקְטְלֶנִּי, יִקְטְלֶנְהוּ, יִקְטְלֶנּוּ, יִקְטְלֶךָּ, יִלְבָּשֶׁנִּי; ferner P. תְּבַעֲתַנִּי „sie überfällt mich“ (Hi. 7, 14), P. יְכַבְּדָנְנִי *yeḵabbedånnī*, „er ehrt mich“ (Ps. 50, 23).

e) Der Imp. lautet qutl: קָטְלֵנִי, F. קָטְלִינִי, und qtal: קְטָלֵנִי, *לְבָשׁוּנִי; hierzu kommt noch ein vorhebr. häufiger Energ.: קְרָאֶנָּה „rufe sie doch!“ (Jer. 36,15). Zu älterem qtul in babyl. *šemorēm*, tib. שָׁמְרֵם *šåmrēm*, „bewahre sie!“ (MB, 52) vgl. §§ 65, 1a; 68, 2e. Zur Spirierung von III *bgdkpt*, כָּתְבָה *kåṯbåh* „schreibe sie!“ (Jes. 30, 8) vgl. § 13, 2.

f) Das Perf. hat noch alte Formen: 3. M. Sg. **qatala* > קְטָלַ־, 3. F. Sg. **qatalat* > קְטָלַת־, 2. F. Sg. **qataltī* > קְטַלְתִּי־ (§ 64, 1a); 2. M. Pl. (F. nicht belegt) lautet nach § 28, 1

קְטַלְתּוּ < *qataltū < *qataltumū (§ 64, 2a). Der Druck liegt auf der Pänultima, soweit nicht durch Kontraktion *-áhū* > *-ō*, *-áhā* > *-åh*, *-íhū* > *-īw* Ultimaakzent entsteht. Das Suffix 2. M. F. Pl. ist im Perf. nicht belegt. Der kurze Auslautvokal ist vor 1. c. Sg. als *á* in K. קְטָלַ֫נִי, *לְבֵשַׁ֫נִי (P. קְטָלָ֫נִי, לְבֵשָׁ֫נִי) erhalten; ferner: K. קְטָלְךָ, P. קְטָלֶ֫ךָ; קְטָלֵךְ; K. P. קְטָלוֹ, P. קְטָלָ֫הוּ; קְטָלָ֫נוּ, קְטָלָם. An 3. F. Sg. tritt das Suffix meist direkt: K. קְטָלַ֫תְנִי, P. קְטָלָ֫תְנִי; K. קְטָלַ֫תְךָ, P. קְטָלָ֫תֶךָ (vgl. § 46, 2c), קְטָלָ֫תֶךְ; K. קְטָלַ֫תְהוּ, קְטָלַ֫תּוּ (vgl. § 24, 2b), P. קְטָלָ֫תְהוּ; קְטָלַ֫תָּה; K. קְטָלַ֫תְנוּ, P. קְטָלָ֫תְנוּ; קְטָלָ֫תַם קְטָלַ֫תְמוֹ. Zu vokalischem Auslaut vgl. 2. F. Sg. bzw. 1. c. Sg. קְטַלְתִּ֫ינִי, קְטַלְתִּ֫יהוּ oder קְטַלְתִּיו; ferner 2. M. Pl. קְטַלְתּ֫וּהוּ.

g) Der Inf. qutl und qatl (§ 65, 1a) hat Gen.- und Akk.-Suffixe, doch erkennbar nur, dabei synt. oft verwischt, in 1. c. Sg.: *דָּרְשִׁי „mein Suchen", לְדָרְשֵׁ֫נִי „um mich zu suchen". Die Grenze zwischen qatl und qutl ist, bei Vorherrschen von qutl, fließend. So steht *å* für *i* < *a* in שָׁכְבְּךָ „dein Liegen" (Dt. 6, 7) neben *i* in שִׁכְבָהּ „ihr Liegen" (Gn. 19, 33), umgekehrt auch *i* für *å* in בִּגְדוֹ „sein Abfallen" (Ex. 21, 8). Zu *u* für *å* vgl. קְצָרְכֶם „euer Ernten" (Lv. 19, 9). Die Flexion ist segolatisch (§ 52). Zu qtul im Ketib רְד֫וּפִי „mein Verfolgen" (Ps. 38, 21)[1] vgl. § 65, 1a; so auch K. קְטָלְךָ neben קָטְלְךָ, קְטָלְכֶם neben קָטְלְכֶם. Das Suffix 2./3. F. im Pl. ist nicht belegt. Bei III *bgdkpt* herrscht Spirierung vor, daneben auch הָפְכִּי „mein Umstürzen" (Gn. 19, 21); so stets שָׁפְכְּךָ „dein Ausgießen" (Ez. 9, 8), אָסְפְּכֶם „euer Sammeln" (Lv. 23, 39); s.

[1]) Vgl. babyl. Var. in BHK³.

auch § 52, 1e. Zu Formen wie PsBN עָזְבָ֑ם *ʿozḇām*, BA עֲזָבָם, (Jer. 9, 12 [R]) vgl. § 11, 1c.

h) Das Part. Akt. hat Gen.- oder Akk.-Suffix: *רֹדְפִי „mein Verfolger“ oder „ein mich Verfolgender“ (*-ḗnī* im Qal nicht belegt); determiniert: הַמַּכֵּ֫הוּ „der ihn schlägt“ (Jes. 9, 12).

3. Piʿel. Bei veränderlichem zweiten Stammvokal lautet Imperf. יְקַטְּלֵ֫נִי, יְקַטֶּ֫לְךָ, אֲקַטֶּלְכֶם wobei sich neben אֲאַמִּצְכֶם „ich stärke euch“ (Hi. 16, 5) auch cons. וָאַבֶּדְךָ̀ < *וָאֲאַבֶּדְךָ „und ich tilgte dich aus“ (Ez. 28, 16) belegen läßt; entsprechend werden Imp. und Inf. suffigiert. Zum Energ. vgl. אֲזַמְּרֶ֫ךָּ „ich besinge dich“ (Ps. 138, 1). Das Perf. lautet K. קִטְּלַ֫נִי, קִטֶּלְךָ, קִטְּלוֹ. Im Part. begegnet 1. c. Sg. *-ḗni*, הַמְאַזְּרֵ֫נִי „der mich umgürtet“ (Ps. 18, 33); sonst vgl. § 49, 3.

4. Hifʿil. Der zweite Stammvokal ist durchgehend *ī*, auch im suff. Juss. יַקְטִילֵ֫הוּ, Imperf. cons. וַיַּקְטִילֵ֫הוּ, 2. M. Sg. Imp. הַקְטִילֵ֫הוּ, Inf. הַזְכִּירוֹ „sein Erwähnen“ (1 S. 4, 18) neben הַזְכַּרְכֶם (Ez. 21, 29).

5. Nifʿal. Der suff. Inf. lautet הִקָּטְלִי; K. הִקָּטֶלְךָ, P. הִקָּטְלֶ֑ךָ.

6. Die Laryngale unterliegen den durch Druckverlagerung bedingten Veränderungen:

a) I lar. (§ 73) Imperf. יֶאְסֹר „er bindet“, cons. וַיֶּאֱסֹר: נֶאֱסָרְךָ, cons. וַיַּאַסְרֵ֫הוּ; יַהֲרֹג „er tötet“: יַהַרְגֵ֫נִי, cons. וַיַּהַרְגֵם, וַיַּהַרְגֵ֫הוּ; יַחֲבֹשׁ „er bindet“: יַחְבְּשֵׁ֫נוּ; יַעֲזֹב „er verläßt“: יַעַזְבֶ֫נּוּ, K. אֶעֱזָבְךָ und P. אֶעֶזְבֶ֑ךָּ, תַּעַזְבֵ֫הוּ; יֶאֱהַב „er liebt“: יֶאֱהָבֵ֫נִי. Imp. הָרְגֵ֫נִי, עָבְדֵ֫הוּ „tue es!“, אֱהָבֶ֫הָ, עִזְבוּ֫הָ. Perf. עֲזָבַ֫נִי, עֲזָבוּ, עֲזָבָ֫נוּ, עֲזַבְתִּיךָ, cons. וַהֲרָגָ֫תַם „und sie wird sie töten“. Inf. אֱכֹל

„essen“: אֲכָלְךָ, ferner לְעָבְדוֹ „ihm zu dienen“, *לְעָבְדְכֶם. — Hi. Imperf. cons. וַיַּעֲבִרֵ֫הוּ „und er führte ihn hinüber“.

b) II lar. (§ 74) Imperf. יִגְאַל „er löst aus“: אֶגְאָלֵם; Imp. גְּאָלֵ֫נִי; Perf. גְּאָלוֹ, גְּאַלְתִּ֫יךָ; ferner אָהַב „er liebt“: אֲהֵבָ֫תֶךָ, אֲהֵבוּם; Inf. לְגָאֳלֵךְ. — Pi.: Imperf. יְבַהֵל „er schreckt“: יְבַהֶלְךָ, יְבַהֲלֵ֫מוֹ, יְבַהֲלֻ֫הוּ; יְבָרֵךְ „er segnet“: P. יְבָרֲכֶ֫ךָּ, יְבָרְכֶ֫נְהוּ, יְבָרְכֵ֫נִי, תְּבָרְכַ֫נִי, cons. וַיְבָרְכֵ֫הוּ. Imp. בָּרְכֵ֫נִי. Perf. שִׁחֵת „er verdarb“: שִׁחֶתְךָ, שִׁחֲתָהּ; וְרִחַמְךָ „und er wird sich deiner erbarmen“. Imp. *שָׁרְתֵ֫נִי „diene mir“.

c) III lar. (§ 75) Imperf. יִשְׁלַח „er schickt“: יִשְׁלָחֲךָ, יִשְׁלָחֶ֫נּוּ; Imp. שְׁלָחֵ֫נִי. Perf. P. שְׁלָחָ֫נִי, K. שְׁלָחֲךָ, שְׁלָחוֹ, שְׁלַחְתִּ֫יךָ. Inf. שָׁלְחִי. — Pi. Imperf. cons. וָאֲשַׁלֵּחֲךָ, Imp. שַׁלְּחֵ֫נִי. Perf. שִׂמַּח „er erfreute“: *שִׂמְּחוֹ, שִׂמְּחָ֫הוּ, שִׂמַּחְתִּים; בִּלַּעֲנ֫וּהוּ „wir haben ihn vernichtet“. Inf.: שַׁלְּחִי, שַׁלְּחֵ֫נִי, שַׁלֶּחֲךָ. — Hi.: Imperf. cons. וַיַּשְׁבִּעֵ֫נִי „und er ließ mich schwören“, וָאַשְׁבִּעֵם.

§ 85. Das schwache Verbum mit Suffixen

1. Schwache Formen I נ (§ 76) sind z. B. vom Imperf. יִתֵּן „er gibt“: יִתְּנֵ֫נִי, יִתֶּנְךָ, יִתְּנֶ֫נּוּ, יִתְּנֵם; ferner תִּטָּעֵ֫מוֹ < **tiṭṭaʿē-hímmō* (§ 30, 3c) „du pflanzt sie“, cons. וַיִּקָּחוּם „und sie nahmen sie“. Imp. תְּנֵ֫הוּ, תְּנֶ֫נָּה; קָחֶ֫נּוּ, קָחֶם־נָא „bringe sie doch!“ (Gn. 48, 9), Pl. קָחֻ֫הוּ. Inf. תִּתִּי, תִּתְּךָ, תִּתָּם, (§ 51, 2b); קַחְתָּהּ; גִּשְׁתִּי „meine Annäherung“, גִּשְׁתָּם (§ 57, 1). — Hi.: Imperf. cons. וַיַּצִּילֵ֫נִי „und er errettete mich“. Perf. הִצִּילַ֫נִי, P. הִצִּילָ֫נִי. Imp. הַצִּילֵ֫נִי.

2. Zu I א (§ 77) vgl. Imperf. יֹאכַל „er ißt“: יֹאכְלֵמוֹ, 3. F. תֹּאכַלְכֶם, 2. M. תֹּאכְלֶנָּה (§ 13, 5), Pl. תְּאכְלֻהוּ, תְּאכְלוּם.

3. Das Imperf. yaqtil I יו (§ 78) lautet z. B. יֵדָעֶנּוּ „er erkennt ihn“, אֵדָעֲךָ. Imp. דָּעֵהוּ. Inf. שֶׁבֶת „sitzen“: שִׁבְתִּי, שִׁבְתְּךָ, שִׁבְתְּכֶם; דַּעַת „wissen“: דַּעְתִּי, דַּעְתְּךָ, לְדַעְתּוֹ; ebenso לֶכֶת „gehen“: לֶכְתִּי, לֶכְתְּךָ, לֶכְתָּם (§ 57,1). — Das Hi. hat unveränderliche Vokale (vgl. § 47); z. B. אוֹדִיעֲךָ „ich tue dir kund“.

4. Formen II gem. (§ 79) sind יְחָנֵּנִי „er ist mir gnädig“, P. וִיחֻנֶּךָּ (Nu. 6, 25), יָחְנְךָ für *יָחָנְךָ (Q יחונך *yeḥonnékā; 1 Q Jes.[a] 30, 19), שֶׁיְּחָנֵּנוּ „daß er sich unser erbarme“ (Ps. 123, 2), cons. וַיְחָנֵּנוּ. יָסֹב „er umgibt“: יְסֻבֵּנִי. Imp. חָנֵּנִי, חָנֵּנִי. Perf. חַנַּנִי, סְבָבוּנִי, סַבּוּנִי. Inf. רֹב „viel sein“: רֻבְּכֶם, רֻבָּם; לְבָרָם *l^ebår(r)åm* „sie zu prüfen“ (§ 51, 2c). — Hi.: Imperf. cons. וַיְסִבֵּנִי „und er führte mich herum“, יְפֵרֶנּוּ „er macht es ungültig“. Perf. הֲפֵרָם „er machte sie ungültig“, P. הֲדִמָּנוּ „er vertilgte uns“. Inf. הַחִלָּם „ihr Beginnen“, הֲפֵרְכֶם „euer Ungültigmachen“.

5. Veränderlichen Präformativvokal haben Imperf. Qal und das ganze Hi. II יו (§ 80); z. B. Imperf. Qal יְשִׂימֵנִי „er stellt mich“, יְשִׂימְךָ, אֲשִׂימֵךְ, וַאֲשִׂימֵם, cons. וַיְשִׂימֶהָ; Imp. שִׂימֵנִי, שִׂימָה; Perf. שָׂמַנִי, שָׂמְךָ, שָׂמוֹ, שָׂמָהוּ, 3. F. Sg. שָׂמַתְנִי, cons. 1. c. Sg. וְשַׂמְתִּיךָ; Inf. בְּשׂוּמִי, לְשׂוּמוֹ Qere neben לְשִׂימוֹ Ketib (Jes. 10, 6). — Hi.: Imperf. יְקִמֵנוּ „er läßt uns aufstehen“, יְקִימְךָ; Imp. הֲשִׁיבֵנִי „bringe mich zurück!“; Perf. הֱשִׁיבַנִי, cons. וַהֲשִׁיבְךָ neben וֶהֱשִׁיבְךָ (Gn. 40, 13; Dt. 28, 68); Inf. לַהֲשִׁיבָם.

6. Das Imperf. III א (§ 81) lautet יִמְצָאֶ֫הוּ „er findet ihn“, ferner K. אֶמְצָאֲךָ, P. *אֶמְצָאֶ֫ךָּ, P. יִמְצָאֻ֫נְנִי (Prv. 1,28); Imp. קְרָאֵ֫נִי „rufe mich!“, קְרָאֶ֫הָ, קְרָאֻ֫הוּ; Perf. מְצָאוֹ, P. שְׂנֵאֲךָ „er haßt dich“, und bei elidiertem א: מְצָאתָהּ „du fandest sie“; Inf. קְרָאִי „mein Rufen“. — Pi.: Imperf. וּתְדַכְּאוּנַ֫נִי „und ihr zerschlagt mich“ (Hi. 19,2); Perf. P. מִלֵּאתָ֫נִי „du hast mich angefüllt“; Inf. לְמַלְּאָם „um sie zu füllen“.

7. Im Gegensatz zum ugar. Narr. 'ibġyh = *'ibġayuhū „ich werde es zeigen“[1]) fußt das hebr. suff. Imperf. III ו י (§ 82) samt Imp. auf *yaglī (§ 82, 2b): יִבְנֵם (יִקְטְלֵם) „er baut sie“, יַעַנְךָ (§ 29, 2b) < *ya'nêkā < *ya'nīkā „er antwortet dir“, יַעֲנֶ֫נּוּ; Imp. עֲנֵ֫נִי, zuweilen plene: חַיֵּ֫יהוּ „laß ihn leben!“ (Hab. 3,2). In 3. M. Sg. Perf. schwanken die Formen: K. נָחַ֫נִי (vgl. קְטָלַ֫נִי) „er führte mich“, P. עָשָׂ֫נִי „er schuf mich“, daneben K. und P. עָנָךְ < *'anayakā „er antwortete dir“ (Jer. 23,37; Jes. 30,19); analog קְטָלְךָ sind wiederum gebildet K. עָשְׂךָ, נָחְךָ, P. קָנֶ֫ךָ (קְטָלֶ֫ךָ) „er hat dich geschaffen“. Formen wie עָשָׂ֫הוּ bieten keine Schwierigkeit. Die suff. 3. F. Sg. lautet עָשַׂת־ < *'aśāt < *'aśayat (§ 82, 2g): *עָשָׂ֫תְנִי, P. רָאָ֫תְךָ „sie sah dich“. Zu Formen mit Afformativen vgl. das starke Verbum (§ 84).

8. Die doppelt schwachen Verben richten sich nach den entsprechenden Flexionsklassen.

a) Zu I נ und III א (§ 83, 1) vgl. Imperf. יִשָּׂאֲךָ „er trägt dich“, Imp. שָׂאֵ֫נִי. – Hi. Imperf. יַשִּׁיאֲךָ „er täuscht dich“, Perf. הִשִּׁיאַ֫נִי.

---

[1]) C. H. Gordon, Manual, § 9, 48 (= Textbook, § 9, 52).

b) Als Beispiel I נ und III יו (§ 83, 2) diene Imperf. cons. Hi. וַיַּכּוּ, וַיַּכֻּנוּ, וַיַּכֵּהוּ „und er erschlug ihn", Pl. וַיַּכּוּהָ, יַכּוּךָ, וַיַּכּוּם; Juss. יַכֶּם; Imp. הַכֵּינִי; Perf. K. *הִכַּנִי, הִכָּהוּ, הִכִּיתוֹ, P. הִכָּנִי, cons. וְהִכְּךָ und וְהִכִּתִיךָ.

c) Suff. Stämme I יו und III א (§ 83, 4) sind z. B. Imperf. יִרָאֲךָ „er fürchtet dich", יִירָאוּךָ. — Hi.: Imperf. cons. וַיּוֹצִיאֵנִי „und er führte mich hinaus"; Perf. הוֹצִיאֲךָ, הוֹצֵאתִיךָ.

d) Für I יו und III יו (§ 83, 5) vgl. Hi. Imperf. K. אוֹדְךָ, P. אוֹדֶךָּ „ich preise dich".

e) Zu II יו und III א (§ 83, 6) vgl. Imperf. cons. וַתְּבוֹאֵהוּ „und sie kam zu ihm"; Perf. בָּאַתְנוּ „sie kam zu uns"; Inf. בּוֹאָנָה „ihr (F). Kommen" (Rt. 1, 19). — Hi.: Imperf. cons. וַיְבִיאֵנִי „und er ließ mich eintreten"; Perf. הֲבִיאוֹתִיו „ich brachte ihn".

E. Partikeln

§ 86. Adverbien

1. Das Adv. geht, soweit noch erschließbar, teils auf Pronomina und deren Elemente, teils auf Nominal- und Verbalformen, mitunter auch auf Kurzsätze zurück[1]).

2. Demonstrativadverbia sind z. B. אָז „damals", שָׁם, שָׁמָּה „dort, dahin", כֹּה (Q כוה, aram. *kā*) „so"; vgl. weiter § 31, 2 d.

3. Fragepartikeln: a) Die Fragepartikel **ha* (wohl = ugar.)[2]) lautet tib. הֲ vor Nichtlaryngalen: הֲנֵלֵךְ „sollen wir gehen?" (1 R. 22, 15), הֲשַׂמְתָּ „hast du gesetzt?" (Hi. 2, 3); הַ vor Šwa: *הַרְאִיתֶם „habt ihr gesehen?" (1 S. 10, 24)[3]), zuweilen

---

[1]) BL, § 80; E. Kautzsch, Grammatik, § 100.
[2]) C. H. Gordon, Manual, § 12, 5 (= Textbook, § 12, 5).
[3]) MT: הַרְאִיתֶם.

mit sekundärer Gemination: הַלְּבֶן „einem Sohne?"; הֶ vor Kehllaut mit Qameṣ oder Ḥaṭef-Qameṣ: הֶהָיְתָה „war sie?" (Jo. 1, 2), הֶחֳדַלְתִּי „sollte ich aufhören?" (Jdc. 9, 9); הַ sonst vor Kehllaut: הַאֵלֵךְ „soll ich gehen?", הַאַתָּה „du?" (§ 16, 2b).

b) Neben הֲ begegnet אִם, אִם־; bei erwarteter bejahender Antwort steht הַאִם, הֲלֹא; disjunktiv wird הֲ ... אִם „ob ... oder" gebraucht.

c) Zu adv. אֵי und weiteren Interrogativa s. § 31, 2c und d.

4. Affirmativ sind אַךְ „gewiß, nur", אָכֵן „gewiß, aber", לוּ (ugar. *l* = **lū*; akkad. *lū*)[1] neben לוּא (1 S. 14, 30) und לֻא (2 S. 19, 7) „fürwahr".

5. Negationen sind אַל־, selten אַל (ugar. **ʾal*) „nicht" beim Proh. (§ 100, 4d); לֹא (ugar. *l* = **lā*; Q לוא, aram. *lā*) und בַּל (ugar. *bl* = **bal*) „nicht"; אֲבָל „nein", auch „gewiß".

6. Wunschpartikel ist לוּ (= babyl.; MO, 73) „o wenn doch!".

7. Zahlreich sind Nomina im adv. Akk.: a) Subst. sind אוּלָם, אֻלָם „nichtsdestoweniger", אֶ֫פֶס „nicht mehr", הַיּוֹם „heute", יַ֫חַד „beisammen", כְּבָר „längst", מְאֹד „sehr", מְעַט „wenig", סָבִיב „rings", שֶׁ֫בַע, שִׁבְעָתַ֫יִם „siebenmal (§ 60, 5).

b) Beim adv. gebrauchten Adj., Part. oder Zahlwort steht gewöhnlich das F.: אַחַת „einmal" (§ 60, 5), יְהוּדִית „auf judäisch", נִפְלָאוֹת „wunderbar" (Hi. 37, 5), רִאשֹׁנָה „zuerst", שְׁתַּ֫יִם „zweimal".

8. Zum adv. gebrauchten Nomen mit Präfix vgl. לְבַד „allein", suff. לְבַדְּךָ, לְבַדּוֹ; מִבַּ֫יְתָה, מִבַּ֫יִת „drinnen"; בַּחוּץ, לַחוּץ, מִחוּץ „draußen"; בָּרִאשֹׁנָה „vormals"; לְאַט, לָאט, P. לְאָ֫ט „sanft" (§ 11, 2).

[1]) C. H. Gordon, Manual, § 9, 12 (= Textbook, § 9, 16).

9. Nomina der Existenz bilden mit nachfolgendem Subst. oder mit Suffix einen Nominalsatz (§ 90, 1); sie werden im Deutschen adv. wiedergegeben.

a) אַ֫יִן, P. אָ֫יִן; cstr. אֵין „Nichtsein“; suff. אֵינֶ֫נִּי „ich bin nicht“, אֵינְךָ, אֵינֵךְ, אֵינֶ֫נּוּ, אֵינֶ֫נָּה, *אֵינְכֶם, אֵינָם, אֵינֵ֫מוֹ < *ʾēna-*hímmō* (§ 30, 3c). Zu אָדָם אַ֫יִן „Menschen [gab es] nicht“ (Gn. 2, 5) vgl. § 90, 4.

b) יֵשׁ, יֶשׁ־ < *ʾ*īṯay*; ugar. ʾ*iṯ* = *ʾ*īṯē*[1]) „Vorhandensein“: יֶשְׁךָ „du bist da“, יֶשְׁנוֹ, יֶשְׁכֶם neben יֶשְׁכֶם (Dt. 13, 4).

c) עוֹד „Dauer“: עוֹדֶ֫נִּי „ich bin noch“, עוֹדְךָ, עוֹדָךְ, עוֹדֶ֫נּוּ, עוֹדֶ֫נָּה, עוֹדֵ֫ינוּ (Thr. 4, 17)[2]), עוֹדָם; dazu mit Präfix z. B. בְּעוֹדִי „mein Leben lang“, מֵעוֹדִי „seitdem ich bin“.

d) Wie ugar. ʿ*mn* = *ʿ*imman*[3]) „mit“ zeigt, haben Formen wie אַיֶּ֫כָּה (§ 31, 2c), אֵינֶ֫נּוּ, עוֹדֶ֫נִּי ein verstärkendes Element -*an*, z. B. *ʾ*ēnan-hū* > אֵינֶ֫נּוּ, das auch im Energ. (§ 63, 5d) enthalten ist.

10. Zum adv. Inf. abs. Hi. vgl. הַרְבֵּה „Menge, viel“ (§ 82, 5a).

11. In מַדּ֫וּעַ „warum?“ ist ein alter Pass.-Satz **mā yadūʿ* „was ist erkannt?“ erhalten[4]).

§ 87. Präpositionen

1. Echte Präpositionen gibt es gemeinsem. nicht (§ 3, 2c), lediglich Nomina im adv. Akk., die ein nachfolgendes Wort im Gen. regieren[5]).

---

1) C. H. Gordon, Manual, § 12, 4 (= Textbook, § 12, 4).
2) Qere.
3) C. H. Gordon, Manual, § 10, 14 (= Textbook, § 10, 4).
4) BL, § 80q; vgl. A. Jepsen, Warum? Eine lexikalische und theologische Studie. In: Rost-Festschr., 106—113.
5) BL, § 81; E. Kautzsch, Grammatik, § 101ff.

2. Einradikalige Partikeln בְּ „in, an, bei“ und, partitiv gebraucht, „von“, לְ „nach, zu, für, gegen, an, wegen“ und vergleichendes כְּ „wie“ verschmelzen als Präfixe mit dem regierten Wort.

a) Die Grundformen lauten **bi*, **la*, **ka*. Im hebr. Vokalismus herrscht *a* auch bei **bi* vor, ausgenommen suff. בִּי < **biya* „bei mir“ (§ 30, 3c), hierzu analog לִי < **liya* „mir“. Der Präfixvokal kann reduziert werden (vgl. etwa Sek. βα-, λα- neben häufigerem β-, λ-, χ-[1]), oder bei Laryngalelision (§ 22, 3a) verschwinden; z. B. Sek. λωλαμ < **la'ōlam* < **la-'ālami* „in Ewigkeit“, babyl. לֵאכֹל *leḵol*, tib. לֶאֱכֹל, „zu essen“, לעֲשׂוֹת *läśōṯ*, tib. לַעֲשׂוֹת, „zu tun“ (§ 29, 2), aber auch לַאדֹנִי < **la'adōnī* < **la'adāniya* „meinem Herrn“.

b) Das Präfix lautet gewöhnlich בְּ, כְּ, לְ: בְּעִיר „in einer Stadt“, כְּאֹיֵב „wie ein Feind“ לְשִׁמְךָ „deinem Namen“. Bei nachfolgendem Šwa entsteht eine geschlossene Silbe mit Präfixvokal *i*: לִבְזוֹת (babyl. *liḇzē*; MO, 188) „zu verachten“; Sek. dagegen α, vgl. λαβλωμ mit tib. P. לִבְלוֹם „zu bändigen“ (Ps. 32, 9), und sam. *i*, vgl. *lílbaš* mit tib. לִלְבֹּשׁ „sich zu bekleiden“ (Gn. 28, 20). Vor Ḥaṭef-Laut erhält das Präfix tib. den entsprechenden Vollvokal: לֶאֱכֹל „zu essen“. Hier liegen vielfach Laryngalrestitution und Vokalausgleich vor; vgl. Sek. λαηριμ mit tib. לַאֲחֵרִים „für andere“ (Ps. 49, 11), Sek. βαεμουναθαχ mit tib. P. בֶּאֱמוּנָתֶךָ „in deiner Treue“ (Ps. 89, 50). Daneben begegnet statt Ḥaṭef-Laut auch Šwa quiescens: לַעְזוֹר „zu helfen“ (Jos. 10, 33); לִהְיוֹת „zu sein“, לִחְיוֹת „zu leben“ (§ 82, 2h); zum Meteg vgl. § 16, 2a. Bemerkenswert ist auch, daß das Präfix לְ im Sam. zuweilen mit Vokalvorschlag gesprochen wird, z. B. *'éltet* für tib. לָתֵת

[1]) E. Brønno, Studien, 218f.

„zu geben"[1]); die gleiche Erscheinung findet sich möglicherweise in PsBN (§ 15, 6).

c) Mit anlautendem *y*ᵉ verschmelzen die Präfixe zu בִּי, כִּי, לִי (§ 22, 4b): בִּיהוּדָה „in Juda". Kehllautelision liegt vor in לַאדֹנִי neben לַאֲדֹנִי „meinem Herrn"; כֵּאלֹהֵינוּ „wie unser Gott", dagegen לֶאֱלוֹהַּ; לַיהוָה hat Ketib לְיַהְוֶה und Qere לַאדֹנָי (§ 17, 2)[2]); לֵאמֹר „zu sagen, nämlich" (§ 77, 1d).

d) Nach § 23, 2a steht vor dem Druck oft langer Präfixvokal: לָדִין „zu richten", לָלֶכֶת „zu gehen", doch bei Druckverschiebung לְצֵאת בְּנֵי־יִשְׂרָאֵל „beim Auszuge der Israeliten" (Ex. 19,1); vor Maqqef: לָתֶת־לָנוּ „uns zu geben" (Jos. 17,4). Ebenso lautet das Präfix z. B. bei adv. בָּזֶה „hier", לָזֹאת „deshalb", כָּזֹאת „ebenso", בַּמֶּה, בַּמָּה, „worin?", לָמָּה neben לָמָּה und לָמֶה „warum?" (§ 31, 2b); לָבֶטַח „in Sicherheit", לָעַד „in Ewigkeit", לָרֹב „in Menge"; schließlich bei Wiederholungen, besonders in Pausa, פֶּה לָפֶה „Mund zu Mund" (2 R. 10,21), zuweilen auch sonst, לָנֶפֶשׁ „wegen einer Leiche" (Lv. 19, 28).

e) Zur Elision des Artikels nach Präfix s. § 32, 5.

f) Die suff. Partikeln בְּ, לְ lauten:

1. c.	Sg.	בִּי	לִי	Pl. בָּנוּ	לָנוּ
2. M.	K. בְּךָ		K. לְךָ	בָּכֶם	לָכֶם
	P. בָּךְ		P. לָךְ		

---

[1]) Vgl. Murtonen, Vocabulary, 123. 153.

[2]) Die in L begegnende Punktation אֲדֹנָי יְהוָה (Jes. 28,16 u. ö.) setzt, ebenso wie jüngeres אֲדֹנָי יְהוִֹה in TR, als Qere אֲדֹנָי אֱלֹהִים voraus; daher ist יְהוָה nicht, wie noch in § 17,2 vertreten, als aram. שְׁמָא, hebr. הַשֵּׁם, „der Name" zu lesen, sondern als אֲדֹנָי; vgl. P. Katz, Zur Aussprache von יְהוָה. ThZ 4 (1948), 467—469 und den Nachtrag auf S. 218 dieses Bandes.

2. F.	בָּךְ	לָךְ	—	לָכֵ֫נָה, לָכֵן*
3. M.	בּוֹ	לוֹ	בָּהֶם, בָּם	לָהֶם, לָהֵ֫מָּה
			בָּהֵ֫מָּה	לָ֫מוֹ
3. F.	בָּהּ	לָהּ	בָּהֶן, בָּהֵן	לָהֶן, לָהֵן[1]
			בָּהֵ֫נָּה	לָהֵ֫נָּה

Zum Suffix vgl. §§ 30, 3; 46. Ziemlich regelmäßig begegnet in Q das sog. א prostheticum, z. B. in ביא, tib. בִּי, oder לוא, tib. לוֹ (§§ 9, 4; 12, 2). K. 2. M. Sg. לְךָ, בְּךָ ist restituiert aus *låk*, *båk*; vgl. P. לָךְ und Sek. K. P. βαχ (Ps. 31, 2. 20). Die Grundform lautet **lakā* und *bakā* (< **bikā*) wie Q לכה **lákā* = MT לכה (tib. לְכָה; Gn. 27, 37). Zu 2. F. Sg. לָךְ < **lakī* vgl. Q לכי **lákī*. 3. F. Sg. לָהּ < **láhā* lautet in Q noch voll aus, so בהא **báhā*. Zu 2. M. Pl. לָכֶם < **lakímmā* vgl. Q לכמה **lakímmā*. Tib. בָּהֵ֫מָּה, לָהֵ֫מָּה, בָּהֶם, לָהֶם entspricht Q להמה **lahímmā*; zur Kontraktionsform בָּם vgl. Sek. βαμ (Ps. 49, 15). Poetisch ist לָמוֹ < **lahimmō*. 3. F. Pl. בָּהֶן, בָּהֵן, בָּהֵ֫נָּה hat die Grundform *bahínnā*, vgl. Q להנה **lahínnā*. 2. F. Pl. *לָכֶן ist nicht belegt; zu לָכֵ֫נָה vgl. § 30, 3c.

g) Vergleichendes כְּ „wie" wird suffigiert in einer durch enklit. *-mā* verstärkten Form **kamā* (= ugar.)[2]) > **kamō* (§ 23, 1a): Sg. כָּמ֫וֹנִי (§ 30, 3c), כָּמ֫וֹךָ, כָּמֹ֫כָה, כָּמ֫וֹהוּ; Pl. כָּמ֫וֹנוּ, כָּכֶם und כְּמוֹכֶם, 3. M. כְּמוֹהֶם, כָּהֵ֫מָּה, כָּהֶם, כָּהֵם, 3. F. כָּהֵן, כָּהֵ֫נָּה. 2. F. Sg. und Pl. ist nicht belegt.

---

1) Rt. 1, 13 in der Bedeutung „deshalb"; doch vgl. BHK.[3] z. Stelle.

2) C. H. Gordon, Manual, § 10, 9 (= Textbook, § 10, 9).

h) Bereits altkan. ist die Verselbständigung der Präfixe durch das enklit. *-ma* in בְּמוֹ < **bimā*, לְמוֹ < **lamā*, כְּמוֹ < **kamā*[1]).

3. Selbständige Präpositionen. a) Proklit. mit Maqqef steht מִן־ „von“ gewöhnlich vor dem Artikel, מִן־הָאָ֫רֶץ „aus dem Lande“, seltener P. מֵהַבָּ֑יִת „aus dem Hause“ (Ez. 43,6); zuweilen auch sonst: מִן־בֹּ֫קֶר „vom Morgen an“ (Ex. 18,14), מִן־שְׁאוֹל, doch Sek. μεσσω[λ] „aus der Unterwelt“ (Ps. 30,4). Poetische Nebenformen sind מִנִּי, מִנֵּי־ neben מִנֵּי (Jes. 30,11), z. B. מִנֵּי־אָ֑רֶץ „von der Erde“ (Hi. 18,17). In der Regel erfolgt Präfigierung: מִיָּדוֹ „aus seiner Hand“ (§ 24, 3b), מִשְּׁלֹ֫שֶׁת חֳדָשִׁים „nach drei Monaten“ (§ 28, 3b), מִימֵי שְׁמוּאֵל „seit den Tagen Samuels“ (analog 2c) neben Pl. cstr. מִיְּשֵׁנֵי „von Schlafenden“ (Da. 12,2); vor Kehllaut und ר: מֵעַם „von einem Volke“, מֵרֹב „vor der Menge“, selten מִהְיוֹת „vom Sein“ (§ 82, 2h), מִחוּץ „draußen“ (§ 28, 3b).

Suff. lautet die ugar. nicht belegte Partikel in 2. M. Pl. מִכֶּם, 3. M. Pl. מֵהֶם, מֵהֵ֫מָּה, selten מִנְּהֶם; 3. F. Pl. מֵהֵ֫נָּה, מֵהֶן. Sonst treten die Suffixe gewöhnlich an redupliziertes **mimman*: Sg. מִמֶּ֫נִּי neben K. מִנִּי, P. מֶ֫נִּי, K. מִמְּךָ, P. מִמֶּ֑ךָּ; מִמֵּךְ, מִמֶּ֫נּוּ neben P. מֶ֫נְהוּ, מִמֶּ֫נָּה; Pl. מִמֶּ֫נּוּ.

b) Neben der Akk.-Partikel אֵת, אֶת־ (babyl. *ʾeṯ*) <**ʾiyat*, **ʾiyāt* ([?]; vgl. altphön. *ʾyt*, aram. *yaṯ*)[2]) steht אֵת, אֶת־ (babyl. *ʾiṯṯ*) „mit“. Erstere lautet suff.: Sg. 1. c. אֹתִי „mich“, 2. M. K. אֹתְךָ, P. אֹתָ֑ךָ, 2. F. אֹתָךְ, 3. M. אֹתוֹ (babyl. auch *ʾeṯō*), 3. F. אֹתָהּ; Pl. 1. c. אֹתָ֫נוּ, 2. M. אֹתְכֶם, אֶתְכֶם (babyl. *ʾeṯkäm*, sam.

[1]) C. H. Gordon, Manual, § 11, 4 (= Textbook, § 11, 4).

[2]) J. Friedrich, Phön.-pun. Grammatik, §§ 255f; zum synt. Charakter dieser Partikel vgl. § 105,1b.

ʾitkímmā, Q אתכמה **ʾetkímmā*), 3. M. אֶתְהֶם, אֹתָם, אוֹתְהֶם, 3. F. אֶתְהֶן, אֹתָן, אוֹתְהֶן (babyl. *ʾōtᵉhän*).

Für אֵת „mit, bei“ ergibt sich: Sg. 1. c. אִתִּי, 2. M. K. אִתְּךָ, P. אִתָּךְ, 2. F. אִתָּךְ, 3. M. אִתּוֹ, 3. F. אִתָּהּ; Pl. 1. c. אִתָּ֫נוּ, 2. M. אִתְּכֶם, 3. M. אִתָּם.

c) עִם, עִם־ „mit“ — ugar. *ʿm* = **ʿim*, verstärkt *ʿmn* = **ʿimman* (§ 86, 9e); syr. *ʿam*, Sek. εμ (§ 23, 2b) — lautet suff.: Sg. 1. c. עִמִּי, עִמָּדִי (vgl. arab. *ʿindī* < **ʿimdī*), 2. M. K. עִמְּךָ, P. עִמָּךְ, 2. F. עִמָּךְ, 3. M. עִמּוֹ, 3. F. עִמָּהּ; Pl. 1. c. עִמָּ֫נוּ, 2. M. עִמָּכֶם, 3. M. עִמָּהֶם, עִמָּם.

d) אֶל (babyl. *ʾil*) אֶל־ < **ʾilay* „zu“, עַד, עַד־ < **ʿaday* „bis“, עַל, עַל־ < **ʿalay* „auf“, poetisch cstr. אֱלֵי־, עֲדֵי, עֲלֵי, lauten wohl altkan. noch vokalisch aus[1]). Dementsprechend haben diese Partikeln scheinbar Pl.-Suffixe:

1. c. Sg.	K.	אֵלַי,	עָדַי,	עָלַי	Pl.	אֵלֵ֫ינוּ	—	עָלֵ֫ינוּ
	P.	אֵלָי	—	עָלָי				
2. M.		אֵלֶ֫יךָ,	עָדֶ֫יךָ,	עָלֶ֫יךָ		אֲלֵיכֶם,	עֲדֵיכֶם,	עֲלֵיכֶם
2. F.	K.	אֵלַ֫יִךְ	—	עָלַ֫יִךְ		—	—	עֲלֵיכֶן
	P.	אֵלָ֫יִךְ	—	עָלָ֫יִךְ				
3. M.		אֵלָיו,	עָדָיו,	עָלָיו		אֲלֵיהֶם	—	עֲלֵיהֶם
						אֵלֵ֫ימוֹ		עָלֵ֫ימוֹ
3. F.		אֵלֶ֫יהָ,	עָדֶ֫יהָ,	עָלֶ֫יהָ		אֲלֵיהֶן	—	עֲלֵיהֶן

e) *בַּ֫יִן, cstr. בֵּין „zwischen“ (ugar. *bn* = **bēna* < **baynu* „Zwischenraum“) fungiert als Sg. und als Pl. M. cstr. בֵּינֵי[2]), daneben als Pl. F. בֵּינוֹת (ugar. *bnt* = **bēnāt-*)[3]): Sg. 1. c.

[1]) C. H. Gordon, Manual, § 10, 12f.: **ʿad(ē)*, **ʿal(ē)* (= Textbook, § 10, 12f.).

[2]) Nur vor Suffixen.

[3]) Koehler-Baumgartner. 121.

בֵּינִי, 2. M. K. בֵּינְךָ, P. בֵּינֶךָ, 2. F. בֵּינֵךְ, 3. M. בֵּינוֹ, בֵּינָיו; Pl. 1. c. בֵּינֵינוּ, בֵּינוֹתֵינוּ, 2. M. בֵּינֵיכֶם, 3. M. בֵּינֵיהֶם, בֵּינֹתָם.

f) Ferner stehen präpositional z. B. אֵצֶל „Seite", suff. אֶצְלוֹ „neben ihm" sowie F. cstr. בִּלְתִּי (§ 45, 3d) < *baltu „Nichtsein": בִּלְתִּי טָהוֹר „unrein" (1 S. 20, 26), suff. P. בִּלְתֶּךָ „ohne dich" (1 S. 2, 2); cstr. בְּעַד < *baʿdu „Abstand", (ugar. *bʿd* = *baʿda) „zwischen, durch, hinter": בְּעַד הַחַלּוֹן „durch das Fenster", suff. Sg. 1. c. בַּעֲדִי und P. בַּעֲדֵנִי; בַּעֲדוֹ, בַּעַדְכֶם, בַּעַדְךָ (§ 29, 2b); F. cstr. זוּלַת („Entfernung") „außer": suff. זוּלָתִי, זוּלָתְךָ; נֶגֶד („Gegenüber") „gegenüber, in Gegenwart von, vor": נֶגֶד אַחַי „vor meinen Brüdern", suff. נֶגְדּוֹ.

g) Im St. cstr. Pl. steht אַחֲרֵי neben ursprünglichem אַחַר „hinter": אַחֲרֵי־כֵן „hierauf", suff. אַחֲרָיו; ferner סְבִיבוֹת „rings": suff. סְבִיבוֹתָיו neben סְבִיבָיו; תַּחְתַּי neben תַּחַת „unter": suff. תַּחְתָּיו neben תַּחְתּוֹ.

h) Sg. cstr. בְּלִי „Nichtsein, ohne", vgl. בְּלִי־שֵׁם „namenlos", und יַעַן „wegen" haben keine Suffixe.

4. Häufig begegnen zusammengesetzte Präpositionen, z. B. מֵעִם „von", בֵּית לְ, auch מִבַּיִת לְ, לְמִבֵּית לְ und אֶל־מִבֵּית לְ „innerhalb", לִפְנֵי „vor" und מִתַּחַת לְ „unterhalb".

5. Enkl. steht נָא, ־נָא „doch!", ein emphatisches Element **-nā*, das im altkan. Energ. **yaqtulannā* (§ 63, 3a) vorkommt, hebr. aber verselbständigt ist; doch vgl. noch Q זכורנא **z(o)koránnā* „gedenke doch!", tib. זְכָר־נָא (1 Q Jes.[a] 38, 3); ferner אַל־נָא „nicht doch!", הִנֵּה נָא „siehe doch!" (Gn. 19, 2).

6. Ein enklitisches Element -**mā* oder -**mī*, wie es sich im Ugar. sowohl allgemein beim Nomen als auch beim Verbum nachweisen läßt und hier offenbar zur Hervorhebung

des entsprechenden Wortes dient[1]), ist neuerdings auch für das Hebr. wahrscheinlich gemacht[2]). Vgl. für das Nomen ועתה בני־ם שמע לי „und nun, mein Sohn, höre auf mich!" (Prv. 5, 7), für das Verbum וירקיד־ם ... לבנון „und er ließ den Libanon tanzen" (Ps. 29, 6); zu letzterem sei auch verwiesen auf vorhebr. *yazkur-mi*, hebr. יִזְכֹּר, „er gedenke doch!" (EA 228, 19: Hazor; § 4, 2c). Die spätere Überlieferung hat dieses Enklitikum nicht mehr im Bewußtsein gehabt, so daß durch die Masoreten teilweise Unformen gebildet worden sind.

§ 88. Konjunktionen

1. Die gewöhnlichste Konjunktion[3]) ist וְ < *wa „und"; vgl. §§ 22, 4b; 25, 2. Zu וַ mit folgender Gemination im Imperf. cons. s. § 28, 3a; zur Aufhebung derselben z. B. in וַיְהִי „und es geschah" s. § 28, 3b. Die Kopula lautet וָ vor der Drucksilbe am Ende eines Satzes oder eines Satzteils, וָמַתְנוּ שָׁם „und wir werden dort sterben" (2 R. 7, 4), und in Verbindungen wie תֹּהוּ וָבֹהוּ „Wüste und Leere" (Gn. 1, 2).

2. a) Beiordnende Konjunktionen sind neben וְ „und" z. B. אַף „auch", גַּם .. גַּם „sowohl ... als auch", אוֹ .. אוֹ „sei es .. sei es", כְּ „wie" vor Inf. und Partizipium.

b) Von den subordinierenden Konjunktionen kann אֲשֶׁר, ·שֶׁ (§ 31, 3a. b) jeden abhängigen Satz einleiten: „daß, so daß, weil, wenn, als". Ferner אִם, אִם־ „wenn, wenn auch", daneben „wenn" im temporalen Sinne; לוּ „wenn", בַּל, פֶּן־, „daß nicht", טֶרֶם. „bevor", יַעַן „weil", בִּלְתִּי „ohne daß".

---

1) C. H. Gordon, Manual, §§ 11, 7; 13, 90—93 (= Textbook, §§ 11, 7. 8; 13, 99—102).

2) H. Hummel, Enclitic MEM in Early Northwest Semitic Especially Hebrew. JBL 76 (1957), 85—107; M. Dahood, S. J., Proverbs, 12 (s. Reg.); vgl. §§ 32, 1; 96, 1 dieser Grammatik.

3) BL, § 82; E. Kautzsch, Grammatik, § 104.

3. Zusammengesetzte Formen sind etwa אַחֲרֵי־אֲשֶׁר „nachdem“, בַּאֲשֶׁר, בְּשֶׁ־ „weil“, בְּטֶ֫רֶם „bevor“, גַּם כִּי „obgleich“, יַ֫עַן כִּי „weil“, כַּאֲשֶׁר „wie, weil, wie wenn“, כְּלֹא „als ob nicht“, לוּלֵא „wenn nicht“ (irreal; § 122, 4a), מֵאָז „seit“, עַד אֲשֶׁר, עַד שֶׁ־, עַד „bis“, עַד־בִּלְתִּי „bis nicht“, תַּ֫חַת אֲשֶׁר „anstatt daß, dafür daß“, תַּ֫חַת כִּי „weil“.

§ 89. Interjektionen

1. Interjektionen[1]) im Sinne von Lautgesten sind z. B. אֲהָהּ (arab. *'ah*) „ach!“, אוֹיָה ,אוֹי „wehe!“, אָח, אָנָּא neben אָנָּה „ach!“, הוֹ־הוֹ „wehe!“.

2. Imp.-Charakter haben K. הַס, P. הָס „still!“; הַב, הָ֫בָה „wohlan!“, „her!“ (§ 78, 1); הֵן, הִנֵּה „siehe!“, suff. הִנְנִי, הִנֶּ֫נִּי, P. הִנֵּ֫נִי „siehe, ich!“ הִנּוֹ „siehe, er!“. Hierher gehört auch Imp. לְךָ, לְכָה (§ 78, 9a) „wohlan!“, ק֫וּמָה (§ 80, 3e) „auf!“, רְאֵה „sieh!“ (§ 82, 2f).

3. Schließlich sei verwiesen auf בִּי „bitte“, חָלִ֫ילָה „fern sei es!“.

---

1) BL, § 83; E. Kautzsch, Grammatik, § 105.

Anhang

Flexionstabellen

Beispiele für vollständige Suffixflexion beim Nomen finden sich in den Paragraphen 46 und 53. In den Tabellen I bis XI, die die Nominalflexion behandeln, sind die Formen so ausgewählt, daß alle bei der Beugung möglichen Silbenveränderungen, soweit sie das tib. System betreffen, berücksichtigt sind. Für die sprachgeschichtlich vielfach bedeutsamen P.-Formen sei auf deren ausführliche Behandlung in der Formenlehre verwiesen. Vom Verbum, das in den Tabellen XII bis XXIV behandelt ist, sind neben dem starken Verbum die Haupttypen vollständig berücksichtigt. Die übrigen Stämme werden in einer Auswahl gegeben, die derjenigen beim Nomen entspricht. Für die nur beim starken Verbum ausführlich angeführten P.-Bildungen gilt das oben Gesagte.

I. Das unveränderliche Nomen (§ 47)

	„tot“	„aufrecht“	„verheerend“	„hinausführend“
Sg. abs.	מֵת	קָם	מַֽחֲרִיב	מוֹצִיא
cstr.	מֵת	קָם	מַֽחֲרִיב	מוֹצִיא
Suff. 1. c. Sg.	מֵתִי	קָמִי	מַֽחֲרִיבִי	מוֹצִיאִי
2. M. Sg.	מָתְךָ	קָמְךָ	מַֽחֲרִיבְךָ	מוֹצִיאֲךָ
2. M. Pl.	מָתְכֶם	קָמְכֶם	מַֽחֲרִיבְכֶם	מוֹצִיאֲכֶם
Pl. abs.	מֵתִים	קָמִים	מַֽחֲרִיבִים	מוֹצִיאִים
cstr.	מֵתֵי	קָמֵי	מַֽחֲרִיבֵי	מוֹצִיאֵי
Suff. 1. c. Sg.	מֵתַי	קָמַי	מַֽחֲרִיבַי	מוֹצִיאַי
2. M. Pl.	מֵתֵיכֶם	קָמֵיכֶם	מַֽחֲרִיבֵיכֶם	מוֹצִיאֵיכֶם

II. Das Nomen mit veränderlichem Vokal in vorletzter Silbe (§ 48)

	„Gefangener“	„groß“	„aufstellend“	„Gedächtnis“
Sg. abs.	אָסוּר	גָּדוֹל	מֵקִים	זִכָּרוֹן
cstr.	אֲסוּר	גְּדוֹל	מְקִים	זִכְרוֹן
Suff. 1. c. Sg.	אֲסוּרִי	גְּדוֹלִי	מְקִימִי	זִכְרוֹנִי
2. M. Sg.	אֲסֽוּרְךָ	גְּדֽוֹלְךָ	מְקִֽימְךָ	זִכְרֽוֹנְךָ
2. M. Pl.	אֲסֽוּרְכֶם	גְּדֽוֹלְכֶם	מְקִֽימְכֶם	זִכְרֽוֹנְכֶם
Pl. abs.	אֲסוּרִים	גְּדוֹלִים	מְקִימִים	זִכְרוֹנִים
cstr.	אֲסוּרֵי	גְּדוֹלֵי	מְקִימֵי	זִכְרוֹנֵי
Suff. 1. c. Sg.	אֲסוּרַי	גְּדוֹלַי	מְקִימַי	זִכְרוֹנַי
2. M. Pl.	אֲסוּרֵיכֶם	גְּדוֹלֵיכֶם	מְקִימֵיכֶם	זִכְרוֹנֵיכֶם

III. Das Nomen mit veränderlichem Vokal in letzter Silbe (§ 49)

	„Ewigkeit“	„Hand“	„Töpfer“	„Tröster“
Sg. abs.	עוֹלָם	יָד	יוֹצֵר	מְנַחֵם
cstr.	עוֹלַם	יַד	יוֹצֵר	מְנַחֵם
Suff. 1. c. Sg.	עוֹלָמִי	יָדִי	יֽוֹצְרִי	מְנַחֲמִי
2. M. Sg.	עוֹלָֽמְךָ	יָֽדְךָ	יוֹצֶרְךָ	מְנַחֶמְךָ
2. M. Pl.	עוֹלַמְכֶם	יֶדְכֶם	יוֹצֶרְכֶם	מְנַחֶמְכֶם
Pl. abs.	עוֹלָמִים	Du. יָדַיִם	יֽוֹצְרִים	מְנַחֲמִים
cstr.	עוֹלְמֵי	יְדֵי	יֽוֹצְרֵי	מְנַחֲמֵי
Suff. 1. c. Sg.	עוֹלָמַי	יָדַי	יֽוֹצְרַי	מְנַחֲמַי
2. M. Pl.	עוֹלְמֵיכֶם	יְדֵיכֶם	יֽוֹצְרֵיכֶם	מְנַחֲמֵיכֶם

IV. Das Nomen mit zwei veränderlichen Vokalen (§ 50)

	„Wort"	„weise"	„Greis"	„zuverlässig"
Sg. abs.	דָּבָר	חָכָם	זָקֵן	נֶאֱמָן
cstr.	דְּבַר	חֲכַם	זְקַן	נֶאֱמַן
Suff. 1. c. Sg.	דְּבָרִי	חֲכָמִי	זְקֵנִי	נֶאֱמָנִי
2. M. Sg.	דְּבָרְךָ	חֲכָמְךָ	זְקֵנְךָ	נֶאֱמָנְךָ
2. M. Pl.	דְּבַרְכֶם	חֲכַמְכֶם	זְקַנְכֶם	נֶאֱמַנְכֶם
Pl. abs.	דְּבָרִים	חֲכָמִים	זְקֵנִים	נֶאֱמָנִים
cstr.	דִּבְרֵי	חַכְמֵי	זִקְנֵי	נֶאֶמְנֵי
Suff. 1. c. Sg.	דְּבָרַי	חֲכָמַי	זְקֵנַי	נֶאֱמָנַי
2. M. Pl.	דִּבְרֵיכֶם	חַכְמֵיכֶם	זִקְנֵיכֶם	נֶאֶמְנֵיכֶם

V. Stämme mit verdoppeltem zweiten Radikal (§ 51)

	„Oberster"	„Nase"	„Pfeil"	„Bergfeste"
Sg. abs.	שַׂר	אַף	חֵץ	מָעוֹז
cstr.	שַׂר	אַף	חֵץ	מָעוֹז
Suff. 1. c. Sg.	שָׂרִי	אַפִּי	חִצִּי	מָעֻזִּי
2. M. Sg.	שָׂרְךָ	אַפְּךָ	חִצְּךָ	מָעֻזְּךָ
2. M. Pl.	שַׂרְכֶם	אַפְּכֶם	חִצְּכֶם	מָעֻזְּכֶם
Pl. abs.	שָׂרִים	Du. אַפַּיִם	חִצִּים	מָעֻזִּים
cstr.	שָׂרֵי	אַפֵּי	חִצֵּי	מָעֻזֵּי
Suff. 1. c. Sg.	שָׂרַי	אַפַּי	חִצַּי	מָעֻזַּי
2. M. Pl.	שָׂרֵיכֶם	אַפֵּיכֶם	חִצֵּיכֶם	מָעֻזֵּיכֶם

VI. Die Segolata (§ 52)

	„König“	„Horn“	„Buch“	„Tat“	„Schuh“	„Haus“
Sg. abs.	מֶ֫לֶךְ	קֶ֫רֶן	סֵ֫פֶר	פֹּ֫עַל	נַ֫עַל	בַּ֫יִת
cstr.	מֶ֫לֶךְ	קֶ֫רֶן	סֵ֫פֶר	פֹּ֫עַל	נַ֫עַל	בֵּית
Suff. 1. c. Sg.	מַלְכִּי	קַרְנִי	סִפְרִי	פָּעֳלִי	נַעֲלִי	בֵּיתִי
2. M. Sg.	מַלְכְּךָ	קַרְנְךָ	סִפְרְךָ	פָּעָלְךָ	נַעַלְךָ	בֵּיתְךָ
2. M. Pl.	מַלְכְּכֶם	קַרְנְכֶם	סִפְרְכֶם	פָּעָלְכֶם	נַעַלְכֶם	בֵּיתְכֶם
Pl. abs.	מְלָכִים	קְרָנוֹת	סְפָרִים	פְּעָלִים	נְעָלִים	בָּתִּים
cstr.	מַלְכֵי	קַרְנוֹת	סִפְרֵי	פָּעֳלֵי	נַעֲלֵי	בָּתֵּי
Suff. 1. c. Sg.	מְלָכַי	קַרְנוֹתַי	סְפָרַי	פְּעָלַי	נְעָלַי	בָּתַּי
2. M. Pl.	מַלְכֵיכֶם	קַרְנוֹתֵיכֶם	סִפְרֵיכֶם	פָּעֳלֵיכֶם	נַעֲלֵיכֶם	בָּתֵּיכֶם
Du. abs.		קַרְנַ֫יִם		אָזְנַ֫יִם[1]	נַעֲלַ֫יִם	עֵינַ֫יִם[2]
cstr.		קַרְנֵי		אָזְנֵי	נַעֲלֵי	עֵינֵי
Suff. 1. c. Sg.		קַרְנַי		אָזְנַי	נַעֲלַי	עֵינַי
2. M. Pl.		קַרְנֵיכֶם		אָזְנֵיכֶם	נַעֲלֵיכֶם	עֵינֵיכֶם

[1] „Ohren“. [2] „Augen“.

VII. Nomina auf *-ǣ* (§ 53)

	„Werk“	„verachtend“	„Lager“	
Sg. abs.	מַעֲשֶׂה	בֹּזֶה	מַחֲנֶה	
cstr.	מַעֲשֵׂה	בֹּזֵה	מַחֲנֵה	
Suff. 1. c. Sg.	מַעֲשַׂי	בֹּזִי	מַחֲנִי	
2. M. Sg.	מַעֲשֶׂ(י)ךָ	בֹּזְךָ	מַחַנְךָ	
2. M. Pl.	מַעֲשֵׂ(י)כֶם	בֹּזֵ(י)כֶם	מַחֲנֵ(י)כֶם	
Pl. abs.	מַעֲשִׂים	בֹּזִים	מַחֲנִים[1]	Du. מַחֲנָ֫יִם
cstr.	מַעֲשֵׂי	בֹּזֵי	מַחֲנֵי	מַחֲנֵי
Suff. 1. c. Sg.	מַעֲשַׂי	בֹּזַי	מַחֲנַי	מַחֲנַי
2. M. Pl.	מַעֲשֵׂ(י)כֶם	בֹּזֵיכֶם	מַחֲנֵיכֶם	מַחֲנֵיכֶם

[1]) Auch F.: abs. מַחֲנוֹת, cstr. מַחֲנוֹת; suff. מַחֲנוֹתַי, מַחֲנוֹתֵיכֶם.

IX. Feminina auf *-ā* von maskulinen Segolaten (§ 55)

	„Königin“	„junge Kuh“	„Ruine“	„Unreinheit“
Sg. abs.	מַלְכָּה	עֶגְלָה	חָרְבָּה	טֻמְאָה
cstr.	מַלְכַּת	עֶגְלַת	חָרְבַּת	טֻמְאַת
Suff. 1. c. Sg.	מַלְכָּתִי	עֶגְלָתִי	חָרְבָּתִי	טֻמְאָתִי
2. M. Sg.	מַלְכָּתְךָ	עֶגְלָתְךָ	חָרְבָּתְךָ	טֻמְאָתְךָ
2. M. Pl.	מַלְכַּתְכֶם	עֶגְלַתְכֶם	חָרְבַּתְכֶם	טֻמְאַתְכֶם
Pl. abs.	מְלָכוֹת	עֲגָלוֹת	חֳרָבוֹת	טְמָאוֹת
cstr.	מַלְכוֹת	עֶגְלוֹת	חָרְבוֹת	טֻמְאוֹת
Suff. 1. c. Sg.	מַלְכוֹתַי	עֶגְלוֹתַי	חָרְבוֹתַי	טֻמְאוֹתַי
2. M. Pl.	מַלְכוֹתֵיכֶם	עֶגְלוֹתֵיכֶם	חָרְבוֹתֵיכֶם	טֻמְאוֹתֵיכֶם

VIII. Feminina auf *-å* von maskulinen Nichtsegolaten (§ 54)

	„Elle“	„groß“	„sitzend“	„Lippe“	„gebärend“	„Land“
Sg. abs.	אַמָּה	גְּדוֹלָה	יֹשְׁבָה	שָׂפָה	יֹלֵדָה	אֲדָמָה
cstr.	אַמַּת	גְּדוֹלַת	יֹשְׁבַת	שְׂפַת	יֹלְדַת	אַדְמַת
Suff. 1. c. Sg.	אַמָּתִי	גְּדוֹלָתִי	יֹשְׁבָתִי	שְׂפָתִי	יֹלְדָתִי	אַדְמָתִי
2. M. Sg.	אַמָּתְךָ	גְּדוֹלָתְךָ	יֹשְׁבָתְךָ	שְׂפָתְךָ	יֹלְדָתְךָ	אַדְמָתְךָ
2. M. Pl.	אַמַּתְכֶם	גְּדוֹלַתְכֶם	יֹשְׁבַתְכֶם	שְׂפַתְכֶם	יֹלְדַתְכֶם	אַדְמַתְכֶם
Pl. abs.	אַמּוֹת	גְּדוֹלוֹת	יֹשְׁבוֹת	יָפוֹת[1]	יֹלְדוֹת	אֲדָמוֹת
cstr.	אַמּוֹת	גְּדוֹלוֹת	יֹשְׁבוֹת	יְפוֹת	יֹלְדוֹת	אַדְמוֹת
Suff. 1. c. Sg.	אַמּוֹתַי	גְּדוֹלוֹתַי	יֹשְׁבוֹתַי	יְפוֹתַי	יֹלְדוֹתַי	אַדְמוֹתַי
2. M. Pl.	אַמּוֹתֵיכֶם	גְּדוֹלוֹתֵיכֶם	יֹשְׁבוֹתֵיכֶם	יְפוֹתֵיכֶם	יֹלְדוֹתֵיכֶם	אַדְמוֹתֵיכֶם
Du. abs.	אַמָּתַיִם			שְׂפָתַיִם		
cstr.	אַמְּתֵי			שִׂפְתֵי		
Suff. 1. c. Sg.	אַמָּתַי			שְׂפָתַי		
2. M. Pl.	אַמְּתֵיכֶם			שִׂפְתֵיכֶם		

[1] „schön“.

X. Feminina auf *-īṯ* und *-ūṯ* (§ 56)

	„Gebilde“	„Königtum“	„Zeugnis“
Sg. abs.	מַשְׂכִּית	מַלְכוּת	עֵדוּת
cstr.	מַשְׂכִּית	מַלְכוּת	עֵדוּת
Suff. 1. c. Sg.	מַשְׂכִּיתִי	מַלְכוּתִי	עֵדוּתִי
2. M. Sg.	מַשְׂכִּיתְךָ	מַלְכוּתְךָ	עֵדְוּתְךָ
2. M. Pl.	מַשְׂכִּיתְכֶם	מַלְכוּתְכֶם	עֵדְוּתְכֶם
Pl. abs.	מַשְׂכִּיּוֹת	¹)מַלְכֻיּוֹת	²)עֵדְוֹת
cstr.	מַשְׂכִּיּוֹת	מַלְכֻיּוֹת	עֵדְוֹת
Suff. 1. c. Sg.	מַשְׂכִּיּוֹתַי	מַלְכֻיּוֹתַי	עֵדְוֹתַי
2. M. Pl.	מַשְׂכִּיּוֹתֵיכֶם	מַלְכֻיּוֹתֵיכֶם	עֵדְוֹתֵיכֶם

¹) Lies *malkūyōṯ*. ²) Lies besser *ʿēḏwōṯ* als *ʿēḏᵉwōṯ*.

XI. Segolata femininer Form (§ 57)

	„Wache“	„wissend“	„Amme“	„Abteilung“
Sg. abs.	מִשְׁמֶ֫רֶת	יֹדַ֫עַת	מֵינֶ֫קֶת	מַחֲלֹ֫קֶת
cstr.	מִשְׁמֶ֫רֶת	יֹדַ֫עַת	מֵינֶ֫קֶת	מַחֲלֹ֫קֶת
Suff. 1. c. Sg.	מִשְׁמַרְתִּי	יֹדַעְתִּי	מֵינַקְתִּי	מַחֲלָקְתִּי
2. M. Sg.	מִשְׁמַרְתְּךָ	יֹדַעְתְּךָ	מֵינַקְתְּךָ	מַחֲלָקְתְּךָ
2. M. Pl.	מִשְׁמַרְתְּכֶם	יֹדַעְתְּכֶם	מֵינַקְתְּכֶם	מַחֲלָקְתְּכֶם
Pl. abs.	מִשְׁמָרוֹת	יֹדְעוֹת	מֵינִיקוֹת	מַחְלְקוֹת
cstr.	מִשְׁמְרוֹת	יֹדְעוֹת	מֵינִיקוֹת	מַחְלְקוֹת
Suff. 1. c. Sg.	מִשְׁמְרוֹתַי	יֹדְעוֹתַי	מֵנִיקוֹתַי	מַחְלְקוֹתַי
2. M. Pl.	מִשְׁמְרוֹתֵיכֶם	יֹדְעוֹתֵיכֶם	מֵינְקוֹתֵיכֶם	מַחְלְקוֹתֵיכֶם

XII. Das starke Verbum (§ 68)

a) Grundstamm: Imperfektum, Imperativ, Infinitiv

Imperf.	yaqtul		yiqtal		Imp.	q(u)tul	q(a)tal
Sg. 3. M.	K. יִקְטֹל	P. יִקְטֹ֑ל	K. יִכְבַּד	P. יִכְבָּ֑ד	Sg. 2. M.	K. קְטֹל	K. כְּבַד
3. F.	תִּקְטֹל	תִּקְטֹ֑ל	תִּכְבַּד	תִּכְבָּ֑ד	2. F.	קִטְלִי	כִּבְדִי
2. M.	תִּקְטֹל	תִּקְטֹ֑ל	תִּכְבַּד	תִּכְבָּ֑ד	Pl. 2. M.	קִטְלוּ	כִּבְדוּ
2. F.	תִּקְטְלִי	תִּקְטֹ֑לִי	תִּכְבְּדִי	תִּכְבָּ֑דִי	2. F.	קְטֹ֫לְנָה	כְּבַ֫דְנָה
1. c.	אֶקְטֹל	אֶקְטֹ֑ל	אֶכְבַּד	אֶכְבָּ֑ד	Sg. 2. M.	P. קְטֹ֑ל	P. כְּבָ֑ד
Koh.	אֶקְטְלָה	אֶקְטֹ֑לָה	אֶכְבְּדָה	אֶכְבָּ֑דָה	2. F.	קְטֹ֑לִי	כְּבָ֑דִי
Pl. 3. M.	יִקְטְלוּ	יִקְטֹ֑לוּ	יִכְבְּדוּ	יִכְבָּ֑דוּ	Pl. 2. M.	קְטֹ֑לוּ	כְּבָ֑דוּ
3. F.	תִּקְטֹ֫לְנָה	תִּקְטֹ֑לְנָה	תִּכְבַּ֫דְנָה	תִּכְבַּ֑דְנָה	2. F.	קְטֹ֑לְנָה	כְּבַ֑דְנָה
2. M.	תִּקְטְלוּ	תִּקְטֹ֑לוּ	תִּכְבְּדוּ	תִּכְבָּ֑דוּ			
2. F.	תִּקְטֹ֫לְנָה	תִּקְטֹ֑לְנָה	תִּכְבַּדְנָה	תִּכְבַּ֑דְנָה	Inf.		
1. c.	נִקְטֹל	נִקְטֹ֑ל	נִכְבַּד	נִכְבָּ֑ד	cstr.	קְטֹל	כְּבַד
Koh.	נִקְטְלָה	נִקְטֹ֑לָה	נִכְבְּדָה	נִכְבָּ֑דָה	abs.	קָטוֹל	כָּבוֹד

Perfektum und Partizipium

Perf.	qatal K.	qatal P.	qatil K.	qatil P.	qatul K.	qatul P.
Sg. 3. M.	קָטַל	קָטָל	כָּבֵד	כָּבֵד	קָטֹן	קָטֹן
3. F.	קָטְלָה	קָטָלָה	כָּבְדָה	כָּבֵדָה	קָטְנָה	קָטֹנָה
2. M.	קָטַלְתָּ	קָטָלְתָּ	כָּבַדְתָּ	כָּבֵדְתָּ	קָטֹנְתָּ	קָטֹנְתָּ
2. F.	קָטַלְתְּ	קָטָלְתְּ	כָּבַדְתְּ	כָּבֵדְתְּ	קָטֹנְתְּ	קָטֹנְתְּ
1. c.	קָטַלְתִּי	קָטָלְתִּי	כָּבַדְתִּי	כָּבֵדְתִּי	קָטֹנְתִּי	קָטֹנְתִּי
cons.	וְקָטַלְתִּי		וְכָבַדְתִּי		וְקָטֹנְתִּי	
Pl. 3. c.	קָטְלוּ	קָטָלוּ	כָּבְדוּ	כָּבֵדוּ	קָטְנוּ	קָטֹנוּ
2. M.	קְטַלְתֶּם	קְטַלְתֶּם	כְּבַדְתֶּם	כְּבַדְתֶּם	קְטָנְתֶּם	קְטָנְתֶּם
2. F.	קְטַלְתֶּן	קְטַלְתֶּן	כְּבַדְתֶּן	כְּבַדְתֶּן	קְטָנְתֶּן	קְטָנְתֶּן
1. c.	קָטַלְנוּ	קָטָלְנוּ	כָּבַדְנוּ	כָּבֵדְנוּ	קָטֹנּוּ	קָטֹנּוּ
Part. Akt.	קֹטֵל		כָּבֵד		קָטֹן	
Pass.	קָטוּל					

XII. Das starke Verbum (§§ 69—71)

b) Stammesmodifikationen: Imperfektum, Imperativ

Imperf.	Nif'al	Pi'el	Pu'al	Hitpa'el	Hif'il	Hof'al
Sg. 3. M.	יִקָּטֵל	יְקַטֵּל	יְקֻטַּל	יִתְקַטֵּל	יַקְטִיל[2]	יָקְטַל[4]
3. F.	תִּקָּטֵל	תְּקַטֵּל	תְּקֻטַּל	תִּתְקַטֵּל	תַּקְטִיל	תָּקְטַל
2. M.	תִּקָּטֵל	תְּקַטֵּל	תְּקֻטַּל	תִּתְקַטֵּל	תַּקְטִיל	תָּקְטַל
2. F.	תִּקָּטְלִי	תְּקַטְּלִי	תְּקֻטְּלִי	תִּתְקַטְּלִי	תַּקְטִילִי	תָּקְטְלִי
1. c.	אֶקָּטֵל	אֲקַטֵּל	אֲקֻטַּל	אֶתְקַטֵּל	אַקְטִיל[3]	אָקְטַל
Pl. 3. M.	יִקָּטְלוּ	יְקַטְּלוּ	יְקֻטְּלוּ	יִתְקַטְּלוּ	יַקְטִילוּ	יָקְטְלוּ
3. F.	תִּקָּטַלְנָה	תְּקַטֵּלְנָה	תְּקֻטַּלְנָה	תִּתְקַטֵּלְנָה[1]	תַּקְטֵלְנָה	תָּקְטַלְנָה
2. M.	תִּקָּטְלוּ	תְּקַטְּלוּ	תְּקֻטְּלוּ	תִּתְקַטְּלוּ	תַּקְטִילוּ	תָּקְטְלוּ
2. F.	תִּקָּטַלְנָה	תְּקַטֵּלְנָה	תְּקֻטַּלְנָה	תִּתְקַטֵּלְנָה[1]	תַּקְטֵלְנָה	תָּקְטַלְנָה
1. c.	נִקָּטֵל	נְקַטֵּל	נְקֻטַּל	נִתְקַטֵּל	נַקְטִיל	נָקְטַל
Imp. Sg. 2. M.	הִקָּטֵל	קַטֵּל		הִתְקַטֵּל	הַקְטֵל	
2. F.	הִקָּטְלִי	קַטְּלִי		הִתְקַטְּלִי	הַקְטִילִי	
Pl. 2. M.	הִקָּטְלוּ	קַטְּלוּ		הִתְקַטְּלוּ	הַקְטִילוּ	
2. F.	הִקָּטַלְנָה	קַטֵּלְנָה		הִתְקַטֵּלְנָה	הַקְטֵלְנָה	

[1]) Oder תִּתְקַטַּלְנָה. [2]) Juss. יַקְטֵל, cons. וַיַּקְטֵל. [3]) cons. וָאַקְטִיל. [4]) Daneben יֻקְטַל.

Perfektum, Infinitiv, Partizipium

Perf.	Nif'al	Pi'el	Pu'al	Hitpa'el	Hif'il	Hof'al
Sg. 3. M.	נִקְטַל	קִטֵּל[1]	קֻטַּל	הִתְקַטֵּל[2]	הִקְטִיל	הָקְטַל[3]
3. F.	נִקְטְלָה	קִטְּלָה	קֻטְּלָה	הִתְקַטְּלָה	הִקְטִילָה	הָקְטְלָה
2. M.	נִקְטַלְתָּ	קִטַּלְתָּ	קֻטַּלְתָּ	הִתְקַטַּלְתָּ	הִקְטַלְתָּ	הָקְטַלְתָּ
2. F.	נִקְטַלְתְּ	קִטַּלְתְּ	קֻטַּלְתְּ	הִתְקַטַּלְתְּ	הִקְטַלְתְּ	הָקְטַלְתְּ
1. c.	נִקְטַלְתִּי	קִטַּלְתִּי	קֻטַּלְתִּי	הִתְקַטַּלְתִּי	הִקְטַלְתִּי	הָקְטַלְתִּי
3. c.	נִקְטְלוּ	קִטְּלוּ	קֻטְּלוּ	הִתְקַטְּלוּ	הִקְטִילוּ	הָקְטְלוּ
2. M.	נִקְטַלְתֶּם	קִטַּלְתֶּם	קֻטַּלְתֶּם	הִתְקַטַּלְתֶּם	הִקְטַלְתֶּם	הָקְטַלְתֶּם
2. F.	נִקְטַלְתֶּן	קִטַּלְתֶּן	קֻטַּלְתֶּן	הִתְקַטַּלְתֶּן	הִקְטַלְתֶּן	הָקְטַלְתֶּן
1. c.	נִקְטַלְנוּ	קִטַּלְנוּ	קֻטַּלְנוּ	הִתְקַטַּלְנוּ	הִקְטַלְנוּ	הָקְטַלְנוּ
Inf. cstr.	הִקָּטֵל	קַטֵּל	קֻטַּל	הִתְקַטֵּל	הַקְטִיל	
abs.	הִקָּטֹל, נִקְטֹל	קַטֵּל, קַטֹּל	קֻטֹּל	הִתְקַטֵּל	הַקְטֵל	הָקְטֵל
Part.	נִקְטָל	מְקַטֵּל	מְקֻטָּל	מִתְקַטֵּל	מַקְטִיל	מָקְטָל[4]

[1]) Daneben קִטַּל. [2]) Auch הִתְקַטַּל. [3]) Daneben הֻקְטַל. [4]) Auch מֻקְטָל

XIII. Kehllaut als erster Radikal (§ 73)

Imperfektum und Imperativ

Imperf.	Grundstamm			Nif'al	Hif'il	Hof'al
Sg. 3. M.	יַעֲמֹד[1]	יֶאֱסֹף[2]	יֶחֱזַק[3]	יֵעָמֵד	יַעֲמִיד	יָעֳמַד
3. F.	תַּעֲמֹד	תֶּאֱסֹף	תֶּחֱזַק	תֵּעָמֵד	תַּעֲמִיד	תָּעֳמַד
2. M.	תַּעֲמֹד	תֶּאֱסֹף	תֶּחֱזַק	תֵּעָמֵד	תַּעֲמִיד	תָּעֳמַד
2. F.	תַּעַמְדִי	תַּאַסְפִי	תֶּחֶזְקִי	תֵּעָמְדִי	תַּעֲמִידִי	תָּעָמְדִי
1. c.	אֶעֱמֹד	אֶאֱסֹף	אֶחֱזַק	אֵעָמֵד	אַעֲמִיד	אָעֳמַד
Pl. 3. M.	יַעַמְדוּ	יַאַסְפוּ	יֶחֶזְקוּ	יֵעָמְדוּ	יַעֲמִידוּ	יָעָמְדוּ
3. F.	תַּעֲמֹדְנָה	תֶּאֱסֹפְנָה	תֶּחֱזַקְנָה	תֵּעָמַדְנָה	תַּעֲמֵדְנָה	תָּעֳמַדְנָה
2. M.	תַּעַמְדוּ	תַּאַסְפוּ	תֶּחֶזְקוּ	תֵּעָמְדוּ	תַּעֲמִידוּ	תָּעָמְדוּ
2. F.	תַּעֲמֹדְנָה	תֶּאֱסֹפְנָה	תֶּחֱזַקְנָה	תֵּעָמַדְנָה	תַּעֲמֵדְנָה	תָּעֳמַדְנָה
1. c.	נַעֲמֹד	נֶאֱסֹף	נֶחֱזַק	נֵעָמֵד	נַעֲמִיד	נָעֳמַד
Imp. Sg. 2. M.	עֲמֹד	אֱסֹף	חֲזַק	הֵעָמֵד	הַעֲמֵד	
2. F.	עִמְדִי	אִסְפִי	חִזְקִי	הֵעָמְדִי	הַעֲמִידִי	
Pl. 2. M.	עִמְדוּ	אִסְפוּ	חִזְקוּ	הֵעָמְדוּ	הַעֲמִידוּ	
2. F.	עֲמֹדְנָה	אֱסֹפְנָה	חֲזַקְנָה	הֵעָמַדְנָה	הַעֲמֵדְנָה	

[1]) „Er steht auf". [2]) „Er sammelt". [3]) „Er erstarkt".

Perfektum, Infinitiv und Partizipium

	Grundstamm			Nif'al	Hif'il	Hof'al
Perf. Sg. 3. M.	עָמַד			נֶעֱמַד	הֶעֱמִיד	הָעֳמַד
3. F.	עָמְדָה			נֶעֶמְדָה	הֶעֱמִידָה	הָעָמְדָה
2. M.	עָמַדְתָּ			נֶעֱמַדְתָּ	הֶעֱמַדְתָּ	הָעֳמַדְתָּ
2. F.	עָמַדְתְּ			נֶעֱמַדְתְּ	הֶעֱמַדְתְּ	הָעֳמַדְתְּ
1. c.	עָמַדְתִּי			נֶעֱמַדְתִּי	הֶעֱמַדְתִּי	הָעֳמַדְתִּי
Pl. 3. c.	עָמְדוּ			נֶעֶמְדוּ	הֶעֱמִידוּ	הָעָמְדוּ
2. M.	עֲמַדְתֶּם			נֶעֱמַדְתֶּם	הֶעֱמַדְתֶּם	הָעֳמַדְתֶּם
2. F.	עֲמַדְתֶּן			נֶעֱמַדְתֶּן	הֶעֱמַדְתֶּן	הָעֳמַדְתֶּן
1. c.	עָמַדְנוּ			נֶעֱמַדְנוּ	הֶעֱמַדְנוּ	הָעֳמַדְנוּ
Inf. cstr.	עֲמֹד			הֵעָמֵד	הַעֲמִיד	הָעֳמַד
abs.	עָמוֹד			נַעֲמֹד, הֵעָמֹד	הַעֲמֵד	הָעֳמֵד
Part.	Akt. עֹמֵד Pass. עָמוּד	Akt. אֹסֵר Pass. אָסוּר	חָזֵק	נֶעֱמָד	מַעֲמִיד	מָעֳמָד

XIV. Kehllaut und Reš als mittlere Radikale (§ 74)

Imperf.	Qal	Pi'el		Pu'al		Hitpa'el
Sg. 3. M.	יִשְׁחַט[1]	יְנַחֵם[2]	יְבָרֵךְ[3]	יְנֻחַם	יְבֹרַךְ	יִתְבָּרֵךְ
1. c.	אֶשְׁחַט	אֲנַחֵם	אֲבָרֵךְ	אֲנֻחַם	אֲבֹרַךְ	אֶתְבָּרֵךְ
Pl. 3. M.	יִשְׁחֲטוּ	יְנַחֲמוּ	יְבָרֲכוּ	יְנֻחֲמוּ	יְבֹרְכוּ	יִתְבָּרֲכוּ
3. F.	תִּשְׁחַטְנָה	תְּנַחֵמְנָה	תְּבָרֵכְנָה	תְּנֻחַמְנָה	תְּבֹרַכְנָה	תִּתְבָּרֵכְנָה
Imp. Sg. 2. M.	שְׁחַט	נַחֵם	בָּרֵךְ			הִתְבָּרֵךְ
Pl. 2. M.	שַׁחֲטוּ	נַחֲמוּ	בָּרֲכוּ			הִתְבָּרֲכוּ
Perf. Sg. 3. M.	שָׁחַט	נִחַם	בֵּרַךְ	נֻחַם	בֹּרַךְ	הִתְבָּרֵךְ
1. c.	שָׁחַטְתִּי	נִחַמְתִּי	בֵּרַכְתִּי	נֻחַמְתִּי	בֹּרַכְתִּי	הִתְבָּרַכְתִּי
Pl. 3. c.	שָׁחֲטוּ	נִחֲמוּ	בֵּרֲכוּ[4]	נֻחֲמוּ	בֹּרְכוּ	הִתְבָּרֲכוּ
2. M.	שְׁחַטְתֶּם	נִחַמְתֶּם	בֵּרַכְתֶּם	נֻחַמְתֶּם	בֹּרַכְתֶּם	הִתְבָּרַכְתֶּם
Inf. cstr.	שְׁחֹט	נַחֵם	בָּרֵךְ			הִתְבָּרֵךְ
Part.	שָׁחוּט ,שֹׁחֵט	מְנַחֵם	מְבָרֵךְ	מְנֻחָם	מְבֹרָךְ	מִתְבָּרֵךְ

[1]) „Er schlachtet". [2]) „Er tröstet". [3]) „Er segnet". [4]) מֵאֲנוּ „sie weigerten sich".

XV. Kehllaut als letzter Radikal (§ 75)

Imperf.	Qal	Nif'al	Pi'el	Hitpa'el	Hif'il	
Sg. 3. M.	יִשְׁלַח[1]	יִשָּׁלַח[2]	יְשַׁלַּח[3]	יִשְׁתַּלַּח	יַשְׁלִ֫יחַ[4]	יַשְׁלַח[5]
1. c.	אֶשְׁלַח	אֶשָּׁלַח	אֲשַׁלַּח	אֶשְׁתַּלַּח	אַשְׁלִ֫יחַ	אַשְׁלִ֫יחָה[6]
Pl. 3. M.	יִשְׁלְחוּ	יִשָּׁלְחוּ	יְשַׁלְּחוּ	יִשְׁתַּלְּחוּ	יַשְׁלִ֫יחוּ	
3. F.	תִּשְׁלַ֫חְנָה	תִּשָּׁלַ֫חְנָה	תְּשַׁלַּ֫חְנָה	תִּשְׁתַּלַּ֫חְנָה	תַּשְׁלַ֫חְנָה	
Imp. Sg. 2. M.	שְׁלַח	הִשָּׁלַח	שַׁלַּח	הִשְׁתַּלַּח	הַשְׁלַח	
Pl. 2. M.	שִׁלְחוּ	הִשָּׁלְחוּ	שַׁלְּחוּ	הִשְׁתַּלְּחוּ	הַשְׁלִ֫יחוּ	
Perf. Sg. 3. M.	שָׁלַח	נִשְׁלַח	שִׁלַּח	הִשְׁתַּלַּח	הִשְׁלִ֫יחַ	
1. c.	שָׁלַ֫חְתִּי	נִשְׁלַ֫חְתִּי	שִׁלַּ֫חְתִּי	הִשְׁתַּלַּ֫חְתִּי	הִשְׁלַ֫חְתִּי	
Pl. 3. c.	שָׁלְחוּ	נִשְׁלְחוּ	שִׁלְּחוּ	הִשְׁתַּלְּחוּ	הִשְׁלִ֫יחוּ	
2. M.	שְׁלַחְתֶּם	נִשְׁלַחְתֶּם	שִׁלַּחְתֶּם	הִשְׁתַּלַּחְתֶּם	הִשְׁלַחְתֶּם	
Inf. cstr.	שְׁלֹ֫חַ	הִשָּׁלַח	שַׁלַּח	הִשְׁתַּלַּח	הַשְׁלִ֫יחַ	
Part.	שֹׁלֵחַ, שָׁל֫וּחַ	נִשְׁלָח	מְשַׁלֵּ֫חַ	מִשְׁתַּלֵּ֫חַ	מַשְׁלִ֫יחַ	

[1]) „Er schickt". [2]) P. יִשָּׁלֵ֫חַ. [3]) P. יְשַׁלֵּ֫חַ, Pu. יְשֻׁלַּח = יְקֻטַּל. [4]) Ho. יָשְׁלַח = יָקְטַל. [5]) Jussiv. [6]) Kohortativ.

XVI. Das Verbum mit Nun als erstem Radikal (§ 76)

Imperf.	Grundstamm			Nif'al	Hif'il	Hof'al
Sg. 3. M.	יִפֹּל[1])	יִגַּשׁ[2])	יִתֵּן[3])	יִנָּגֵשׁ	יַגִּישׁ	יֻגַּשׁ
1. c.	אֶפֹּל	אֶגַּשׁ	אֶתֵּן	אֶנָּגֵשׁ	אַגִּישׁ	אֻגַּשׁ
Pl. 3. M.	יִפְּלוּ	יִגְּשׁוּ	יִתְּנוּ	יִנָּגְשׁוּ	יַגִּישׁוּ	יֻגְּשׁוּ
3. F.	תִּפֹּלְנָה	תִּגַּשְׁנָה	תִּתֵּנָּה	תִּנָּגַשְׁנָה	תַּגֵּשְׁנָה	תֻּגַּשְׁנָה
Imp. Sg. 2. M.	נְפֹל	גַּשׁ	תֵּן	הִנָּגֵשׁ	הַגֵּשׁ	
Pl. 2. M.	נִפְלוּ	גְּשׁוּ	תְּנוּ	הִנָּגְשׁוּ	הַגִּישׁוּ	
Perf. Sg. 3. M.	נָפַל		נָתַן	נִגַּשׁ	הִגִּישׁ	הֻגַּשׁ
1. c.	נָפַלְתִּי		2. M. נָתַתָּה	נִגַּשְׁתִּי	הִגַּשְׁתִּי	הֻגַּשְׁתִּי
Pl. 3. c.	נָפְלוּ		נָתְנוּ	נִגְּשׁוּ	הִגִּישׁוּ	הֻגְּשׁוּ
2. M.	נְפַלְתֶּם		נְתַתֶּם	נִגַּשְׁתֶּם	הִגַּשְׁתֶּם	הֻגַּשְׁתֶּם
Inf. cstr.	נְפֹל	גֶּשֶׁת	תֵּת	הִנָּגֵשׁ	הַגִּישׁ	הֻגַּשׁ
Part.	s. Tabelle XII.			נִגָּשׁ	מַגִּישׁ	מֻגָּשׁ

[1]) „Er fällt". [2]) „Er nähert sich". [3]) „Er gibt".

XVII. Das Verbum mit schwachem Alef als erstem Radikal (§ 77)

	Grundstamm K.	Grundstamm P.
Imperf. Sg. 3. M.	יֹאכַל [1]	יֹאכֵל
3. F.	תֹּאכַל	תֹּאכֵל [2]
2. M.	תֹּאכַל	תֹּאכֵל
2. F.	תְּאֹכְלִי	תֹּאכֵלִי
1. c.	אֹכַל	אֹכֵל
Pl. 3. M.	יְאֹכְלוּ	יֹאכֵלוּ
3. F.	תֹּאכַלְנָה	תֹּאכַלְנָה
2. M.	תְּאֹכְלוּ	תֹּאכֵלוּ
2. F.	תֹּאכַלְנָה	תֹּאכַלְנָה
1. c.	נֹאכַל	נֹאכֵל

[1] „Er ißt". [2] Daneben P. תֹּאכֵל.

[3] „Er saugt".

XVIII. Das Verbum mit Yod als erstem Radikal (§ 78)

	Qal	Hif'il
Imperf. Sg. 3. M.	יִינַק [3]	יֵינִיק
1. c.	אִינַק	אֵינִיק
Pl. 3. M.	יִינְקוּ	יֵינִיקוּ
3. F.	תִּינַקְנָה	תֵּינֵקְנָה
Imp. Sg. 2. M.	*יְנַק	הֵינֵק
Pl. 2. M.	*יְנְקוּ	הֵינִיקוּ
Perf. Sg. 3. M.	יָנַק	הֵינִיק
1. c.	יָנַקְתִּי	הֵינַקְתִּי
Pl. 3. c.	יָנְקוּ	הֵינִיקוּ
2. M.	יְנַקְתֶּם	הֵינַקְתֶּם
Inf. cstr.	יְנֹק ,יְנָקָה	הֵינִיק
Part.	יֹנֵק	מֵינִיק

XIX. Das Verbum mit Waw als erstem Radikal (§ 78)

Imperfektum und Imperativ

	Grundstamm		Nif'al	Hif'il		Hof'al
Imperf. Sg. 3. M.	יֵשֵׁב[1])	יֵדַע	יִוָּשֵׁב	יוֹשִׁיב	יוֹשֵׁב[2])	יוּשַׁב
3. F.	תֵּשֵׁב	תֵּדַע	תִּוָּשֵׁב	תּוֹשִׁיב	תּוֹשֵׁב	תּוּשַׁב
2. M.	תֵּשֵׁב	תֵּדַע	תִּוָּשֵׁב	תּוֹשִׁיב	תּוֹשֵׁב	תּוּשַׁב
2. F.	תֵּשְׁבִי	תֵּדְעִי	תִּוָּשְׁבִי	תּוֹשִׁיבִי		תּוּשְׁבִי
1. c.	אֵשֵׁב	אֵדַע	אִוָּשֵׁב	אוֹשִׁיב	אוֹשֵׁב	אוּשַׁב
Pl. 3. M.	יֵשְׁבוּ	יֵדְעוּ	יִוָּשְׁבוּ	יוֹשִׁיבוּ		יוּשְׁבוּ
3. F.	תֵּשַׁבְנָה	תֵּדַעְנָה	תִּוָּשַׁבְנָה	תּוֹשֵׁבְנָה		תּוּשַׁבְנָה
2. M.	תֵּשְׁבוּ	תֵּדְעוּ	תִּוָּשְׁבוּ	תּוֹשִׁיבוּ		תּוּשְׁבוּ
2. F.	תֵּשַׁבְנָה	תֵּדַעְנָה	תִּוָּשַׁבְנָה	תּוֹשֵׁבְנָה		תּוּשַׁבְנָה
1. c.	נֵשֵׁב	נֵדַע	נִוָּשֵׁב	נוֹשִׁיב	נוֹשֵׁב	נוּשַׁב
Imp. Sg. 2. M.	שֵׁב	דַּע	הִוָּשֵׁב	הוֹשֵׁב		
2. F.	שְׁבִי	דְּעִי	הִוָּשְׁבִי	הוֹשִׁיבִי		
Pl. 2. M.	שְׁבוּ	דְּעוּ	הִוָּשְׁבוּ	הוֹשִׁיבוּ		
2. F.	שֵׁבְנָה	דַּעְנָה	הִוָּשַׁבְנָה	הוֹשֵׁבְנָה		

[1]) Jussiv יֵשֵׁב. [2]) Jussiv.

Perfektum, Infinitiv, Partizipium

	Grundstamm		Nif'al	Hif'il	Hof'al
Perf. Sg. 3. M.	יָשַׁב		נוֹשַׁב	הוֹשִׁיב	הוּשַׁב
3. F.	יָֽשְׁבָה		נֽוֹשְׁבָה	הוֹשִׁ֫יבָה	הֽוּשְׁבָה
2. M.	יָשַׁ֫בְתָּ		נוֹשַׁ֫בְתָּ	הוֹשַׁ֫בְתָּ	הוּשַׁ֫בְתָּ
2. F.	יָשַׁבְתְּ		נוֹשַׁבְתְּ	הוֹשַׁבְתְּ	הוּשַׁבְתְּ
1. c.	יָשַׁ֫בְתִּי		נוֹשַׁ֫בְתִּי	הוֹשַׁ֫בְתִּי	הוּשַׁ֫בְתִּי
Pl. 3. c.	יָֽשְׁבוּ		נֽוֹשְׁבוּ	הוֹשִׁ֫יבוּ	הֽוּשְׁבוּ
2. M.	יְשַׁבְתֶּם		נוֹשַׁבְתֶּם	הוֹשַׁבְתֶּם	הוּשַׁבְתֶּם
2. F.	יְשַׁבְתֶּן		נוֹשַׁבְתֶּן	הוֹשַׁבְתֶּן	הוּשַׁבְתֶּן
1. c.	יָשַׁ֫בְנוּ		נוֹשַׁ֫בְנוּ	הוֹשַׁ֫בְנוּ	הוּשַׁ֫בְנוּ
Inf. cstr.	שֶׁ֫בֶת	דַּ֫עַת	הִוָּשֵׁב	הוֹשִׁיב	הֻלֶּ֫דֶת[1])
abs.	יָשׁוֹב	יָד֫וֹעַ	הִוָּשֵׁב	הוֹשֵׁב	הוּשֵׁב
Part.	Akt. יֹשֵׁב	יֹדֵ֫עַ	נוֹשָׁב	מוֹשִׁיב	מוּשָׁב
	Pass. יָשׁוּב	יָד֫וּעַ			

[1]) „Geboren werden"; § 78, 8 b.

XX. Stämme mit verdoppeltem zweiten Radikal (§ 79)

Imperfektum und Imperativ

Imperf.	Grundstamm		Nif'al	Hif'il	Hof'al	Polel
Sg. 3. M.	יָסֹב[1]	יֵקַל[2]	יִסַּב	יָסֵב	יוּסַב	יְסוֹבֵב[3]
3. F.	תָּסֹב	תֵּקַל	תִּסַּב	תָּסֵב	תּוּסַב	תְּסוֹבֵב
2. M.	תָּסֹב	תֵּקַל	תִּסַּב	תָּסֵב	תּוּסַב	תְּסוֹבֵב
2. F.	תָּסֹבִּי	תֵּקַלִּי	תִּסַּבִּי	תָּסֵבִּי	תּוּסַבִּי	תְּסוֹבְבִי
1. c.	אָסֹב	אֵקַל	אֶסַּב	אָסֵב	אוּסַב	אֲסוֹבֵב
Pl. 3. M.	יָסֹבּוּ	יֵקַלּוּ	יִסַּבּוּ	יָסֵבּוּ	יוּסַבּוּ	יְסוֹבְבוּ
3. F.	תְּסֻבֶּינָה	תְּקַלֶּינָה	תִּסַּבֶּינָה	תְּסִבֶּינָה	תּוּסַבֶּינָה	תְּסוֹבֵבְנָה
2. M.	תָּסֹבּוּ	תֵּקַלּוּ	תִּסַּבּוּ	תָּסֵבּוּ	תּוּסַבּוּ	תְּסוֹבְבוּ
2. F.	תְּסֻבֶּינָה	תְּקַלֶּינָה	תִּסַּבֶּינָה	תְּסִבֶּינָה	תּוּסַבֶּינָה	תְּסוֹבֵבְנָה
1. c.	נָסֹב	נֵקַל	נִסַּב	נָסֵב	נוּסַב	נְסוֹבֵב
Imp. Sg. 2. M.	סֹב		הִסַּב	הָסֵב		סוֹבֵב
2. F.	סֹבִּי		הִסַּבִּי	הָסֵבִּי		סוֹבְבִי
Pl. 2. M.	סֹבּוּ		הִסַּבּוּ	הָסֵבּוּ		סוֹבְבוּ
2. F.	סֻבֶּינָה		הִסַּבֶּינָה	הֲסִבֶּינָה		סוֹבֵבְנָה

[1]) **Fientisch**; daneben יִסֹּב. [2]) **Statisch**; daneben יֵדַל; „er ist arm". [3]) Ferner Polal יְסוֹבַב und Hitpolel יִסְתּוֹבֵב; vgl. Tab. XXI.

Perfektum, Infinitiv, Partizipium

	Grundstamm		Nif'al	Hif'il	Hof'al	Polel
Perf. Sg. 3. M.	סָבַב[1]	סַב[2]	נָסַב	הֵסֵב ,הֵסַב	הוּסַב	סוֹבֵב[4]
3. F.	סָבְבָה	סַבָּה	נָסַבָּה	הֵסֵבָּה	הוּסַבָּה	סוֹבְבָה
2. M.	סַבּוֹתָ		נְסַבּוֹתָ	הֲסִבּוֹתָ	הוּסַבּוֹתָ	סוֹבַבְתָּ
2. F.	סַבּוֹת		נְסַבּוֹת	הֲסִבּוֹת	הוּסַבּוֹת	סוֹבַבְתְּ
1. c.	סַבּוֹתִי		נְסַבּוֹתִי	הֲסִבּוֹתִי	הוּסַבּוֹתִי	סוֹבַבְתִּי
Pl. 3. c.	סָבְבוּ	סַבּוּ	נָסַבּוּ	הֵסֵבּוּ ,הֵסַבּוּ	הוּסַבּוּ	סוֹבְבוּ
2. M.	סַבּוֹתֶם		נְסַבּוֹתֶם	הֲסִבּוֹתֶם	הוּסַבּוֹתֶם	סוֹבַבְתֶּם
2. F.	סַבּוֹתֶן		נְסַבּוֹתֶן	הֲסִבּוֹתֶן	הוּסַבּוֹתֶן	סוֹבַבְתֶּן
1. c.	סַבּוֹנוּ		נְסַבּוֹנוּ	הֲסִבּוֹנוּ	הוּסַבּוֹנוּ	סוֹבַבְנוּ
Inf. cstr.	סַב ,סֹב ,סְבֹב		הִסֵּב	הָסֵב	הוּסַב	סוֹבֵב
abs.	סָבוֹב		הִסֹּב ,הִסֵּב	הָסֵב	הוּסֵב	סוֹבֵב
Part.	Akt. סֹבֵב Pass. סָבוּב	קַל[3]	נָסָב	מֵסֵב	מוּסָב	מְסוֹבֵב

[1]) Fientisch. [2]) Statisch. [3]) „Schnell, leicht". [4]) Polal סוֹבַב; Hitpolel הִסְתּוֹבֵב.

XXI. Zweiradikalige Stämme mit langem Vokal (§ 80)

Imperfektum und Imperativ

Imperf.	Grundstamm				Nif'al	Hif'il	
Sg. 3. M.	יָקוּם	יָקֹם 1)	יָאוֹר 3)	יָבִין 4)	יִקּוֹם	יָקִים	יָקֵם 1)
3. F.	תָּקוּם	תָּקֹם	תָּאוֹר	תָּבִין	תִּקּוֹם	תָּקִים	תָּקֵם
2. M.	תָּקוּם	תָּקֹם	תָּאוֹר	תָּבִין	תִּקּוֹם	תָּקִים	תָּקֵם
2. F.	תָּקוּמִי		תָּאוֹרִי	תָּבִינִי	תִּקּוֹמִי	תָּקִימִי	
1. c.	אָקוּם	אָקֹם	אָאוֹר	אָבִין	אֶקּוֹם	אָקִים	אָקֵם
Pl. 3. M.	יָקוּמוּ		יָאוֹרוּ	יָבִינוּ	יִקּוֹמוּ	יָקִימוּ	
3. F.	תְּקוּמֶינָה 2)		תְּאוֹרֶינָה 2)	תָּבֵנָּה	תִּקֹּמְנָה	תְּקִימֶינָה 5)	
2. M.	תָּקוּמוּ		תָּאוֹרוּ	תָּבִינוּ	תִּקּוֹמוּ	תָּקִימוּ	
2. F.	תְּקוּמֶינָה 2)		תְּאוֹרֶינָה 2)	תָּבֵנָּה	תִּקֹּמְנָה	תְּקִימֶינָה 5)	
1. c.	נָקוּם	נָקֹם	נָאוֹר	נָבִין	נִקּוֹם	נָקִים	נָקֵם
Imp. Sg. 2. M.	קוּם		אוֹר	בִּין	הִקּוֹם	הָקֵם	
2. F.	קוּמִי		אוֹרִי	בִּינִי	הִקּוֹמִי	הָקִימִי	
Pl. 2. M.	קוּמוּ		אוֹרוּ	בִּינוּ	הִקּוֹמוּ	הָקִימוּ	
2. F.	קֹמְנָה		אֹרְנָה	בֵּנָּה	הִקֹּמְנָה	הָקֵמְנָה	

1) Jussiv. 2) Oder תָּקֹמְנָה, תָּאֹרְנָה. 3) „Er leuchtet". 4) „Er versteht". 5) Oder תָּקֵמְנָה.

Perfektum, Infinitiv, Partizipium

	Grundstamm			Nif'al	Hif'il
Perf. Sg. 3. M.	קָם	אוֹר	בָּן, בִּין	נָקוֹם	הֵקִים
3. F.	קָמָה	אוֹרָה	בָּנָה	נָקוֹמָה	הֵקִימָה
2. M.	קַמְתָּ	אֹרְתָּ	בַּנְתָּ[1])	נְקוּמוֹתָ	הֲקִימוֹתָ
2. F.	קַמְתְּ	אֹרְתְּ	בַּנְתְּ	נְקוּמוֹת	הֲקִימוֹת
1. c.	קַמְתִּי	אֹרְתִּי	בַּנְתִּי[1])	נְקוּמוֹתִי	הֲקִימוֹתִי
Pl. 3. c.	קָמוּ	אוֹרוּ	בָּנוּ	נָקוֹמוּ	הֵקִימוּ
2. M.	קַמְתֶּם	אָרְתֶּם	בַּנְתֶּם	נְקוּמוֹתֶם	הֲקִימוֹתֶם
2. F.	קַמְתֶּן	אָרְתֶּן	בַּנְתֶּן	נְקוּמוֹתֶן	הֲקִימוֹתֶן
1. c.	קַמְנוּ	אֹרְנוּ	בַּנּוּ	נְקוּמוֹנוּ	הֲקִימוֹנוּ
Inf. cstr.	קוּם	אוֹר	בִּין	הִקּוֹם	הָקִים
abs.	קוֹם	אוֹר	בִּין, בּוֹן	הִקּוֹם, נָקוֹם	הָקֵם
Part.	Akt. קָם Pass. קוּם	אוֹר	Akt. בָּן Pass. שׂוּם, שִׂים	נָקוֹם	מֵקִים

[1]) Daneben בִּינוֹתִי und רִיבוֹתָ „du strittest".

XXI. Stämme mit langem Vokal
Imperf. und Imp. (Forts.)

XXII. Alef als dritter Radikal (§ 81)
Imperf. und Imp.

Hof'al	Polel	Polal		Grundstamm	Nif'al
יוּקַם	יְקוֹמֵם	יְקוֹמַם[1]	Imperf. Sg. 3. M.	יִמְצָא	יִמָּצֵא
תּוּקַם	תְּקוֹמֵם	תְּקוֹמַם	3. F.	תִּמְצָא	תִּמָּצֵא
תּוּקַם	תְּקוֹמֵם	תְּקוֹמַם	2. M.	תִּמְצָא	תִּמָּצֵא
תּוּקְמִי	תְּקוֹמְמִי	תְּקוֹמְמִי	2. F.	תִּמְצְאִי	תִּמָּצְאִי
אוּקַם	אֲקוֹמֵם	אֲקוֹמַם	1. c.	אֶמְצָא	אֶמָּצֵא
יוּקְמוּ	יְקוֹמְמוּ	יְקוֹמְמוּ	Pl. 3. M.	יִמְצְאוּ	יִמָּצְאוּ
תּוּקַמְנָה	תְּקוֹמֵמְנָה	תְּקוֹמַמְנָה	3. F.	תִּמְצֶאנָה	תִּמָּצֶאנָה
תּוּקְמוּ	תְּקוֹמְמוּ	תְּקוֹמְמוּ	2. M.	תִּמְצְאוּ	תִּמָּצְאוּ
תּוּקַמְנָה	תְּקוֹמֵמְנָה	תְּקוֹמַמְנָה	2. F.	תִּמְצֶאנָה	תִּמָּצֶאנָה
נוּקַם	נְקוֹמֵם	נְקוֹמַם	1. c.	נִמְצָא	נִמָּצֵא
	קוֹמֵם		Imp. Sg. 2. M.	מְצָא	הִמָּצֵא
	קוֹמְמִי		2. F.	מִצְאִי	הִמָּצְאִי
	קוֹמְמוּ		Pl. 2. M.	מִצְאוּ	הִמָּצְאוּ
	קוֹמֵמְנָה		2. F.	מְצֶאנָה	הִמָּצֶאנָה

[1]) Das Hitpolel יִתְקוֹמֵם wird entsprechend dem Polel flektiert.

Perf., Inf., Part. (Forts.)				Perf., Inf., Part.		
Hof'al	Polel	Polal		Grundstamm		Nif'al
הוּקַם	קוֹמֵם	קוֹמַם	Perf. Sg. 3. M.	מָצָא	שָׂנֵא[1])	נִמְצָא
הוּקְמָה	קוֹמְמָה	קוֹמְמָה	3. F.	מָצְאָה	שָׂנְאָה	נִמְצְאָה
הוּקַמְתָּ	קוֹמַמְתָּ	קוֹמַמְתָּ	2. M.	מָצָאתָ	שָׂנֵאתָ	נִמְצֵאתָ
הוּקַמְתְּ	קוֹמַמְתְּ	קוֹמַמְתְּ	2. F.	מָצָאת	שָׂנֵאת	נִמְצֵאת
הוּקַמְתִּי	קוֹמַמְתִּי	קוֹמַמְתִּי	1. c.	מָצָאתִי	שָׂנֵאתִי	נִמְצֵאתִי
הוּקְמוּ	קוֹמְמוּ	קוֹמְמוּ	3. c.	מָצְאוּ	שָׂנְאוּ	נִמְצְאוּ
הוּקַמְתֶּם	קוֹמַמְתֶּם	קוֹמַמְתֶּם	2. M.	מְצָאתֶם	שְׂנֵאתֶם	נִמְצֵאתֶם
הוּקַמְתֶּן	קוֹמַמְתֶּן	קוֹמַמְתֶּן	2. F.	מְצָאתֶן	שְׂנֵאתֶן	נִמְצֵאתֶן
הוּקַמְנוּ	קוֹמַמְנוּ	קוֹמַמְנוּ	1. c.	מָצָאנוּ	שָׂנֵאנוּ	נִמְצֵאנוּ
הוּקַם	קוֹמֵם		Inf. cstr.	מְצֹא	שְׂנֹא	הִמָּצֵא
הוּקֵם	קוֹמֵם		abs.	מָצוֹא	שָׂנוֹא	נִמְצֹא, הִמָּצֵא
מוּקָם	מְקוֹמֵם	מְקוֹמָם	Part.	Akt. מֹצֵא Pass. מָצוּא	שֹׂנֵא, מָלֵא שָׂנוּא	נִמְצָא

[1]) Statisch: „er haßt".

XXII. Das Verbum mit Alef als drittem Radikal (§ 81)

Imperfektum und Imperativ (Fortsetzung)

	Pi'el	Pu'al	Hitpa'el	Hif'il	Hof'al
Imperf. Sg. 3. M.	יְמַצֵּא	יְמֻצָּא	יִתְמַצֵּא	יַמְצִיא	יֻמְצָא[1])
3. F.	תְּמַצֵּא	תְּמֻצָּא	תִּתְמַצֵּא	תַּמְצִיא	תֻּמְצָא
2. M.	תְּמַצֵּא	תְּמֻצָּא	תִּתְמַצֵּא	תַּמְצִיא	תֻּמְצָא
2. F.	תְּמַצְּאִי	תְּמֻצְּאִי	תִּתְמַצְּאִי	תַּמְצִיאִי	תֻּמְצְאִי
1. c.	אֲמַצֵּא	אֲמֻצָּא	אֶתְמַצֵּא	אַמְצִיא	אֻמְצָא
Pl. 3. M.	יְמַצְּאוּ	יְמֻצְּאוּ	יִתְמַצְּאוּ	יַמְצִיאוּ	יֻמְצְאוּ
3. F.	תְּמַצֶּאנָה	תְּמֻצֶּאנָה	תִּתְמַצֶּאנָה	תַּמְצֶאנָה	תֻּמְצֶאנָה
2. M.	תְּמַצְּאוּ	תְּמֻצְּאוּ	תִּתְמַצְּאוּ	תַּמְצִיאוּ	תֻּמְצְאוּ
2. F.	תְּמַצֶּאנָה	תְּמֻצֶּאנָה	תִּתְמַצֶּאנָה	תַּמְצֶאנָה	תֻּמְצֶאנָה
1. c.	נְמַצֵּא	נְמֻצָּא	נִתְמַצֵּא	נַמְצִיא	נֻמְצָא
Imp. Sg. 2. M.	מַצֵּא		הִתְמַצֵּא	הַמְצֵא	
2. F.	מַצְּאִי		הִתְמַצְּאִי	הַמְצִיאִי	
Pl. 2. M.	מַצְּאוּ		הִתְמַצְּאוּ	הַמְצִיאוּ	
2. F.	מַצֶּאנָה		הִתְמַצֶּאנָה	הַמְצֶאנָה	

[1]) Daneben יָמְצָא.

Perfektum, Infinitiv, Partizipium (Fortsetzung)

	Pi'el	Pu'al	Hitpa'el	Hif'il	Hof'al
Perf. Sg. 3. M.	מִצֵּא	מֻצָּא	הִתְמַצֵּא	הִמְצִיא	הֻמְצָא[1])
3. F.	מִצְּאָה	מֻצְּאָה	הִתְמַצְּאָה	הִמְצִיאָה	הֻמְצְאָה
2. M.	מִצֵּאתָ	מֻצֵּאתָ	הִתְמַצֵּאתָ	הִמְצֵאתָ	הֻמְצֵאתָ
2. F.	מִצֵּאת	מֻצֵּאת	הִתְמַצֵּאת	הִמְצֵאת	הֻמְצֵאת
1. c.	מִצֵּאתִי	מֻצֵּאתִי	הִתְמַצֵּאתִי	הִמְצֵאתִי	הֻמְצֵאתִי
Pl. 3. c.	מִצְּאוּ	מֻצְּאוּ	הִתְמַצְּאוּ	הִמְצִיאוּ	הֻמְצְאוּ
2. M.	מִצֵּאתֶם	מֻצֵּאתֶם	הִתְמַצֵּאתֶם	הִמְצֵאתֶם	הֻמְצֵאתֶם
2. F.	מִצֵּאתֶן	מֻצֵּאתֶן	הִתְמַצֵּאתֶן	הִמְצֵאתֶן	הֻמְצֵאתֶן
1. c.	מִצֵּאנוּ	מֻצֵּאנוּ	הִתְמַצֵּאנוּ	הִמְצֵאנוּ	הֻמְצֵאנוּ
Inf. cstr.	מַצֵּא	מֻצָּא	הִתְמַצֵּא	הַמְצִיא	הֻמְצָא
abs.	מַצֹּא	מֻצֹּא	הִתְמַצֵּא	הַמְצֵא	הֻמְצֵא
Part.	מְמַצֵּא	מְמֻצָּא	מִתְמַצֵּא	מַמְצִיא	מֻמְצָא

[1]) Daneben הָמְצָא.

XXIII. Das Verbum mit Waw oder Yod als drittem Radikal (§ 82): Imperfektum und Imperativ

	Grundstamm		Nif'al		Pi'el		Pu'al
Imperf. Sg. 3. M.	יִגְלֶה	וַיִּ֫גֶל [1]	יִגָּלֶה	וַיִּגָּל [1]	יְגַלֶּה	וַיְגַל [1]	יְגֻלֶּה
3. F.	תִּגְלֶה	תִּ֫גֶל	תִּגָּלֶה	תִּגָּל	תְּגַלֶּה	תְּגַל	תְּגֻלֶּה
2. M.	תִּגְלֶה	תִּ֫גֶל	תִּגָּלֶה	תִּגָּל	תְּגַלֶּה	תְּגַל	תְּגֻלֶּה
2. F.	תִּגְלִי		תִּגָּלִי		תְּגַלִּי		תְּגֻלִּי
1. c.	אֶגְלֶה	אֶ֫גֶל	אֶגָּלֶה	אֶגָּל	אֲגַלֶּה	אֲגַל	אֲגֻלֶּה
Pl. 3. M.	יִגְלוּ [2]		יִגָּלוּ		יְגַלּוּ		יְגֻלּוּ
3. F.	תִּגְלֶ֫ינָה		תִּגָּלֶ֫ינָה		תְּגַלֶּ֫ינָה		תְּגֻלֶּ֫ינָה
2. M.	תִּגְלוּ		תִּגָּלוּ		תְּגַלּוּ		תְּגֻלּוּ
2. F.	תִּגְלֶ֫ינָה		תִּגָּלֶ֫ינָה		תְּגַלֶּ֫ינָה		תְּגֻלֶּ֫ינָה
1. c.	נִגְלֶה	נִ֫גֶל	נִגָּלֶה	נִגָּל	נְגַלֶּה	נְגַל	נְגֻלֶּה
Imp. Sg. 2. M.	גְּלֵה		הִגָּלֵה		גַּלֵּה		
2. F.	גְּלִי		הִגָּלִי		גַּלִּי		
Pl. 2. M.	גְּלוּ גְּלָ֫יוּ		הִגָּלוּ		גַּלּוּ		
2. F.	גְּלֶ֫ינָה		הִגָּלֶ֫ינָה		גַּלֶּ֫ינָה		

[1]) Jussiv. [2]) Auch יִגְלָ֫יוּ.

Perfektum, Infinitiv, Partizipium

	Grundstamm	Nifʿal	Piʿel	Puʿal
Perf. Sg. 3. M.	גָּלָה	נִגְלָה	גִּלָּה	גֻּלָּה
3. F.	גָּלְתָה¹)	נִגְלְתָה	גִּלְּתָה	גֻּלְּתָה
2. M.	גָּלִ֫יתָ	נִגְלֵ֫יתָ נִגְלִ֫יתָ	גִּלֵּ֫יתָ גִּלִּ֫יתָ	גֻּלֵּ֫יתָ
2. F.	גָּלִית	נִגְלֵית נִגְלִית	גִּלֵּית גִּלִּית	גֻּלֵּית
1. c.	גָּלִ֫יתִי	נִגְלֵ֫יתִי נִגְלִ֫יתִי	גִּלֵּ֫יתִי גִּלִּ֫יתִי	גֻּלֵּ֫יתִי
Pl. 3. c.	גָּלוּ²)	נִגְלוּ³)	גִּלּוּ	גֻּלּוּ
2. M.	גְּלִיתֶם	נִגְלֵיתֶם נִגְלִיתֶם	גִּלֵּיתֶם גִּלִּיתֶם	גֻּלֵּיתֶם
2. F.	גְּלִיתֶן	נִגְלֵיתֶן נִגְלִיתֶן	גִּלֵּיתֶן גִּלִּיתֶן	גֻּלֵּיתֶן
1. c.	גָּלִ֫ינוּ	נִגְלֵ֫ינוּ	גִּלִּ֫ינוּ	גֻּלֵּ֫ינוּ
Inf. cstr.	גְּלוֹת	הִגָּלוֹת	גַּלּוֹת	גֻּלּוֹת
abs.	גָּלֹה	נִגְלֹה הִגָּלֵה	גַּלֵּה גַּלֹּה	גֻּלֹּה
Part.	Akt. גֹּלֶה Pass. גָּלוּי	נִגְלֶה	מְגַלֶּה	מְגֻלֶּה

¹) Daneben גָּלָ֫יָה, גָּלָת. ²) Auch גָּלָ֫יוּ. ³) Daneben נִגְלָ֫יוּ.

XXIII. Das Verbum mit Waw oder Yod als drittem Radikal (§ 82)

Imperfektum und Imperativ (Fortsetzung)

	Hiṯpaʿel		Hifʿil		Hofʿal	Hištafʿal
Imperf. Sg. 3. M.	יִתְגַּלֶּה	יִתְגַּל[1]	יַגְלֶה	יֶגֶל[2]	יָגְלֶה[4]	יִשְׁתַּחֲוֶה[5]
3. F.	תִּתְגַּלֶּה	תִּתְגַּל	תַּגְלֶה	תֶּגֶל	תָּגְלֶה	תִּשְׁתַּחֲוֶה
2. M.	תִּתְגַּלֶּה	תִּתְגַּל	תַּגְלֶה	תֶּגֶל	תָּגְלֶה	תִּשְׁתַּחֲוֶה
2. F.	תִּתְגַּלִּי		תַּגְלִי		תָּגְלִי	תִּשְׁתַּחֲוִי
1. c.	אֶתְגַּלֶּה	אֶתְגַּל	אַגְלֶה	אֶגֶל	אָגְלֶה	אֶשְׁתַּחֲוֶה
Pl. 3. M.	יִתְגַּלּוּ		יַגְלוּ		יָגְלוּ	יִשְׁתַּחֲווּ
3. F.	תִּתְגַּלֶּינָה		תַּגְלֶינָה		תָּגְלֶינָה	תִּשְׁתַּחֲוֶינָה
2. M.	תִּתְגַּלּוּ		תַּגְלוּ		תָּגְלוּ	תִּשְׁתַּחֲווּ
2. F.	תִּתְגַּלֶּינָה		תַּגְלֶינָה		תָּגְלֶינָה	תִּשְׁתַּחֲוֶינָה
1. c.	נִתְגַּלֶּה	נִתְגַּל	נַגְלֶה	נֶגֶל	נָגְלֶה	נִשְׁתַּחֲוֶה
Imp. Sg. 2. M.	הִתְגַּלֵּה	הִתְגַּל	הַגְלֵה	הֶגֶל[3]		הִשְׁתַּחֲוֵה
2. F.	הִתְגַּלִּי		הַגְלִי			הִשְׁתַּחֲוִי
Pl. 2. M.	הִתְגַּלּוּ		הַגְלוּ			הִשְׁתַּחֲווּ
2. F.	הִתְגַּלֶּינָה		הַגְלֶינָה			הִשְׁתַּחֲוֶינָה

[1]) Jussiv. [2]) Jussiv; daneben יַשְׁתְּ, „er möge tränken". [3]) Daneben הַשְׁתְּ. [4]) Daneben יֻגְלֶה usw.
[5]) Zur Wz. s. § 82,5c.

Perfektum, Infinitiv und Partizipium (Fortsetzung)

	Hiṯpaʿel	Hifʿil	Hofʿal	Hištafʿal
Perf. Sg. 3. M.	הִתְגַּלָּה	הִגְלָה	הָגְלָה[2])	הִשְׁתַּחֲוָה
3. F.	הִתְגַּלְּתָה	הִגְלְתָה	הָגְלְתָה	
2. M.	הִתְגַּלֵּיתָ הִתְגַּלִּיתָ	הִגְלֵיתָ הִגְלִיתָ	הָגְלֵיתָ	הִשְׁתַּחֲוִיתָ[3])
2. F.	הִתְגַּלֵּית הִתְגַּלִּית	הִגְלֵית הִגְלִית	הָגְלֵית	הִשְׁתַּחֲוִית
1. c.	הִתְגַּלֵּיתִי הִתְגַּלִּיתִי	הִגְלֵיתִי הִגְלִיתִי	הָגְלֵיתִי	הִשְׁתַּחֲוִיתִי
Pl. 3. c.	הִתְגַּלּוּ	הִגְלוּ[1])	הָגְלוּ	הִשְׁתַּחֲווּ
2. M.	הִתְגַּלֵּיתֶם הִתְגַּלִּיתֶם	הִגְלֵיתֶם הִגְלִיתֶם	הָגְלֵיתֶם	הִשְׁתַּחֲוִיתֶם
2. F.	הִתְגַּלֵּיתֶן הִתְגַּלִּיתֶן	הִגְלֵיתֶן הִגְלִיתֶן	הָגְלֵיתֶן	הִשְׁתַּחֲוִיתֶן
1. c.	הִתְגַּלִּינוּ	הִגְלִינוּ	הָגְלֵינוּ	הִשְׁתַּחֲוִינוּ
Inf. cstr.	הִתְגַּלּוֹת	הַגְלוֹת	הָגְלוֹת	הִשְׁתַּחֲווֹת
abs.	הִתְגַּלֵּה	הַגְלֵה	הָגְלֵה	
Part.	מִתְגַּלֶּה	מַגְלֶה	מָגְלֶה	מִשְׁתַּחֲוֶה

[1]) Daneben הִגְלְיוּ. [2]) Daneben הָגְלָה usw. [3]) Auch הִשְׁתַּחֲוֵיתָ usw.

Grundstamm	1. c. Sg.	2. M. Sg.	2. F. Sg.	3. M. Sg.
Imperf. Sg. 3. M.	יִקְטְלֵנִי	יִקְטָלְךָ	יִקְטְלֵךְ	יִקְטְלֵהוּ
	יִלְבָּשֵׁנִי	יִלְבָשְׁךָ	יִלְבָּשֵׁךְ	יִלְבָּשֵׁהוּ
Energ.[1]	יִקְטְלֶנִּי	יִקְטְלֶךָּ		יִקְטְלֶנּוּ
	יִלְבָּשֶׁנִּי	יִלְבָּשֶׁךָּ		יִלְבָּשֶׁנּוּ
Pl. 3. M.	יִקְטְלוּנִי	יִקְטְלוּךָ	יִקְטְלוּךְ	יִקְטְלוּהוּ
	יִלְבָּשׁוּנִי	יִלְבָּשׁוּךָ	יִלְבָּשׁוּךְ	יִלְבָּשׁוּהוּ
Perf. Sg. 3. M.	קְטָלַנִי	קְטָלְךָ	קְטָלֵךְ	קְטָלוֹ ,קְטָלָהוּ
	לְבֵשַׁנִי	לְבֵשְׁךָ	לְבֵשֵׁךְ	לְבֵשׁוֹ
3. F.	קְטָלַתְנִי	קְטָלַתְךָ	קְטָלָתֶךְ	קְטָלַתּוּ ,קְטָלַתְהוּ
2. M.	קְטַלְתַּנִי			קְטַלְתּוֹ
2. F./1. c.	2. F. קְטַלְתִּינִי	1. c. קְטַלְתִּיךָ	1. c. קְטַלְתִּיךְ	קְטַלְתִּיהוּ [2]
Pl. 3. c.	קְטָלוּנִי	קְטָלוּךָ	קְטָלוּךְ	קְטָלוּהוּ
1. c.	2. M. קְטַלְתּוּנִי	קְטַלְנוּךָ	קְטַלְנוּךְ	קְטַלְנוּהוּ
Imp. Sg. 2. M.	קָטְלֵנִי			קָטְלֵהוּ
	לְבָשֵׁנִי			לְבָשֵׁהוּ
Energ.				לְבָשֶׁנּוּ
Pl. 2. M.	קִטְלוּנִי			קִטְלוּהוּ
	לְבָשׁוּנִי			לְבָשׁוּהוּ
Inf.	קָטְלִי	קָטָלְךָ	קָטְלֵךְ	קָטְלוֹ
	קָטְלֵנִי	קָטְלְךָ[3]		
Pi.: Imperf. Sg. 3. M.	יְקַטְּלֵנִי	יְקַטֶּלְךָ	יְקַטְּלֵךְ	יְקַטְּלֵהוּ
Perf. Sg. 3. M.	קִטְּלַנִי	קִטֶּלְךָ	קִטְּלֵךְ	קִטְּלוֹ
Hi.: Imperf. Sg. 3. M.	יַקְטִילֵנִי	יַקְטִילְךָ	יַקְטִילֵךְ	יַקְטִילֵהוּ
Perf. Sg. 3. M.	הִקְטִילַנִי	הִקְטִילְךָ	הִקְטִילֵךְ	הִקְטִילוֹ

[1]) Vornehmlich in der Pausa. [2]) קְטַלְתִּיו nur in 1. c. Sg. [3]) P. קְטָלֶךָּ.

3. F. Sg.	1. c. Pl.	2. M. Pl.	3. M. Pl.	3. F. Pl.
יִקְטְלֶ֫הָ ,יִקְטְלָהּ יִלְבָּשֶׁ֫הָ ,יִלְבָּשָׁהּ יִקְטְלֶ֫נָּה יִלְבָּשֶׁ֫נָּה יִקְטְל֫וּהָ יִלְבָּשׁ֫וּהָ	יִקְטְלֵ֫נוּ יִלְבָּשֵׁ֫נוּ יִקְטְל֫וּנוּ יִלְבָּשׁ֫וּנוּ	 יִלְבַּשְׁכֶם יִקְטְלוּכֶם	יִקְטְלֵם יִלְבָּשֵׁם יִקְטְלוּם יִלְבָּשׁוּם	 יִקְטְלוּן יִלְבָּשׁוּן
קְטָלָהּ לְבֵשָׁהּ קְטָלַ֫תָּה קְטַלְתָּהּ קְטַלְתִּ֫יהָ קְטָל֫וּהָ קְטַלְנ֫וּהָ	קְטָלָ֫נוּ לְבֵשָׁ֫נוּ קְטָלַ֫תְנוּ קְטַלְתָּ֫נוּ 2. F. קְטַלְתִּ֫ינוּ קְטָל֫וּנוּ		קְטָלָם לְבֵשָׁם קְטָלָ֫תַם קְטַלְתָּם קְטַלְתִּים קְטָלוּם קְטַלְנוּם	קְטָלָן לְבֵשָׁן קְטָלָ֫תַן קְטַלְתָּן קְטַלְתִּין קְטָלוּן קְטַלְנוּן
קָטְלֶ֫הָ ,קָטְלָהּ לָבְשֶׁ֫הָ ,לְבָשָׁהּ לָבְשֶׁ֫נָּה קִטְל֫וּהָ לְבָשׁ֫וּהָ	קָטְלֵ֫נוּ לָבְשֵׁ֫נוּ קִטְל֫וּנוּ לְבָשׁ֫וּנוּ		קָטְלֵם לָבְשֵׁם קִטְלוּם לְבָשׁוּם	 קִטְלוּן לְבָשׁוּן
קָטְלָהּ	קָטְלֵ֫נוּ	קָטְלְכֶם קְטָלְכֶם	קָטְלָם	קָטְלָן
יְקַטְּלֶ֫הָ ,יְקַטְּלָהּ קַטְּלָהּ	יְקַטְּלֵ֫נוּ קַטְּלָ֫נוּ	יְקַטֶּלְכֶם	יְקַטְּלֵם קַטְּלָם	 קַטְּלָן
יַקְטִילֶ֫הָ ,־לָהּ הַקְטִילָהּ	יַקְטִילֵ֫נוּ הַקְטִילָ֫נוּ		יַקְטִילֵם הַקְטִילָם	 הַקְטִילָן

Berichtigungen und Nachträge zum ersten Band*)

1. Berichtigungen

S. **4**, Z. 9 v. u.: lies „S. 2727“ (statt „S. 2772f.“). — S. **19**, Z. 4: lies *yeqáttel* (statt *yeqátel*). — S. **21**, Z. 16f.: lies „Gen./Akk.“ (statt „Akk.“) sowie »„seiner“ und „ihn“« (statt „ihn“). — S. **25**, Z. 3 v. u.: lies „wie im späteren Aram. — etwa ab 7. Jh. v. Chr. —“ (statt „wie im Aram.“). — S. **32**, Z. 26f.: lies „seitdem weist das Hebr. keine lebendige Entwicklung mehr auf“ (statt „seitdem gehört das Hebr. zu den verwahrlosten Sprachen“). — S. **37**, Anm. 2: lies „109—146“ (statt „190—146“). — S. **51**, Z. 4 v. u.: lies „Schreibweise“ (abgesprungen). — S. **55**, Z. 5: lies „< *qām“ (statt „> *qam“). — S. **63**, Z. 16: lies *'*etkímmā* (statt *'*etkimmā*). — S. **68**, Z. 5: lies *mēraḥīq* (statt *mērahīq*). — **Ebd.**, Z. 6 v. u.: lies *'árṣā* (statt *'ársā*). — S. **69**, Z. 4: lies בָּנָיו (abgespr.). — S. **75**, Z. 1 v. u.: lies אֲשֶׁר. — **Ebd.**, Z. 16: lies הַשִּׁיר (abgespr.). — S. **76**, Z. 4: lies „Zaum“ (statt „Zaun“). — S. **77**, Z. 10 v. u.: lies *lihyōṯ* (statt *lihyōṭ*). — S. **81**, Z. 17—19: streiche „In BH³ … zu lesen ist“ und lies: „In BH³ findet sich die in den älteren Handschriften übliche Punktation des Gottesnamens in Form von יְהֹוָה, die auf aram. שְׁמָא, hebr. הַשֵּׁם, „der Name“ hinweisen könnte; gleichwohl lautet das Qere mit ziemlicher Sicherheit אֲדֹנָי; vgl. S. 176, Anm. 2“. — S. **86**, Z. 10 v. u.: lies יֶחֱזַק. — S. **87**, Z. 3 v. u.: lies גֶּדֶךְ (abgespr.). — S. **92**, Z. 10: lies „wie im späteren Aram.“ (statt „wie im Aram.“). — **Ebd.**, Z. 13: lies *ḥ/ḫ > ḥ* (statt *ḥ/ḫ, > ḥ*). — S. **93**, Z. 15: lies *rōšu (statt *rōsu). — S. **94**, Z. 4: lies לַאדֹנָי (abgespr.). — **Ebd.**, Z. 4 v. u.: lies *bihayyad (statt *behayyad). —

*) Für Hinweise und Berichtigungen bin ich vor allem Herrn Dr. R. Degen in Marburg und Herrn stud. theol. Werner Mayer in Innsbruck zu großem Dank verpflichtet.

S. **95**, Z. 18—24: lies passim *-ō* (statt *-o*). — S. **98**, Z. 12: lies וּלְזַמֵּר (abgespr.). — S. **99**, Z. 8: lies **raṣiwtā* (statt **raḍiwtā*). — S. **100**, Z. 9 v. u.: lies שַׁוְעִי (abgespr.). — S. **101**, Z. 16: lies **bōnī* (statt **bonī*). — S. **102**, Z. 16: lies „qattāl" (statt *qattāl*). — **Ebd.**, Z. 17: lies קַנָּא (statt קַנַּא). — **Ebd.**, Z. 21: lies כְּתָב (statt כְּתְב). — S. **103**, Anm. 1 ist anzufügen: „Hierbei ist zu beachten, daß *qil* im Anschluß an C. H. Gordon nur als paradigmatische Abstraktform gebraucht wird. Die Wurzel als solche ist ugar. nicht belegt." — S. **105**, Z. 13: lies עֶגְלֵךְ (abgespr.). — **Ebd.**, Z. 14: lies יְחַיֶּה (abgespr.). — S. **106**, Z. 23: lies חֳלִי (abgespr.). — S. **108**, Z. 4 v. u.: יַגֵּשׁ (abgespr.). — S. **109**, Z. 17ff./**110**, 1ff.: Für § 24,4 macht sich folgende Revision notwendig: „Bei einigen Wörtern läßt sich eine partielle Assimilation teils in Kontakt-, teils in Fernstellung beobachten. Im jüngeren Aram. begegnet die Assimilation von *t* als zweitem Radikal an vorhergehendes *q* zu *ṭ*; vgl. altaram. *qtl* und arab. *qátala* mit reichsaram. *qᵉṭal* und hebr. קְטַל. Damit ist קְטַל als reichsaram. Lehnwort anzusehen, was auch durchaus der literarisch späten Bezeugung (Ps. 139, 13; P. קֶטֶל$_{AT}$ „Mord"[Ob. 9]) entspricht. Doch ist diese Erscheinung nicht auf die jüngere Sprachentwicklung beschränkt. So haben קִיטוֹר „Rauch", קְטֹרֶת „Opferrauch, Räucherwerk" samt den Denominativen קִטֵּר* und הִקְטִיר „ein Opfer als Rauch aufsteigen lassen" bereits in ugar. *qṭr* = **qi/uṭār* „Rauch, Weihrauch" einen altkan. Vorgänger; vgl. dagegen akkad. *qutrum* und arab. *qutārun*. Desgleichen ist קָטֹן „klein, jung" bereits altkan. bezeugt; vgl. ugar. *qṭn* = **qaṭānu* „dünn, fein" und den Eigennamen *qṭn* = keilschriftlich *qa-ṭu-na*, anderseits akkad. *qatnum* „dünn, fein". Für bereits altkan. Assimilation in Fernstellung *k* > *q* nach velarisierten Lauten ließe sich etwa ugar. *ṣḥq* = **ṣaḥiqa* neben *ẓḥq* = **ẓaḥiqa*, hebr. צָחַק „lachen", anführen, dem arab. *ḍáḥika* entspricht. Dagegen scheidet בַּרְזֶל, akkad. *parzillum* (ugar. *brḏl*, phön. *brzl*, altaram. *przl*) „Eisen" als Beleg für einen Wandel von akkad. *p* zu westsem. *b* nach stimmhaftem *s*-Laut aus, da es sich hierbei um ein sum. — nicht heth.(!) — Lehnwort BAR.GAL = (?) **bar-zil* handelt; vgl. M. Ellenbogen, Foreign Words in the Old Testament (London 1962), 52f.“ — S. **110**, Z. 1 v. u.: lies כַּאֲרִי (statt כַאֲרִי). — **Ebd.**, Z. 12 v. u.: lies יִרְאֵ֫נִי (abgespr.). — S. **112**, Z. 8 v. u.: הוֹלִיךְ (abgespr.). — S. **113**, Z. 1 v. u.: lies תַּלְמִיד (abgespr.). — **Ebd.**, Z. 5 v. u.: lies רִאשׁוֹן (abgespr.). — **Ebd.**, Z. 8 v. u.: lies חִיצוֹן (abgespr.). — S. **114**, Z. 10: lies הַמְּאֲנִים (abgespr.). — **Ebd.**, Z. 29: lies הִזַּכּוּ (abgespr.). — S. **116**, Z. 4: lies אֶחַר (abgespr.). — **Ebd.**, Z. 17: lies עִוְרִים (abgespr.). — S. **117**, Z. 10: lies *ṣebʿa* (statt *ṣabʿa*). — S. **118**, Z. 7: lies יַעַזְבוּ (abgespr.). — S. **119**, Z. 7: lies אֹ֫הֶל (abgespr.). — **Ebd.**, Z. 8: lies וַיִּ֫חַן (abgespr.). — **Ebd.**, Z. 2 v. u.: lies חֳ֫לִי (abgespr.).

2. Nachträge

Zu S. **25**, Z. 1 v. u./S. **26**, Z. 1: Ein sicherer Beleg für die Verschiebung *ṯ* > *š* auf der Spätstufe des Ugar. liegt in einer Tontafel aus dem 13. Jh. v. Chr. vor, wo *ṯ* und *š* durch das gleiche Zeichen wiedergegeben werden; vgl. C. F.-A. Schaeffer, Neue Entdeckungen in Ugarit. Archiv für Orientforschung 19 (1959/60), 194. — Zu S. **29**, Z. 6ff.: Zum Problem des Sprachwechsels vgl. auch A. Jepsen, Kanaanäisch und Hebräisch. In: Akten des 25. Internationalen Orientalistenkongresses (Moskau 1960), 316—321. — Zu S. **31**, Anm. 3: Zu G. R. Driver, Aramaic Documents of the Fifth Century B.C. (Oxford 1954) vgl. jetzt die 1965 erschienene 2. erweiterte und berichtigte Auflage. — Zu S. **38**, Z. 3ff.: Die auf Grund innerer Kriterien vertretene Annahme vom höheren Alter des kan. Buchstabenalphabets wird jetzt archäologisch bestätigt; vgl. C. H. Gordon, Textbook, 12, Anm. 1: “The simultaneous existence of both the Phoen. and Ugar. alphabets has long been clear. As of now, the Phoen. happens to occur first. Father A. Pohl, S.J., informs me that Phoen. letters of the 18th century B.C. are inscribed on unpublished antiquities." — Zu S. **41**, Anm. 1: Vgl. auch A Handbook of Asian Scripts. Edited by R. F. Hosking and G. M. Meredith-Owens (London 1966), 3—8. — Zu S. **45**, Anm. 1: ergänze: Textus 4 (1964), 76—94. — Zu S. **50**, Z. 5f.: Die Lesung *lā* (statt **lā*) ist jetzt sichergestellt; vgl. hierzu einen viersprachigen Text aus Ugarit mit der Gleichung: sum. *nu*, akkad. *la-a*, churritisch *ma-nu-ku*, ugar. *la-a* (nach C. F.-A. Schaeffer, a. a. O., 194). — Zu S. **95**, Z. 13: Nach Levi delle Vida, Rivista degli studi orientali 39 (1964), 301, ist vielleicht richtiger **'adattaw* < **'adattahū* (statt **'adataw* < **'adatahū*) zu lesen; vgl. M. **'adānu* „Herr". Dagegen vertritt J. Friedrich, Phön.-pun. Grammatik, § 39,2, die Lesung **'addataw*. — Zu S. **108**, Z. 20: Gestützt wird diese Annahme jetzt beweiskräftig durch die Q-Lesart טרתי < טרדתי **tārátlī* < **tā-rádlī* „ich erregte" (11 QPs[a] Kol. 21,16 [Sir. 51,20a]).

Hebräische Grammatik

III
Satzlehre

Inhaltsverzeichnis

Vierter Teil: Satzlehre

A. Der Satz und seine Teile

1. Der Satzbau

2. Syntax des Nomens

3. Syntax des Verbums

B. Besondere Arten von Hauptsätzen

C. Der abhängige Satz

Für wertvolle Hilfe bei der Anfertigung des Manuskripts und für das Mitlesen der Korrekturen bin ich meinen Mitarbeiterinnen Dr. Jutta Körner und Dr. Waltraut Bernhardt zu besonderem Dank verpflichtet.

Abkürzungsverzeichnis

(Nachtrag)

Zum Text des Alten Testaments

BHS = Biblia Hebraica Stuttgartensia. Ed. K. Elliger et W. Rudolph (Stuttgart 1970ff.).
V = Biblia Sacra iuxta Vulgatam Versionem (Stuttgart 1969).

Grammatische Bezeichnungen

akt. = aktiv
Koh. = Kohortativ

Literatur

AHW = W. v. Soden, Akkadisches Handwörterbuch (Wiesbaden 1959ff.).
AETh = Abhandlungen zur Evangelischen Theologie.
Baumgärtel-Festschr. = Festschrift Fr. Baumgärtel. Erlanger Forschungen A 10 (Erlangen 1959).
Elliger-Festschr. = Wort und Schrift. Festschrift für K. Elliger. Hrsg. v. H. Gese und H. P. Rüger (Neukirchen-Vluyn, im Druck).
A. Kropat, Syntax = A. Kropat, Die Syntax des Autors der Chronik. BZAW 16 (Gießen 1909).
D. Michel, Tempora und Satzstellung = D. Michel, Tempora und Satzstellung in den Psalmen. AETh 1 (Bonn 1960).
OLZ = Orientalistische Literaturzeitung.
OTS = Oudtestamentische Studiën.
H. Reckendorf, Arab. Syntax = H. Reckendorf, Arabische Syntax (Heidelberg 1921).
M. H. Segal, Mishnaic Hebrew = M. H. Segal, A Grammar of Mishnaic Hebrew (Oxford 1927).
StUNT = Studien zur Umwelt des Neuen Testaments.
WdO = Welt des Orients.

Vierter Teil: Satzlehre

A. Der Satz und seine Teile

1. Der Satzbau

§ 90. Der Nominalsatz

1. Der Nominalsatz[1]), ein besonderes Kennzeichen der sem. Syntax, besteht in seiner gewöhnlichen zweigliedrigen Form aus Subjekt und Prädikat und stellt eine Aussage über den Zustand des Subjekts dar. Die Wortstellung ist meist Subjekt—Prädikat: הַבַּ֫יִת מָלֵא „das Haus [ist] voll" (2 Chr. 5, 13). Das ursprünglich nominale Perf. (§ 3, 2d) weist noch auf eine ältere umgekehrte Wortfolge hin: זָקַ֫נְתָּ < **zaqin-tā* (§ 64, 1b) „du [bist] alt"; ebenso Bildungen wie עוֹדֶ֫נּוּ < **ʿōdan-hū* (§ 86, 9c) „er [ist] noch" (Gn. 18, 22). Die zweite Form entspricht einem Satztypus, in dem Prädikat und Subjekt im Gen.-Verhältnis (§ 97, 3a) zueinander stehen: יֵשׁ יְהוָה בַּמָּקוֹם הַזֶּה „Jahwe ist an diesem Ort", wörtlich: „das Sein Jahwes an diesem Ort" (Gn. 28, 16); vgl. ugar. *ʾiṯ yn* = **ʾiṯu yēni* „es gibt Wein"[2]).

2. Subjekt kann ein Subst., ein Adj., ein Pronomen, ein Inf. oder ein Verbalsatz sein.

---

[1]) E. Kautzsch, Grammatik, § 141; GVG II, §§ 20—59; H. Reckendorf, Arab. Syntax, §§ 1—4; J. Friedrich, Phön.-pun. Grammatik, § 316; C. H. Gordon, Textbook, § 13, 2. 3; K. Oberhuber, Zur Syntax des Richterbuches. Der einfache Nominalsatz und die sog. nominale Apposition. VT 3 (1953), 2—45; HS, §§ 13—32.

[2]) Vgl. C. H. Gordon, Textbook, § 13, 3.

a) Subst.: הַשָּׁמַיִם מְסַפְּרִים „die Himmel [sind] erzählend (= erzählen)" (Ps. 19, 2), dementsprechend auch ein Eigenname: אַבְרָהָם זָקֵן „Abraham [war] alt" (Gn. 24, 1); auch Präpositionen können auf Grund ihres ursprünglich nominalen Charakters als Subjekt fungieren, so partitiv gebrauchtes מִן: וּלְנָגִיד מִמֶּנּוּ „und Fürst [war einer] von ihm" (1 Chr. 5, 2; zu verstärkendem לְ vgl. § 92, 4c); וּמֵהֶם עַל־כְּלֵי הָעֲבוֹדָה „und einige von ihnen [waren] über die Kultgeräte [gesetzt]" (1 Chr. 9, 28); ferner כִּי כָמוֹךָ[1] כְּפַרְעֹה „denn du [bist] wie der Pharao" (Gn. 44, 18), wobei כָּמוֹךָ synt. als „dein Wie" zu verstehen ist.

b) Zum Adj. vgl. etwa: טוֹב־מְעַט בְּיִרְאַת יְהוָה מִן ... „besser wenig in der Furcht Jahwes als ..." (Prv. 15, 16).

c) Das Pronomen als Subjekt kongruiert im Genus und Numerus mit dem nominalen Prädikat: הִיא מְלֵאָה „sie [war] angefüllt" (Ez. 37, 1); מִי־כָמֹכָה בָּאֵלִם „wer [ist] wie du unter den Göttern?" (Ex. 15, 11).

d) Zum Inf. vgl. § 102, 2; 4b.

e) Zum Verbalsatz als Subjekt vgl. § 113, 1b.

f) Das Subjekt kann durch die Partikel אֵת, אֶת־, die ursprünglich wohl nicht an einen bestimmten Satzteil gebunden war, sondern lediglich als Hervorhebung diente, betont werden: אֶת־כָּל־אֵלֶּה אַנְשֵׁי־חָיִל „alle diese [waren] kriegstüchtige Männer" (Jdc. 20, 44); vgl. § 105, 1b.

3. Das Prädikat kann aus Subst., Adj. und Part., Pronomen und Adverbialbestimmungen bestehen.

---

[1]) Trenner, die nach BH³ und BHS bei nachfolgendem *bgdkpt* im Wortanlaut Dageš lene (§ 14, 4a) bedingen, werden in den aus dem Original gebotenen Beispielsätzen aus Gründen der Klarheit angegeben.

a) Subst.: וַהֲדַד נַעַר „und Hadad [war] ein Knabe" (1 R. 11, 17). Nach sem. Sprachempfinden treten Maß- und Materialangaben in das prädikative Verhältnis: קִירֹתָיו עֵץ „seine Wände [waren aus] Holz" (Ez. 41, 22); עַמּוּדֵיהֶם עֲשָׂרָה „ihre Säulen [waren] zehn [an der Zahl]" (Ex. 38, 12).

b) Adj. und Part.: הָרָעָב כָּבֵד „die Hungersnot [war] schwer" (Gn. 43, 1); שְׁמִי נוֹרָא „mein Name [ist] gefürchtet" (Mal. 1, 14).

c) Selbständiges Pronomen: הִוא הָעִיר הַגְּדֹלָה „das [ist] die große Stadt" (Gn. 10, 12; zu הִוא für הִיא vgl. § 17, 2); מִי־הָאִישׁ הַלָּזֶה „wer [ist] dieser Mann?" (Gn. 24, 65).

d) Pronominalsuffix (s. u. 1. 6 a).

e) Adv.: וּפְנֵיהֶם אֲחֹרַנִּית „und ihr Gesicht [war] rückwärts [gewandt]" (Gn. 9, 23); עֹשֶׁר בְּבֵיתוֹ „Reichtum [ist] in seinem Hause" (Ps. 112, 3); כִּי־תְמוֹל אֲנַחְנוּ „denn wir [sind von] gestern" (Hi. 8, 9); שְׂכָרְךָ הַרְבֵּה מְאֹד „dein Lohn [ist] sehr groß" (Gn. 15, 1).

f) Das subst. oder adj. Prädikat ist nicht determiniert (§ 96, 4f).

4. Die Verneinung erfolgt in der Regel durch abs. אַיִן oder cstr. אֵין „Nichtsein": וְאָדָם אַיִן „und Menschen [gab es] nicht" (Gn. 2, 5); אֵין אִישׁ עִמָּנוּ „niemand [ist] bei uns" (Gn. 31, 50). Dagegen verneint לֹא ein einzelnes Wort: יָדֶךָ לֹא־אֲסֻרוֹת „deine Hände [waren] ungebunden" (2 S. 3, 34); so besonders bei pronominalem Subjekt: לֹא נְבוֹנִים הֵמָּה „sie [sind] nicht einsichtig" (Jer. 4, 22). Doppelte Negationen heben sich nicht auf, sondern dienen zur Bekräftigung der Aussage: אֵין כֶּסֶף לֹא נֶחְשָׁב „Silber [war] nicht geschätzt" (1 R. 10, 21).

5. Da der Nominalsatz als Zustandsaussage zeitlich neutral ist, muß die Zeitstufe aus dem Zusammenhange erschlossen werden; so etwa וְנָהָר יֹצֵא מֵעֵ֫דֶן „und ein Strom ging aus von Eden" (Gn. 2, 10) mit Vergangenheitsbedeutung, יָדוֹ בַכֹּל „seine Hand [wird] gegen jedermann [sein]" (Gn. 16, 12) mit futurischem Sinn. Ebenso wie die Afformativkonjugation von Haus aus nicht nur statischen, sondern auch einen juss. Charakter aufweist (§ 101, 1), kann auch der Nominalsatz neben seiner Aussagefunktion juss. Sinn haben: שָׁלוֹם לָכֶם „Friede [sei] euch!" (Gn. 43, 23); אַל־דֳּמִי־לָךְ „raste nicht!", wörtlich: „nicht [sei] dir Ruhe!" (Ps. 83, 2).

6. a) Neben dem zweigliedrigen begegnet der eingliedrige Nominalsatz: עֶ֫רֶב „[es ist] Abend" (Ex. 16, 6); יְדֵיהֶם „sie haben Hände" (Ps. 115, 7), wobei das Suffix im Gen. possessivus steht, so daß sich im Deutschen sinngemäß ergibt: „Hände [sind] ihnen [eigen]" (s. u. 1); vgl. auch den symbolischen Eigennamen אָהֳלָה < אָהֳלָהּ* „Ohola", wörtlich: „sie hat ein [eigenes] Zelt" (Ez. 23, 4f. 36. 44); שָׁמוֹר „Achtung!" (§ 103, 5).

b) Häufig sind die dreigliedrigen Nominalsätze, in denen das Personalpronomen 3. M./F. Sg. oder Pl. sowie הָיָה „sein" als Kopula gebraucht werden: אָנֹכִי הוּא מְנַחֶמְכֶם „ich bin euer Tröster" (Jes. 51, 12); רֽוּחַ־הִיא בֶאֱנוֹשׁ „Geist ist im Menschen" (Hi. 32, 8); הוּא הָיָה אִישׁ מִלְחָמָה „er war ein Kriegsmann" (Jos. 17, 1). Daneben kann auch יֵשׁ „Sein, Existenz" als Kopula fungieren: אִם־יֶשְׁכֶם עֹשִׂים חֶ֫סֶד וֶאֱמֶת „wenn ihr nun Huld und Treue üben wollt" (Gn. 24, 49).

7. Die Wortfolge ist Prädikat—Subjekt, wenn auf dem Prädikat ein besonderer Nachdruck liegt: עָפָר אַתָּה „Staub [bist] du!" (Gn. 3, 19); so fast stets bei prädikativ gebrauch-

tem Fragepronomen (s. u. 3c) und oft beim prädikativen Demonstrativpronomen: זֶה פִּתְרֹנוֹ „dies [ist] seine Deutung“ (Gn. 40, 12) neben מַחֲנֵה אֱלֹהִים זֶה „dies [ist] das Heerlager Gottes“ (Gn. 32, 3). Die gleiche Reihenfolge begegnet dort, wo der Satz die Form eines Gen.-Verhältnisses hat (s. die Beispiele u. 1. 6a) oder das Subjekt erweitert ist: טוֹב תִּתִּי אֹתָהּ לָךְ מִתִּתִּי אֹתָהּ לְאִישׁ אַחֵר „es ist besser, daß ich sie dir als einem anderen gebe“ (Gn. 29, 19).

§ 91. Der Verbalsatz

1. Der einfache Verbalsatz[1]) besteht aus dem Subjekt und dem Verbum finitum als Prädikat. Er kann eine Handlung, einen Vorgang, aber auch einen Zustand beschreiben: וַיֹּאמֶר הָאָדָם „und der Mensch sprach“ (Gn. 2, 23), אָמְרוּ אֲחֵיכֶם „eure Brüder sagten“ (Jes. 66, 5), זָקֵן יִצְחָק „Isaak war alt“ (Gn. 27, 1). Die Wortfolge ist meist Prädikat—Subjekt; sie erklärt sich daraus, daß das Verbum finitum bereits einen geschlossenen Satz einfachster Bauart mit pronominalem Subjekt darstellt: כָּתַבְתִּי „ich schrieb“, daß also das Subjekt nur erläuternd hinzutritt: וַיָּבֹא הָאִישׁ „und er trat ein — der Mann“. Auf eine ältere Reihenfolge Subjekt—Prädikat weist das Imperf. (§ 3, 2d) hin: יִכְתֹּב < *ya-ktub* „er schreibt“.

2. a) Die Wortfolge Subjekt—Verbum finitum findet sich bei betontem Subjekt: הַנָּחָשׁ הִשִּׁיאַנִי „die Schlange hat mich verführt“ (Gn. 3, 13); so besonders in Zustandssätzen: אָבִינוּ זָקֵן „unser Vater ist alt geworden“ (Gn. 19, 31). Hier fließen die Grenzen zum Nominalsatz, zumal da statische

[1]) E. Kautzsch, Grammatik, § 142; GVG II, §§ 60f., 95, 107; H. Reckendorf, Arab. Syntax, § 5f.; J. Friedrich, Phön.-pun. Grammatik, § 316; HS, §§ 33—52.

Formen wie זָקֵן auch nominal aufgefaßt werden können: אָבִ֫ינוּ זָקֵן „unser Vater ist alt“ (ebd.).

b) Soll das im Verbum finitum enthaltene Subjekt hervorgehoben werden, so wird ihm das entsprechende selbständige Pronomen entweder voran- oder nachgestellt: וְאַתֶּם עֲזַבְתֶּם אוֹתִי „ihr aber habt mich verlassen“ (Jdc. 10, 13), יֵבֹ֫שׁוּ רֹדְפַי וְאַל־אֵבֹ֫שָׁה אָנִי „meine Verfolger sollen zuschanden werden, nicht aber ich“ (Jer. 17, 18); so häufig beim Imp.: קוּם אַתָּה „stehe auf!“ (Jdc. 8, 21). Die gleiche Konstruktion begegnet auch in gewöhnlicher Redeweise: אֲנִי אָמַ֫רְתִּי „ich sprach“ (Jes. 38, 10).

c) Wie im Nominalsatz (§ 90, 2f), so kann auch im Verbalsatz vorangestelltes Subjekt durch die Partikel אֵת, ־אֶת (§ 105, 1b) hervorgehoben werden, so daß nach § 92, 4b ein zusammengesetzter Nominalsatz entsteht: אֶת־שְׁנֵי הַגּוֹיִם וְאֶת־שְׁתֵּי הָאֲרָצוֹת לִי תִהְיֶ֫ינָה „die beiden Völker und die beiden Länder sollen mir gehören“ (Ez. 35, 10), wobei der deiktische, ursprünglich nicht an einen bestimmten nominalen Satzteil gebundene Charakter der Partikel אֵת sinngemäß im Deutschen am besten folgendermaßen umschrieben wird: „was die beiden Völker und die beiden Länder betrifft, so sollen sie mir gehören“.

d) Das Verbum finitum wird zuweilen, wie bereits im Ugar. durch *k*-[1]), mittels proklit. כִּי hervorgehoben; es tritt in diesem Falle an das Ende des Satzes: וְחַטָּאתָם כִּי כָבְדָה מְאֹד „und ihre Sünde ist in der Tat sehr schwer“ (Gn. 18, 20).

3. a) Die gewöhnliche Negation des Verbalsatzes ist לֹא, z. B. לֹא יָבֹא „er kommt nicht“. Zuweilen begegnet in der

[1]) C. H. Gordon, Textbook, § 9, 17.

einfachen Aussage auch אַל: z. B. יָבֹא אֱלֹהֵינוּ וְאַל־יֶחֱרַשׁ „unser Gott wird kommen, und er wird nicht schweigen" (Ps. 50, 3); ferner בְּלִי: אֹסֶף בְּלִי יָבוֹא „Ernte kommt nicht" (Jes. 32, 10), und בַּל, das im Ugar. öfters auch affirmativ gebraucht wird[1]): בַּל־יֶחֱזָיוּן „sie werden nicht sehen" (Jes. 26, 11); בַּל־רָאָה לָנֶצַח „er hat niemals geschaut" (Ps. 10, 11).

b) Zu טֶרֶם „noch nicht" vgl. § 100, 2d; zum Prohibitiv s. § 100, 4d; zum negierten Finalsatz vgl. § 117, 2b.

4. Zu den Zeitstufen des Verbalsatzes s. §§ 100 und 101.

§ 92. Der erweiterte und der zusammengesetzte Satz

1. Sowohl im Nominal- als auch im Verbalsatz kann das Subjekt durch Attribut (§ 97) oder Apposition (§ 98) ergänzt werden; so etwa appositionell im Nominalsatz: וְהַמֶּלֶךְ דָּוִד זָקֵן „und der König David [war] alt" (1 R. 1, 1) oder attributiv im Verbalsatz: וַיָּמָת מֶלֶךְ מִצְרַיִם „und es starb der König Ägyptens" (Ex. 2, 23).

2. a) Im Nominalsatz erfolgt die Erweiterung des Prädikats durch Attribut: הוּא הָיָה אִישׁ מִלְחָמָה „er war ein Kriegsmann" (Jos. 17, 1), durch Apposition: וּלְשַׁעַר הֶחָצֵר מָסָךְ עֶשְׂרִים אַמָּה „und das Tor zum Vorhof soll einen Vorhang haben, 20 Ellen [breit]" (Ex. 27, 16), durch Adverbialbestimmung: וְהוּא יֹשֵׁב פֶּתַח־הָאֹהֶל „und er saß im Zelteingang" (Gn. 18, 1), sowie durch Objekt nach einem Inf. oder Part., die den Objekts-Akk. regieren: טוֹב תִּתִּי אֹתָהּ לָךְ מִתִּתִּי אֹתָהּ לְאִישׁ אַחֵר „es ist besser, daß ich sie dir als einem anderen gebe" (Gn. 29, 19; vgl. § 90, 7), הִנֵּה־אָנֹכִי

---

[1]) C. H. Gordon, Textbook, § 9, 18.

מֵקִים רֹעֶה בָּאָרֶץ „siehe, ich lasse aufstehen einen Hirten im Lande“ (Sach. 11, 16).

b) Wie das letzte Beispiel zeigt, ist die Wortfolge gewöhnlich Subjekt—Prädikat—Objekt—adv. Bestimmung; anderseits aber auch: וְהִנֵּה מִן־הַיְאֹר עֹלֹת שֶׁבַע פָּרוֹת „und siehe, aus dem Nil stiegen sieben Kühe“ (Gn. 41, 2).

3. Im erweiterten Verbalsatz ist die Wortfolge Verbum finitum—Subjekt—Objekt—adv. Bestimmung[1]): וַיִּשְׁלַח דָּוִד אֶת־יָדוֹ אֶל־הַכֶּלִי „und es steckte David seine Hand in die Tasche“ (1. S. 17, 49); doch auch hier gibt es Variationen, je nachdem, auf welchem Satzteil der Nachdruck liegt.

4. Dem Sem. eigentümlich ist der zusammengesetzte Nominalsatz[2]). In ihm kann entweder das Subjekt oder das Prädikat durch einen selbständigen Satz dargestellt werden. Selten kommt ein Subjektsatz im nominalen Gefüge vor: תּוֹעֵבָה יִבְחַר בָּכֶם „ein Greuel, wer euch erwählt“ (Jes. 41, 24; vgl. § 115, 2d); in der Regel bezeichnet man daher dasjenige Gefüge als zusammengesetzten Nominalsatz, in dem das Prädikat, bei stets vorangehendem nominalem Subjekt, durch einen selbständigen Nominal- oder Verbalsatz ausgedrückt wird. Subjekt und Prädikat gehören hierbei für sem. Sprachempfinden eng zusammen; daher ist es falsch zu sagen, das Subjekt stehe im „Casus pendens“.

a) Im prädikativen Nominalsatz wird meist das Subjekt durch ein Pronomen wieder aufgenommen: ... יְהוָה בְּסוּפָה דַּרְכּוֹ „Jahwe — im Sturm [ist] sein Weg“ (Na. 1, 3) für einfaches דֶּרֶךְ יְהוָה בְּסוּפָה „der Weg Jahwes [ist] im Sturm“; mit pronominalem Subjekt: וַאֲנִי זֹאת בְּרִיתִי אוֹתָם „und

[1]) K. Schlesinger, Zur Wortfolge im hebr. Verbalsatz. VT 3 (1953), 381—390.

[2]) E. Kautzsch, Grammatik, § 143; vgl. H. Reckendorf, Arab. Syntax, § 2; D. Michel, Tempora und Satzstellung, § 28.

ich — dies [ist] mein Bund mit ihnen“ (Jes. 59, 21); in der Frageform: הֶאָנֹכִי לְאָדָם שִׂיחִי „ich — [gilt] Menschen meine Klage?“ (Hi. 21, 4). Mitunter fehlt der pronominale Rückverweis: וְהַדָּבָר ... הִנֵּה יְהוָה בֵּינִי וּבֵינְךָ „und die Angelegenheit — siehe, Jahwe [steht diesbezüglich] zwischen mir und dir“ (1 S. 20, 23).

b) Als zusammengesetzter Nominalsatz mit verbalem Prädikat kann bereits ein Verbalsatz mit vorangestelltem Subjekt angesprochen werden: הַנָּחָשׁ הִשִּׁיאַנִי „die Schlange — sie hat mich verführt“ (Gn. 3, 13); vgl. § 91, 2a. Beim erweiterten prädikativen Verbalsatz begegnet meist, wie beim entsprechenden Nominalsatz, ein pronominaler Rückverweis: אַדְמַתְכֶם ... זָרִים אֹכְלִים אֹתָהּ „euer Acker ... Fremde zehren ihn auf“ (Jes. 1, 7); אָנֹכִי בַּדֶּרֶךְ נָחַנִי יְהוָה „ich — auf der Reise hat mich Jahwe geführt“ (Gn. 24, 27); ohne Rückbezug: הַמֵּת ... יֹאכְלוּ הַכְּלָבִים „der Sterbende ... [ihn] sollen die Hunde fressen“ (1 R. 21, 24). Darüber hinaus kann ein Objekt synt. als Subjekt gelten: וְאֵת כָּל־קִירוֹת הַבַּיִת ... קָלַע פִּתּוּחֵי מִקְלְעוֹת כְּרוּבִים „und alle Tempelwände ... er stattete [sie] mit Kerubenreliefs aus“ (1 R. 6, 29); אֶת־יְהוָה צְבָאוֹת אֹתוֹ תַקְדִּישׁוּ „Jahwe der Heere — ihn sollt ihr heilig halten!“ (Jes. 8, 13); desgleichen eine adv. Bestimmung: וּמֵעֵץ הַדַּעַת ... לֹא תֹאכַל מִמֶּנּוּ „und vom Baume der Erkenntnis — nicht sollst du von ihm essen!“ (Gn. 2, 17).

c) Eine besondere Betonung des Subjekts erfolgt durch Einleitung des Prädikats mit וְ „und“: וְעַתָּה וַאֲנִי עַבְדֶּךָ „und was die Gegenwart betrifft, so bin ich dein Knecht“ (2 S. 15, 34); so vielfach bei Adv.-Bestimmungen: בְּמוֹתִי וּקְבַרְתֶּם אֹתִי „wenn ich tot bin, so begrabt mich“ (1 R. 13, 31).

Außerdem kann die altertümliche, traditionell mit לְ „zu“ verwechselte emphatische Partikel לְ < *la (= arab.) oder < *lū (= ugar. und akkad.; vgl. לוּ „fürwahr“[1]) das Subjekt hervorheben[2]): לְכֶ֫לֶב חַי הוּא טוֹב מִן־הָאַרְיֵה הַמֵּת „wenn auch nur ein Hund, so ist er lebend besser daran als ein toter Löwe“ (Qoh. 9, 4).

2. Syntax des Nomens

§ 93. Das Pronomen als Subjekt und Prädikat

1. Das Pronomen fungiert als Subjekt oder Prädikat[3]). Bezieht es sich in einem Nominalsatz als Subjekt auf ein subst. Prädikat oder als Prädikat auf ein subst. Subjekt, so richtet es sich in Genus und Numerus nach dem Substantivum.

2. a) Das selbständige Personalpronomen (§ 30, 2) begegnet als Subjekt des Nominalsatzes: הִיא שִׁפְחָה „sie [ist] eine Magd“ (Lv. 19, 20 Qere), als Prädikat: אֲנִי הָאִשָּׁה „ich [bin] die Frau“ (1 S. 1, 26), אַתָּה הָאִישׁ „du [bist] der Mann“ (2 S. 12, 7); vgl. § 90, 2c.

b) Im Verbalsatz steht es, wenn das im Verbum finitum enthaltene Pronominalsubjekt verstärkt werden soll: וְכָזֹאת וְכָזֹאת יָעַ֫צְתִּי אָנִי „aber so und so habe ich geraten“ (2 S. 17, 15); וְאַתֶּם פְּרוּ וּרְבוּ „ihr aber, seid fruchtbar und mehret euch!“ (Gn. 9, 7); ebenso, wenn dem im Verbum finitum enthaltenen Subjekt noch ein oder mehrere Subjekte

---

1) C. H. Gordon, Textbook, § 9, 16.

2) Vgl. A. Kropat, Syntax, 4—8; F. Nötscher, Zum emphatischen Lamed. VT 3 (1953), 372—380; W. J. Moran, The Hebrew Language in Its Northwest Semitic Background. In: Albright-Festschr., 60. 69; O. Eißfeldt, Psalm 80 und Psalm 89. WO 3 (1964), 27—31, insbesondere 29, Anm. 1.

3) E. Kautzsch, Grammatik, §§ 135—139.

folgen: כַּאֲשֶׁר עָשִׂינוּ אֲנַחְנוּ וַאֲבֹתֵינוּ מְלָכֵינוּ וְשָׂרֵינוּ „wie wir getan haben, wir und unsere Väter, unsere Könige und Oberen" (Jer. 44, 17).

c) Im Nom. kann das Personalpronomen auch jeden anderen Satzteil verstärken; z. B. das Objekt: בָּרְכֵנִי גַם־אָנִי „segne auch mich!" (Gn. 27, 34).

3. Das sowohl subst. wie adj. (§ 97) gebrauchte Demonstrativ (§ 31, 1) steht als Subjekt z. B. in זֶה הֶבֶל „das [ist] nichtig" (Qoh. 6, 2); זֶה לֹא יֵלֵךְ עִמָּךְ „dieser wird nicht mit dir gehen" (Jdc. 7, 4). Häufig ist es Prädikat im Nominalsatz: זֹאת אוֹת־הַבְּרִית „dies [ist] das Bundeszeichen" (Gn. 9, 12); הֵמָּה הַגִּבֹּרִים „jene [sind] die Helden" (Gn. 6, 4).

4. a) Das subst. Fragepronomen מִי „wer?", מָה „was?" (§ 31, 2a. b) steht als Subjekt: מִי חָכָם „wer [ist] klug?" (Hos. 14, 10), מִי־הֱבִיאֲךָ הֲלֹם „wer hat dich hierher gebracht?" (Jdc. 18, 3); als Prädikat: מִי הָאֲנָשִׁים הָאֵלֶּה „wer [sind] diese Männer?" (Nu. 22, 9), מָה־הַדָּבָר הַזֶּה „was [bedeutet] diese Sache?" (Ex. 18, 14).

b) Zu adj. אֵי־זֶה „welcher?" s. § 31, 2c.

§ 94. Das Nomen als Subjekt und Prädikat

1. Subjekt eines Satzes kann, abgesehen vom bereits behandelten subst. Pronomen (§ 93), jedes Nomen sein: das eigentliche Subst. einschließlich Eigennamen, das subst. Adj. und das subst. Partizipium. Für Nominal- und Verbalsatz gilt die Grundregel, **daß** das Subjekt sein nominales oder verbales Prädikat nach Genus und Numerus regiert. Diese Regel wird jedoch oft durchbrochen, da Sprachlogik und formale Kongruenz nicht immer zusammenfallen[1]).

[1]) E. Kautzsch, Grammatik, §§ 122—124.

2. a) Das natürliche Geschlecht haben Wörter wie אָב „Vater“, אֵם „Mutter“. Wo in einem Wort M. und F. zusammenfallen, entscheidet der Sinn: וְהִנֵּה גְמַלִּים בָּאִים „und siehe, Kamele kamen“ (Gn. 24, 63), גְּמַלִּים מֵינִיקוֹת „säugende Kamele“ (Gn. 32, 16), daneben unter Dominanz des formalen M.: גְּמַלִּים מֵינִיקוֹת וּבְנֵיהֶם „säugende Kamele und ihre Jungen“ (ebd.).

b) Stehen M. und F. nebeneinander, so herrscht M. vor; s. u. 4.

c) Als F. gelten häufig Körperteile, ferner Werkzeuge und auch Kleidungsstücke, besonders wenn sie paarweise vorkommen: אֹ֫זֶן „Ohr“, יָד „Hand“, עַ֫יִן „Auge“, רֶ֫גֶל „Fuß“, שֵׁן „Zahn“, כָּנָף „Flügel“, נַ֫עַל „Schuh“, חֶ֫רֶב „Schwert“. Anderseits sind M. אַף „Nase“, אוֹ֫פַן „Rad“.

d) Abstrakta können M. sein, z. B. das Verbalsubst. הֶ֫רֶג „Mord“. Meist aber sind es F.-Bildungen wie טוֹבָה „Gutes“, גְּבוּרָה „Stärke“, שְׁמוּעָה „Gerücht, Kunde“ (§ 37, 5) oder Pl. גְּדוֹלוֹת „Großes“; ferner Verbalsubstantive: יִרְאָה „Furcht“ (§ 35, 1b), דֵּעָה und דַּ֫עַת „Wissen“, sowie durch *-ūṯ* und *-īṯ* besonders gekennzeichnete Abstraktbildungen (§ 56, 1b. 2a).

e) Geographische Bezeichnungen sind oft F.; z. B. אֶ֫רֶץ, Pl. אֲרָצוֹת „Land, Erde“, עִיר, Pl. עָרִים (§ 58, 17) „Stadt“. Jedoch schwankt der Genusgebrauch oft ohne ersichtlichen Grund, so ist שַׁ֫עַר „Tor“ M. und F.; anderseits ändert sich das Genus mit dem Sinn; vgl. F. אֶ֫רֶץ „Land“ mit kollektivem M.: וְיֵדְעוּ כָּל־הָאָ֫רֶץ „und es soll die ganze Welt (= alle Leute) erkennen“ (1 S. 17, 46).

f) Geographische Namen sind ebenfalls oft F., z. B. אַשּׁוּר „Assur“ als Stadt; mit der Bedeutungsverschiebung kann sich auch hier das Genus ändern, so M. אַשּׁוּר „Assyrer“ als Volk neben F. (Ez. 32, 22).

g) Titel haben, wie im Arab., manchmal F.-Formen, sind aber M.: קֹהֶ֫לֶת „Prediger“.

3. a) Der im Hebr. nur noch rudimentäre Du. hat, abgesehen vom adj. שְׁנַ֫יִם „zwei“ (§ 59, 1), im Gegensatz zum Ugar.[1]) keine adj. und pronominale Entsprechung. Er wird daher synt. wie ein Pl. M. oder F. behandelt; s. u. 4b.

b) Das grammatische Genus beim Pl. widerspricht zuweilen der Sprachlogik; für die Kongruenz entscheidet dann meist der Sinn: וְהֶעָרִים בְּצֻרוֹת „und die Städte [sind] befestigt“ (Nu. 13, 28); הָאָבוֹת מְבַעֲרִים אֶת־הָאֵשׁ „die Väter zünden das Feuer an“ (Jer. 7, 18).

c) Kollektivbegriffe wie אָדָם „Mensch, Menschen“, בָּקָר „Großvieh, Rinder“ oder צֹאן „Kleinvieh“ regieren im allgemeinen ihr Prädikat im Pl.: הַבָּקָר הָיוּ חֹרְשׁוֹת „die Rinder waren [gerade] beim Pflügen“ (Hi. 1, 14), doch kommt, wenn auch seltener, der Sg. vor: מַה־יַּעֲשֶׂה אָדָם לִי „was könnten Menschen mir antun?“ (Ps. 56, 12); letzteres ist die Regel bei F.-Bildungen wie גּוֹלָה „Exulantenschaft, Exulanten“, יֹשֶׁ֫בֶת „Bewohnerschaft“ und den Zusammensetzungen mit בַּת „Tochter“ (vgl. § 43, 5): רָ֫נִּי יוֹשֶׁ֫בֶת צִיּוֹן „jubelt, ihr Bewohner des Zion!“ (Jes. 12, 6), גִּילִי מְאֹד בַּת־צִיּוֹן הָרִיעִי בַּת יְרוּשָׁלַ֫ם „frohlockt laut, Zionsbewohner, jauchzt, Einwohner von Jerusalem“ (Sach. 9, 9).

d) Die Formen אֲדֹנִים „Herr, Herren“, אֱלֹהִים „Gott, Götter“ können als Sg. oder als Pl. gebraucht werden; vgl. für den Sg. אֲדֹנִים קָשֶׁה „ein harter Herr“ (Jes. 19, 4). Der Sinn entscheidet hier, wie auch im Phön.[2]), über den Numerus.

---

[1]) C. H. Gordon, Textbook, §§ 6, 4. 9. 10; 8, 5.

[2]) J. Friedrich, Phön.-pun. Grammatik, § 306.

e) Pl.-Formen mit Sg.-Bedeutung, z. B. die Abstrakta זְקֻנִים „Greisenalter“, כִּפֻּרִים „Sühne“, שִׁלֻּמִים „Vergeltung“, עֹלֵלוֹת „Nachlese“, bieten, da gewöhnlich als Pl. konstruiert, keine Besonderheit.

4. a) Im Nominalsatz ist die Kongruenz[1]) zwischen Subjekt und Prädikat die Regel, wenn letzteres ein Adj. oder Part. ist; s. § 90, 2 b.

b) Nach kollektivem Subjekt begegnet der Pl. des Prädikats z. B. in וְהָעָם חֹנִים סְבִיבֹתָו „und die Leute lagerten rings um ihn“ (1 S. 26, 5).

c) Zum Pl.-Subjekt mit Sg.-Bedeutung vgl. גָּדוֹל אֲדוֹנֵינוּ „groß [ist] unser Herr (= Gott)“ (Ps. 147, 5).

d) Zuweilen hat ein distributiv aufzufassender Pl. einen prädikativen Sg. nach sich: אֹרְרֶיךָ אָרוּר „jeder, der dich verflucht, sei verflucht“ (Gn. 27, 29).

e) Zum Subjekt im Du. vgl.: וְעֵינֵי לֵאָה רַכּוֹת „und Leas Augen waren matt“ (Gn. 29, 17).

f) Geht das adj. Prädikat dem Subjekt voraus, so steht es zuweilen im Sg.: יָשָׁר מִשְׁפָּטֶיךָ „gerecht sind deine Urteilssprüche“ (Ps. 119, 137).

g) Das M. dominiert mitunter über zu erwartendes F.: אֲנַחְנוּ מְקַטְּרִים *לִמְלֶכֶת[2]) הַשָּׁמַיִם „wir (F.) räuchern der Himmelskönigin“ (Jer. 44, 19).

5. a) Auch im Verbalsatz (§ 91) besteht Kongruenz zwischen Subjekt und Prädikat, besonders wenn ersteres vorangeht: וְהַנָּשִׁים תִּשָּׁגַלְנָה „und die Frauen werden vergewaltigt“ (Sach. 14, 2), neben seltenerem כָּל־הַנָּשִׁים יִתְּנוּ

---

[1]) E. Kautzsch, Grammatik, § 145.

[2]) Vgl. BH^3 zur Stelle.

„alle Frauen werden geben“ (Est. 1, 20). Besteht dagegen das Subjekt in einem Pl. von Tier- und Sachbezeichnungen sowie Abstraktbegriffen, oder geht das Verbum finitum seinem Beziehungswort voraus, so herrscht oft Disgruenz, allerdings nicht so systematisch wie im arab. Schema; vgl. auch § 3, 2i.

b) Das Verbum finitum kann im F. Sg. vor und nach dem Pl. von Tier- und Sachbezeichnungen sowie Abstraktbegriffen stehen: עַד־מָתַי תָּלִין בְּקִרְבֵּךְ מַחְשְׁבוֹת אוֹנֵךְ „wie lange sollen deine heillosen Gedanken in dir verweilen?“ (Jer. 4, 14); בַּהֲמוֹת שָׂדֶה תַּעֲרוֹג „die Tiere des Feldes lechzen“ (Jo. 1, 20).

c) Das Verbum finitum kann, da in sich ruhend (vgl. § 91, 1), mit neutralem 3. M. Sg. voranstehen; das Subjekt tritt dann ergänzend im beliebigen Genus und Numerus hinzu: וַיַּעֲבֹר הָרִנָּה „und es erscholl der Ruf“ (1 R. 22, 36); וְשַׁח גַּבְהוּת הָאָדָם „und gebeugt wird der Hochmut der Menschen“ (Jes. 2, 17); וְעָנָה אִיִּים „und Schakale werden heulen“ (Jes. 13, 22); יְהִי מְאֹרֹת „es sollen Lichter entstehen“ (Gn. 1, 14); וְחָשׁ עֲתִדֹת לָמוֹ „und es eilt herbei, was ihnen bestimmt ist“ (Dt. 32, 35); zum abstrakten Pl. F. עֲתִדֹת s. u. 4e.

d) Kollektivbegriffe regieren oft vorangehendes oder folgendes Verbum finitum im Pl.: תָּבֹאןָ הַצֹּאן „das Kleinvieh kommt“ (Gn. 30, 38); וַיָּנֻסוּ אֲרָם „und es flohen die Aramäer“ (1 R. 20, 20); וּמוֹלַדְתְּךָ ... לְךָ יִהְיוּ „und deine Kinder sollen dir gehören“ (Gn. 48, 6). Vorangehenden Sg. und folgenden Pl. weist auf: וַיִּרֶב הָעָם וַיַּעַצְמוּ מְאֹד „und das Volk mehrte sich und wurde sehr stark“ (Ex. 1, 20). Bei Länder- und Völkernamen kann auch F. Sg. stehen: אָבְדָה מִצְרָיִם „Ägypten geht zugrunde“ (Ex. 10, 7; s. u. 2f).

e) Zum Pl. mit Sg.-Bedeutung vgl. אֲדֹנָיו יִתֶּן־לוֹ אִשָּׁה „sein Herr gibt ihm eine Frau“ (Ex. 21, 4).

f) Zum Verbum im Sg. nach distributivem Pl. vgl. מְחַלְלֶיהָ מוֹת יוּמָת „jeder, der ihn (den Sabbat) entweiht, soll gewiß getötet werden“ (Ex. 31, 14).

g) Zum Du. als Subjekt vgl. יָדָיו תָּשֵׁבְנָה אוֹנוֹ „seine Hände geben sein Gut zurück“ (Hi. 20, 10); mit Sg.-Prädikat (s. u. c): טַח מֵרְאוֹת עֵינֵיהֶם „verklebt sind ihre Augen, daß sie nicht sehen“ (Jes. 44, 18).

h) Öfter dominiert das M. über das F.: תִּשֶּׂאינָה וִידַעְתֶּם „ihr (F.) sollt tragen, damit ihr erkennt“ (Ez. 23, 49).

6. Vornehmlich dichterisch ist das doppelte Subjekt[1]): einem Subjekt wird das Instrument, mit dem eine Handlung verrichtet wird, im Nominativ asyndetisch beigeordnet. Die Verbindung wird durch ein Suffix hergestellt: קוֹלִי אֶל־יְהוָה אֶקְרָא „meine Stimme — ich rufe zu Jahwe“, im Deutschen adv.: „laut rufe ich zu Jahwe“ (Ps. 3, 5).

7. Bei zusammengesetztem Subjekt ergeben sich folgende Regeln[2]):

a) In einer Gen.-Verbindung (§ 44, 2) bestimmt gewöhnlich das Nomen regens das Prädikat: בֵּית רְשָׁעִים יִשָּׁמֵד וְאֹהֶל יְשָׁרִים יַפְרִיחַ „der Frevler Haus wird vertilgt, aber der Rechtschaffenen Zelt blüht“ (Prv. 14, 11); doch regiert zuweilen das Nomen rectum: קֶשֶׁת גִּבֹּרִים חַתִּים „der Bogen der Helden [ist] zerbrochen“ (1 S. 2, 4), רֹב שָׁנִים יֹדִיעוּ חָכְמָה. „mag die Fülle der Jahre Weisheit kundtun“ (Hi. 32, 7). So stets bei כֹּל „Gesamtheit“: וְיֵדְעוּ כָּל־הָאָרֶץ „und es soll die ganze Welt erkennen“ (1 S. 17, 46; s. u. 2e).

---

1) E. Kautzsch, Grammatik, § 144, 4.
2) E. Kautzsch, Grammatik, § 146; HS, § 124.

b) Ist das Subjekt aus mehreren, durch וְ „und“ verbundenen Gliedern zusammengesetzt, so steht das nachfolgende Prädikat unter Dominanz des M. im Pl.: אַבְרָהָם וְשָׂרָה זְקֵנִים „Abraham und Sara [waren] alt“ (Gn. 18, 11).

Vorangehendes Prädikat kann ebenfalls im Pl. stehen: וַיֵּצְאוּ מֹשֶׁה וְאֶלְעָזָר הַכֹּהֵן „da traten Mose und der Priester Eleasar heraus“ (Nu. 31, 13), sich aber auch nach dem zunächst stehenden Subjekt richten; so z. B. וַיָּקָם דָּוִד וַאֲנָשָׁיו „da erhoben sich David und seine Männer“ (1 S. 23, 13); וַיֹּאמֶר אָחִיהָ וְאִמָּהּ „da sprachen ihr Bruder und ihre Mutter“ (Gn. 24, 55); וַתַּעַן רָחֵל וְלֵאָה „da antworteten Rahel und Lea“ (Gn. 31, 14); וַתְּדַבֵּר מִרְיָם וְאַהֲרֹן „da sagten Mirjam und Aaron “(Nu. 12, 1).

8. a) Das dem deutschen „man“ entsprechende unpersönliche Subjekt[1]) wird ausgedrückt durch 3. M. Sg.: וַיֹּאמֶר „da sprach man“ (Gn. 48, 1); singemäß auch 3. F. Sg.: יָלְדָה „man gebar“ (Nu. 26, 59). Sehr oft steht 3. M. Pl.: שָׁמָּה קָבְרוּ אֶת־אַבְרָהָם „dort begrub man Abraham“ (Gn. 49, 31); ferner 2. M. Sg.: לֹא־תָבוֹא שָׁמָּה „man gelangt nicht dorthin“ (Jes. 7, 25), und Part. Pl.: אֶת־כָּל נָשֶׁיךָ וְאֶת־בָּנֶיךָ מוֹצִאִים „alle deine Frauen und Söhne führt man hinaus“ (Jer. 38, 23).

Daneben kann אִישׁ „Mann“ in gleicher Bedeutung fungieren: כֹּה־אָמַר הָאִישׁ „so sagte man“ (1 S. 9, 9). Zum Pass. אָז הוּחַל „damals begann man“ (Gn. 4, 26) s. § 109, 1 b.

b) Deutschem unpersönlichen „es“ entspricht vor allem 3. M. Sg.: וַיְהִי „und es geschah“, וְהָיָה „und es wird geschehen“ (1 S. 30, 6); doch auch F.: וַתֵּצֶר לְדָוִד „und

[1]) E. Kautzsch, Grammatik, § 144; HS, § 36.

David wurde es bange“ (1 S. 30, 6) neben M. וַיֵּצֶר לָהֶם „und es bedrängte sie sehr“ (Jdc. 2, 15). Zum unpersönlichen Part. Pass. vgl. § 109, 3b.

§ 95. Der Gebrauch der Kasus

1. a) Nach sem. Sprachempfinden kann ein Nomen synt. entweder für sich allein und damit unabhängig stehen oder an einen übergeordneten nominalen beziehungsweise verbalen Begriff angelehnt sein und demzufolge von diesem regiert werden; im ersten Falle steht es im Casus rectus, im zweiten dagegen im Casus obliquus. Diese einfache Polarität begegnet durchweg im Du. und Pl., wobei herkömmlich der Casus rectus als Nom., der Casus obliquus als Gen./Akk. bezeichnet wird. Im Sg. ist der Casus obliquus bildungsmäßig in der Regel nochmals geteilt, so daß die Dreiteilung Nom., Gen. und Akk. entsteht (§ 3, 2f).

Daneben lassen sich in Ugarit einige Namen nachweisen, die — wie die sogenannten Diptota im Arab. — auch im Sg. offensichtlich nur über einen einheitlichen Casus obliquus auf *-a* verfügen; so lautet nach Ausweis einer akkad. Umschrift von dem Eigennamen *'ugrt* „Ugarit“ der Gen. *'ugarita*, stimmt also morphologisch mit dem Akk. überein[1]). Da dieser Sachverhalt zu der Annahme berechtigt, daß primär nur der Gegensatz zwischen Unabhängigkeit und Abhängigkeit des Nomens in einem synt. Gefüge empfunden und zum Ausdruck gebracht wurde, kann man auch verstehen, warum sich die Zahl der obliquen Kasus auf das absolute Minimum beschränkt und es beispielsweise einen Dativ nicht gibt (§ 107, 5).

b) Anders als im Ugar. sind im Hebr. die Kasus formal nicht mehr erkennbar (§§ 4, 3b; 45, 2), und Kasusreste besitzen kein synt. Eigengewicht mehr (§ 45, 3a—d); gleich-

[1]) C. H. Gordon, Textbook, § 8, 14.

wohl werden die verschiedenen Funktionen des Nomens innerhalb des Satzgefüges empfunden. Dies wird besonders dort deutlich, wo man die Partikel אֵת zur Kennzeichnung des Akk. benutzt (§ 105, 2—5) und es damit vom Subjekt unterscheidet, während anderseits das Nomen in Gen.-Stellung schon dadurch erkennbar ist, daß es in Attraktion zu seinem Beziehungswort steht (§ 97, 3a—e).

2. Der Nominativ als Casus rectus ist der Kasus des Subjekts und des nominalen Prädikats (§ 94) sowie der Kasus der Anrede, der Vokativ; in dieser Funktion ist er als Apposition zur zweiten Person aufzufassen, gleichgültig, ob diese formal in Erscheinung tritt, אַתָּה הַמֶּלֶךְ „du, o König!", oder nicht, הַמֶּלֶךְ „o König!" (§ 96, 4b). Der Nom. steht aber auch, wenn etwa ein Akk.-Objekt pronominal hervorgehoben werden soll, da in diesem Falle das betreffende Pronomen im synt. Gefüge isoliert fungiert (§ 93, 2c); aus dem gleichen Grunde steht der Inf. abs. im Nom., wenn er, gleichsam als verbal-nominale Apposition und damit isoliert, ein Verbum finitum von gleicher Wurzel verstärkt (§ 103, 3b). Der Nom. kann, wenn auch selten, bereits im klassischen Hebr. durch die Partikel אֵת beim Subjekt hervorgehoben werden (§ 105, 1b).

3. Der Genetiv drückt das Verhältnis eines subst. Nomens zu einem anderen übergeordneten Nomen aus; er ist daher der adnominale Kasus. Da es, abgesehen vom Subjekt-Prädikat-Verhältnis im Nominalsatz, keine andere unmittelbare Beziehung zwischen Substantiven als die des Gen. gibt, haben auch alle Präfixe und präpositionalen Ausdrücke den Gen. nach sich; hierzu ist, neben dem Arab., aus alter Zeit etwa ugar. *lks'i* = **lakissi'i* „vom Throne"[1]) mit dem *-i* des Gen. (§ 45, 1) zu vergleichen. Sinngemäß stehen auch

[1]) C. H. Gordon, Textbook, § 10, 11.

die Pronominalsuffixe beim Nomen im Gen. (vgl. § 30, 3b).

4. Der Akkusativ ist im weitesten Sinne der adverbale Kasus; er drückt die vielfältigen Beziehungen des Nomens zu einem übergeordneten Verbum aus und ist somit der Kasus des Objekts (§ 105) und der adverbiellen Bestimmungen (§ 106). Dementsprechend gehört der Akkusativ in den Bereich der verbalen Syntax.

5. Im Interesse einer sachgemäßen Lösung von einer Betrachtungsweise, die weithin noch an der lat. beziehungsweise indogerm. Grammatik ausgerichtet ist, wäre es gerechtfertigt, wenn man die drei Kasus des Sg. als Rectus, Adnominalis und Adverbalis bezeichnete und sich im Pl. und Du. auf die beiden Fälle Rectus und Obliquus beschränkte; doch sollen die herkömmlichen Termini in dieser Grammatik weiterhin beibehalten werden, um den ohnehin bestehenden Begriffswirrwarr auf grammatischem Gebiete nicht noch mehr zu vergrößern.

§ 96. Die Determination

1. a) Unter Determination[1]) versteht man die Näherbestimmung eines Nomens gegenüber seinem Allgemeinbegriff: „Haus" — „das Haus"; Indetermination bezeichnet den unbestimmten Charakter: „Haus" — „ein Haus". Das Altsem. kennt noch keine Determination; nur gelegentlich benutzt man sowohl im Akkad. als auch im Ugar. das an sich vieldeutige Enklitikum *-mā*, um eine Näherbestimmung auszudrücken (§ 3, 2f). Eine Determination durch ein besonderes Demonstrativelement, den sogenannten Artikel, gehört erst der jungwestsem. Sprachstufe an (§ 32, 1a). Von daher erklärt sich die synt. wenig feste Stellung des Artikels; er ist in den Prosatexten, die den Fluß der sprachlichen Entwicklung deutlicher widerspiegeln als die archai-

[1]) E. Kautzsch, Grammatik, §§ 125f.; HS, §§ 20f.

sche beziehungsweise archaisierende Poesie, häufiger als in den dichterischen Gattungen.

b) Anderseits verfügt aber auch das Hebr. des AT, entsprechend seinem altwestsem. Substrat, noch rudimentär über den determinativen Gebrauch von enklit. *-mā*, der dem Sprachempfinden einer späteren Epoche zum Opfer gefallen ist und erst in neuester Zeit wiederentdeckt wurde (§§ 32, 1b; 87, 6). So dürfte das Enklitikum als Unterstreichung des Vokativs (s. u. 4b) in folgendem Satze vorliegen: *ועתה בני־ם שמע לי *weʿattå ḇenī-må šemaʿ lī* „nun denn, mein Sohn, höre auf mich!" (Prv. 5, 7); diese Textauffassung entspricht nicht nur dem literarischen Zusammenhange (vgl. 5, 1. 20), sondern auch G, während MT וְעַתָּה בָנִים שִׁמְעוּ־לִי „nun denn, Söhne, hört auf mich!" offensichtlich auf Angleichung an einen vermeintlichen Pl. בנים beruht[1]). Ebenso begegnet *-mā* beim St. cstr. in Gen.-Verbindungen (§ 32, 1): *מחץ מתני־ם קמיו *meḥaṣ måṯnē-må qåmåw* „zerschmettere die Lenden seiner Widersacher" (Dt. 33, 11), wofür MT מְחַץ מָתְנַיִם קָמָיו bietet, während Sam. einfachen St. cstr. מתני liest[2]).

2. a) Als an sich determiniert gelten Eigennamen von Personen, Städten, Ländern, Völkern, Flüssen und Gebirgen: אַבְרָהָם „Abraham", יְרוּשָׁלַםִ „Jerusalem", מוֹאָב „Moab", פְּרָת „Euphrat", woneben jetzt auch פורת belegt ist (1 Q M 2, 11), חֶרְמוֹן „Hermon"; ferner ursprüngliche Gattungsbegriffe, die zu Eigennamen geworden sind: עֶלְיוֹן „der Höchste", vielfach אָדָם „Adam", שָׂטָן „Satan", F. שְׁאֹל „Unterwelt", תֵּבֵל „Erdkreis" (dichterisch), F. und M. תְּהֹם „Urtiefe, Ozean".

---

1) Vgl. M. Dahood, S. J., Proverbs, 12 (Lit.).

2) Vgl. W. F. Albright, The Old Testament and Canaanite Language and Literature. Catholic Biblical Quarterly 7 (1945), 23f.

b) Determiniert sind weiterhin die selbständigen Personalpronomina, die Pronominalsuffixe und die als Subjekt oder Prädikat (§ 93, 3) subst. gebrauchten Demonstrative.

3. Die übrigen Substantive gelten als determiniert, falls sie durch einen nachfolgenden Gen. in Gestalt eines Eigennamens, eines Pronominalsuffixes sowie eines wiederum determinierten Subst. (§ 97, 3a) oder aber durch den Artikel näher bestimmt sind.

4. a) Der Artikel wird gebraucht, wenn ein Nomen in der Rede bereits eingeführt ist: קְחוּ לִי־חָרֶב וַיָּבִאוּ הַחֶרֶב „holt mir ein Schwert! Und sie brachten das Schwert" (1 R. 3, 24); wenn es sich um eine allgemein bekannte Person oder Sache handelt: תַּחַת הָאַלּוֹן „unter der Eiche" (Gn. 35, 8); bei Einmaligkeit der betreffenden Person oder des Gegenstandes: הַשֶּׁמֶשׁ „die Sonne", הַכֹּהֵן הַגָּדוֹל „der Hohepriester"; bei Beschränkung von Allgemeinbegriffen auf Einzeldinge und -personen: הָאֵל „der (einzige) Gott", הַנָּהָר „der Strom" (= „Euphrat").

b) Der Artikel wird in der Regel beim Vokativ, der synt. eine Apposition zur zweiten Person darstellt, gesetzt: הוֹשִׁעָה הַמֶּלֶךְ „hilf, o König!" (2 S. 14, 4). Anderseits kann der Artikel aber auch fehlen: שֶׁמֶשׁ בְּגִבְעוֹן דּוֹם וְיָרֵחַ בְּעֵמֶק אַיָּלוֹן „Sonne, stehe still in Gibeon, und Mond, im Tale Ajalon!" (Jos. 10, 12); ebenso bei vorhergehender Einführung: תְּשֻׁאוֹת מְלֵאָה עִיר הוֹמִיָּה „von Gebraus erfüllte, lärmende Stadt!" (Jes. 22, 2) und Fügungen wie שִׁמְעוּ עַמִּים כֻּלָּם „hört, [ihr] Völker alle!", wobei fraglich bleibt, ob in כֻּלָּם das Suff. 3. M. Pl. die Anrede ausdrücken soll, oder ob hier die Konsonantengruppe כלם nicht vielmehr auf altes **kulla-mā* zurückgeht, so daß sich ergäbe: „hört [ihr]

Völker, die Gesamtheit!“ in der Bedeutung „insgesamt“ (1 R. 22, 28). Zum rudimentären Gebrauch von altertümlichem *-mā* beim Vokativ s. u. 1b.

c) Ursprüngliche Appellative als Eigennamen haben oft den Artikel: הַגִּבְעָה „Gibea“, eigentlich „der Hügel“; so auch Völkernamen in Form des Beziehungsadj. (§ 41, 4): הַכְּנַעֲנִי „der Kanaanäer“, בֶּן־הַיְמִינִי „der Benjaminit“ neben unbestimmtem בֶּן־יְמִינִי; ohne Artikel begegnet meist פְּלִשְׁתִּים „die Philister“ und stets כַּפְתֹּרִים „die Kreter“.

d) Häufig determiniert der Artikel Gattungsbegriffe, um etwas Typisches oder Allgemeines zu kennzeichnen: אֶת־הַצַּדִּיק וְאֶת־הָרָשָׁע יִשְׁפֹּט הָאֱלֹהִים „den Gerechten und den Gottlosen richtet Gott“ (Qoh. 3, 17); וַיְשַׁלַּח אֶת־הָעֹרֵב „und er sandte einen Raben aus“ (Gn. 8, 7); הָאִשָּׁה „das weibliche Geschlecht“ (Qoh. 7, 26); אַבְרָם כָּבֵד מְאֹד בַּמִּקְנֶה „Abraham war sehr reich an Vieh“ (Gn. 13, 2); אֶת־מַרְכְּבֹתֵיהֶם שָׂרַף בָּאֵשׁ „ihre Wagen verbrannte er mit Feuer“ (Jos. 11, 9); יִכּוֹן בַּצֶּדֶק כִּסְאוֹ „durch Gerechtigkeit wird sein Thron befestigt“ (Prv. 25, 5); כַּשֶּׁלֶג יַלְבִּינוּ „sie sind weiß wie Schnee“ (Jes. 1, 18); וַיְהִי הַיּוֹם „und eines Tages geschah es“ (1 S. 14, 1). Die Determination unterbleibt gewöhnlich bei nachfolgendem Attribut: כְּעוֹף נוֹדֵד „wie flatternde Vögel“ (Jes. 16, 2; vgl. § 94, 3c).

e) Zum Art. beim adj. Attribut s. § 97, 2.

f) Keinen Artikel hat das nominale Prädikat, da es eine allgemeine Eigenschaft des Subjekts bezeichnet; s. § 90, 3.

5. Wo eine Person oder eine Sache als unbestimmt gilt oder neu eingeführt wird, steht kein Artikel: קְחוּ לִי־חָרֶב „reicht mir ein Schwert!“ (1 R. 3, 24); vgl. auch § 32, 6.

§ 97. Das Attribut

1. Jedes Subst. kann attributiv näher bestimmt werden; man unterscheidet das adj. und das subst. Attribut.

2. a) Das adj. Attribut[1]) kann ein Adj., Part. oder adj. Demonstrativum sein. Es wird stets nachgestellt und richtet sich in Kasus, Genus und Numerus sowie Determination nach dem Beziehungswort: בַּ֫יִת גָּדוֹל „ein großes Haus", הַבַּ֫יִת הַגָּדוֹל „das große Haus", הָאֲנָשִׁים הַהֹלְכִים „die gehenden Männer" (2 S. 23, 17); הָעִיר הַזֹּאת „diese Stadt". Ein Demonstrativum neben einem anderen Adj. folgt an letzter Stelle: הָעִיר הַגְּדוֹלָה הַזֹּאת „diese große Stadt". Zuweilen ist das Attribut allein determiniert, יוֹם הַשִּׁשִּׁי „der sechste Tag" (§ 61, 3); so besonders mittelhebr.: כְּנֶ֫סֶת הַגְּדוֹלָה „die große Versammlung". Anderseits kann das Attribut indeterminiert sein, בַּלַּ֫יְלָה הוּא (Gn. 19, 33, Sebir: בַּלַּ֫יְלָה הַהוּא; § 17, 3) „in jener Nacht"; הָרֹאשׁ אֶחָד . . . וְהָ' אֶ' „die eine Abteilung . . . und die andere Abteilung" (1 S. 13, 17f.).

b) Das adj. Attribut folgt einer Gen.-Verbindung: וַעֲטֶ֫רֶת זָהָב גְּדוֹלָה „und eine große Goldkrone" (Est. 8, 15).

c) Folgen auf ein F. mehrere Attribute, so ist bisweilen nur das zunächst stehende f.: וְר֫וּחַ גְּדוֹלָה וְחָזָק „und ein großer und mächtiger Wind" (1 R. 19, 11). Bezieht sich das Attribut auf mehrere Wörter mit verschiedenem Genus, so dominiert das M.: חֻקִּים וּמִצְוֹת טוֹבִים „gute Gesetze und Gebote" (Neh. 9, 13). Bei drei Attributen braucht וְ „und" nur einmal zu stehen: סוּסִים אֲדֻמִּים שְׂרֻקִּים וּלְבָנִים „rotbraune, fuchsrote und weiße Rosse" (Sach. 1, 8).

---

[1]) E. Kautzsch, Grammatik, § 132; GVG II, §§ 124—126, 129—132; HS, §§ 58—61.

d) Nach einem F. mit M.-Pl. steht das Attribut im F.: עָרִים גְּדֹלֹת וּבְצֻרֹת „große und befestigte Städte" (Dt. 9, 1).

e) Auf Du. folgt der Pl. des Adj.: עֵינַיִם עִוְרוֹת „blinde Augen" (Jes. 42, 7).

f) Kollektiva haben oft sinngemäß den Pl. nach sich: הַצֹּאן הָהֵנָּה „jenes Kleinvieh" (1 S. 17, 28).

g) Zum Pl. mit Sg.-Bedeutung vgl. אֱלֹהִים אֲחֵרִים „ein anderer Gott" oder „andere Götter" (Ex. 20, 3).

3. a) Beim Attribut in Form eines Subst., subst. Adj. und Part., eines Pronomens, Suffixes oder Adv., z. B. דְּמֵי חִנָּם „grundlos begangene Bluttaten" (1 R. 2, 31), entsteht eine Gen.-Verbindung[1]).

b) Eine Gen.-Verbindung ist determiniert[2]), wenn das Nomen rectum ein Eigenname ist, דְּבַר אַבְרָהָם „das Wort Abrahams", oder das Attribut in einem Personalsuffix besteht bzw. das Nomen rectum seinerseits durch ein Suffix determiniert ist: בֵּיתִי „mein Haus", בֵּית אָבִי „das Haus meines Vaters" (Gn. 28, 21); ferner bei Näherbestimmung durch den Artikel: דְּבַר הַנָּבִיא „das Wort des Propheten" (Jer. 28, 9), פְּרִי עֵץ־הַגָּן „die Früchte von den Bäumen des Gartens" (Gn. 3, 2).

c) Indetermination wird bei an sich determiniertem Nomen durch לְ als Ausdruck der Zugehörigkeit angedeutet: מִזְמוֹר לְדָוִד „ein Psalm Davids" (Ps. 3, 1), dagegen מִזְמוֹר דָּוִד „der Psalm Davids".

d) Das Subst. hängt mit seinem Gen.-Attribut so eng zusammen, daß zuweilen das Nomen rectum auch zum Träger des Numerus werden kann: בֵּית אָבֹת „Familien" (Ex. 6, 14), oder auch לֻחֹת אֲבָנִים (Ex. 34, 1) für לֻחֹת אֶבֶן „stei-

[1]) GVG II, §§ 136—144; HS, §§ 70—80.
[2]) E. Kautzsch, Grammatik, § 127.

nerne Tafeln". Auf den St. cstr. des Nomen regens kann ein Präfix oder eine anderweitige Partikel folgen. Eine Sprengung der Verbindung entsteht hierbei nicht, da infolge des nominalen Charakters der kleinsten Redeteile die Gen.-Verbindung nur verlängert wird: שִׂמְחַת בַּקָּצִיר „Erntefreude" (Jes. 9, 2). Zuweilen steht das Nomen regens im verstärkten adv. Akk. (§ 45, 3c): בֵּ֫יתָה יוֹסֵף „in das Haus Josephs" (Gn. 43, 17); מִזְרְחָה־הַשָּׁ֫מֶשׁ „gegen Sonnenaufgang" (Jos. 12, 1); ebenso kann ugar. enklit. *-mā* an den St. cstr. treten[1]), dem hebr. מתני־ם קמיו **mâṯnē-mâ qâmâw* „die Lenden seiner Widersacher" (Dt. 33, 11) zu entsprechen scheint (§ 96, 1).

e) Von einem Beziehungswort hängt immer nur ein Gen.-Attribut ab; doch kann sich das Gen.-Verhältnis wiederholen: הַר־קָדְשֶׁךָ „dein heiliger Berg" (Ps. 43, 3), יְמֵי שְׁנֵי חַיֵּי אֲבֹתַי „die Tage der Lebensjahre meiner Väter" (Gn. 47, 9).

Beziehen sich zwei koordinierte Attribute auf ein Subst., so wird dieses meist wiederholt: אֱלֹהֵי הַשָּׁמַ֫יִם וֵאלֹהֵי הָאָ֫רֶץ „Gott des Himmels und der Erde" (Gn. 24, 3); seltener קֹנֵה שָׁמַ֫יִם וָאָ֫רֶץ „Schöpfer Himmels und der Erde" (Gn. 14, 19).

Regieren zwei oder mehrere Substantive ein Attribut, so muß das zweite und jedes weitere Subst. mit einem auf das Attribut bezüglichen Suffix folgen: אֶל־תְּפִלַּת עַבְדְּךָ וְאֶל־תְּחִנָּתוֹ „zu dem Gebet und Flehen deines Knechtes" (1 R. 8, 28); dementsprechend beim Suffix: צֹאנְךָ וּבְקָ֫רֶךָ „dein Groß- und Kleinvieh" (Jer. 5, 17).

f) Umschreibungen durch לְ[2]) stehen zuweilen statt einer Gen.-Verbindung: הַצֹּפִים לְשָׁאוּל (1 S. 14, 16) für צֹפֵי

[1]) C. H. Gordon, Textbook, § 11, 8.
[2]) E. Kautzsch, Grammatik, § 129.

שָׁאוּל „die Späher Sauls“. Abgesehen von der Indetermination (s. u. c) steht לְ, wenn ein Attribut an eine besonders enge Gen.-Verbindung tritt; z. B. חֶלְקַת הַשָּׂדֶה לְבֹעַז „das Ackerstück des Boas“ (Ru. 2, 3), סֵפֶר דִּבְרֵי הַיָּמִים לְמַלְכֵי יִשְׂרָאֵל „die Chronik der Könige von Israel“ (1 R. 14, 19); ferner dort, wo das Nomen regens, z. B. als Eigenname, keinen St. cstr. bildet: מַעְבְּרוֹת הַיַּרְדֵּן לְמוֹאָב „die Jordanfurten Moabs“ (Jdc. 3, 28). Daneben aus Stilgründen עַל־שִׁלֵּשִׁים וְעַל־רִבֵּעִים לְשֹׂנְאָי „wider die Enkel und Urenkel derer, die mich hassen“ (Ex. 20, 5), sowie bei Zeitangaben wie בְּאֶחָד לַחֹדֶשׁ „am Ersten des Monats“ (Gn. 8, 5; § 61, 4) oder בִּשְׁנַת שְׁתַּיִם לְדָרְיָוֶשׁ „im zweiten Jahre des Darius“ (Hag. 1, 1).

Das Besitz- und Urheberrecht wird mitunter durch אֲשֶׁר לְ umschrieben: הַצֹּאן אֲשֶׁר לְאָבִיהָ „das Kleinvieh ihres Vaters“ (Gn. 29, 9), שִׁיר הַשִּׁירִים אֲשֶׁר לִשְׁלֹמֹה „das Hohelied Salomos“ (Cant. 1, 1).

g) Wie etwa im Akkad., Ugar. und Arab., so begegnet auch im AT einmal archaisch die attributive Verbindung zwischen Demonstrativpronomen als Regens und Subst. als Rectum: יְהוָה זֶה סִינַי „Jahwe, der vom Sinai“ (Jdc. 5, 5); vgl. z. B. ugar. *dʿlmk* = **dū-ʿālamikā* „der deiner Ewigkeit“ = „ewig der Deine“[1]).

h) Zum Adj. nach Gen.-Verbindungen s. u. 2b.

i) Zur Gen.-Verbindung zwischen Subst. und abhängigem Satz vgl. § 115.

4. Anders als in den indogerm. Sprachen wird im Hebr., wie auch gemeinsem., das Attribut außerordentlich vielseitig verwendet.

---

[1]) Vgl. HS, § 75 (Lit.); C. H. Gordon, Textbook, § 13, 71.

a) Der Gen. objectivus liegt vor in זַעֲקַת סְדֹם „das Geschrei über Sodom“ (Gn. 18, 20), דֶּ֫רֶךְ עֵץ הַחַיִּים „der Weg zum Baume des Lebens“ (Gn. 3, 24), חֲמַס אָחִ֫יךָ „der an deinem Bruder verübte Frevel“ (Ob. 10).

b) Der Gen. partitivus begegnet z. B. in אַחַד הָעָם „einer aus dem Volke“ (Gn. 26, 10), beim Superlativ (§ 98, 3b) und nach Maßangaben wie מִבְחָר „Auslese“, מְעַט „Wenigkeit“ und besonders כֹּל „Gesamtheit“: כֹּל הָאֲנָשִׁים „alle Männer“ (Neh. 11, 2); zu indefinitem כֹּל אִישׁ „jeder Mann“ bzw. „jedermann“ s. § 31, 4c. Daneben kann die Maßangabe wegfallen und das partitive Verhältnis durch scheinbar selbständiges מִן „von“ ausgedrückt werden: מִזִּקְנֵי יִשְׂרָאֵל „[einige] von den Ältesten Israels“ (Ex. 17, 5), מִדַּם הַחַטָּאת „[etwas] von dem Blute des Sühnopfers“ (Lv. 5, 9).

Ein Stück altwestsem. Erbgutes dürfte nach Ausweis des Ugar.[1]) in dem partitiven Gebrauch der von Haus aus doppelsinnigen Präposition בְּ „in, von“ (§ 87, 2) vorliegen: לַחֲמוּ בְלַחֲמִי וּשְׁתוּ בְּיַיִן מָסָכְתִּי „eßt von meinem Brote und trinkt vom Wein, den ich gemischt habe!“ (Prv. 9, 5).

Partitiv werden בֵּן „Sohn“, בַּת „Tochter“ gebraucht: בָּקָר „Großvieh“ — בֶּן־בָּקָר „ein Stück Vieh“ (Gn. 18, 7), הַשִּׁיר „der Gesang“ — בְּנוֹת הַשִּׁיר „die Töne“ (Qoh. 12, 4); ferner, wenn sie die Zugehörigkeit zu einer Gruppe ausdrücken, בֶּן־נָבִיא „Angehöriger einer Prophetenzunft“ (Am. 7, 14).

c) Im sogenannten Gen. epexegeticus kann ein Subst. in verschiedener Weise näher bestimmt werden, so in bezug auf den Namen: אֶ֫רֶץ כְּנַ֫עַן „das Land Kanaan“ (Gn. 45, 25; s. § 41, 3), בְּתוּלַת יִשְׂרָאֵל „Jungfrau Israel“ (Jer. 18, 13);

---

[1]) C. H. Gordon, Textbook, § 10, 5.

zwecks Spezifikation: תְּאֵנֵי הַבַּכֻּרוֹת „die Frühfeigen" (Jer. 24, 2), zur Maßangabe: מְתֵי מִסְפָּר „Leute von [geringer] Anzahl", d. h. „wenig Leute" (Gn. 34, 30). Da adj. Stoffangaben wie „eisern" fast ganz fehlen, bedient man sich des entsprechenden Gen.-Attributes, שֵׁבֶט בַּרְזֶל „eisernes Szepter" (Ps. 2, 9), weiterhin auch sonst zum Ausdruck von Eigenschaften[1]): אֲחֻזַּת עוֹלָם „ewiger Besitz" (Gn. 48, 4). Hierher gehören schließlich Verbindungen mit אִישׁ „Mann", בֵּן „Sohn", בַּעַל „Besitzer"; so etwa אִישׁ מִלְחָמָה „Krieger" (Ex. 15, 3), בֶּן־שָׁנָה „einjährig" (Ex. 12, 5), בַּעַל הַחֲלֹמוֹת „der Träumer" (Gn. 37, 19), *בַּעַל מוּם „fehlerhaft"[2]), P. בֶּן־שָׁמֶן „fett" (Jes. 5, 1). Weiterhin gibt der Gen. den Zweck an: צֹאן טִבְחָה „Schlachtschafe" (Ps. 44, 23).

5. Vielfach steht das Attribut im Anschluß an ein Adj. beziehungsweise Part. anstelle eines adv. Akk.; z. B. נְקִי כַפַּיִם „rein an Händen" (Ps. 24, 4), יְפֵה־תֹאַר „schön von Gestalt" (Gn. 39, 6), אֶרֶץ זָבַת חָלָב וּדְבָשׁ „ein Land, das von Milch und Honig fließt" (Dt. 26, 9).

6. Zuweilen kann das Adj. wie ein Subst. im Gen. an sein Beziehungswort treten: אֵשֶׁת רָע „ein böses Weib" (Prv. 6, 24), צִיצַת נֹבֵל „eine welkende Blume" (Jes. 28, 4).

§ 98. Die Apposition

1. a) Die Apposition[3]) ist die Näherbestimmung eines Subst. oder Personalpronomens durch ein im gleichen Kasus

---

[1]) Vgl. hierzu J. Weingreen, The Construct-Genitive Relation in Hebrew Syntax. VT 4 (1954), 50—59.

[2]) Nur mittelhebr. belegt.

[3]) E. Kautzsch, Grammatik, § 131; ferner GVG II, §§ 136 bis 144; HS, §§ 62—69.

stehendes zweites Nomen, das meist nachsteht: אִשָּׁה נְבִיאָה „eine Prophetin“ (Jdc. 4, 4), וִיהוֹשֻׁעַ מְשָׁרְתוֹ „und sein Diener Josua“ (Ex. 24, 13), seltener vorangeht; so vor allem bei Eigennamen: אָחִי בִנְיָמִין „mein Bruder Benjamin“ (Gn. 45, 12) und in der Regel bei Titeln: הַמֶּלֶךְ דָּוִד „der König David“ (1 R. 1, 1); doch auch דָּוִד הַמֶּלֶךְ (2 S. 13, 39).

Sie richtet sich nicht nur in der Determination, sondern zuweilen auch in der Suffigierung und im Präpositionalgebrauch nach dem Beziehungswort: עַמִּי בְחִירִי „mein Volk, mein Auserwählter“ = „mein auserwähltes Volk“ (Jes. 43, 20); עַל־עַמִּי עַל־יִשְׂרָאֵל „über mein Volk Israel“ (2 S. 7, 8) neben בִּירוּשָׁלַםִ הָעִיר „in der Stadt Jerusalem“ (2 Chr. 12, 13); vgl. ferner אֶת־אָחִיו אֶת־הָבֶל „seinen Bruder Abel“ (Gn. 4, 2) neben אֶת־בִּנְךָ בְּכֹרֶךָ „deinen erstgeborenen Sohn“ (Ex. 4, 23).

b) Dieselbe kann enthalten den Namen einer Person oder Sache: הַנָּהָר פְּרָת „der Euphratfluß“ (1 Chr. 5, 9), die Spezifikation: אִשָּׁה־אַלְמָנָה „eine Witwe“ (2 S. 14, 5), eine Eigenschaft: דְּבָרִים נִחֻמִים „Worte des Trostes“ (Sach. 1, 13), שֹׂנְאַי חִנָּם „die mich grundlos Hassenden“ (Ps. 35, 19), אֵילִים צָמֶר „ungeschorene Widder, Wollschafe“ (2 R. 3, 4), den Stoff: מְצִלְתַּיִם נְחֹשֶׁת „eherne Becken“ (1 Chr. 15, 19), den Inhalt eines Maßes oder die Teile eines Ganzen: שְׁנָתַיִם יָמִים „zwei Jahre Zeit“ (Gn. 41, 1), vgl. § 99, 2b; umgekehrt auch eine Maßangabe: אֲנָשִׁים מְעַט „wenig Männer“ (Neh. 2, 12).

2. Synt. und stilistisch bedeutsam ist der Gebrauch der Apposition zwecks Verdeutlichung, Einschränkung und Be-

richtigung[1]); vgl. deutsches „nämlich“, „das heißt“, „vielmehr“: מַה־נַּעֲשֶׂה לָהֶם לַנּוֹתָרִים לְנָשִׁים „wie können wir ihnen, nämlich den Übriggebliebenen, zu Frauen verhelfen?“ (Jdc. 21, 7); שִׁתֵמוֹ נְדִיבֵמוֹ כְּעֹרֵב וְכִזְאֵב „mache sie, vielmehr ihre Fürsten, wie Oreb und Seeb“ (Ps. 83, 12), אַיּוֹ מֶלֶךְ־חֲמָת „wo ist er, der König von Hamath?“ = „wo ist denn der König von Hamath?“ (2 R. 19, 13), אַיּוֹ יְהוָה אֱלֹהָיִךְ „wo ist denn Jahwe, dein Gott?“ (Mi. 7, 10); mit Verstärkung אַיָּם אֵפוֹא חֲכָמֶיךָ „wo sind sie denn, deine Weisen?“ (Jes. 19, 12).

3. Wie das Ugar.[2]) kennt auch das Hebr. keine besonderen Formen für Komparativ, Superlativ und Elativ[3]).

a) Beim Komparativ (arab. *'ákbaru min* „größer als“) steht מִן „von“ als Ausdruck für einen qualitativen oder quantitativen Unterschied[4]) nach dem Adj.: גָּדוֹל מִן „größer als“, מַה־מָּתוֹק מִדְּבַשׁ וּמֶה עַז מֵאֲרִי „was ist süßer als Honig und stärker als ein Löwe?“ (Jdc. 14, 18). Auch statische bzw. Zustandsverben können, entsprechend ihrem nominalen Charakter, komparativisch gebraucht werden: וַיִּגְבַּהּ מִכָּל־הָעָם „und er war größer als alles Volk“ (1 S. 10, 23), קָטֹנְתִּי מִן „ich bin zu gering für“ (Gn. 32, 11). Formen wie „größer ... kleiner“ werden durch den Artikel ausgedrückt: הַגָּדוֹל ... הַקָּטָן.

b) Der Superlativ (arab. *al-'ákbaru* „der größte“) wird entweder durch den Artikel, הַקָּטֹן „der jüngste“, oder durch den Gen. partitivus angedeutet: קְטֹן בָּנָיו „der jüngste

[1]) Zuweilen, jedoch keineswegs immer, können derartige Appositionen auch Glossen im Text sein.
[2]) C. H. Gordon, Textbook, § 8, 73.
[3]) E. Kautzsch, Grammatik, § 133.
[4]) GVG II, § 251i; HS, § 111g.

seiner Söhne“ (2 Ch. 21, 17), טוֹבָם „der beste von ihnen“ (Mi. 7, 4). Daneben wird auch hier מִן gebraucht: הַטּוֹב וְהַיָּשָׁר מִבְּנֵי אֲדֹנֵיכֶם „den besten und tüchtigsten von den Söhnen eures Herrn“ (2 R. 10, 3).

c) Der Elativ (arab. *'ákbaru* „sehr groß“) lautet טוֹב מְאֹד „sehr gut“.

§ 99. Der Gebrauch der Zahlwörter

1. Die Grundzahlen[1]) für „1“ und „2“ treten als adj. Attribute (§ 97, 2) zum Gezählten[2]): אִישׁ־אֶחָד „ein Mann“ (Gn. 42, 11), P. יָמִים שְׁנָיִם „zwei Tage“ (2 S. 1, 1), שְׁנַיִם אֲנָשִׁים „zwei Männer“ (1 R. 21, 10). Daneben regieren sie subst. den Gen. partitivus (§ 97, 4c): כְּאַחַד מִמֶּנּוּ „wie einer von uns“ (Gn. 3, 22), אַחַד הָעָם „einer aus dem Volke“ (Gn. 26, 10), שְׁנֵי בָנִים „zwei Söhne“ (Gn. 10, 25), שְׁנֵיהֶם „sie beide“ (Gn. 2, 25); vgl. ugar. *ṯn yrḫm* = **ṯinā yarḫāmi* „zwei Monate“ (§ 43, 2a).

2. a) Die Zahlen „3“ bis „10“ sind primär subst. und regieren den Gen. partitivus Pl. unter Disgruenz im Genus zwischen Zahl und Gezähltem: שְׁלֹשֶׁת יָמִים „drei Tage“ (Gn. 30, 36), שְׁלֹשׁ סְאִים „drei Sea“ (Gn. 18, 6). Abweichend gebraucht das Ugar. noch das M. für beide Genera[3]).

b) Ferner kann das Gezählte appositionell als Inhalt dem Maße folgen (§ 98, 1b): שְׁלֹשָׁה בָנִים „drei Söhne“ (Gn. 6, 10), שָׁלֹשׁ שָׁנִים „drei Jahre“ (Gn. 11, 13).

c) Vornehmlich bei Aufzählungen steht öfter die Zahl appositionell nach: בָּנוֹת שָׁלוֹשׁ „drei Töchter“ (1 Chr. 25, 5).

---

[1]) E. Kautzsch, Grammatik, § 134.
[2]) GVG II, § 189; C. H. Gordon, Textbook, § 7, 7—9.
[3]) GVG II, § 190; C. H. Gordon, Textbook, § 7, 10—18.

3. a) Die Zahlen „11“ bis „19“ haben meist den Pl. der Apposition nach sich[1]): שְׁתֵּים־עֶשְׂרֵה אֲבָנִים „zwölf Steine“ (F.; Jos. 4, 3) und אַחַד עָשָׂר כּוֹכָבִים „elf Sterne“ (M.; Gn. 37, 9). Daneben kann auch die Zahl Apposition sein: שִׁבְטֵי יִשְׂרָאֵל שְׁנֵים עָשָׂר „die zwölf Stämme Israels“ (Gn. 49, 28).

b) Das Ugar. hat häufig, wenn auch nicht so regelmäßig wie im Arab., nach Zahlen über „10“ den Akk. Sg. der Beziehung; so auch das Hebr. bei oft gezählten Begriffen wie יוֹם „Tag“, שָׁנָה „Jahr“, אִישׁ „Mann“, נֶ֫פֶשׁ „Person“, שֵׁ֫בֶט „Stamm“, מַצֵּבָה „Steinmal“, zuweilen bei אַמָּה „Elle“, חֹ֫דֶשׁ „Monat“ u. a. m.: חֲמֵשׁ עֶשְׂרֵה שָׁנָה „fünfzehn Jahre“ (Gn. 5, 10).

4. Die Zehner „20“ bis „90“ haben entweder den Sg. (s. u. 3b) oder den Pl. der Apposition nach sich: שְׁלֹשִׁים אִישׁ „dreißig Mann“ (Jdc. 14, 19), חֲמִשִּׁים צַדִּיקִם „fünfzig Gerechte“ (Gn. 18, 24). Folgt die Zahl als Apposition, steht das Gezählte stets im Plural: אַמּוֹת עֶשְׂרִים „zwanzig Ellen“ (2 Chr. 3, 3).

5. Bei Zusammensetzungen aus Zehnern und Einern steht das Gezählte entweder im Akk. Sg. nach oder im Pl. voran: שְׁמֹנִים וַחֲמִשָּׁה אִישׁ „85 Mann“ (1 S. 22, 18), הַשָּׁבֻעִים שִׁשִּׁים וּשְׁנַ֫יִם „die 62 Wochen“ (Da. 9, 26). Auch kann das Gezählte nach jeder Ziffer wiederholt werden: תִּשְׁעִים שָׁנָה וְתֵ֫שַׁע שָׁנִים „99 Jahre“ (Gn. 17, 1).

6. Nach מֵאָה „100“, אֶ֫לֶף „1000“ steht das Gezählte entweder im Sg., so אִישׁ „Mann“, אֶ֫לֶף „Rind“, אַמָּה „Elle“, יוֹם „Tag“, רַגְלִי „Fußgänger“, צֶ֫מֶד „Joch“, meistens auch שָׁנָה „Jahr“, כִּכָּר „Talent“, שֶׁ֫קֶל „Sekel“, oder Pl.: מֵאָה

[1]) GVG II, § 191; C. H. Gordon, Textbook, § 7, 19.

אַמָּה „100 Ellen“, עֲשֶׂרֶת אֲלָפִים רַגְלִי „10000 Fußsoldaten“ (2 R. 13, 7) und מֵאָה נְבִאִים „100 Propheten“ (1 R. 18, 4); ferner im St. cstr.: מְאַת כִּכָּר „100 Talente“ (Ex. 38, 25) neben מְאַת אֲדָנִים „100 Füße“ (Ex. 38, 27).

7. Wenn der Zusammenhang es erlaubt, werden geläufige Maßbegriffe wie יוֹם „Tag“, שֶׁקֶל „Sekel“ gern weggelassen, z. B. עֲשָׂרָה זָהָב „10 Goldsekel“ (Gn. 24, 22).

8. Determination von Grundzahlen durch den Artikel unterbleibt, wenn das Gezählte determiniert ist und zwischen beiden ein appositionelles Verhältnis besteht: שְׁלוֹשָׁה בְּנֵי הָעֲנָק „die drei Söhne Enaks“ (Jos. 15, 14), הַמְּכֹנוֹת עֶשֶׂר „die 10 Gestelle“ (1 R. 7, 27). Sie erfolgt nach § 96, 4a bei vorhergehender Einführung: הַחֲמִשָּׁה „die [bereits erwähnten] fünf“ (Gn. 14, 9).

9. Die adj. Ordnungszahl von „1“ bis „10“ wird synt. nach § 97, 2 behandelt, die subst. Bruchzahl nach § 97, 3. Weiteres s. § 60 und § 61.

3. Syntax des Verbums

§ 100. Der Gebrauch der Präformativkonjugation

1. a) Zum Verständnis der anerkanntermaßen problematischen Syntax des hebr. Verbums bedarf es im Anschluß an §§ 3, 2d; 4, 3c und 62, 2 einer kurzen Vorüberlegung[1]). Das westsem. Verbalsystem kennt von Haus aus keine Tempora im Sinne objektiver Zeitstufen; lediglich in dem altertümlichen Prät./Juss. **yaqtul* stellt sich, soweit erzählend gebraucht, ein echtes Tempus der Vergangenheit dar, das sich

---

[1]) Vgl. hierzu R. Meyer, Zur Geschichte des hebr. Verbums. Forschungen und Fortschritte 40 (1966), 241—243.

im Laufe der sprachgeschichtlichen Entwicklung durch eine bemerkenswerte Beständigkeit auszeichnet. Im übrigen aber gilt, daß die verbale Syntax auf aspektualer Grundlage beruht[1]). Hierbei unterscheidet man einen konstativen Aspekt, in dem eine Handlung oder ein Vorgang einfach festgestellt werden, und einen kursiven Aspekt, der den Ablauf einer Handlung schildert. Nach § 3, 2d bezeichnen wir ersteren als Punktual, letzteren dagegen als Durativ.

Beide Aspekte stehen sich im Altkan. ursprünglich innerhalb der fientischen Präformativkonjugation gegenüber, wobei der Narr. **yaqtulu* vorwiegend als Punktual, der Durativ **yaqattalu* aber, wie wir meinen, als kursiver Aspekt fungiert. Erst mit dem Eindringen von sekundär fientischem **qatala* in das präformative System bildet sich das jungwestsem. Schema heraus, wobei afformatives **qatala* weithin die präteritalen Funktionen von **yaqtul* sowie vom Narr. **yaqtulu* übernimmt. Hierdurch wird der Narr. weitgehend zum Präs./Fut. reduziert und damit zum Durativ, während das ursprünglich kursive **yaqattalu* morphologisch verschwindet oder sekundär im Intensiv aufgeht.

Damit ist jenes Schema erreicht, das für das Hebr. wie für alle jungwestsem. Idiome maßgebend geworden ist und in dem sich nunmehr — auf das Hebr. bezogen — **qatala* > *qåṭal* als Punktual und **yaqtulu* > *yiqṭol* als Durativ einander gegenüberstehen (§ 4, 3c). Weil es sich hierbei aber um ein sekundäres System handelt, darf es nicht wundernehmen, wenn sich sowohl innerhalb des hebr. Imperf. als auch des Perf. noch Reste älterer Funktionen erhalten haben,

---

[1]) Vgl. R. Meyer, Aspekt und Tempus im althebr. Verbalsystem. OLZ 59 (1964), 117—126, in Auseinandersetzung mit F. Rundgren, Das althebr. Verbum. Abriß der Aspektlehre (Stockholm-Göteborg-Uppsala 1961); ferner S. Segert, Aspekte des althebr. Aspektsystems. Archiv Orientální 33 (Prag 1965), 93—104.

die dem altwestsem. Substrat zuzurechnen sind. So ergibt sich, daß weder das Imperf. schlechthin als kursiver Aspekt oder Durativ noch das Perf. grundsätzlich als konstativer Aspekt oder Punktual anzusprechen sind[1]); in beiden Konjugationen schwingt synt. vielmehr eine lange, ins Altsem. reichende Vorgeschichte nach[2]).

b) Einen guten Einblick in diese Vorgeschichte vermittelt das ugar. Verbalsystem, so wie es uns in den epischen Texten entgegentritt[3]). Hier ist die Präformativkonjugation einerseits noch modal voll ausgeprägt, abgesehen davon, daß der Durativ **yaqattalu* nur vermutet werden kann (§ 3, 2d), anderseits macht sich der Einbruch der ursprünglich statischen Afformativkonjugation in sekundär fientischer Funktion, wie sie in den Prosatexten offensichtlich schon voll entwickelt ist, bemerkbar (§ 101, 1). So ergibt sich folgendes Bild: Der Narr. **yaqtulu* ist der normale Erzählungsmodus, um eine Handlung oder einen Vorgang auszudrücken[4]); vgl. *tšqy* = **tašqiyu* „sie trinkt", „sie trank", darüber hinaus auch „sie hatte getrunken". Hiermit konkurriert das Prät./Juss. mit und ohne Waw cons.: *wyʿn* = **wayaʿnī* „und er antwortete", *ʿd šbʿt šnt ybk* = **ʿadē šabʿati šanāti yabkī* „sieben Jahre lang weinte er". Ebenso wird öfter der Energ. verwendet; so steht etwa *tmǵyn* = *tamǵiyan(nā)* „sie kam" im gleichen Satz neben erzählendem **yaqtul*. Der Fin. kann

[1]) Anders, doch infolge zu starker Vereinfachung schwerlich mit Recht, HS, § 40 (Lit.).

[2]) Dementsprechend ist m. E. D. Michel, Tempora und Satzstellung, § 37 zu ergänzen; auf jeden Fall bedarf H. W. Kuhn, Enderwartung und gegenwärtiges Heil. StUNT 4 (Göttingen 1966), 20f. der Korrektur, wenn er schlechthin behauptet, im Perf. liege die „Wiedergabe einer selbstgewichtigen, absoluten, die Faktizität ... betonenden Handlung" vor, im Imperf. dagegen sei die Beschreibung eines „relativen" Vorganges zu sehen.

[3]) Zum Folgenden vgl. C. Brockelmann, Zur Syntax der Sprache von Ugarit. Orientalia 10 (1941), 230.

[4]) C. H. Gordon, Textbook, § 9, 4.

auch als Koh. gebraucht werden: *'iqr'a* = *'iqra'a* „ich will rufen". Als Modus der Subordination, wie im Arab., steht er vielleicht in finalen Verbindungen wie *wṯṯb trḥṣ* = **wataṯub tirḥaṣa* „und sie kehrt(e) zurück, um zu waschen"[1]. Das Prät./Juss. dient, wie schon sein sprachgeschichtlich bedingter Doppelname besagt, auch als Juss., verneint als Proh.: *b'lm ymlk* = **ba'lumā yamluk* „Baal herrsche!", *'al tšmḫ* = **'al tišmaḫ* „freue dich nicht!". Der Energ. fungiert als Koh.: *'iqra'n* = **'iqra'an(nā)* „ich will anrufen", ferner vor Suffixen: *wtqbrnh* = **wataqburanhū* (§ 24, 2b) „und sie begräbt ihn", sowie als Erzählungsmodus: *bth ymġyn* = **bētahū yamġiyan(nā)* „er begab sich in sein Haus".

2. a) Das hebr. Imperf.[2], das in den Endungen in der Regel dem alten Prät./Juss. entspricht (§ 63, 4a), stellt synt. die Fortsetzung des vorhebr. bereits reduzierten Narr. dar; es wird also vornehmlich als Durativ gebraucht. Außerdem hat es weitgehend die Funktionen des Fin. übernommen.

b) Das Imperf. ist somit als ein Aspekt anzusehen, der nur relative Zeitstufen, u. zw. in den meisten Fällen der Gleich- und Nachzeitigkeit enthält. So ist aus einfachem יֵלֵךְ nicht erkennbar, ob man es mit „er geht" oder mit „er wird gehen" zu übersetzen hat; das Tempus ergibt sich vielmehr erst aus dem Zusammenhange: לָ֫מָּה תַעֲמֹד בַּחוּץ „warum stehst du noch draußen?" (Gn. 24, 31), מָחָר יַעֲשֶׂה „morgen wird er tun" (Ex. 9, 5), בְּטֶ֫רֶם אָמוּת „bevor ich sterbe" (Gn. 27, 4).

Das Imperf. fungiert jedoch nicht nur als Präs./Fut., sondern es wird auch zur Schilderung von Handlungen und Vorgängen benutzt, die sowohl in der Gegenwart als auch in der Vergangenheit begonnen sein und auf der jeweils voraus-

[1]) Vgl. C. H. Gordon, Ugaritic Handbook (1947), 61, Anm. 2.

[2]) G. Bergsträßer, Grammatik II, § 8; F. R. Blake, A Resurvey of Hebrew Tenses (Rom 1951), §§ 5—7; HS, § 42.

gesetzten Zeitstufe noch andauern können: וּבֵיתוֹ אֲשֶׁר־יֵשֶׁב שָׁם ... כַּמַּעֲשֶׂה הַזֶּה הָיָה „und sein Palast, in dem er wohnte, ... war von der gleichen Bauart“ (1 R. 7, 8); וַיָּבֹא חוּשַׁי ... הָעִיר וְאַבְשָׁלֹם יָבֹא יְרוּשָׁלָם „und Husai ... betrat die Stadt, während Absalom in Jerusalem einzog“ (2 S. 15, 37); וְכָל־עֵשֶׂב הַשָּׂדֶה טֶרֶם יִצְמָח „und noch keinerlei Kraut des Feldes war aufgegangen“ (Gn. 2, 5). Zur Funktion der Nachzeitigkeit vgl. לִרְאוֹת מַה־יִּקְרָא־לוֹ „um zu sehen, wie er es nennen würde“ (Gn. 2, 19). Dementsprechend steht das Imperf. bei der Beschreibung von Wiederholungen und Gewohnheiten: לֹא־יֵעָשֶׂה כֵן בְּיִשְׂרָאֵל „so tut man nicht in Israel“ (2 S. 13, 12); כִּי כֵן תִּלְבַּשְׁןָ „denn so pflegten sie sich zu kleiden“ (2 S. 13, 18); אִישׁ הַיָּשָׁר בְּעֵינָיו יַעֲשֶׂה „ein jeder tat, was ihn recht dünkte“ (Jdc. 17, 6).

c) Darüber hinaus ist das Imperf. auch modal abgestuft; es steht als Potentialis für deutsches „können“, „dürfen“, „mögen“, „müssen“ und auch „wollen“: אָכֹל תֹּאכֵל „du darfst essen“ (Gn. 2, 16), מִי יֹאמַר „wer möchte sagen?“ (2 S. 16, 10). Ebenso hat es finale (§ 117), zuweilen auch Imp.- und Proh.-Bedeutung (s. u. 4e).

d) Als altwestsem. Erbe darf wohl angesehen werden, wenn das Imperf., wie der altkan. Narr., als Prät. punktuell fungiert: יֹאבַד יוֹם אִוָּלֶד בּוֹ „es gehe unter der Tag, an dem ich geboren wurde!“ (Hi. 3, 3); so auch nach אָז „damals“: אָז יָשִׁיר־מֹשֶׁה „damals sang Mose“ (Ex. 15, 1) neben Perf. אָז בָּנָה אֶת־הַמִּלּוֹא „damals baute er den Millo“ (1 R. 9, 24). Auch folgt Imperf. auf טֶרֶם „noch nicht“ (s. u. b): וְכֹל שִׂיחַ הַשָּׂדֶה טֶרֶם יִהְיֶה בָאָרֶץ „es gab aber noch keinerlei Gesträuch der Steppe auf Erden“ (Gn. 2, 5); טֶרֶם יִשְׁכָּבוּ „sie hatten sich noch nicht schlafen gelegt“ (Gn. 19, 4).

Q hat dieses Prät. öfter für Imperf. cons. in MT; z. B. וישה *wayáśē < *wayá'śē[1]) für tib. וַיַּ֫עַשׂ „und er machte" (Jes. 5, 4); vgl. § 63, 5c. Vereinzelt steht dieses präterital fungierende Imperf., von manchen als Präs. historicum bezeichnet, neben dem Imperf. cons.: אֲדַבֵּר אֶל־נָבוֹת . . . וָאֹמַר „ich redete mit Nabot . . . und sprach" (1 R. 21, 6).

3. a) Das altkan. Prät./Juss. hat sich althebr. in Gestalt von präterital gebrauchtem *wayaqtul > *wayyiqṭol* als Imperf. cons.[2]) zum häufigsten Erzählungsmodus entwickelt. Im Ugar. fließen nicht nur die Grenzen zwischen Narr. und Prät./Juss. mit oder ohne Waw, sondern es gibt auch keine feste Reihenfolge dort, wo daneben das erzählende Perf. (§ 101, 3a) erscheint[3]). Anders im Hebr.; hier setzt das Imperf. cons. gewöhnlich ein präterital fungierendes Perf. oder ein Imperf. cons. voraus: בַּיָּמִים הָהֵם חָלָה הִזְקִיָּהוּ לָמוּת וַיָּבֹא אֵלָיו יְשַׁעְיָהוּ „in jenen Tagen erkrankte Hiskia zu Tode, da kam Jesaja zu ihm" (2 R. 20, 1), וַיֵּ֫לֶךְ אִישׁ מִבֵּית לֵוִי וַיִּקַּח „ein Mann aus dem Hause Levi ging hin und nahm" (Ex. 2, 1). Tritt zwischen die Kopula und das Verbum ein Wort, so steht das Perf. statt des Imperf. cons.: וַיְשַׁלַּח אֶת־הַיּוֹנָה . . . וְלֹא־מָצְאָה הַיּוֹנָה מָנוֹחַ לְכַף־רַגְלָהּ „und er schickte eine Taube aus . . ., doch sie fand keinen Ruheplatz für ihre Füße" (Gn. 8, 8f.).

b) Das Imperf. cons. steht am Periodenanfang, gleichgültig, ob es sich um einen einfachen Satz, um den Beginn eines Erzählungsabschnittes oder um einen Buchanfang handelt; zu letzterem vgl. וַיְדַבֵּר יְהוָה אֶל־מֹשֶׁה בְּמִדְבַּר סִינַי

[1]) Vgl. R. Meyer, Der gegenwärtige Stand der Erforschung der in Palästina neu gefundenen hebräischen Handschriften. 14. Zur Sprache von 'Ain Feschcha. ThLZ 75 (1950), 725.

[2]) G. Bergsträßer, Grammatik II, § 8; E. Kautzsch, Grammatik, § 111.

[3]) C. H. Gordon, Textbook, § 9, 4.

„Jahwe sprach zu Mose in der Wüste Sinai“ (Nu. 1, 1). Auch begegnet es in der Redefolge bei Wechsel der Zeitstufe: אֲחֹתִי בַת־אָבִי הִוא אַךְ לֹא בַת־אִמִּי וַתְּהִי־לִי לְאִשָּׁה „sie ist meine Schwester väterlicherseits, nur nicht mütterlicherseits; so ist sie meine Frau geworden“ (Gn. 20, 12).

Sehr häufig werden erzählende Satzgefüge, aber auch größere Abschnitte und auch ganze Bücher durch das Imperf. cons. וַיְהִי „und es geschah“ eingeleitet. Hierbei handelt es sich wahrscheinlich um eine erstarrte Formel, die dazu dient, das Folgende als präterital auszuweisen, und die ihr Gegenstück in וְהָיָה „und es wird sein“ (§ 101, 6c) hat. Im Anschluß an G (καὶ ἐγένετο) pflegt man sie in der Regel zu übersetzen; synt. richtiger wäre es wohl, sie unübersetzt zu lassen: וַיְהִי בַּלַּיְלָה הַהוּא וַיֵּצֵא מַלְאַךְ יְהוָה וַיַּךְ בְּמַחֲנֵה אַשּׁוּר „in jener Nacht ging der Engel Jahwes aus und schlug das Heerlager der Assyrer“ (2 R. 19, 35), וַיְהִי כִּי־חָזַק יִשְׂרָאֵל וַיָּשֶׂם ... לָמַס „als aber Israel erstarkte, machte es ... fronpflichtig“ (Jdc. 1, 28); zum Buchanfang vgl. וַיְהִי בִּימֵי אֲחַשְׁוֵרוֹשׁ „in den Tagen Ahasvers“ (Est. 1, 1). Von diesem Sprachgebrauch ist natürlich die volle Funktion von וַיְהִי in Sätzen wie וַיְהִי־אִישׁ מֵהַר־אֶפְרָיִם „es war ein Mann vom Gebirge Ephraim“ (Jdc. 17, 1) zu unterscheiden.

c) Dem Imperf. cons. können Zeitbestimmungen vorangehen: בִּשְׁנַת־מוֹת הַמֶּלֶךְ עֻזִּיָּהוּ וָאֶרְאֶה „im Todesjahre des Königs Ussia schaute ich“ (Jes. 6, 1); ferner Nominalsätze wie: חָתֻם בִּצְרוֹר פִּשְׁעִי וַתִּטְפֹּל עַל־עֲוֹנִי „versiegelt ist meine Schuld im Beutel, und du hast meine Sünde verklebt“ (Hi. 14, 17), מִי־אֵפוֹא הוּא הַצָּד־צַיִד וַיָּבֵא לִי „wer ist der, der Wild gejagt und [es] mir gebracht hat?“ (Gn. 27,

33); oder ein Inf. mit Prät.-Bedeutung: בַּעֲלֹתִי הָהָרָה ... וָאֵשֵׁב „nachdem ich den Berg bestiegen hatte, ... verweilte ich“ (Dt. 9, 9).

d) Im jüngeren Althebr. tritt das Imperf. cons. stark zurück, doch zeigt es ein breites Nachleben in den offenbar archaisierenden nichtbiblischen Texten von Q; z. B. והואה ברא אנוש ... וישם לו שתי רוחות „und er schuf den Menschen ... und setzte ihm zwei Geister“ (1 Q S 3, 17f.). Im Mittelhebr. ist es zugunsten des einfachen, präterital fungierenden Perf. cop. ausgestorben; vgl. hierzu § 101, 7b. Auf mas. Fehlrestitution mag nicht ganz seltener Präs./Fut.-Gebrauch des Imperf. cons. zurückgehen, z. B. in הָאֵל הַמְאַזְּרֵנִי חָיִל וַיִּתֵּן תָּמִים דַּרְכִּי „der Gott, der mich mit Stärke gürtet und meinen Weg macht ohne Anstoß“; vgl. Sek. ουϊεθθεν = *וְיִתֵּן für tib. וַיִּתֵּן (Ps. 18, 33).

e) Obwohl das Hervortreten des präterital fungierenden Perf. cop. und die damit verbundene Verdrängung des Imperf. cons. als ein Zeichen der jüngeren Sprachstufe anzusehen ist, darf doch nicht übersehen werden, daß erzählendes Perf. mit und ohne Waw bereits im ältesten Epos Israels belegt ist; vgl. וְהָלְמָה סִיסְרָא מָחֲקָה רֹאשׁוֹ וּמָחֲצָה וְחָלְפָה רַקָּתוֹ „und sie hämmerte auf Sisera, zerschlug sein Haupt, zerschmetterte und durchbohrte seine Schläfe“ (Jdc. 5, 26). Während hier ausschließlich das Perf. als Punktual gebraucht wird, findet sich z. B. in einem Bericht über die kultpolitischen Maßnahmen des Königs Josia aus dem Ende des 7. Jhs. vor Chr. wiederholt Perf. mit Waw cop. neben dem Imperf. cons.: וְטִמֵּא ... וַיַּשְׁבֵּת „und er verunreinigte ..., und er schaffte ab“ (2 R. 23, 10f.). Daß es sich bei dieser, der traditionellen Regel nicht unterworfenen Stilform nicht um Überlieferungsfehler oder gar, wie man zuweilen meinte, um die Barbarei junger Glossatoren handelt[1]), wird jetzt eindrucksvoll durch ein Ostrakon bestätigt, das vor einiger Zeit bei Yabne Yam (Mīnet Rūbīn) gefunden wurde und das den fragmentarischen Beschwerdebrief eines Frondienst leistenden Judäers aus der Zeit Josias enthält[2]). Hier begegnet folgendes Satzgefüge: ויקצר עבדך ויכל ואסם „und dein Knecht erntete, maß und speicherte" (Zeile 3f.). In diesem Sprachgebrauch mag der Ansatzpunkt dafür vorliegen, daß unter dem Einfluß des Aram. das Imperf. cons. als Narr. aus der lebendigen Sprache überhaupt verdrängt wurde und an seine Stelle das Perf. als echtes Tempus der Vergangenheit trat (vgl. § 101, 7).

4. Für Willensäußerungen, z. B. Befehl und Verbot, Wunsch, Bitte und Absicht, gebraucht man Juss., Koh., Imp., Proh. und zuweilen das Imperfektum[3]).

a) Der Juss.[4]) (§ 63, 5c) steht affirmativ in der 3. Person: יְהִי אוֹר „es werde Licht!" (Gn. 1, 3), als Bitte mit enklit. -נָא (§ 87, 5): יֻקַּח־נָא מְעַט־מַ֫יִם „man nehme bitte ein wenig Wasser!" (Gn. 18, 4). Er folgt oft einem Imp. im Finalsatz (§ 117, 1) und begegnet konditional (§ 122, 2b).

b) Der Koh.[5]), ein Rest des alten Fin., ist der Modus der Selbstaufforderung in der 1. Person: אֵלְכָה „ich will gehen" נֵלְכָה „laßt uns gehen!", ferner der Bitte: אֶעְבְּרָה „möchte ich durchziehen dürfen" (Dt. 2, 27).

---

[1]) Vgl. R. Meyer, Auffallender Erzählungsstil in einem angeblichen Auszug aus der „Chronik der Könige von Juda". Baumgärtel-Festschr., 114—123; hier auch weitere Beispiele.

[2]) J. Naveh, A Hebrew Letter from the Seventh Century B. C. Israel Exploration Journal 10 (1960), 129—139 u. Tafel 17; zur Interpretation des Ostrakons vgl. Sh. Talmon, The New Hebrew Letter from the Seventh Century B. C. in Historical Perspective. BASOR 176 (1964), 29—38.

[3]) G. Bergsträßer, Grammatik II, § 10.

[4]) E. Kautzsch, Grammatik, § 109; HS, § 43.

[5]) E. Kautzsch, Grammatik, § 108.

Der alte Fin. zeigt sich außerdem noch in der seltenen 3. Person: יָחִ֫ישָׁה „er beschleunige doch!" (Jes. 5, 19), ferner dort, wo der Koh. final (§ 117, 1) oder konditional (§ 122, 3c) steht; desgleichen, wo er, wie bereits ugar. und in Q häufiger als in MT, mit dem Imperf. und Imperf. cons. konkurriert.

c) Verstärkendes enklit. ־נָא weist vielleicht auf den Energ. *'*aqtulannā* hin; z. B. אָסֻרָה־נָּא < *'*asūrannā* „ich will doch hingehen!" (Ex. 3, 3). Hierzu und zum suff. Energ. vgl. § 63, 5d.

d) Der Imp.[1]) ist affirmative Befehlsform der 2. Person und kann ebenfalls durch alte Energ.-Endungen verstärkt werden: לְכָה „gehe doch!", הוֹשִׁ֫יעָה נָּא (vgl. mittelhebr. הוֹשַׁעְנָא) „hilf doch!" (vgl. § 63, 5d). Er steht auch konzessiv: רֹ֫עוּ עַמִּים וָחֹתּוּ „tobt [immerhin], ihr Völker, ihr werdet [doch] verzagen" (Jes. 8, 9). Schließlich fungiert er konditional: זֹאת עֲשׂוּ וִחְיוּ „wenn ihr dieses tut, werdet ihr leben" (Gn. 42, 18); vgl. ferner § 122, 2b.

e) Verneint werden Juss. und Imp. durch den Proh. mit אַל „nicht" als gewöhnlicher Negationspartikel: אַל־תְּהִי „sei nicht", אִישׁ אַל־יֵרָא „niemand soll sich sehen lassen" (Ex. 34, 3), אַל־נָא תָשֵׁת עָלֵ֫ינוּ חַטָּאת „lege doch auf uns keine Schuld!" (Nu. 12, 11).

f) Neben Imp. und Juss. hat auch das Imperf. auffordernde Bedeutung: אֶל־אַרְצִי ... תֵּלֵךְ „nach meinem Lande ... sollst du gehen!" (Gn. 24, 4); so bei Gesetzesbestimmungen: מִזְבַּח אֲדָמָה תַּעֲשֶׂה־לִּי „einen Altar von Erde sollst du mir machen" (Ex. 20, 24), und apodiktischen Verboten: לֹא תִּגְנֹב „du sollst nicht stehlen" (Ex. 20, 15; zur doppelten Akzentsetzung vgl. § 15, 3) ferner in Wen-

1) E. Kautzsch, Grammatik, § 110; F. R. Blake, A Resurvey of Hebrew Tenses, § 8.

dungen wie כֹּה יַעֲשֶׂה־לְּךָ אֱלֹהִים וְכֹה יוֹסִיף „Gott tue dir dies und das“ (1 S. 3, 17).

§ 101. Der Gebrauch der Afformativkonjugation

1. Die synt. Funktion des Perf.[1]) ist durch drei Faktoren bestimmt. Nach § 3, 2d stellt die Afformativkonjugation als Stativ primär eine Aussage über einen Zustand oder eine Eigenschaft dar; die Zeitstufe ist, wie beim Imperf. (§ 100, 2b), lediglich aus dem Zusammenhang zu erschließen. So kann isoliert stehendes כָּבֵד < **kabida* „er ist schwer“, „er war schwer“ und „er wird schwer sein“ bedeuten. An zweiter Stelle ist zu beachten, daß afformatives **qatala* im Rahmen der Entwicklung von einer älteren Stufe zum Jungwestsem. in das fientische Präformativsystem eingedrungen ist und hier unter weitgehender Verdrängung des Narr. **yaqtulu* und des Prät. **yaqtul* die Funktion eines Punktual übernommen hat. Dieser Umbildungsprozeß läßt sich aus dem Ugar. unschwer erschließen[2]). Die Epik zeigt hier noch den überwiegend statischen Gebrauch der Afformativkonjugation, wenngleich **qatila*, das noch gegenüber dem später dominierenden, daher als Paradigma verwendeten **qatala* vorherrscht, bereits als Punktual fungiert. Ist diese Funktion in der Dichtung noch selten, so ist sie in der Prosasprache des Alltags, wie im Idiom von Byblos aus dem 14. Jh. v. Chr., bereits voll ausgeprägt[3]). Schließlich ist noch ein dritter Faktor in Rechnung zu ziehen, der vielfach nicht genügend beachtet wird. Ebenso wie das alte Prät./Jussiv **yaqtul* hat altsem. auch der Stativ eine affirmative und zugleich eine

[1]) G. Bergsträßer, Grammatik II, § 6; E. Kautzsch, Grammatik, § 106; F. R. Blake, A Resurvey of Hebrew Tenses, § 10; HS, § 41.

[2]) C. H. Gordon, Textbook, § 9, 4.

[3]) Ebd., § 9, 3.

jussivische Seite; das besagt, daß er nicht nur einen Zustand oder eine Eigenschaft beschreibt, sondern auch den Wunsch danach ausdrückt[1]). So kann der Stativ im Ugar. etwa parallel zum Juss. gebraucht werden: *šlm tmlk šlm mlkt* = **šalāmu tamluk šalāmu malakat* „Friede herrsche, Friede sei Herrscher!"[2]). Somit ergibt sich als vorhebr. Ausgangsbasis für den Gebrauch des Perf. im AT, daß es als Stativ, als Punktual und auch als Juss. verwendet werden kann.

2. a) Ausgehend von den Wurzeln, die einen Zustand oder eine Eigenschaft beschreiben, hat das Perf. im Hebr. seinen statischen Charakter bewahrt: מַה־גָּֽדְלוּ מַעֲשֶׂיךָ „wie groß sind deine Werke!" (Ps. 92, 6).

b) Dem entspricht der Gebrauch als Präs. bzw. Präs.-Perf.: הַשָּׂדֶה נָתַתִּי לָךְ „[hiermit] gebe ich dir das Feld" (Gn. 23, 11), הִשְׁתַּחֲוֵיתִי „ich werfe mich nieder" (2 S. 16, 4), נָֽפְלָה לֹא תוֹסִיף קוּם בְּתוּלַת יִשְׂרָאֵל נִטְּשָׁה עַל־אַדְמָתָהּ אֵין מְקִימָהּ „gefallen ist und nimmer steht sie auf, die Jungfrau Israel, hingestreckt auf ihrem Land, keiner richtet sie auf" (Am. 5, 2); הִנֵּה־נָא זָקַנְתִּי לֹא יָדַעְתִּי יוֹם מוֹתִי „siehe doch, ich bin alt, nicht kenne ich den Tag meines Todes" (Gn. 27, 2); so auch in Erfahrungssätzen und Sprichwörtern, oft parallel zu einem Nominalsatz: גַּם־צִפּוֹר מָֽצְאָה בַּיִת וּדְרוֹר קֵן לָהּ „auch der Vogel findet eine Behausung, und die Schwalbe hat ein Nest" (Ps. 84, 4).

c) Der statische Charakter wirkt weiterhin dort nach, wo das Perf. vergangene und abgeschlossene Ereignisse feststellt: הֵן הָאָדָם הָיָה כְּאַחַד מִמֶּנּוּ „siehe, der Mensch ist

---

[1]) Vgl. für das Akkadische W. v. Soden, Akkad. Grammatik, § 81 b.

[2]) Vgl. H. L. Ginsberg, The Ugaritic Texts (Jerusalem 1936), 78 [hebr.]; anders C. H. Gordon, Textbook, 174.

geworden wie unsereiner" (Gn. 3, 22), עַתָּה נִבְרְאוּ וְלֹא מֵאָז „jetzt sind sie erschaffen worden und nicht vorzeiten" (Jes. 48,7); so auch im Attributsatz: אֶמְחֶה אֶת־הָאָדָם אֲשֶׁר־בָּרָאתִי „ich will den Menschen austilgen, den ich geschaffen habe" (Gn. 6, 7).

3. a) Hierzu treten die fientischen Funktionen. Der Gebrauch als Punktual liegt vor, wo das Perf. als Narr. verwendet wird und neben oder für Imperf. cons. steht. Allerdings bestehen hier bestimmte Einschränkungen. Während im Ugar. erzählendes **qatala* und **waqatala* am Beginn des Satzes möglich sind und mitunter auch im noch nicht aram. beeinflußten Hebr. satzeinleitendes, präterital gebrauchtes Perf. mit und ohne Waw cop. sowohl für die Dichtung als auch für die Prosa belegt ist (§ 100, 3e), besteht für die klassische hebr. Grammatik die Regel, daß das Verbum unmittelbar am Satzbeginn im Imperf. cons. steht (§ 100, 3a). Dagegen findet sich das Perf., wo das Verbum durch irgendeinen Satzteil vom Waw cons. getrennt wird: וַיִּקְרָא אֱלֹהִים לָאוֹר יוֹם וְלַחֹשֶׁךְ קָרָא לָיְלָה „und Gott nannte das Licht Tag, doch die Finsternis nannte er Nacht" (Gn. 1, 5). Ebenso steht Perf., wenn der Satz durch Subjekt, Objekt, Adv., Konjunktionen oder durch die Negation eingeleitet wird: אִישׁ הָיָה בְאֶרֶץ־עוּץ „es war ein Mann im Lande Us" (Hi. 1, 1), wobei hier zugleich ein Buchanfang vorliegt (vgl. § 100, 3b); צֵידָה שָׁלַח לָהֶם לָשֹׂבַע „Zehrung sandte er ihnen die Fülle" (Ps. 78, 25); אָז בָּנָה אֶת־הַמִּלּוֹא „damals baute er den Millo" (1 R. 9, 24); בְּעֶצֶם הַיּוֹם הַזֶּה בָּא נֹחַ „an eben diesem Tage trat Noah ein" (Gn. 7, 13); כִּי אָמְרוּ „denn sie sagten" (Jdc. 9, 3); לֹא־נָפַל דָּבָר „nicht entfiel etwas" (Jos. 21, 45).

b) Auch steht das Perf. zur Bezeichnung der in der Vergangenheit und in der Zukunft abgeschlossenen Handlung. So begegnet es als Plusquamperf. besonders bei Vorzeitigkeit in Nebensätzen: וַיַּשְׁכֵּם אַבְרָהָם בַּבֹּקֶר אֶל־הַמָּקוֹם אֲשֶׁר־עָמַד שָׁם „und Abraham machte sich früh auf nach dem Orte, wo er gestanden hatte" (Gn 19, 27); in gleicher Bedeutung wird es im Hauptsatz angewandt: וְשָׂרַי ... לֹא יָלְדָה לוֹ „und Sarai ... hatte ihm [noch] nicht geboren" (Gn. 16, 1). Im Sinne eines Fut. exactum fungiert es z. B. in: גַּם לִגְמַלֶּיךָ אֶשְׁאָב עַד אִם־כִּלּוּ לִשְׁתֹּת „auch deinen Kamelen will ich schöpfen, bis sie fertig sein werden mit Trinken" (Gn. 24, 19).

4. a) Wie im Ugar. findet sich zuweilen der Gebrauch des Perf. als Präs./Fut.; z. B. לָכֵן גָּלָה עַמִּי מִבְּלִי־דָעַת „darum wird mein Volk unversehens in die Verbannung ziehen" (Jes. 5, 13), נָתַתִּי כָפְרְךָ מִצְרַיִם „ich gebe Ägypten als Lösegeld für dich" (Jes. 43, 3).

b) Ebenso kann das Perf. als Durativ der Vergangenheit (vgl. § 100, 2d) verwendet werden: וְעָלָה הָאִישׁ הַהוּא מֵעִירוֹ מִיָּמִים יָמִימָה „und jener Mann pflegte von Zeit zu Zeit aus seiner Stadt hinaufzuziehen" (1 S. 1, 3).

5. In die Nähe modaler Abstufung führt z. B. כִּמְעַט כִּלּוּנִי „beinahe hätten sie mich vernichtet" (Ps. 119, 87), ebenso in der rhetorischen Frage: ... הֶחֳדַלְתִּי אֶת־מָתְקִי וְהָלַכְתִּי לָנוּעַ עַל־הָעֵצִים „soll ich meine Süßigkeit lassen ... und hingeben, um über den Bäumen zu schweben?" (Jdc. 9, 11). Zum Gebrauch des Perf. in Konditionalsätzen s. § 122.

6. a) Für den synt. Gebrauch des Perf. ist ferner bedeutsam, daß der alte Stativ, aus dem es ja hergeleitet werden muß, sowohl affirmativ als auch jussivisch fungieren kann. So

begegnet im Ugar. *qatala nicht nur neben und parallel zu jussivischem *yaqtul (s. u. 1), sondern es wird auch, wie im Arab.[1]), isoliert stehend als Optativ verwendet: *ḥwt ʾaḫt* = *ḥawītī ʾaḫātī* „mögest du leben, meine Schwester!"[2]); desgleichen finden sich bereits Formen mit Waw im Anschluß an einen Imp. oder einen Konditionalsatz, wobei gilt, daß dieser Sprachgebrauch nicht nur auf die Prosa beschränkt ist, sondern sich auch schon in der Poesie belegen läßt[3]). Letzterem entspricht im Hebr. das Perf. cons.[4]), das sich in bezug auf Modus und Zeitstufe nach der vorangehenden Aussage richtet.

b) Es folgt häufig einem Imperf.: עַל־כֵּן יַעֲזָב־אִישׁ אֶת־אָבִיו וְאֶת־אִמּוֹ וְדָבַק בְּאִשְׁתּוֹ וְהָיוּ לְבָשָׂר אֶחָד „darum verläßt der Mann seinen Vater und seine Mutter, um seinem Weibe anzuhangen, so daß sie zu einem Leibe werden" (Gn. 2, 24); וְהַנֶּפֶשׁ אֲשֶׁר תִּפְנֶה אֶל־הָאֹבֹת . . . וְנָתַתִּי אֶת־פָּנַי בַּנֶּפֶשׁ הַהִוא „und wenn jemand sich zu den Totengeistern wendet . . ., so will ich gegen den Betreffenden mein Antlitz richten" (Lv. 20, 6); einem Juss., Koh. und Imp.: יְבַקְשׁוּ . . . נַעֲרָה בְתוּלָה וְעָמְדָה לִפְנֵי הַמֶּלֶךְ „man suche . . . ein jungfräuliches Mädchen, damit es dem Könige aufwarte" (1 R. 1, 2), אֲלַקֳטָה־נָּא וְאָסַפְתִּי „ich möchte doch auflesen und sammeln" (Ru. 2, 7), קוּם רְדֹף אַחֲרֵי הָאֲנָשִׁים וְהִשַּׂגְתָּם וְאָמַרְתָּ אֲלֵהֶם „auf, verfolge die Männer, hole sie ein und sprich zu ihnen" (Gn. 44, 4); einem Perf. als Perf.-Präs., Fut. oder Ausdruck der Wiederholung in der Vergangenheit:

[1]) Vgl. H. Reckendorf, Arab. Syntax, § 7.

[2]) C. H. Gordon, Textbook, § 9, 54. [3]) Ebd., § 13, 29.

[4]) Daß sich im Perf. cons. der alte juss. gebrauchte Stativ fortsetzt, hat m. W. erstmalig H. L. Ginsberg erkannt; vgl. The Rebellion and Death of Baʿlu. Orientalia 5 (1936), 176f.; W. J. Moran, The Hebrew Language in Its Northwest Semitic Background. In: Albright-Festschr., 65.

הִנֵּה בֵּרַכְתִּי אֹתוֹ וְהִפְרֵיתִי אֹתוֹ „siehe, ich segne ihn [hiermit] und lasse ihn fruchtbar sein“ (Gn. 17, 20), רַצְתִּי אַחֲרָיו וְלָקַחְתִּי „ich will ihm nachlaufen und nehmen“ (2 R. 5, 20), אִם־הֲרָגָם וּדְרָשׁוּהוּ „wenn er sie würgte, fragten sie nach ihm“ (Ps. 78, 34). Besonders als Präs./Fut. kann dem Perf. cons. ein Part. als verkürzter Attributsatz vorangehen: הַנֹּשְׁכִים בְּשִׁנֵּיהֶם וְקָרְאוּ שָׁלוֹם „die, wenn sie mit ihren Zähnen zu beißen haben, ‚Heil!‘ rufen“ (Mi. 3, 5); desgleichen ein Inf. als verkürzter Nebensatz: בְּיוֹם צֵאתְךָ וְעָבַרְתָּ אֶת־נַחַל קִדְרוֹן „am Tage, da du hinausgehst und den Kidronbach überschreitest“ (1 R. 2, 37). Auch ein Inf. abs. kann vorangehen: הָלוֹךְ וְרָחַצְתָּ „geh und bade!“ (2 R. 5, 10), נָאוֹף וְהָלֹךְ בַּשֶּׁקֶר וְחִזְּקוּ יְדֵי מְרֵעִים „sie treiben Ehebruch, gehen mit Lüge um und bestärken die Übeltäter“ (Jer. 23, 14); ebenso ein Nominalsatz: מָחָר חֹדֶשׁ וְנִפְקַדְתָּ „morgen ist Neumond, und man wird dich suchen“ (1 S. 20, 18), כִּי חֹק לַכֹּהֲנִים ... וְאָכְלוּ אֶת־חֻקָּם „denn die Priester hatten ein festes Einkommen ..., und sie lebten von ihrem festen Einkommen“ (Gn. 47, 22). Natürlich kann auch ein Perf. cons. dem anderen folgen (s. u. c).

c) Daneben findet sich auch selbständiges Perf. cons., das für Imperf., Juss. und Imp. stehen kann: וְקָמוּ שֶׁבַע שְׁנֵי רָעָב אַחֲרֵיהֶן וְנִשְׁכַּח כָּל־הַשָּׂבָע ... וְכִלָּה הָרָעָב אֶת־הָאָרֶץ „nach ihnen werden sieben Hungerjahre anheben; da wird alle Fülle ... vergessen sein, und der Hunger wird das Land verzehren“ (Gn. 41, 30); וּנְמַלְתֶּם אֵת בְּשַׂר עָרְלַתְכֶם „und zwar sollt ihr an eurer Vorhaut beschnitten werden“ (Gn. 17, 11), וַאֲהַבְתֶּם אֶת־הַגֵּר „und ihr sollt den Fremdling lieben!“ (Dt. 10, 19); וַעֲשִׂיתֶם ... וּנְתַתֶּם „so macht nun ... und gebt!“ (1 S. 6, 5). Zu beachten ist ferner satzeinleitendes

וְהָיָה „und es wird sein", das Gegenstück zu וַיְהִי „und es geschah" (§ 100, 3b), das, weithin nicht mehr im Vollsinne gebraucht und zur Formel erstarrt, dazu dient, die nachfolgende Aussage als futurisch festzulegen: וְהָיָה כָל־מֹצְאִי יַהַרְגֵנִי „und jeder, der mich findet, wird mich töten" (Gn. 4, 14). Schließlich kann juss. gebrauchtes Perf. nach einer Konjunktion stehen: כִּי אִם־זְכַרְתַּנִי אִתְּךָ ... וְעָשִׂיתָ־נָּא עִמָּדִי חָסֶד „nur gedenke mein ..., und übe Liebe an mir" (Gn. 40, 14).

d) Das Imperf. tritt für Perf. cons. ein, sobald Verbum und Waw cons. durch irgendeinen Satzteil getrennt werden: וְהָרְגוּ אֹתִי וְאֹתָךְ יְחַיּוּ „und mich werden sie töten, dich aber am Leben lassen" (Gn. 12, 12), וְעָשִׂיתָ כְּחָכְמָתֶךָ וְלֹא־תוֹרֵד שֵׂיבָתוֹ בְּשָׁלֹם שְׁאֹל „du aber handle, wie du es für richtig hältst, und lasse sein graues Haar nicht unbehelligt in die Unterwelt fahren!" (1 R. 2, 6).

7. a) Gegen Ende der klassischen Periode bildet sich unter Aufgabe der aspektualen Grundlage in der verbalen Syntax ein Tempussystem mit den drei Stufen Vergangenheit, Zukunft und Gegenwart heraus, das im Mittelhebr. zur absoluten Herrschaft gelangt ist. Es liegt nahe, diesen Umbildungsprozeß auf den Einfluß zurückzuführen, den das Aram. als Gemeinsprache Vorderasiens in der 2. Hälfte des 1. Jt. v. Chr. zunehmend auf das Hebr. ausgeübt hat. Gleichwohl darf nicht übersehen werden, daß auch das klassische System selbst bereits Ansatzpunkte für eine solche Entwicklung bietet. Hierbei wird man vor allem an den althergebrachten präteritalen Gebrauch des Perf. in Satzgefügen denken, wo man nach der klassischen Regel das Imperf. cons. erwarten sollte (§ 100, 3e). Derartige innersprachliche Voraussetzungen mögen dazu beigetragen haben, daß sich der vom Aramäischen ausgehende Systemzwang zur Tempusbildung ziemlich reibungslos vollziehen konnte.

b) Für das Mittelhebr. ergibt sich somit folgendes Grundschema[1]): Als Tempus der Vergangenheit fungiert das Perf. mit und ohne Waw zur Schilderung einer Handlung oder eines Vorgangs: אַף הוּא רָאָה ... וְאָמַר „auch sah er ... und sprach“ (Abot 2, 6), וְרָאָה ... בָּא וְאָמַר ... וְיָדְעוּ „und er sah ...; er kam und sagte ..., und sie wußten“ (Šeqalim 6, 2): daneben konstatiert es eine vollendete Handlung: מֹשֶׁה קִבֵּל תּוֹרָה מִסִּינַי „Mose hat das Gesetz vom Sinai her empfangen“ (Abot 1, 1); dementsprechend wird es auch zum Ausdruck der Vorzeitigkeit in Nebensätzen verwendet: מַה־נַּעֲשֶׂה שֶׁגָּזַר רַבָּן יוֹחָנָן „was sollen wir tun, nachdem Rabban Jochanan entschieden hat?“ (ʿEduyot 8, 3). Das Imperf. dient als Fut. und Juss.: עַד שֶׁתַּגִּיעַ לִמְקוֹמוֹ „bis du in seine Lage kommen wirst“, שֶׁמָּא לֹא תִפָּנֶה „vielleicht wirst du keine Muße haben“ (Abot 2, 4), אִם נָטַע אוֹ הִבְרִיךְ אוֹ הִרְכִּיב יַעֲקוֹר „wenn man Stecklinge gepflanzt oder Absenker gemacht oder gepfropft hat, muß man [es wieder] herausreißen“ (Šebiʿit 2, 6). Daneben kann das Imperf. modal fungieren: אִם יִהְיוּ כָל־חַכְמֵי יִשְׂרָאֵל בְּכַף מֹאזְנַיִם „wenn alle Weisen Israels in einer Waagschale wären“ (Abot 2, 8). Das Präs. oder der Durativ I wird durch das Part. Akt. gebildet: כָּל־הַנְּחָלִים הֹלְכִים אֶל־הַיָּם „alle Flüsse gehen ins Meer“ (Qoh. 1, 7), וְהֶחָנְוָנִי מַקִּיף ... וְהַיָּד כּוֹתֶבֶת „und der Kaufmann leiht .., und die Hand schreibt an“ (Abot 3, 16); יוֹדֵעַ אֲנִי „ich weiß“, אֵינִי יוֹדֵעַ „ich weiß nicht“ (Nedarim 11, 7), קוֹרִין „man rezitiert“ (Berakot 1, 1); אֲנִי מֵת „ich bin im Begriff zu sterben“ (Yebamot 16, 6). Auch das Präs. kann modale Funktionen haben: אָדָם אוֹכֵל „man darf essen“ (Pe’a 1, 1), אָנוּ נוֹשְׂאִים

[1]) Vgl. zum Folgenden K. Albrecht, Neuhebr. Grammatik, §§ 104—107; M. H. Segal, Mishnaic Hebrew, §§ 306—343.

„wir wollen heiraten“ (Baba batra 8, 7). Zur Bezeichnung einer in der Vergangenheit andauernden oder sich wiederholenden Handlung bedient man sich des Durativs II, der durch das Part. in Verbindung mit הָיָה „er war“ gebildet wird; vgl. häufiges הוּא הָיָה אוֹמֵר „er pflegte zu sagen“ (Abot 3, 16). Es kann auch in Konditionalsätzen angewandt werden, die einen jederzeit wiederholbaren Fall beschreiben: הָיָה בָא בַדֶּרֶךְ וְשָׁמַע קוֹל צְוָחוֹת בָּעִיר וְאָמַר „ist jemand unterwegs und hat er Geschrei in der Stadt gehört und gesagt: ...“ (Berakot 9, 3).

c) Die Herausbildung dieses Tempussystems ist für eine althebr. Grammatik, wie die vorstehende, insofern nicht ohne Belang, als bereits die Übersetzer von G unter seinem Einfluß standen und auch die Hebraistik in der Folgezeit bis in die Gegenwart hinein der Versuchung mehr oder weniger stark erlegen ist, die althebr. Syntax des Verbums in ein Temporalsystem zu pressen, statt ihre geschichtlich bedingte aspektuale Grundlage zum Ausgangspunkt für seine Deutung zu nehmen.

§ 102. Der Infinitivus constructus

1. a) Der Inf. cstr.[1]) kann jeden nominalen Satzteil darstellen, ein Gen.-Attribut regieren und selbst im Gen. stehen; außerdem hat er verbale Rektionskraft und tritt weithin an die Stelle eines finiten Verbums. Letzteres dürfte seinen Grund darin haben, daß die Begriffe „finit“ und „infinit“ ohnehin nicht im strengen Sinne etwa der lat. Grammatik auf das hebr. Verbalsystem anzuwenden sind; auch vergegenwärtige man sich, daß, sprachgeschichtlich gesehen, der Inf. cstr. und der endungslose Imp. auf eine Form, nämlich

[1]) G. Bergsträßer, Grammatik II, § 11; E. Kautzsch, Grammatik, §§ 114f.; F. R. Blake, A Resurvey of Hebrew Tenses, § 13; HS, § 47.

den Imp./Inf. (§§ 63, 1; 65, 1a) zurückgehen, bei der es jeweils nur aus dem Zusammenhang ersichtlich ist, welche synt. Funktion sie hat. Das dem Inf. cstr. angefügte Pronominalsuffix kann im Gen. des Attributes und Akk. des Objektes stehen, wobei, abgesehen von 1. c. Sg. קָטְלִי (Gen.) sowie קָטְלֵנִי neben קָטְלִי (Akk.), in der Regel die Nominalformen verwendet werden.

b) Die Negation ist meist בִּלְתִּי (babyl. *bältī*; MO 198), seltener בְּלִי; ferner בְּלֹא „ohne zu", אֵין־ „nicht".

c) Da der Inf. nur den Vorgang an sich anzeigt, hat ein akt. Inf. zuweilen auch Pass.-Bedeutung: וַיְהִי הַשַּׁעַר לִסְגּוֹר „und das Tor sollte gerade geschlossen werden" (Jos. 2, 5).

2. Der Inf. kann Subjekt sein: הַמְעַט מִכֶּם הַלְאוֹת אֲנָשִׁים „ist es euch zu wenig, Männer zu ermüden?" (Jes. 7, 13), Gen.-Attribut: בְּיוֹם עֲשׂוֹת „am Tage, da er schuf" (Gn. 2, 4), ebenso Akk.-Objekt: לֹא־תוֹסִיף קוּם „nie mehr steht sie auf" (Am. 5, 2); וְלֹא אָבָה . . . הַעֲבִרֵנוּ „und nicht wollte er . . . uns durchziehen lassen" (Dt. 2, 30).

3. Häufig steht der Inf. nach Präpositionen; so nach temporalem בְּ „während, indem", כְּ „als, sobald als", kausalem יַעַן, עַל „weil" und konzessivem עַל „obgleich": בִּהְיוֹתָם בְּמִצְרַיִם „während sie in Ägypten waren" (1 S. 2, 27), כִּרְאֹת . . . וּכְשָׁמְעוֹ „und als er sah . . . und hörte" (Gn. 24, 30); יַעַן מָאָסְכֶם „weil ihr verachtet" (Jes. 30, 12), עַל־אָמְרֵךְ „weil du sprichst" (Jer. 2, 35); עַל־דַּעְתְּךָ „obgleich du weißt" (Hi. 10, 7).

4. Zu einem umfangreichen Bedeutungssystem hat sich der Inf. nach לְ „zu" entwickelt.

a) Die ursprüngliche Bedeutung von לְ „zu" begegnet noch im finalen Gebrauch: וַיֵּ֫רֶד . . . לִרְאֹת אֶת־הָעִיר „und er stieg hinab . . ., um die Stadt zu sehen" (Gn. 11, 5), הִפְגְּעוּ בַמֶּ֫לֶךְ לְבִלְתִּי שְׂרֹף אֶת־הַמְּגִלָּה „sie baten den König inständig, die Rolle nicht zu verbrennen" (Jer. 36, 25), לָנֻס שָׁ֫מָּה רוֹצֵחַ „daß dahin ein Totschläger fliehen könne" (Dt. 4, 42), לְבִלְתִּי הַכּוֹת־אֹתוֹ כָּל־מֹצְאוֹ „daß keiner ihn erschlüge, der ihn fände" (Gn. 4, 15), כִּי יִשְׁמַע הַמֶּ֫לֶךְ לְהַצִּיל אֶת־אֲמָתוֹ מִכַּף הָאִישׁ לְהַשְׁמִיד אֹתִי וְאֶת־בְּנִי יַ֫חַד „der König wird gewiß [darauf] hören, daß er seine Magd errette aus der Hand des Mannes, der mich zusammen mit meinem Sohne austilgen will" (2 S. 14, 16); daneben fungiert er z. B. konsekutiv: לְהַכְרִיתוֹ לְבִלְתִּי הֱיוֹת־בּוֹ יוֹשֵׁב „ihn (sc. diesen Ort) zu vernichten, so daß es darin keine Bewohner mehr gibt" (Jer. 51, 62), oder temporal: וַיִּתְנַבְּאוּ עַד לַעֲלוֹת הַמִּנְחָה „und sie rasten, bis das Speisopfer dargebracht wurde" (1 R. 18, 29).

b) Der Inf. mit לְ kann darüber hinaus Subjekt, besonders im Nominalsatz sein: אִם־טוֹב בְּעֵינֶ֫יךָ לָבוֹא „wenn es gut ist in deinen Augen zu kommen" (Jer. 40, 4); ferner Prädikat: וְהָיָה (הָאֹ֫רֶן) לְאָדָם לְבָעֵר „und (die Fichte) soll den Leuten zum Heizen dienen" (Jes. 44, 15).

c) Als Akk.-Objekt begegnet er nach Verben des Befehlens, z. B. צִוָּה „befehlen", und ergänzend z. B. bei אָבָה „[nicht] wollen" (s. auch u. 2), הֵחֵל „beginnen", חָפֵץ „wollen", יָכוֹל „können", נָתַן „lassen", הוֹסִיף „fortfahren": כַּאֲשֶׁר כִּלָּה לְדַבֵּר אֶל־אַבְרָהָם „als er fertig war, zu Abraham zu reden" (Gn. 18, 33). Ferner in Zusammensetzungen wie וַיַּשְׁכֵּם . . . לָקוּם „und er stand . . . frühzeitig auf" (2 R. 6, 15).

d) Der Inf. mit לְ kann auch attributiv fungieren und ein Nomen, Pronomen oder eine Partikel ergänzen: עֵת לַעֲשׂוֹת „Zeit zu handeln“ (Ps. 119, 126), מַה־לַּעֲשׂוֹת עוֹד לְכַרְמִי „was soll ich an meinem Weinberge noch tun?“ (Jes. 5, 4), אִם־אֵין־לְךָ לְשַׁלֵּם „wenn du nichts zum Bezahlen hast“ (Prv. 22, 27).

e) Schließlich kann dieser Inf. Art und Weise eines Vorganges oder Zustandes anzeigen, entsprechend modalem „indem“: הָאָדָם הָיָה כְּאַחַד מִמֶּנּוּ לָדַעַת טוֹב וָרָע „der Mensch ist geworden wie unsereiner, indem er um gut und böse weiß“ (Gn. 3, 22); vgl. auch häufiges לֵאמֹר „indem er sprach“, „folgendermaßen“, das die direkte Rede einleitet und in Fällen, wo ein Verbum des Sagens vorangeht, am besten unübersetzt bleibt: וַיַּגֵּד יְהוֹנָתָן לְדָוִד לֵאמֹר מְבַקֵּשׁ שָׁאוּל אָבִי לַהֲמִיתֶךָ „Jonathan aber meldete David: Mein Vater Saul sucht dich zu töten“ (1 S. 19, 2).

5. a) Vielfach fungiert der Inf. als finites Verbum sowohl im Haupt- als auch im Nebensatz: כִּי לֹא לְהוֹרִישׁ אֶת־יֹשְׁבֵי הָעֵמֶק „sie vermochten nämlich nicht, die Bewohner der Niederung zu vertreiben“ (Jdc. 1, 19), בְּיוֹם צֵאתְךָ וְעָבַרְתָּ אֶת־נַחַל קִדְרוֹן „am Tage, da du hinausgehst und den Kidronbach überschreitest“ (1 R. 2, 37).

b) Das Subjekt eines Inf.-Satzes kann als Attribut im Gen. subjectivus stehen: הַמְעַט קַחְתֵּךְ אֶת־אִישִׁי „ist es nicht genug, daß du meinen Mann nimmst?“ (Gn. 30, 15), בְּחֶמְלַת יְהוָה עָלָיו „weil Jahwe ihn verschonen wollte“ (Gn. 19, 16), oder im Nom. als dem Subjektskasus: יְהוָה לְהוֹשִׁיעֵנִי „Jahwe wird mich retten“ (Jes. 38, 20); לָמוּת שָׁם אֲנַחְנוּ וּבְעִירֵנוּ „daß wir und unser Vieh dort sterben“ (Nu. 20, 4), לְבִלְתִּי הַכּוֹת־אֹתוֹ כָּל־מֹצְאוֹ „damit ihn nicht erschlüge ein jeder, der ihn fände" (Gn. 4, 15); dieser Sprachgebrauch findet sich auch häufig in Q: להברך בראשית הלחם או התירוש „damit zuerst das Brot oder der Most gesegnet werden" (1 QS 6, 5f.).

§ 103. Der Infinitivus absolutus

1. a) Der Inf. abs.[1]) hat eine Form, die man nicht als starr, sondern als isoliert bezeichnen sollte. Nach Ausweis des Ugar.[2]) besaß dieser Inf. von Haus aus *-u* als Auslautvokal, vgl. *sp'u* = **sapā'u* „essen". Diese Endung kann man auf den Nom. oder Casus rectus zurückführen und damit als eine Bildung ansehen, die man am besten als einen absolut bzw. isoliert gebrauchten Nom. ansieht. Trifft diese Vermutung zu, dann hätte sie in der akkad. Endsilbe *-um*[3]) beim paronomastisch gebrauchten Inf. (s. u. 4b) oder im arab. Adv. auf *-u* — vgl. z. B. *ba'du* „nachher" — entsprechende Analogien. Auf jeden Fall handelt es sich um eine nominale Endung.

b) Die Besonderheit dieses Inf. besteht darin, daß er in nominaler Funktion keinen St. cstr. bilden und kein Gen.-Suff. annehmen kann, während ihm verbal das Akk.-Suff. stets in Verbindung mit der Akk.-Partikel folgt: יָדֹעַ אוֹתִי „mich erkennen" (Jer. 9, 23). Obwohl der nominalen Flexion nicht unterworfen, kann er gleichwohl als Gen.-Attribut oder Akk.-Objekt gebraucht werden; soweit er ein Verbum finitum vertritt, gilt die für das althebr. Verbalsystem gültige

---

[1]) G. Bergsträßer, Grammatik II, § 12; E. Kautzsch, Grammatik, § 113; F. R. Blake, A Resurvey of Hebrew Tenses, §§ 11f.; HS, § 46; E. Hammershaimb, On the so-called infinitivus absolutus in Hebrew. In: Driver-Festschr., 85—94 (Lit.).

[2]) C. H. Gordon, Textbook, § 9, 27—29.

[3]) W. v. Soden, Akkad. Grammatik, § 150.

Allgemeinregel, daß die jeweilige Zeitstufe nur aus dem Zusammenhange zu erschließen ist.

2. a) In nominaler Funktion ist der Inf. abs. zuweilen Subjekt: הֵיטֵיב אֵין אוֹתָם[1] „Glück zu bringen, steht nicht bei ihnen" (Jer. 10, 5), oder Prädikat: עֲבֹדַת הַצְּדָקָה הַשְׁקֵט וָבֶטַח „der Ertrag der Gerechtigkeit ist Stillehalten und Vertrauen" (Jes. 32, 17)[2]).

b) Er steht auch als Gen.-Attribut: מוּסַר הַשְׂכֵּל „Zucht zur Einsicht" (Prv. 1, 3), בְּמַטְאֲטֵא הַשְׁמֵד „mit dem Besen des Verderbens" (Jes. 14, 23); er kann zwar mit einer Präposition kein Gen.-Verhältnis eingehen[3]), wohl aber einen präpositional regierten Inf. cstr. fortsetzen: בְּתִתְּךָ לוֹ לֶחֶם ... וְשָׁאוֹל לוֹ בֵּאלֹהִים „indem du ihm Brot gabst ... und für ihn Gott befragtest" (1 S. 22, 13).

c) Zum Inf. abs. als Akk.-Objekt vgl. לִמְדוּ הֵיטֵב „lernt Gutes tun" (Jes. 1, 17).

d) Daneben wird er häufig adv. gebraucht: הַרְבֵּה „viel", הֵיטֵיב „gut", מַהֵר „eilends". Hiervon wird הַרְבֵּה sogar als indeklinables Subst. „Menge" gebraucht und z. B. appositionell verwendet: לְבַד מֵעָרֵי הַפְּרָזִי הַרְבֵּה מְאֹד „außerdem die sehr zahlreichen offenen Landstädte" (Dt. 3, 5).

3. a) Verbal fungiert der Inf. abs. zunächst als gewöhnlicher Inf.: אָכֹל דְּבַשׁ „Honig essen" (Prv. 25, 27), מָאוֹס בָּרָע וּבָחוֹר בַּטּוֹב „Schädliches meiden und Nützliches wählen" (Jes. 7, 15).

---

[1]) So für אִתָּם (§ 87, 3b).

[2]) Literarisch unterliegt MT Bedenken (vgl. BH[3]), doch philologisch ist er in Ordnung.

[3]) Die angeblichen Belege hierfür beruhen auf Überlieferungsfehlern.

b) Sehr verbreitet ist der paronomastische Gebrauch des Inf. abs., um ein Verbum finitum, gleichsam als verbalnominale Apposition, in seiner Aussagekraft zu verstärken; vgl. hierzu schon ugar. *ġm'u ġm't* = **ġamā'u ġami'tī* „du (F.) bist gewiß durstig". Er wird hierbei von der gleichen Wz. und demselben Stamm, bei abgeleiteten Stämmen aber zuweilen auch vom Qal gebildet und meist dem Verbum finitum vorangestellt: גֻּנֹּב גֻּנַּבְתִּי „gestohlen worden bin ich" (Gn. 40, 15), מוֹת יוּמָת „er wird gewiß getötet" (Ex. 19, 12); mit eingeschobener Negation: בָּרֵךְ לֹא תְבָרֲכֶנּוּ „segnen sollst du ihn wenigstens nicht" (Nu. 23, 25), daneben adversativ: לֹא כִּי־אָסֹר נֶאֱסָרְךָ „nein, nur festnehmen wollen wir dich" (Jdc. 15, 13). Seltener steht er nach: הָרְגֵנִי נָא הָרֹג „töte mich lieber ganz!" (Nu. 11, 15); so besonders zur Unterstreichung der längeren Dauer eines Vorgangs: לַשָּׁוְא צָרַף צָרוֹף „umsonst hat man dauernd geschmolzen" (Jer. 6, 29).

Der gleiche Inf. wird auch abgeblaßt gebraucht; z. B. am Anfang der Rede: ... רָאוֹ רָאִינוּ כִּי „wir haben gesehen, daß ..." (Gn. 26, 28).

c) Ferner begegnet der Inf. abs. als Imp.: זָכוֹר אֶת־הַיּוֹם הַזֶּה „gedenke dieses Tages!" (Ex. 13, 3), הָלוֹךְ וְאָמַרְתָּ „geh und sprich!" (Jes. 38, 5), und somit als Interjektion: שָׁמוֹר „Achtung!" (Dt. 5, 12).

d) Nicht selten wird der Inf. abs. in Aussagesätzen als Verbum finitum verwendet: אָכֹל וְהוֹתֵר „man wird essen und [noch] übriglassen" (2 R. 4, 43), הָסֵר מְשׂוּכָּתוֹ „einreißen werde ich seinen Zaun" (Jes. 5, 5); so auch in längeren Perioden der lebhaften Rede: בָּטוֹחַ עַל־תֹּהוּ וְדַבֶּר־שָׁוְא הָרוֹ עָמָל וְהוֹלֵיד אָוֶן „man vertraut auf Eiteles und redet Trug, man geht mit Unheil schwanger und gebiert Frevel“ (Jes. 59, 4), und der erregten Frage: הֲרֹב עִם־שַׁדַּי יִסּוֹר „kann der Tadler mit dem Allmächtigen rechten?“ (Hi. 40, 2).

e) Auch kann der Inf. abs. ein Verbum finitum fortsetzen[1]): זֹאת נַעֲשֶׂה לָהֶם וְהַחֲיֵה אוֹתָם „dies wollen wir an ihnen tun und sie am Leben lassen“ (Jos. 9, 20), הֲנִגְלֹה נִגְלֵיתִי ... וּבָחֹר אֹתוֹ „habe ich mich nicht offenbart ... und ihn erwählt?“ (1 S. 2, 27f.), אֲשֶׁר קִטְּרוּ ... וְהַסֵּךְ נְסָכִים „wo sie opferten ... und Trankopfer spendeten“ (Jer. 19, 13), שָׂדוֹת בַּכֶּסֶף יִקְנוּ וְכָתוֹב בַּסֵּפֶר וְחָתוֹם וְהָעֵד עֵדִים „Äcker wird man kaufen für Geld, die Kaufurkunde ausstellen und versiegeln sowie Zeugen hinzuziehen“ (Jer. 32, 44).

Hierbei wird er mitunter modal gebraucht: וַיַּעַשׂ כֵּן הָלֹךְ עָרוֹם וְיָחֵף (1 QJes.ᵃ: הלוך) „er tat es, indem er nackt und barfuß einherlief“ (Jes. 20, 2), וַיֵּצֵא יָצוֹא וָשׁוֹב „und er flog hin und her“ (Gn. 8, 7).

f) Besondere Beachtung verdienen einige Formen in jungen Texten, bei denen zu dem finit gebrauchten Inf. abs. ein Subjekt in Gestalt eines Personalpronomens oder eines Nomens getreten ist: וְשַׁבֵּחַ אֲנִי „und ich pries“ (Qoh. 4, 2), וְנַהֲפוֹךְ הוּא „und es war umgekehrt“ (Est. 9, 1), וְנִשְׁלוֹחַ סְפָרִים „und Urkunden wurden ausgeschickt“ (ebd. 3, 13). Nach manchen Forschern hat sich in diesen literarisch jungen Belegen nordkan. Sprachgebrauch erhalten; man verweist hierbei z. B. auf ugar. *wtbʿ ʾank*, das man mit **watabāʿu ʾanāku* „und ich brach auf“ auflöst, und auf das Phön. von Karatepe, wo etwa *bn ʾnk* einem hebr. *בָּנֹה אָנֹכִי „ich baute“ entsprechen könnte. Da jedoch derselbe angebliche

[1]) Vgl. A. Rubinstein, A Finite Verb Continued by an Infinitive Absolute in Biblical Hebrew. VT 2 (1952), 362—367; daselbst das vollständige Material.

Inf. abs. in Karatepe auch suff. belegt ist — *yrdm 'nk* „ich ließ sie herabsteigen" —, damit aber in einer Funktion, die offensichtlich seinem Wesen widerspricht (s. u. 1), so liegt die Vermutung näher, daß hier nicht der Inf. abs. vorliegt, sondern analog zu § 94, 5c ein neutral gebrauchtes Perf. 3. M. Sg., das durch nachfolgendes pronominales Subjekt spezifiziert wird. So ergibt sich für ugar. *wtb' 'ank* wohl besser **watabi'a 'anāku*, wörtlich: „und man brach auf [‚nämlich] ich", während phön. *bn 'nk* mit hebr. *בָּנָה אָנֹכִי „man baute [‚nämlich] ich" wiederzugeben wäre. Sollte letztere Annahme, die neuerdings wieder von E. Hammershaimb geteilt wird[1]), zutreffen, dann können die ugar. und phön. Beispiele nicht als Ausgangspunkt für Qoh 4, 2 und Est. 3, 13; 9, 1 angesehen werden.

§ 104. Das Partizipium

1. a) Morphologisch ein reines Nomen, steht das Part.[2]) dem Adj. nahe (zum Qal vgl. §§ 36, 2; 37, 5), ohne allerdings mit ihm synt. identisch zu sein. Während nämlich das Adj. eine Eigenschaft oder einen Zustand einfach feststellt, hat das Part. verbale Funktionen und dient dazu, eine Person oder Sache als im Ablauf einer Handlung befindlich zu charakterisieren oder in einem Zustand darzustellen, der sich aus einem abgelaufenen Vorgang ergeben hat. Hierbei gilt bei Abweichungen, die sich aus der Eigenart des hebr. Verbalsystems ergeben (s. u. 2a), als Grundregel, daß zur Wiedergabe einer Dauerhandlung das Part. Akt. dient, כֹּתֵב „schreibend", während zur Beschreibung des Zustandes, der

---

[1]) E. Hammershaimb, (oben S. 61, Anm. 1), 92; vgl. ferner zum Phön. J. Friedrich, Phön.-pun. Grammatik, § 286, Anm. 1; KAI I, 13.

[2]) G. Bergsträßer, Grammatik II, § 13; E. Kautzsch, Grammatik, § 116; F. R. Blake, A Resurvey of Hebrew Tenses, §§ 14—19; HS, § 44.

aus einer Handlung folgt, das Part. Pass. verwendet wird, כָּתוּב „geschrieben".

b) Dementsprechend kann das eigentliche Part. im Grundstamm nur von fientischen Verben gebildet werden; statische Verben bilden kein derartiges Part., da sie ja umgekehrt auf einem Nomen, meist in Gestalt eines Zustandsadj., fußen, das man nur in erweitertem Sinn als Part. bezeichnen kann; vgl. etwa זָקֵן „alt, Greis" mit Imperf. יִזְקַן „er altert" und Perf. זָקֵן „er war (ist) alt". Wo aus statischen Wurzeln ein echtes Part. gebildet wird, geschieht dies analog zum fientischen Verbum, wie etwa bei שָׂנֵא „hassen" mit dem Part. Akt. שֹׂנֵא „hassend" und dem Part. Pass. F. שְׂנוּאָה „gehaßt, zurückgesetzt". Zuweilen begegnet beim statischen Verbum neben dem Zustandsadj. auch das fientische Part. mit deutlichem synt. Unterschied; so ist von לָעֵג* „stottern, spotten" das Adj. לָעֵג* „barbarisch redend, fremdsprachig" (Jes. 28, 11) und das Part. לֹעֵג „verspottend" (Jer. 20, 7) belegt.

c) Das Part. hat nominale und verbale Rektion: אֹהֲבֵי שְׁמֶךָ „die deinen Namen Liebenden" (Ps. 5, 12), אֹיֵב אֶת־דָּוִד „Davids Feind" (1 S. 18, 29), אֹיְבַי שֶׁקֶר „die mich ohne Ursache hassen" (Ps. 69, 5), וְתַחְשְׁבֵנִי לְאוֹיֵב לָךְ „und [warum] hältst du mich für deinen Feind" (Hi. 13, 24), אֹיְבַי חִנָּם „die mir grundlos feind sind" (Thren. 3, 52), הַקֹּרֹת אֹתָם „das, was ihnen begegnet war" (Gn. 42, 29); doch regiert es öfter Nominal- als Verbalsuffixe: גֹּאֲלִי „der mich Lösende, mein Verteidiger" (Hi. 19, 25), הַמְאַזְּרֵנִי „der mich umgürtet" (Ps. 18, 33), wobei in der letzten Bildung der nominal-verbale Doppelcharakter des Part. mit Artikelgebrauch und Verbalsuffix besonders anschaulich zum Ausdruck kommt.

d) Das Part. kann von Partikeln wie יֵשׁ „Vorhandensein", אַ֫יִן „Nichtsein" und עוֹד „Nochsein" regiert werden: אִם־יֵשׁ עֹשֶׂה מִשְׁפָּט „ob einer da ist, der Recht übt" (Jer. 5, 1), אֵין יוֹצֵא וְאֵין בָּא „niemand konnte aus- und eingehen" (Jos. 6, 1), עוֹד עָצוּר „als er sich noch zurückhalten mußte" (1 Ch. 12, 1).

2. a) Entsprechend dem aspektualen Grundcharakter des hebr. Verbalsystems ist auch das Part. der Zeitstufe nach neutral. So kann man dem Part. Akt. בָּא in isolierter Stellung nicht ansehen, ob es — wie in den meisten Fällen — mit „kommend", mit „gekommen" (Gn. 18, 11) oder „kommen werdend" (1 S. 2, 31) zu übersetzen ist. Desgleichen kann das Part. Pass. neben seiner eigentlichen Bedeutung in den abgeleiteten Stämmen gerundivische Funktionen in mancherlei Abschattierungen haben; so besonders im Ni.: נֶחְמָד „begehrenswert" (Gn. 3, 6), נוֹרָא „zu fürchtend, furchtbar" (Ps. 76, 8), לְעָם נוֹלָד „einem Volke, das [noch] geboren werden soll" (Ps. 22, 32), הַחַיָּה הַנֶּאֱ֫כֶלֶת „das eßbare Getier" (Lv. 11, 47); daneben sei auf den interessanten Bedeutungsunterschied hingewiesen, der zwischen Polal הַמְּמוֹתָתִים „die umgebracht werden sollten" (Ketib) und Ho. הַמּוּמָתִים „die getötet werden sollten" (Qere) in 2 R. 11, 2 besteht.

b) Die Dauer in der Gegenwart beschreibt das Part. Akt. etwa in folgenden Sätzen: וְנָהָר יֹצֵא מֵעֵ֫דֶן „und ein Strom entspringt in Eden" (Gn. 2, 10), כִּי יֹדֵ֫עַ אֱלֹהִים „denn Gott weiß" (Gn. 3, 5), אָנֹכִי בֹּרַ֫חַת „ich bin auf der Flucht" (Gn. 16, 8). Hieraus entwickelt sich auf später Stufe das gewöhnliche Präs. oder der Durativ der Gegenwart, הָאָ֫רֶץ לְעוֹלָם עֹמָ֫דֶת „die Erde besteht in Ewigkeit" (Qoh. 1, 4), das im mittelhebr. Tempussystem (§ 4, 3c) seine volle Ausprägung erfahren hat (§ 101, 7b).

c) Als ein Perf.-Präs., das die in der Gegenwart vollendete Handlung und den sich daraus ergebenden Zustand bezeichnet, begegnet zuweilen das Part. Akt. mit dem Artikel: עֵינֶ֫יךָ הָרֹאֹת „deine Augen sind es, die gesehen haben“ (Dt. 3, 21); allerdings kann der Artikel auch beim Durativ der Gegenwart stehen: הַמְאַזְּרֵ֫נִי „der mich gürtet“ (Ps. 18, 33; s. u. 1c). Gewöhnlich steht zur Bezeichnung des Zustandes das Part. Pass.: כָּל־הֲרֻגֶ֫יהָ „alle von ihr Erschlagenen“ (Prv. 7, 26). Zum Part. im Akk. des Zustandes vgl. § 108, 2b.

d) Als Durativ der Vergangenheit findet sich das Part. Akt. etwa in der Verbindung רַק בַּבָּמוֹת הוּא מְזַבֵּ֫חַ וּמַקְטִיר „nur opferte und räucherte er auf den Höhen“ (1 R. 3, 3); zuweilen wird auch hier das Part. Pass. gebraucht, so im Ho.: הִוא מוּצֵאת וְהִיא שָׁלְחָה „schon wurde sie hinausgeführt, da schickte sie“ (Gn. 38, 25; doch vgl. hierzu auch § 121, 2b). Zur Bezeichnung des Zustandes in der Vergangenheit vgl. etwa וַיֹּ֫אמֶר אֶל־הָאִישׁ לְבֻשׁ הַבַּדִּים „und er sprach zu dem Manne, der in Leinen gekleidet war“ (Ez. 10, 2).

e) Auf der Stufe der Vorvergangenheit im Sinne eines Plusquamperf. steht das Part. Akt. in dem Satz: וַיַּגִּ֫ידוּ לוֹ אֵת כָּל־הַקֹּרֹת אֹתָם „sie berichteten ihm alles, was ihnen begegnet war“ (Gn. 42, 29; s. u. 1c); zum Part. Pass. vgl. etwa וְהִנֵּה לִקְרָאתוֹ חוּשַׁי הָאַרְכִּי קָר֫וּעַ כֻּתָּנְתּוֹ „da trat ihm Husai der Arkiter entgegen, der seinen Rock zerrissen hatte“ (2 S. 15, 32).

f) Im Fut. begegnet das Part. Akt. z. B. nach הִנֵּה „siehe“: הִנְנִי מֵבִיא אֶת־הַמַּבּוּל „siehe, ich bringe die Flut“ (Gn.

6, 17), ebenso in Sätzen wie: כִּי לִתְשׁוּבַת הַשָּׁנָה מֶלֶךְ אֲרָם עֹלֶה עָלֶיךָ „denn nach Jahresfrist wird der König von Syrien [wieder] gegen dich heraufziehen“ (1 R. 20, 22), oder in temporalen bzw. konditionalen Fügungen: אָנֹכִי מֵת וֵאלֹהִים פָּקֹד יִפְקֹד אֶתְכֶם „wenn ich gestorben bin, wird sich Gott euer gewiß annehmen“ (Gn. 50, 24). Zur futurischen Bedeutung des Part. Pass. vgl. הִנֵּה־בֵן נוֹלָד לְבֵית־דָּוִד „siehe, ein Sohn wird dem Hause David geboren werden“ (1 R. 13, 2).

g) In Verbindung mit dem Perf. und Imperf. cons. sowie mit dem Imperf. und Juss. von הָיָה „sein“ entstehen zusammengesetzte Zeitformen, die die jeweilige Zeitstufe unterstreichen und zuweilen dem Part. modale Nuancen verleihen können: וַיְהִי מוֹרֶה אֹתָם אֵיךְ יִירְאוּ אֶת־יְהוָה „und er lehrte sie, wie sie Jahwe verehren sollten“ (2 R. 17, 28), הַבָּקָר הָיוּ חֹרְשׁוֹת „die Rinder pflügten gerade“ (Hi. 1, 14), וַיְהִי טוֹחֵן בְּבֵית הָאֲסִירִים „und er mußte im Gefängnis die Mühle drehen“ (Jdc. 16, 21 Ketib), וְכִסֵּא דָוִד . . . יִהְיֶה נָכוֹן . . . עַד־עוֹלָם „und der Thron Davids stehe . . . allezeit fest“ (1 R. 2, 45), וִיהִי מַבְדִּיל „und sie (die Feste) möge trennen“ (Gn. 1, 6). Zum Gebrauch von הָיָה mit Part. im Mittelhebr. vgl. § 101, 7b.

3. a) Das Part. kann jeden Satzteil vertreten und steht dann oft für einen Nebensatz; so als Subjekt: מַכֵּה אִישׁ וָמֵת מוֹת יוּמָת „wenn jemand einen Mann schlägt, so daß er stirbt, muß er getötet werden“ (Ex. 21, 12), oder als Akk.-Objekt: וַאֲבָרְכָה מְבָרְכֶיךָ „und ich will segnen, die dich segnen“ (Gn. 12, 3); ferner als Attribut: וְהָיָה כָל־מֹצְאִי יַהַרְגֵנִי „ein jeder, der mich findet, wird mich töten“ (Gn. 4, 14), oder im adv. Bezuge: הָעָם לֹא־שָׁב עַד־הַמַּכֵּהוּ „das Volk kehrt nicht zu dem zurück, der es geschlagen hat“ (Jes. 9, 12).

b) Prädikativ fungiert das Part. bei Schilderungen in der Vergangenheit oft bei einem Verbum des Wahrnehmens unter Einschub von הִנֵּה „siehe!", das man besser nicht mit übersetzt: וַיַּרְא וְהִנֵּה גְמַלִּים בָּאִים „und als er aufschaute, sah er Kamele kommen" (Gn. 24, 63), ferner nach עוֹד „noch", oft fortgesetzt durch ein Verbum finitum: עוֹדֶנּוּ מְדַבֵּר ... וְרָחֵל בָּאָה „während er noch redete ..., kam Rahel" (Gn. 29, 9).

§ 105. Das Akkusativobjekt

1. a) Nach § 95, 4 drückt der Akk. als abverbaler Kasus sämtliche Beziehungen aus, die zwischen einem Nomen und dem ihm übergeordneten Verbum bestehen können. Im Akk. stehen demnach das direkte oder nähere Objekt[1]), die adv. Bestimmungen (§ 106) und die Präpositionen, mit deren Hilfe ein Nomen von einem Verbum regiert werden kann (§ 107). Beim direkten Objekt unterscheidet man ein äußeres, von einer Handlung betroffenes, daher auch als affiziert bezeichnetes Objekt und ein inneres oder effiziertes Objekt, das im Begriff des regierenden Verbums in der einen oder anderen Form bereits enthalten ist. Verben, die äußere Objekte regieren, bezeichnet man als trans., die übrigen als intrans.; innere Objekte können sowohl bei trans. als auch bei intrans. Verben stehen. Im übrigen weicht das Hebr. in bezug auf seine Vorstellungen vom trans. und intrans. Charakter der Verben wesentlich von unserer Auffassung ab; außerdem ist zu beachten, daß zahlreiche statische Verben Transitiva sind und somit die Begriffe „fientisch" und „statisch" einerseits sowie „trans." und „intrans." anderseits streng auseinandergehalten werden müssen.

---

[1]) E. Kautzsch, Grammatik, § 117; HS, §§ 89—97.

b) Während das Ugar. noch seine volle Nominalflexion besitzt und dementsprechend das Akk.-Objekt jederzeit erkennbar ist, hat sich im Hebr., ebenso wie etwa im Phön., Moab. und Altaram.[1]), eine Akk.-Partikel herausgebildet, die tib. in der Regel als אֵת und אֶת־ erscheint (§ 87, 3b). Ihre Etymologie ist fraglich[2]); immerhin ist synt. bedeutsam, daß sie offenbar aus einem Hervorhebungselement **t* entstanden zu sein scheint, mit dessen Hilfe man wohl zunächst das Pronomen im Satz hervorhob[3]). So ist im Akkad. noch erkennbar, wie sich dieses Element beim selbständigen Pronomen im Gen. und Akk. erst allmählich durchgesetzt hat[4]), und im Ugar. begegnet es beim Pronomen in der 3. Person, um dieses als selbständiges Akk.-Objekt oder Gen.-Attribut zu kennzeichnen: *hwt* = **huwati* „ihn" oder „seiner"[5]); außerdem kann es altassyr. an den Nom. treten: *šī* und *šīt* „sie"[6]).

Von hier aus erklärt sich, warum im Hebr. die Partikel אֵת nicht von vornherein synt. eindeutig festgelegt ist. Als Akk.-Zeichen, nicht dagegen zur Verdeutlichung des Gen., begegnet sie in der alten bzw. archaisierenden Poesie seltener als in der jüngeren Dichtung; weit häufiger findet sie sich in der Prosa, wobei auch hier eine Zunahme im späteren Schrifttum festzustellen ist, ohne daß synt. Konsequenz erreicht wäre[7]). Außerdem gibt es in MT einige literarisch sichere Belege, in denen אֵת einwandfrei nicht den Objekts-

[1]) J. Friedrich, Phön.-pun. Grammatik, § 255.
[2]) Vgl. etwa BL § 81 k′—l′.
[3]) Vgl. hierzu bereits die Erwägungen in GVG I, § 106a—e.
[4]) W. v. Soden, Akkad. Grammatik, § 41, 4—5.
[5]) C. H. Gordon, Textbook, § 6, 4.
[6]) W. v. Soden, a. a. O.
[7]) A. M. Wilson, The Particle אֵת in Hebrew. Hebraica 6 (1890), 139—150. 212—224; HS, § 96; J. Hoftijzer, Remarks concerning the use of the particle ’*t* in Classical Hebrew. OTS 14 (1969), 1—99 (Lit. S. 1, Anm. 1).

Akk. regiert, sondern den Nom. nach sich hat und damit das Subjekt hervorhebt[1]); dies gilt vornehmlich vom einfachen (§ 90) und vom zusammengesetzten (§ 92, 4b) Nominalsatz: אֶת־כָּל־אֵ֫לֶּה אַנְשֵׁי־חָיִל „alle diese [waren] kriegstüchtige Männer" = „lauter kriegstüchtige Männer" (Jdc. 20, 46), וְאִישׁ אֶת־קֳדָשָׁיו לוֹ יִהְיוּ „und ein jeder, seine Opfer — ihm sollen sie gehören" = „jedem soll sein Opfer gehören" (Nu. 5, 10), אֵת כָּל־הָרָעָה הַזֹּאת בָּ֫אָה עָלֵ֫ינוּ „was all dieses Unheil angeht — es ist über uns gekommen" = „all dies Unheil ist über uns gekommen" (Da. 9, 13); zum Verbalsatz vgl.: אַל־יֵ֫רַע בְּעֵינֶ֫יךָ אֶת־הַדָּבָר הַזֶּה „diese Angelegenheit sei nicht unrecht in deinen Augen" = „laß dich das nicht anfechten" (2 S. 11, 25).

Daß hier ein Sachverhalt vorliegt, der nicht mehr hinwegzudiskutieren ist, beweist die neuerdings von J. Macdonald herausgegebene Sam.Chronik II[2]); unbeschadet dessen, daß diese Chronik eine Bearbeitung biblischer Traditionen darstellt, wird man doch kaum daran zweifeln können, daß der zugrunde liegende Text nicht ohne weiteres mit MT identisch ist und wahrscheinlich letztlich auf vormas. Überlieferung zurückgeht[3]). Hier begegnet die Partikel את relativ oft sowohl im biblischen Grundtext als auch in den Erweite-

---

[1]) Anders J. Blau, Zum angeblichen Gebrauch von *'t* vor dem Nominativ. VT 4 (1954), 7—19; Beer-Meyer II, § 95, 1. Die angeführte Meinung ist nach dem derzeitigen Erkenntnisstand nicht mehr aufrechtzuerhalten; vgl. besonders P. P. Saydon, Meanings and uses of the Particle *'t*. VT 14 (1964), 192—210; R. Meyer, Bemerkungen zur syntaktischen Funktion der sogenannten Nota Accusativi. Elliger-Festschr., (im Druck).

[2]) J. Macdonald, The Samaritan Chronicle No. II (or.: Sepher Ha-Yamim). From Joshua to Nebuchadnezzar. BZAW 107 (Berlin 1969).

[3]) Ebd., 14f.

rungen[1]). Wir beschränken uns auf zwei Beispiele; so entspricht der oben aus MT gegebene Beleg aus 2 S. 11, 25 genau dem sam. Text[2]), während in dem sam. Objektsatz (§ 114, 2b) כי השלימו את ישבי גבעון את ישראל „daß die Bewohner von Gibeon mit Israel Frieden geschlossen hatten" (Jos. 10, 1)[3]) gegenüber MT das Subjekt ישבי גבעון „die Bewohner von Gibeon" durch את hervorgehoben ist.

c) Ganz in der aufgezeigten Linie liegt es, wenn das Mittelhebr. den allgemeinen Gebrauch von אֵת als Hervorhebungspartikel aufweist[4]). So fungiert hier אֵת in Verbindung mit dem Pronominalsuffix der 3. Person als Demonstrativum in der Bedeutung „jener" und richtet sich damit nach der synt. Stellung seines Beziehungswortes: אותו הַיּוֹם וְאותו הָאִישׁ „jener Tag und jener Mann" (ʿAboda zara 1,3), בְּאוֹתָהּ שָׁעָה „in demselben Augenblick" (Sanhedrin 3, 4); daneben kann sie einen mit der Relativpartikel שֶׁ־ beginnenden Subjektsatz (§ 115, 5a) einleiten: אֶת שֶׁהוּא נִרְאָה עִמּוֹ אָסוּר „das, was mit ihm [zusammengehörig] erscheint, ist verboten" (ʿAboda zara 4, 1), wozu als älterer Beleg וְטוֹב מִשְּׁנֵיהֶם אֵת אֲשֶׁר־עֲדֶן לֹא הָיָה „doch glücklicher als sie beide ist, wer noch nicht geboren ist" (Qoh. 4, 3) zu vergleichen ist[5]).

2. a) Als Akkusativzeichen wird אֵת in der Regel vor determiniertem (§ 96, 2. 3) Objekt gebraucht: אֵת הַשָּׁמַיִם וְאֵת הָאָרֶץ „den Himmel und die Erde" (Gn. 1, 1) neben

[1]) Vgl. ebd., 215; ferner ders., The Particle *'et* in classical Hebrew: some new data on its use with the nominative. VT 14 (1964), 264—275.
[2]) Sam. Chron. II, 56.
[3]) Ebd., 20.
[4]) Vgl. zum Folgenden K. Albrecht, Neuhebr. Grammatik, § 30f—g; M. H. Segal, Mishnaic Hebrew, §§ 416—417.
[5]) Vgl. A. Kropat, Syntax, 2.

älterem בְּיוֹם עֲשׂוֹת יְהוָה אֱלֹהִים אֶרֶץ וְשָׁמָיִם „als Gott Jahwe Erde und Himmel schuf" (ebd. 2, 4b); ferner vor כֹּל „Gesamtheit", das als logisch determiniert gilt: נָתַ֫תִּי לָכֶם אֶת־כָּל־עֵ֫שֶׂב „ich gebe euch alles Kraut" (ebd. 1, 29), sowie vor Gattungsbegriffen: וְכִי־יִגַּח שׁוֹר אֶת־אִישׁ אוֹ אֶת־אִשָּׁה „wenn ein Rind einen Mann oder eine Frau stößt" (Ex. 21, 28); ebenso kann die Partikel vor Zahlenangaben gebraucht werden: וַיַּעֲזֹב הַמֶּ֫לֶךְ אֵת עֶ֫שֶׂר נָשִׁים פִּלַגְשִׁים „und der König ließ zehn Nebenfrauen zurück" (2 S. 15, 16), mitunter zur Betonung der Menge: וְלֹא הֲרֵעֹ֫תִי אֶת־אַחַד מֵהֶם „und nicht habe ich einen einzigen von ihnen geschädigt" (Nu. 16, 15); dergleichen vor Objekten, die durch einen Attributsatz näher bestimmt sind: וְהָסִ֫ירוּ אֶת־אֱלֹהִים אֲשֶׁר עָבְדוּ אֲבוֹתֵיכֶם „und beseitigt die Götter, denen eure Väter gedient haben" (Jos. 24, 14).

b) Pronominales Objekt lautet אֵת mit Suffix, wenn es vorausssteht: אֹתְכָה הָרָ֫גְתִּי „dich hätte ich getötet" (Nu. 22, 33); ferner, wenn das Verbum bereits suff. ist: וְהִרְאַ֫נִי אֹתוֹ „und er wird mich ihn sehen lassen" (2 S. 15, 25), oder wenn noch ein weiteres Objekt folgt: וַתִּבְלַע אֹתָם וְאֶת־בָּתֵּיהֶם „und sie verschlang sie und ihre Häuser" (Nu. 16, 32); schließlich dient es der synt. Verdeutlichung: לְבִלְתִּי הַכּוֹת־אֹתוֹ „daß keiner ihn erschlüge" (Gn. 4, 15).

3. a) Direktes Objekt haben die Verben der Fülle, des Stoffes und des Bekleidens samt ihrem Gegenteil: כִּי־מָלְאָה הָאָ֫רֶץ חָמָס „denn die Erde ist voll von Gewalttat" (Gn. 6, 13), וּפָשַׁט אֶת־בְּגָדָיו וְלָבַשׁ בְּגָדִים אֲחֵרִים „und er soll seine Kleider aus- und andere anziehen" (Lv. 6, 4), so auch in dem analog gebildeten Nominalsatz הַמְעַט־לָ֫נוּ אֶת־עֲוֹן פְּעוֹר

„haben wir noch nicht genug an der Missetat mit Peor?“ (Jos. 22, 17).

b) Dasselbe Objekt kann auch nach יָשַׁב, שָׁכַן „wohnen“ oder גּוּר „sich aufhalten“ stehen; z. B. יָגוּר אֳנִיּוֹת „er verweilt bei den Schiffen“ (Jdc. 5, 17); so wohl auch: חֶרֶב מֶלֶךְ־בָּבֶל תְּבוֹאֶךָּ „das Schwert des Königs von Babylon kommt zu dir“ (Ez. 32, 11).

4. Das innere Objekt, das nach trans. und intrans. Verben stehen kann (s. u. 1a), wird vielfach von gleicher Wz. gebildet; z. B. תַּדְשֵׁא הָאָרֶץ דֶּשֶׁא „die Erde lasse junges Grün sprießen“ (Gn. 1, 11), מָעַל מַעַל בַּחֵרֶם „er verging sich am Banngut“ (Jos. 22, 20), וַיִּבְכּוּ בְּכִי גָדוֹל „und sie weinten laut“ (Jdc. 21, 2), בּוֹצֵעַ בָּצַע „ein nach unrechtem Gewinn Trachtender“ (Prv. 15, 27). Traditionell wird auch der Inf. abs., der an ein finites Verbum zur Verstärkung der Aussage herantreten kann, als inneres Objekt betrachtet; doch ist es nach Ausweis der ugar. Analogien wahrscheinlicher, daß es sich hierbei eher um eine verbal-nominale Apposition handelt, die im isolierten Nom. steht; vgl. § 103, 3b.

5. a) Doppeltes Akk.-Objekt steht bei Kausativformen von im Qal trans. Verben: וְהִנֵּה הֶרְאָה אֹתִי אֱלֹהִים גַּם אֶת־זַרְעֶךָ „siehe, Gott ließ mich sogar deine Nachkommen sehen“ (Gn. 48, 11); desgleichen, wo das Qal den Akk. des Stoffes (s. u. 3a) regiert: וַיְמַלְאוּ אֶת־כְּלֵיהֶם בָּר „und sie füllten ihre Säcke mit Getreide“ (Gn. 42, 25).

b) Ferner kann ein doppeltes Akk.-Objekt bei Verben stehen, die ein Machen zu etwas, ein Halten für etwas oder eine Benennung ausdrücken; z. B. וַיִּבְנֶה אֶת־הָאֲבָנִים מִזְבֵּחַ „und er baute von den Steinen einen Altar“ (1 R. 18, 32); וַיְשִׂמֶהָ תֵּל־עוֹלָם „und er machte es (sc. Ai) zu einem

Trümmerhaufen für alle Zeit“ (Jos. 8, 28); ... וַיַּחְשְׁבֶהָ צְדָקָה „und er rechnete es ... als Gerechtigkeit an“ (Gn. 15, 6), וַיִּקְרָא אֶתְהֶן חַוֹּת יָאִיר „und er nannte sie die Zeltdörfer Jairs“ (Nu. 32, 41); so wohl auch mit Vorwegnahme des pronominalen Objekts: אֹתוֹ הֵחֵל לִבְנוֹת מִזְבֵּחַ לַיהוָה „das ist der erste Altar, den er Jahwe erbaute“ (1 S. 14, 35).

c) Hierzu kommen zahlreiche weitere Verben unterschiedlicher Bedeutung, z. B. עָנָה „antworten“, שָׁאַל „fragen“, צִוָּה „befehlen“, בֵּרֵךְ „segnen“; vgl. etwa יַעַנְךָ אָבִיךָ קָשָׁה „[wenn] dein Vater dir hart antwortet“ (1 S. 20, 10), וַיָּשִׁבוּ אוֹתָם דָּבָר „und sie erstatteten ihnen Bericht“ (Jos. 22, 32), אַתָּה גְּמַלְתַּנִי הַטּוֹבָה „du hast mir Gutes erwiesen“ (1 S. 24, 18).

§ 106. Der adverbielle Akkusativ

1. Synt. eng verwandt mit dem Objekt ist die adv. Bestimmung[1]). Während aber das Objekt diejenige Prädikatserweiterung darstellt, die entweder die Person oder den Gegenstand bezeichnet, auf den die Handlung des übergeordneten Verbums abzielt, oder das aus dem verbalen Vorgang resultierende Ergebnis angibt, zeigt die adv. Bestimmung den Umstand an, unter dem eine solche Handlung stattfindet. Derartige Näherbestimmungen können sich auf den Ort, die Zeit, das Maß, die Beziehung, den Grund sowie die Art und Weise erstrecken.

2. a) Der adv. Akk. des Ortes steht auf die Frage „wohin?“: וַיֵּלֶךְ עֵשָׂו הַשָּׂדֶה „und Esau ging auf das Feld“ (Gn. 27, 5), zuweilen wird er nach § 45, 3c verstärkt: וַיָּבֹא הָאִישׁ הַבַּיְתָה „und der Mann ging in das Haus“ (Gn. 24, 32).

---

[1]) E. Kautzsch, Grammatik, § 118; HS, §§ 100—104.

Die Grenzen zwischen diesem Richtungs-Akk. und dem Akk.-Objekt sind infolge des ursprünglichen Zielcharakters dieses Kasus zuweilen fließend; so kann nach § 105, 3b ein Verbum der Bewegung wie בּוֹא „kommen" auch ein direktes Objekt regieren. Bei cstr. פֶּ֫תַח „Eingang" und בֵּית begegnet auch auf die Frage „wo?" der Akk., vielleicht nach Schwund eines vorhergehenden בְּ „in": וְהוּא יֹשֵׁב פֶּ֫תַח־הָאֹ֫הֶל „und er saß im Zelteingang" (Gn. 18, 1); vgl. hierzu auch § 28, 1 und ugar. *bt* = **bēta* neben *bbt* = **babēti* „im Hause"[1]).

b) Adv.-Bestimmungen der Zeit sind z. B.: עֶ֫רֶב „am Abend", בֹּ֫קֶר „früh", הַיּוֹם „heute" oder „damals", יוֹם אֶחָד „an einem und demselben Tage" (Gn. 27, 45); zu יוֹמָם „bei Tage" vgl. § 41, 6. Zur Angabe der Zeitdauer seien angeführt: עוֹלָמִים „für ewige Zeiten" (1 R. 8, 13), mit Determination nach vorhergehender Einführung: אֵת שִׁבְעַת הַיָּמִים „die sieben Tage lang" (Ex. 13, 7) und reduplizierend יוֹם יוֹם „täglich", „Tag für Tag" (Gn. 39, 10).

c) Das Adv. des Maßes und der räumlichen Ausdehnung begegnet z. B. in חֲמֵשׁ עֶשְׂרֵה אַמָּה מִלְמַ֫עְלָה „15 Ellen darüber hinaus" (Gn. 7, 20), וַיִּפֹּל מְלֹא־קוֹמָתוֹ אַ֫רְצָה „da fiel er der Länge nach zu Boden" (1 S. 28, 20); ebenso stehen Multiplicativa (§ 60, 5) wie אַחַת „einmal", אַרְבַּעְתַּ֫יִם „vierfach" oder פַּ֫עַם אַחַת „einmal" synt. im adv. Akkusativ.

d) Ferner drückt der adv. Akk. die Beziehung aus: חָלָה אֶת־רַגְלָיו „er litt an den Füßen" (1 R. 15, 23), וַיַּכֵּ֫הוּ . . . הַחֹ֫מֶשׁ „und er schlug ihn . . . auf den Unterleib" (2 S. 3, 27); וַיִּתְנַכְּלוּ אֹתוֹ „und sie machten einen Anschlag gegen ihn" (Gn. 37, 18).

[1]) C. H. Gordon, Textbook, § 10, 4.

e) Nur spärlich ist der Akk. des Grundes bei Abstraktbegriffen belegt; das bekannteste Beispiel lautet: לֹא־תָבוֹא שָׁמָּה יִרְאַת שָׁמִיר וָשָׁיִת „man geht aus Furcht vor Dornen und Disteln nicht dorthin“ (Jes. 7, 25).

f) Am häufigsten bezeichnet der adv. Akk. Art und Weise einer Handlung, eines Vorganges oder eines Zustandes: מֵישָׁרִים תִּשְׁפְּטוּ בְּנֵי אָדָם „richtet ihr die Leute gerecht?“ (Ps. 58, 2), וַאֲבַדְתֶּם מְהֵרָה „so daß ihr bald vertilgt werdet“ (Dt. 11, 17), הָלֹךְ עָרוֹם וְיָחֵף „indem er nackt und barfuß einherging“ (Jes. 20, 2; vgl. § 103, 4f), עָרוֹם הִלְּכוּ „nackt gehen sie einher“ (Hi. 24, 10), לֹא תֵלְכוּ רוֹמָה „ihr sollt nicht [mehr] hochfahrend einhergehen“ (Mi. 2, 3), . . . לְהִלָּחֵם פֶּה אֶחָד „um . . . einmütig zu kämpfen“ (Jos. 9, 2), וַיָּבֹאוּ עַל־הָעִיר בֶּטַח „sie überfielen die Stadt [, die] in sorglosem Zustand [war]“ (Gn. 34, 25).

§ 107. Die Präpositionalrektion des Verbums

1. Die zahlreichen Präpositionen und präpositionalen Ausdrücke unterschiedlicher Herkunft[1]), zu denen § 87 und die Wörterbücher zu vergleichen sind, stehen nach sem. Sprachempfinden als Nomina im Akk.-Verhältnis zum regierenden Verbum. Ihnen kommt synt. außerordentliche Bedeutung zu. Sie dienen einmal dazu, das feste und daher oft nicht eindeutige Verhältnis zwischen Verbum und Objekt zum Zwecke der Verdeutlichung aufzulockern, wobei auch das Pronominalsuffix präpositional verselbständigt werden kann. Zum anderen kommen die Präpositionen dem Streben entgegen, der Sprache die lapidare Strenge zugunsten der Bequemlichkeit im Ausdruck zu nehmen. Schließlich kann man mit ihrer Hilfe eine Wz. oder auch die von ihr abgelei-

[1]) E. Kautzsch, Grammatik, § 119; HS, §§ 105—120.

teten Stämme bedeutungsmäßig variieren und damit das gleiche Ziel erreichen wie wir durch unsere Komposita. Allerdings muß man sich hierbei vor einer Schematisierung hüten, da einige echte Präpositionen von Haus aus ambivalent sind und somit unterschiedliche Beziehungen zwischen Verbum und Objekt bei gleichem Ausdruck anzeigen können; es sei nur an die präfigierten Präpositionen בְּ und לְ erinnert, von denen erstere „in, mit" und „von", letztere dagegen „zu" und „von" bedeuten kann[1]).

2. a) Obgleich das direkte Objekt (§ 105, 1 a) in der Regel im Akk. steht, so ist doch der auflockernde Gebrauch von לְ „zu" schon ugar. wahrscheinlich[2]), dürfte also auch für das Hebr. nicht erst einer späteren Sprachstufe zuzuweisen sein. Dabei liegt die Annahme nahe, daß die Richtungspartikel *la um so eher für den Akk. gebraucht werden konnte, als sie dem Zielcharakter dieses Kasus entspricht, und daß dieser Anwendungsprozeß von den Verben der Bewegung ausgegangen ist. So begegnet bereits ugar. *'ly l-* „[etwas] besteigen"[3]), während das gleiche Verbum im Hebr. zwar auch mit לְ und anderen Präpositionen, daneben aber noch mit dem Akk. konstruiert werden kann; vgl. etwa מַה־לָּךְ אֵפוֹא כִּי־עָלִית כֻּלָּךְ לַגַּגּוֹת „was hast du denn, daß du insgesamt auf die Dächer gestiegen bist?" (Jes. 22, 1) mit וַיַּעַל מִשָּׁם פְּנוּאֵל „und er zog dort hinauf nach Pnuel" (Jdc. 8,8). Ohne Bindung an ein Verbum der Bewegung findet sich der gleiche Präpositionalgebrauch z. B. in: כַּמַּיִם לַיָּם מְכַסִּים „wie Wasser, das das Meer bedeckt" (Jes. 11, 9).

b) Auch für den Akk. des Stoffes (§ 105, 3 a) tritt zuweilen eine Präposition ein: לְבוּשׁ מַלְכוּת אֲשֶׁר לָבַשׁ־בּוֹ הַמֶּלֶךְ

[1]) C. H. Gordon, Textbook, § 10, 1. 4. 5. 10. 11.

[2]) C. Brockelmann (oben S. 41, Anm. 3), 235.

[3]) Vgl. die Belege in: C. H. Gordon, Textbook, § 10, 10.

„ein königliches Kleid, mit dem der Herrscher bekleidet gewesen war“ (Est. 6, 8).

c) Bei שָׁכַן „wohnen“, יָשַׁב „wohnen, sich niederlassen“, גּוּר „sich aufhalten“ und Verben wie בּוֹא „hineingehen, kommen“ ist Präpositionalrektion häufiger als direktes Objekt (§ 105, 3b), zumal dadurch die Bedeutung variiert werden kann; vgl. z. B. בּוֹא: mit לְ oder אֶל bedeutet die Wz. „hineingehen, eintreten“, übertragen „beiwohnen“: בֹּא־נָא אֶל־שִׁפְחָתִי „wohne meiner Sklavin bei!“ (Gn. 16, 2), mit אֶת oder עִם „mit jemandem verkehren“ (Ps. 26, 4. Prv. 22, 24), mit בְּ der Person „sich mit jemandem einlassen“ (1 R. 11, 2) oder der Sache „auf etwas eingehen“ (Jer. 34, 10), dagegen mit עַל „über jemand oder etwas herfallen“ (Gn. 34, 27).

d) Beim doppelten Akk. kann einmal das affizierte Objekt präpositional regiert werden: וַיִּקְרָא אֱלֹהִים לָאוֹר יוֹם „und Gott nannte das Licht Tag“ (Gn. 1, 5), zum anderen auch das effizierte Objekt: וַיִּבֶן ... אֶת־הַצֵּלָע ... לְאִשָּׁה „und er gestaltete ... die Rippe ... zu einer Frau“ (ebd. 2, 22).

4. Der adv. Akk. (§ 106) wird weithin durch Präpositionalgebrauch aufgelockert, um eine Verdeutlichung im Ausdruck zu erreichen; vgl. den Gebrauch von מִן „von“ in וְלֹא־יָכֹל עוֹד לְהָשִׁיב אֶת־אַבְנֵר דָּבָר מִיִּרְאָתוֹ אֹתוֹ „da vermochte er dem Abner nichts mehr zu erwidern aus Furcht vor ihm“ (2 S. 3, 11) mit dem Akk. des Grundes יִרְאַת שָׁמִיר וָשָׁיִת „aus Furcht vor Dornen und Disteln“ (Jes. 7, 25; § 106, 2e). Zudem gibt es eine Fülle von synt. Beziehungen, die durch den einfachen Akk. nicht zum Ausdruck gebracht werden können, sondern der Zwischenschaltung von Präpositionen und präpositionalen Begriffen bedürfen; dem im

einzelnen nachzugehen, ist nicht Sache der Grammatik, sondern der Stilistik und des Wörterbuches.

5. Nach § 95, 1a kennt das Hebr. — historisch bedingt — keinen Dativ; vielmehr ist das Dativ-Verhältnis in seinem gesamten Bedeutungsumfang, das nach unserem Sprachverständnis in einem besonderen Kasus zum Ausdruck kommt, im Zielcharakter des Akk. wesensmäßig mit enthalten. Dies wird besonders am Pronominalsuffix beim Verbum deutlich: מִי־יִתְּנֵ֫נִי שָׁמִיר (וָשַׁ֫יִת[1])* „brächte er mir nur Dornen und Disteln" (Jes. 27, 4), גְּדֵלַ֫נִי כְאָב „er wuchs mir auf, gleichsam wie einem Vater" (Hi. 31, 18). Auf jeden Fall sollte man vermeiden, in derartigen Fällen von einem „Dativ-Suffix" oder gar von „unkorrekter" Ausdrucksweise zu reden. In der Regel wird das Dativ-Verhältnis durch לְ „zu" ausgedrückt: וָאֶתֵּן לָכֶ֫ם אֶ֫רֶץ „und ich gab euch ein Land" (Jos. 24, 13). Häufig ist der sogenannte Dativus ethicus: סְעוּ לָכֶם „brecht auf!" (Dt. 1, 7), בְּרַח־לְךָ „fliehe!" (Gn. 27, 43), וַתִּבְטַח לָךְ „und du vertrautest" (Jes. 36, 9); diese Spielart des Dativus commodi ist in der Regel nicht zu übersetzen.

§ 108. Die Verbalrektion

1. Zu einem Verbum kann ein zweites in logischer Unterordnung hinzutreten[2]), die allerdings beim finiten Verbum formal nicht erkennbar ist; lediglich dort, wo statt der finiten Verbform ein Inf. cstr. begegnet, tritt die Hypotaxe auch morphologisch in Erscheinung. Synt. ist zu beachten, daß das regierte Verbum in der Regel den Hauptbegriff enthält und damit inhaltlich maßgebend ist, während das re-

---

[1]) So für MT שִׁ֫ית; vgl. BH³ und BHS.
[2]) E. Kautzsch, Grammatik, § 120.

gierende Verbum nur modalen oder adv. Charakter aufweist und damit die Bedeutung des regierten Verbums variiert. Beide Verben können entweder asyndetisch nebeneinander stehen oder durch die beiordnende Konjunktion וְ „und" (§ 88, 1) miteinander verbunden werden.

2. a) Häufig findet sich, wie arab. und aram., ein asyndetisch untergeordnetes Imperf.: לֹא יָדַ֫עְתִּי אֲכַנֶּה „ich verstehe nicht zu schmeicheln" (Hi. 32, 22); so auch mit Subjektswechsel: לֹא תוֹסִ֫יפִי יִקְרְאוּ־לָךְ „man soll dich nicht fernerhin nennen" (Jes. 47, 1).

b) Beim Inf. cstr. erfolgt die Hypotaxe entweder dadurch, daß er als Akk.-Objekt an das regierende Verbum herantritt (§ 102,2) oder ihm mit לְ „zu" untergeordnet wird (§ 102, 4c); zum Inf. abs. als Akk.-Objekt vgl. § 103, 2c. Sobald das Part. verbaler Rektion unterliegt, dürfte es, wie im Arab.[1]), im Akk. des Zustandes stehen; von den wenigen, sicher belegten Beispielen vgl. כִּי לֹא יִצְלַח מִזַּרְעוֹ אִישׁ יֹשֵׁב עַל־כִּסֵּא דָוִד „denn keiner von seinen Nachkommen wird das Glück haben, auf Davids Thron zu sitzen" (Jer. 22, 30); so auch nach einem Inf.: כַּהֲתִמְךָ שׁוֹדֵד תּוּשַּׁד „wenn du fertig bist mit Verwüsten, wirst du verwüstet werden" (Jes. 33, 1).

3. a) Asyndetische Parataxe erfolgt unter formaler oder sinngemäßer Kongruenz beider Verben; sie ist besonders häufig beim Imp.: לֶךְ־רֵד „wohlan, steige hinab!" (Ex. 19, 24); ferner לֹא אוֹסִיף עוֹד אֲרַחֵם „ich will mich ferner nicht mehr erbarmen" (Hos. 1, 6).

b) Bei syndetischer Beiordnung steht וְ „und"; so mit voller Kongruenz: וַיֹּ֫סֶף אַבְרָהָם וַיִּקַּח אִשָּׁה „und Abraham nahm abermals eine Frau" (Gn. 25, 1); ferner bei innerer Abhängigkeit, etwa Imperf. und Perf. cons.: אִם־תְּמָאֲנוּ

[1]) Vgl. H. Reckendorf, Arab. Syntax, § 55.

וּמְרִיתֶם „wenn ihr widerstrebt und widerspenstig seid" (Jes. 1, 20).

§ 109. Der Gebrauch des Passivums

1. a) Ein Pass.-Satz[1]), dessen Subjekt einem Akk. im akt. Satz entspricht, kann bei Verben mit direktem oder innerem Objekt gebildet werden: וַיִּקָּבֵר יוֹאָשׁ „und Joas wurde begraben" (2 R. 13, 13) für akt. *וַיִּקְבְּרוּ אֶת־יוֹאָשׁ „und sie begruben Joas"; הֻגֵּד הֻגַּד לַעֲבָדֶיךָ „deinen Knechten wurde genau gemeldet" (Jos. 9, 24), wörtlich: „ein Gemeldetwerden wurde gemeldet".

b) Häufig steht beim Pass. die 3. Person Sg. unter Voraussetzung eines ungenannten logischen Subjekts („man"), und zwar isoliert: וְאַחֲרַיִךְ לֹא זוּנָּה „und man stellte dir nicht buhlerisch nach" (Ez. 16, 34), oder mit לְ: נִרְפָּא־לָנוּ „wir sind geheilt worden" (Jes. 53, 5), sowie unter Beibehaltung des Akk.-Objektes: וַיֻּגַּד לְרִבְקָה אֶת־דִּבְרֵי עֵשָׂו „und der Rebekka wurden die Worte Esaus gemeldet" (Gn. 27, 42).

2. a) Von zwei Akk.-Objekten wird im Pass. gewöhnlich das nähere Objekt zum neuen Subjekt, während das entferntere Objekt im Akk. beibehalten wird: הָנְחַלְתִּי לִי יַרְחֵי־שָׁוְא „ich bin mit Monaten des Unheils beschenkt worden" (Hi. 7, 3; zu לִי als nicht übersetzten Dativus ethicus vgl. § 107, 5). Aus Stilgründen kann aber auch das entferntere Objekt zum Subjekt werden: וְהָרְאָה [הַנֶּגַע] אֶת־הַכֹּהֵן „und [die Aussatzstelle] soll dem Priester gezeigt werden" (Lv. 13, 49).

b) Ebenso bleibt der Akk. des effizierten Objekts erhalten: שְׁאִיָּה יֻכַּת־שָׁעַר „zu Stücken sind die Tore zerschlagen"

[1]) E. Kautzsch, Grammatik; HS, Reg. s. v. Passiv.

(Jes. 24, 12); desgleichen die übrigen Akkusative, z. B. אֲשֶׁר לֹא־יִמּוֹל אֶת־בְּשַׂר עָרְלָתוֹ „der nicht beschnitten ist am Fleische seiner Vorhaut" (Gn. 17, 14).

c) Selten steht doppelter Akk.: יִמָּלֵא כְבוֹדוֹ אֶת־כֹּל הָאָרֶץ „es fülle sich mit seiner Herrlichkeit die ganze Erde" (Ps. 72, 19).

3. a) Das logische Subjekt eines Pass.-Satzes wird gewöhnlich durch לְ eingeführt: וְאִם־בְּאֵלֶּה לֹא תִוָּסְרוּ לִי „und wenn ihr euch hierdurch nicht von mir warnen laßt" (Lv. 26, 23). Dieser Sprachgebrauch läßt sich am ehesten daraus erklären, daß die Präposition לְ nach Ausweis des Ugar. bereits altkan. nicht nur die Richtung, sondern auch die Herkunft angibt[1]). Dem entspricht, daß daneben auch מִן „von" gebraucht wird: לֹא־יִכָּרֵת כָּל־בָּשָׂר עוֹד מִמֵּי הַמַּבּוּל „nicht soll alles Fleisch ferner durch die Wasser der Flut ausgerottet werden" (Gn. 9, 11). In gleicher Funktion wird schließlich בְּ verwendet: בָּאָדָם דָּמוֹ יִשָּׁפֵךְ „durch Menschen soll sein Blut vergossen werden" (Gn. 9, 6); auch die Anwendung von בְּ dürfte letztlich darin begründet sein, daß diese Partikel ebenso wie לְ ambivalent ist und somit ebenfalls die Herkunft bzw. Urheberschaft anzeigen kann.

b) Vielfach jedoch wird das logische Subjekt nicht ausgedrückt (s. u. 1b); vgl. besonders das unpersönliche Part. Pass. מֻקְטָר „es wurde geopfert" (Mal. 1, 11).

§ 110. Das Reflexivverhältnis

1. Die Refl.-Funktionen werden nach § 66, 1 a. b durch Ni. und Hitp. ausgeübt: וַתִּמָּלֵא הָאָרֶץ „und das Land füllte sich" (2 R. 3, 20), הִתְחַזֵּק „zeige dich stark!" (1 R. 20, 22).

---

[1]) Vgl. C. H. Gordon, Textbook, § 10, 1.

2. a) Soll darüber hinaus ein Refl.-Verhältnis besonders betont werden, gebraucht man häufig לְ „für“: וַיִּקַּח־לוֹ לֶמֶךְ שְׁתֵּי נָשִׁים „da nahm sich Lamech zwei Frauen“ (Gn. 4, 19); doch auch andere Präpositionen werden verwendet, z. B. וְאָהַבְתָּ לְרֵעֲךָ כָּמוֹךָ „und du sollst deinen Nächsten lieben wie dich selbst“ (Lv. 19, 18).

b) Daneben begegnen häufig Umschreibungen wie נֶפֶשׁ „Seele, Person“, לֵב „Herz“, קֶרֶב „Inneres“: אַהֲבַת נַפְשׁוֹ אֲהֵבוֹ „er liebte ihn wie sich selbst“ (1 S. 20, 17). Mittelhebr. ist עֶצֶם „Wesen, selbst“ häufig; z. B. אַל תִּפְרוֹשׁ עַצְמְךָ „sondere dich nicht ab“ (Pirqe Abot 2, 4).

B. Besondere Arten von Hauptsätzen

§ 111. Der Fragesatz

1. Das Hebr. unterscheidet zwischen der direkten oder unabhängigen Frage[1]) einerseits und der indirekten bzw. abhängigen Frage (§ 114, 4a) anderseits. Beide Frageformen begegnen entweder als Satz- oder als Wortfrage. Erstere fordert dazu auf, sich für oder gegen einen zur Diskussion gestellten Vorgang, eine Handlung oder einen Zustand zu entscheiden; daneben kann sie zur Wahl zwischen mindestens zwei Möglichkeiten herausfordern, wobei man in diesem Falle von der Disjunktivfrage spricht. Die Wortfrage dagegen zielt auf die Näherbestimmung eines einzelnen Satzgliedes ab, das durch ein Fragewort als unbekannt eingeführt wird. Sowohl die Satzfrage als auch die Wortfrage können aus einem Nominal-, einem Verbal- oder einem zusammengesetzten Nominalsatz bestehen.

[1]) E. Kautzsch, Grammatik, § 150; HS, §§ 53—56.

2. a) Die einfache direkte Satzfrage wird gewöhnlich durch die Interrogativpartikel הֲ (§ 86, 2) eingeleitet: הֲכִי יֶשׁ־עוֹד אֲשֶׁר נוֹתַר לְבֵית שָׁאוּל „gibt es noch jemanden, der vom Hause Sauls übriggeblieben ist?" (2 S. 9, 1), הַאֵין פֹּה נָבִיא לַיהוָה עוֹד „gibt es hier weiter keinen Propheten Jahwes?" (1 R. 22, 7), הֲשַׂמְתָּ לִבְּךָ עַל־עַבְדִּי אִיּוֹב „hast du auf meinen Knecht Hiob geachtet?" (Hi. 1, 8). Zuweilen fehlt die Einführung, so daß der Interrogativcharakter eines Satzes nur durch Modulation der Rede und etwa durch Wortstellung erkennbar wird: שָׁלוֹם לַנַּעַר לְאַבְשָׁלוֹם „steht es gut um den jungen Mann Absalom?" (2 S. 18, 29), הַמֶּלֶךְ אַתָּה אָמַרְתָּ „hast du, o König, gesagt?" (1 R. 1, 24); so vor allem auch, wenn die Frage mit dem vorhergehenden Satz durch וְ „und" verbunden ist: וְעַתָּה יְהוָה ... הוֹרִישׁ אֶת־הָאֱמֹרִי מִפְּנֵי עַמּוֹ יִשְׂרָאֵל וְאַתָּה תִּירָשֶׁנּוּ „nun aber hat Jahwe ... die Amoriter vor seinem Volke Israel vertrieben, und ausgerechnet du willst es vertreiben?" (Jdc. 11, 23).

b) Die bejahende Antwort erfolgt durch Wiederholung des in der Satzfrage betonten Wortes, wobei in der Anrede die Umsetzung von der 2. in die 1. Person zu beachten ist: הַאַתָּה יוֹאָב וַיֹּאמֶר אָנִי „bist du Joab? Da sagte er: Ja!" (2 S. 20, 17), הֲתֵלְכִי עִם־הָאִישׁ הַזֶּה וַתֹּאמֶר אֵלֵךְ „willst du mit diesem Manne gehen? Darauf sagte sie: Ja!" (Gn. 24, 58); daneben begegnet auch, wie im Mittelhebr., die Interjektion הֵן (§ 89, 2) als Bejahungspartikel: וַיֹּאמֶר לָבָן הֵן „da sagte Laban: Ja!" (Gn. 30, 34). Für die Negation genügt vielfach einfaches לֹא „nein" oder אַיִן „niemand, nichts": הַאֶפְרָתִי אַתָּה וַיֹּאמֶר | לֹא „bist du aus Ephraim?, und er antwortete: Nein!" (Jdc. 12, 5), וּשְׁאֵלֵךְ וְאָמַר הֲיֵשׁ־פֹּה אִישׁ

וְאָמַרְתְּ אָיִן „und wenn er dich fragt und sagt: Ist jemand hier?, dann sage: Nein!“ (Jdc. 4, 20).

c) Die Satzfrage braucht nicht nur auf eine echte Entscheidung abzuzielen, sondern kann auch als rhetorische Frage die Antwort bereits enthalten und somit einen verstärkten Aussagesatz darstellen. Wird eine bejahende Antwort erwartet, so wird zuweilen das Interrogativum הֲ angewandt: הֲמִן־הָעֵץ ... אָכָלְתָּ „hast du etwa von dem Baume ... gegessen?“ (Gn. 3, 11), הֲכִי־אָחִי אַתָּה „du bist doch mein Verwandter!“ (Gn. 29, 15), הַיְדַעְתֶּם „ihr wißt doch!“ (1 R. 22, 3), הֲזֹאת יָדַעְתָּ מִנִּי־עַד „weißt du dies nicht von alters her?“ (Hi. 20, 4); häufiger ist allerdings die Einführung durch הֲלֹא „nicht wahr?“: הֲלֹא־הִיא כְתוּבָה „ist das nicht aufgezeichnet?“ (Jos. 10, 13) neben affirmativem הִנֵּה כְתוּבָה „es ist ja aufgezeichnet“ (2 S. 1, 18), הֲלוֹא אֶת־יִשְׂרָאֵל הֶעֱלֵיתִי מֵאֶרֶץ מִצְרַיִם „habe ich nicht Israel heraufgeführt aus Ägyptenland?“ (Am. 9, 7); auch bei der rhetorischen Frage kann das Interrogativum wegfallen: וַאֲנִי לֹא אָחוּס „und ich sollte nicht schonen?“ (Jon. 4, 11).

Wird eine verneinende Antwort oder Bestätigung vorausgesetzt, so wird in der Regel הֲ gebraucht: הֲשֹׁמֵר אָחִי אָנֹכִי „bin ich denn meines Bruders Hüter?“ (Gn. 4, 9), אִם־יָמוּת גֶּבֶר הֲיִחְיֶה „stirbt der Mensch, lebt er gewiß nicht wieder auf“ (Hi. 14, 14), הַאַתָּה תִּבְנֶה־לִּי בַיִת „solltest etwa du mir einen Tempel bauen?“ (2 S. 7, 5). Daneben wird, wenngleich selten, אִם gebraucht: אִם־כְּחֹמֶר הַיֹּצֵר יֵחָשֵׁב „wird etwa der Töpfer dem Ton gleichgeachtet?“ (Jes. 29, 16).

3. Die Disjunktivfrage[1]) begegnet in der Regel als Doppelfrage, daneben aber auch als Fragekette.

[1]) HS, § 136.

a) Bei der Doppelfrage hat in der Regel das erste Glied הֲ[1]), das zweite meist אִם bzw. וְאִם mit der Kopula als Satztrenner (§ 112, 3a), seltener אוֹ „oder“: הַאוֹסִף עוֹד לָצֵאת לַמִּלְחָמָה ... אִם־אֶחְדָּל „soll ich nochmals zum Kampfe ... ausziehen, oder soll ich davon abstehen?“ (Jdc. 20, 28), auch kann das zweite Glied einfach durch Negation ersetzt werden: הֲיֵשׁ יְהוָה בְּקִרְבֵּנוּ אִם־אָיִן „ist Jahwe unter uns oder nicht?“ (Ex. 17, 7); zur disjunktiven Fragekette vgl. הֲתָבוֹא לְךָ (שְׁלוֹשׁ[2]*־שָׁנִים רָעָב בְּאַרְצֶךָ אִם־שְׁלֹשָׁה חֳדָשִׁים נֻסְךָ לִפְנֵי־צָרֶיךָ ... וְאִם־הֱיוֹת שְׁלֹשֶׁת יָמִים דֶּבֶר בְּאַרְצֶךָ „soll für drei Jahre Hungersnot in dein Land kommen, oder willst du drei Monate lang vor deinen Feinden auf der Flucht sein ..., oder soll drei Tage Pest in deinem Lande wüten?“ (2 S. 24, 13).

b) Die Disjunktivfrage wird durch Wiederholung der vom Angesprochenen gewählten Möglichkeit beantwortet: הֲנֵלֵךְ לַמִּלְחָמָה אִם־נֶחְדָּל ... עֲלֵה וְהַצְלַח ... „sollen wir ... in den Krieg ziehen oder [davon] abstehen? ... Zieh hinauf, und du wirst Glück haben!“ (1 R. 22, 15); ebenso kann eine komplexe Antwort erfolgen: הֲיֵשׁ־לָכֶם אָב אוֹ־אָח ... יֶשׁ־לָנוּ אָב זָקֵן וְיֶלֶד זְקֻנִים קָטָן „habt ihr noch Vater oder Bruder? ... Wir haben noch einen betagten Vater und einen [ihm] im Alter [geborenen] Knaben“ (Gn. 44, 19f.), וַיֹּאמֶר לוֹ הֲלָנוּ אַתָּה אִם־לְצָרֵינוּ וַיֹּאמֶר | לֹא כִּי אֲנִי שַׂר־צְבָא־יְהוָה „er sprach zu ihm: Gehörst du zu uns oder zu unseren Feinden? Er antwortete: Nein! Ich bin vielmehr der Befehlshaber des Heeres Jahwes“ (Jos. 5, 13f.).

---

[1]) Zu אִם beim ersten Glied vgl. Hi. 6, 12.

[2]) So mit 1 Ch. 21, 12 für שֶׁבַע „sieben“.

c) Häufig findet sich rhetorischer Gebrauch: הֲמָלֹךְ תִּמְלֹךְ עָלֵינוּ אִם־מָשׁוֹל תִּמְשֹׁל בָּנוּ „du willst wohl gar König über uns werden oder uns beherrschen?“ (Gn. 37, 8), so vor allem auch in der prosodischen Stilform des Parallelismus membrorum: הֲיִתְפָּאֵר הַגַּרְזֶן עַל הַחֹצֵב בּוֹ אִם־יִתְגַּדֵּל הַמַּשּׂוֹר עַל־מְנִיפוֹ „rühmt sich die Axt gegen den, der damit schlägt, oder brüstet sich die Säge gegenüber dem, der sie zieht?“ (Jes. 10, 15).

4. a) Die Wortfrage wird entweder durch ein Fragepronomen oder ein Interrogativadverbium eingeleitet (§ 31, 2): מִי־הָאִישׁ הַלָּזֶה „wer ist dieser Mann?“ (Gn. 24, 65), מִי אַתֶּם „wer seid ihr?“ (2 R. 10, 13), מַה־זֹּאת עָשִׂיתָ לִּי לָמָּה לֹא־הִגַּדְתָּ לִּי „was hast du mir angetan, warum hast du mir nicht mitgeteilt?“ (Gn. 12, 18).

b) Die Antwort kann in einem einzelnen Begriffe oder in einem ganzen Satze bestehen: מִי־אָתְּ וַתֹּאמֶר אָנֹכִי רוּת אֲמָתֶךָ „wer bist du? Sie sprach: Ich bin Ruth, deine Magd“ (Ru. 3, 9), מַה־זֹּאת עָשִׂית וַתֹּאמֶר הָאִשָּׁה הַנָּחָשׁ הִשִּׁיאַנִי וָאֹכֵל „warum hast du das getan? Da sagte die Frau: Die Schlange hat mich verführt, so daß ich aß“ (Gn. 3, 13).

c) Häufig wird die Wortfrage rhetorisch gebraucht: וּמַה־נִּצְטַדָּק „und wie sollen wir uns rechtfertigen?“ (Gn. 44, 16), מַה־לִּי עוֹד וּמַה־זֶּה תֹּאמְרוּ אֵלַי מַה־לָּךְ „was bleibt mir da noch? Und wie könnt ihr da noch zu mir sagen: Was willst du?“ (Jdc. 18, 24), so auch dichterisch: אֵיכָה הָיְתָה לְזוֹנָה קִרְיָה נֶאֱמָנָה „wie ist zur Dirne geworden die treue Stadt!“ (Jes. 1, 21), und sprichwörtlich: מַה־לַתֶּבֶן אֶת־הַבָּר „was hat das Stroh mit dem Korn gemein?“ (Jer. 23, 28).

d) Eine Abart der rhetorischen Wortfrage stellt der interrogativische Wunschsatz[1]) dar: מִי יַאֲכִלֵנוּ בָּשָׂר „hätten wir doch Fleisch zu essen!", wörtlich: „wer gibt uns Fleisch zu essen?" (Nu. 11, 4), מִי־יְשִׂמֵנִי שֹׁפֵט בָּאָרֶץ „o würde man mich doch als Richter im Lande einsetzen!" (2 S. 15, 4); zum konditionalen Wunschsatz vgl. § 122, 5.

§ 112. Koordinierte und subordinierte Hauptsätze

1. Nach § 3, 2i herrscht im sem. Satzgefüge primär die Beiordnung oder Parataxe. Dabei stehen die einzelnen Sätze entweder asyndetisch nebeneinander, oder sie werden durch beiordnende Konjunktionen miteinander verbunden[2]). Logisch gesehen, kann dieses Nebeneinander sowohl Koordination als auch Subordination bedeuten. So sind auch die untergeordneten Sätze, die wir auf Grund ihres Stellenwertes als Nebensätze bezeichnen, ihrer Struktur nach Hauptsätze. Sie zeichnen sich nicht durch besondere Wortstellung aus; denn dort, wo in koordinierten Doppelsätzen Chiasmus in der Anordnung der Satzteile begegnet, handelt es sich nicht um eine Frage der Syntax, sondern der Stilistik[3]), wie etwa in: וַיְקַנְאוּ־בוֹ אֶחָיו וְאָבִיו שָׁמַר אֶת־הַדָּבָר „und es wurden neidisch auf ihn seine Brüder, aber sein Vater merkte sich die Sache" (Gn. 37, 11). Hierzu kommt, daß die meisten Konjunktionen keine eindeutigen Merkmale der Subordination enthalten.

2. Syndetische Beiordnung erfolgt durch koordinierende Konjunktionen (§ 88, 2a); z. B. אוֹ רָאָה אוֹ יָדָע „sei es, daß er es gesehen oder erfahren hat" (Lv. 5, 1), אִם־טוֹב וְאִם־רָע בְּקוֹל יְהוָה . . . נִשְׁמָע „es sei gut oder es sei unheilvoll,

[1]) E. Kautzsch, Grammatik, § 150, 1; HS, § 9.

[2]) E. Kautzsch, Grammatik, §§ 154. 156; HS, §§ 133—139. Zum hebr. Satzgefüge vgl. ferner Th. J. Meek, The Syntax of the Sentence in Hebrew. JBL 69 (1945), 1—13.

[3]) Anders, doch schwerlich mit Recht, HS, § 138.

auf die Stimme Jahwes . . . wollen wir hören“ (Jer. 42, 6), גַּם־קֹב לֹא תִקֳּבֶנּוּ גַּם־בָּרֵךְ לֹא תְבָרֲכֶנּוּ „kannst du es schon nicht verfluchen, so sollst du es wenigstens nicht segnen!“ (Nu. 23, 25), בָּ֫אנוּ אֶל־הָאָ֫רֶץ אֲשֶׁר שְׁלַחְתָּנוּ וְגַם זָבַת חָלָב וּדְבַשׁ הִוא . . . אֶ֫פֶס כִּי־עַז הָעָם הַיֹּשֵׁב בָּאָרֶץ „wir sind in das Land gekommen, in das du uns geschickt hast; es fließt zwar über von Milch und Honig . . ., aber das Volk ist stark, das im Lande wohnt“ (Nu. 13, 27f.; zu הִוא für הִיא vgl. § 17, 2).

3. a) Die weitaus häufigste Beiordnung findet durch Waw cop. statt. Allerdings fungiert diese Bindepartikel nicht nur als die Konjunktion „und“, sondern sie spielt vielfach die Rolle eines Satztrenners, der den Beginn eines neuen Satzes innerhalb des synt. Gefüges anzeigt und dementsprechend nicht mit ins Deutsche zu übertragen ist; das gilt etwa von der Wortfolge אִם־טוֹב וְאִם־רָע „es sei gut, oder es sei böse“ (s. u. 2), wo וְ vor אִם unserem Komma entspricht. Von den zahlreichen Funktionen des Waw cop. als koordinierender Konjunktion seien der adversative und der erklärende Gebrauch hervorgehoben: קָרְבַּן רֵאשִׁית תַּקְרִ֫יבוּ אֹתָם . . . וְאֶל־הַמִּזְבֵּ֫חַ לֹא־יַעֲלוּ „als Erstlingsgabe mögt ihr sie darbringen . . ., aber auf den Altar dürfen sie nicht kommen“ (Lv. 2, 12), וַיִּשְׂרֹף אֶת־בֵּית־יְהוָה וְאֶת־בֵּית הַמֶּלֶךְ וְאֵת כָּל־בָּתֵּי יְרוּשָׁלַ֫ם[1] וְאֶת־כָּל־בַּיִת* גָּדוֹל שָׂרַף בָּאֵשׁ „und er verbrannte den Jahwetempel, den Königspalast und alle Häuser in Jerusalem; das heißt, er verbrannte [nur] jedes große Haus mit Feuer“ (2 R. 25, 9).

b) Logische Subordination liegt dann vor, wenn Waw cop. einen Vergleichssatz (§ 116, 1) einleitet, oder final (§ 117, 1), konsekutiv (§ 118, 1), konzessiv (§ 119, 1) und kausal (§ 120, 1) fungiert.

---

[1]) Statt tib. בֵּית; vgl. BH³ zur Stelle.

4. Als untergeordneter Hauptsatz besitzt der Umstands- oder Modalsatz synt. große Bedeutung. Häufig als Nominal-, doch auch als Verbalsatz ist er dem übergeordneten Satze teils asyndetisch, teils syndetisch durch וְ „und“ logisch subordiniert.

a) Modale Nominalsätze sind z. B. asyndetisch: וַיִּתְקָעֵם בְּלֵב אַבְשָׁלוֹם עוֹדֶנּוּ חַי „da stieß er sie (sc. die Speere) in Absaloms Herz, während er noch lebte“ (2 S. 18, 14); syndetisch: וַיֵּרָא אֵלָיו יְהוָה ... וְהוּא יֹשֵׁב פֶּתַח־הָאֹהֶל „und Jahwe erschien ihm . . ., während er im Zelteingang saß“ (Gn. 18, 1), לֹא־אֶהְיֶה חֹבֵשׁ וּבְבֵיתִי אֵין לֶחֶם וְאֵין שִׂמְלָה „ich mag nicht Wundarzt sein, während in meinem Hause weder Brot noch Mantel ist“ (Jes. 3, 7); vgl. auch § 115, 2a. 3a.

b) Modale Verbalsätze stehen anscheinend häufiger asyndetisch: וַיַּקְשׁוּ אֶת־עָרְפָּם הֵרֵעוּ מֵאֲבוֹתָם „und sie steiften ihre Nacken, wobei sie schlimmer handelten als ihre Väter“ (Jer. 7, 26); vielfach sind sie verneint und können adv. wiedergegeben werden: תְּבוֹאֵהוּ שׁוֹאָה לֹא־יֵדָע „Verderben überkomme ihn unversehens“ (Ps. 35, 8), וְהִכָּם לְפִי־חֶרֶב לֹא־יָחוּס עֲלֵיהֶם וְלֹא יַחְמֹל וְלֹא יְרַחֵם „und er wird sie schlagen mit der Schärfe des Schwertes ohne Mitleid, Schonung und Erbarmen“ (Jer. 21, 7).

C. Der abhängige Satz

§ 113. Der Subjektsatz

1. a) Innerhalb eines Satzgefüges besteht das Subjekt des regierenden Satzes zuweilen in einem logisch subordinierten Hauptsatz[1]); z. B. asyndetisch: כִּי תוֹעֲבַת מִצְרַיִם

[1]) Th. J. Meek (oben S. 90, Anm. 2), 7; HS, § 141.

נִזְבַּח לַיהוָה אֱלֹהֵינוּ „denn es ist den Ägyptern ein Greuel, daß wir Jahwe, unserem Gott, opfern“ (Ex. 8, 22), וַיְהִי מִקֵּץ אַרְבָּעִים יוֹם וְאַרְבָּעִים לָיְלָה נָתַן יְהוָה אֵלַי „da ereignete es sich nach vierzig Tagen und vierzig Nächten, daß Jahwe mir übergab“ (Dt. 9, 11); syndetisch: וַיְהִי בָּעֵת הַהִוא וַיֹּאמֶר „und zu jener Zeit geschah es, daß er sagte“ (Gn. 21, 22; zu הַהִוא für הַהִיא vgl. § 17, 2).

b) Zur Kennzeichnung der Abhängigkeit bedient man sich, wie bereits im Ugar.[1]), der ihrem ursprünglichen Wesen nach hinweisenden oder allgemein hervorhebenden[2]) Partikel כִּי sowie des Relativums אֲשֶׁר (§ 31, 3a) in der Bedeutung „daß“: וַיְהִי כִּי אָרְכוּ־לוֹ שָׁם הַיָּמִים „und es geschah, daß seine Tage dort lang wurden“ (Gn. 26, 8), מַה־בֶּצַע כִּי נַהֲרֹג אֶת־אָחִינוּ „was nützt es uns, daß wir unseren Bruder erschlagen?“ (Gn. 37, 26); טוֹב אֲשֶׁר לֹא־תִדֹּר „es ist besser, daß du nicht gelobst“ (Qoh. 5, 4). So auch וְזֶה אֲשֶׁר תַּעֲשֶׂה אֹתָהּ „und dies [ist es], wie du sie (sc. die Arche) bauen sollst“ (Gn. 6, 15), wobei es sich hier um einen Nominalsatz handelt, der aus Subjektsatz und Demonstrativum als Prädikat gebildet ist; vgl. hierzu ferner § 115, 5c.

2. Zum Inf.-Satz vgl. § 102, 4b.

§ 114. Der Objektsatz

1. Verben des Sagens, Wahrnehmens und Empfindens haben als direktes Objekt häufig Nominal- und Verbalsätze[3]) nach sich. Der Objektsatz umfaßt dementsprechend auch die abhängige Rede und Frage.

1) C. H. Gordon, Textbook, § 12, 3.
2) Vgl. oben § 91, 2d.
3) E. Kautzsch, Grammatik, § 157; Th. J. Meek (oben S. 90, Anm. 2). 7f.; HS, §§ 143. 160.

2. a) Zum Objektsatz als logisch subordiniertem Hauptsatz vgl. asyndetisch: אִמְרִי־נָא אֲחֹתִי אָתְּ „sage doch, du seist meine Schwester!“ (Gn. 12, 13; zur Nesiga vgl. § 21, 3a); syndetisch: וְשָׁמַרְתָּ וְעָשִׂיתָ „und du sollst darauf achten, daß du befolgst“ (Dt. 16, 12), wofür gleichbedeutend וְשָׁמַרְתָּ לַעֲשׂוֹת (Dt. 6, 3) stehen kann, נִחַשְׁתִּי וַיְבָרְכֵנִי יְהוָה „ich habe Anzeichen dafür, daß mich Jahwe gesegnet hat“ (Gn. 30, 27).

b) Subordination erfolgt wie beim Subjektsatz durch כִּי, אֲשֶׁר (§ 113, 1b) sowie אֶת־אֲשֶׁר „daß“: וַיַּרְא אֱלֹהִים כִּי טוֹב „und Gott sah, daß [es] gut [war]“ (Gn. 1, 10), כִּשְׁמֹעַ אִיזֶבֶל כִּי־סֻקַּל נָבוֹת „als Isebel hörte, daß Nabot gesteinigt sei“ (1 R. 21, 15); וְאַשְׁבִּיעֲךָ . . . אֲשֶׁר לֹא־תִקַּח אִשָּׁה לִבְנִי מִבְּנוֹת הַכְּנַעֲנִי „und ich will dich . . . schwören lassen, daß du für meinen Sohn keine Frau von den Kanaanäerinnen nehmest“ (Gn. 24, 3), וַיַּרְא שָׁאוּל אֲשֶׁר־הוּא מַשְׂכִּיל מְאֹד „und als Saul sah, daß er viel Erfolg hatte“ (1 S. 18, 15), אַל־תִּשְׁכַּח אֵת אֲשֶׁר־הִקְצַפְתָּ „vergiß nicht, daß du erzürnt hast“ (Dt. 9, 7), כִּי שָׁמַעְנוּ אֵת אֲשֶׁר־הוֹבִישׁ יְהוָה אֶת־מֵי יַם־סוּף לִפְנֵיכֶם „denn wir haben gehört, daß Jahwe das Wasser des Schilfmeeres vor euch ausgetrocknet hat“ (Jos. 2, 10).

3. Zuweilen wird auch die unabhängige Rede durch כִּי eingeleitet; z. B. כִּי אָמַרְתִּי פֶּן־אָמוּת עָלֶיהָ „ich sagte es, um nicht ihretwegen zu sterben“ (Gn. 26, 9). Hier liegt offenkundig keine subordinierende, sondern eine betonende Funktion der von Haus aus deiktischen Partikel כִּי vor; vgl. hierzu die Verwendung von כִּי vor betontem Verbum nach § 91, 2d. Ein solches כִּי zu Beginn der Rede sollte man unübersetzt lassen und jedenfalls nicht mit „denn“ wiedergeben.

4. a) Die abhängige oder indirekte Frage unterscheidet sich, etwa im Gegensatz zum Deutschen, weder der Wortstellung noch dem Modus nach von der direkten Frage (§ 111, 1), was in dem parataktischen Grundcharakter des hebr. Satzgefüges seine Ursache hat.

b) Sie wird durch הֲ, häufiger durch אִם „ob“ eingeleitet: לִרְאוֹת הֲקַלּוּ הַמַּיִם „um zu sehen, ob das Wasser abgenommen hätte“ (Gn. 8, 8), לְכוּ דִרְשׁוּ . . . אִם־אֶחְיֶה (מֵחֳלִיִי[1]) זֶה „geht und fragt . . ., ob ich von dieser meiner Krankheit genesen werde“ (2 R. 1, 2), וּבַקְשׁוּ . . . אִם־יֵשׁ עֹשֶׂה מִשְׁפָּט „und sucht . . ., ob es einen gibt, der Recht übt“ (Jer. 5, 1); daneben ist auch אוֹ belegt: מִי יַגִּיד לִי אוֹ מַה־יַּעַנְךָ אָבִיךָ קָשָׁה „wenn mir nur jemand meldete, ob dir dein Vater etwa hart antwortet!“ (1 S. 20, 10).

c) Die abhängige Disjunktivfrage lautet gewöhnlich הֲ . . . אִם „ob . . . oder“ (§ 111, 3a), daneben הֲ . . . הֲ, wobei im gleichen Satz Wechsel eintreten kann: וּרְאִיתֶם . . . הֶחָזָק הוּא הֲרָפֶה הַמְעַט הוּא אִם־רָב „und ihr sollt sehen, . . . ob es (sc. das Volk) stark oder schwach, klein oder groß ist“ (Nu. 13, 18), außerdem begegnet die Folge הֲ . . . אוֹ: מִי יוֹדֵעַ הֶחָכָם יִהְיֶה אוֹ סָכָל „wer weiß, ob er weise sein wird oder töricht“ (Qoh. 2, 19).

d) Schließlich kann auch die abhängige Frage rhetorisch gestellt und damit zur verstärkten Aussage werden: וּמִי יוֹדֵעַ אִם־לְעֵת כָּזֹאת הִגַּעַתְּ לַמַּלְכוּת „wer weiß, ob du nicht gerade im Hinblick auf eine Zeit wie diese zur Königsherrschaft gelangt bist?“ (Est. 4, 14).

---

[1]) So mit G gegen MT מֵחֳלִי; vgl. BH[3] zur Stelle.

§ 115. Der Attributsatz

1. Der sogenannte Relativsatz[1]) fungiert als Ergänzung zu den nominalen Teilen eines übergeordneten Satzes; man bezeichnet ihn daher synt. sachgemäßer als Attributsatz, zumal da es ohnehin ein Relativpronomen im landläufigen Sinne im Hebr. nicht gibt. Man hat sowohl attributive Nominal- als auch Verbalsätze; sie können asyndetisch gebildet oder nach § 31, 3 durch Determinative und Demonstrativa eingeleitet werden. Letztere haben lediglich die Aufgabe, den Satz als attributiv untergeordnet herauszuheben, ohne daß hierdurch seine Struktur verändert wird.

2. a) Der asyndetische Attributsatz (vgl. § 3, 2i) steht zu seinem Beziehungswort im ideellen Gen.-Verhältnis, das formal dort erkennbar ist, wo das regierende Nomen im St. cstr. steht: שְׁנוֹת רָאִינוּ רָעָה „Jahre, da wir Unheil sahen“ (Ps. 90, 15). Daher ist das Beziehungswort — allerdings nicht regelmäßig, wie im Arab.[2]) — meist indeterminiert; so auch bei häufigem St. abs.: שָׂרִים זָהָב לָהֶם „Fürsten, die Gold besaßen“ (Hi. 3, 15), בְּאֶרֶץ לֹא לָהֶם „in einem Lande, das ihnen nicht gehört“ (Gn. 15, 13), זְאֵב יִטְרָף „ein räuberischer Wolf“ (Gn. 49, 27), לְכָל־יָבוֹא „jedem, der kommt“ (Ps. 71, 18), כְּאֵלָה נֹבֶלֶת עָלֶהָ „wie ein Baum, dessen Laub dahinwelkt“ (Jes. 1, 30). Ferner bei Eigennamen (§ 96, 2a): יוֹרֵד שְׁאוֹל לֹא יַעֲלֶה „er fährt zum Hades, aus dem er nicht [wieder] heraufsteigt“ (Hi. 7, 9), und nach dem Artikel: הָעֵדֶר נִתַּן־לָךְ „die Herde, die dir gegeben wurde“ (Jer. 13, 20), אֵי־זֶה הַדֶּרֶךְ יִשְׁכָּן־אוֹר „welcher Weg [führt dorthin, wo] das Licht wohnt?“ (Hi. 38, 19).

---

[1]) E. Kautzsch, Grammatik, § 155; HS, §§ 146—158.
[2]) H. Reckendorf, Arab. Syntax, § 200.

b) Der synt. Zusammenhang zwischen dem asyndetischen Attributsatz und seinem Beziehungswort wird oft durch pronominalen Rückverweis hergestellt: אֱלֹהִים לֹא יְדָעוּם „Götter, die sie nicht gekannt hatten" (Dt. 32, 17); daneben ohne denselben: בְּדֶרֶךְ לֹא יָדָעוּ „auf einem Wege, den sie nicht kennen" (Jes. 42, 16).

c) Der Attributsatz kann von einer Präposition (§ 87, 1) abhängen: נִדְרַשְׁתִּי לְלוֹא שָׁאָלוּ „ich war zu erfragen für die, die nicht [nach mir] fragten" (Jes. 65, 1), אַחֲרֵי לֹא־יוֹעִלוּ „hinter denen, die nicht helfen" (Jer. 2, 8).

d) Der sogenannte unabhängige Relativsatz im Nom. und Akk. stellt synt. einen Subjekt- oder Objektsatz dar: תּוֹעֵבָה יִבְחַר בָּכֶם „ein Greuel, wer euch erwählt" (Jes. 41, 24), אֲמַלֵּט ... לֹא־עֹזֵר לוֹ „ich rettete ... den, der keinen Helfer hat" (Hi. 29, 12).

3. a) Der syndetische Attributsatz kann durch die Demonstrativa זֶה, זוֹ und זוּ (§ 31, 1a) eingeleitet werden: יַעֲלוּ הָרִים יֵרְדוּ בְקָעוֹת אֶל־מְקוֹם זֶה יָסַדְתָּ לָהֶם „es hoben sich Berge und senkten sich Täler bis zu dem Ort, den du ihnen bestimmtest" (Ps. 104, 8), לִוְיָתָן זֶה־יָצַרְתָּ לְשַׂחֶק־בּוֹ „Leviathan, den du gebildet hast, um mit ihm zu spielen" (ebd. V. 26), וְעֵדֹתִי זוֹ אֲלַמְּדֵם „und mein Gesetz, das ich sie lehre" (Ps. 132, 12), בְּאֹרַח־זוּ אֲהַלֵּךְ „auf dem Wege, den ich gehe" (ebd. 142, 4). Hierbei handelt es sich um dichterischen Sprachgebrauch; sprachgeschichtlich ist der im Ugar. mit *d*- beginnende Attributsatz zu vergleichen[1]).

b) Nach § 31, 3d kann auch der Artikel הַ als allgemeines und keineswegs nur an ein Nomen gebundenes Determina-

---

[1]) C. H. Gordon, Textbook, § 13, 68. 69.

tivum (§ 32, 1a) einen Attributsatz einleiten; zu den in § 31, 3d erwähnten Beispielen seien noch angeführt: וְכֹל הַהִקְדִּישׁ שְׁמוּאֵל הָרֹאֶה „und alles, was der Seher Samuel gestiftet hatte“ (1 Ch. 26, 28), תְּרוּמַת בֵּית־אֱלֹהֵינוּ הַהֵרִימוּ הַמֶּלֶךְ וְיֹעֲצָיו וְשָׂרָיו „die Weihgabe für den Tempel unseres Gottes, die der König, seine Räte und Fürsten ... gespendet hatten“ (Esr. 8, 25); so auch beim Nominalsatz: וַיָּרֶם הַטַּבָּח אֶת־הַשּׁוֹק וְהֶעָלֶיהָ „da trug der Koch die Keule und das, was an ihr war, auf“ (1 S. 9, 24).

4. a) Die gewöhnlichste Relativpartikel ist אֲשֶׁר; im Gegensatz zu der zuweilen noch vertretenen Annahme, אֲשֶׁר habe sich aus שֶׁ, שֶׁ lautgesetzlich entwickelt[1]), dürfte es wohl sicher sein, daß es sich hierbei um einen als Konjunktion gebrauchten adv. Akk. im St. cstr. handelt, der dem akkad. *ašar* „wo, wohin“ — gebildet von *ašru* „Ort“ — entspricht: *ašar būlum īkulu, ištû* „wo das Vieh aß, trank“[2]). Auf Grund seiner Herkunft — vgl. auch die hebr. Wz. אשׁר „gehen“ — und seiner Funktion liegt also in אֲשֶׁר eine Bezugspartikel vor, die mit dem ihr folgenden Satz ein ideelles Gen.-Verhältnis eingeht, ohne an sich etwas über dessen synt. Stellung auszusagen. Zur Verdeutlichung der Funktion von אֲשֶׁר umschreibt man im Deutschen etwa: „. . ., wo[von gilt]: . . .“; d. h., der nachfolgende Satz bleibt, entsprechend dem parataktischen Charakter des hebr. Satzgefüges, ein Hauptsatz, der ohne die Bezugspartikel seinem Beziehungssatz auch asyndetisch untergeordnet werden könnte.

Anders als אֲשֶׁר ist שֶׁ bzw. שֶׁ (§ 31, 3b), präfigiert gebraucht, ein Demonstrativelement, das — entsprechend dem

[1]) So neuerdings HS, § 150c; zur Diskussion vgl. die ebd., Anm. 1 angegebene Lit.

[2]) AHW, 83; vgl. ferner W. v. Soden, Akkad. Grammatik, § 114t.

akkad. Determinativum *šu* bzw. *ša*[1]) — einen Attributsatz
einführen kann.

b) Das einen Attributsatz regierende Beziehungswort ist
meist determiniert, doch begegnet auch Indetermination:
הֵ֫מָּה הַגִּבֹּרִים אֲשֶׁר . . . „das sind die Helden, die . . .‟
(Gn. 6, 4), dagegen גּוֹי אֲשֶׁר לֹא־תִשְׁמַע לְשֹׁנוֹ „ein Volk, dessen
Sprache du nicht verstehst‟ (Dt. 28, 49).

c) Der Zusammenhang im Satzgefüge wird hergestellt durch
pronominalen oder adv. Rückverweis: הַנָּבִיא אֲשֶׁר־שְׁלָחוֹ
„der Prophet, den er gesandt hatte‟ (Jer. 28, 9), אֶ֫רֶץ
הַֽחֲוִילָה אֲשֶׁר־שָׁם הַזָּהָב „das Land Hevila, wo es das Gold
gibt‟ (Gn. 2, 11); ferner beim Akk. durch proklit. אֵת, אֶת־
(§ 87, 3b): וַיֵּ֫דַע אֵת אֲשֶׁר־עָֽשָׂה־לוֹ „und er erkannte, was er
ihm getan hatte‟ (Gn. 9, 24); mit Personalkongruenz: אֲנִי
יוֹסֵף . . . אֲשֶׁר־מְכַרְתֶּם אֹתִי „ich bin Josef . . ., den ihr verkauft habt‟ (Gn. 45, 4).

Bei synt. Eindeutigkeit fehlt oft der Rückbezug: וַיָּ֫שֶׂם שָׁם
אֶת־הָֽאָדָם אֲשֶׁר יָצָר „und er setzte den Menschen darein,
den er gebildet hatte‟ (Gn. 2, 8), וְאֶל־כָּל־אֲשֶׁר תִּשְׁלָחֵ֫נוּ נֵלֵךְ
„und wohin du uns immer sendest, [dahin] wollen wir gehen‟
(Jos. 1, 16); ebenso in Sätzen wie: אֶל־הַמָּקוֹם אֲשֶׁר אָמַר
יְהוָה אֹתוֹ אֶתֵּן לָכֶם „zu dem Orte, in bezug worauf Jahwe
gesagt hat: Ihn will ich euch geben‟ (Nu. 10, 29).

5. a) Zuweilen ist das Gen.-Verhältnis, das zwischen der
Beziehungspartikel und dem übergeordneten Nomen besteht, auch formal erkennbar, wenn letzteres im St. cstr.
steht: בְּיַד אֲשֶׁר שָׂנֵאת „in die Hand dessen, den du (F.)
hassest‟ (Ez. 23, 28).

---

[1]) W. v. Soden, a. a. O., § 164a.

b) Determinativer Gebrauch von אֲשֶׁר, wie in akkad. *ša ḫuṭāri* „Szepterträger“ („der mit dem Stabe“) oder ugar. *d*- mit folgendem Nomen[1]), liegt z. B. 2 R. 10, 22 vor: וַיֹּאמֶר לַאֲשֶׁר עַל־הַמֶּלְתָּחָה „und er sprach zu dem [Aufseher] über die Kleiderkammer“.

c) Mit אֲשֶׁר als Determinativ eingeleitete Subjekt- oder Objektsätze, die man weithin fälschlich als unabhängige Relativsätze bezeichnet[2]), sind z. B.: וַיֵּרַע בְּעֵינֵי יְהוָה אֲשֶׁר עָשָׂה „und Jahwe mißfiel, was er getan hatte“ (Gn. 38, 10), רַבִּים אֲשֶׁר־מֵתוּ בְּאַבְנֵי הַבָּרָד מֵאֲשֶׁר הָרְגוּ בְּנֵי יִשְׂרָאֵל „derer, die an den Hagelkörnern starben, waren zahlreicher als die, die die Israeliten töteten“ (Jos. 10, 11); אַגִּידָה לָכֶם אֵת אֲשֶׁר־יִקְרָא אֶתְכֶם „ich will euch künden, was euch begegnen wird“ (Gn. 49, 1), so auch ohne Kennzeichnung des Akk.: הֲרֵעֹתֶם אֲשֶׁר עֲשִׂיתֶם „ihr habt übel gehandelt [in dem], was ihr getan habt“ bzw. „ihr habt daran übel getan“ (Gn. 44, 5).

§ 116. Der Vergleichssatz

1. Entsprechend dem parataktischen Grundcharakter des hebr. Satzgefüges können auch Komparativsätze[3]) wie alle anderen noch zu besprechenden adv. Nebensätze asyndetisch und syndetisch gebildet werden. Zur Asyndesis vgl. קֹרֵא דָגַר וְלֹא יָלָד עֹשֶׂה עֹשֶׁר וְלֹא בְמִשְׁפָּט „wie ein Rebhuhn, das brütet, was es nicht gelegt, ist, wer Reichtum sammelt auf unrechte Weise“ (Jer. 17, 11). Häufiger sind durch Waw cop. (§ 112, 2b) eingeleitete Komparativsätze: כִּי־אָדָם לְעָמָל יוּלָּד וּבְנֵי־רֶשֶׁף יַגְבִּיהוּ עוּף „denn wie die Fun-

[1]) AHW, 362; C. H. Gordon, Textbook, § 13, 71.
[2]) Zur Kritik an der herkömmlichen Auffassung vgl. D. Michel, Tempora und Satzstellung, 194f.
[3]) E. Kautzsch, Grammatik, § 161.

ken in die Höhe fliegen, so ist der Mensch zur Mühsal geboren", wörtlich: „denn der Mensch ist zur Mühsal geboren, und hoch fliegen die Funken" (Hi. 5, 7); umgekehrt kann Waw vor dem Hauptsatz stehen: מַצְרֵף לַכֶּסֶף וְכוּר לַזָּהָב וּבֹחֵן לִבּוֹת יְהוָה „wie der Tiegel für das Silber und der Schmelzofen für das Gold, so ist Jahwe ein Prüfer der Herzen" (Prv. 17, 3).

2. In der Regel erfolgt Subordination durch die zusammengesetzte Konjunktion כַּאֲשֶׁר „wie"[1]), oft mit כֵּן „so" im nachfolgenden Hauptsatz: כַּאֲשֶׁר עָשָׂה כֵּן יֵעָשֶׂה לוֹ „wie er getan hat, so soll ihm getan werden" (Lv. 24, 19); daneben steht die einfache Bezugspartikel אֲשֶׁר: . . . וּמָלְאוּ בָתֶּיךָ אֲשֶׁר לֹא־רָאוּ אֲבֹתֶיךָ „und deine Häuser werden angefüllt sein . . ., wie [es] deine Väter nicht gesehen haben" (Ex. 10, 6), während anderseits die Konjunktion auch wegfallen kann: בָּגְדָה אִשָּׁה מֵרֵעָהּ כֵּן בְּגַדְתֶּם בִּי „wie eine Frau ihren Liebhaber betrügt, so seid ihr mir untreu geworden" (Jer. 3, 20). Einmal findet sich die mit dem St. cstr. von *עֻמָּה „Verbindung" zusammengesetzte Konjunktion כָּל־[2]) עֻמַּת: כָּל־עֻמַּת שֶׁבָּא כֵּן יֵלֵךְ „gerade wie einer gekommen ist, so geht er wieder dahin" (Qoh. 5, 15).

§ 117. Der Finalsatz

1. Wie im Ugar.[3]), so kann auch im Hebr. der Finalsatz[4]) asyndetisch oder durch Waw cop. dem Hauptsatz angereiht

---

[1]) Die gleiche Konjunktion kann auch temporal fungieren; vgl. § 121, 2b.

[2]) Die mas. Form ist umstritten (BH[3]), doch hat sie eine Entsprechung in Jer. 3, 8 (§ 120, 2a).

[3]) C. H. Gordon, Textbook, § 13, 67.

[4]) E. Kautzsch, Grammatik, § 166.

werden. Von den wenigen Fällen von Asyndesis[1]) in MT ist
als sicher ausgewiesen anzuführen: אַשְׁרֵי | תִּבְחַר וּתְקָרֵב יִשְׁכֹּן
חֲצֵרֶיךָ „wohl dem, den du erwählst und nahen läßt, daß er in
deinen Vorhöfen wohne!" (Ps. 65, 5). Öfter begegnet Syndesis; z. B.: הָבִיאוּ אֶת־אֲחִיכֶם הַקָּטֹן אֵלַי וְאֵדְעָה „bringt
mir euren jüngsten Bruder, damit ich erkenne" (Gn. 42, 34),
שִׁבְרוּ־לָנוּ . . . וְנִחְיֶה וְלֹא נָמוּת „kauft für uns ein . . ., daß
wir leben und nicht sterben" (Gn. 42, 2), בֹּא אֵלֶיהָ וְתֵלֵד
„wohne ihr bei, daß sie gebäre" (Gn. 30, 3).

2. a) Als finale Konjunktionen werden gebraucht: לְמַ֫עַן:
לְמַ֫עַן יִיטַב־לִי בַעֲבוּרֵךְ „daß es mir um deinetwillen wohl-
gehe" (Gn. 12, 13); לְמַ֫עַן אֲשֶׁר: לְמַעַן אֲשֶׁר־תֵּדְעוּ אֶת־הַדֶּ֫רֶךְ
אֲשֶׁר תֵּלְכוּ־בָהּ „damit ihr wißt, welchen Weg ihr gehen
sollt" (Jos. 3, 4); בַּעֲבוּר: בַּעֲבוּר תְּבָרֶכְךָ נַפְשִׁי „damit ich
dich segne" (Gn. 27, 4); בַּעֲבוּר אֲשֶׁר: בַּעֲבֻר אֲשֶׁר יְבָרֶכְךָ
לִפְנֵי מוֹתוֹ „damit er dich vor seinem Tode segne" (ebd.
V. 10). Daneben steht finales אֲשֶׁר z. B. Dt. 4, 10: וְאַשְׁמִעֵם
אֶת־דְּבָרַי אֲשֶׁר יִלְמְדוּן „und ich lasse sie meine Worte
hören, damit sie lernen", oder, wie mittelhebr.[2]), שֶׁ: שֶׁיִּרְאוּ
„daß man sich fürchte" (Qoh. 3, 14).

b) Negierte Finalsätze werden in der Regel durch פֶּן „daß
nicht" eingeleitet: וְלֹא תִגְּעוּ בּוֹ פֶּן־תְּמֻתוּן „und nicht sollt
ihr ihn berühren, damit ihr nicht sterbt" (Gn. 3, 3).
Ferner begegnen אֲשֶׁר לֹא: אֲשֶׁר לֹא יִשְׁמְעוּ אִישׁ שְׂפַת רֵעֵהוּ
„daß keiner die Sprache des anderen verstehe" (Gn. 11, 7),
und עַל־דִּבְרַת שֶׁלֹּא: עַל־דִּבְרַת שֶׁלֹּא יִמְצָא „daß nicht":

---

[1]) Vgl. hierzu E. König, Lehrgebäude der hebr. Sprache II 2
(Leipzig 1897), § 396g.
[2]) K. Albrecht, Neuhebr. Grammatik, § 25; M. H. Segal,
Mishnaic Hebrew, § 515.

„daß er nicht finde“ (Qoh. 7, 14); zu letzterem vgl. die mittelhebr. Bildung: עַל־מְנָת שֶׁיְּלַקּוֹט בְּנוֹ „unter der Bedingung, daß sein Sohn sammelt“ (Pe'a 5, 6).

c) לְבִלְתִּי „um nicht“ steht gewöhnlich vor Inf.: לְבִלְתִּי אֲכָל־ „nicht zu essen“ (Gn. 3, 11); daneben begegnet es auch vor Imperf.: לְבִלְתִּי תֶחֱטָאוּ „damit ihr nicht sündigt“ (Ex. 20, 20).

d) Zu אַל „nicht“ beim Proh. vgl. § 100, 4d.

3. Zu häufig final gebrauchtem Inf. s. § 102, 4a.

§ 118. Der Konsekutivsatz

1. Auch bei der Wiedergabe der logischen Abfolge[1]) kann Asyndesis herrschen: כִּי־לֹא־אִישׁ כָּמֹנִי אֶעֱנֶנּוּ נָבוֹא יַחְדָּו בַּמִּשְׁפָּט „denn er ist nicht ein Mensch wie ich, so daß ich ihm erwidern könnte und wir zusammen vor Gericht gingen“ (Hi. 9, 32). Öfter begegnet Syndesis in verschiedenen Formen; so kann der Folgesatz mit Waw cop. und Jussiv sowohl fragend als auch verneinend gebildet werden: מִי חָכָם וְיָבֵן אֵלֶּה „wer ist so weise, daß er dies verstände?“ (Hos. 14, 10), לֹא אִישׁ אֵל וִיכַזֵּב וּבֶן־אָדָם וְיִתְנֶחָם „Gott ist kein Mann, daß er lüge, und kein Mensch, daß er bereue“ (Nu. 23, 19); daneben begegnet, sehr altertümlich, Perf. cons. nach einem Part. (§ 104, 3a): מַכֵּה אִישׁ וָמֵת „wenn einer jemanden derart schlägt, daß er stirbt“ (Ex. 21, 12). Zum Imperf. cons. im Folgesatz vgl. וַיְהִי אִישׁ מַצְלִיחַ וַיְהִי בְּבֵית אֲדֹנָיו הַמִּצְרִי „und er war ein erfolgreicher Mann, so daß er im Hause seines ägyptischen Herrn bleiben konnte“ (Gn. 39, 2).

2. Als Konjunktion dient כִּי: מַה־פִּשְׁעִי ... כִּי דָלַקְתָּ אַחֲרָי „was ist mein Verschulden ..., daß du mir so hitzig

---

[1]) E. Kautzsch, Grammatik, § 166; HS, Reg. s. v. Folgesatz.

nachgesetzt hast?" (Gn. 31, 36), מַה־הוּא כִּי תַלִּינוּ[1] עָלָיו „was ist er, daß ihr wider ihn murrt?" (Nu. 16, 11); ferner אֲשֶׁר, z. B.: נָתַתִּי לְךָ לֵב חָכָם וְנָבוֹן אֲשֶׁר כָּמוֹךָ לֹא־הָיָה לְפָנֶיךָ וְאַחֲרֶיךָ לֹא־יָקוּם כָּמוֹךָ „ich habe dir ein [so] verständiges und einsichtiges Herz gegeben, daß vor dir nicht deinesgleichen gewesen ist und nach dir nicht deinesgleichen aufsteht" (1 R. 3, 12). Zu אֲשֶׁר לֹא „so daß nicht" vgl. עַם־רָב אֲשֶׁר לֹא־יִמָּנֶה „ein Volk so groß, daß es nicht zu zählen ist" (1 R. 3, 8).

3. Wenn es sich um eine negative Folge handelt, kann anstelle des Konsekutivsatzes auch die Präposition מִן „von" (§ 87, 3) im Sinne der Ausschließung vor einem Inf. oder einem Nomen stehen[2]): הֲתִשְׁכַּח אִשָּׁה עוּלָהּ מֵרַחֵם בֶּן־בִּטְנָהּ „vergißt etwa eine Frau ihr kleines Kind, so daß sie sich nicht des Sohnes ihres Leibes erbarmt?" (Jes. 49, 15), יֵחַת אֶפְרַיִם מֵעָם „und Ephraim wird zertrümmert werden, so daß es kein Volk mehr ist" (ebd. 7, 8).

§ 119. Der Konzessivsatz

1. Konzessive Bedeutung[3]) haben zuweilen Sätze, die dem regierenden Satz mit Waw cop. syndetisch zugeordnet sind: מַה־תִּתֶּן־לִי וְאָנֹכִי הוֹלֵךְ עֲרִירִי „was willst du mir geben, wo ich doch kinderlos dahingehe?" (Gn. 15, 2). Asyndesis beim Konzessivsatz ist meines Wissens in MT nicht belegt.

2. a) Einräumend wird כִּי „selbst wenn" gebraucht: כִּי הֶהָרִים יָמוּשׁוּ . . . וְחַסְדִּי מֵאִתֵּךְ לֹא־יָמוּשׁ „selbst wenn die

---

[1]) So nach dem Qere.
[2]) E. Kautzsch, Grammatik, § 119y; HS, § 111g.
[3]) E. Kautzsch, Grammatik, § 160; HS, § 167.

Berge wanken ..., soll meine Gnade nicht von dir weichen" (Jes. 54, 10), oder אִם „obwohl, wenngleich" mit Perf.: אִם־צָדַקְתִּי לֹא אֶעֱנֶה „wenngleich ich recht hätte, dürfte ich nicht antworten" (Hi. 9, 15), häufiger mit Imperf.: אִם־יִתֶּן־לִי בָלָק מְלֹא בֵיתוֹ ... לֹא אוּכַל לַעֲבֹר „wenngleich mir Balak die Fülle seines Hauses gäbe ..., könnte ich nicht übertreten" (Nu. 22, 18). Verstärkend steht גַּם כִּי „wenn auch": גַּם כִּי־תַרְבּוּ תְפִלָּה אֵינֶנִּי שֹׁמֵעַ „wenn ihr auch noch soviel betet, höre ich nicht" (Jes. 1, 15), neben גַּם; so z. B.: גַּם־אֵלֶּה תִשְׁכַּחְנָה וְאָנֹכִי לֹא אֶשְׁכָּחֵךְ „und wenn auch diese vergessen, so will ich dich doch nicht vergessen" (Jes. 49, 15); schließlich ist עַל belegt: עַל לֹא־חָמָס בְּכַפָּי „obwohl kein Frevel an meinen Händen ist" (Hi. 16,17), עַל לֹא־חָמָס עָשָׂה „obgleich er keine Gewalttat verübt hat" (Jes. 53, 9).

b) Zum Inf. vgl. § 102, 3.

§ 120. Der Kausalsatz

1. Der Begründungssatz[1]), bei dem das Verbum finitum in der Regel im Perf. steht, kann asyndetisch gebildet werden: וְנִכְרְתָה הַנֶּפֶשׁ הַהִוא ... אֶת־בְּרִיתִי הֵפַר „und der Betreffende (§ 31, 4b) soll ausgerottet werden ..., da er meinen Bund gebrochen hat" (Gn. 17, 14), oder mit Waw cop.: עַתָּה יָדַעְתִּי כִּי־יְרֵא אֱלֹהִים אַתָּה וְלֹא חָשַׂכְתָּ אֶת־בִּנְךָ אֶת־יְחִידְךָ מִמֶּנִּי „jetzt weiß ich, daß du gottesfürchtig bist, weil du mir deinen einzigen Sohn nicht vorenthalten hast" (Gn. 22, 12).

2. a) Kausale Konjunktionen sind כִּי, wozu ugar. *k-* zu vergleichen ist[2]), und אֲשֶׁר „weil": כִּי עָשִׂיתָ זֹּאת אָרוּר אַתָּה

[1]) E. Kautzsch, Grammatik, § 158; HS, Reg. s. v. Begründung.
[2]) C. H. Gordon, Textbook, § 13, 63.

„weil du dies getan hast, sollst du verflucht sein“ (Gn. 3, 14), נָתַן אֱלֹהִים שְׂכָרִי אֲשֶׁר־נָתַתִּי שִׁפְחָתִי לְאִישִׁי „Gott hat mir meinen Lohn gegeben, weil ich meinem Manne meine Magd gegeben habe“ (Gn. 30, 18). Hierzu kommen die beiden adv. Akkusative יַ֫עַן „aus [dem] Anlaß“ und עֵ֫קֶב „infolge“ sowie עַל „[des]wegen, [weil]“, die den Kausalsatz auch formal subordinieren: יַ֫עַן לֹא־הֶאֱמַנְתֶּם בִּי „weil ihr mir nicht vertraut habt“ (Nu. 20, 12), עֵ֫קֶב הָיְתָה רוּחַ אַחֶרֶת עִמּוֹ „darum, daß ein anderer Geist in ihm war“ (Nu. 14, 24), עַל לֹא־שָׁמְרוּ תוֹרָתֶךָ „weil man dein Gesetz nicht hält“ (Ps. 119, 136); zu letzterem vgl. auch עַל־בְּלִי: עַל־בְּלִי הִגִּיד לוֹ „weil er ihn nicht merken ließ“ (Gn. 31, 20), neben מִבְּלִי „auf Grund [dessen], daß nicht“: מִבְּלִי הִשְׁאִיר־לוֹ כֹּל „weil ihm [sonst] nichts übriggeblieben ist“ (Dt. 28, 55).

Häufig sind die folgenden Zusammensetzungen, die von dem Bestreben zeugen, das Kausalverhältnis besonders hervortreten zu lassen: יַ֫עַן כִּי: יַ֫עַן כִּי־מְאַסְתֶּם אֶת־יְהוָה „weil ihr verachtet habt“ (Nu. 11, 20), עַל כִּי: עַל כִּי־עָשׂוּ „weil sie getan hatten“ (Jdc. 3, 12), תַּחַת כִּי: תַּ֫חַת כִּי־שָׂנְאוּ דָ֫עַת „weil sie die Erkenntnis haßten“ (Prv. 1, 29), כִּי־עַל־כֵּן wörtlich „deshalb“: כִּי־עַל־כֵּן עֲבַרְתֶּם עַל־עַבְדְּכֶם „da ihr nun einmal bei eurem Knecht vorbeigekommen seid“ (Gn. 18, 5); בַּאֲשֶׁר: בַּאֲשֶׁר אַתְּ־אִשְׁתּוֹ „weil du seine Frau bist“ (Gn. 39, 9), מֵאֲשֶׁר: מֵאֲשֶׁר יָקַ֫רְתָּ בְעֵינַי „weil du in meinen Augen teuer bist“ (Jes. 43, 3), יַ֫עַן אֲשֶׁר: יַ֫עַן אֲשֶׁר עָשִׂ֫יתָ אֶת־הַדָּבָר הַזֶּה „weil du das getan hast“ (Gn. 22, 16), עַל אֲשֶׁר: עַל אֲשֶׁר הֵמִית אֶת־עֲשָׂהאֵל אֲחִיהֶם „weil er ihren Bruder Asahel getötet hatte“ (2 S. 3, 30), תַּחַת אֲשֶׁר: תַּ֫חַת אֲשֶׁר יָֽקְרָה נַפְשִׁי

בְּעֵינֶיךָ הַיּוֹם הַזֶּה „weil dir mein Leben am heutigen Tage teuer gewesen ist“ (1 S. 26, 21), עַל־כָּל־אֹדוֹת אֲשֶׁר „gerade weil“ (Jer. 3, 8), עַל־דְּבַר אֲשֶׁר „auf Grund dessen, daß“ (Dt. 23, 5); עֵקֶב אֲשֶׁר: עֵקֶב אֲשֶׁר עָשָׂה אֶת־הַדָּבָר הַזֶּה „weil er solches getan hat (2 S. 12, 6), עֵקֶב כִּי: עֵקֶב כִּי בְזִתָנִי „weil du mich verachtet hast“ (ebd. V. 10).

b) Zum Inf. s. § 102, 3.

§ 121. Der Temporalsatz

1. Im temporalen Satzgefüge unterscheidet man zwischen Gleichzeitigkeit und Vorzeitigkeit. Im ersten Falle beschreibt der Temporalsatz[1]) einen laufenden Vorgang oder einen Zustand, dem die Schilderung im regierenden Satz parallel läuft, im zweiten dagegen gibt er einen abgeschlossenen Vorgang oder einen Zustand wieder, die dem im Hauptsatz Berichteten zeitlich vorangehen und damit dessen Voraussetzung bilden. Infolge des parataktischen Charakters des hebr. Satzgefüges ist die jeweilige Zeitstufe des Temporalsatzes prinzipiell nur aus dem Zusammenhang zu erschließen. Gemildert wird, wie bei den Kausalsätzen, der schwebende Charakter der Aussage dadurch, daß bei Einführung des Temporalsatzes an sich allgemeine Partikeln wie כִּי oder אֲשֶׁר durch Präpositionen näher bestimmt oder Zeitsätze durch Adverbien wie עוֹד „noch“ oder טֶרֶם „noch nicht“ der Zeitstufe nach fixiert werden. Nachzeitige Temporalsätze, die mitunter auch finalen Charakter haben, werden nicht parataktisch gebildet, sondern durch עַד „bis“ subordiniert.

2. a) Bei Gleichzeitigkeit können Zeitsätze asyndetisch gebildet werden: כָּל־אִישׁ זֹבֵחַ זֶבַח וּבָא נַעַר הַכֹּהֵן „so oft

[1]) E. Kautzsch, Grammatik, § 164; HS, Reg. s. v. Zeitsatz.

jemand ein Opfer schlachtete, kam der Diener des Priesters" (1 S. 2, 13), in der Regel jedoch beginnen sie mit Waw cop.: וְאַבְרָהָם זָקֵן בָּא בַּיָּמִים וַיהוָה בֵּרַךְ אֶת־אַבְרָהָם בַּכֹּל „als Abraham alt und hochbetagt war, hatte ihn Jahwe in allem gesegnet" (Gn. 24, 1); zur zeitlichen Fixierung eines Nominalsatzes durch עוֹד „noch" vgl. עוֹד זֶה מְדַבֵּר וְזֶה בָּא „als der eine noch redete, kam [bereits] der andere" (Hi. 1, 16f.).

b) Bei Vorzeitigkeit begegnet Imperf. cons.: וַתֵּרֶא לֵאָה כִּי עָמְדָה מִלֶּדֶת וַתִּקַּח אֶת־זִלְפָּה שִׁפְחָתָהּ „nachdem Lea gesehen hatte, daß sie nicht mehr gebar, nahm sie Silpa, ihre Leibmagd" (Gn. 30, 9), oder Nominalsatz mit Part. Pass.: הִוא מוּצֵאת וְהִיא שָׁלְחָה „als man sie hinausgeführt hatte, schickte sie ..." (Gn. 38, 25; doch vgl. anderseits § 104, 2d); ferner Syndesis zweier Perf.-Sätze: וְהוּא יָצָא וַעֲבָדָיו בָּאוּ „und als er hinausgegangen war, kamen seine Diener" (Jdc. 3, 24), so auch Perf. cons.: וְהָיָה כְשִׁבְתּוֹ עַל כִּסֵּא מַמְלַכְתּוֹ וְכָתַב לוֹ „und wenn er sich auf seinen königlichen Thron gesetzt hat, dann soll er sich schreiben lassen" (Dt. 17, 18).

c) Zu adv. טֶרֶם „noch nicht, bevor" vgl. טֶרֶם יִשְׁכָּבוּ וְאַנְשֵׁי הָעִיר ... נָסַבּוּ עַל־הַבַּיִת „[doch] bevor sie sich schlafen legten, hatten die Männer der Stadt ... das Haus umringt" (Gn. 19, 4), טֶרֶם אֶעֱנֶה אֲנִי שֹׁגֵג „bevor ich gedemütigt wurde, ging ich irre" (Ps. 119, 67).

3. a) Im subordinierten Temporalsatz zeigt Perf. in der Regel die Vorzeitigkeit, Imperf. die Gleich-, zuweilen auch Nachzeitigkeit an.

b) Einfache Konjunktionen sind כִּי, dem ugar. *k*- in gleicher Funktion entspricht[1]), אֲשֶׁר und אִם in der Bedeutung

---

[1]) C. H. Gordon, Textbook, § 13, 80.

„als“ oder „dann, wenn“ sowie עַד „bis“; ferner אַחַר und אַחֲרֵי „nachdem“: וַיְהִי כִּי־הֵחֵל הָאָדָם לָרֹב עַל־פְּנֵי הָאֲדָמָה „als aber die Menschen begonnen hatten, sich auf der Erde zu mehren“ (Gn. 6, 1), כִּי־אֶרְאֶה שָׁמֶיךָ „so oft ich deinen Himmel sehe“ (Ps. 8, 4); וְנָתַתָּ כוֹס־פַּרְעֹה בְּיָדוֹ כַּמִּשְׁפָּט הָרִאשׁוֹן אֲשֶׁר הָיִיתָ מַשְׁקֵהוּ „dann wirst du dem Pharao den Becher überreichen ganz so, wie früher, als du sein Mundschenk warst“ (Gn. 40, 13); אִם־כָּלָה בָצִיר „dann, wenn die Weinlese beendet ist“ (Jes. 24, 13), אִם רָחַץ אֲדֹנָי אֵת צֹאַת בְּנוֹת־צִיּוֹן וְאֶת־דְּמֵי יְרוּשָׁלִַם יָדִיחַ מִקִּרְבָּהּ „dann, wenn der Herr den Schmutz der Jerusalemerinnen abgewaschen und Jerusalems Blutschuld aus seiner Mitte hinweggespült hat“ (Jes. 4, 4), אִם־כֹּה יֹאמַר נְקֻדִּים יִהְיֶה שְׂכָרֶךָ וְיָלְדוּ כָל־הַצֹּאן נְקֻדִּים „so oft er sprach: Die Gesprenkelten sollen dein Lohn sein!, warf die ganze Herde Gesprenkelte“ (Gn. 31, 8); עַד־שָׁבוּ הָרֹדְפִים „bis die Verfolger zurückkehrten“ (Jos. 2, 22), שְׁבִי אַלְמָנָה בֵית־אָבִיךְ עַד־יִגְדַּל שֵׁלָה בְנִי „bleibe als Witwe im Hause deines Vaters, bis mein Sohn Sela heranwächst“ (Gn. 38, 11); וַיְהִי אַחַר דִּבֶּר יְהוָה ... וַיֹּאמֶר „und nachdem Jahwe ... gesprochen hatte, sagte er“ (Hi. 42, 7), וַיְהִי אַחֲרֵי הֵסַבּוּ אֹתוֹ וַתְּהִי יַד־יְהוָה בָּעִיר מְהוּמָה גְּדוֹלָה מְאֹד „aber nachdem man sie (die Lade) hingebracht hatte, kam die Hand Jahwes unter sehr großer Bestürzung in die Stadt“ (1 S. 5, 9); וּכְמוֹ הַשַּׁחַר עָלָה וַיָּאִיצוּ ... בְּלוֹט „als die Morgenröte heraufzog, trieben sie ... Lot zur Eile an“ (Gn. 19, 15).

Zur Verdeutlichung der Zeitstufe werden Zusammensetzungen gebildet: אַחֲרֵי אֲשֶׁר, אַחַר־אֲשֶׁר „nachdem, als“,

כַּאֲשֶׁר „als, solange", עַד־אֲשֶׁר, עַד־שֶׁ „bis, bis daß", עַד־אִם, עַד־אֲשֶׁר־אִם und עַד־כִּי „bis daß, solange als, solange bis", עַד־בִּלְתִּי „solange, bis nicht mehr". An Beispielen seien erwähnt: בְּאַרְבַּע עֶשְׂרֵה שָׁנָה אַחַר אֲשֶׁר הֻכְּתָה הָעִיר „im 14. Jahre, nachdem die Stadt eingenommen worden war" (Ez. 40,1), וַיְהִי מִקְצֵה שְׁלֹשֶׁת יָמִים אַחֲרֵי אֲשֶׁר־כָּרְתוּ לָהֶם בְּרִית „aber drei Tage, nachdem sie mit ihnen einen Bund geschlossen hatten" (Jos. 9, 16); וַיֹּאמֶר יַעֲקֹב כַּאֲשֶׁר רָאָם מַחֲנֵה אֱלֹהִים זֶה „Jakob sprach, als er sie (sc. die Engel) sah: Dies ist das Heerlager Gottes" (Gn. 32, 3); וְהָיָה כַּאֲשֶׁר יָרִים מֹשֶׁה יָדָיו[1]) וְגָבַר יִשְׂרָאֵל „solange Mose seine Hände hochhielt, war Israel überlegen" (Ex. 17, 11); עַד אֲשֶׁר־תָּשׁוּב חֲמַת אָחִיךָ „bis sich der Zorn deines Bruders legt" (Gn. 27, 44), עַד אֲשֶׁר לֹא־יָבֹאוּ יְמֵי הָרָעָה „ehe die Tage des Übels kommen" (Qoh. 12, 1), עַד שַׁקַּמְתִּי דְּבוֹרָה „bis du, Debora, aufstandest" (Jdc. 5, 7), גַּם לִגְמַלֶּיךָ אֶשְׁאָב עַד אִם־כִּלּוּ לִשְׁתֹּת „auch deinen Kamelen will ich [Wasser] schöpfen, bis sie genug getrunken haben" (Gn. 24,19), כִּי לֹא אֶעֱזָבְךָ עַד אֲשֶׁר אִם־עָשִׂיתִי אֵת אֲשֶׁר־דִּבַּרְתִּי לָךְ „denn ich werde dich nicht verlassen, bis ich das getan habe, was ich dir versprochen habe" (Gn. 28,15), עַד כִּי־גָדַל מְאֹד „bis daß er überaus reich war" (Gn. 26, 13).

c) Erwähnt seien schließlich בְּטֶרֶם „bevor" vor Perf. und Imperf. sowie עַד בִּלְתִּי „bis daß nicht" bzw. „solange", בְּעוֹד „während", מֵעוֹד „seit", die in Nominalsätzen, teilweise in der kürzesten Form der Gen.-Verbindung begegnen: בְּטֶרֶם הָרִים יֻלָּדוּ „bevor die Berge geboren wurden" (Ps.

1) Vgl. BH^3 zur Stelle.

90, 2), בְּטֶרֶם תָּבוֹא שְׁנַת הָרָעָב „bevor das Hungerjahr kommt“ (Gn. 41, 50); עַד־בִּלְתִּי שָׁמַיִם „solange der Himmel besteht“, wörtlich: „bis daß nicht [mehr] die Himmel [sind]“ (Hi. 14, 12), wobei zu בִּלְתִּי möglicherweise ugar. *blt* „nicht“ zu vergleichen ist[1]); בְּעוֹדֶנּוּ חַי „während er noch lebte“ (Gn. 25, 6), מֵעוֹדִי „seitdem ich bin“ (Gn. 48, 15).

3. Zum Inf. als verkürztem Zeitansatz vgl. § 102, 3.

§ 122. Der Konditionalsatz

1. a) Der Bedingungssatz[2]) hat zum Teil altertümliche Formen. Vorder- und Nachsatz können asyndetisch oder syndetisch nebeneinanderstehen; daneben fungieren konditionale Konjunktionen. Bei einfacher Parataxe, wie sie auch im Ugar. belegt ist[3]), können Zeitstufe der Periode sowie gegenseitiges Zeitverhältnis von Vorder- und Hauptsatz nur dem Zusammenhang entnommen werden; ähnlich verhält es sich dort, wo Konjunktionen den Bedingungssatz einleiten. Realität oder Irrealität einer Bedingung sind bei Parataxe ebenfalls nur aus dem Kontext zu erkennen, dagegen wird bei Subordination auch formal zwischen realen und irrealen Konjunktionen unterschieden. Die Vielfalt der Möglichkeiten, Bedingungssätze zu bilden, dürfte ursprünglicher sein als die künstliche Normierung in der arab. Syntax[4]).

b) Der Nachsatz eines konditionalen Gefüges kann asyndetisch stehen oder durch Waw cop., das sogenannte Waw

---

1) Siehe C. J. Labuschagne, Ugaritic BLT and BILTÎ in Is. X 4. VT 14 (1964), 97—99. — Nach mas. Auffassung kann עַד בִּלְתִּי auch mit dem Perf. konstruiert werden; doch vgl. z. B. BHS zu Jos. 8, 22.

2) GVG II, § 423; E. Kautzsch, Grammatik, § 159; HS, §§ 164—172; D. Michel, Tempora und Satzstellung, § 30.

3) C. H. Gordon, Textbook, § 13, 79.

4) Vgl. hierzu H. Reckendorf, Arab. Syntax, §§ 254—264.

apodosis bzw. Nachsatz-Waw, eingeleitet werden, das als Satztrenner in Form eines phonetischen Satzzeichens nach § 112, 3a nicht zu übersetzen ist; desgleichen kann er durch Waw cons., כִּי „so“ und אָז „dann“ eingeleitet werden.

2. a) Der Vordersatz einer konditionalen Periode ist zuweilen ein Nominalsatz: וְיֵשׁ תְּנָה אֶת־יָדְךָ „und wenn es [so] ist, so gib deine Hand“ (2 R. 10,15); יוֹלֵד חָכָם [1]וְיִשְׂמַח־ בּוֹ „wenn jemand einen Weisen zeugt, so kann er sich seiner freuen“ (Prv. 23, 24).

b) Zu Imperf. im Vorder- und Nachsatz vgl. תְּשַׁלַּח רוּחֲךָ יִבָּרֵאוּן „wenn du deinen Geist sendest, werden sie erschaffen“ (Ps. 104, 30), עַתָּה יָבֹא [2]דְבָרְךָ מַה־יִּהְיֶה מִשְׁפַּט־ הַנַּעַר וּמַעֲשֵׂהוּ „wenn nun dein Wort eintrifft, wie soll man es dann mit dem Knaben halten und was wird er [einst] ausrichten?“ (Jdc. 13, 12). Ohne Bedeutungsunterschied steht Juss. im Vordersatz: תֹּסֵף רוּחָם יִגְוָעוּן „wenn du ihren Geist einziehst, verscheiden sie“ (Ps. 104, 29), oder beide Male Juss.: תָּשֶׁת־חֹשֶׁךְ וִיהִי לָיְלָה „machst du Finsternis, wird es Nacht“ (ebd. V. 20). Auf Koh. können Perf. oder Imperf. cons. folgen: אַגִּידָה וַאֲדַבֵּרָה עָצְמוּ מִסַּפֵּר „wenn ich [sie] verkünden und [davon] reden wollte, so sind sie nicht aufzuzählen“ (Ps. 40, 6), אָקוּמָה וַיְדַבְּרוּ־בִי „will ich aufstehen, reden sie über mich“ (Hi. 19, 18). Der konditionale Imp. begegnet Am. 5, 4: דִּרְשׁוּנִי וִחְיוּ „sucht ihr mich, so werdet ihr leben“.

c) Auf konditionales Perf. folgen Perf., Imperf., Imperf. cons. oder auch ein Nominalsatz: מָצָא אִשָּׁה מָצָא טוֹב „hat man eine Frau gefunden, hat man Gutes gefunden“ (Prv.

---

[1]) So nach dem Ketib.

[2]) So für MT דבריך; vgl. BHS zur Stelle.

18, 22), בְּחָנַנִי כַּזָּהָב אֵצֵא „prüft er mich, gehe ich [daraus] wie Gold hervor" (Hi. 23, 10), so auch mit rhetorischer Frage im Nachsatz: אַרְיֵה שָׁאָג מִי לֹא יִירָא „wenn der Löwe brüllt, wer fürchtet sich da nicht" (Am. 3, 8), בָּא־זָדוֹן וַיָּבֹא קָלוֹן „wenn Übermut kommt, kommt auch Schande" (Prv. 11, 2), עֵינָיו פָּקַח וְאֵינֶנּוּ „öffnet er die Augen, so ist er nicht mehr da" (Hi. 27, 19).

d) Zum Perf. cons. im Vordersatz vgl. וְרָאֲךָ וְשָׂמַח בְּלִבּוֹ „und wenn er dich sieht, wird er sich von Herzen freuen" (Ex. 4, 14), וְנִרְאֲתָה הַקֶּשֶׁת בֶּעָנָן וְזָכַרְתִּי אֶת־בְּרִיתִי „und wenn der Bogen in den Wolken erscheint, dann werde ich meines Bundes gedenken" (Gn. 9, 14f.), וּפָקַדְתָּ נָוְךָ וְלֹא תֶחֱטָא „und wenn du deine Flur musterst, so vermißt du nichts" (Hi. 5, 24).

e) Zuweilen wird auch der Inf. konditional gebraucht: בְּהַעֲוֺתוֹ וְהֹכַחְתִּיו „wenn er sich verfehlt, werde ich ihn züchtigen" (2 S. 7, 14).

3. a) Zum Ausdruck formaler Subordination wird der reale Bedingungssatz durch folgende Konjunktionen mit der Bedeutung „wenn, falls, gesetzt den Fall, daß" eingeleitet: אִם, כִּי, הִנֵּה und junges aramaisierendes הֵן. Bei allen handelt es sich primär um deiktische Partikeln, die nicht die Bedingung als solche anzeigen, sondern lediglich — wie auch in anderen Fällen — den Bedingungssatz hervorheben sollen, ohne etwas über sein Wesen anzusagen. Im Ugar. ist der hinweisende Charakter dieser Bindewörter noch deutlich zu erkennen; so lautet die Entsprechung für אִם und wohl auch הִנֵּה, הֵן hier *hm*, dem wiederum akkad. *šumma* „wenn, gesetzt den Fall, daß" entspricht, während כִּי in konditionalem *k-* seinen Vorgänger hat[1]). Die Verneinung erfolgt durch אִם לֹא „wenn nicht".

b) Der konditionale Nominalsatz lautet: אִם־טוֹב בְּעֵינֶיךָ „wenn es gut ist in deinen Augen“ (Jer. 40, 4), וְאִם־אֵין לוֹ בַּת „und wenn er keine Tochter hat“ (Nu. 27, 9); כִּי־אֵינְךָ יוֹצֵא „gesetzt den Fall, du gehst nicht hinaus“ (2 S. 19, 8); הִנֵּה אֲנַחְנוּ בָאִים בָּאָרֶץ ... תִּקְשְׁרִי „wenn wir in das Land kommen, ... sollst du binden“ (Jos. 2, 18).

c) Auf Imperf. im Vordersatz können folgen Imperf.: אִם־יַחְתְּרוּ בִשְׁאוֹל מִשָּׁם יָדִי תִקָּחֵם „und wenn sie in die Unterwelt eindringen, soll meine Hand sie von dort holen“ (Am. 9, 2), אִם־תְּבַקְשֶׁנָּה כַכָּסֶף . . . אָז תָּבִין יִרְאַת יְהוָה „wenn du nach ihr (der Weisheit) trachtest wie nach Silber, dann weißt du um Furcht vor Jahwe“ (Prv. 2, 4f.), כִּי יִגְנֹב־אִישׁ . . . ., יְשַׁלֵּם „gesetzt, daß jemand stiehlt . . . ., so soll er erstatten“ (Ex. 21, 37), הֵן יַעֲבֹר עָלַי וְלֹא אֶרְאֶה „geht er an mir vorüber, sehe ich [ihn] nicht“ (Hi. 9, 11); Juss.: כִּי תַעֲבֹד אֶת־הָאֲדָמָה לֹא־תֹסֵף תֵּת־כֹּחָהּ לָךְ „wenn du das Land bearbeitest, soll es dir nicht mehr seinen Ertrag spenden“ (Gn. 4, 12); Koh.: אִם־תַּעֲשֶׂה־לִּי הַדָּבָר הַזֶּה אָשׁוּבָה אֶרְעֶה „wenn du mir diese Sache tust, will ich wieder weiden“ (Gn. 30, 31); Perf.: וְאִם־לֹא תַעֲשׂוּן כֵּן הִנֵּה חֲטָאתֶם „wenn ihr aber nicht so handelt, so verschuldet ihr euch“ (Nu. 32, 23); Perf. cons.: אִם־אִישׁ יָבוֹא וּשְׁאֵלֵךְ ... וְאָמַרְתְּ „wenn jemand kommen und dich fragen sollte . . ., dann sprich“ (Jdc. 4, 20). Zu altem Fin. in Form des Koh. vgl. אִם־אֲדַבְּרָה לֹא־יֵחָשֵׂךְ כְּאֵבִי „mag ich reden, so wird mein Schmerz doch nicht gelindert“ (Hi. 16, 6). Zu elliptischem Vordersatz vgl. וְאִם־לֹא . . . כִּי מְרַגְּלִים אַתֶּם „wenn aber nicht, . . . seid ihr Spione“ (Gn. 42, 16), וְאִם־אַיִן

[1]) Vgl. C. H. Gordon, Textbook, §§ 13, 78; 12, 3.

מְחֵנִי נָא מִסִּפְרְךָ „wenn aber nicht, so streiche mich aus deinem Buche!" (Ex. 32, 32).

d) Auf nur teilweise die Vorzeitigkeit andeutendes Perf. kann ein Nominalsatz folgen: אִם־מָצָ֫אתָ וְיֵשׁ אַחֲרִית „hast du [die Weisheit] gefunden, dann gibt es eine Zukunft' (Prv. 24, 14); des weiteren kann ein verbaler Nachsatz im Imperf., Imperf. cons., Juss., Imp. sowie Perf. und Perf. cons. stehen: אִם־בָּנֶ֫יךָ חָטְאוּ־לוֹ וַיְשַׁלְּחֵם בְּיַד־פִּשְׁעָם „wenn deine Söhne sich gegen ihn versündigt hatten, lieferte er sie wegen ihrer Übertretung [dem Tode] aus" (Hi. 8, 4), אִם־נָא מָצָ֫אתִי חֵן בְּעֵינֶ֫יךָ אַל־נָא תַעֲבֹר מֵעַל עַבְדֶּ֫ךָ „wenn ich Gnade gefunden habe vor deinen Augen, so gehe doch nicht an deinem Sklaven vorüber!" (Gn. 18, 3), הַגֵּד אִם־יָדַ֫עְתָּ בִינָה „sag an, wenn du Weisheit besitzt" (Hi. 38, 4), אִם־חָכַ֫מְתָּ חָכַ֫מְתָּ לָּ֑ךְ „wenn du weise bist, bist du weise für dich" (Prv. 9, 12), וְהִנֵּה רָאִ֫יתָ וּמַדּוּעַ לֹא־הִכִּיתוֹ שָׁם אָ֑רְצָה „wenn du [ihn] gesehen hast, warum hast du ihn nicht auf der Stelle zu Boden geschlagen?" (2 S. 18, 11), zum Perf. cons.: כִּי־אָמַ֫רְתִּי . . . וְחִתַּתַּ֫נִי „wenn ich sprach . . ., dann schrecktest du mich" (Hi. 7, 13 f.).

e) Hingewiesen sei schließlich noch auf das korrelative Konditionalgefüge in juristischen Texten, in denen כִּי die Hauptbedingung einführt und אִם für die Untergliederung verwendet wird: כִּי תִקְנֶה עֶ֫בֶד עִבְרִי שֵׁשׁ שָׁנִים יַעֲבֹד וּבַשְּׁבִעֵת יֵצֵא לַחָפְשִׁי חִנָּם׃ אִם־בְּגַפּוֹ יָבֹא בְּגַפּוֹ יֵצֵא אִם־בַּ֫עַל אִשָּׁה הוּא וְיָצְאָה אִשְׁתּוֹ עִמּוֹ „wenn du einen Vertragssklaven[1]) kaufst,

---

[1]) So für mißverständliches „einen hebr. Sklaven", da es sich hierbei um einen Vertragssklaven mit befristetem Arbeitsverhältnis handelt.

so soll er sechs Jahre dienen und im siebenten Jahre ohne Entgelt ausziehen; ist er allein gekommen, soll er allein ausziehen, ist er verheiratet, soll seine Frau mit ihm ausziehen" (Ex. 21, 2f.).

4. a) Der irreale Bedingungssatz wird in der Regel durch die alte Wunschpartikel לוּ „wenn (doch)", zu der akkad. *lū* „sei es"[1]) zu vergleichen ist, eingeleitet; daneben begegnet auch אִם. Die Negation lautet לוּלֵי „wenn nicht" neben jungem und mittelhebr. vorherrschendem אִלּוּ „wenn", אִלּוּ לֹא „wenn nicht".

b) Im irrealen Vordersatz, der das Gegenteil eines vorhandenen Tatbestandes annimmt, steht meist nominales Prädikat oder Perf.: לוּ יֶשׁ־חֶרֶב בְּיָדִי כִּי עַתָּה הֲרַגְתִּיךְ „wenn ich ein Schwert zur Hand hätte, würde ich dich jetzt erschlagen" (Nu. 22, 29), לוּלֵי יְהוָה . . . הוֹתִיר לָנוּ שָׂרִיד . . . כִּסְדֹם הָיִינוּ „wenn uns nicht Jahwe . . . einen Rest gelassen hätte, . . . wären wir wie Sodom gewesen" (Jes. 1, 9), לוּ חָכְמוּ יַשְׂכִּילוּ זֹאת „wären sie klug, würden sie das begreifen" (Dt. 32, 29); daneben begegnet auch Imperf.: לוּלֵי . . . אָגוּר „wenn ich nicht . . . fürchtete" (Dt. 32, 27).

c) Zu irrealem Gebrauch von אִם vgl. z. B. אִם־יוּכַל אִישׁ לִמְנוֹת אֶת־עֲפַר הָאָרֶץ גַּם־זַרְעֲךָ יִמָּנֶה „wenn man den Staub der Erde zählen könnte, ließe sich auch deine Nachkommenschaft zählen" (Gn. 13, 16), אִם־הִתְרָחַצְתִּי [2])בְמֵי־שָׁלֶג . . . אָז [3])בְּסֹחִי* תִּטְבְּלֵנִי „wenn ich mich in Wasser von Seifenkraut wüsche . . ., würdest du mich doch in Unrat tauchen" (Hi. 9, 30f.).

---

[1]) Vgl. AHW, 558f.

[2]) So mit dem Qere; vgl. BH³ zur Stelle.

[3]) So für den Textfehler בַּשַּׁחַת „in die Grube"; vgl. BH³.

d) Die beiden Belege für אִלּוּ in MT lauten: וְאִלּוּ חָיָה אֶלֶף שָׁנִים פַּעֲמַיִם וְטוֹבָה לֹא רָאָה „und wenn er zweitausend Jahre lebte und nichts Gutes sähe“ (Qoh. 6, 6), וְאִלּוּ לַעֲבָדִים וְלִשְׁפָחוֹת נִמְכַּרְנוּ הֶחֱרַשְׁתִּי „und wenn wir [nur] als Sklaven und Sklavinnen verkauft würden, dann wollte ich schweigen“ (Est. 7, 4).

5. a) Soweit Wunschsätze[1]) nicht als rhetorische Fragen (§ 112, 4d) gebildet oder durch Wunschpartikeln wie אַחֲלַי bzw. אַחֲלֵי (Ps. 119, 5; 2 R. 5, 3) oder אָבִי (Hi. 34, 36) mit der Bedeutung „ach daß doch“ eingeleitet werden, begegnen sie in der Mehrzahl der Fälle als Konditionalsätze, die mit אִם „wenn“, לוּ „wenn doch“ beginnen. Zu אִם mit Imperf. vgl. אִם־תִּשְׁמַע־לִי „wolltest du doch auf mich hören!“ (Ps. 81, 9). Nach לוּ begegnen sicher belegt Imperf.: לוּ יִשְׁמָעֵאל יִחְיֶה „o wenn doch Ismael am Leben bliebe!“ (Gn. 17, 18), und Perf.: לוּ־מַתְנוּ „o wären wir doch gestorben!“ (Nu. 14, 2).

b) Schwur- und Beteuerungssätze[2]) gehören ebenfalls zu den Konditionalsätzen, da sie die Bedingung angeben, unter der eine Verwünschung oder Selbstverfluchung gegebenenfalls eintreten soll. Sie setzen mit אִם „wahrlich nicht“ und אִם־לֹא „wahrlich“ ein, wobei in der Regel der Nachsatz, der die Verfluchung enthält, weggelassen wird: אִם־אֶעֱשֶׂה אֶת־הַדָּבָר הַזֶּה „nimmermehr will ich dieses tun!“ (2 S. 11, 11), אִם־לֹא אֲשִׁיתְךָ מִדְבָּר „wahrlich, ich mache dich zur Steppe“ (Jer. 22, 6); neben אִם begegnet auch, wie im normalen Bedingungssatz, כִּי: כִּי־שְׁלֹמֹה בְנֵךְ יִמְלֹךְ אַחֲרַי „fürwahr, dein Sohn Salomo wird nach mir König sein!“ (1 R. 1, 30). Zur vollständigen Periode vgl. כֹּה יַעֲשֶׂה־לִּי אֱלֹהִים

---

[1]) E. Kautzsch, Grammatik, § 151; HS, s. v. Wunschsatz.
[2]) Ebd., § 149; HS, s. v. Affirmation, Schwur.

וְכֹה יֹסִיף[1] לִי* אִם־לִפְנֵי בוֹא־הַשֶּׁמֶשׁ אֶטְעַם־לֶחֶם „Gott tue mir dies und das alles, wenn ich vor Sonnenuntergang Brot anrühre!" (2 S. 3, 35).

c) In der Bedeutung „damit nicht" steht אִם schließlich in Sätzen, die ein Beschwören oder eine eindringliche Bitte enthalten: הִשְׁבַּעְתִּי אֶתְכֶם בְּנוֹת יְרוּשָׁלַםִ ... אִם־תָּעִירוּ וְאִם־תְּעוֹרְרוּ אֶת־הָאַהֲבָה עַד שֶׁתֶּחְפָּץ „ich beschwöre euch, ihr Töchter Jerusalems, ... weckt nicht und erregt nicht die Liebe, bevor es ihr gefällt" (Cant. 2, 7).

[1]) Vgl. BH^3 zur Stelle.

Hebräische Grammatik

IV
Register

Inhaltsverzeichnis

Die Register hat dankenswerterweise meine Mitarbeiterin Dr. Jutta Körner angefertigt.

Stellenregister

Biblia Hebraica

(Die römischen Zahlen verweisen auf den Band, die arabischen Ziffern geben die Seiten an; im Sachregister weist das Zeichen → auf den Hauptbegriff oder auf sachverwandte Themen hin.)

Genesis
1, 1: I, 69. 72f.; III, 73
1, 1—2, 4a: II, 93
1, 2: I, 72; II 45. 181
1, 3: III, 47
1, 4: I, 97; II, 124
1, 5: I, 91. 97; II, 93; III, 51. 80
1, 6: III, 69
1, 7: I, 72. 97
1, 10: III, 94
1, 11: I, 72; III, 75
1, 14: III, 20
1, 18: I, 112
1, 29: III, 74
1, 31: II, 93
2, 4: III, 58
2, 4b: III, 74
2, 5: II, 124. 129. 174; III, 8. 43
2, 7: II, 139
2, 8: III, 99
2, 10: II, 9. 67
2, 11: III, 99
2, 12: I, 76. 112
2, 16: III, 43
2, 17: III, 14
2, 19: III, 43
2, 22: II, 102; III, 80
2, 23: II, 117. 121; III, 10
2, 24: III, 53
2, 25: III, 37
3, 2: II, 137; III, 30
3, 3: III, 102
3, 4: II, 137
3, 5: III, 67
3, 6: III, 67
3, 8: II, 156
3, 11: III, 87. 103
3, 13: III, 10. 14. 89
3, 14: I, 68; III, 106
3, 16: I, 91; II, 59. 162 Anm. 1
3, 18: II, 116
3, 19: II, 55; III, 9
3, 22: III, 37. 51. 60
3, 23: I, 106; II, 117
3, 24: III, 33
4, 2: II, 140; III, 35
4, 5: II, 158
4, 8: II, 102
4, 9: III, 87
4, 12: III, 114
4, 14: III, 55. 69
4, 15: III, 59. 61. 74
4, 16: II, 164
4, 19: III, 85
4, 22: I, 96
4, 23: II, 114
4, 25: I, 75
4, 26: III, 22
5, 2: I, 94
5, 10: III, 38
5, 29: II, 59
6, 1: I, 69; II, 147; III, 109
6, 4: II, 148; III, 16. 99
6, 7: III, 51
6, 9: I, 76; II, 122
6, 10: III, 37
6, 12: I, 75
6, 13: III, 74
6, 15: III, 93
6, 16: I, 69; II, 149
6, 17: III, 69
6, 19: II, 19
7, 9: II, 91
7, 11: I, 76

42, 11: III, 37
42, 16: III, 114
42, 18: III, 48
42, 19: II, 64
42, 24: II, 146
42, 25: II, 69; III, 75
42, 29: III, 66. 68
42, 34: III, 102
42, 36: II, 121
43, 1: III, 8
43, 7: II, 131
43, 16: II, 132
43, 17: III, 31
43, 21: II, 113
43, 23: III, 9
43, 26: I, 68
43, 34: II, 158
44, 4: III, 53
44, 5: III, 100
44, 16: I, 107. 115; III, 89
44, 18: III, 7
44, 19f.: III, 88
44, 29: II, 133
44, 33: II, 158
45, 1: II, 140
45, 4: III, 99
45, 11: I, 99; II, 152
45, 12: III, 35
45, 19: II, 161
45, 25: III, 33
45, 28: II, 101
46, 2: I, 78
47, 9: I, 103; III, 31
47, 11: II, 141
47, 13: II, 158
47, 15: II, 144
47, 22: III, 54
48, 1: III, 22
48, 4: III, 34
48, 6: III, 20
48, 9: II, 169
48, 11: III, 75
48, 15: III, 111
49, 1: II, 129; III, 100
49, 11: I, 95; II, 51. 70. 80
49, 17: II, 64
49, 22: II, 80. 160
49, 27: III, 96
49, 28: III, 38
49, 31: III, 22
50, 20: II, 160
50, 24: II, 112; III, 69
50, 26: I, 80

Exodus
1, 20: III, 20
1, 22: II, 117
2, 1: III, 44
2, 7: I, 78
2, 18: I, 76
2, 23: III, 12
3, 2: II, 117
3, 3: III, 48
3, 10: II, 133
3, 19: II, 142
4, 11: II, 149
4, 14: III, 113
4, 19: I, 116
4, 23: III, 35
5, 14: II, 67
6, 14: III, 30
6, 25: II, 80
7, 27: I, 114
8, 10: II, 131
8, 22: III, 93
9, 5: III, 42
10, 6: III, 101
10, 7: III, 20
10, 24: II, 142
11, 2: II, 120
12, 5: III, 34
12, 21: II, 114
12, 31: I, 68
13, 3: III, 63
13, 7: III, 77
14, 3: II, 152
15, 1: III, 43
15, 2: I, 106; II, 67
15, 11: III, 7
15, 27: II, 71
16, 6: III, 9
16, 8: II, 14
16, 20: II, 144
17, 5: II, 17; III, 33
17, 7: III, 88
17, 11: III, 110
18, 14: II, 178; III, 16
18, 23: II, 115
19, 1: II, 176
19, 12: III, 63
19, 13: II, 140
19, 18: II, 63
19, 24: III, 82
20, 2ff.: I, 74
20, 3: III, 30
20, 5: I, 102; III, 32
20, 12: II, 101
20, 15: III, 48
20, 20: III, 103
20, 24: III, 48
21, 2ff.: I, 12; III, 116
21, 4: III, 21
21, 8: II, 167
21, 12: III, 69. 103
21, 28: III, 74
21, 37: III, 114
22, 4: II, 124
22, 16: II, 131 Anm. 2
22, 19: II, 130
23, 22: II, 148
24, 13: III, 35
27, 16: III, 12

Ezechiel
1, 17: II, 90
2, 2: I, 107
2, 5: II, 128
4, 14: II, 156
6, 3: II, 71
7, 22: II, 147
8, 6: II, 14
9, 2: II, 162
9, 6: II, 147
9, 8: II, 167
10, 2: III, 68
12, 22: II, 128
13, 17: II, 54
13, 18: II, 11
13, 19: II, 120
14, 3: II, 118
14, 19: II, 116
15, 3: II, 117
16, 4: II, 67. 121. 130. 132
16, 5: II, 106
16, 13: II, 139
16, 34: III, 83
16, 53: II, 57
17, 23: I, 109
20, 43: II, 152
21, 15: II, 160
21, 21: II, 127
21, 29: II, 168
23, 4f. 36. 44: III, 9
23, 28: III, 99
23, 44: II, 81
23, 47: II, 155
23, 49: III, 21
24, 10: II, 162
26, 16: II, 112
28, 16: I, 94; II, 155. 168
31, 3: II, 147
31, 5: II, 128
31, 7: I, 106
32, 11: III, 75
32, 20: II, 114
32, 22: III, 18
33, 12: II, 118
33, 30: II, 85
35, 10: III, 11
36, 8: II, 63
37, 1: III, 7
38, 23: II, 122
40, 1: II, 92; III, 110
40, 3: II, 165
40, 16: II, 57
41, 7: II, 147
41, 9: II, 153
41, 22: III, 8
42, 6: I, 76
42, 14: II, 50
43, 6: II, 178
43, 16: II, 90
45, 12: II, 89
47, 5: II, 71

Hosea
1, 6: III, 82
4, 13: II, 131
6, 9: II, 68
8, 12: II, 88
11, 4: II, 137
12, 12: I, 101; II, 70
13, 13: I, 105
13, 14: II, 56
14, 10: III, 16. 103

Joel
1, 2: II, 173
1, 10: II, 126
1, 20: III, 20
2, 5: II, 129
4, 11: II, 130
4, 21: II, 163

Amos
3, 8: III, 113
3, 11: II, 146
4, 3: II, 105
4, 11: II, 107
5, 2: III, 50. 58
5, 4: III, 112
5, 15: II, 144
5, 24: II, 146
7, 2: II, 13
7, 5: II, 13
7, 14: III, 33
9, 1: II, 128
9, 2: III, 114
9, 7: III, 87
9, 9: II, 151

Obadja
5: II, 161
9: II, 219
10: III, 33

Jona
1, 7: II, 13
1, 8: II, 15
1, 9: I, 12
4, 11: II, 88; III, 87

Micha
2, 3: III, 78
2, 12: II, 137
3, 5: III, 54
4, 8: II, 164
4, 13: II, 147
6, 16: I, 114
7, 4: III, 37
7, 10: II, 158; III, 36

Nahum
1, 3: III, 13
1, 4: II, 140
2, 4: II, 56

2, 5: II, 152
2, 8: II, 64
3, 7: II, 121
3, 11: II, 129

Habakuk
1, 13: II, 132
2, 20: II, 145
3, 2: II, 171

Zephanja
2, 6: I, 101

Haggai
1, 1: III, 32
1, 2: II, 161
1, 6: I, 114
2, 1: II, 94

Sacharja
1, 8: III, 29
1, 10: II, 122
1, 13: III, 35
7, 5: I, 114
8, 14: II, 145
9, 4: II, 53
9, 9: III, 18
11, 14: II, 80
11, 16: II, 126; III, 13
14, 2: III, 19
14, 12: II, 146

Maleachi
1, 2: II, 137
1, 11: III, 84
1, 14: II, 125; III, 8

Psalmen
1, 3: I, 78
2, 7: I, 104; II, 115
2, 9: III, 34
3, 1: III, 30
3, 3: II, 50
3, 5: III, 21
5, 3: I, 100
5, 12: III, 66
6, 5: II, 120
8, 4: III, 109
10, 11: III, 12
10, 12: II, 135
11, 2: II, 100. 140
12, 4: II, 102. 124
15, 3: I, 70
17, 3: II, 145
17, 10: II, 54
18, 26: I, 108
18, 31: I, 58. 96; II, 66
18, 33: II, 22. 68. 168; III, 46. 66. 68
18, 34: I, 94
18, 39: II, 113. 135
18, 40: II, 70
18, 41: II, 22. 105
18, 46: I, 58
18, 48: I, 98
19, 2: III, 7
19, 15: II, 55
21, 11: II, 54
22, 9: II, 145
22, 22: I, 94
22, 32: III, 67
24, 4: III, 34
25, 20: II, 114
26, 4: III, 80
28, 7: I, 106. 117; II, 65f. 112
28, 9: II, 10. 69
29, 3: I, 97; II, 124
29, 6: II, 181
29, 9: II, 17
30, 1: II, 82
30, 2: II, 133
30, 4: I, 94; II, 178
30, 7: II, 71
30, 8: I, 118; II, 10. 56. 124
30, 12: II, 105. 120
30, 13: II, 144. 165
31, 2: II, 177
31, 6: II, 159
31, 7: II, 71
31, 9: I, 97. 105
31, 20: II, 177
31, 24: II, 66f. 129
31, 25: II, 112. 114
32, 6: II, 56. 82
32, 7: II, 22. 134
32, 8: I, 110; II 139
32, 9: II, 175
32, 10: I, 94. 96
32, 11: II, 66. 133
35, 8: III, 92
35, 15: II, 145
35, 17: I, 94
35, 19: II, 155; III, 35
35, 20: I, 110; II, 62. 120
35, 25: II, 136
35, 26: II, 112
35, 27: I, 105; II, 112
35, 28: II, 22
36, 6: I, 94
37, 5: II, 145
37, 28: I, 97. 117; II, 128
38, 3: I, 109
38, 11: II, 126
38, 13: II, 119
38, 17: II, 151
38, 21: II, 167
39, 2: II, 113
40, 6: III, 112
40, 7: I, 94
42, 10: II, 136

Hiob
1, 1: III, 51
1, 8: III, 86
1, 14: III, 18. 69
1, 16f.: III, 108
1, 21: I, 94; II, 154
2, 3: II, 172
3, 3: III, 43
3, 6: II, 158
3, 15: III, 96
3, 26: II, 157
4, 2: II, 44
4, 17: II, 112
5, 7: III, 101
5, 16: I, 100
5, 24: III, 113
6, 12: III, 88 Anm. 1
6, 16: II, 122
7, 3: II, 134; III, 83
7, 9: III, 96
7, 13f.: III, 115
7, 14: II, 166
8, 4: III, 115
8, 8: II, 90
8, 9: III, 8
9, 11: III, 114
9, 15: III, 105
9, 16: II, 137
9, 30: II, 147
9, 30f.: III, 116
9, 32: III, 103
10, 7: III, 58
10, 11: I, 76
12, 5: II, 77
13, 13: II, 16
13, 21: II, 130
13, 24: III, 66
14, 12: III, 111
14, 14: III, 87
14, 17: III, 45
15, 30: II, 140
15, 31: II, 71
15, 32: II, 126
16, 5: II, 168
16, 6: III, 114
16, 10: II, 156
16, 17: III, 105
18, 4: II, 118
18, 16: II, 144
18, 17: II, 178
19, 2: II, 171
19, 12: II, 144
19, 18: III, 112
19, 25: III, 66
20, 4: III, 87
20, 10: II, 152; III, 21
20, 26: II, 158
20, 28: II, 157
21, 4: III, 14
21, 18: I, 107
22, 21: II, 124
23, 10: III, 113
23, 11: II, 162
23, 15: II, 118
24, 10: III, 78
27, 19: III, 113
27, 21: II, 142
28, 16: II, 161
29, 12: III, 97
30, 14: II, 146
30, 15: II, 130
30, 19: II, 141
31, 10: II, 100
31, 18: II, 165; III, 81
31, 22: II, 33
31, 27: II, 158
32, 7: III, 21
32, 8: III, 9
32, 11: II, 137
32, 13: II, 134
32, 22: III, 82
33, 13: II, 150
34, 25: II, 60
34, 36: III, 117
35, 11: II, 137
37, 5: II, 173
38, 4: III, 115
38, 7: II, 145
38, 19: III, 96
40, 2: III, 64
40, 24: I, 107; II, 134
41, 17: II, 25
42, 3: II, 129
42, 7: III, 109

Proverbia
1, 3: III, 62
1, 20: II, 39
1, 22: II, 137
1, 28: II, 171
1, 29: III, 106
2, 4f.: III, 114
2, 10: I, 109
3, 8: II, 67
3, 12: II, 137
4, 8: II, 127
4, 12: II, 144
4, 24: II, 130
5, 1: III, 26
5, 4: II, 81
5, 7: II, 181; III, 26
5, 20: III, 26
5, 22: II, 166
6, 24: III, 34
7, 25: II, 158
7, 26: III, 68
8, 17: II, 137
8, 28: II, 71
9, 5: III, 33
9, 12: III, 115
9, 13: II, 16
11, 2: III, 113
12, 1: I, 77. 87
14, 11: III, 21

15, 16: III, 7
15, 27: III, 75
16, 10: II, 131
17, 3: III, 101
17, 4: II, 137
17, 22: II, 140
18, 22: III, 112f.
21, 8: I, 98
22, 24: III, 80
22, 27: III, 60
23, 3: II, 161
23, 24: III, 112
24, 14: III, 115
24, 17: I, 95; II, 119
25, 2: II, 125
25, 5: III, 28
25, 27: III, 62
26, 21: II, 146
27, 11: II, 132
28, 22: I, 118
30, 4: II, 143
30, 13: II, 14
30, 23: II, 78

Ruth
1, 4: II, 91
1, 13: II, 177 Anm. 1
1, 19: II, 172
2, 1: II, 140
2, 3: III, 32
2, 7: III, 53
2, 9: I, 106
3, 4: II, 101. 157
3, 9: III, 89
4, 1: II, 16
4, 6: II, 131

Canticum
1, 1: III, 32
2, 7: III, 118
3, 2: I, 101
3, 11: II, 164
7, 2: II, 72
7, 3: II, 67

Qoheleth
1, 4: III, 67
1, 7: III, 56
1, 9: II, 16
2, 12: II, 14
2, 19: III, 95
3, 14: III, 102
3, 17: III, 28
4, 2: III, 64f.
4, 3: III, 73
4, 15: II, 18
5, 4: III, 93
5, 11: II, 139
5, 15: III, 101
6, 2: III, 16
6, 6: III, 117
7, 7: II, 146
7, 14: III, 103
7, 16: I, 108
7, 21: II, 61
7, 26: II, 155; III, 28
7, 28: II, 120
8, 1: II, 19
9, 4: III, 15
10, 17: II, 56
11, 9: II, 58
12, 1: III, 110
12, 4: III, 33
12, 5: I, 114
12, 6: II, 146

Threni
1, 11: II, 35
2, 17: I, 105
3, 28: II, 144
3, 52: III, 66
3, 58: II, 151
4, 17: II, 174

Esther
1, 1: III, 45
1, 20: III, 20
3, 8: II, 17
3, 13: III, 64f.
4, 14: III, 95
6, 8: III, 80
7, 4: III, 117
8, 8: II, 129
8, 15: III, 29
8, 17: II, 141
9, 1: II, 129; III, 64ff.
9, 27: II, 148

Daniel
2, 4—7, 28: I, 11
3, 21: II, 127
8, 3: II, 68
8, 7: II, 146
8, 13: II, 16
8, 22: I, 113
9, 2: II, 155
9, 13: III, 72
9, 26: III, 38
10, 1: II, 149
11, 20: II, 63
11, 23: II, 123
11, 37: II, 122
12, 2: II, 178
12, 13: II, 83

Esra
1, 3: II, 101. 157
2, 62: II, 130
2, 64: II, 88
3, 9: II, 132
4, 7: II, 127
4, 8—6, 18: I, 11
4, 15: II, 81
7, 6: II, 109

Texte aus Qumran

Neues Testament

Matthäus
28, 1: II, 93

Johannes
5, 2: I, 11

Apokalypse Johannis
9, 11: I, 11; II, 37

Mischna, babyl. und pal. Talmud

Berakot
1, 1: III, 56
pal. 2, 1. 4: I, 62
6, 3: I, 52
9, 3: III, 57
babyl. 13b. 16b: I, 62

Pe'a
1, 1: III, 56
5, 6: III, 103

Šebi'it
2, 6: III, 56

Šeqalim
6, 2: III, 56

Joma
5, 5: II, 127

Megilla
Tos. 2, 6: I, 11
pal. 71b: I, 11

Yebamot
16, 6: III, 56

Nedarim
11, 7: III, 56

Giṭṭin
9, 8: I, 11

Soṭa
7, 2: I, 12

Baba batra
8, 7: III, 57

Sanhedrin
3, 4: III, 73
babyl. 21b: I, 41

'Eduyot
8, 3: III, 56

'Aboda zara
1, 3: III, 73
4, 1: III, 73

'Abot
1, 1: III, 56
2, 4: III, 56. 85
2, 6: III, 56
2, 8: III, 56
3, 16: III, 56f.

Yadayim
4, 5: I, 11. 39

Sonstiges

Lachis-Ostraka
3, 9: II, 67
6, 12: II, 67

Josephus, Antiquitates
11, 159: I, 11
18, 228: I, 11

Sachregister

Akkusativ d. Stoffes: III, 75. 79
— d. Zustandes: III, 82
—, doppelter: III, 80. 84
Akkusativobjekt: II, 165; III, 24. 58f. 61f. 69—71. 75. 77. 82f.
Akkusativpartikel, -zeichen: I, 30. 75; II, 7. 14. 178; III, 61. 71. 73
Akkusativsuffix: I, 21. 30. 89; II, 106. 167f.; III, 61
akrophonisch: I, 37
Aktivum: I, 20; II, 111. 125
Akzent: I, 35. 69. 71f. 75. 88. 113. 128; II, 118. 132. 136. 150
—, exspiratotischer: I, 88
—, musikalischer: I, 88
→ Trennungsakzent
→ Verbindungsakzent
Akzentbindung: I, 89
Akzenteinheit: I, 22. 66. 74f. 86. 90
Akzentfestlegung: I, 90
Akzentlage: II, 124
Akzentsetzung, Akzentuierung: I, 34. 88
Akzentsetzung, doppelte: I, 74; III, 48
Akzentsystem: I, 73f. 78
Akzentzeichen: I, 71
Alalach: II, 153
Alef metatheticum: I, 51
Alef prostheticum: I, 51. 60; II, 16. 177
Alef protheticum: I, 117; II, 15. 32. 59. 85f. 108f.
Aleppo, Kodex von: I, 35f.
Allgemeinbegriff: III, 25. 27
Alphabet, kanaanäisches: I, 48
—, phönikisches: I, 36
—, ugaritisches: I, 41
Alphabet-Texte: I, 18. 23
altägyptisch: I, 37
altakkadisch: II, 90
altarabisch: II, 33
altaramäisch: I, 29. 43. 50. 110; II, 8; III, 71
altassyrisch: II, 90; III, 71
altbyblisch: I, 95; II, 47. 154. 156
althebräisch: I, 11f. 27. 32. 39; II, 106; III, 44. 46. 57. 61
altjüdisch: I, 40
altkanaanäisch: I, 26. 96f. 99. 101—103. 108. 117; II, 7. 15. 17. 30. 34. 43f. 47. 52. 68f. 71f. 79. 81. 85. 87. 90. 96f. 99—102. 104. 106. 111. 123. 133. 149. 156f. 160. 164f. 178—180; III, 40. 43f. 84
altnordwestsemitisch: I, 23
altphönikisch: II, 80. 142. 178
altsemitisch: I, 21. 25; II, 39. 47. 97. 115; III, 25. 41. 49
altsyrisch: I, 23
Altwestsemiten: I, 13
altwestsemitisch: I, 14. 19. 22. 24; II, 8. 18. 94; III, 26. 33. 41. 43
alveolar: I, 116
Amarna-Glossen: II, 96
Amarna-Korrespondenz: I, 23—25. 29; II, 94
ammonitisch: I, 25
amurritisch: I, 14. 19. 23f.; II, 148
Analogie: II, 33. 68
Analogiebildung: I, 19. 108; II, 8. 11. 20. 45. 50. 72. 80. 115. 155
—, falsche: II, 115
Analogiewirkung: II, 124
Analogiezwang: II, 110
Antepänultima: I, 90

Antwort, bejahend: II, 173; III, 86f.
—, verneinend: III, 87
apikoalveolar: I, 85
apodiktisch: III, 48
apokryph: I, 11
Appellativum: II, 40; III, 28
Apposition, appositionell: I, 21; III, 12. 24. 27. 34f. 37—39. 62f. 75
arabisch: I, 14f. 19. 22. 29. 32. 46. 59—61. 66. 79. 83. 86. 88. 100. 102. 105f. 108—113. 115—117. 119f.; II, 8. 11f. 14—17. 20—29. 31—33. 38f. 41—44. 47—49. 51. 63—72. 74. 80—83. 85—88. 90. 93. 98. 100. 126. 163. 182; III, 15. 18. 20. 23f. 32. 38. 42. 53. 61. 82. 96. 111
aramäisch: I, 11. 15. 19. 21. 23. 25. 30—32. 39—41. 43. 49—51. 62f. 82f. 92f. 96. 101f. 105. 109. 111. 113f.; II, 14. 17. 24f. 27. 33. 36f. 39. 42. 49f. 55f. 77f. 88. 90. 103. 127. 172f. 178; III, 47. 51. 55. 82
Aramaismus, aramaisierend: II, 25. 28. 30. 33. 37f. 72. 83. 85. 87. 104. 121. 123. 144. 146f.; III, 113
archaisch: I, 83. 100; II, 94; III, 25. 32
archaisierend: II, 50; III, 26. 46. 71
Artikel: I, 21. 68. 77. 94. 109. 115; II, 12—14. 16—19. 49f. 80. 90. 176. 178; III, 25. 27f. 30. 36. 39. 66. 68. 96f.
—, unbestimmter: II, 19; III, 28
Artikulation: I, 63. 66
Artikulationsart: I, 84f.
Artikulationsbasis: I, 62. 84. 92. 101
Artikulationsbezeichnung: I, 85
Artikulationspunkt: I, 67
Artikulationsregeln: I, 63
Artikulationsstelle: I, 84
Artikulationsunterschiede: I, 66
aschkenasisch: I, 54f.
Aspekt: III, 40. 42
—, konstativer: I, 19. 26f.; III, 40
—, kursiver: I, 19. 27; III, 40f.
aspektual: III, 40. 55. 57. 67
aspiriert: I, 92
Assimilation: I, 67. 106—113. 115; II, 8. 24. 65. 110. 134
—, partielle: I, 107. 109; II, 121
—, progressive: I, 90. 107
—, regressive: I, 107. 109
—, totale: I, 107f.; II, 121
assyrisch: I, 15. 31; = syrisch I, 40f.
Asyndesis, asyndetisch: III, 21. 82. 90. 92. 94. 96—98. 100—105. 107. 111
Attribut, attributiv: I, 21; II, 14. 45; III, 12. 28—32. 34. 37. 58. 60. 69. 96
→ Genetivattribut
Attributsatz: III, 54. 74. 96—99
Attributverhältnis: I, 21
Auslaut: II, 144. 157
Auslautvokal: I, 49f. 60. 89. 93. 96. 99f. 110. 118f.; II, 10. 42. 48. 56. 73. 84. 104f. 167; III, 61
Aussagesatz: II, 63. 87
Aussprache: I, 59. 63. 75. 78f. 91f. 96. 98. 103. 113; II, 65. 68f. 104. 116. 133. 160
Aussprachefixierung: I, 89

dekadisch: I, 21
Dekalog: I, 74
Deminutivum, deminutiv: II, 28. 30. 36f.
Deminutivendung: II, 40
Demonstrativadverb: II, 172
Demonstrativelement: II, 12. 17. 99; III, 25. 98
Demonstrativum: II, 11. 13. 16; III, 10. 16. 27. 29. 32. 73. 93. 96f.
denominal: II, 143
Denominativum, denominativ: I, 109; II, 37. 39f. 90. 107f. 126f. 141. 149. 151. 157
Dental, dental: I, 25. 84. 108
Determination, determiniert: I, 21; II, 17. 38. 46. 168; III, 8. 25—30. 35. 39. 73f. 77. 99
Determinativum, determinativ: II, 12. 15. 17f.; III, 96f. 99f.
Deuteelement: I, 21; II, 49
Deutepartikel: I, 115
Dezimalprinzip: I, 43; II, 89
Dialektform: II, 57
dialektgeographisch: I, 30
Dialektgruppen: I, 14
dialektisch: II, 11. 42. 51. 54. 57. 135
Dialektunterschiede: I, 29
Diphthong, diphthongisch: I, 18. 49f. 98—100. 119; II, 10. 56. 70
Diphthongierung: I, 29; II, 56. 69
Diptota: III, 23
Disgruenz, disgruieren: I, 21f.; II, 86; III, 20
Disjunktivfrage: III, 85. 87f. 95
Dissimilation, dissimiliert: I, 112f.; II, 11. 35. 68. 136
dissimilatorisch: I, 112f.; II, 34. 68
Distinctivus: → Trenner
distributiv: II, 44. 91; III, 19. 21
Doppelfrage: III, 87f.
Doppelkonsonanz: I, 62. 64. 67. 69. 86. 99. 116—118. 120; II, 21. 53. 67. 72. 76. 79. 128. 157
Doppelakzentuierung: I, 74
Doppelsatz, koordinierter: III, 90
dorsoalveolar: I, 85
Druck: I, 58. 71. 86. 88—91. 100. 104—106. 111; II, 45. 62f. 75. 118. 133. 167. 176
→ Akzent
→ Hauptdruck
→ Nebendruck
→ Silbe, drucklose
Drucklosigkeit: I, 88. 100. 103f.; II, 60. 124
Drucksilbe: I, 29. 72—75. 78. 86f. 90. 102. 104—106. 110; II, 21. 62f. 75. 112. 181
—, geschlossene: I, 87
—, offene: I, 86; II, 165
Druckverlagerung: I, 104. 119; II, 57. 74. 119. 153. 168
Druckverlust: II, 45
Druckverrückung: II, 133
Druckverschiebung: I, 102. 104; II, 120. 176
Druckverteilung: I, 89f.; II, 115
Druckvokal: II, 21f. 24
Druckzeichen: I, 65
Dual: I, 20f. 26; II, 21. 37. 43. 45—48. 50f. 54f. 82f. 85. 87f. 97—100. 103f.; III, 18f. 21. 23. 25. 30
Durativ: I, 19. 26f.; II, 96f. 121. 134—137; III, 40—42. 52. 56f. 67f.

Ḥaṭef-Qameṣ: I, 55; II, 18. 69. 130. 173
Ḥaṭef-Segol: II, 128. 153
Ḥaṭef-Zeichen: I, 66. 117
Hauchlaut: I, 77
Hauptbedingung: III, 115
Hauptdruck: I, 75f. 88. 90. 106; II, 19. 45f. 60f.
→ Druck
Hauptdrucksilbe: I, 77. 98
→ Drucksilbe
Hauptsatz: III, 52. 60. 85. 90. 98. 101. 107. 111
—, koordinierter: III, 90
—, subordinierter: III, 90. 92
Hauptvokal: I, 64
hebräisch-kanaanäisch: I, 39. 41. 43
hellenistisch: I, 26. 32f. 39. 44. 50. 60. 95
Hervorhebungspartikel: III, 73
hethitisch: I, 102. 110
Hieroglyphen: I, 37
Hieronymus: II, 105. 114. 133. 154. 159
Hilfsverb: I, 27
Hilfsvokal: I, 57. 99. 118f.; II, 21. 51. 53. 67. 69. 72. 79. 157f.
Ḥireq: I, 58
Hiṭpalpel: II, 126. 146
Hiṭpaʿlel: II, 162
Hiṭpolel: II, 143. 146. 152
Ḥolem: I, 58
Hypotaxe: I, 22; III, 81f.

Idiom: II, 30. 84; III, 40. 49
Imperativ: I, 26. 109; II, 24—26. 96—101. 106. 108f. 113. 118—120. 122. 124. 126—133. 135. 137—143. 145—147. 149—156. 159—166. 168—172. 182; III, 11. 43. 47f. 53. 57f. 63. 82. 112. 115
Imperativ, interjektionaler: II, 138. 142. 182
—, konditionaler: III, 48. 112. 115
—, konzessiver: III, 48
Imperfektum: I, 18. 89. 103. 109; II, 26. 95f. 99. 101. 108—111. 113—115. 117—119. 121—132. 134—145. 147—149. 151—157. 159—166. 168—172; III, 10. 40—44. 47—49. 53—56. 66. 69. 82. 103. 105. 108. 110. 112. 114—117
— consecutivum: I, 27. 90. 115; II, 101f. 113. 118. 120. 124. 126. 128—133. 135—137. 139—142. 144. 147. 149—152. 155f. 158—165. 168—170. 172. 181; III, 44—48. 51. 55. 69. 103. 108. 112. 115
—, mittelhebräisches: III, 56
Imperfektvokal: II, 102. 108. 136
Indefinitum: II, 11. 16f.; III, 33
indeklinabel: III, 62
Indetermination: III, 25. 29f. 32. 96. 99
Indikativ: I, 20; II, 96—98. 149
—, äthiopischer: I, 19
indogermanisch: I, 16. 18; II, 40; III, 25. 32
Infigierung: I, 18; II, 125
Infinitiv: I, 26. 29. 95. 109; II, 27—31. 35. 39. 41. 77. 96. 106—110. 116. 119. 121f. 125f. 128—132. 134f. 137—143. 145—147. 149. 151—153. 155. 160—165. 167—172. 174.

Kontraktion, kontrahiert: I, 49f. 52. 58. 67. 93. 98—101; II, 23. 69. 76. 84. 138. 140. 157. 159f. 167
Kontraktionsform: II, 82. 88. 177
Kontraktionsvokal: I, 103; II, 67. 70. 73. 138
konzessiv: III, 48. 58. 91. 104
Konzessivsatz: III, 104
Koordination: III, 90f.
koptisch: I, 16
Kopula: I, 22; II, 9. 181; III, 9. 44. 88. 113
Körperteile: III, 17
korrelativ: III, 115
Kursivschrift: I, 40—42
Kurzform: II, 11. 101. 106. 160
Kurzimperfektum: I, 119; II, 98

Labial: I, 84; II, 35
labiodental: I, 45. 85
Lachis: → Ostraka v. Lachis
Langdiphthong: II, 56
→ Diphthong
Lapidarschrift: I, 40
Laryngal, laryngal: I, 17. 26. 46f. 64f. 82—85. 88. 93. 96. 104. 109—111. 116f.; II, 18. 34. 57. 62. 64f. 67. 75f. 85. 110. 127f. 130—133. 168
Laryngalelision: I, 117; II, 127
Laryngalrestitution: I, 94. 96; II, 24.72. 175
Laryngalschwund: I, 93. 116
Laryngalstämme: II, 69
Laryngalzeichen: I, 39
lateinisch: I, 33; II, 42; III, 25. 57
Lateral, lateral: I, 84f.
Lautgesten: II, 182
Lautstand: II, 128
Lautstufe: I, 92
Lautverbindung: I, 69
Lautverschiebung: I, 25. 111; II, 36
Lautwandel: I, 55. 58. 83. 91f.
—, kombinatorischer: I, 62. 84
Lautwechsel: I, 84; II, 34
Lautwert: I, 50
Lehnwort: I, 63. 102. 109f. 113; II, 20. 27. 30. 35. 71. 87f. 127
Linearalphabet: I, 24
Linearbuchstaben: I, 37
Literatursprache: I, 31
Lokaladverb: I, 90; II, 49. 61. 63. 66. 68. 70. 75f. 82f.
Lokalendung: II, 37
Lokalidiom: I, 11
lunar: II, 91
lunisolar: II, 91

Mappiq: I, 66—68. 70; II, 48
Maqqef: I, 58. 75—78. 87. 90. 106; II, 14. 45. 102. 112. 114. 118f. 122. 124. 176. 178
Mari-Texte: I, 19. 23f.; II, 94. 97. 148. 153
Masora: I, 35. 53. 76. 78. 83. 88. 90. 98
Masoreten, masoretisch: I, 22. 33f. 41. 52f. 63. 70. 72. 79—83. 86. 88. 90f. 94. 102. 104—107. 116f. 119; II, 11. 18. 22. 24. 34. 53. 56f. 67f. 70. 82f. 85. 101f. 111. 117. 128. 181
→ Neubildung
→ Restitution
→ Text, masoretischer
Maßangabe: III, 8. 33—35
Maßbegriff: III, 39
Materialangabe: III, 8
Medium: I, 20
Metathesis: I, 107. 114; II, 121

Parallelismus membrorum: III, 89
Parataxe, parataktisch: I, 22; III, 82. 90. 95. 98. 100. 107. 111
paronomastisch: III, 61. 63
Paroxytonon: I, 72
Partikel: I, 18. 30. 75. 84. 89. 109; II, 9. 13f. 172. 175f. 178f.; III, 7. 11. 15. 24. 31. 60. 67. 71—74. 84. 93f. 107. 113
→ Akkusativpartikel
→ Bejahungspartikel
→ Fragepartikel
→ Hervorhebungspartikel
→ Interrogativpartikel
→ Richtungspartikel
partitiv: II, 17. 175; III, 7
Partizipium: I, 27. 30. 102. 114; II, 27f. 51. 58. 60. 62. 78f. 107—110. 116f. 119. 121—123. 125—127. 129—132. 134. 137. 140—143. 145—153. 155f. 160—168. 173. 181; III, 7f. 12. 16. 19. 22f. 29f. 34. 54. 56f. 65—70. 82. 84. 103. 108
Partizipialkonjugation, syrische: I, 20
Paseq: I, 78
Passivbildungen: I, 106
Passivsatz: II, 174; III, 83f.
Passivum: I, 20; II, 107—111. 117. 121. 125f. 135. 140. 143. 147. 151f. 155f. 160; III, 22. 58. 83
Pataḥ: I, 56f.
— furtivum: I, 59. 65. 69. 93. 111; II, 58. 132
Pausa: I, 68. 86f. 91. 96. 106. 119; II, 14. 19. 21f. 57. 65—69. 72. 78. 80. 82f. 103. 118. 122. 150. 176. 185
Pausaldruck: I, 92
pejorativ: II, 28
Perfektum: I, 20. 89. 105. 114f.; II, 95. 103f. 109—111. 114f. 117. 119—122. 124. 126. 129—134, 137f. 140—143. 145—156. 159—172; III, 6. 40f. 43f. 46f. 49—53. 55f. 65f. 69. 105. 108. 110. 112. 114—117
— consecutivum: I, 89; II, 115f. 122. 130. 145. 147f. 151—153. 159. 165; III, 53—55. 82. 103. 108. 113—115
—, mittelhebräisches: III, 55. 69
Perfektum-Präsens: III, 53. 68
→ Präsens-Perfektum
Periodenanfang: III, 44
Permansiv: I, 16. 20
Personalkongruenz: III, 99
Personalpronomen: I, 20; II, 7. 9. 12. 100; III, 9. 15f. 27. 34. 64
—, abhängiges: II, 7
—, selbständiges: II, 7. 9
Personalsuffix: II, 51; III, 30
phönikisch: I, 19. 24—26. 29f. 36. 48f. 95. 110; II, 8. 10. 15. 17. 39. 42. 44. 51. 79. 82f. 85. 109. 125. 134. 150. 154. 156; III, 18. 64f. 71
phonetisch: I, 15. 34. 38. 63. 83; II, 22. 90; III, 112
phonologisch: I, 34
Pilpel: II, 126. 146
Piʿel-Bildung: II, 121. 152
Pleneschreibung: I, 52. 60; II, 105
pleonastisch: II, 50. 68
Plural: I, 20f. 26; II, 43f. 62. 111
—, doppelter: II, 54. 68

116—119; II, 15. 18. 20. 22. 24. 28. 30. 32. 34. 36f. 41. 43—52. 55. 58—61. 63—72. 75—88. 108. 132. 180; III, 8. 26. 31f. 61. 77. 96. 98f. 101
Status determinatus: I, 21; II, 17. 83
— emphaticus: I, 21; II, 17. 49. 83
Steigerungsstamm: I, 30
Stilistik: III, 81. 90
Stimmeinsatz: I, 45
stimmhaft: I, 45f. 84f. 109
Stimmhebung: I, 76
Stimmlage: I, 88
stimmlos: I, 45—47. 66. 84f. 96. 109
Stoffangabe: III, 34
Subjekt: I, 22; II, 14. 98; III, 6—16. 19—22. 24. 27f. 51. 58—60. 62. 64f. 69. 72f. 83f. 92
—, logisches: III, 83f.
—, unpersönliches: III, 22
Subjektsatz: III, 13. 73. 92—94. 97. 100
Subjektskasus: I, 20; III, 60
Subjektswechsel: III, 82
Subjunktiv: I, 19f.; II, 96f.
Subordination, subordinierend, subordiniert: II, 181; III, 42. 90. 92. 94. 101. 106—108. 111. 113
Substantivum, substantivisch: II, 13f. 25. 28. 37. 42. 50. 85f. 160. 173; III, 6—8. 15f. 24. 27. 29—34. 37. 39. 62
südarabisch: I, 16; II, 25. 82. 87
südkanaanäisch: I, 24f.; II, 150
südsemitisch: I, 15f.
Suffigierung, suffigiert: I, 30; II, 7. 13. 22. 49. 53. 55. 58f. 63—72. 75. 78—85. 90. 103f. 126f. 131. 133. 139—141. 145. 162. 165. 168. 171. 173. 175—180; III, 48. 65. 74
Suffix: I, 21. 82. 94—96. 100. 106f. 110; II, 7—11. 50f. 53. 57f. 60—64. 67. 69. 73. 75. 79. 106f. 114. 119. 133. 159. 161. 165. 167—169. 172. 174. 177. 179f.; III, 9. 21. 27. 30f. 42. 74
—, leichtes: II, 57. 60—63. 69
—, schweres: II, 57. 60—63. 67. 69. 75. 119
Suffixflexion: II, 51. 185
Suffixform: II, 57
→ Akkusativ-Suffix
→ Genetiv-Suffix
→ Pronominalsuffix
sumerisch: I, 12. 15; II, 60
Superlativ: III, 33. 36
supralinear: I, 34. 53
syllabisch: I, 48. 102
Syndesis, syndetisch: III, 82. 90. 92. 94. 97. 100. 102f. 104. 108. 111
Synkope, synkopiert: II, 16
Syntax, syntaktisch: I, 19. 26f. 34. 75. 79. 91; II, 45. 51. 70. 89. 96. 103. 117. 134f. 167; III, 6f. 14. 18. 23—25. 27. 35. 39—42. 45. 49. 52. 55. 57f. 65f. 71. 73f. 76—78. 80f. 90f. 96—99. 111
Syntax, arabische: I, 22
—, gemeinsemitische: I, 21f.
—, verbale: I, 27; III, 25. 39f. 55. 57
syrisch: I, 40f. 61. 63. 66f. 83. 86. 117; II, 16f. 32f. 35. 37. 68. 82f. 93. 107. 143. 179
syrisch-arabisch: I, 14

Wort- und Formenregister

אֵ֫צֶל : II, 180
אֶצְעָדָה : I, 117
אֶצֹּק, אֶצָּק־ : II, 139
אֶצָּרְךָ : II, 139
אֶקְחָה : II, 135
אַרְבֶּה : II, 42
אַרְבָּעָה : II, 84. 86—88. 91
אַרְבָּעִים : II, 87
אַרְבַּעְתַּ֫יִם : II, 91; III, 77
אֲרוֹן : II, 19
אֳרָוֹת : II, 76
אֲרִי : II, 23
אַרְיוֹךְ : II, 40
אֲרָם : II, 38
אַרְנֶ֫בֶת : II, 32
אַרְעָא : II, 17
אֶרְפָּא : II, 155
אֶרְפָּה : II, 155
אֶ֫רֶץ, אָ֫רֶץ : I, 91. 110; II, 19. 38. 40; III, 17
אַ֫רְצָה : I, 68. 90; II, 49. 68
אֹרְרֶ֫יךָ : III, 19
אַשְׁמְאֹ֫ילָה : II, 127
אִשָּׁה : II, 17. 19. 81
אַשּׁוּר : II, 30; III, 17f.
אָשִׁ֫ירָה : II, 150
אֶשְׁכְּלוֹת : II, 61
אֶשְׁכֶּם : II, 66
אַשְׁמָה : II, 25. 106
אֶשְׁמְרָה : II, 113
אַשְׁמֹ֫רֶת : II, 33. 41.
אשנם : II, 86
אֶשְׁעָה : II, 158
אשקוטה : I, 52; II, 113
אֲשֶׁר : I, 75; II, 15. 181f.; III, 32. 93f. 98. 100. 102. 104f. 107 bis 109
אֲשֶׁר לֹא : III, 102. 104
אַשְׁרֵי : II, 108
אֵ֫שֶׁת : II, 81
אֵשֶׁת : II, 81
אֶשְׁתּוֹלְלוּ : II, 121
אִשְׁתֵּי : II, 85
אֵת$_1$, אֶת־ : I, 69. 75; II, 13f. 178f.; III, 7. 11. 24. 71. 73. 80. 94
אֶת־אֲשֶׁר : III, 94
אֶת־$_2$: I, 75; II, 178f.
את : II, 8; III, 72
אַתְּ, אָתְּ : I, 62. 68; II, 7f. 13
אַתָּ : II, 8
אָתָה : II, 164
אַתָּה : I, 102. 108. 114; II, 7f. 13

גֶּ֫שֶׁם : II, 51
גַּשְׁמוֹ : II, 51
גֶּ֫שֶׁת : II, 136
דָּבָר : I, 84. 87. 89f.; II, 16. 25. 46
דַּבֶּר־נָא : II, 120
דִּבֳּרְתְּ : I, 87
דְּבַשׁ : I, 116; II, 24. 72
דָּג : II, 20
דּוּד : II, 58
דַּי : II, 67
דִּין : II, 21. 149. 151
דַּיָּן : II, 30
דַּל : I, 115; II, 21
דְּלָתַ֫יִם : II, 78
דָּם : II, 20
דְּמִי : III, 9
דֵּעָה : II, 41. 139; III, 17
דַּ֫עַת : I, 77. 87
דֵּרָאוֹן : II, 59
דרושו : II, 114
דֶּ֫רֶךְ : I, 110. 119; II, 21. 42
דְּרָכֶ֫ךָ : II, 55
דֶּ֫שֶׁא : II, 22
דִּתְיַנָּה : II, 37
הֲ : II, 172f.; III, 86f. 95
הֲ ... אִם : II, 173
הָאֹ֫הֱלָה : I, 90; II, 50. 68
הָאֶחָד ... הָאֶחָד : II, 17
הַאֵלֵךְ : I, 78. 86; II, 173
הֲאִם : II, 173
הֶאֱרִיךְ : II, 108
הַאַתָּה : I, 78; II, 9. 173
הַב : II, 138f. 182
הֲ֫בָאתָה : II, 165
הָ֫בָה : II, 182
הַבֹּטְחִים : I, 96; II, 128
הבטנה : II, 102
הֲבִיאוֹתִיו : II, 172
הַבָּמָ֫תָה : II, 75
הָבֵ֫רוּ : II, 147
הַגִּבְעָה : III, 28
הֶ֫גֶת : I, 100
הַגִּ֫ידָה־נָּא : II, 102
הֲדַמֻּנוּ : II, 170
הֲדַס : II, 25
הֵדַק : II, 147
הָדָר : II, 63
הַהֶ֫בֶל : II, 18
הַהוּא : I, 82; II, 18
הַהִיא : II, 16
הֶהָלְכוּא : II, 16

חָכְמָה : I, 55; II, 23
חָכְמוֹת : II, 39
חָכְמַת־מֶה : II, 14
חַל־נָא : II, 161
חֲלֵב : II, 63
חָלֶד : II, 67
חַלְחָלָה : II, 31. 41
חֳלִי : I, 106. 119; II, 24. 71
חָלְי : I, 119; II, 71
חָלִילָה : II, 182
חִלֵּל : I, 46. 96
חַלָּמִישׁ : II, 59
חֲמוּטַל : II, 40
חֲמוֹר : I, 105; II, 27. 41
חֲמוֹתֵךְ : II, 80
חָמִיךְ : II, 80
חֲמִישִׁי : II, 90
חֶמְלָה : II, 106
חֹמֶשׁ : II, 90
חֲמִשָּׁה : II, 84. 86f.
חֲמִשִּׁים : II, 87
חַנּוּן : II, 30
חָנוּת : II, 77
חֲנֻכָּה : II, 26
חִנָּם : II, 39
חֲנָמֵל : II, 32
חָנֵּנִי : I, 55; II, 170
חָסָיָה : II, 160
חָפֵץ : III, 59
חָפְשִׁי : II, 38
חֱצִי : II, 71. 90
חָצֵרָה : II, 63
חֲצֹת : II, 90
חָק־ : II, 66
חָקְקְךָ : II, 65. 67
חֵקֶר : II, 69
חֶרֶב : II, 40; III, 17
חָרָה : II, 127
חֶרְמוֹן : III, 26
חֶרְמֵשׁ : II, 32
חֶשְׁבּוֹן : II, 37
חַתּוּ : I, 89
חִתְּכֶם : II, 66

טַבָּח : I, 102. 104
טֵבֵת : II, 92
טְהַר : II, 131
טָהֳרָה : II, 23. 76. 130f.
טוֹב : I, 46; II, 21. 151; III, 37
טוֹבָה : III, 17
טַלְטֵלָה : II, 31
טֻמְאָה : II, 24
טַעַת : II, 136

יוּדָק : II, 147
י֫וּדַשׁ : II, 151
יוּכַל : II, 140
יוֹם : II, 44. 70. 83. 91. 93f.; III, 38f. 77
יוֹם יוֹם : II, 44. 91; III, 77
יוֹמַ֫יִם : II, 43. 83
יוֹמָם : II, 39. 49. 83
יוּמַת : II, 153
יוּסָב : II, 143
יוּסָף : I, 99
יוּצַר : I, 99; II, 140
יזדעזעו : II, 152
יְזַמֶּרְךָ : II, 165
יִזְקַן : I, 104; II, 111; III, 66
יַחְבְּשֵׁ֫נוּ : II, 168
יָחַד : II, 138
יַ֫חַד : II, 173
יַ֫חַדְ : II, 158
יֶחְדָּלוּ : II, 128
יחונך : II, 170
יֶחֱזָיוּן : II, 101
יְחִי : II, 158
יָחִ֫ישָׁה : II, 101; III, 48
יַחֵל : II, 143
יָחֹם : II, 144
יֵחַם : II, 144
יחמול : II, 112
יַחְמוּר : II, 33
יָחְנְךָ : II, 170
יַחָנֵּ֫נִי : II, 170
יָחֳרָם : II, 130
יֵחַת : I, 109
יֵט : II, 163
יְטַמָּא : I, 107
יִיבַשׁ : II, 139
יִיטַב : II, 138. 151
יַ֫יִן : II, 70
יִינָקוּ : II, 139
יִיסַף : I, 99
יִירָ֫אוּךָ : II, 172
יִירֶה : II, 140
יַכּ֫וּךָ : II, 172
יָכוֹל : II, 140; III, 59
יְכַלְכֵּל : II, 126
יְכֹ֫לֶת : II, 140
יְכַרְסְמֶ֫נָּה : II, 127
יִכְרְעוּן : II, 100
יִכָּ֫שֵׁל : II, 118
יִלְבָּשׁוּ : II, 112
יַלְבִּשֵׁ֫נִי : II, 166
יָלַד : II, 78. 115. 138
יֻלַּד : I, 115. 117. 140
יַלְדוּת : II, 39. 77
יָלַדְתְּ : II, 79

יִצֹּק : II, 139
יִצַּר : II, 144
יִצְּרֶ֫נְהוּ : I, 107
יָצָ֫תִּי : I, 94; II, 154
יִקָּבֵ֫רוּ : II, 118
יִקַּח : II, 135
יִקַּ֥ח : II, 135
יִקָּחֶ֫נּוּ : I, 107
יָקַע : II, 138
יִקְצֹרוּן : I, 106
יָקַר : II, 138
יָרֵא : II, 16. 111. 139. 164
יֵרָא : II, 161
יֵרֵא : II, 158
יֵ֫רֶא : II, 158
יִרְאָה : II, 25. 106; III, 17
יִרְאֶ֫הָ : I, 110
יִרְאִי : II, 63
יֶ֫רֶב : II, 162
יָרַד : II, 138
יֵרְדְּ : II, 162
יָרָה : II, 140. 164
יְרוּשָׁלַ֫ם : I, 80f.; II, 38. 43; III, 26
יָרֵךְ : II, 25. 64
יַרְכָתַ֫יִם : II, 76
יֵ֫רַע : II, 158; III, 72
יְרַקְרַק : II, 31
יָרַשׁ : II, 139
יִשָּׂא : II, 163
יִשָּׂאוּ : II, 163
יִשָּׂאֲךָ : II, 171
יָשׁוּם : II, 149
יִשְׂרָאֵל : I, 56 PsBN
יִשָּׂשכָר : I, 48. 81
יֵשׁ : II, 174; III, 9. 67
יֶשׁ־ : II, 174
יַשִּׁא : II, 156. 163
יָשַׁב : II, 138; III, 75. 80
יֵשְׁבוּ : II, 139
יְשֶׁ֫בֶת : II, 27. 41. 44; III, 18
יַשֶּׁה : II, 163
יְשׁוּבוּן : II, 149
יְשׁוּעָ֫תָה : II, 50
יַשִּׁיא : II, 163
יַשִּׁיאֲךָ : II, 171
יָשִׁיר : II, 149
יֶשְׁכֶם : II, 174; III, 9
יְשַׁלְּחֶ֫נּוּ : II, 169
יִשְׁלַט : II, 112
יִשְׁלָ֫יו : II, 157
יִשְׁמָעֵאל : I, 79
יִשְׁמְרֶ֫ךָּ : II, 166

יָשֵׁן : II, 117. 139
יֶשְׁנוֹ : II, 174
יַשְׁקוּ : II, 162
יָשַׁר : II, 139
יְשֻׁרוּן : II, 37
יִשְׁתּוֹמֵם : I, 108
יִשְׁתַּחוּ : II, 163
יִשְׁתַּקְשְׁקוּן : II, 152
יִתְגַּדַּל : II, 122
יִתַּמּוּ : II, 144
יִתְמַלָּאוּן : II, 156
יִתֵּן : I, 67; II, 135. 166. 169
יִתֶּן־ : II, 135
יִתַּן : II, 135
יְתָעֵב : II, 131
יִתְעַלֶּם־ : II, 122
יֶתֶר : II, 67
יִתְרוֹן : II, 37

כְּ : II, 175. 177. 181; III, 58
כֵּאלֹהִים : I, 94
כַּאֲשֶׁר : II, 182; III, 59. 101. 110
כָּבֵד : III, 8. 49
כִּבֵּס : II, 120
כְּבָר : II, 173
כַּד : II, 42
כַּדְכֹּד : II, 32
כֹּה : II, 13. 172
כַּהֶחָכָם : II, 19
כוה : II, 172
כּוֹכָב : I, 113; II, 31
כָּזֹאת : II, 176; III, 15
כִּזְכֹּר : II, 116
כִּי : I, 69. 75; II, 13. 176. 182; III, 7. 11. 93f. 103—109. 112 bis 115. 117
כִּי־עַל־כֵּן : III, 106
כִּידוֹן : II, 29
כַּיּוֹם : II, 19
כִּיל : II, 152
כִּכָּר : I, 109; II, 31; III, 38
כָּל־ : I, 55. 75. 90. 106; II, 17. 43. 66. 68; III, 101
כֹּל : I, 58. 75. 87. 106; II, 17. 66; III, 21. 33. 74
כְּלֹא : II, 182
כַּלֵּה : II, 161
כֻּלָּהֶם : II, 54
כֻּלָּהֶנָּה : II, 54
כְּלוּב : II, 29
כַּלְכֵּל : II, 126
כַּמָּה : II, 14
כְּמוֹ : II, 178

כָּמֹ֫כָה : II, 177; III, 7
כִּמְעַט : III, 52
כֵּן : I, 79; II, 13; III, 101
כְּנַ֫עַן : I, 11; II, 38
כְּנָפַ֫יִם : II, 43. 62
כְּסוּת : II, 39
כְּסִיל : II, 28
כִּסְלֵו : II, 92
כְּעֶ֫שֶׂר : II, 91
כְּפֵר : II, 120
כְּפָרִים : III, 19
כַּפְתֹּרִים : III, 28
כַּרְבְּלָא : II, 127
כַּרְכֹּב : II, 32
כַּרְמֶל : II, 40
כָּרֵת : II, 121, 130
PsBN כְּרָת : II, 130
PsBN כָּרְתָ : II, 130 Anm. 2
כְּתָב : I, 39f. 102; II, 27
כְּתָבְתָּ : I, 104
כְּתֹ֫נֶת : II, 26. 84
כָּתֵף : II, 25. 64

לְ : II, 175f. 180; III, 7. 15. 30 bis 32. 59f. 79 bis 85

לֹא : I, 68. 70; II, 16. 134. 173; III, 11. 48. 86
לָא : II, 173
לַאדֹנִי : I, 94; II, 175f.
לַאדֹנָי : II, 176
לאוט : I, 56; II, 66
לְאַט : I, 56; II, 66. 173
לָאט : I, 56
לֶאֱכֹל : I, 94. 110; II, 137. 175
לֶאֱכֹל : II, 175
לֶאֱלוֹהַּ : II, 176
לֵאמֹר : I, 110; II, 137. 176
PsBN לְאַמֹר : I, 58. 110
PsBN לְאָמֹר : I, 58
לֵב : II, 65f.; III, 85
לֵבָב : I, 105; II, 26. 64f.
לְבַד : II, 173
לִבְהֶן : II, 54
לְבוּשׁ : II, 29
לָבֶ֫טַח : II, 176
לָבִיא : I, 95
לְבִלְתִּי : III, 60. 103
לָבֵן : II, 63
PsBN לְבָנוֹת : I, 70; II, 116

מְנֵי־ : II, 178
מַנִּ֫יחַ : II, 153
מִסְכֵּן : II, 35. 39
מסלה : I, 97
מְסֶּ֫לַע : I, 97 PsBN
מְסַפְּרִים : III, 7
מַעְבָּדֵיהֶם : II, 60
מֵעוֹד : III, 110
מֵעוֹדִי : II, 174; III, 111
מְעַט : II, 25. 173; III, 33
מַעְיָנוֹ : II, 50
מַעְלִים : II, 129
מְעָלְלֵיכֶם : II, 65 PsBN
מֵעַם : II, 178
מֵעִם : II, 180
מָעֳמָד : II, 130
מַעַשְׂרוֹ : II, 65
מַפְתּוּלִים : II, 35
מַפְתֵּחַ : II, 34 PsBN
מָצָא : I, 93. 102; II, 154f.
מֹצֵאת : II, 155
מְצָאתָהּ : II, 171
מִצְוֹת : I, 60
מַצִּיג : II, 141
מֵצַל : II, 147
מִצְרַ֫יִם : II, 38
מְקַלְלֶךָ : II, 61
מְקַלְלֶ֣ךָ : II, 61
מִקְצ֫וֹעַ : II, 35
מַרְאֶה : I, 104; II, 34
מַרְבִּית : II, 35f.
מִרְבַּץ : I, 114; II, 60
מַרְחֶשְׁתָּן : II, 92
מַרְפֵּא : II, 34
מַשּׁוֹר : II, 35
מִשְׁתַּכֵּר : I, 114
מַשָּׁאוֹן : II, 37
מִשֹּׂאֵיהֶם : I, 94
מָשְׁחֲנוּ : I, 66 PsBN
מָשִׁ֫יחַ : I, 59; II, 28. 58
מָשְׁכוּ : II, 114
מְשַׁכֶּ֫לֶת : II, 41
מֹשֵׁל : I, 59
מִשְׁמֶ֫רֶת : II, 78
משפטה : I, 95; II, 47
משריך : II, 137
מְשָׁרְתִים : I, 72
מַשְׁתִּין : II, 151
מֵת : II, 148. 151; III, 56
מֹת* : II, 20. 81
מַ֫תָּה : II, 151

נִיסָן : II, 92
נֶכְדִּי : I, 105
נָכָה : II, 163
נִכְחוֹ : II, 68
נִכְסַ֫פְתָּה : II, 119
נֵכָר : I, 58; II, 26. 64
נִלְקַח : II, 134
נִמֹּל : II, 153
נָמֵס : II, 146
נִמְצָאִים : II, 60
נִמְצֵאת : II, 155
נְעוּרִים : II, 28. 44
נְעֹל : II, 131
נַעֲלָמָה : II, 129
נַעֲמָן : II, 37
נַעֲצוּץ : II, 31
נַ֫עַר : I, 57. 90. 104. 119
נַעֲרָ : I, 80
נַעֲרָץ : II, 129
נְעֹ֫רֶת : II, 28
נִפְלֵאת : II, 79
נִפְלְאַ֫תָה : II, 155
נֶ֫פֶשׁ : I, 110; II, 16. 40; III, 38. 85
נִצְטַדָּק : I, 107. 115
נְצֹר : II, 135
נְקֻדִּים : II, 64
נִקָּה : II, 163
נָקִיא : I, 60
נְקַלָּה : II, 146
נקף : II, 134
נֵ֫רְד : I, 57
נֵרְדְּ : I, 62. 69; II, 23. 72
נָשָׂא : II, 163
נִשָּׂא : II, 163
נִשֵּׂאת : II, 163
נְשׂוּי : II, 155. 163
נָשָׂא$_1$: II, 163
נָשָׂא$_2$: II, 163
נָשִׁים : II, 81
נִשְׁפַּ֫טְתִּי : I, 108
נָתַן : I, 109; II, 78. 133; III, 59
נְתֹן : II, 136
נִתְפָּשָׂה : II, 104
נִתְקַטֵּל : II, 123
נָתַ֫תָּה : II, 105
נְתַתִּ֫יךָ : II, 10
סָבִיב : II, 173
סְבִיבוֹת : II, 180
סְבָךְ־ : II, 72
סֻבְּכוֹ : II, 72
סִבְכֵי : II, 72
סַגְרִיר : II, 31
סַד : I, 115; II, 65
סְדֹם : I, 89

עֵ֫קֶב : III, 106
עֵ֫קֶב אֲשֶׁר : III, 107
עֵ֫קֶב כִּי : III, 107
עִקְּבוֹת : II, 64
עַקְרַבִּים : II, 60
עֱקֶ֫רֶת : II, 41
עִקֵּשׁ : II, 29
ערב : I, 97
עֶ֫רֶב : II, 93; III, 9. 77
עֲרָבָה : I, 97
עֱרוּךְ : II, 129
עָרִים : II, 71. 82; III, 17
עָרִיץ : II, 30
עֶ֫רֶל : II, 64
עֲרָפֶל : II, 40
עֲשׂוֹ : II, 160
עָשׂוֹר : II, 94
עֲשִׂירִי : II, 90
עָשִׂ֫יתִי : II, 160
עֶשֶׂר : II, 85
עֲשָׂרָה : II, 85. 88f.
עֶשְׂרֵה : II, 42. 86f.
עִשָּׂרוֹן : II, 90
עֶשְׂרִים : II, 87f.
עֶשְׂרֹנִים : II, 90
עֲשֶׂת־ : II, 171
עָ֫שָׁן : II, 63
עַשְׁתּוּת : II, 77
עַשְׁתֵּי : II, 86f.
עֵת : II, 66

פֶּה : I, 103; II, 20. 52. 81. 176
פֶּה לָפֶה : II, 176
פֹּה : II, 13
פוה : I, 51
פורת : I, 102; III, 26
פַּחְדָּתִי : II, 76
פַּחִים : II, 65
פִּי : I, 103; II, 10. 52. 81
פִּיה : II, 11
פִּיּוֹת : II, 81
פִּים : II, 81
פִּ֫ימוֹ : II, 54
פִּיפִיּוֹת : II, 44. 81
פְּלִשְׁתִּים : III, 28
פֶּן, פֶּן־ : I, 75; II, 181; III, 102
פְּנוּאֵל : II, 49
פְּנִיאֵל : II, 49
פְּנִ֫ימָה : II, 49
פֹּ֫עַל : II, 23. 69
פַּ֫עַם : II, 91; III, 77
פַּר : II, 19
פֶּ֫רֶא : II, 69

פִּרְחַח : II, 31
פְּרִי : I, 119
פִּרְיָמוֹ : II, 54
פָּרִיץ : II, 30. 59
פַּרְסָה : II, 76
פַּרְעֹשׁ : II, 32
פָּרָשׁ : II, 30
פֹּרָת : II, 160
פִּשְׁתָּה : II, 113
פִּתְאֹם : II, 39
פָּתְהֵן : II, 54
פֶּתַח : I, 114; III, 77
פִּתַּחְתָּ : II, 120
פִּתִי : II, 66
פְּתַלְתֹּל : II, 31

צֵא : II, 138. 164
צֵאָה : II, 164
צֹאן : I, 60. 93; II, 22. 44; III, 18
צֵאת : I, 93; II, 139. 164
צָבָא : II, 62
צַדִּיק : I, 46. 103
צָדַק : I, 115
צָהֳרַיִם : II, 43
צַו : II, 161
צִוָּה : III, 59. 76
צִוֵּיתָה : II, 161
צחקת : II, 104
צִי : II, 20
צַיִד : II, 74
צַלַּחַת : II, 29
צַמְּתֻנִי : I, 114
צִנְצֶנֶת : II, 31
צְעָדָה : I, 117
צִפּוֹר : II, 29. 50. 59. 61. 80
צַפַּחַת : II, 29
צְפַרְדֵּעַ : II, 32
צִפֳּרִים : II, 61
צִפֹּרֶן : II, 38
צַק : II, 139
צַר : II, 21. 143
צְרוֹר : II, 27
צֳרִי : I, 112
צָרֲרוּ : II, 143

קַדְמוֹנִי : II, 38
קָדְקֹד : II, 31. 61
קֹדֶשׁ : I, 55. 90. 106. 119; II, 21. 23
קֳדָשִׁים : I, 55. 112
קֹהֶלֶת : II, 27; III, 18
קַו : I, 100
קָו : I, 100
קַוֵּה : II, 161
קוֹל : I, 47; II, 15. 70

שָׂפָה : II, 21. 39. 74
שִׂפְתֵיכֶם : II, 75
שְׂפָתַ֫יִם : II, 43. 46
שַׂר : II, 21. 65
שָׂרַי : II, 40. 42
שָׂרִ֫יתָ : II, 159
שָׂשׂוֹן : II, 59
שֵׂתוֹ : II, 25

·שַׁ : III, 98
·שֶׁ : II, 181; III, 73. 98. 102
שְׁאוֹל : I, 108; II, 178
שָׁאַל : II, 131; III, 76
שְׁאֹל : I, 94. 120; II, 24. 41. 72; III, 26
שְׁאֵלָתִי : II, 75
שְׁאֶלְתֶּם : II, 131
שֶׁאֲנִי : II, 9
שַׁאֲנַנִּים : II, 31; III, 199
שֵׁב : II, 139
שְׁבֻ֫עַ : II, 58
שְׁבוּעַ֫יִם : II, 58
שְׁבָט : II, 92
שְׁבִי : II, 77
שְׁבִיעִי : II, 90
שַׁבְּלוּל : II, 32
שִׁבְעָה : I, 76; II, 85. 87
שָׁב֖עוֹת : II, 58
שָׁב֖עִים : II, 58
שִׁבְעִים : II, 68. 87f.
שָׁב֖עֹתֵיכֶם : II, 58
שִׁבְעָתַ֫יִם : II, 173
שְׁבַעְתָּם : II, 86
שֶׁ֫בֶת : I, 119; II, 23. 78. 139. 170
שָׁדְדָה : II, 121
שָׁו : II, 71
שׁוֹט : II, 23
שׁועו : II, 145
שַׁוְעִי : I, 100
שׁוּק : II, 58. 70. 152
שׁוֹקַי : II, 54
שְׁוָקִים : I, 101; II, 58. 70
שׁוֹר : II, 23. 58. 70
שְׁוָרִים : I, 101; II, 58. 70
שׁוֹשָׁ֑ן : II, 27
שחה* : II, 162
שחיס : I, 96
שְׁחַרְחֹ֫רֶת : II, 31
שִׁחֵת : I, 116; II, 169
שֶׁיְּחָנֵּ֫נוּ : II, 170
שִׁילוֹנִי : II, 38
שִׁירָה : II, 42
שַׁיִשׁ : II, 70

שָׁמַעַתְּ : I, 79
שָׁמַ֫עַת : I, 79
שָׁמְעָתוֹ : II, 106
שָׁמְרָה : II, 114
שֹׁמְרוֹן : II, 37
שִׁמְשׁוֹן : II, 37
שֵׁנָא : II, 42
שָׁנָה : II, 21. 45. 83. 90; III, 38
שְׁנוֹת : II, 83; III, 96
שֵׁנִי : II, 89f. 93
שָׁנִים : II, 17. 45. 83. 91
שְׁנַ֫יִם : II, 21. 84f. 91; III, 18
שְׁנֵים : I, 81. 86f.
phön. שנת : II, 83
שְׁנָתָיִם : II, 83
שעיס : I, 96
שַׁעַטְנֵז : II, 32
שֹׁעָר : II, 26
שׂעריה : II, 11
שַׁעֲשֻׁעִים : II, 32
שפוטונה : II, 102
שָׁפְטָה : II, 114
שָׁפְכָךְ : II, 167
שֶׁ֫קֶל : III, 38f.
שִׁקְמִים : II, 68
שְׁקַעֲרוּרוֹת : II, 31. 35
שְׁקַתוֹת : I, 118
שַׁרְבִיט : II, 32
שִׁרְיָן : I, 102
שָׁרֵךְ : II, 67
שָׁרֶךְ : II, 67
שָׁרְרֵךְ : II, 67
PsBN שָׁרְשׁוֹ : I, 106
שָׁרָשׁוֹ : II, 126
שָׁרָשִׁים : I, 55
שֵׁרֵת : I, 116
שֵׁשׁ : I, 108; II, 43. 70. 85—88. 90
שִׁשִּׁי : II, 38. 90
שִׁשִּׁים : II, 87
שְׁתֵּ־ : I, 75. 77. 87
שֵׁת : II, 20. 149
שְׁתַּ֫יִם : I, 79; II, 84f. 94. 173
PsBN שְׁתָּיִם : I, 80
שְׁתֵּים : I, 81. 86—88
שתע : II, 123
תְּאֵהֲבוּ : II, 137
תַּאֲוָה : II, 36
תֹּאחֵז : II, 137
תְּאמְרוֹן : II, 136
תַּאֲנִיָּה : II, 36
תֹּ֫אַר : II, 69
תֵּאתֶה : II, 164
תָּבֹ֫אנָה : II, 150
תְּבִיאֶ֫ינָה : II, 152
תֵּבֵל : III, 26
תַּבְנִית : I, 113; II, 36

Berichtigungen und Nachträge zum zweiten Band*)

1. Berichtigungen

S. **6**, Z. 9: lies „E. Jenni" (statt „E. Yenni"). — S. **8**, Z. 11f.: lies „akkad. *attā* ... akkad. *attī*" (statt „akkad. *atta* ... akkad. *atti*"). — S. **19**, Z. 12: lies חֳ (statt הֳ). — S. **20**, Z. 18: lies „*ḏƺj*" (statt „*ṣ'j*"). — **Ebd.**, Z. 1 v. u.: lies „*mutu* ... *met* (statt *mūtu* ... *mēt*). — S. **24**, Z. 7: lies *'appu* (statt *'*appu*) und vgl. Ugaritica V. Par N. Nougayrol, E. Laroche, Ch. Virolleaud, Cl. F. A. Schaeffer, Mission de Ras Shamra XVI (Paris 1968), 243. — S. **26**, Z. 6: streiche „אֲחֻזָּה ‚Besitz' und חֲנֻכָּה ‚Einweihung'" und füge Z. 26 an: „Als qutulat-Bildungen sind אֲחֻזָּה ‚Besitz' und חֲנֻכָּה ‚Einweihung' aufzufassen; vgl. BL § 61 d α". — S. **27**, Z. 12: lies *šigārum* (statt *šigarum*). — **Ebd.** Z. 1 v. u.: Lies *tâmtu* (statt *tāmtu*). — S. **28**, Z. 18f.: lies „‚Schwein' (AHW, 362)" (statt „unbestimmtes Tier"). — S. **29**, Z. 22: füge nach „Eigenschaften" ein: אִטֵּר „verkrümmt, gelähmt,". — S. **31**, Z. 9f.: lies שַׁאֲנַנִּים ... גַּבְנֻנִּים (statt שַׁאֲנַנִים ... גַּבְנֻנִים). — **Ebd.**, Z. 4 v. u.: lies **ṭapṭapātu* (statt **taptapātu*). — S. **32**, Z. 2 v. u.: lies *'uṣb't* (statt *'uṣb't*). — S. **37**, Z. 4: lies אֲבַדּוֹן (statt אֲבָדּוֹן). — **Ebd.**, Z. 7: streiche „lauter jungen Formen". — **Ebd.**, Z. 14: füge nach „höchster" ein: „אַחֲרוֹן ‚letzter' (אַחַר ‚hinten')". — **Ebd.**, Z. 6 v. u. füge an: „sowie אַחְיָן und אֵילוֹן". — S. **38**, Z. 4: lies *ẓu/ifrun* (statt *ṯufrun*). — S. **40**, Z. 6: lies *'*Arṣayu* (statt *'*Arsayu*). — **Ebd.**, Z. 11: lies חַדְרְךָ (statt חַדְרְךָ). — S. **42**, Z. 6: lies **šīratu* (statt **sīratu*). — S. **45**, Z. 5: lies **yaynu* (statt **waynu*). — S. **49**, Z. 19: füge nach *yáwman* ein: „eines Tages". —

*) Für freundliche Hinweise und Berichtigungen danke ich vor allem Dr. Rainer Degen in Marburg, Lic. theol. Werner Mayer in Münster, Dozent Dr. Walter W. Müller in Tübingen und Dozent Ulrich Schröter in Bad Kösen.

S. **50**, Z. 1 v. u.: lies מַעְיְנוֹ (statt מַעְיָנוֹ). — S. **59**, Z. 19: lies „§ 36,2“ (statt „§ 37“). — S. **60**, Z. 9: lies שְׁדֵיהֶן „ihre Brüste“ (statt שְׁדֵיכֶם „eure Brüste“). — **Ebd.**, Z. 20: lies „akkad. *malāḫum* = sum. *ma.laḫ*“ (statt „akkad. *malaḫum* = sum. *ma laḫ*“). — S. **64**, Z. 20: lies *ša'run* (statt *sa'run*). — S. **65**, Z. 5 v. u.: streiche „(arab. *ḥaštšun*)“. — S. **66**, Z. 9: lies עִזִּים (abgespr.). — S. **67**, Z. 10: lies **ḥayyahwē* (statt *ḥayyaḥwē*). — S. **70**, Z. 9 v. u.: lies עָוֶל (statt עֱוֶל). — **Ebd.**, Z. 7 v.u.: lies *sūqun* (statt *sawqun*). — S. **77**, Z. 5: lies שְׁלִישִׁיָּה (abgespr.). — **Ebd.**, Z. 15: lies מוֹאָבִית (statt מוֹאֲבִית). — S. **79**, Z. 5 v. u.: lies אָחִיךָ (statt אֲחִיךָ). — S. **80**, Z. 6: lies אַחְיֹתָיו (statt אַחְיוֹתָיו). — **Ebd.**, Z. 8 v. u.: lies חָמִיהָ, חָמִיךְ (statt חָמִיךָ). — **Ebd.**, Z. 4 v. u. lies *nišū* (statt *nīšū*). — S. 81, Z. 9: lies אַמְהֹתֵיכֶם, אַמְהֹתַי (statt אַמְהוֹתֵיכֶם, אַמְהוֹתַי). — S. **82**, Z. 3: lies רָאשָׁיו (statt רָאשַׁי). — **Ebd.**, Z. 5: lies רִאשׁוֹן (abgespr.). — **Ebd.**, Z. 13: lies בָּתָּיו (statt בָּתַּי). — **Ebd.**, Z. 15: lies *bāttē* (statt *bātē*). — **Ebd.**, Z. 19: lies מֵימֵיהֶם (statt מֵימֵיכֶם). — S. **83**, Z. 6 v. u.: lies שָׁנָיו . . . *שָׁנוֹת (statt שָׁנַי . . . שָׁנוֹת). — S. **83**, Z. 1 v. u. S. **84**, Z. 1: lies *šā'un* (statt *sā'un*) und streiche: „akkad. *šu'um* ‚Widder‘, ägypt. *sꜣ* ‚Sohn‘.“. — S. **84**, Z. 6: lies כָּתְּנָתְךָ (statt כְּתָנְתֶּךָ). — **Ebd.**, Z. 11: lies „arab. *kattā́nun* ‚Flachs‘“ (statt „arab. *kutnun* ‚Baumwolle‘“). — S. **86**, Z. 15: lies „**ṯamānatu* o. ä.“ (statt *ṯamāntu*). — S. **93**, Z. 9 v. u.: lies *yawmu-l-'áḥadi* (statt *yawm ul-'áḥadi*). — S. **96**, Z. 6 v. u.: lies *iparras* (statt *ipparas*). — S. **101**, Z. 2f.: lies „§ 114, 2b“ (statt „§ 114, 1c“). — S. **109**, Z. 2 v. u.: lies' „intervokalisches“ (statt „innervokalisches“). — S. **115**, Z. 2: lies קְטַלְנוּ (statt קְטַלְנוּ). — S. **126**, Z. 16: lies *ḥwy* (statt *hwy*). — S. **135**, Z. 8: lies **yanaṣṣarḗnī* (abgespr.). — S. **169**, Z. 15: lies וָאַשְׁבִּעֵם (abgespr.). — S. **174**, Z. 5: füge nach אֵינֶנָּה ein: אֵינֶנּוּ und lies אֵינְכֶם (statt *אֵינְכֶם). — **Ebd.**, Z. 11: füge vor עוֹדֶנָּה ein:

עוֹדָה. — **Ebd.**, Z. 14: lies עוֹדֶ֫נִּי (abgespr.). — S. **176**, Z. 2: lies „§ 14,6“ (statt „§ 15,6“). — S. **177**, Z. 3 v. u.: füge nach „(§ 30, 3 c)“ ein: כָּמֹ֫וךָ. — S. **181**, Z. 18: lies וָבֹ֫הוּ (statt וָבֹ֫הוּ). — S. **221**, Z. 9: lies „della“ (statt „delle“).

2. Nachträge

S. **12**, Z. 7: Zu „Pl. c. אֵלֶּ“ sei angemerkt: אל ist eine graphisch ältere Variante zu אלה; zu lesen ist אֵלֶּ; vgl. Gn. 19, 8 (BHS) und R. Macuch, Grammatik des Samaritanischen Hebräisch. Studia Samaritana I (Berlin 1969), § 57b. — Zu S. **28**, Z. 6f.: W. W. Müller vermutet, wohl zu Recht, in לְבוֹנָה eine qitāl-Bildung; er verweist auf die südarab. Form *libān* und auf das griech. Lehnwort λίβανος. — Zu S. **33**, Z. 5: M. Wagner, Baumgartner-Festschr., 357f. rechnet die ʼaqtal-Bildungen zu den seltenen ʼafʻalu-Formen. — Zu S. **50**, Anm. 1: vgl. hierzu auch KAI[2] (1968) II, 181f. 341 (Nachträge). — Zu S. **51**, Anm. 1: Vgl. hierzu jedoch ders., Punische Studien. ZDMG 107 (1957), 287f. — Zu S. **77**, Anm. 2: Die Etymologie von בְּרִית ist zur Zeit stark umstritten; vgl. die bei Koehler-Baumgartner[3], 152 angegebene Literatur; ferner E. Kutsch, Die Etymologie von בְּרִית. ZDMG Suppl. I/1 (1968), 356—361. — Zu S. **81**, Z. 9: Zum hebr. Pl. אֲמָהוֹת lautet die entsprechende ugar. Form *ʼamht* = **ʼamahātu*. — Zu S. **87**, Anm. 1: Vgl. auch Y. Blau, *ʻeśre* < **iśrayh* (followed by a short vowel). Lĕšonénu 32 (1967/68), 267—268, und die Erwiderung von E. Y. Kutscher, ebd., 269—271. — Zu S. **97**, Z. 5: Vgl. zu diesem Problem auch W. v. Soden, Jahwe „Er ist, Er erweist sich“. WdO 3 (1966), 187f. — Zu S. **104**, Z. 2: Zur Endung *-a* vgl. auch I. J. Gelb, The Origin of the West Semitic qatala Morpheme. Symbolae linguisticae in honorem G. Kuryłowicz (1965), 72—81; F. Rundgren, A propos d'une hypothèse nouvelle concernant la provenance du morphème qatal-a. Orientalia Suecana XIV—XV (1966), S. 62—74. — Zu S. **108**, Anm. 1: Vgl. hierzu jetzt umfassend ders., Das hebr. Pi'el. Synt.-semantische Untersuchung einer Verbalform im AT (Zürich 1968). — Zu S. **109**, Z. 2: Zur Vokalisation des Perf. vgl. Ch. Rabin, The Vocalization of the Third Singular Perfect of Pi'ēl in Tiberian Hebrew Lĕšonénu 32 (1967/68), 12—26. — Zu S. **110**, Anm. 1: Vgl. ferner J. Aro, Die Vokalisierung des Grundstammes im Semitischen. Studia Orientalia 31 (Helsinki 1964). — S. **112**, Z. 3: Hierzu gehört auch יַאְטֵם < **yaṭ'im* „er verschließt" (Ps 58, 5). — S. **136**, Z. 1 v. u.: Vgl. ferner וַיּוֹחֶר „er blieb aus" 1 S. 20, 5 Q, Wz אָחַר „hinten sein" (BL § 53r). — Zu S. **137**, Z. 1 v. u.: Vielleicht ist hierzu auch der Inf. לְהָכִיל < לְהַאֲכִיל „um verzehren zu lassen" (Ez. 21, 33) anzuführen; allerdings ist MT unsicher. — Zu S. **160**, Z. 11: Neben גָּלֹה begegnet, wenngleich selten, auch גָּלוֹת; vgl. z. B. אָלוֹת „fluchen" (Hos 10, 4). — Zu S. **178**, Z. 24: Zu אֵת „mit" ist akkad. *ittu* „Seite" zu vergleichen; W. v. Soden, Akkad. Grammatik, § 114q. — Zu S. **182**, Z. 10: Daneben begegnet auch אִי „wehe"; vgl. 1 Q Jes[a] 6, 5 und Qoh. 4, 10.

S. **58**, Z. 21: lies „cstr. שְׁבֻ֫עַ; Du. שְׁבוּעַ֫יִם" (statt „cstr. שָׁבֻ֫עַ; Du. שָׁבוּעַ֫יִם;"). — S. **77**, Z. 13: lies אַחֲרִית (statt אַחֲרִית). — S. **133**, Z. 6: lies שָׁמַ֫עַתְּ (statt שָׁמַ֫עַת). — S. **176**, Z. 6: lies לַיהוָה (statt לַיְהוָה). — S. **194**, Z. 9 (Tab.): lies יַקְטִ֫ילוּ (statt יְקַטִּ֫ילוּ).

Bibliographisches Nachwort

Ein Kennzeichen für Rudolf Meyers Werk ist „die Strenge und die Souveränität seines methodischen Vorgehens, das für wissenschaftliche Arbeit generell Maßstäbe setzt und somit jedem, der mit solcher Arbeit befaßt ist, zur Lehre dienen sollte."[1] Besonders gilt dies für die Hebräische Grammatik. Ihre letzte Fassung aus Rudolf Meyers Hand datiert aus den Jahren 1966, 1969, 1972. Einige Hinweise mögen dazu helfen, die seither erschienene Literatur zu erschließen.

Einen Überblick mit bibliographischen Nachweisen geben die Artikel von D. Michel, Hebräisch I. In: TRE 14, 505-510; H. Irsigler, Hebräisch. In: Neues Bibel-Lexikon II, 69-81 und C. Rabin, Hebrew. In: T.A. Sebeok, Hg.: Current Trends in Linguistics 6 (The Hague, Paris 1970), 304-346. Forschungsüberblicke bieten R. Degen, Zur neueren hebraistischen Forschung. WO 6 (1970-1971), 47-79; E. Jenni, Hebraistische Neuerscheinungen. ThR 50 (1985), 313-326; N.H. Waldman, The Recent Story of Hebrew: A Survey of the Literature with Selected Bibliography. Bibliographica Judaica 10 (Winona Lake 1989). Das gesamte Gebiet der semitischen Sprachen ist berücksichtigt bei J.H. Hospers, Hg., A Basic Bibliography for the Study of the Semitic Languages I (Leiden 1973), II (Leiden 1974); heranzuziehen sind die einschlägigen Abschnitte der groß angelegten Bibliographie von P.-E. Langevin, Bibliographie Biblique I (Québec 1972), 94-98, II (Québec 1978), 266-290, III (Québec 1985), 335-465. Unter den periodischen Bibliographien ist auf die Abschnitte „Philologia biblica" des Elenchus of Biblical Bibliography und „Sprache" der Internationalen Zeitschriftenschau für Bibelwissenschaften und Grenzgebiete hinzuweisen. Einen besonderen Rang nimmt die referierende Bibliographische Dokumentation der Zeitschrift für Althebraistik (=ZAH) ein; die erste Übersicht, von einem Autorenteam verfaßt,

[1] J. Conrad, IN MEMORIAM RUDOLF MEYER, ThLZ 117 (1992), 158.

umgreift den Zeitraum ab 1985: ZAH 2 (1989), 234-243; ZAH 3 (1990), 98-125; darüber hinaus sei auf die einschlägigen Artikel dieses Fachorgans hingewiesen.

An neueren Grammatiken sind zu nennen: K. Beyer, Althebräische Grammatik (Göttingen 1969); W. Richter, Grundlagen einer althebräischen Grammatik 1. Arbeiten zu Text und Sprache im Alten Testament (=ATSAT) 8 (St. Ottilien 1978), 2. ATSAT 10 (St. Ottilien 1979), 3. ATSAT 13 (St. Ottilien 1980); E. Y. Kutscher, A History of the Hebrew Language, ed. by R. Kutscher (Jerusalem 1984^2); A. Murtonen, Hebrew in its West Semitic Setting I A. Studies in Semitic Languages and Linguistics (=SSLL) 13 (Leiden 1986), I Ba. SSLL 13 (Leiden e.a. 1988), I Bb, C, D, E. SSLL 13. (Leiden e.a. 1989), II & III. SSLL 16 (Leiden e.a. 1990). Die Jesajarolle von Qumran behandelt E. Y. Kutscher, The Language and Linguistic Background of the Isaiah Scroll (1QIsa^a). Studies on the Texts of the Desert of Judah VI (Leiden 1974) mit den Indices and Corrections by E. Qimron (Leiden 1979); s.a. E. Qimron, The Hebrew of the Dead Sea Scrolls. Harvard Semitic Studies (=HSS) 29 (Atlanta, Georgia 1986); Z. Ben-Ḥayyim, The Literary and Oral Tradition of Hebrew and Aramaic amongst the Samaritans. Vol. 5 Grammar of the Pentateuch (Jerusalem 1977).

Zu den semitischen Sprachen s. neben der o.g. Bibliographie von Hospers den Überblick von E. Ullendorff, Comparative Semitics. In: T.A. Sebeok, Hg.: Current Trends in Linguistics 6 (The Hague, Paris 1970), 261-273. **Akkadisch** Bibliographie: R. Borger, Handbuch der Keilschriftliteratur I (Berlin 1967), II (Berlin, New York 1975), III (Berlin, New York 1975) s. die Übersicht S. 138f.; periodische Bibliographien im Archiv für Orientforschung und in Orientalia; E. Reiner, Akkadian. In: T.A. Sebeok, Hg.: Current Trends in Linguistics 6 (The Hague, Paris 1970), 274-303. Zu W. v.Soden, Akkad. Grammatik s. ders., Ergänzungsheft zum Grundriß der Akkadischen Grammatik. Analecta Orientalia 33 (Roma 1969); **Ugaritisch** Bibliographie: M. Dietrich, O. Loretz, P.-R. Berger, J. Sanmartín, Ugarit-Bibliographie

1928-1966. 1-4. AOAT 20/1-4 (Kevelaer, Neukirchen-Vluyn 1973); M. Dietrich, O. Loretz, W.C. Delsman, Ugarit-Bibliographie 1967-1971. AOAT 20/5. (Kevelaer, Neukirchen-Vluyn 1986); S. Segert, A Basic Grammar of the Ugaritic Language with Selected Texts and Glossary (Berkeley, Los Angeles, London 1984), s. dazu A.F. Rainey, Orientalia 56 (1987), 391-402; Einzelstudien: K. Aartun, Die Partikeln des Ugaritischen. AOAT 21/1,2. (Kevelaer, Neukirchen-Vluyn 1974/1978; J. Huenergard, Ugaritic Vocabulary in Syllabic Transcription. HSS 32 (Atlanta, Georgia 1987); E. Verreet, Modi ugaritici. Eine morpho-syntaktische Abhandlung über das Modalsystem im Ugaritischen (Löwen 1988); R.M. Voigt, Probleme der Ugaritistik. UF 22 (1990), 399-414. **Aramäisch** E.Y. Kutscher, Aramaic. In: T.A. Sebeok, Hg.: Current Trends in Linguistics 6 (The Hague, Paris 1970), 347-412; R. Degen, Altaramäische Grammatik der Inschriften des 10.-8. Jh. v. Chr. Abhandlungen für die Kunde des Morgenlandes XXXVIII,3 (Wiesbaden 1969); S. Segert, Altaramäische Grammatik mit Bibliographie, Chrestomathie und Glossar (Leipzig 1986³); K. Beyer, Die aramäischen Texte vom Toten Meer (Göttingen 1984); R. Macuch, Grammatik des samaritanischen Aramäisch. Studia Samaritana 4 (Berlin, New York 1982). **Arabisch** W. Fischer, Hg., Grundriß der Arabischen Philologie I Sprachwissenschaft (Wiesbaden 1982); ders., Grammatik des klassischen Arabisch. PLO Neue Folge 11 (Wiesbaden 1987²).

Zu den einzelnen Bänden sei eine Auswahl von Abhandlungen mit weiterführenden Literaturangaben genannt:

Band I E.A. Knauf, Supplementa Ismaelitica. Biblische Notizen 36 (1987), 37-50; ders., War „Biblisch-Hebräisch" eine Sprache? ZAH 3 (1990), 11-23; R.M. Voigt, The Classification of Central Semitic. JSS 32 (1987), 1-21; ders., Die Laterale im Semitischen. WO 10 (1979), 93-114; ders., Die Personalpronomina der 3. Personen im Semitischen. WO 18 (1987), 49-63; ders., Die infirmen Verbaltypen des Arabischen und das Biradikalismus-Problem. Akademie der Wissenschaften und der Literatur Mainz, Veröffentlichungen der Orientalischen Kommission 39 (Stuttgart 1988); A. Faber, Semitic Sibilants in an Afro-Asiatic Context. JSS 29 (1984), 189-224; J. Naveh, Early History of the Alphabet (Jerusalem, Leiden 1982); M. Dietrich, O. Loretz, Die Keilalphabete. Abhandlungen zur Literatur Alt-Syrien-Palästinas 1 (Münster 1988); J. Barr, The Variable Spellings of the Hebrew Bible (Oxford 1989); I. Yeivin, Introduction to the Tiberian Masorah. Masoretic Studies 5 (o.O. 1980).

Band II F. Werner, Die Wortbildung der hebräischen Adjektiva (Wiesbaden 1983); J. Hoftijzer, A Search for Method. A Study in the Syntactic Use of the *H*-locale in Classical Hebrew. SSLL 12 (Leiden 1981); ders., The Function and Use of the Imperfect Forms with nun paragogicum in Classical Hebrew. Studia Semitica Neerlandica 21 (Assen, Maastricht 1985); J.L. Sagarin, Hebrew Noun Patterns (Mishqalim): Morphology, Semantics and Lexicon (Atlanta 1987); J. Barr, „Determination" and the Definite Article in Biblical Hebrew. JSS 34 (1989), 307-335; H.P. Müller, wa-, ha- und das Imperfectum consecutivum. ZAH 4 (1991), 144-160.

Band III A. Denz, Die Verbalsyntax des neuarabischen Dialekts von Kwayriš (Irak). Abhandlungen für die Kunde des Morgenlandes XL,1 (Wiesbaden 1971); F.I. Andersen, The Hebrew Verbless Clause in the Pentateuch. JBL Monograph Series 14 (Nashville, New York 1970); ders., The Sentence in Biblical Hebrew. Janua Linguarum. Series Practica 231 (The Hague, Paris 1974); H. Bobzin, Die „Tempora" im Hiobdialog (Diss. Marburg 1974); W. Groß, Verbform und Funktion wayyiqtol für die Gegenwart? Ein Beitrag zur Syntax poetischer althebräischer Texte. ATSAT 1 (St. Ottilien 1976); ders., Otto Rössler und die Diskussion um das althebräische Verbalsystem. Biblische Notizen 18 (1982), 28-78; ders., Die Pendenskonstruktion im Biblischen Hebräisch. ATSAT 27 (St. Ottilien 1987); D. Michel, Grundlegung einer hebräischen Syntax 1 (Neukirchen-Vluyn 1977); R. Bartelmus, HYH. Bedeutung und Funktion eines hebräischen

„Allerweltswortes“ – zugleich ein Beitrag zur Frage des hebräischen Tempussystems. ATSAT 17 (St. Ottilien 1982); R. Contini, Tipologia della frase nominale nel semitico nordoccidentale del I millenio A.C. (Pisa 1982); Y. Thorion, Studien zur klassischen hebräischen Syntax. Marburger Studien zur Afrika- und Asienkunde B,6 (Berlin 1984); B.K. Waltke, M. O'Connor, An Introduction to Biblical Hebrew Syntax (Winona Lake 1990); A. Niccacci, The Syntax of the Verb in Classical Hebrew Prose. JSOT(S) 86 (Sheffield 1990); W. v.Soden, Tempus und Modus im älteren Semitischen. In: H.-P. Müller, Hg., Babylonien und Israel. Wege der Forschung 633 (Darmstadt 1991), 463-493; H.-P. Müller, Zur Geschichte des hebräischen Verbs – Diachronie der Konjugationsthemen. BZ 27 (1983), 34-57; ders., Ebla und das althebräische Verbalsystem. Biblica 65 (1984), 145-167; ders., Polysemie im semitischen und hebräischen Konjugationssystem. Orientalia 55 (1986), 365-389; ders., Das Bedeutungspotential der Afformativkonjugation. Zum sprachgeschichtlichen Hintergrund des Althebräischen. ZAH 1 (1988), 74-98, 159-190.

www.ingramcontent.com/pod-product-compliance
Lightning Source LLC
Chambersburg PA
CBHW071011140426
42814CB00004BA/189
9783110136944